Deutscher
Kulturrat

W0194386

Aus Politik & Kultur Nr. 15

Wertedebatte:
Von Leitkultur bis
kulturelle Integration

Herausgegeben von Olaf Zimmermann und Theo Geißler

Wertedebatte:
Von Leitkultur bis kulturelle Integration

1. Auflage
Berlin 2018

Nachdruck von Beiträgen und Interviews aus
Politik & Kultur, Zeitung des Deutschen Kulturrates

Deutscher Kulturrat e.V.
Mohrenstraße 63
10117 Berlin
Telefon: 030 . 226 05 28 - 0
Fax: 030 . 226 05 28 - 11
post@kulturrat.de
www.kulturrat.de

Herausgeber: Olaf Zimmermann und Theo Geißler

Redaktion: Gabriele Schulz

Gestaltung: 4S, Berlin

Herstellung: DCM, Meckenheim

Dieser Band wird gefördert aus Mitteln
des Bundesministeriums des Innern und
Der Beauftragten der Bundesregierung
für Kultur und Medien auf Beschluss des
Deutschen Bundestags.

Die Deutsche Nationalbibliothek verzeichnet
diese Publikation in der Deutschen National-
bibliografie; detaillierte bibliografische Daten
sind im Internet unter www.dnb.de abrufbar.

ISBN: 978-3-947308-06-4
ISSN: 18652689

Vorwort und Einleitung

1. Kapitel: Das Leid mit der Leitkultur

2. Kapitel: Kulturstaat – Staatsziel Kultur

3. Kapitel: Die Kunst ist frei

4. Kapitel: Die Diskussion um einen Kanon

5. Kapitel: Was ist deutsch? Was ist Heimat?

6. Kapitel: Wertedebatte

7. Kapitel: Vom Auswanderungs- zum Einwanderungsland

8. Kapitel: Kulturelle Integration und Erwerbsarbeit

9. Kapitel: Kulturelle Integration und Medien

10. Kapitel: Demokratie, Selbstorganisation und Bürgerschaftliches Engagement

11. Kapitel: Kulturelle Integration – Neue alte Aufgaben für Kultureinrichtungen

12. Kapitel: Aufgabe Bildung

13. Kapitel: Rückhalt Religion

Anhang

Vorwort und Einleitung

Zweite Moderne

Olaf Zimmermann

Im Musical »Anatevka«, im Jahr 1964 am Broadway uraufgeführt und im Jahr 1905 in Weißrussland spielend, beschwört die Hauptfigur, der Milchmann Tevje, in seinem ersten Auftritt die »Tradition«, die das jüdische Leben in Anatevka bestimmt. Er selbst erlebt im Stück, wie die Moderne Einzug hält. Drei seiner Töchter lassen sich nicht auf vermittelte Ehen ein, sondern wählen selbst ihre Männer aus. Eine der Töchter heiratet sogar einen Christen und wird infolgedessen von ihrem Vater verstoßen. Am Schluss des Stückes werden die jüdischen Bewohner Anatevkas vertrieben und verlieren ihre Heimat, die Gemeinschaft bricht auseinander.

Das Stück, das derzeit in einer erstklassischen Inszenierung von Barrie Kosky in der Komischen Oper in Berlin aufgeführt wird, hat eine hohe Aktualität und veranschaulicht, wie der Bruch mit der Tradition einerseits mehr individuelle Freiheit und andererseits Verlust von Überlieferungen, Bräuchen und letztlich Identität bedeutet. Die Moderne, die einen Zugewinn an persönlicher Freiheit bereithält, erschüttert die Tradition nachhaltig.

Die Moderne ist der natürliche Feind von tradierten Werten. Die Zunahme von individueller Freiheit und Entfaltung verlangt eine ständige Anpassung unserer Werte an die gesellschaftlichen Realitäten. Und wie der Milchmann Tevje wünschen sich viele instinktiv, dass die gesellschaftlichen Veränderungen langsamer und ohne Wertänderungen vor sich gehen sollten.

Die gesellschaftlichen Umwälzungen in der Zeit zwischen der europäischen Aufklärung und dem Ersten Weltkrieg, die Moderne, gehen heute ungebremst weiter. Der Soziologe Ulrich Beck hat für die heutigen gesellschaftlichen Transformationen in der Globalisierung den Begriff der Zweiten Moderne geprägt, dem ich mich gern anschließe.

Die Zweite Moderne erhöht den Druck auf unsere Traditionen und Werte noch einmal beträchtlich. Am besten wäre es doch, man könnte die Werte einfach festschreiben, sie zu für alle verbindlichen Vorgaben, zu einer Leitkultur, erklären. Sie immun gegen ungewollte Einflüsse von außen machen. Sollten wir nicht als Gesellschaft, das uns Bekannte, das uns Sicherheit Gebende, das uns vermeintlich Ausmachende festhalten und zum unwiderruflichen Gesetz des Zusammenlebens postulieren? Das »christlich-jüdische Abendland« ist eine solche Metapher, die insbesondere im Osten Deutschlands beschworen wird, obwohl gerade hier so gut wie kein jüdisches Leben und nur noch ein geringes christliches Leben anzutreffen ist.

Im Osten Deutschlands hat die Zweite Moderne brutaler zugeschlagen als im Westen, nicht weil die Umwälzungen der Gesellschaft im Osten gegenüber dem Westen größer waren, wenn man das gesamte 20. Jahrhundert in den Blick nimmt, sondern weil sie im Osten in einer Eruption, dem Fall der Mauer, in sehr kurzer Zeit eingetreten sind. Deshalb marschiert im Osten Pegida gegen die »Islamisierung des Abendlandes«, deshalb ist der Osten Deutschlands die Hochburg der rechtsextremen Alternative für Deutschland (AfD), die eine »Deutsche Leitkultur statt Multikulturalismus« fordert.

Die Zweite Moderne lässt alte Gewissheiten von der Stabilität Deutschlands ins Wanken geraten. Sie geraten aus vielerlei Gründen ins Wanken. Stichworte hierfür sind die gleichberechtigte Teilhabe von Frauen und Männern in der Arbeitswelt und an der Familienarbeit, die die traditionelle Männerrolle, als Ernährer und Oberhaupt der Familie infrage stellt. Aber auch die sogenannte Ehe für alle, die Entgrenzung von Arbeit in Folge der Digitalisierung, die Globalisierung und anderes mehr sind Entwicklungen in einer modernen Gesellschaft, die von nicht wenigen als eine Zumutung empfunden werden, weil sie traditionelle Werte verletzen.

Die Aufnahme von vielen Flüchtlingen im Jahr 2015 hat dann das Fass zum Überlaufen gebracht. Aber die sogenannte Flüchtlingskrise ist mitnichten der Grund für die gesellschaftlichen Verwerfungen in Deutschland. Der Grund ist, dass die Zweite Moderne permanent die althergebrachten Werte infrage stellt. Deshalb kann auch eine Leitkultur das Problem nicht lösen, weil Werte unter den Veränderungsdruck von außen nicht dauerhaft Bestand haben, sondern immer wieder neu in der Gesellschaft ausgehandelt werden müssen.

In dem vorliegenden Band aus der Reihe »Aus Politik & Kultur« versuchen wir einen Beitrag zu diesem Aushandlungsprozess zu leisten. Die versammelten Texte, die zwischen 2006 und 2018 in der von mir herausgegebenen Zeitung Politik & Kultur des Deutschen Kulturrates erschienen sind, spiegeln Debatten und Positionen wieder, die in den Kontext der Wertedebatte gehören. Es geht um die Leitkultur, um das Staatsziel Kultur, um einen Kultur-Kanon, um Kultur und Arbeit und vor allem und immer wieder um Werte und die kulturelle Integration. Solche Debatten können nicht abschließend sein, denn eine plurale Gesellschaft lebt vom Diskurs – auch dem Diskurs um Werte und um das, was uns zusammenhält.

Von der Leitkulturdiskussion zur kulturellen Integration

Gabriele Schulz

In diesem Band sind Beiträge aus der Zeitung Politik & Kultur versammelt, die um die Fragestellungen Leitkultur, Staatsziel Kultur, kultureller Kanon, Heimat und anderes mehr kreisen. Sie sind zwischen 2005 und 2018 erschienen und belegen wie intensiv in der Zeitung bereits seit Langem die Diskussion um das Wertefundament in Deutschland und Europa geführt wird. Die in diesem Band zusammengestellten Beiträge und Interviews spiegeln die Unterschiedlichkeit der Positionen wieder und vermitteln einen Eindruck von der Breite aber auch der Tiefe der Debatte. Es wird zugleich deutlich, dass die Diskussion um Werte nie abgeschlossen sein kann. Werte sind nicht statisch. Und vor allem, Werte müssen gelebt und mit Leben erfüllt werden.

Das Leid mit der Leitkultur
Im ersten Kapitel wird sich der Leitkulturdiskussion gewidmet. Eröffnet wird das Kapitel mit einem Beitrag von Olaf Zimmermann aus dem Jahr 2006, indem Leitkultur als ein Konglomerat von Geschichte, Tradition und Religion begriffen und eine Diskussion zu diesen Fragen als erforderlich angesehen wird. Norbert Lammert fordert in seinem Beitrag ebenfalls aus dem Jahr 2006 ein Nachdenken über Leitkultur und stellt die Frage in den Raum, welche Verbindlichkeiten in einer Gesellschaft gebraucht werden. Klaus von Beyme vertritt die Auffassung, dass sich die Kulturpolitik nicht mit der Diskussion um Leitkultur belasten sollte. Er ordnet die Leitkulturdiskussion in die historischen Debatten um den deutschen Nationalstaat und die Bedeutung der Kultur in dieser Diskussion ein. Max Fuchs beschreibt in seinem Beitrag, dass ein wesentliches Kennzeichen von Kultur die Anerkennung von Unterschieden ist, auf denen die Kulturen jeweils beruhen. Hermann Glaser ordnet die Leitkulturdebatte in einen größeren Kontext und erörtert das Thema in einem umfassenden geistesgeschichtlichen Hintergrund, dabei nimmt er besonders Bezug auf das Schillerjahr 2005. Ebenfalls mit Friedrich Schiller und dem Umgang mit seinem literarischen Erbe befasst sich Georg Ruppelt. In seinem Beitrag stellt er dar, wie Schillers Wilhelm Tell während des Nationalsozialismus erst für politische Zwecke benutzt und dann verboten wurde. In diesem Beitrag wird deutlich, wie kurz das Verfallsdatum einer verordneten Leitkultur sein kann und dass Leitkultur mit Ideologie verwechselt werden kann. Herfried Münkler nähert sich der Fragestellung aus einer ganz anderen Richtung. Er befasst sich mit der Frage, wie Imperien Leitkultur genutzt haben, um ihre Herrschaft zu sichern und wie die Leitkultur in Imperien an den Rändern in Frage gestellt wurde.

Claudia Roth sieht in der Leitkulturdebatte eine konservative Konzeptlosigkeit angesichts einer diversen, pluralen Gesellschaft. Bassam Tibi, der Erfinder der Idee einer europäischen Leitkultur, schreibt im Jahr 2006, dass er angesichts der deutschen Leitkulturdebatte resigniert hat. Er wollte den Begriff eigentlich als einen zivilgesellschaftlichen Konsens über Bürgerrechte und -pflichten verstanden wissen.

Mit einem Abstand von zehn Jahren sind die anderen Beiträge dieses Kapitels ab dem Jahr 2016 erschienen. Das erneute Aufkeimen einer Leitkulturdiskussion zeigt einerseits, dass das Thema offenbar noch nicht ausreichend gesellschaftlich thematisiert worden war. Andererseits wird deutlich, dass nach der Aufnahme vieler Flüchtlinge in Deutschland im Jahr 2015 eine erneute Diskussion darüber, was die deutsche Gesellschaft ausmacht und sie zusammenhält, von vielen als erforderlich gesehen wird. Mit dem Bedürfnis der Reflexion und der Selbstvergewisserung befasst sich Petra Bahr in ihren zehn Thesen zur Leitkultur in der Einwanderungsgesellschaft und lässt damit bereits keinen Zweifel daran, dass ihres Erachtens eine Leitkulturdebatte im zweiten Jahrzehnt des 21. Jahrhunderts vor dem Hintergrund Deutschlands als Einwanderungsland geführt werden muss. Max Fuchs startet seinen Beitrag direkt mit der Aussage, dass die Forderung nach einer Leitkultur vor allem eine Schwäche offenbart, dass nämlich der eigenen Kultur nicht getraut wird. Hans Jessen kreist im Interview mit Thomas de Maizière um die Fragen Leitkultur, Toleranz und kulturelle Integration. De Maizière unterstreicht in dem Interview, dass er unter Leitkultur eine gesellschaftliche Verständigung darüber versteht, was eine Gesellschaft gemeinsam leitet. Scharf abgelehnt wird der Begriff Leitkultur von Burkhard Blienert und Kamilla Schröder. Sie beziehen sich dabei vor allem auf einen Beitrag von Thomas de Maizière in der »Bild am Sonntag« unter der zuspitzenden Überschrift »Wir sind nicht Burka«. Olaf Zimmermann erklärt gleich in seiner ersten Antwort im Interview mit Ludwig Greven »Er (der Begriff Leitkultur, Anm. d. Red.) ist verbrannt, weil er politisch missbraucht worden ist.«, um sich danach Fragen zu deutscher Kultur und dem möglichen Stolz darauf und anderem mehr zu stellen. Daran schließt sich ein Interview mit Michael Wolfssohn an, in dem er gegenüber Hans Jessen deutlich macht, dass er Leitkultur im Sinne einer Kommunikationsgemeinschaft oder auch Lebensweise versteht. Thomas de Maizière unterstreicht in seinem letzten Beitrag in diesem Kapitel, dass ein wesentliches Ziel der Diskussion um gesellschaftlichen Zusammenhalt und kulturelle Integration die Debatte als solche ist.

Kulturstaat – Staatsziel Kultur

Im vorherigen Kapitel wird von verschiedenen Autoren die Frage nach dem Selbstverständnis Deutschlands als verspäteter Nation angesprochen. Der Gedankengang, dass Deutschland Sozial-, Rechts- und Kulturstaat ist, wird in diesem Kapitel von unterschiedlichen Autoren unter der Perspektive der Diskussion um die Verankerung des Staatsziels Kultur im Grundgesetz ausgeleuchtet. Den Anfang macht Paul Raabe, der einen langen Bogen von Moses Mendelssohn bis zum Einigungsvertrag der beiden deutschen Staaten schlägt und sich klar für ein Staatsziel Kultur im Grundgesetz ausspricht. Bodo Pieroth ist der Meinung, dass ein rechtlicher Markierungspunkt gesetzt und das Staatsziel Kultur im Grundgesetz verankert werden sollte. Demgegenüber misst Peter Badura dem Staatsziel Kultur nur eine geringe normative, jedoch eine fragliche appellative Wirkung bei. Ulrich Karpen formuliert es in seinem ersten Beitrag in diesem Kapitel noch eindeutiger.

Seiner Ansicht nach ist das Staatsziel Kultur im Grundgesetz entbehrlich und nicht wünschenswert. Hingegen vertritt Max-Emanuel Geis die Auffassung, dass mithilfe des Staatsziels Kultur im Grundgesetz ein zwingend zu beachtender Ermessensspielraum bei verwaltungsrechtlichen Ermessens- und Abwägungsentscheidungen geschaffen würde. Olaf Zimmermann kommentiert, dass das Staatsziel Kultur mehr als ein Symbol wäre. Es würde die idealistische Vorstellung von der Kulturnation Deutschland in praktische Politik übersetzen. Dass Diskussionen zu Meinungsänderungen führen können, zeigt der nächste Beitrag in diesem Band. Ulrich Karpen, der sich zuerst vehement gegen das Staatsziel Kultur aussprach, kommt in seinem zweiten Beitrag zum Schluss, dass ein Staatsziel Kultur im Grundgesetz sinnvoll sei und hält die Situation für günstig, ein Paket zu schnüren. Klaus Stern ordnet in seinem Beitrag die Diskussion um das Staatsziel Kultur verfassungsgeschichtlich ein und kommt, ähnlich Max-Emanuel Geis zu dem Schluss, dass ein solches Staatsziel besonders bei Abwägungsentscheidungen eine wichtige Rolle spielen könnte. Jan-Hendrik Olbertz, zum Zeitpunkt der Erstveröffentlichung des Beitrags Kultusminister in Sachsen-Anhalt, vertritt die Meinung, dass ein Staatsziel Kultur in einer Kulturnation ein selbstverständlicher Teil des Grundgesetzes sein sollte.

Die Kunst ist frei

In Artikel 5 Absatz 3 des Grundgesetzes ist es unmissverständlich formuliert »Kunst und Wissenschaft, Forschung und Lehre sind frei«. Worte wie Donnerhall, die vor dem Hintergrund der Jahrhunderte zuvor bestehenden mangelnden Kunstfreiheit und insbesondere der Unterdrückung der freien Kunst- und Wissenschaftsausübung während des Nationalsozialismus zu verstehen sind. Trotz dieses Diktums wird die Kunstfreiheit teilweise

durch andere Freiheitsrechte eingehegt und muss auch im öffentlichen Diskurs bestehen. Der Wert Kunstfreiheit steht im Diskurs mit anderen Werten. Mit diesen Fragen setzen sich die Autoren in diesem Kapitel auseinander. Peter Raue beginnt mit zwei Beispielen aus der Literatur, der Mephisto-Entscheidung über den Roman »Mephisto« von Klaus Mann und dem Esra-Urteil zum Roman »Esra« von Maxim Biller. In beiden Entscheidungen geht es um die Abwägung von Freiheit der Kunst und Persönlichkeitsrechten, tatsächlich oder vermeintlich beschriebener Persönlichkeiten. Raue lädt in seinem Beitrag dazu ein, den juristischen Abwägungen zwischen den genannten Rechtsgütern zu folgen. Olaf Zimmermann unterstreicht in seinem Beitrag, dass Kunstfreiheit anstrengend sein kann, weil sie auch bedeutet, Werke zu »ertragen«, die die religiösen und ethischen Gefühle strapazieren können. Dennoch gilt, dass einer unrechtmäßigen Einschränkung der Kunstfreiheit entschieden entgegengetreten werden muss. York-Gothart Mix veranschaulicht am Beispiel literarischer Werke die Zensurgeschichte in der Bundesrepublik. Regine Möbius widmet sich in ihrem Beitrag der Kunstfreiheit in der DDR und veranschaulicht die Praxis des Verbietens unliebsamer Literatur am Beispiel des Autors Erich Loest. Mit dem Spannungsverhältnis von Kunstfreiheit und der Verletzung religiöser Gefühle setzen sich die beiden Theologen Petra Bahr und Jakob Johannes Koch auseinander. Sie kommen beide zu dem Schluss, dass sowohl Meinungs- als auch Kunstfreiheit für religiöse Menschen bisweilen eine Zumutung sein kann. Aber Debatten, Auseinandersetzungen und Streite sind in einer offenen Gesellschaft wichtig, Gelassenheit und Humor können bei der Differenzierung und dem Aushalten von Kunstwerken helfen. Olaf Zimmermann befasst sich dieser Fragestellung mit Blick auf den Islam. Mit einer anderen Einschränkung befasst sich Elke Monnsen-Engberding, die bei Erscheinen des Beitrags Leiterin der Bundesprüfstelle für jugendgefährdende Medien war. Sie erläutert den Abwägungsprozess zwischen Kunstfreiheit und Jugendschutz.

Die Diskussion um einen Kanon

Angestoßen durch einen von der Konrad-Adenauer-Stiftung vorgelegten Kanon für das Schulfach Musik entspann sich im Jahr 2006 eine angeregte Debatte um die Frage, ob ein Kanon als solcher benötigt wird. Im Rahmen dieser Diskussion wurde auch die Frage erörtert, inwieweit ein solcher Kanon inkludierend oder exkludierend ist. Jörg-Dieter Gauger, der seinerzeit in der Konrad-Adenauer-Stiftung unter anderem für den Kanon-Erarbeitungsprozess zuständig war, kommt zu dem Schluss, dass ein Kanon erforderlich ist, um sich den eigenen geistigen Lebensraum zu eigen zu machen. Birgit Jank diskutiert das Thema vor dem Hintergrund ihrer Erfahrungen mit einem Musik-Kanon in der DDR und stellt in dem Zusammenhang eine verblüffende Ähnlichkeit beider Kanons, dem Musik-Kanon der DDR und dem Musik-Kanon der Konrad-Adenauer-Stiftung, fest. Sie vermisst bei beiden Musikkanons Kriterien und Begründungen, warum gerade die benannten Werke ausgewählt wurden. Gabriele Schulz bezieht sich in ihrem Beitrag auf den Deutschunterricht und ruft in Erinnerung, dass es in allen Bundesländern einen Literaturkanon gibt, in dem beispielhaft Werke zusammengestellt sind. Sie sieht nicht das Erfordernis nach einem weiteren Kanon, sondern nach der Stärkung der Geisteswissenschaften. Demgegenüber tritt Claudia Schwalfenberg offensiv für einen Kanon ein, da er ihrer Ansicht nach Orientierung auf der Höhe der Zeit schafft. Die Argumente Pro-Kanon und Kontra-Kanon tauschen am Beispiel des Faches Musik Hermann Wilske

und Christian Höppner aus. Für einen Kanon spricht aus Sicht von Hermann Wilske, dass Kultur weitergegeben werden soll. Gegen einen Kanon führt Christian Höppner ins Feld, dass er didaktische Steinzeit sei.

Was ist deutsch? Was ist Heimat?

Nach der Bundestagswahl 2017 entstand eine intensive Diskussion um gesellschaftlichen Zusammenhalt und auch um Heimat. Olaf Zimmermann geht in seinem Beitrag Heimat hierauf ein und definiert Heimat als den Ort, an dem es einem nicht egal ist, wie es ist und an dem man sich für die Gemeinschaft engagiert. Dass in Politik & Kultur die Diskussion um Heimat keineswegs neu ist, belegen die Beiträge in diesem Kapitel. Katrin Göring-Eckardt beschreibt in einem Artikel, der im Jahr 2006 erstmals erschien, wie ihre Partei Bündnis 90/Die Grünen sich mit dem Heimatbegriff auseinandersetzt und nach einem eigenen spezifischen Zugang sucht. Kristin Bäßler berichtet von der filmischen Auseinandersetzung mit Heimat. Von teilweise kitschigen Heimatfilmen der 1950er Jahre, einer Zeit, in der viele Menschen in Deutschland ihre Heimat verloren hatten, bis hin zu aktuellen Filmproduktionen in einer multiethnischen Gesellschaft. Bernd Fabritius macht im Gespräch mit Theresa Brüheim deutlich, dass Heimat mehr ist als ein geografischer Ort und welche Verantwortung der Bund der Vertriebenen mit Blick auf aktuelle Flucht- und Vertreibungserfahrungen übernimmt. Kristin Bäßler setzt sich mit den Einwanderungswellen seit Mitte der 1950er Jahre auseinander. Adriana Altaras beschreibt, welche Erfolgsgeschichten zur Einwanderung in Deutschland zu erzählen sind und wie gerade Künstler mit Migrationshintergrund diese Erfolgsgeschichten erzählen können. Eine Geschichte der Selbstfindung beschreibt Dimitrij Belkin, der in Deutschland jüdisch und erwachsen wurde. Katajun Amirpur beschreibt, wie der Staatsvertrag in Hamburg zum Religionsunterricht für alle in evangelischer Verantwortung mit dem Ziel der gleichberechtigten Beteiligung der islamischen und alevitischen Religionsgemeinschaften weiterentwickelt wurde. Dieser Vertrag schafft ein Stück Heimat, denn wer Verträge schließt, fühlt sich auch verantwortlich. Mit den Heimatgefühlen in Ost und West sowie mit dem Verlust an Heimat in Ostdeutschland setzt sich Regine Möbius auseinander und bettet ihren Beitrag in einen europäischen Diskurs ein. Mit dem Ankommen erst in der DDR und dann in der Bundesrepublik befasst sich das Interview von Hans Jessen mit dem Kameramann Marwan Salamah. Im Interview wird ein kultureller Integrationsbericht beschrieben. Imre Török setzt sich damit auseinander wie aus »Gastarbeiterliteratur« ein selbstverständlicher Beitrag von Autoren mit Migrationshintergrund zum deutschsprachigen literarischen Schaffen geworden ist. Was ist deutsch an der Musik, ist die Frage im Beitrag von Ingo Metzmacher. Ritva Prinz schreibt über eine Migrantengruppe, die in Deutschland kaum sichtbar ist, Finnen. Sie setzt sich damit auseinander, wie wichtig Gemeinschaft ist, um die Herkunftskultur und -sprache zu pflegen und zu leben.

Wertedebatte

Welche Werte halten die Gesellschaft zusammen? Auf welche gemeinsamen Werte kann sich berufen werden? Welches Wertefundament braucht eine Einwanderungsgesellschaft? Mit diesen und weiteren Fragen befassen sich die Autoren in diesem Kapitel. Den Anfang macht Olaf Zimmermann, der feststellt, dass Verfassungspatriotismus allein keine Integration schafft, sondern weitergehende Anstrengungen erforderlich sind. Regine Möbius spannt einen weiten Bogen von der Unterdrückung der Friedensbewe-

gung in der DDR bis hin zu Pegida. Ihres Erachtens müssen aktuelle Entwicklungen in Ostdeutschland in den Kontext von DDR-Erfahrungen eingeordnet werden. Angesichts der Diskussionen um ein »Burka-Verbot« schreiben Olaf Zimmermann und Gabriele Schulz, dass Damenoberbekleidung sehr politisch ist. Ging es über Jahrhunderte und bis in die 1970er Jahre um die Verhüllung des weiblichen Körpers, scheint nun das Diktum zu sein, den Körper möglichst wenig zu verhüllen. Sie kommen zu dem Schluss, dass die Vertreter eines »Burka-Verbots« unter ihrer Burka vorkommen sollten, um einen Blick in die Vielfalt der Gesellschaft zu werfen. Heiko Maas sieht die Notwendigkeit einer neuen Wertedebatte und sieht als einen wichtigen Aspekt in diesem Zusammenhang die gelebte Religionsfreiheit. Ulrich Lilie setzt sich anhand des Textes der »Kinderhymne« mit den Anforderungen des Zusammenlebens in einer pluralen Gesellschaft auseinander. Wolfgang Thierse sieht in der Wertedebatte eine doppelte Aufgabe, seines Erachtens muss die tatsächliche innere Einheit zwischen Ost und West noch gewonnen werden, gleichzeitig besteht die Herausforderung der kulturellen Integration. Beides sollte nach seiner Auffassung mit mehr Selbstbewusstsein und der Gewissheit des kulturellen Reichtums angegangen werden. Gemeinsame Werte sind auch das Thema von Olaf Zimmermann und Gabriele Schulz, die sich mit dem Wertefundament der Einwanderungsgesellschaft befassen. Mit den Werten Meinungs- und Religionsfreiheit sowie der Freiheit der Persönlichkeitsentfaltung befasst sich Armin Conrad. Gabriele Schulz macht darauf aufmerksam, dass weltweite Solidarität auch eine Facette der Wertedebatte ist. Wolfgang Huber warnt im Gespräch mit Hans Jessen davor, in eine Identitäts- und Wertefalle zu tappen. Eine homogene Gesellschaft gibt es nicht und es ist fraglich, ob es sie jemals gegeben hat. Kultur kann, so Huber, dabei helfen mit Pluralität umzugehen. Max Fuchs unterstreicht in seinem Artikel, dass es nicht ausreicht, Werte zu bestimmen. Es gilt vielmehr, sie auch zu vermitteln. Susanne Keuchel wirbt für eine Neubewertung von Werten, Kultur und kultureller Bildung angesichts sich immer stärker ausdifferenzierender Gesellschaften. Hieraus entstand nach ihrer Auffassung ein Spannungsverhältnis zwischen Individualisierung und gesellschaftlichem Zusammenhalt.

Vom Auswanderungs- zum Einwanderungsland

Deutschland ist in seiner Geschichte sowohl Auswanderungs- als auch Einwanderungsland gewesen. Viele Wirtschaftsflüchtlinge aus Deutschland suchten in anderen Ländern ihr Glück und hatten oft wenig mehr mitgebracht als ihre Hände zum Arbeiten und den festen Willen fern der Heimat ihr Glück zu suchen. Zugleich war und ist Deutschland Zufluchtsort für religiös Verfolge oder einfach nur Menschen, die ihrerseits auf der Suche nach einem Ort sind, um ihr Glück zu finden. Rita Süssmuth zeichnet in ihrem Beitrag die Einwanderungswellen von der frühen Nachkriegszeit bis zum ersten Jahrzehnt des 21. Jahrhunderts nach. Sie unterstreicht, dass nicht nur Einwanderer, sondern auch die Mehrheitsgesellschaft interkulturelle Begegnungen und Perspektiven brauchen. Die neuen Deutschen und die gesellschaftliche Integration von Migranten steht im Mittelpunkt des Beitrages von Martina und Herfried Münkler. Matthias Theodor Vogt referiert aus der Ankommens-Studie in Sachsen und zeigt den Forschungsbedarf zu gesellschaftlichem Zusammenhalt auf. Olaf Zimmermann skizziert die Ziele der Initiative kulturelle Integration und fordert auf, Position zu beziehen. Etappen der türkischen Migrationsgeschichte sind das Thema von Gülay Kizilocak. Sie ruft auf, das Wir-Gefühl zu stärken, statt mit pauschalen und polarisierenden Aussagen die Gesellschaft zu spalten. Im Interview mit Hans Jessen verdeutlicht die Europa-Politikerin Ska Keller, dass Kultur mehr als Herkunft ist. Katja Kipping fordert im Interview mit Hans Jessen Rechtspopulismus und Hass entschieden entgegenzutreten. Alexander Grau wendet sich in seinem Artikel der Alltagskultur zu und misst ihr eine wichtige Bedeutung in einer erfolgreichen Integration zu. Die Ambivalenzen des Begriffs kulturelle Integration stellt Max Fuchs in den Mittelpunkt seiner Überlegungen und sieht das Erfordernis, sowohl die Integrations- als auch die Kulturpolitik in den Kontext anderer Politikfelder einzuordnen. Klaus-Dieter Lehmann beschäftigt sich mit einer sehr konkreten Frage der Integrationspolitik, nämlich dem Spracherwerb. Unter der Überschrift »Mehr als nur Vokabeln« verdeutlicht er, wie die deutsche Sprache ein Integrationsmotor sein kann.

Kulturelle Integration und Erwerbsarbeit

Wie wichtig Erwerbsarbeit für die kulturelle Integration ist, wird in diesem Kapitel erörtert. Im Interview von Hans Jessen mit der Arbeitsministerin Andrea Nahles aus dem Jahr 2017 wird herausgearbeitet, welche zentrale Rolle Erwerbsarbeit bei der kulturellen Integration spielt und wie Geflüchtete in den Arbeitsmarkt integriert werden können. Peter Clever sieht in der Zuwanderung eine große Chance und streicht die Anstrengungen der Arbeitgeber heraus, Migranten in den Arbeitsmarkt zu integrieren. Reiner Hoffmann blickt aus Arbeitnehmersicht auf das Thema und wirbt für eine Kultur der Vielfalt in der Lebens- und Arbeitswelt. Klaus Dauderstädt konstatiert, dass der öffentliche Dienst ein Spiegel der Gesellschaft sein sollte und dass, um dieses Ziel zu erreichen, mehr Beschäftigte mit Migrationshintergrund auszubilden und einzustellen seien. Jutta Cordt gibt Hans Jessen Auskunft über die Arbeit des Bundesamtes für Migration und Flüchtlinge im Bereich der kulturellen Integration und der Integration von Migranten in den Arbeitsmarkt. Andreas Damelang spricht sich dafür aus, die Potenziale der Zuwanderung für den Arbeitsmarkt zu nutzen.

Kulturelle Integration und Medien
Medien vermitteln Texte, Töne und Bilder von unserer Welt und Gesellschaft. Sie schaffen positive oder auch negative Bilder von den Veränderungen und Fragen des gesellschaftlichen Zusammenhalts. Neben den fiktionalen und non-fiktionalen Inhalten spielt eine wichtige Rolle, wer diese präsentiert. Wird auch hier die plurale Gesellschaft wiedergespiegelt oder nicht. Mit diesen und weiteren Fragen wird sich im Kapitel befasst. Hans Demmel macht den Anfang und beschreibt, dass private audiovisuelle Medienunternehmen die kulturelle und gesellschaftliche Integration jeden Tag aufs Neue als Aufgabe begreifen. Im Gespräch mit Hans Jessen setzt sich Thomas Bellut mit dem Integrationsauftrag des öffentlich-rechtlichen Rundfunks auseinander. Susanne Pfab schildert aus Sicht der ARD, welchen Beitrag die Sender zum gesellschaftlichen Zusammenhalt qua Wissen und Verständnis leisten. Dietmar Wolff beschreibt Zeitungen als Integrationsweltmeister. Aus Sicht des Deutschen Journalisten-Verbands setzt sich Frank Überall mit der Frage auseinander, welchen Beitrag der professionelle Journalismus zur kulturellen Integration leisten kann. Marjan Parvand stellt die Arbeit der Neuen Deutschen Medienmacher vor und unterstreicht, dass Journalisten mit Migrationshintergrund aufgrund ihrer fachlichen Expertise und nicht als Migrationsexperten

wahrgenommen werden wollen. Ercan Karakoyan setzt sich mit der Frage auseinander, wie türkische Migranten in den Medien dargestellt werden und macht hier erhebliche Lücken und Leerstellen aus. Um diese Lücke zu schließen, wurden die deutsch-türkischen Nachrichten etabliert. Theresa Brüheim befragt Ekren Şenol zur Arbeit von MiGAZIN, einem online-Fachmagazin, das sich mit Fragen der Migration befasst.

Demokratie, Selbstorganisation und bürgerschaftliches Engagement
In diesem Kapitel wird ein großer Bogen gespannt von dem Zusammenleben in Städten und Kreisen bis hin zu den unterschiedlichen Formen des bürgerschaftlichen Engagements. Den Anfang macht Barbara Seifen, die Migration als Normalfall beschreibt und anhand von Baudenkmälern aufzeigt, wie sich die Vielfalt der Gesellschaft im baukulturellen Erbe materialisiert. Mit der interkulturellen Arbeit in Städten befasst sich Eva Lohse und zeigt auf, dass in dieser Arbeit einerseits Verbindendes gesucht, andererseits Verschiedenes zugelassen wird. An konkreten Beispielen aus Kommunen macht sie deutlich, wie kulturelle Integration gelingt. Roland Schäfer geht auf die kulturelle Integration in kleineren Städten und Gemeinden ein. Er führt aus, dass kulturelle Integration keine Einbahnstraße für Migranten ist, sondern auch die Mehrheitsgesellschaft fordert. Wie Integration in deutschen Landkreisen gemeistert wird, ist Thema von Reinhard Sager und verweist dabei auf viele gute Beispiele, wie Integration vor Ort gelingt. Mit Fragen gesellschaftlicher Teilhabe von Migranten setzt sich Ergun Can auseinander. Er zeigt auf, dass die politische Partizipation ein wesentlicher Integrationsfaktor ist. Wolfgang Benz warnt, dass die Angst vor dem Islam die Demokratie gefährdet, da fehlende Kenntnisse über den Islam oftmals Vor-

urteile und Ablehnung produzieren. Er sieht die Gefahr einer Ethnisierung von Konflikten und fordert sich klar gegen Vereinfacher und Populisten zu positionieren. Imre Török beschreibt entlang seiner eigenen Migrationsgeschichte aus Ungarn nach Deutschland-West wie wichtig Partizipation und Teilhabe für das Ankommen in der neuen Gesellschaft sind. Olaf Zimmermann zeigt am Beispiel der Initiative kulturelle Integration auf, was Demokratie heute bedeutet und welchen Beitrag die unterschiedlichen Akteure leisten können. Wie sich Akteure, die das Programm »Demokratie leben!« umsetzen, gegen Fremden- und Menschenfeindlichkeit einsetzen und damit einen Beitrag zu gelingenden Zusammenleben leisten, erörtert Manuela Schwesig. Memet Kilic stellt die Arbeit des Bundeszuwanderungs- und Integrationsrates vor und hebt darauf ab, wie wichtig politische Partizipation für Integration ist. Sich einbringen und einmischen, ist das Ziel der spanischen Elternvereine. Bereits in den 1970er Jahren in Westdeutschland gegründet, setzen sie sich für die schulische und berufliche Bildung von Kindern und Jugendlichen spanischer Herkunft ein. Ähnlich arbeiten die türkischen Elternvereine, deren Arbeit Berrin Alpbek vorstellt. Ein besonderes Anliegen der türkischen Elternvereine ist, dass die Mehrsprachigkeit von Kindern und Jugendlichen eine größere Wertschätzung erfährt. Valentina L'Abbate fasst ihren Beitrag zur Arbeit des CGIL-Bildungswerks, das insbesondere Kinder und Jugendliche mit italienischem Migrationshintergrund in den Blick nimmt, mit »Die Muttersprache ist ein kultureller Schatz« zusammen. Die Arbeit des Bundesverbands der Migrantinnen stellt Sidar A. Demidörgen vor. Der Bundesverband der Migrantinnen steht Migrantinnen aus allen Herkunftsländern offen. Er widmet sich auf ehrenamtlicher Basis besonders der Kulturarbeit. Ali

Ertan Toprak gibt Carolin Ries Auskunft, was Migrantenselbstorganisationen leisten können und wo sie an die Grenzen des bürgerschaftlichen Engagements kommen. Die Arbeit des Dachverbands Neue Deutsche Organisationen, dem seinerseits verschiedene Zusammenschlüsse von Deutschen mit Migrationshintergrund angehören, wird von Julia Mi-ri Lehmann und Ferda Ataman dargestellt. Sie unterstreichen, dass Menschen mit Migrationsgeschichte Werte und Fähigkeiten haben, mit denen sie tagtäglich einen Beitrag zum Zusammenleben leisten. Kenan Küçük wirbt für eine Gesellschaft, in dem jedem egal, wann und wie er in diesem Land sein Zuhause gefunden hat, mit Respekt und echter Beteiligung auf Augenhöhe begegnet wird. Im Gespräch mit Theresa Brüheim erläutert Christian Höppner, dass das bürgerschaftliche Engagement die Hefe im Teig der Gesellschaft ist und gerade kulturelle Integration den gesellschaftlichen Zusammenhalt stärkt. Boris Kochan und Ralph Habich unterstreichen die Bedeutung des bürgerschaftlichen Engagements für den sozialen Frieden in Deutschland. Anhand konkreter Beispiele veranschaulicht Alfons Hörmann, wie Integration durch Sport gelingt. Das ökologische Verhalten unterscheidet sich zwischen Nationen und Weltregionen. In Deutschland hat die seit mehreren Jahrzehnten aktive Umweltschutzbewegung dazu beigetragen, dass Umweltschutz und Umwelthandeln ein wichtiger Stellenwert eingeräumt wird. Neu ankommende Migranten haben diese Erfahrungen zu einem großen Teil nicht, was immer wieder zu vermeintlich kleinen, im Alltag aber auch großen Friktionen, beispielsweise beim Thema Mülltrennung, führen kann. Hubert Weiger setzt sich in seinem Beitrag hiermit auseinander und sieht die Umwelt- und Naturschutzverbände gefordert, entsprechend aktiv zu werden. Das feine Nervensystem der

Wohlfahrtsverbände ist Gegenstand der Diskussion zwischen Rolf Rosenbrock und Theresa Brüheim.

Kulturelle Integration – Neue alte Aufgaben für Kultureinrichtungen

Wenn über kulturelle Integration gesprochen wird, liegt auf der Hand, sich mit dem Beitrag von Kunst, Kultur, Kultureinrichtungen und kultureller Bildung hierzu auseinanderzusetzen. Ist es eine neue Aufgabe? Oder sind Kultureinrichtungen nicht immer gefordert, möglichst viele Menschen zu erreichen, egal welcher Herkunft? Oder muss stärker zwischen den Künsten im engeren Sinne und der Arbeit von Kultureinrichtungen differenziert werden? Die Autoren in diesem Kapitel geben aus unterschiedlichen Perspektiven Antworten auf diese und weitere Fragen. Ganz apodiktisch formuliert Deniz Utlu als Antwort auf die Frage, ob Kunst etwas leisten muss, dass Aufgaben Kunst aushöhlen. Er schreibt: »Kunst muss gar nichts. Sie kann aber über alles hinauswachsen«. Tanja Dückers hingegen ist der Meinung, dass Künstler und Intellektuelle einen Beitrag zur Integration leisten können und viele sich auch engagieren. Monika Grütters vertritt die Auffassung, dass der Beitrag von Kultureinrichtungen zum Gelingen kultureller Vielfalt stärker sichtbar werden muss und nennt konkrete Fördermaßnahmen als Beispiele. Susanne Keuchel befasst sich vor dem Hintergrund empirischer Erhebungen des »Interkulturbarometers« mit dem Handlungsfeld interkulturelle Bildung in klassischen Kultureinrichtungen. Sie benennt dabei sowohl gelungene Ansätze als auch Leerstellen. Ciçek Bacik stellt klar, dass in Deutschland seit über 50 Jahren Migranten nicht nur leben, sondern auch arbeiten und Steuern zahlen. Zur Realität der Einwanderungsgesellschaft sollte gehören, dass Künstler und Akademiker mit Migrationsgeschichte in Kultureinrichtungen arbeiten und ihre Arbeiten präsentieren. Bacik benennt, welche Fehlstellen diesbezüglich noch bestehen und fordert, diese zu schließen, damit ein neues Wir-Gefühl entstehen kann. Mit welchen Instrumenten die Kulturstiftung des Bundes die Öffnung von Kultureinrichtungen fördert, beschreibt Hortensia Völckers. Birgit Mandel macht auf bestehende Barrieren bei der Nutzung von Kultureinrichtungen aufmerksam und stellt Strategien für Teilhabe und kulturelle Vielfalt vor. Dorothea Kolland formuliert Handlungsempfehlungen für eine langfristige strukturelle Entwicklung des Kultursektors im Sinne von mehr Teilhabe und kultureller Vielfalt. Dass es nicht immer nur auf neue Vorhaben oder neue Programme ankommt, sondern auch auf die Sicherung der bestehenden kulturellen Infrastruktur veranschaulicht Monika Ziller am Beispiel der Büchereibusse, die wichtige Orte der Literaturversorgung und Leseförderung sind. Barbara Schleihagen unterstreicht dies in ihrem Beitrag »Der Spracherwerb ist der Schlüssel«, in dem sie auf Integration durch Bibliotheksarbeit eingeht. Das Spannungsfeld zwischen Kunst und stärkerer Öffnung von Kultureinrichtungen am Beispiel der Theater steht im Zentrum des Artikels von Rolf Bolwin. Seines Erachtens können Theater neue zusätzliche Aufgaben, gerade im Bereich der kulturellen Bildung und kulturellen Integration, übernehmen, doch müssen hierfür auch zusätzliche Ressourcen bereitgestellt werden. Wie Orchester Migranten entdecken und dass Integration dabei ein Nebeneffekt ist, ist Gegenstand des Beitrags von Gerald Mertens. Azadeh Sharifi fordert eine stärkere Beteiligung von Migranten an den Ressourcen der Theaterfinanzierung und zur Weiterentwicklung postmigrantischer Theaterkunst eine entsprechende Akademie. Anhand von konkreten Beispielen aus München schildert Malte Jelden wie sich das Theater mit den Biografien von Migranten befasst und diese theatralisch bearbeitet. Welchen Beitrag die Amateurtheater zur kulturellen Integration leisten, ist Thema von Stephan Schnell. Udo Dahmen arbeitet heraus, welche Relevanz interkulturelle Wirkungsfelder für die Populäre Musik haben. David-Emil Wickström stellt klar, dass deutsche Populäre Musik nicht nur »deutsche« Populäre Musik ist, sondern vielmehr Migranten einen wesentlichen Beitrag zur populären Musikszene leisten und daher ethnische, sprachliche oder geografische Zuordnungen obsolet geworden sind. Wie Museen sich in der Einwanderungsgesellschaft positionieren, ist Gegenstand des Beitrags von Volker Rodekamp und Dietmar Osses. Jutta Weduwen berichtet vom Projekt »Stadtteilmütter«, in dem sich Frauen mit Migrationshintergrund intensiv mit der deutschen Geschichte befassen. Sehr anschaulich schildert sie, wie intensiv und ohne Scheuklappen sich Migrantinnen in dem Projekt mit der deutschen Geschichte auseinandersetzen. Ulle Schauws sieht als besondere Herausforderung für die Erinnerungskultur, multiperspektivisch zu arbeiten. Sie fordert neue Instrumente der Erinnerungskultur ein, um auch mithilfe der Erinnerungskultur die Grundlagen für ein »neues Wir« zu schaffen. Christoph Cornelißen stellt dar, dass Erinnerungskultur nie statisch ist, sondern die Erinnerung stets in den aktuellen Kontext eingebettet ist. Erinnerungskultur ist daher immer Teil des aktuellen politischen und gesellschaftlichen Aushandlungsprozesses.

Aufgabe Bildung

In einer Einwanderungsgesellschaft ändern sich auch die Anforderungen an das Bildungssystem. Es besteht zum einen die Herausforderung, den Menschen, die nach Deutschland kommen, die entsprechenden Qualifikationen zu vermitteln und sie möglichst rasch in das deutsche Bildungssystem zu integrieren. Zum anderen werden sich in einer Einwanderungsgesellschaft Bildungsinhalte ändern. Dieses auch als eine Bereicherung und nicht nur als einen Verlust anzusehen, wird in diesem Kapitel thematisiert. Johanna Wanka spannt in ihrem Beitrag den Bogen von der Wissensvermittlung zur Persönlichkeitsbildung und sieht hier wichtige Herausforderungen für Integration durch Bildung. Als »eigentlich eine Selbstverständlichkeit« beschreibt Olaf Zimmermann die interkulturelle Bildung. Interkulturelle Bildung ist aus seiner Sicht eine Voraussetzung für weiteren wirtschaftlichen Erfolg in einer exportorientierten Einwanderungsgesellschaft. Rolf Witte stellt klar, dass die Zukunft in Deutschland multiethnisch und interkulturell ist. Hieraus ergeben sich veränderte Anforderungen an das interkulturelle Lernen in kulturpädagogischen Praxisfeldern. Welche Ansätze hierzu bereits bestehen, welche guten Beispiele existieren, wird kursorisch dargestellt. Kristin Bäßler zeichnet die Entwicklung von der Ausländerpädagogik Anfang der 1970er Jahre in Westdeutschland zu den aktuellen Diskussionen einer interkulturellen Bildung nach. Tom Braun nimmt die Kulturpolitik in die Pflicht, Angebote der kulturellen Bildung in der Einwanderungsgesellschaft zu fördern und den Aufbau von Strukturen zu ermöglichen. Christian Höppner fordert die Weiterentwicklung der Willkommenskultur zu einer Integrationskultur. Er sieht hier die kulturelle Bildung besonders gefordert, die aber auch entsprechend ertüchtigt werden muss. Kerstin Hübner und Kirsten Witt fragen, wie das »neue Wir« geht. Sie hinterfragen dabei die bestehenden Strukturen der kulturellen Bildung und sehen die Notwendigkeit, bestehende Komfortzonen zu verlassen und das Selbstbild zu reflektieren. Die schulische Integration von

Geflüchteten steht im Mittelpunkt des Beitrags von Udo Michallik. Er sieht hier neben den allgemeinbildenden Schulen insbesondere die Berufsschulen gefordert. Als eine große Chance für alle bezeichnet Horst Hippler die Integration von Geflüchteten in das Hochschulsystem. Damit dies gelingt, müssen die von ihm genannten entsprechenden Voraussetzungen geschaffen werden.

Rückhalt Religion

In vielen der Debatten um Migration oder Deutschland als Einwanderungsland wird Religion als Problem gesehen. Religion wird als ein Integrationshindernis beschrieben und allzu oft, speziell seit dem 11. September 2001, eine Gleichsetzung von ethnischer Herkunft und Religion vorgenommen. So werden Menschen aus dem Nahen Osten vor allem als Muslime beschrieben und statt ihrer geografischen oder gesellschaftlichen Herkunft wird ihre Religion in den Mittelpunkt gerückt. Hieraus entstehen vielfach Schieflagen in den Debatten, die von Populisten ausgenutzt werden. In diesem Kapitel wird ein Kontrapunkt gesetzt. Es geht darum zu zeigen, dass in der Fremde die Religion ein Ort des Rückhalts, der Heimat sein kann. Martin Affolderbach zeigt die Heimatfunktion von Religion am Beispiel von Migrationsgemeinden auf und geht dabei besonders auf die enge Verbindung von kulturellem und religiösem Leben ein. Josef Schuster erzählt im Gespräch mit Hans Jessen von den Erfahrungen jüdischer Gemeinden mit der Zuwanderung aus Russland in den 1990er Jahren. Er schildert, dass die Integration eine sehr große Aufgabe ist, für die ein langer Atem benötigt wird. Friedhelm Hofmann führt im Gespräch mit Hans Jessen aus, dass aus seiner Sicht die Voraussetzung für kulturelle Integration die Begegnung auf Augenhöhe ist. Amain A. Mazyek schildert im Gespräch mit Andreas Kolb den Beitrag der Moscheegemeinden zur Integra-

tion und spricht sich für ein »Fördern und Fordern« von Migranten aus. Nurhan Soykan befasst sich mit der Pluralität in Moscheen und ihren Integrationsleistungen.

Anhang

Im Anhang werden neben den 15 Thesen »Zusammenhalt in Vielfalt« der Initiative kulturelle Integration zu gesellschaftlichem Zusammenhalt und kultureller Integration aus dem Mai 2017 weitere Stellungnahmen des Deutschen Kulturrates zur kulturellen Integration veröffentlicht.

Insgesamt zeigen die Beiträge eine große Breite und Vielfalt der Debatten zum gesellschaftlichen Zusammenhalt. Der Rückgriff auf Beiträge seit dem Jahr 2006 veranschaulicht, dass es immer wieder Konjunkturen an Themen gibt. Zugleich wird deutlich, dass die Integrationsdebatte alle herausfordert, zu bestimmen, was eine plurale Gesellschaft ausmacht und was sie zusammenhält.

Viel Spaß bei der Lektüre!

1

Das Leid mit der Leitkultur

Mit Beiträgen von:

Petra Bahr, Klaus von Beyme, Burkhard Blienert, Thomas de Maizière, Max Fuchs, Hermann Glaser, Ludwig Greven, Hans Jessen, Norbert Lammert, Herfried Münkler, Claudia Roth, Georg Ruppelt, Kamilla Schröder, Bassam Tibi, Michael Wolffsohn und Olaf Zimmermann

Leitkulturstandards

Olaf Zimmermann — Politik & Kultur 2/2006

Die Hamas gewinnt die demokratischen Wahlen in den Palästinensergebieten. Welch ein Schock! Da hat besonders die Europäische Union – ganz im Sinne ihrer Leitkultur – auf demokratische Wahlen in den Palästinensergebieten gedrängt und dann wählt die Bevölkerung mehrheitlich die Partei, die gerade nicht für die vermeintlichen Werte europäischer Leitkultur stehen. Diese sind in diesem Fall hauptsächlich ein eindeutiger Gewaltverzicht und die unmissverständliche Anerkennung Israels.

Doch nicht nur die Hamas bestreitet uns das Recht, eine universelle Leitkultur zu definieren. Nur in einem Bruchteil der Staaten sind unsere auch im Grundgesetz verbrieften Leitkulturstandards wie Menschenwürde, Freiheit und Gleichheit verwirklicht.

»Die Würde des Menschen ist unantastbar. Sie zu achten und zu schützen ist Verpflichtung aller staatlichen Gewalt«, steht im Grundgesetz für die Bundesrepublik Deutschland (Art. 1, 1). Doch was die Würde ausmacht, kann nicht allein Gesetzestexten entnommen werden. Auch die Rechtsprechung liefert nur Anhaltspunkte. Gefüllt wird der hohe Anspruch des Grundgesetzes erst durch unser Menschenbild und von ihm abgeleitet durch unser Gesellschaftsbild. Beide, Menschen- und Gesellschaftsbild, sind hauptsächlich durch die Kultur geprägt.

Unsere Leitkulturstandards Menschenwürde, Freiheit und Gleichheit sind nicht universell anerkannt. Nicht alle Menschen, nicht alle Gesellschaften streben danach. Und wir haben nicht das Recht, unsere Leitkulturstandards als etwas allein seligmachendes in die Welt zu exportieren. Aber wir haben das Recht, die Standards in unserer eigenen Gesellschaft zu verteidigen.

Jede Kultur muss sich behaupten wollen, auch die unsrige. Der Begriff der Leitkultur ist ein Instrumentarium, um Position zu beziehen. Es geht nicht nur um die Beschreibung des kulturellen Zustands der Gesellschaft, sondern um die Beschreibung ihrer Ideale. Menschenwürde, Freiheit und Gleichheit sind auch in Deutschland nicht einfach nur staatlich garantierte Selbstverständlichkeiten, sondern müssen im kulturellen Kontext immer wieder neu bewiesen werden. Deshalb greift der von einigen geforderte »Verfassungspatriotismus« statt »Leitkultur« deutlich zu kurz. Gerade weil Deutschland ein Zuwanderungsland ist, muss sich die deutsche Gesellschaft, also alle in Deutschland lebenden Menschen, immer wieder neu vergewissern, welche Leitkultur diese Gesellschaft trägt.

Der Begriff der Leitkultur ist ein gewollter Begriff der Abgrenzung. Eine Kultur, die sich behaupten will, muss beschreiben, was

sie ausmacht und wo die Grenzen ihrer Offenheit überschritten werden. Kulturelle Unterschiede zu benennen, ist nicht nur ehrlich, sondern das Mindestmaß an Achtung
anderen Kulturen gegenüber. Der Begriff einer deutschen Leitkultur dagegen ist irre-
führend, weil er negiert, dass unsere Gesellschaft längst nicht mehr nur aus Deutschen
besteht und deshalb eine deutsche Leitkultur Teile der in Deutschland lebenden Menschen ausschließen würde.

Leitkultur ist ein Konglomerat aus Ge-
schichte(n), Tradition(en) und Religion(en).
Leitkultur muss letztlich einen klaren Standort beschreiben: wie viel Staat, wie viel Pressefreiheit, wie viel Achtung der Religionen
wollen wir. Nur eine Gesellschaft, die bereit
ist, sich in dieser schwierigen Gemengela-
ge auf einige kulturelle Fundamente zu einigen, wird ihre Kultur im Wettbewerb der
Kulturen behaupten können. Deshalb, finde
ich, ist eine Leitkulturdebatte unumgänglich.

Nachdenken über Leitkultur
Welche Verbindlichkeiten brauchen wir?

Norbert Lammert — Politik & Kultur 2/2006

Die Debatte zum Thema Leitkultur ist leichter zu verweigern als zu führen. Schon der Begriff ist schwierig, ganz sicher erklärungsbedürftig. Er sei »wie ein Pudding, den man an die Wand nageln« wolle, kommentierte der Politologe Peter Lösche und schlussfolgerte fix, eine solche Debatte habe mit den »tatsächlichen Problemen der Menschen« nichts zu tun. Und überhaupt verstehe jeder etwas anderes unter Leitkultur.

Diese Behauptung ist ganz sicher falsch. Bei der Debatte geht es ganz offensichtlich nicht um »kulturelle Folklore der Konservativen« (Volker Beck), sondern um die komplexen Probleme der Zuwanderung und Integration und die Bedingungen, unter denen sie gelöst werden oder misslingen. Über der reflexartigen Ablehnung des Begriffs wird häufig übersehen, dass jede Gesellschaft einen Mindestbestand an gemeinsamen Überzeugungen und Orientierungen braucht, ohne die ihre Regeln und ihre gesetzlichen Rahmenbedingungen auf Dauer keinen Bestand haben. Schon deshalb ist die Debatte wichtig: weil sie in Zeiten tiefgreifender Veränderungen nach vorne weist und Bindekräfte entfalten kann, weil sie sich mit der Frage auseinandersetzt, »welche Verbindlichkeiten eine moderne Gesellschaft in Zeiten wachsender Unverbindlichkeiten braucht« (Wolfgang Clement).

Eine Debatte über Leitkultur anstößig finden kann nur jemand, der kulturelle Differenzen für irrelevant erklärt. Doch es wäre nicht ehrlich, solche Differenzen zu bestreiten, und nicht sachgerecht, ihre Bedeutung zu verniedlichen. Leitkultur bedeutet, dass nicht alles, was kulturell begründet oder begründbar ist, in gleicher Weise gelten kann: Der Anspruch auf Vorrang des Mannes und der Anspruch auf Gleichberechtigung der Frau können ebenso wenig gleichzeitig gelten wie der Anspruch auf körperliche Unversehrtheit und der Anspruch auf Verstümmelung von Gliedmaßen als staatlich verhängte Strafe. Der Anspruch auf unmittelbare Geltung religiöser Gebote und der Anspruch auf unabdingbare Durchsetzung staatlicher Gesetze schließen sich gegenseitig ebenso aus wie die jeweils kulturell-historisch begründeten Vorstellungen auf weitgehende Verbindung von Staat und Kirche bzw. umgekehrt der weitgehenden Trennung von Kirche und Staat.

Um Fehldeutungen vorzubeugen: Ich rede ausdrücklich nicht von der »deutschen« Leitkultur. In dieser Konnotation kann der Begriff nur falsch sein. Deutsch ist in diesem Kontext die Sprache, nicht mehr und nicht weniger. Aber dass es eine historisch gewachsene, das gesellschaftliche und politische Leben prägende »Leitkultur in Deutschland« gibt, ist offensichtlich und notwendig. Kurt Biedenkopf hat es auf den Punkt gebracht: »Wenn Deutschland multikulturell sein und dennoch seine Identität nicht verlieren soll, braucht es bei allen verschiedenen kulturellen Ausprägungen einen roten Faden, eben eine Leitkultur.« Die Integration von Menschen anderer Herkunft, Religion und Kultur kann nur in einem verbindlichen Rahmen von Werten und Regeln gelingen, die nicht zur Disposition stehen. Soweit die nötige Debatte überhaupt geführt wurde, ist zu Recht darauf hingewiesen worden, dass die in Deutschland für jedermann, keineswegs nur für die deutschen Staatsbürger geltenden Werte, Rechte, Pflichten im Grundgesetz formuliert sind: Menschenrechte, freie Entfaltung der Persönlichkeit, Gleichheit vor dem Gesetz, Gleichberechtigung der Frau, Freiheit von Wissenschaft, Kunst und Kultur, Toleranz für fremde Überzeugungen, Freiheit religiöser Betätigung. Dennoch greift der offenbar weniger anstößige Begriff des Verfassungspatriotismus im Ergebnis zu kurz. Verfassungen fallen nicht vom Himmel und werden dort auch nicht konserviert, wenn die Zeiten auf Erden turbulent sind. Kultur ist die Voraussetzung einer Verfassung: Letztere setzt in rechtliche Ansprüche um, was historisch-kulturell gewachsen ist. Bestand können Rechte nur haben, wenn ihre kulturelle Grundlage nicht erodiert. Die im Grundgesetz auf dieser Basis gewachsenen Grundrechte sind Bedingungen für freiheitliches und friedliches Zusammenleben. Das Konzept einer multikulturellen Gesellschaft, in dem alles nebeneinander und nichts wirklich gilt, ist eine solche Grundlage nicht. Es ist deshalb auch kein Konzept, sondern ein Befund. Tatsächlich leben wir in einer multikulturellen Gesellschaft, die ihre unvermeidlichen Konflikte nur bewältigen kann, wenn sie verbindlich weiß, was gilt – auch und gerade bei unterschiedlichen Orientierungen und Überzeugungen.

Weit über sieben Millionen Ausländer leben gegenwärtig in Deutschland. Und die meisten von ihnen leben deswegen in Deutschland, weil sie sich hier nicht nur wirtschaftlich besser stehen, sondern auch toleranter behandelt fühlen als in ihren Herkunftsländern. Ein Großteil von ihnen empfindet gerade das, was sie über wirtschaftliche Verhältnisse und soziale Regelungen hinaus in der Bundesrepublik vorfinden – nicht nur Verpflichtungen, sondern auch Rechtsansprüche, die die Verfassung garantiert – als eine große Attraktion des Landes, in dem sie leben. Deswegen muss gerade im Interesse der Aufrechterhaltung dessen, was als unverzichtbar und unaufgebar erscheint, die Kultur als Voraussetzung und Grundlage des Zusammenlebens von Deutschen wie Ausländern verstanden werden.

Es gibt Regionen in Deutschland, wie etwa das Ruhrgebiet, die ohne den über Jahrzehnte kontinuierlich stattfindenden Zuwanderungsprozess überhaupt nicht hätten entstehen können, jedenfalls nicht zu der wirtschaftlichen Bedeutung gekommen wären, die sie seit Jahrzehnten haben. Im Ruhrgebiet haben die Menschen vielleicht stärker als anderswo das Zusammenleben von Menschen unterschiedlicher Herkunft, unterschiedlicher Nationalität, zum Teil auch unterschiedlicher Kulturen über Generationen trainiert. Deshalb kann man hier zwei Erfahrungen in gleicher Weise sehr gut belegen: zum einen, dass Zuwanderung keineswegs nur eine Belastung, sondern eine erhebliche Bereicherung für Gesellschaften und für Regionen über die Wirtschaft hinaus darstellt, zum anderen, dass unbeschadet dieser Bereicherung sich daraus Probleme, auch Belastungen ergeben. Es hat keinen Sinn, das eine gegen das andere auszuspielen. Schließlich gibt es auch Integrationsgrenzen, die man nicht übersehen darf. Wenn diejenigen, die integriert werden sollen, selbst dazu nicht bereit sind, oder diejenigen, die dort leben, nicht bereit sind, Zuwanderer aufzunehmen, funktioniert trotz aller Appelle ein solcher Prozess nicht. Integration erfordert offensichtlich mehr als den selbstverständlichen Respekt vor den Gesetzen des Landes: Sie setzt eine wechselseitige Bereitschaft und Aufgeschlossenheit für Traditionen, Sitten, Gewohnheiten voraus, die als Alltagskultur erlebt und gelebt werden.

Zentrales, weil wichtigstes Integrationsmittel ist die Sprache: Überall lässt sich die Erfahrung machen, dass es zu Gruppenbildungen kommt, bei denen die Homogenität der Herkunftssprache zu einer faktischen Abschottung von Ausländern gegenüber der Gesellschaft führt, in der sie leben. Dies ist objektiv integrationshinderlich. Wer dauerhaft in Deutschland leben will, muss die deutsche Sprache erlernen. Über dieses Mindestmaß an Leitkultur gibt es bemerkenswerter Weise keinen Streit mehr. Denn Sprachkompetenz bestimmt wesentlich Erfolg oder Misserfolg in Ausbildung und Beruf und entscheidet damit über die Lebens- und Integrationschancen der hier lebenden Ausländer.

Jedes Nachdenken über Leitkultur ist immer auch ein Nachdenken über Europa, seine Kultur und seine Geschichte. Wenn ein Europa der Vielfalt nationale Identitäten bewahren und dennoch eine kollektive Identität entwickeln soll, braucht es eine politische Leitidee, ein gemeinsames Fundament von Werten und Überzeugungen. Eine solche europäische Leitidee bezieht sich notwendigerweise auf gemeinsame kulturelle Wurzeln, auf die gemeinsame Geschichte, auf gemeinsame religiöse Werte und Traditionen. Dieses vereinende Fundament bleibt konstitutiv für die europäische Identität: Europa ist mehr als ein Kontinent, mehr auch als ein Zusammenschluss von Nationalstaaten und mehr als eine Wirtschaftsgemeinschaft. Europa ist eine Idee, eine Gesinnung, eine bestimmte Sichtweise vom Wesen des Menschen, von Gesellschaft und Welt, eine Wertegemeinschaft – trotz und wegen der Krisen in seiner Vergangenheit und Gegenwart. Eine schlüssige Antwort auf die Frage, was und wohin wir in einem vereinten Europa wollen, ist freilich nur als gemeinsame Anstrengung zu haben. Und das heißt, nicht nur die Herausforderungen zu definieren, vor denen Europa steht, sondern auch Lösungsansätze auf Grundlage der ideellen Gemeinsamkeiten zu entwickeln. Die Bewahrung der einzigartigen sozialen Dimension Europas durch Erneuerung und Weiterentwicklung des europäischen Sozialstaatsmodells wäre in diesem Zusammenhang eine der dringendsten Aufgaben, nicht weniger als die Entwicklung eines demokratischen, transparenten und funktionsfähigen politischen Systems in der EU.

Die lange verdrängte Leitkulturdebatte in Deutschland und die Suche nach einer europäischen Leitidee sind eng miteinander verbunden. Beide Diskussionen haben eine entscheidende Gemeinsamkeit: Sie zu führen und zu Ergebnissen zu bringen, die eine hohe Verbindlichkeit haben und breite Akzeptanz finden, ist von überragender politischer und sozialer Bedeutung. In Deutschland geht es nicht nur um die Sicherung von Wettbewerbsfähigkeit, sondern zugleich um die Ermöglichung eines solidarischen Ausgleichs vor dem Hintergrund der demografischen Entwicklung. In Europa geht es um die Frage nach seiner Zukunft als ein Entwurf für Freiheit, Gleichheit und Brüderlichkeit, als Hort des Wohlstands, des Friedens, der Sicherheit. Für eine solche Zukunft lohnt sich jede Anstrengung, schon gar eine breite und gründliche Debatte darüber, was dieses Land und diese europäische Gemeinschaft im Innern zusammenhält.

Eine unnötige Debatte oder was gehört zur Kultur?
Kulturpolitik sollte sich nicht mit der Diskussion um Leitkultur belasten

Klaus von Beyme — **Politik & Kultur 2/2006**

Der Begriff »Leitkultur« wird vielfach gegen die Zerfaserung des Gemeinwesens in einem Bild der multikulturellen Gesellschaft beschworen. Die USA – sonst gern als Vorbild für deutsche Probleme mit der Wirtschaft oder dem Bildungssystem gefeiert – versagen als Modell in diesem Fall, denn sie waren schon immer jene multikulturelle Gesellschaft, die mit der Beschwörung einer Leitkultur verhindert werden soll. Im amerikanischen Emblem stand »e pluribus unum« – aus der Vielfalt die Einheit. Aber diese Formel konnte nicht verdecken, dass der angeblich Sprachen- und Nationalitäten-blinde Staat vielfach unter seiner neutralen Binde hervorblinzelte. Im Federalist-Paper Nr. 2 unterstellte Jay, dass die Amerikaner ein Volk seien, »das von den gleichen Vorfahren abstammt, die gleiche Sprache spricht, sich zur gleichen Religion bekennt, Bindungen an die gleichen Prinzipien des Regierens hat und sehr ähnlich in Verhaltensweisen und Bräuchen ist«.

Die Fähigkeit des Deutschen, umstrittene abstrakte Substantive zu bilden, fehlt der englischen Sprache. Aber eine Art Leitkultur wurde unterstellt. Sie wurde aber nicht nur an der gemeinsamen Sprache festgemacht, sondern erstaunlich früh in einer Art »Verfassungspatriotismus« mit freiheitlichen politischen Prinzipien in Zusammenhang gebracht. Die USA haben im Bereich der politischen Symbole durchaus eine Art ritualisierter Kulturpolitik verfolgt – vom Fahnenklamauk bis zum Absingen der Nationalhymne nach jeder Kino-Vorstellung. Aber eine Kulturpolitik im europäischen Sinne, die vom Zentralstaat gelenkt wurde, gab es nicht vor dem New Deal in den 1930er Jahren und ist nach der Erfahrung geringer Akzeptanz im Volk mit dem Experiment Präsident Roosevelts noch heute vergleichsweise unterentwickelt.

Ein Gegenmodell stellte Frankreich dar, das Land, welches über lange Zeit die meisten Ausgaben für eine nationale Kulturpolitik aufwies. Immer wurde auch eine Art Leitkultur dabei gefördert, auf der Basis von Republikanismus und Laizismus. Obwohl die muslimischen Franzosen sprachlich weit besser integriert erscheinen als die Türken in Deutschland, hat paradoxerweise der strikte Laizismus zu noch größeren Konflikten mit den muslimischen Minderheiten geführt als in Deutschland.

Deutschland hat nach seiner späten Einigung in einen Nationalstaat – und in der Romantik vor diesem Zeitpunkt – immer auch kulturelle Nationalbewegungen hervorgebracht. Die historistische Gesinnung, die sich in der Fertigstellung historischer Bauten (Kölner Dom) oder im Wiederaufbau malerischer Ruinen (Hochkönigsburg, Stolzenfels, Marienburg, Heidelberger Schloss) niederschlug, wurde von großen Teilen des Bürgertums getragen. Ein Goethe-Kult entwickelte integrative Bildungsstimmungen. Nicht immer waren diese staatsfromm: Die Finanzierung von über hundert Bismarcktürmen nach dem Sturz des »eisernen Kanzlers« durch große Teile des Bürgertums richtete sich auch gegen die wilhelminische Selbstherrlichkeit. Gleichwohl hat der historistische Enthusiasmus der Deutschen Ende des 19. Jahrhunderts keinen Anstoß daran genommen, dass ein angeblich deutscher romanischer Stil erfunden wurde und als eine Art integrative Reichsarchitektur die öffentlichen Bauten vom Schloss in Posen und den Bahnhöfen von Metz bis Elbing zierte.

In den Umfragestudien zur politischen Kultur liegt Deutschland bei der Frage nach dem Nationalgefühl in der Regel im internationalen Vergleich weit hinten. Der Eurobarometer der EU hat in den 1990er Jahren in Deutschland gelegentlich geringeren Stolz auf die Nation festgestellt als in Belgien, wo die Frage auftauchte, ob dort nicht längst zwei Nationen lose nebeneinander lebten. Das belgische oder kanadische und zunehmend das spanische Beispiel zeigt freilich, dass die Kultur weitgehend vom Nationalbewusstsein abgekoppelt werden kann, obwohl die meisten Forscher sich einig sind, dass ein bloß kognitiv-rationaler Verfassungspatriotismus für einen nationalen Zusammenhalt nicht ausreicht. Die frühen vergleichenden Studien zur politischen Kultur von Almond und Verba in den USA haben bereits gezeigt, dass die Deutschen nach zwei Weltkriegen weniger auf ihre politischen Einrichtungen als auf ihre prosperierende Wirtschaft und ihre Kultur stolz waren. Seit die Wirtschaft nicht mehr blüht, hat der Verfassungspatriotismus an Boden gewonnen. Aber er motiviert noch immer nur etwa ein Viertel der Be-

fragten und ca. ein Fünftel empfinden sich als »postnational«. Die »traditionale Mehrheit« macht noch immer die knappe Hälfte aus. Dabei muss berücksichtigt werden, dass die Deutschen – nach den Belgiern und Spaniern – sich noch immer zu etwa einem Viertel mehr mit ihrem Bundesland als mit dem Nationalstaat identifizieren.

Welche Rolle kann staatliche Kulturpolitik zur Integration von Alt- und Neubürgern spielen? Zunächst muss berücksichtigt werden, dass es in einem Bundesstaat keine einheitliche Kulturpolitik geben kann. Wenn es sie gäbe, würden die Parteien sich schwerlich auf eine Leitkultur einigen können. Der leicht militärische Klang des Begriffs schreckt nicht nur die Linke ab. Die Kulturpolitik wird in Deutschland zu 90 Prozent etwa je zur Hälfte von Ländern und Gemeinden finanziert. Die Föderalismusreform wird diesen Residualbereich neben der Bildung bei den Ländern – für ihren Verzicht auf Mitwirkungsrechte und »Politikverflechtung« auf Bundesebene – eher noch stärken. Länder und Gemeinden haben seit 2001 abnehmende Mittel für Kulturpolitik einzusetzen. Der Blick richtet sich weg von der staatlichen Subventionierung hin zu dem, was euphemistisch »Kreativwirtschaft« genannt wird, auch wenn Bundeskanzlerin Merkel in ihrer Regierungserklärung den erfreulichen Satz aufnahm, dass Kulturförderung für die neue Bundesregierung keine »Subvention« darstelle, sondern »eine Investition in ein lebenswertes Deutschland«.

Die Knappheit der Mittel zwingt gleichwohl zunehmend zur Reflexion, welche Ziele Kulturpolitik verfolgen soll und welche Bevölkerungsschichten für ein Engagement in der Kultur gewonnen werden können. Auch nach der endlich beschlossenen Fusion von Bundeskulturstiftung und Kulturstiftung der Länder wird befürchtet, dass neben festgelegten Zielen wie »Documenta«,

»Berlin Biennale«, »Ensemble Modern«, »Donaueschinger Musiktage« oder »Festival Transmediale« sich in der Breite verlierende Suchbewegungen die Flucht ins Avantgardistisch-Experimentelle antreten könnten (Wefing in FAZ 8.7.2004). In der auswärtigen Kulturpolitik hat der Bund die Pathosformel »deutsche Kultur« längst durch den Werbeslogan »Kultur aus Deutschland« ersetzt und die kann nur pluralistisch und keine »Leitkultur« sein. Die Zeiten, als man »tausend Blumen« der Soziokultur blühen lassen konnte, sind vorbei, auch wenn die »Soziokultur« nicht so gescheitert ist, wie man in der Ära der »Kreativwirtschaft« gelegentlich unterstellt. Amerika – in diesem Bereich der Kulturpolitik ausnahmsweise ein Vorbild – hat zunehmend den Missstand diskutiert, dass die Dominanz einer privatisierten Kulturförderung eine modisch nivellierte und keineswegs diversifizierte Politik fördern wird (Mulcahy 2003). Ein völliger Rückzug des Staates aus der Kulturpolitik ist nicht in Sicht. Deutsche Spielstätten haben 2003/04 nur zwischen 8,6 Prozent und 24 Prozent (Berlin und Hamburg) der Kosten eingespielt. Thüringen – einst Paradebeispiel deutscher Kleinstaaterei, deren positive Seite eine hohe Dichte von Kultureinrichtungen darstellt – liegt mit einem staatlichen Zuschuss von 124 Euro pro Besucherkarte an der Spitze. Die Kulturförderung bleibt notwendigerweise auf Elitenkultur zugeschnitten. Eine kleine Großstadt wie Heidelberg gibt 43 Prozent für sein Theater aus, eine größere Großstadt wie Mannheim sogar 55 Prozent. Angesichts des Übergewichts der traditionellen Einrichtungen bleiben für »sonstige Kulturpflege« mit ihren experimentellen Möglichkeiten in beiden Städten 8,4 Prozent der Kulturausgaben übrig. Gottfried Benns historisches Diktum, der Staat fördere immer nur zweitrangige Kultur wie »Charleys Tante« oder »Weißes Rössl«, war schon damals falsch und wird bei der Rekonventionalisierung des Repertoires zur Verminderung der Abhängigkeit von Staatszuschüssen täglich falscher. Aber Verdrängungswettbewerbe werden härter. Nicht nur Grüne Stadträte haben immer wieder Prioritäten für die Kindertagesstätten im Vergleich zu den etablierten Kultureinrichtungen mit ihrer »Staatstheatergesinnung« angemahnt. Kulturgüter gehören noch nicht zum Tafelsilber, das für die Stopfung von Haushaltslöchern in Betracht kommt, wie Eisen- oder Autobahnen. Aber es erregte bereits Argwohn, wenn ein Bundesland wie Hessen Kulturgüter monetär einzuschätzen begann (FAZ 28.11.2002). Falls die Marktbereinigung nicht zu weit getrieben wird, misst man den verbliebenen Rest an den »Wünschen des Volkes«. Eine Umfragestudie aus den 1990er Jahren zeigt noch eine eher traditionelle Einstellung auf die Frage, was zur Kultur gehört (Goethe 79 Prozent, Mozart 76 Prozent, Picasso 63 Prozent, Volkslieder 56 Prozent, Fastnacht 21 Prozent, aber Rock immerhin 12 Prozent und Graffiti oder Fernsehen 9 Prozent). Die politisierte Leitkulturdebatte wird im Kampf um Fragebögen für Einbürgerungsbewerber sicher noch eine Weile weiter köcheln. Sie ist allenfalls im Bereich der Werte konsensfähig, die durch den Begriff »Verfassungspatriotismus« abgedeckt wird. Als kultureller Aspekt wird sicher eine gewisse Sprachbeherrschung unverzichtbar sein, nicht aber eine inhaltliche Bestimmung dessen, was Neubürger von der dominanten Kultur in der Gesellschaft akzeptieren müssen. Türkische Neubürger werden außer in der Schule schwerlich Goethe lesen. Es wäre schon gut, wenn sie wenigstens Pamuk zur Kenntnis nähmen. Die staatliche Kulturpolitik hat schwere Zeiten vor sich. Sie sollte sich nicht noch mit der Debatte um die Leitkultur belasten.

Leitkultur, kulturelle Vielfalt und die Politik
Über Containerbegriffe

Max Fuchs — **Politik & Kultur 2/2006**

Über Vielfalt, speziell über kulturelle Vielfalt kann man offenbar leichter sprechen als danach handeln. Zumal nunmehr auch noch eine UNESCO-Konvention die »Vielfalt« schützen soll und zur Ratifizierung ansteht. Akzeptiert man Vielfalt, dann sollte es offenbar keine solche sein, bei der alles gleichwertig ist. Es muss schon ein besonders wichtiges Element gefunden werden, das eine Leitfunktion gegenüber den anderen hat, in irgendeiner Weise also die Richtung vorgibt. Wo Vielfalt ist, findet man auch Unterschiede.

Entgegen der alltäglichen Sprache, wo man recht oft und vollmundig von kultureller Integration spricht, von Brücken, die kulturelle Arbeit schlägt, ist gerade Kultur vor jeder Herstellung von Einheit zunächst einmal die Anerkennung von Unterschieden. Dies war bereits bei Herder am Ende des 18. Jahrhunderts so. Herder verdanken wir die bahnbrechende Erkenntnis, dass die Menschen auf recht unterschiedliche Weise menschlich leben können. Bahnbrechend war das damals, weil man mit aller Selbstverständlichkeit davon ausgegangen ist, dass es für den zivilisierten Menschen nur eine einzige angemessene Lebensform geben könne, die europäische nämlich. Oberstes »humanes« Ziel konnte es daher höchstens sein, den Rest der Welt an diese Lebensweise heranzuführen,

zu ihrem eigenen besten, versteht sich. Um diese Unterschiede zu benennen, hat Herder den Kulturbegriff in die Sprache der Gebildeten eingeführt. Wer dies bloß für Geschichte hält, sollte sich daran erinnern, wie viele unserer gegenwärtigen Konflikte auch als Kampf um spezifische Lebensweisen verstanden werden können.

»Kultur«, so T. Eagleton (Was ist Kultur? Münch 2001, S. 182), »ist nicht nur das, wovon wir leben. In erheblichem Maße ist es auch das, wofür wir leben. Liebe, Beziehung, Erinnerung, Verwandtschaft, Heimat, Gemeinschaft, emotionale Erfüllung, geistiges Vergnügen, das Gefühl einer Sinnhaftigkeit ...«. Es geht also um die wichtigsten Ziele und Inhalte unseres Lebens, zu denen wir eine starke emotionale Bindung haben. Genau dies ist die exakte Definition dessen, was man Werte nennt. Gemeinsame Werte verbinden sicherlich. Aber es hat jeder ganz eigene Vorstellungen davon, wie sein »Projekt des guten Lebens« zu gestalten sei. Spätestens seit den fulminanten Studien von Pierre Bourdieu in den 1970er Jahren kann man gar nicht mehr ignorieren, wie stark Kultur und speziell ästhetisch-kulturelle Praxisformen und Rezeptionsweisen die Menschen trennen. »Die feinen Unterschiede«, so der Titel seines wichtigsten Buches, kommen nicht nur wesentlich durch Kultur zustande, sie sorgen auch dafür, dass letztlich jeder an seinem Platz in der Gesellschaft bleibt und sich diese daher in ihrer Grundstruktur wenig ändert. Den einen freut dies, den sozialistischen Politiker Bourdieu hat diese Erkenntnis des Soziologen Bourdieu am meisten aufgebracht. Natürlich lässt sich in diesem Verständnis von Gesellschaft eine »Leitkultur« identifizieren: Es ist nicht die Kultur der Vielen, also die Mehrheitskultur, es ist vielmehr die Kultur der Leitenden, der Eliten, die den Ton angeben. Eine englische Übersetzung dieses Begriffs zeigt dies klarer als das deutsche Original: command culture.

Doch bleiben wir noch ein Stück weit auf der Ebene der Kulturtheorie. Die UNESCO ist zwar auch eine politische Organisation. In ihren kulturpolitischen Aussagen bewegt sie sich jedoch immer auf einem aktuellen Stand der Theoriedebatten. Dies gilt insbesondere für die Kulturpolitik. Sehr präzise beschreibt es die ehemalige stellvertretende Direktorin, die anerkannte Sozialanthropologin Lourdes Arizpe, im Vorwort zum zweiten Weltkulturbericht mit dem für uns hochrelevanten Titel »Cultural diversity, conflict and pluralism«: Kulturen, so heißt es da, sind nicht länger die festen, begrenzten, kristallisierten Behälter (»Container«), als die man sie früher betrachtet hat. Sie sind vielmehr zum einen ständig im Prozess, zum anderen im ständigen Austausch. Arizpe verwirft daher sogar das Bild von den Kulturen als einem Mosaik, obwohl es doch sehr schön zum Ausdruck bringt, wie aus der Vielzahl von Verschiedenem ein Ganzes entsteht, denn es ist zu statisch. Sie verwendet stattdessen das Bild eines Flusses. Es ist sicherlich kein Zufall, dass Ulrich Beck ebenfalls immer wieder auf »Containerbegriffe« zu sprechen kommt, wenn er falsche Gesellschaftskonzepte kritisiert: »Staat«, »Identität« und eben auch »Kultur« werden immer wieder so verwendet, als ob es sich um feste, abgrenzbare Din-

ge handele. Gerade für Kultur taugt ein solcher Containerbegriff nicht, da sie – so informiert der Kulturdiskurs in allen relevanten Disziplinen – im Modus des Interkulturellen entsteht. Kultur ist eben immer ein Amalgam von Kulturen und der Mensch somit – so wieder Herder – ein »Lehrling der ganzen Welt«.

Falsche Begriffe, so die Einsicht, führen zwangsläufig zu falscher Erkenntnis und zu falscher Politik. Nun ist sie also wieder da, die Leitkulturdebatte. Man mag nun einwenden, dass die Pluralität der Kulturen, ihre Dynamik und das Interkulturelle nicht im Widerspruch dazu steht. Vielleicht gelingt in der Tat eine Schreibtischdefinition, die dies leistet. Nur: Im politischen Alltagsgebrauch wird doch eher der Containerbegriff verwendet. Und dieser ist verbunden mit der Vorstellung, dass man weiß, was die deutsche Leitkultur ist. Sogar auf einer Tagung der Kulturpolitischen Gesellschaft zur Interkultur wurde diese Vorstellung prominent vorgetragen: Erst wenn die Zuwanderer ihren (unseren!) Bach und Schiller kennen, erst wenn wir sie alle in den Theatern und Konzerthäusern finden, ist ihre Integration abgeschlossen. Ganz so, als ob es nicht (mindestens) 70 bis 80 Prozent Deutschstämmige gäbe, die weder mit Schiller und Bach noch mit Theatern und Konzerthäusern etwas anfangen können. Schlecht ist die Idee eines allseitig akzeptierten Kultur-Kanons ja nicht. Doch zustande kommen wird er nie, auch wenn ihn einige selbstgewiss zu kennen glauben.

Diesen Kulturausschnitt betrifft jedoch nur ein Teil der Debatte um eine Leitkultur. Zu einem wesentlichen Teil geht es nämlich auch darum, zum einen die alltäglichen notwendigen Kompetenzen – etwa die Landessprache – hervorzuheben. Zum anderen sind es die bereits oben erwähnten Werte, so wie sie sich gerade in der europäischen Tradition zu den Menschenrechten verdichtet haben: quasi als Ertrag der Anstrengungen vieler humanistischer Denker. Dies war es auch, was der Politikwissenschaftler Bassam Tibi, der »Erfinder« der Rede von der Leitkultur, gemeint hat: die basalen europäischen Werte der Freiheit, der Gerechtigkeit, der autonomen Lebensgestaltung (so aktuell in H. Joas/K. Wiegand (Hg.): Die kulturellen Werte Europas. Fischer 2005). Diese Diskussion macht Sinn, allerdings zunächst einmal in kritischer Hinsicht. Denn wie zeigt sich das Selbstverständnis als Wertegemeinschaft bei der Nato, wenn man über Jahrzehnte Diktaturen wie Griechenland, Spanien oder Portugal gut hat dulden können? Wo zeigen sich die Menschenrechte in der EU bei so basalen Dingen wie den Agrarsubventionen, bei denen – wie zuletzt bei den WTO-Verhandlungen in Hongkong – immer wieder darauf aufmerksam gemacht wird, dass sie erhebliche Schuld an der Armut der Länder in Asien, Afrika und Südamerika tragen. Über Werte lässt sich gut reden. Und gerne suggeriert man, dass die »europäischen Werte« bereits eine empirische Beschreibung der Realität seien. Dies sind sie jedoch nicht. Bestenfalls sind sie eine kritische Messlatte, an der man den Alltag gerade der Ausgegrenzten, Vernachlässigten und Marginalisierten messen muss. Eine Leitkultur der Werte wird also leichter beschrieben und behauptet als realisiert. Denn wenn – wie oben gesagt – sich Werte von Normen durch ihre starke emotionale Besetzung unterscheiden, dann lässt sich dies gerade nicht erzwingen. Zwar kann man einige abendländische Bekenntnisse in Fragebögen packen und bei der Einbürgerung abfragen. Doch erhält man so eher eine Leitkultur des Examinierens und Disziplinierens.

Wie weiter also mit dieser Debatte? Wenn es darum geht, kulturelle Grundkompetenzen für Zuwanderer zu formulieren, so sollte man dies tun und die Erwartungen klar benennen. Man muss dann allerdings auch Möglichkeiten bereitstellen, dass diese erworben werden

können. Der Begriff der Leitkultur ist hierbei wenig hilfreich, er weckt vermutlich eher falsche Assoziationen. Will man über europäische Werte sprechen, so ist auch dies sinnvoll. Jürgen Habermas (Der gespaltene Westen, 2004, S. 49 f.) hat seinerzeit in seinem von vielen wichtigen Intellektuellen mitgetragenen Memorandum zum völkerrechtswidrigen Krieg im Irak sieben solcher identitätsstiftenden Orientierungen genannt: Säkularisierung, die starke Rolle des Staates gegenüber dem Markt (Sozialstaatsprinzip), Solidarität vor Leistung, Technikskepsis, Bewusstsein über die Paradoxien des Fortschrittes, Abkehr vom Recht des Stärkeren, Friedensorientierung aufgrund von Verlusterfahrungen. Dabei geht es gerade nicht darum, diese zum Teil provokativen Vorschläge einfach zu oktroyieren, sondern sie kritisch zu diskutieren. Eine solche Debatte über unser Selbstverständnis als Bürger, als Parteien und Organisationen, als Staat oder Staatengemeinschaft ist notwendig und sinnvoll. Aber auch hier: Diese Debatte unter dem irreführenden Begriff der Leitkultur führen zu wollen, befördert sie gerade nicht, sondern lockt sie eher in eine selbstgewisse Sackgasse. »Kultur«, so könnte es auch die nationale Politik allmählich lernen, ist wenig geeignet für Debatten, die schon von der Begrifflichkeit her nur einen Weg in den Container zulassen. Eine humane und weltoffene Politik ist damit ebenso wenig zu machen wie die Anregung weiterführender Debatten, wenn die Leitkategorie der Debatte deren Ergebnis schon vorwegzunehmen scheint.

Deutsche Leitkultur und deutsche Unkultur
Im Nachgang zum Schillerjahr 2005

Hermann Glaser — Politik & Kultur 2/2006

Als der Mai 1945 gekommen war und die furchtbare Bilanz des Dritten Reiches zumindest dem Einsichtigen deutlich wurde, wandte sich Thomas Mann aus dem amerikanischen Exil – am 10. Mai, also zwei Tage nach der bedingungslosen Kapitulation der deutschen Wehrmacht – über BBC an die deutschen Rundfunkhörer. Die große historische Stunde, die Niederwerfung des nationalsozialistischen Regimes, könnte trotz tiefster Demütigung des eigenen Landes in der Rückkehr Deutschlands zur Menschlichkeit bestehen; sie sei hart und traurig, weil Deutschland sie nicht aus eigener Kraft herbeiführen konnte; furchtbarer, schwer zu tilgender Schaden sei dem deutschen Namen zugefügt und die Macht verspielt worden. »Aber Macht ist nicht alles, sie ist nicht einmal die Hauptsache und nie war deutsche Würde eine bloße Sache der Macht. Deutsch war es einmal und mag es wieder werden, der Macht Achtung, Bewunderung abzugewinnen durch den menschlichen Beitrag, den freien Geist.«

Kultur wird als eine innere Kraft empfunden, die der äußeren Macht mit ihren möglicherweise überheblichen Ansprüchen Einhalt zu bieten, sie auf die Einhaltung ihrer Grenzen hinzuweisen und damit eine Gleichgewichtigkeit zwischen Aktuell-Notwendigem und Essentiell-Gleichbleibendem herzustellen vermag. Kultur gibt das »Geleit« zum richtigen Denken wie Handeln und verhindert so, dass ein Staat, eine Gesellschaft sich »furchtbaren, schwer zu tilgenden Schaden« zufügt.

Generell wäre daraus abzuleiten, dass »Leitkultur« an sich ein pleonastischer Begriff ist. Kultur ist immer, wenn man sie nicht mit Zivilisation gleichsetzt, bestimmt durch einen Orientierungsanspruch: sozusagen »Depot« für Leitideen und Leitbilder, die bald imperativisch, bald konjunktivisch, meist optativisch vermittelt werden. Immanuel Kants Aufforderung: Sapere aude! Habe Mut Dich Deines eigenen Verstandes zu bedienen (zentrales Diktum des aufklärerischen Leitbildes) klingt rigoristischer als Goethes menschlicher Wesensart vertraute Wunschform: »Edel sei der Mensch, / hilfreich und gut! / Denn das allein / unterscheidet ihn / von allen Wesen, / die wir kennen.«

Seine in solcher Maxime das »Göttliche« erahnende Überzeugung unterscheidet sich von Bertolt Brechts Ethos einer »natürlichen Immanenz«: »Daß das weiche Wasser in Bewegung / mit der Zeit den mächtigen Stein besiegt. / Du verstehst, das Harte unterliegt!« Aber wie auch immer kulturelle Botschaften, Aufträge, Mahnungen, Forderungen, Hoffnungen formuliert sind – als Gebote, Bitten oder Vorschläge –, sie haben einen normativen Kern, wollen anleiten und leiten; sie zielen, wenn man Friedrich Schillers Begriffswelt in seiner anthropologischen Weite und Tiefe richtig versteht, auf die »ästhetische Erziehung des Menschen«.

Wenn Thomas Mann in seiner Rede zum Kriegsende das Merkmal »deutsch« so gewichtig herausstellt, so ist dies zu diesem Zeitpunkt überraschend: Denn »deutsch« war es über Jahrzehnte gewesen, die humanisierende Kraft der Kultur zu verhindern, zu pervertieren, zu zerstören – so wie es Franz Grillparzer 1848 in einer dunklen Vision voraussah: Der Weg der neueren Bildung gehe von Humanität durch Nationalität zur Bestialität. Doch ist es auch herausragend »deutsch« gewesen, Kultur als menschliche Leitkultur mit auszuformen, ihr Wort, Bild und Ton zu geben. Solche Widersprüchlichkeit ist in den Fata deutscher Geschichte begründet.

Nach dem Scheitern der Revolution 1848 blieb die aus Aufklärung und Französischer Revolution erwachsende Hoffnung auf eine bürgerliche, Freiheit, Gleichheit und Brüderlichkeit verwirklichende Gesellschaft unerfüllt – was schließlich in Umkehrung der Ideale dazu führte, dass der Bürger zum Untertan wurde. Die bürgerlichen Vorstellungen von Kultur verwandelten sich ins »Kulturmilieu« des Wilhelminischen Kaiserreichs, das durch die Verbindung von Bildungs- und Besitzbürgertum geprägt war. Aus dem Bürger bzw. Citoyen wurde der Bourgeois, später der Volksgenosse. Der dadurch für die deutsche Kultur eintretende Substanzverlust war so tief greifend und verheerend, dass eigentlich, sieht man von den Enklaven der inneren und äußeren Emigration ab, erst ab 1945 mit dem völligen Zusammenbruch Deutschlands als Staatsnation die Kulturnation wieder eine echte und dann auch genutzte Chance bekam. Nicht Aufklärung, Klassik, Romantik oder andere Strömungen können für den Niedergang des Bildungsbürgertums verantwortlich gemacht wer-

den; ihre Vertreter und Vertreterinnen waren kein »Verhängnis« – echte Kultur kann nie ein Verhängnis sein!

Auch boten Klassik und Romantik keineswegs mehr Ansätze zur Fehlinterpretation als andere Epochen. Man griff auf sie zurück, weil sie am naheliegendsten waren – die Spätromantik lief zeitlich sogar mit der epigonalen Romantik parallel –, und weil es sich um Zeitabschnitte der deutschen Geistes- und Kulturgeschichte handelte, die aufgrund ihres vielfältigen geistigen Reichtums sich besonders eindrucksvoll als Kulturfassade missbrauchen ließen. Das nationale Unglück beruhte auf der Tatsache, dass die Elemente der deutschen Kultur verkehrt, ins Gegenteil gekehrt und dabei nominal beibehalten wurden. Es bleiben Wortkadaver, die ihres Wahrheitsgehalts beraubt waren und nun mit Ressentiments ausgestopft wurden. Kultur wurde zur Fassade, der Logos (sinnvolle Rede wie Vernunft überhaupt) zerstört und durch einen wirren Mythos ersetzt, der selbst bereits eine Fehlinterpretation des Begriffs »Mythos« darstellte. Dieser Vorgang der Verdrängung von Geist, Vernunft und Wahrheit schuf seelische Haltungen, die zu Wahnideen der verschiedensten Art führten.

Dass dies so geschah, war Ergebnis der Indoktrination durch sogenannte »Eliten« (»Spitzen und Stützen« der Gesellschaft), die mit ihren »Agenturen«, vor allem den hoch bewerteten Schulen und Universitäten, den Niedergang bildungsbürgerlicher Emanzipation betrieben. Nach einem Ausspruch Benedetto Croces haben diese wesentlich dazu beigetragen, dass das deutsche Philistertum nach 1871 das »Sedanlächeln« auf den Lippen spielen ließ, dieses Gefühl der Überlegenheit über andere Völker, der Verachtung für die als dekadent bzw. degeneriert denunzierten lateinischen »Rassen« mit ihrer »moralischen Korruption«. Die deutsche Nation »verspätete« sich nicht nur bei dem Bemü-

hen, Anschluss an westliche Ideen zu finden (Hellmuth Plessner); sie gab auf, was
sie an Emanzipation und Liberalität schon
einmal erreicht hatte. Vergessen, verdrängt,
bekämpft war, was einst »so viel Anfang wie
nie« bedeutete. Aus dem liberalen Bildungs-
bürgertum war staatsbürgerliche Rückstän-
digkeit geworden; feudale Abhängigkeits-
verhältnisse wurden repetiert, restauriert;
hinter einer Fassade prunkvoll steriler Ästhetik und affirmativer Kultur formierte sich
ein abgründiges Spießertum. »Die aufstei-
genden bürgerlichen Gruppen hatten ihre
Forderung nach einer neuen gesellschaftlichen Freiheit durch die allgemeine Men-
schenvernunft begründet. Dem Glauben an
die gottgesetzte Ewigkeit einer hemmen-
den Ordnung hielten sie ihren Glauben an
den Fortschritt, an eine bessere Zukunft entgegen. Aber die Vernunft und die Freiheit
reichten nicht weiter als das Interesse eben
jener Gruppen, das mehr und mehr zu dem
Interesse des größten Teils der Menschen
in Gegensatz trat. Auf die anklagenden Fragen gab das Bürgertum eine entscheidende Antwort: die affirmative Kultur. Sie ist in
ihren Grundzügen idealistisch. Auf die Not
des isolierten Individuums antwortet sie
mit der allgemeinen Menschlichkeit, auf das
leibliche Elend mit der Schönheit der Seele,
auf die äußere Knechtschaft mit der inneren Freiheit, auf den brutalen Egoismus mit
dem Tugendreich der Pflicht. Hatten zur Zeit
des kämpferischen Aufstiegs der neuen Gesellschaft alle diese Ideen einen fortschrittlichen, über die erreichte Organisation des
Daseins hinausweisenden Charakter, so treten sie in steigendem Maße mit der sich sta-
bilisierenden Herrschaft des Bürgertums in
den Dienst der Niederhaltung unzufriede-
ner Massen und der bloßen rechtfertigen-
den Selbsterhebung: sie verdecken die leibliche und psychische Verkümmerung des Individuums.« (Herbert Marcuse)

Der Niedergang einer großen kulturhistori-
schen und damit gesamtgesellschaftlichen
Hoffnung, dass nämlich der gebildete Bürger,
der bürgerlich Gebildete die deutsche Gesellschaft bestimmen und den Fortschritt zu
einem demokratischen wie sozialen Staats-
wesen bewirken werde, scheiterte. Das Jahr
1933 war der Endpunkt solcher Entwicklung.

Friedrich Nietzsche, dieser Zerrissene,
der oft zu fördern schien, was er ablehnte,
hat – wie viele andere Mahner – die im Namen »deutscher Leitkultur« sich vollziehen-
de Zerstörung des deutschen Geistes vorausgesehen. Der »Philister« (Spießer) hause in
den Werken unserer großen Dichter und Musiker wie ein Gewürm, welches lebe, indem
es zerstört, bewundert, indem es frisst, an-
betet, indem es verdaut. Den Irrtum, dass die
»deutsche Kultur nämlich in diesem Kampfe
(1871) gesiegt habe«, bezeichnete er als einen
höchst verderblichen Wahn, weil er imstan-
de sei, »unseren Sieg in eine völlige Niederlage zu verwandeln: in die Niederlage, ja Ex-
stirpation des deutschen Geistes zugunsten
des deutschen Reiches«. »Gut deutsch sein«
heiße, »sich entdeutschen«. »Der also, welcher den Deutschen wohlwill, mag für seinen
Teil zusehen, wie er immer mehr aus dem,
was deutsch ist, hinauswachse. Die Wen-
dung zum Undeutschen ist deshalb immer
das Kennzeichen der Tüchtigen unseres Volkes gewesen.«

Von deutscher Leitkultur sollte man dennoch sprechen, denn unsere Zukunft bedarf
durchaus der »wahren« Kultur ihrer Herkunft – zur Vergewisserung ihrer Identität –,
zumal diese vom Nationalsozialismus mit
ideologischem Schrott zugeschüttet wurde
und heute zunehmend in den Sog kommerzieller bzw. kapitalistischer, auch politischer
Verwertungsinteressen gerät und das freie
Wehen des Geistes in unterschiedlicher Weise auf die jeweils eigenen Mühlen umgelei-
tet, also instrumentalisiert wird.

Wenn man aber von deutscher Leitkultur spricht, muss ihr schändliches Pendant mit reflektiert werden: deutsche Unkultur nämlich. Stolzarbeit und Trauerarbeit sind gleichermaßen zu leisten. Die Grundbedeutung des Wortes und seine Konnotationen ergeben eine dialektische Einheit – im Sinne des von Hegel betonten dreifachen Ursprungs vom »Aufheben«: Aufheben (Höherbringen) erfolgt durch Aufheben (Überwinden) des Aufgehobenen (Bewahrten). Eine derart dreifach »aufgehobene« deutsche Leitkultur kann große diskursiv-heuristische Bedeutung gewinnen. Sie ist zudem darauf angelegt, das Eigenständig-Nationale zu transzendieren und einzumünden in einen universellen, also Weltkultur-Begriff, wie ihn Schiller in seiner Antrittsvorlesung als Professor der Geschichte im Jena 1789 im Hinblick auf das Studium der Weltgeschichte beschwor: Licht werde dieses im Verstande und eine wohltätige Begeisterung im Herzen entzünden. Mit Schiller seien schließlich die Benützer und Nutzer des Begriffs »deutsche Leitkultur« an ihre Verantwortung gemahnt: »Welcher unter Ihnen, bei dem sich ein heller Geist mit einem empfindenden Herzen gattet, könnte dieser hohen Verpflichtung eingedenk sein, ohne dass sich ein stiller Wunsch in ihm rege, an das kommende Geschlecht die Schuld zu entrichten, die er dem vergangenen nicht mehr abtragen kann?«

Verordnete Leitkultur: Politik und Literatur

Vor 65 Jahren ließ Adolf Hitler Friedrich Schillers Wilhelm Tell verbieten

Georg Ruppelt — Politik & Kultur 2/2006

1804 wurde Schillers Schauspiel Wilhelm Tell in Weimar mit riesigem Erfolg uraufgeführt – es sollte für viele Jahrzehnte die einzige Aufführung bleiben, die sich korrekt an Schillers Text hielt. Der Tell wurde sein populärstes Stück, aber auch das am meisten von der Zensur verhunzte oder verbotene. Unser »politischster Dramatiker« hatte dergleichen vorausgesehen: »Wenn man einmal ein solches Sujet gewählt hat, so muß man notwendig gewisse Saiten berühren, welche nicht jedem gut ins Ohr klingen.«

Schillers Werk ist auch über 200 Jahre nach seinem Tod aktuell, er bleibt »ein Zeitgenosse aller Epochen« – ein Klassiker eben, gescholten viel, mehr noch bewundert. Während der napoleonischen Herrschaft wurde vor allem der Tell in deutschen Landen bejubelt: »Der Güter höchstes dürfen wir verteid'gen / Gegen Gewalt – ...«. 1859 dann, zu seinem 100. Todestag, sah das liberale Bürgertum in Schillers Werk das eigene Streben nach Einheit und Freiheit dichterisch verwirklicht. Nie wieder hat es in Deutschland zu Ehren eines Dichters eine derartige Fülle opulenter Feiern gegeben. Schiller-Denkmale wuchsen in vielen Städten aus dem Boden; Vergleichbares boten später nur die Bismarck-Türme. 1905 wurde Schiller vor allem als Dichter der Nation, der Jugend, des Volkes apostrophiert – er gewann damals eine Popu-

larität, vor allem durch seine Fähigkeit, allgemein-menschliche Erfahrungen in schöne Sentenzen zu kleiden, die geeignet war, seinem Gesamtwerk Unrecht zu tun.

Nach 1945 wurde Schiller in Westdeutschland vor allem »werkimmanent« interpretiert, mit seinem hohen Sprachstil konnte man nicht mehr besonders viel anfangen. In den 1960er und 1970er Jahren waren seine revolutionären, sozialkritischen frühen Dramen gefragt, der Rest wurde eher kritisch beäugt. Ein berühmter Mitherausgeber einer Schiller-Werkausgabe in einem nicht minder berühmten Verlag entblödete sich 1966 nicht, seine Balladen darin wegzulassen. Im Osten Deutschlands blieb Schiller gefragt, zunächst auch der Wilhelm Tell mit seinem Rütli-Schwur: »Wir wollen sein ein einzig Volk von Brüdern« (seit jeher oft falsch zitiert mit »einig«); später, im Zuge der Bestrebungen nach Eigenstaatlichkeit, mochte man dies weniger.

Schiller, so heißt es, wird vor allem in politisch unruhigen Zeiten gern gelesen, aufgeführt, zitiert. Sein 200. Geburtstag im vergangenen Jahr ist in der Öffentlichkeit stark beachtet worden. War es ein politisch unruhiges Jahr?

Dass Literatur aber auch in einen direkten kausalen Zusammenhang mit politischen Maßnahmen gebracht werden kann, möge folgendes Beispiel belegen. Welch tiefe Angst Machthaber vor dem gesprochenen oder gedruckten Wort befallen kann, zeigt der groteske Fall des Tell-Verbotes durch Hitler 1941.

In den ersten Jahren nach 1933 wurde Wilhelm Tell als »National- oder Führerdrama« hochgeschätzt. Auf den Bühnen des Deutschen Reiches war es das meistgespielte Stück Schillers. Kaum ein Lesebuch verzichtete auf Lieder und »Kernsprüche«. In zahllosen Aufsätzen und Reden wurde die politische Aktualität des Schauspiels betont. Fest- und Lobredner zitierten immer und immer wieder: »Ans Vaterland, ans teure, schließ dich an.« »Unser ist durch tausendjährigen Besitz der Boden…« und den Rütli-Schwur; exemplarisch die Kundgebung zum Geburtstag Hitlers am 20. April 1933 im Landes-Theater Braunschweig, die mit der Programmfolge endete: »Horst-Wessellied. – Wilhelm Tell. Rütli-Szene. – Deutschlandlied.«

Hitler hatte für das 8. Kapitel von »Mein Kampf« die Überschrift »Der Starke ist am mächtigsten allein« aus dem »Tell« gewählt. 1934 wurde der Film Wilhelm Tell (»frei nach Schiller«) uraufgeführt – ein politisches Propaganda-Machwerk, das auch Adolf Tell oder Wilhelm Hitler hätte heißen können. Am 20. April 1938 wurde der Tell im Wiener Burgtheater als »Festvorstellung zum Geburtstag des Führers« mit großem Pomp und Aufgebot gegeben.

Damit war es ab 1941 vorbei. Am 3. Juni des Jahres verließ eine streng vertrauliche und von Reichsleiter Martin Bormann unterzeichnete Anweisung das Führerhauptquartier. Sie war an Minister Lammers, den Chef der Reichskanzlei, gerichtet und lautete: »Der Führer wünscht, daß Schillers Schauspiel ›Wilhelm Tell‹ nicht mehr aufgeführt wird und in der Schule nicht mehr behandelt wird. Ich bitte Sie, hiervon vertraulich Herrn Reichsminister Rust und Herrn Reichsminister Dr. Goebbels zu verständigen.«

Dieses Schreiben löste einen regen Briefwechsel zwischen verschiedenen Reichsministern und einflussreichen Parteifunktionären aus. Goebbels ließ sofort erkunden, wo der Tell auf dem Spielplan stünde; anschließend wurden die Theaterleiter streng vertraulich über das Verbot informiert. Die Spielzeit 1941/42 erlebte nicht eine Tell-Aufführung im Deutschen Reich oder in den besetzten Gebieten.

Mehr Schwierigkeiten bereitete die Ausführung des Verbotes in der Schule. Ein reger Briefwechsel entspann sich zwischen verschiedenen staatlichen und parteiamtlichen Stellen, die um Macht und Kompetenz miteinander rangelten. Man konnte sich nicht einigen und trug die Sache wieder Hitler vor. Die »Führer-Entscheidung« lief schließlich darauf hinaus, dass bei Neuauflagen oder bei der Herausgabe neuer Schulbücher keine Texte aus dem Tell mehr aufgenommen werden sollten. Die Schulleiter wurden über das Verbot des Tell vertraulich informiert, diese vergatterten daraufhin wiederum die Deutschlehrer, meist in Einzelgesprächen.

Was aber waren die Gründe, die den Diktator veranlassten, gegen ein 140 Jahre altes Schauspiel so rigoros einzuschreiten? Einige Indizien sprechen dafür, dass es wohl vornehmlich zwei Beweggründe für das Verbot gab, nämlich Angst vor einem Mordanschlag und der Hass des Diktators auf die Schweiz. Die Frage des Tyrannenmordes ist in Schillers Schauspiel zugunsten der moralisch berechtigten Tötung eines Tyrannen entschieden worden, sodass Hitler, der zu Recht um seine persönliche Sicherheit sehr besorgt war, sich durch Tell-Nachahmer bedroht fühlen konnte.

Außer Wilhelm Tell war Anfang der 1940er Jahre auch Schillers Fiesco politisch missliebig geworden. Auch im Fiesco geht es um die Tötung eines Gewaltherrschers. Ein weiterer Hinweis findet sich in einer Äußerung Hitlers, die im Zusammenhang längerer Ausführungen über die deutsche Kaisergeschichte fällt. In einem Tischgespräch am 4. Februar 1942 klagte der Diktator: »Wir haben nur ein Unglück: daß wir bisher nicht den Dramatiker gefunden haben, der in die deutsche Kaisergeschichte hineingeht. Ausgerechnet Schiller mußte diesen Schweizer Heckenschützen verherrlichen. Die Engländer haben ihren Shakespeare, dabei haben sie in ihrer Geschichte doch nur Wüteriche oder Nullen.«

Hinzu kommt der tragische Fall eines damals aktuellen »Schweizer Heckenschützen«. Der schweizerische Theologiestudent Maurice Bavaud hatte 1938 mehrfach versucht, Hitler zu töten. Er wurde entdeckt, verhaftet und 1939 zum Tode verurteilt. Das Urteil wurde am 18. Mai 1941 vollstreckt. Die Hinrichtung Bavauds und die Verbotsanordnung Bormanns vom 3. Juni 1941 stehen in enger zeitlicher Nachbarschaft. Einen Tag zuvor, also am 2. Juni 1941, hatte sich Hitler bei einer Unterredung am Brenner gegenüber Mussolini in Hasstiraden gegen die Schweiz ergangen: »Die Schweiz bezeichnete der Führer als das widerwärtigste und erbärmlichste Volk und Staatengebilde. Die Schweizer seien die Todfeinde des neuen Deutschland ...«

Im Wilhelm Tell Schillers wurden in den Augen Hitlers Unternehmungen verherrlicht, die den eigenen Zielen, nämlich unter anderem »Heimholung« aller ehemaligen Reichsgebiete ins Reich, genau entgegengesetzt waren. Bis auf einen Staat mit deutschsprachigem Bevölkerungsanteil in der Mitte Kontinentaleuropas war dieses Vorhaben im Sommer 1941 schon durchgeführt. In der Schweiz, die sich an allen Landesgrenzen mit dem kriegerischen Potential der Achsenmächte konfrontiert sah, war Wilhelm Tell schon vor dem Krieg zu einer Symbolfigur für den Behauptungswillen gegenüber dem Reich geworden. Im Jahr 1941, in dem der Tell in Deutschland verboten wurde, fei-

erte die Schweiz den 650. Jahrestag der Gründung der Eidgenossenschaft, von dem man in Deutschland von offizieller Seite keine Notiz nahm. Insgeheim wurde in Deutschland aber die Invasion vorbereitet. Durch Klaus Urners Buch von 1991 mit dem alles sagenden Titel »Die Schweiz muss noch geschluckt werden! Hitlers Aktionspläne gegen die Schweiz« weiß man jetzt, was 1940/41 geplant wurde. Noch zwei Jahre später kommt der Hass Hitlers auf die Schweiz überdeutlich zum Ausdruck. Unter dem 8. Mai 1943 notierte Goebbels in sein Tagebuch: »Der Führer verteidigt in diesem Zusammenhang die Politik Karls des Großen. Auch seine Methoden sind richtig gewesen. Es ist gänzlich falsch, ihn als Sachsenschlächter anzugreifen. Wer gibt dem Führer die Garantie, daß er später nicht etwa einmal als Schweizerschlächter angeprangert wird! Auch Österreich mußte ja zum Reich gebracht werden.«

Das Verbot des Wilhelm Tell durch Hitler ist ein extremes Beispiel für mögliche Wirkungen von Literatur in die praktische Politik. Zwar ist es nicht ungewöhnlich, dass literarische Erzeugnisse der Staatsgewalt als so bedrohlich erscheinen, dass sie sich genötigt fühlt, ihre Verbreitung zu verhindern, im Falle des Tell aber sollte eine Dichtung aus dem öffentlichen Bewusstsein gedrängt und die nachwachsenden Generationen von jedem Kontakt mit ihr ferngehalten werden, die in Deutschland seit Jahrzehnten zu den bekanntesten und volkstümlichsten Literaturwerken überhaupt gehörte. Das rigorose Vorgehen gegen Wilhelm Tell im nationalsozialistischen Diktaturstaat offenbart die Aktualität des Schauspiels, das noch nach fast 140 Jahren als politische Herausforderung wirkt.

Eine größere Ehre ist Schiller, ist seinem Wilhelm Tell in der damals schon eineinhalb Jahrhunderte währenden Zensurgeschichte seiner Werke wohl nie zuteilgeworden.

Imperiale Leitkultur
Kultur als Mittel der politischen Integration

Herfried Münkler — Politik & Kultur 3/2006

Das Projekt des Nationalstaats kennt die Idee der Leitkultur eigentlich nicht. Die nationale Kultur, als deren politisches Gehäuse sich der Staat legitimiert, soll überall, uneingeschränkt und ausschließlich gelten. Davon, dass die nationale Kultur gegenüber anderen Kulturen auf dem eigenen Staatsgebiet eine Leitfunktion hatte, war in den Hochzeiten der Nationalstaaten nie die Rede. Das wäre der Idee, kulturelle und politische Grenzen zur Deckung zu bringen, auch zuwidergelaufen. Was stattdessen betrieben wurde, war – im deutschen Fall – Germanisierungspolitik. Und das war etwas entschieden anderes als die Vorstellung von einer Leitkultur, die den Fortbestand anderer, freilich nachgeordneter Kulturen nicht ausschloss. Als vor einigen Jahren in Deutschland die Idee einer nationalen Leitkultur gegen das Projekt des Multikulturalismus in Stellung gebracht wurde, war dies – an der Idee des Nationalstaates gemessen – ein politisch-kulturelles Rückzugsgefecht.

Dagegen haben Imperien regelmäßig mit der Vorstellung einer Leitkultur gearbeitet – zumindest dann, wenn das imperiale Zentrum den Rändern des Reichs kulturell überlegen war und seine Kultur dementsprechend als ein Instrument der politischen Integration einsetzen konnte. Eigentlich ist nur bei den Steppenimperien, etwa dem der Hun-nen oder dem der Mongolen, ein weitgehender Verzicht auf die kulturelle Integration des imperialen Raumes zu beobachten. Wer den Unterworfenen nur militärisch überlegen ist, kann nicht auf kulturelle Integration setzen. Ansonsten haben sich die Römer darauf ebenso verlassen wie die Spanier und Briten oder im ostasiatischen Raum die Chinesen. Kulturelle Integration kommt auf Dauer nämlich billiger als militärischer Zwang, und sie ist vorzüglich geeignet, die administrative Kontrolle des imperialen Raums und seine wirtschaftliche Verflechtung zu ergänzen und zu vervollständigen. Der Gebrauch einer Leitkultur zur politischen Integration großer Räume und unterschiedlicher Bevölkerungsgruppen ist ein genuin imperiales Projekt. Um nicht missverstanden zu werden: Es ist deutlich toleranter als die rigiden identitätspolitischen Konzepte der Nationalisierung ganzer Bevölkerungsgruppen, aber diese Toleranz ist auch erforderlich, weil Imperien sehr viel größere Räume zu kontrollieren haben als Staaten.

Die Idee der Leitkultur passt vorzüglich zu der Ordnung einer sich an den Rändern abflachenden Integration der Räume. Nationalstaaten betreiben Grenzbündelung: politische und wirtschaftliche, sprachliche und kulturelle Grenzen sollen auf einer Linie verlaufen. Imperien hingegen diversifizieren diese Grenzen; sie werden nicht gebündelt, sondern sind entsprechend den jeweiligen Gegebenheiten voneinander getrennt. Die Orientierung an einer imperialen Leitkultur ist unter diesen Umständen ein vorzügliches Instrument, um die dabei entstehenden Stufen und Abstände auszugleichen und vor allem jenseits des imperialen Kerngebiets, an der Peripherie also, eine politische Attraktivität zu entfalten, die die Kontrolle dieser Räume erleichtert und Gegenmachtbildungen verhindert, zumindest erschwert.

Wenn die Eliten der imperialen Ränder und der Peripherie von der Kultur des Imperiums beeindruckt sind, ihre eigene Kultur als der imperialen Kultur gegenüber rückständig empfinden und die von ihnen beherrschten Gebiete so fortentwickeln wollen, dass sie sich dem imperialen Vorbild annähern, dann ist dies eine für das Imperium ideale Konstellation: Es kann weitgehend auf eine aufwändige militärische Kontrolle der imperialen Ränder verzichten und beschränkt sich auf die überaus billige zivilisatorische Attraktivität, die mit den Mitteln einer Leitkultur hergestellt wird. Man sorgt dafür, dass vor allem die Nachkommen der Eliten sich für einige Zeit im imperialen Zentrum aufhalten und, wenn sie an die Ränder oder in die Peripherie zurückkehren, die während dieser Zeit erfolgte kulturelle Prägung zum Garanten politischer Loyalität wird. Vor allem Universitäten und Militärakademien sind die Orte, an denen die leitkulturelle Prägung der Peripherieeliten im 20. Jahrhundert erfolgt ist: bei den Briten, bei den Sowjets und inzwischen vor allem in den USA.

Man muss unterscheiden zwischen den politisch intendierten und kontrollierten Institutionen einer Leitkultur, wie etwa Universitäten und Militärakademien, aber auch religiösen Ausbildungsstätten, und deren Äußerungsformen, die unter keiner politischen Kontrolle stehen, sondern sich in diffuser Form und ohne Kontrolle verbreiten. Im letzten Jahrhundert haben hier vor allem Musik und Filme sowie der über sie transportierte Lebensstil eine zentrale Funktion gehabt. Sie führen nicht nur zu einer leitkulturellen Prägung der Eliten, sondern ergreifen buchstäblich die Massen und bringen sie zumindest mit Versatzstücken der Leitkultur in Berührung. Vor allem die Jugendlichen orientieren sich unter diesen Umständen an der imperialen Leitkultur, und das wiederum lässt bei Konservativen und Traditionalisten die Befürchtung aufkeimen, dass es über kurz oder lang zu einer Aufzehrung der autochthonen Kultur durch die imperiale Leitkultur kommen werde. Dagegen organisieren sie Widerstand, dem sich, wenn sie hier eine Chance des politischen Umsturzes sehen, die Gegeneliten des Landes anschließen. Genau dies können wir zurzeit in der Verbindung von Antiamerikanismus und Fundamentalismus beobachten.

Es ist also keineswegs so, dass den USA, wie der amerikanische Politikwissenschaftler Joseph Nye vorgeschlagen hat, die weltpolitische Dominanz leichter fallen und sie auch billiger kommen würde, wenn sie mehr auf Soft Power denn auf Hard Power, mehr auf Hollywood und Harvard als auf Cruise Missiles und Marines setzen würden. Was Nye darin zum Ausdruck gebracht hat, ist bloß das klassische Vertrauen des imperialen Zentrums in die eigene Zivilisierungsmission, in die Vorstellung, dass die Menschen an der Peripherie den Vorgaben der Leitkultur gerne folgen würden, weil sie ihnen Demokratie, Fortschritt und die Aussicht auf Wohlstand in Aussicht stellt. Was aber, wenn viele von ihnen darin vor allem moralische Korruption und sittliche Dekadenz sehen? Diese Sicht verbreitet zurzeit der islamische Fundamentalismus und findet damit beträchtlichen Zuspruch – nicht zuletzt bei denen, die über längere Zeit in den Zentren der Leitkultur leben. Ob die verbreitete Vorstellung, man solle darauf mit einem verstärkten Export aufklärerischen Gedankengutes reagieren, so klug ist, wie er sich gerne gibt, ist die Frage. Im Prinzip läuft er auf nichts anderes hinaus, als angesichts des Widerstands gegen die Leitkultur deren Eindringintensität zu erhöhen. Am Widerstand gegen die globale Dominanz der US-amerikanischen Leitkultur wird eine bemerkenswerte Differenz zum Widerstand gegen das britische und das französische Kolonialreich nach dem Zweiten Weltkrieg sichtbar. Dieser antikoloniale Widerstand, nicht selten von Leuten getragen, die in London oder Paris studiert hatten, richtete sich nicht gegen die Leitkultur, sondern gegen politische Bevormundung und wirtschaftliche Ausbeutung. Stattdessen knüpfte er bewusst an die zentralen Ideen der Leitkultur an, ja, er erhob den Anspruch, diese gegen ihre imperiale Deformation erst wirklich durchzusetzen. Der nationalistische wie sozialistische Antikolonialismus verstand sich als Verwirklichung europäischer Ideen gegen die europäischen Herren. Das ist im Fundamentalismus gerade nicht der Fall. Er versteht sich als generelle Absage an die Zivilisierungs- und Fortschrittsversprechen des Zentrums, er ist ein Generalangriff auf die Leitkultur selbst. Das Zentrum kann darauf nicht einmal durch politische Defensive reagieren, denn Musik und Film verbreiten sich über die Kanäle einer globalisierten Welt und sind keine Schulung des Elitennachweises in Universitäten und Militärakademien, die man gezielt reduzieren oder verstärken kann. Der Zugriff der imperialen Leitkultur auf die Peripherie ist umfassender als früher; also ist auch der Widerstand dagegen radikaler. Das ist unser Problem.

Deutsche Begriffskrankheit
Die Leitkulturdebatte offenbart konservative Konzeptlosigkeit

Claudia Roth — Politik & Kultur 4/2006

Es gab eine Zeit, da war der Glaube ans Wort stärker: Wo ein Wort war, da musste auch eine Sache sein, die von ihm bezeichnet wird. Deutsche Konservative hängen noch heute an dieser Illusion – und reden viel von »Deutscher Leitkultur«. Sie veranstalten Symposien und Kongresse, damit die Leitkultur sich endlich zeige. Vergebens! Das Wort vor der Sache – da braucht es schon den Schöpfungsakt! Man muss die »Leitkultur« erfinden – weil sie uns wirklich sehr fehlt!

Aber auch nach der letzten Diskussionsrunde hat der Begriff immer noch die Konsistenz eines Puddings, den man an die Wand nageln will (Peter Lösche). Er bleibt ohne feste Kontur, ist bestenfalls redundant. Das ist vielleicht auch gut so. Denn wo es bestimmter wird, da wird es oft ziemlich reaktionär – oder noch schlimmer.

Was uns fehlt, das ist nicht Deutsche Leitkultur, sondern eine Kultur der wechselseitigen Anerkennung. Eine solche Kultur ist sensibel für Menschen- und Bürgerrechte, ihre Grundlage ist das Grundgesetz. Sie kämpft für rechtliche Gleichheit, für Chancengleichheit und gegen die Diskriminierung von Frauen, von Alten, von Kranken, von Migranten, von Lesben und Schwulen – von all jenen, die nach dem Willen von vielen konservativen Deutschen Leitkulturalisten ja aus dem Antidiskriminierungsgesetz rausfliegen sollen.

Eine Kultur der Anerkennung erträgt und fördert Vielfalt. Im Unterschied zur Leitkultur braucht sie keine Zweitkultur, die sie malträtieren will. Es ist eine Kultur, die einem weltoffenen Land wie dem »Exportweltmeister« Deutschland gut zu Gesicht steht. Hat sich eigentlich schon einmal jemand von den Deutschen Leitkulturalisten gefragt, warum internationale Spezialisten so oft einen Bogen um unser Land machen und lieber in Ländern arbeiten, in denen es ihnen nicht so schwer gemacht wird? Welche Nuancen lassen sich im Begriffs-Tohuwabohu um Deutsche Leitkultur näherhin ausmachen? Fangen wir mit dem schlimmsten Fall an, dem, was Neonazis in ihren »national befreiten Zonen« durchsetzen wollen – in Zonen, die in Wahrheit Angstzonen sind für Menschen, die »anders« aussehen oder eine andere, »undeutsche« Meinung haben. Die Übergriffe der letzten Wochen, der dramatische Anstieg der neonazistischen, antisemitischen, rassistischen und fremdenfeindlichen Übergriffe spricht hier eine deutliche Sprache.

Es gibt leider auch etablierte Politiker, die mit einer deutschnationalen Variante von Leitkultur augenzwinkernd und doppeldeutig ganz weit rechts außen punkten wollen. Jörg Schönbohm fordert zackig: »Wer zu uns kommt, muss die deutsche Leitkultur übernehmen«. Solche und ähnliche Formulierungen sind nicht zuletzt bei der CSU oder der patriotismusseligen sächsischen CDU gang und gäbe. Auch Lafontaines Rede von den »Fremdarbeitern« oder Schäubles »blond-und-blauäugig«-Zitat gehören hier her. Sie zielen ganz bewusst auf den sprachlichen Wiedererkennungseffekt. Es geht um Signale in die rechte Szene hinein. Das ist nicht akzeptabel.

Die Drohungen gegen Migranten, die sich vielfach anschließen – Fußfesseln für »verdächtige« Muslime, Ausweisung von Schulkindern mit schlechten Deutschkenntnissen, diskriminierende Muslimtests –, sind inzwischen Legion. Was in der deutsch-nationalen Version von Leitkultur letztlich gemeint ist, hat Konrad Adam in einem Leitkultur-Essay in der »Welt« herausgestellt: »Was zählt, ist das, was immer zählte, die Zugehörigkeit zu einem Volk und einer Religion, Abstammung und Glaube also.«

Nach der Wahl im letzten Herbst hat Norbert Lammert eine moderatere Version von Leitkultur in die Diskussion gebracht – und in mehreren Schritten variiert. Diese Leitkultur soll keine »deutsche« Leitkultur sein, hat Lammert schon bald nach seinem ersten Aufschlag klargestellt. Er sucht einen Unterschied zu den deutschnationalen Exponenten – und das ist gut so. Lammert will die christlich-jüdische Tradition aufgreifen – und nach der Kritik, dass damit Muslime willkürlich hinausdefiniert seien, tritt er inzwischen auch für eine »Einbürgerung des Islam« ein. Insgesamt soll es um eine Verständigung über ein Mindestmaß an Verbindlichkeit bei den gemeinsamen Grundlagen und Orientierungen gehen. Zwar bleibt auch damit noch vieles im Vagen, aber immerhin deutet sich an, dass der unglückliche Begriff Leitkultur liberaler ausgelegt werden soll.

Meine Hauptkritik an einer solchen moderateren Version liegt darin, dass sie entweder nur wiederholt, was anderswo längst schon viel treffender gesagt wurde, oder sich in Widerspruch mit ihren eigenen Ansprüchen begibt.

Leitkultur könnte einfach Verfassungskonsens bedeuten – die bloße Anerkenntnis der grundlegenden Verfassungsnormen und Prozeduren. Ein solcher Konsens ist sehr wichtig. Denn staatliche Institutionen können hier allenfalls »Ausfallbürgschaften« übernehmen. Entscheidend ist die Verankerung von Demokratie und Rechtsstaat in der Zivilgesellschaft, bei den Bürgerinnen und Bürgern.

Leitkultur könnte auch einen Verfassungspatriotismus meinen, der mit Blick auf die Verfassung besondere affektiv-rationale Dispositionen mit umfasst – Einsichten darüber, warum es gut und richtig ist, diese Verfassung als Grundlage des Zusammenlebens zu akzeptieren, Einsichten, die eine besondere Wertschätzung des Zusammenlebens auf dieser Grundlage miteinbeziehen.

Aber sowohl beim Verfassungspatriotismus wie beim bloßen Verfassungskonsens bliebe unklar, warum sie in Leitkultur umbenannt werden sollen. Die alten Begriffe treffen die Sache besser als das neue L-Wort auf der Suche nach seinem Gegenstand.

Die moderaten Leitkulturalisten halten den Verfassungskonsens und den Verfassungspatriotismus möglicherweise für zu schwach – die »deutschen« Leitkulturalisten tun das allemal. Sie wollen stärkere Werthaltungen und Orientierungen mobilisieren, z. B. solche, die sich aus besonderen religiösen und kulturellen Erfahrungen ergeben. Und genau an dieser Stelle heißt es aufgepasst!

Ich glaube zwar, dass auch stärkere Intuitionen und Werthaltungen in den demokratischen Prozess mit einfließen sollten, aber im Unterschied zu den Leitkulturalisten mahne ich mit Blick auf deren Verallgemeinerungsfähigkeit zu größter Vorsicht – und in dieser Vorsicht müsste Norbert Lammert mir eigentlich folgen, wenn er sich nicht in Widerspruch zur Verfassung begeben will, die ja auch für ihn Grundlage sein soll. Eine solche Vorsicht bestätigt und befestigt die Trennlinien, die im Laufe der Geschichte hier eingezogen wurden – mit Blick auf religiöse Werte etwa die Säkularisierung des Staates. Solche Trennlinien schützen die unverzichtbare Neutralität des Staates gegenüber seinen Bürgerinnen und Bürgern.

Wer dagegen meint, Glaube oder ethnische Herkunft als Basis des Zusammenlebens setzen zu können, der plädiert für ein verhängnisvoll überzogenes Modell von Verbindlichkeit. Er setzt besondere Traditionen und Haltungen, die in pluralen Gesellschaften nicht von allen geteilt werden, als allgemein verbindlich. Der Anspruch hierauf ist das Gewaltsame an der Deutschen Leitkultur. Das Grundgesetz steht dem entgegen. Wer diese stärkere Verbindlichkeit als allgemeingültige will, der begibt sich in Widerspruch zum Grundgesetz.

Dennoch möchte ich aber darauf bestehen, dass viele besondere, nicht strikt verallgemeinerungsfähige Orientierungen eine positive Rolle im politischen Prozess spielen können: Christen können viel für den Zusammenhalt des demokratischen Gemeinwesens tun. Aber auch Atheisten, Muslime und viele andere leisten aus ihren Motiven heraus wichtige Beiträge.

Die verschiedenen Perspektiven, die hier wirksam sind, können sich in vielfältiger Weise überlappen. Was einer Ökologin z. B. als Schutz der Natur am Herzen liegt, das erscheint für die Christin vielleicht als Gebot, die Schöpfung zu erhalten. Und bei der christlichen Nächstenliebe dürfte es Überschneidungen geben mit dem Wert der Solidarität, wie er z. B. für Gewerkschafter verbindlich ist – oder mit dem Gebot der Armenunterstützung bei Muslimen.Die plurale und offene Demokratie lebt davon, dass die Verfassung und die wichtigsten Institutionen von einem Konsens in der Vielfalt der Wertorientierungen getragen werden, die mehr umfassen als den durch Polizei und Justiz garantierten gesetzlichen Rahmen – und auch mehr als das, was der Verfassungspatriotismus vorsieht. Dafür sind sie nicht einfach verallgemeinerbar. John Rawls, einer der einflussreichsten liberalen Denker der USA, gebrauchte hierfür den Terminus »overlapping consensus«: In einer freiheitlichen Demokratie müssen wir auf einen solchen Konsens zählen – und an ihm arbeiten. Wir können ihn nicht von oben durch eine Leitkultur erzwingen. Er muss von unten wachsen und sich weiter entwickeln – in einer lebendigen Kultur des Respekts und der wechselseitigen Anerkennung.

Über Bürgerrechte und Bürgerpflichten
Die Leitkulturdebatte ist wieder entfacht

Bassam Tibi — **Politik & Kultur 5/2006**

Die Erinnerung an das äußerlich fröhliche Deutschland während der Fußball-WM gibt Anlass für eine moralische Aufrüstung und für einen Neubeginn. Zu diesem gehört, sich auf eine Grundlage für das friedliche Zusammenleben von Deutschen und Fremden – zu denen dieser Autor gehört – zu einigen. 20 Prozent der Bewohner Deutschlands sind Menschen mit Migrationshintergrund. Die Wohnbevölkerung Deutschlands benötigt eine gemeinsame Grundlage, also einen Konsens über Leitkultur.

Um es einleitend offen zu sagen: Als Schöpfer des Begriffes Leitkultur und als Urheber seines originären Inhaltes, der nicht mit einer »Operation Sauerbraten« (so »Der Spiegel« 2000), sondern mit einer kulturübergreifenden Begründung von Demokratie und Zivilgesellschaft zu tun hat, habe ich nach der deutschen Leitkulturdebatte im Jahr 2000 resigniert und aufgegeben. Große Hoffnungen auf die neue Debatte von 2006 habe ich deshalb nicht. Die alte Debatte dauerte von Oktober bis Dezember 2000. Zum Abschluss schrieb ich einen langen Artikel in der »Welt am Sonntag« – vielleicht mit der abschätzigen Überschrift »Die neurotische Nation« meine Resignation zum Ausdruck bringend und mit folgendem Vorwurf verbunden: Jede Nation hat ihre Leitkultur: Die Deutschen sind Europäer, wollen aber denoch keine europäische Leitkultur. Können wir nach nunmehr sechs Jahren und unter besseren Bedingungen neu beginnen und eben über Werte, also weder über »Sauerbraten« (das ist die primitive Sprache des »Spiegel« für Leitkultur) noch über »Leithammel« (so der Altbundeskanzler Gerhard Schröder) oder über »Schicksalsgemeinschaft« (so der CDU-Politiker Kauder) debattieren? Leitkultur ist nichts von dem; sie ist ein zivilgesellschaftlicher Konsens über Bürgerrechte und -pflichten.

Auch eine andere Bemerkung möchte ich dem neuen Versuch voranstellen: Der CDU-Politiker Friedrich Merz, der die Debatte 2000 auslöste, hat in seinem Buch »Nur wer sich ändert, wird bestehen« seine Anleihe bei mir eingestanden. Die CDU will die Debatte heute ohne ihn wieder aufnehmen. Im Vordergrund agiert heute die zur Bundeskanzlerin aufgestiegene Angela Merkel, die aber schweigt. Seinerzeit äußerte sie sich laut »Spiegel«-Interview (Heft 44/2000) zur Leitkultur folgendermaßen: »Dazu gehört der Hinweis auf den Ursprung des Begriffes der Leitkultur. Bassam Tibi hat ihn in Bezug zu den Werten der europäischen Aufklärung und Demokratie und im Gegensatz zur Idee der multikulturellen Gesellschaft gesetzt. Das ist ein wichtiger Gedanke.« Diesen Gedanken übernahm sie dann auch. Und was ist heute? Damals trug sie die obige Position auch innerhalb ihrer Partei vor; sie riet davon ab, von deutscher Leitkultur – so laut Spiegel vom 30.10.2000, S. 32 – zu sprechen und empfahl, so »wie der syrische Politikwissenschaftler Bassam Tibi aus Göttingen … von einer europäischen Leitkultur zu sprechen«. Ihr Parteifreund Kauder spricht nun aber wieder von »deutscher Leitkultur« (F.A.Z. vom 16.7.2006) und die CDU grenzt mich aus, obwohl ich Mitglied ihrer Wertekommission bin. Ich merke zusätzlich zum zitierten Text von Frau Merkel an: Göttingen liegt nicht in Syrien, warum dann »syrischer Politikwissenschaftler aus Göttingen«? Bin ich kein Deutscher? Meine Exklusion wurde durch Nichteinladung zum von der Bundeskanzlerin in Berlin veranstalteten Migrationsgipfel vollzogen. Das ist nicht nur persönlich kränkend, sondern steht im Widerspruch zur Leitkultur als Politik der Integration. Schon einmal bei der Neubelebung der Diskussion 2005 engagierte die CDU den Amerikaner Fukuyama statt »den deutschen Bürger Tibi« als Berater über Leitkultur. Dieser gab der CDU laut International Herald Tribune den Rat, zu den europäischen Werten zu stehen und sich nicht von den Muslimen einschüchtern zu lassen. Fukuyama hat sich würdiger als die CDU benommen, als er mir seinen Vortrag zur kritischen Lektüre vor der Veröffentlichung im Journal of Democracy (April 2006) in Anerkennung der Tatsache schickte, dass meine Arbeit die Quelle ist.

Nach diesem unumgänglichen Vorspann und den darin enthaltenen erforderlichen Informationen (Umgangsformen mit Fremden gehören zur Leitkultur) äußere ich mich zum erneuten Leitkultur-Versuch und betone, wie wichtig es ist, sachlich und frei über Kulturaustausch, Multikulturalismus und Kulturpluralismus zu debattieren. Gleich einleitend setze ich das Begriffspaar Multikulturalismus und Kulturpluralismus in Kontrast und vertrete die Auffassung, dass Europas Öffnung gegenüber Anderen mit der Bewahrung der zivilisatorischen Werte der offenen Gesellschaft, so wie sie in Europa entstanden ist, in Einklang stehen muss. Keine Kultur und keine Zivilisation kann im Dialog mit anderen stehen, wenn sie nicht Klarheit über die eigene Identität hat. Die Werte, die zur Debatte stehen, sind die der offenen Gesellschaft, die europäisch ist. Daher geht es nicht um eine deutsche Leitkultur und erst recht nicht um eine »Schicksalsgemeinschaft«. Die Integration erfolgt in »Etwas«, nämlich die offene Gesellschaft; diese ist kein Schicksalswesen.

So wie ich mich von der CDU abgrenze, so auch vom Multikulturalismus und vom organisierten Islam. In Verletzung der Regeln der undemokratischen »Political-Correctness-Zensur« muss ich offen sagen: Es geht um eine Auseinandersetzung mit islamischen universalistischen Ansprüchen in Europa. Wer darüber schweigt, soll es auch lassen, von Integration zu sprechen. Das ist der Ursprung der Leitkultur-Debatte. Es ist ein gesellschaftlicher Fakt, dass die islamische Präsenz in Europa – bis auf eine Minderheit als europäische Bürger integrierte Muslime – eine Form angenommen hat, die der amerikanische Religionswissenschaftler John Kelsay wie folgt beschrieben hat: »Islamische Gemeinschaften bilden Enklaven, die sich in Europa befinden, jedoch nicht zu seiner westlichen Zivilisation gehören.« Für diese Enklaven habe ich den Begriff »Parallelgesellschaften« geprägt. Andere sprechen offener von »Gegengesellschaft« (H. Birg) oder gar Botho Strauss von »Vorbereitungsgesellschaft« (»Der Spiegel«). Vorbereitung ist offen ausgesprochen die Islamisierung Europas. Diese Beobachtung darf nicht mit der Keule »Feindbild Islam« belegt werden. Die nach einer islamischen Deutung der Vorschrift der Scharia »Tötet die Ungläubigen« von dem Islamisten Mohammed Bouyeri an dem Filmemacher Theo van Gogh verübte Lynchjustiz bringt eine islamische, religiös begründete Geisteshaltung zum Ausdruck, die vom Multikulturalismus, nicht aber von einer europäischen Leitkultur geduldet wird. Nach dem van-Gogh-Mord änderte sich auch in Deutschland vieles. So schrieb der innenpolitische Ressortchef der Süddeutschen Zeitung, Heribert Prantl, der bisher zu den schärfsten Kritikern meines Konzeptes von der »europäischen Leitkultur« gehörte, nach der Schari'a-Lynch-Justiz den erhellenden Leitartikel »Leitkultur für alle«. Darin fordert er nichts anderes als das, was in meinem Buch »Europa ohne Identität?« steht. Die Tötung Andersdenkender oder Judenhass sind nicht zuzulassen und damit setzt man bereits die Regeln einer Leitkultur fest. Islamistischer Judenhass ist nicht eine bloße Aufregung über israelische Ungerechtigkeiten, sondern ein Antisemitismus, den eine demokratische Leitkultur nicht zulässt.

Vor der erneuten öffentlichen Entfachung der Leitkultur-Debatte in Deutschland durch den Bundestagspräsidenten Lammert hat die »International Herald Tribune« dieser Thematik zwei Leitartikel gewidmet. Im ersten von John Vinocur wird Francis Fukuyama nach seinem nicht öffentlichen Auftritt bei der Konrad-Adenauer-Stiftung in den Mittelpunkt gestellt. Unter Berufung auf die Quelle des Begriffs, nämlich meine soeben angeführte Arbeit, empfahl Fukuyama eindeutig eine Leitkultur für Europa, gegen die universalistischen Ansprüche mancher islamischer Migranten (»Islamisierung Europas«). Im zweiten Leitartikel von Richard Bernstein liest man folgende klare Formulierung: »Der Krieg der Zivilisationen … hat den deutschen Boden erreicht … in einer Moschee in Frankfurt wird zum Djihad gegen den Westen aufgerufen … Der Multikulturalismus erwies sich als miserabel erfolglos.« Die Grünen, die zu den Unterdrückern meines 1995 unter dem Titel

»Krieg der Zivilisationen« erschienenen Buches gehören, haben in Deutschland durchgesetzt, solche Urteile als »rechtsradikal und fremdenfeindlich« einzustufen. Dies sind nun weder die »International Herald Tribune« noch meine Person, selbst Fremder und Migrant, der in Deutschland unter der »Fremdenfeindlichkeit des Alltags«, z. B. an der Universität Göttingen, sehr leidet.

Als Schöpfer der Leitkultur können mir Grüne und SPD-Linke vieles vorwerfen, aber mit absoluter Sicherheit nicht, für eine monokulturelle Gesellschaft oder für eine konservative deutsche Leitkultur einer »Schicksalsgemeinschaft« zu stehen. Ich spreche von europäischer Leitkultur und Frau Merkel hat mich vor sechs Jahren im »Spiegel« während der Leitkultur-Debatte von 2000 als Leitbild zitiert. Offensichtlich hat sie die Werte der »europäischen Leitkultur« bei der Auswahl ihrer Gäste beim Migrationsgipfel von 2006 über Bord geworfen.

Um es eindeutig auszusprechen: Ich bin gegen die konservativen Monokulturalisten der deutschen Leitkultur und bin ebenso Widersacher der Multikulturalisten. Ich trete für kulturelle Vielfalt ein, aber anders als die Multikulturalisten knüpfe ich dies an die Akzeptanz des Kanons der Bürgerrechte. Niemand darf sich auf seine Kultur berufen, um Bürgerrechte zu verletzen, so wie Mohammed Bouyeri es beim Mord an van Gogh unter Berufung auf die Schari'a getan hat. Kulturelle Differenz ist kein Grundrecht. Nach den bisherigen Ausführungen ist meine eingangs formulierte Position eines kulturellen Pluralismus deutlich; sie steht nicht nur im Widerspruch zur Monokultur, sondern auch zur Wertebeliebigkeit des Multikulturalismus.

Ich kann meinen Beitrag zur Debatte nicht abschließen, ohne intellektuell redlich die verwendeten Begriffe zu klären. Diese Voraussetzung einer demokratisch-politischen Kultur wurde von den Multikulturalisten nicht erfüllt; sie haben ihre Kritiker stets verfemt, indem sie die Kritik an der Multikulti-Ideologie mit dem Geist gegen Fremde generell sowie Einwanderer zu sein gleichgesetzt haben: Das ist grob falsch. Der Multikulturalismus ist ein Kulturrelativismus, der kulturelle Vielfalt zulässt und unter dem Toleranzgebot die Akzeptanz von Differenz ohne Einschränkungen versteht. Genau das ist Wertebeliebigkeit und daraus folgt die Rechtfertigung des Prinzips »anything goes«. Im Gegensatz dazu steht eine andere Spielart der Vielfalt, nämlich der Kulturpluralismus. Dieser argumentiert, dass kulturelle Vielfalt nur im Rahmen eines Konsens über Werte/Spielregeln zuzulassen ist. Demnach darf ein Muslim im Rahmen von Kulturpluralismus sich im Westen nicht auf die Schari'a berufen; dies kann er sehr wohl unter Rückgriff auf die Multikulti-Ideologie (anything goes/Wertebeliebigkeit) tun. In diesem Sinne ist die multikulturelle Gesellschaft (diese hat es außerhalb des Ideals nie gegeben) und die Multikulti-Ideologie, die sie rechtfertigt, nach dem Mord an van Gogh und nach dem Mohammed-Karikaturenkonflikt in die Krise geraten. Kulturelle Rechte sind keine Grundrechte und sie gelten nur im Rahmen des Kulturpluralismus.

Die Messlatte für die Geltung des Multikulturalismus sind islamische Forderungen wie die Geltung der Schari'a für Europa, die das Lynchen von Ungläubigen (Amsterdam, 2.11.2004) zulässt, und der Ruf nach Einschränkung der Pressefreiheit in der offenen Gesellschaft als Grundrechte im Namen der kulturellen Differenz. Dies steht im Widerspruch zum Kulturpluralismus, der Wertebeliebigkeit und Indifferenz des Multikulturalismus zurückweist.

Noch tummeln sich Islamisten in Deutschland nicht sichtbar wie etwa in London und Stockholm, wo »Radio Islam« seine antisemitische Hetze unter skandinavischer Dul-

dung ausstrahlt. Als vor Jahren der große syrische Dichter Nizar al-Qabbani starb, wurde das Totengebet an seinem Sarg in einer Londoner Moschee von Islamisten gewaltsam mit der Begründung verhindert, dass Qabbani ein Kafir (Ungläubiger) sei. Der britische Staat intervenierte damals – vor dem 11. September nicht. In jenem Fall galt die Religionsfreiheit nicht für Qabbani, sondern für die Gegner der offenen Gesellschaft, die ihren neuen Totalitarismus durchsetzen; sie dürfen bestimmen, wer »gläubig« ist und wer nicht. Das ist Multikulturalismus, nicht Kulturpluralismus. Der Unterschied zwischen beiden betrifft das Schicksal Europas und ist kein bloßes akademisches Gerede. Glaubensfreiheit gehört zu den unantastbaren Bürgerrechten der europäischen Leitkultur und darf nicht auf dem Altar des Multikulturalismus geopfert werden. Großbritannien hat aus dem 11. September gelernt und durch eine Leitkultur die Grenzen für die Islamisten klargemacht. Die Schweden hingegen haben nichts dazugelernt und beherbergen weiterhin »Radio Islam«, einen Sender, der nach der Information des Berliner Antisemitismusforschers Wolfgang Benz zu den militanten Quellen antisemitischer Propaganda in Europa gehört. Kürzlich hat eine prominente schwedische Stiftung Tareq Ramadan, den Enkelsohn des Begründers des islamischen Djihadismus, Hasan al-Banna, als Referenten eingeladen. Laut Programm sprach er über »The Muslim Mission in Europe«. Selig seien die Missionierten! Mit solchen Europäern kann man nicht für eine europäische Leitkultur eintreten. Multikulturalismus basiert auf der Trinität: kulturelle Differenz – Anerkennung – kulturelle Basisrechte. Dagegen besteht der Kulturpluralismus auf einer Anbindung der Differenz an zivilgesellschaftliche Basiswerte. Die Ächtung des Antisemitismus gehört dazu. Im vergangenen Monat fand an der Hebrew University Jerusalem ein Weltkongress über An-

tisemitismus-Multikulturalismus statt, den
der Direktor des Vidal Sassoon Center for
the Study of Antisemitism mit der bitteren
Bemerkung einleitete, dass Multikulturalismus früher Vielfalt, heute aber die Verbreitung des Antisemitismus bedeutet. Besonders
in Deutschland benötigen wir die gesicherte Erkenntnis, dass keine Werte über denen
der Zivilgesellschaft und Demokratie stehen:
Das ist die europäische Leitkultur.

Bewegung im Werden
Zehn Thesen zur Leitkultur in der Einwanderungsgesellschaft

Petra Bahr — **Politik & Kultur 1/2016**

Über das Fremde spricht es sich leichter als über das Eigene. Deshalb sind Flüchtlinge, die zu Hunderttausenden in unser Land kommen, zwar der Anlass, aber nicht die einzigen Adressaten der »Leitkultur«. Es ist wahr: Die, die zu uns kommen, brauchen eine Orientierung, die ihnen hilft, unsere Erwartungen, Regeln und Lebensformen zu verstehen. Sie sollen auch wissen, welche Voraussetzungen für das Heimischwerden in unserem Land gelten. Doch auch die Autochthonen oder die, die schon vor längerer oder gar sehr langer Zeit eingewandert sind, brauchen eine Orientierungshilfe, sie brauchen eine Verständigung und eine Vergewisserung. Wie wollen wir in einer Gesellschaft des sich zusehend verschärfenden Pluralismus der Herkünfte, Lebensformen und Vorstellungen von einer guten Zukunft gemeinsam leben? Die deutsche Gesellschaft, wir alle, werden uns mit den Flüchtlingen gemeinsam verändern. Eine Leitkulturdebatte unterläuft deshalb notwendig die Unterscheidung in »Sie« und »Wir«, wenn sie sich ernst genug nimmt. In dieser Debatte geht es um den gemeinsamen Horizont aller.

Die aktuellen Flüchtlingsbewegungen mit dem Zielland Deutschland sind Vorboten einer Welt, in der die globalen Verwerfungen und Krisen, aber auch die Möglichkeiten und Chancen überall sichtbar werden. Wir Deutsche müssen uns fragen, wie wir uns als Einwanderungsgesellschaft verstehen. Lange haben wir diese Debatte nicht geführt – und sind doch eines der erfolgreichsten und liberalsten Länder der Welt geworden, bei all den integrationspolitischen Problemen, die es schon vor den Flüchtlingen gab. Die Verständigung über den gemeinsamen Horizont wird vor allem als Thematisierung von Verlustängsten geführt. Das »Eigene« steht auf dem Spiel, auch wenn es schwerfällt, dieses »Eigene« benennen zu können. Diese Sorge vor dem Verlust des Eigenen ist Ausdruck von Sorgen, aber auch von Kränkungen, weil durch die rasante Veränderung der Welt viele Erschütterungen zu innerer und äußerer Haltlosigkeit führen. Die Fremdheit mit der eigenen Welt trifft nun auch Fremde aus einer anderen Welt. Wer diese Kränkung auf den Fremden projiziert, für den ist das Eigene aber noch nicht sagbarer geworden. Er kann sich nur besser von der Leerstelle ablenken. Es bedarf deshalb einer auch öffentlichen Einübung ins Sprechen, ja Besprechen dessen, was angesichts der gewaltigen Bewegungen, die auch die deutsche Gesellschaft ergreifen, in den kommenden Spannungen zusammenhält. Dazu braucht es auch einen Sinn für die eigene Geschichte, vor allem aber eine gründliche Analyse. Wie funktioniert diese Gesellschaft denn? Was macht sie aus? Und woran scheitert sie? Fehlt diese Analyse, wird sie gar ersetzt durch ein apokalyptisches Raunen, dass jetzt eine Ära unwiederbringlich zu Ende geht, wird aus dem unsagbar Eigenen im Gegenüber zur Differenz des Fremden nur Wut und Abgrenzung bis zur Gewalt, jedoch keine »Kultur«.

Die Diskussion darüber, ob der Leitkulturbegriff geeignet und ungeeignet, längst verbraucht oder noch gar nicht richtig entdeckt ist, bleibt so lange ein Ablenkungsmanöver von Intellektuellen und Talkshow-Gästen wie die Frage, welche Haltungen, welche Regeln und welche Orientierungen für das Miteinander in einer offenen, pluralen, freiheitlichen Gesellschaft es denn genau sind, die für unser Zusammenleben unabdingbar sind.

Noch ist die Diskussion ähnlich verdruckst wie die Debatte um die Frage, ob es einen Kanon kultureller Regeln, Texte, Bücher oder Bilder geben muss, in dem diese künftig leitende Kultur beispielhaft aufgehoben ist. Eher diskutiert man über den Sinn oder Unsinn verbindlicher Kanonizes, als probeweise einen Kanon zusammenzustellen. Die Kanondebatten der letzten Jahre zeigen aber auch, dass in fruchtbaren Streits ein großer Konsens bleibt über das, was nach wie vor oder immer wieder neu für kostbar geachtet wird. Man könnte sogar weitergehen: schon die intensive Diskussion über das, was zum Kanon gehört und was seine Kraft für die heute Lebenden verloren hat, ist Teil des Vergewisserungsprozesses: Was ist uns eigentlich wichtig? Ein Kanon versammelt das, was heute gültig ist. Der Kanon ist deshalb ein Modell für die Dynamik des Konservierens im Heute nach den Kriterien von heute: Neue Texte kommen dazu, andere, ältere werden verworfen, noch ältere werden wiederentdeckt. Kanonisierungsprozesse sind Leitbildprozesse en miniature.

Leitkulturdebatten sind konservativ. Sie zu führen, steht deshalb Konservativen gut zu Gesicht. Allerdings geht es in diesem recht verstandenen Konservatismus nicht um den Schutz des Alten gegen die Bedrohung durch Neues. Schon gar nicht verbirgt sich hinter dieser Debatte eine politische Nostalgie. Der wahrhaft Konservative nimmt die Gegenwart, wie sie ist. Diesseits von Euphorie oder Untergangsphantasien, die er beide als Anmaßung gegenüber der Geschichte empfindet, fragt er nach den Verteidigungswerten in der Veränderung, nicht nach einem Fluchtweg vor dieser Veränderung. Unter Umständen ist es deshalb der Konservative, der auch zum Vergessen oder Lassen von nur vermeintlich Wichtigem ermutigt. Konservatismus ist deshalb nicht das Gegenteil von einer Bewegung in eine offene Zukunft, sondern der Orientierungssinn. Die derzeitige Flüchtlingskrise ist eine Chance des Konservatismus für identitätspolitische Antworten, wenn es gelingt, Fragen nach Zugehörigkeit und Heimat, nach Selbstgewissheit und Gemeinsinn mit und für alle zu führen. Eine Identitätspolitik durch Abgrenzung schafft weder für individuelle noch für kollektive Identitäten stabiles Vertrauen in die eigenen Ressourcen. Identität durch Abgrenzung bleibt außenbestimmt und deshalb labil.

Die Alternativbegriffe, vor allem der Vorschlag, statt einer Leitkulturdebatte eine »Wertedebatte« führen zu wollen, ist kein Ausweg, denn die Rede von den Werten trägt die Selbstrelativierung in sich. Was für den einen wertvoll, ist für den anderen nur von untergeordneter Güte. Wertedebatten sind deshalb Ausweis fragmentierter Normgefüge. Im Zweifelsfalle zeigen die Wertedebatten der letzten Jahre erstens, dass die Werte immer dem jeweils anderen fehlen, auf den man deshalb mit dem Finger zeigt, oder zweitens die Werte so weit im Wertehimmel schweben, dass alle nur begeistert nicken, weil der Vorschlag keinerlei Folgen hat. »Gerechtigkeit, Solidarität, Gleichberechtigung, Freiheit.« Große schwere Worte, jedes für sich braucht eine Verteidigung. Doch eine Leitkultur, die ihren Namen verdient, wird an ihren alltagspraktischen Folgen gemessen. Sie bestimmt nicht nur Grenzen, sondern auch Haltungen, mit denen es gelingen kann, Wertekonkurrenzen und Wertungen auszuhalten – und trotzdem für die eigenen Überzeugungen einzustehen. Sätze wie »Wenn Du Dich anstrengst, kannst Du es einmal besser haben.« sind manchmal ebenso schlicht wie hilfreich.

Es reicht nicht, die Frage nach der Leitkultur mit dem Hinweis auf die Verfassung zu beenden oder mit dem schönen Wort des »Verfassungspatriotismus« zu ersetzen. Die Verfassung ist mehr als ein Bündel von Abwehrrechten gegen den Staat, aber auch mehr als ein in sich verständlicher Regelkanon, den man nur auswendig lernen muss. Obwohl es eine schöne Übung für Schulkinder wäre, wenigstens die ersten Artikel des Grundgesetzes »by heart«, also in Kopf und Herz zu haben – die Leitbegriffe des Grundgesetzes sind voraussetzungsvoll. Die Verfassung als geronnenes Recht ist auch geronnene Kultur. Jede neue Entscheidung, jeder Versuch, Verfassungstreue und gesellschaftlichen Wandel in Rechtsauslegung und Rechtsprechung weiterzuentwickeln, zeigt aber, dass diese »Kultur« nichts Abständiges, Vergangenes oder Festes ist. Sie ist selbst im Wandel. Wer wollte bestreiten, dass in alle Zentralbegriffe des Grundgesetzes kulturelle Vorstellungen eingewandert sind, die aus dem breiten Strom der Religions- und Geistesgeschichte gespeist sind. Deshalb lohnt es sich, die Verfassung auch als kulturellen Text zu lesen. Es können sogar wertvolle Hinweise für eine Alltagsleitkultur daraus erwachsen. Der Artikel über Religionsfreiheit etwa steht im Horizont vergangener Religionskonflik-

te und ihre Bändigung durch den Staat. Der Hinweis darauf, dass im Namen der Religionsfreiheit nicht alles geht, schon gar nicht die Beschimpfung, Verunglimpfung oder gar Bestrafung derer, die von der eigenen Religion nichts mehr wissen wollen, dass die Gleichwürdigkeit der Geschlechter auch in religiösen Angelegenheiten gilt und Schranken der Religionsfreiheit, etwa im Falle des Kopftuchs von Beamtinnen, möglich (und nötig) sind, ergibt sich aber nicht aus dem Gesetzestext, sondern höchstens aus Rechtsprechung und Auslegung, für alle greifbar aber in der gelebten Praxis der Religionsgemeinschaften in Deutschland.

Eine positive Formulierung der Rolle des Staates, mithin des Rechtsstaates, seiner Institutionen und seiner Symbole gehört zu den ersten Aufgaben der Leitkultur in der Einwanderungsgesellschaft. Die Achtung und der Respekt vor Vertreterinnen und Vertretern dieses Staates, der nicht als das Andere unser selbst, sondern als durch das Staatsvolk verfasst gedacht und verteidigt werden muss, muss Thema der künftigen Leitkultur sein. Es stimmt: Der freiheitlich demokratische Staat lebt von Voraussetzungen, die er selbst nicht garantieren kann. Er lebt von den Überzeugungen und Haltungen, vom Mitwirken und Mitgestalten seiner Bürger. Doch die offene, plurale Gesellschaft lebt nur unter den Voraussetzungen, die der Staat garantieren kann.

Wenn gilt, dass Kultur das ist, was sich von selbst versteht und latent bleibt, dann wird die Thematisierung des Selbstverständlichen auch seinen Gegenstand verändern. Wem ist denn noch klar, dass sich der Sonntagsschutz der prägenden Kraft des Christentums verdankt und nicht der Kultur des »Ausschlafens und Brunchens«? Rückbesinnungen haben immer auch Konsequenzen, wenn sie mehr als rhetorische Rückverweise sind. Welche Konsequenzen hat denn die Beobachtung von Flüchtlingen, dass Deutschland ein sehr christliches Land sei, für künftige Debatten über die Rolle der Religion in der Öffentlichkeit? Schon jetzt zeigt sich angesichts der lebensverachtenden Fratze des radikalen Islamismus eine neue Neigung zum Laizismus, also der weltanschaulichen Lehre, die glaubt, wir wären alle besser dran, wenn Religion keine Rolle im öffentlichen Leben spielt. Zur deutschen Leitkultur gehört es, auch in schwierigen Zeiten der laizistischen Versuchung nicht zu erliegen und Religion als ambivalente Macht zu beschreiben. Das stellt verfasste Kirchen vor andere Herausforderungen als die muslimischen Religionsgemeinschaften. Gefordert sind alle, dieses Verhältnis neu auszuloten.

In allen Debatten um Leitkultur spielt die Aufklärung als geistesgeschichtliche Wende der Zeiten eine bevorzugte Rolle. Die Ideale der Aufklärung, Freiheit, Gleichheit, Menschenrechte werden groß gemacht. Die Aufklärung ist aber kein abgeschlossenes Geschichtszeichen, von dessen Strahlkraft wir heute noch zehren. Die Aufklärung als die »Befreiung aus der selbstverschuldeten Unmündigkeit« ist ein Projekt, eine ständige Aufgabe, eine Herausforderung, die heute eher noch wächst. Nichts ist vor dieser Herausforderung sicher. Keine heiligen Bücher, keine heiligen Männer und Frauen, aber auch nicht das »Eigene«, das seine Aura nur so lange behält, wie es unbefragt bleibt. Vorlieben, kulturelle Gewohnheiten, Normen, ja sogar das Recht sind vor der Aufklärung nicht sicher. Das ist das Wagnis der geistigen Freiheit, das wir im Westen eingegangen sind. Diese Aufklärung auf Dauer zu stellen, sich in seiner Urteilskraft von Besonnenheit und genauem Blick leiten zu lassen, ist vielleicht die schwerste Übung in Zeiten, in der aggressive Ungeduld, schnelle Lösungen und markige Worte so viel leichter wirken als das aktive Aushalten einer offenen Zukunft.

Selbstverständigungsdebatten brauchen ein Forum, auf dem gemeinsam um Haltungen, Regeln und anerkannt Gültiges geredet wird. In Zeiten, in denen mediale Öffentlichkeiten immer stärker fragmentieren und Netzgemeinden zu Selbstverstärkungsgemeinschaften werden, die sich abschließen gegen den Austausch von Informationen und den Streit um ihre Deutungen. Da ist schon die Klärung dessen, was der Fall ist, nicht mehr leicht herbeizuführen. Deshalb stellt sich mit großem Ernst die Frage, wo das Sprechen über das Gemeinsame denn anders als durch schroffe Abgrenzungen gegenüber den Anderen, »die da oben« oder »die von draußen«, gelingen soll. Die demokratische Kultur, als deren Basis und Einlösung die kommende Leitkulturdebatte verstanden werden muss, braucht Austragungsorte und Bühnen für diese Diskussion. Nicht nur über das »was«, sondern auch über das »wo« braucht es Verständigung. Es braucht Orte, wo das Sprechen über das Eigene, das Wichtige, das unmittelbar Notwendige eingeübt werden kann. Es braucht vertrauenswürdige Sprecher und Sprecherinnen, die auf großen und kleinen Bühnen möglichst viele Stimmen repräsentieren. Identitätspolitik, die akzeptiert, dass es Identität immer nur als Bewegung im Werden, als Selbstverständigungsprozess gibt, wird neue Orte des Sprechens erfinden und alten Orten neue Glaubwürdigkeit geben müssen.

Kein Vertrauen in die eigene Kultur?
Leitkultur oder Wertedebatte: eine problematische Alternative

Max Fuchs — Politik & Kultur 1/2016

Die Forderung nach einer Leitkultur ist ein Zeichen der Schwäche: Man hat offensichtlich kein Vertrauen in die Stärke dessen, was man für seine eigene Kultur hält und fordert daher bestimmte Schutzmaßnahmen. Wie wenig der Gedanke einer Leitkultur – wie auch immer man ihn füllen mag – tragfähig ist, zeigen nicht nur alle, wirklich alle wissenschaftlichen Erörterungen über Kultur, sondern dies ist auch der gemeinsame Tenor in den Stellungnahmen des Themenschwerpunktes der letzten Ausgabe dieser Zeitung.

Doch ist die Alternative, nämlich die Forderung nach einer Wertedebatte, in dieser Hinsicht vernünftiger? Diese Forderung wird zudem in einigen Beiträgen verbunden mit dem Hinweis, dass das Grundgesetz und die rechtliche Grundordnung, »Verfassungspatriotismus«, nicht ausreichen und man sich daher erneut auf gemeinsame Werte einigen müsse. Es entsteht so der Eindruck, als ob unser Grundgesetz, die Europäische Grundrechtecharta oder die Menschenrechte bloß ein formales Regelungssystem seien. Dies ist aber keineswegs der Fall. All die genannten Regelungssysteme haben eine lange Tradition, sowohl in der Praxis, in der sie erkämpft worden sind, als auch in der theoretischen Reflexion, in der man sie begründet hat. Sie sind philosophisch und anthropologisch ausgesprochen gehaltvoll und machen nur Sinn, weil sie auf dem Fundament eines sehr genau definierten Wertesystems ruhen. Auch in politischer Hinsicht sind sie ausgesprochen anspruchsvoll. Man muss sich nur einmal überlegen, dass Menschenrechte unteilbar sind, dass sie eine universelle Geltung haben, dass sie also überall und für alle Menschen gelten, dass es keine Hierarchie unter ihnen gibt. Wie groß der Konsens unter den großen Weltreligionen ist, hatte seinerzeit das Projekt »Weltethik« von Hans Küng gezeigt: In allen entscheidenden Punkten stimmen die ethischen Grundlagen der Weltreligionen überein. Man muss sich also klarmachen, dass derjenige, der eine Wertedebatte führen will, letztlich die vorhandenen und weltweit akzeptierten Werte infrage stellt. Wozu also eine Wertedebatte, wenn es verbindliche Werte gibt, die weltweit in entsprechenden Konventionen und völkerrechtlich gültigen Pakten sogar als je nationales Recht ratifiziert wurden.

Es gibt noch einen weiteren Hinweis, der nachdenklich machen sollte. Gustav Seibt hat in einem interessanten Artikel in der Süddeutschen Zeitung vom 17.11.2015 (Seite 11) auf die Ambivalenz einer Rhetorik vom Kampf für die Werte hingewiesen. Zum einen weist er darauf hin, dass ein wichtiger Wert, für den wir kämpfen müssen, der Werterelativismus ist, also die Ablehnung einer zu starren Festlegung. Er weist auf die Gefahr hin, dass eine solche starre Festlegung auf bestimmte Werte durchaus in einen Glaubenskrieg ausarten könnte, was in der Geschichte immer wieder geschehen ist und was auch den gegenwärtigen Terror erklärt. Natürlich lässt er keinen Zweifel daran, dass in Deutschland der säkulare Rechtsstaat gilt, dass Frauen und Männer gleiche Rechte haben und dass Homosexualität hier eine anerkannte Lebensform ist. Er macht aber den Vorschlag, hierbei nicht von »Werten« zu sprechen, sondern von Rechtsgrundsätzen und Regelwerken, die nicht der philosophischen Überhöhung als »Werte« bedürften.

Und ein anderes ist zu bedenken: Der Soziologe Richard Münch hat in einer klugen und interessanten Buchpublikation »Die Kultur der Moderne« (1986) gezeigt, dass die zentralen Grundwerte westlicher Demokratien wie etwa Freiheit oder Gleichheit in England, Amerika, Frankreich und Deutschland eine sehr unterschiedliche Bedeutung haben. So bedeutet etwa Freiheit in angelsächsischen Ländern politische Freiheit, während man in der deutschen Tradition sehr stark an (bloß) geistige Freiheit gedacht hat, was zu der von Helmuth Plessner beschriebenen chronischen »Verspätung« in unserer politischen Entwicklung führte. Dass dies nicht bloß interessante, aber nicht weiter wichtige theoretische Erörterungen sind, kann man an der aktuellen Debatte über das TTIP-Abkommen belegen. Natürlich ist jede Kritik am Inhalt und an dem Verfahren berechtigt. Zu kurz kommt in meiner Wahrnehmung allerdings die Tatsache, dass sich auf dem europäischen Kontinent und in den USA sehr unterschiedliche Vorstellungen des Verhältnisses von Staat, Markt und Gesellschaft entwickelt haben, die jeweils in ihrer historischen Entwicklung nachvollzogen werden, die zudem jeweils seriös in der politischen Philosophie und der Verfassungstheorie begründet werden können und

die einen erheblichen Einfluss auf die jeweilige Haltung im Hinblick auf solche internationalen Freihandelsverträge haben. Sicher geht es um Gewinne und die Position auf dem Weltmarkt, es geht aber auch um das jeweilige Verständnis zivilisatorischer Grundwerte, bei dem es sich zeigt, dass »der Westen« keineswegs eine homogene Einheit ist.

Einen letzten Punkt will ich erwähnen. Jede Wertedebatte endet letztlich in der Forderung, dass man eine Werteerziehung – insbesondere in der Schule – forcieren müsse. Natürlich ist es selbstverständlich, dass Pädagogik ein norm- und wertorientierter Prozess ist. Die Forderung einer Werteerziehung als Konsequenz einer Wertedebatte hat allerdings das Problem, dass zum einen die Gefahr besteht, genuin politische Probleme in den pädagogischen Raum abzuschieben und damit zu entsorgen. Sie verkennt zudem die Tatsache, dass Werte weniger durch pädagogische Interventionen entstehen, sondern vielmehr in der alltäglichen Praxis – auch der Politikerinnen und Politiker – erlebt und gelebt werden müssen.

Es geht daher aus meiner Sicht weniger darum, anerkannte Werte durch eine Debatte infrage zu stellen, sondern vielmehr, unsere vorhandenen rechtlichen Regelungssysteme wie insbesondere das Grundgesetz als Messlatte dafür zu nehmen, was in der Gesellschaft geschieht. Anstelle einer abstrakten Wertedebatte wäre es gerade für die organisierte Zivilgesellschaft angemessen, die deutschen Staatenberichte über die Umsetzung der verschiedenen Menschenrechtskonventionen kritisch zu evaluieren. Denn oft genug werden diese vom Menschenrechtsausschuss der Vereinten Nationen, dem diese Berichte zur Überprüfung vorgelegt werden müssen, mit zum Teil erheblichen Nachbesserungsauflagen zurückgeschickt: Eben weil die Praxis zu wenig den hehren Zielen und Werten entspricht.

Vor diesem Hintergrund ist positiv hervorzuheben, in welcher Weise sich der Kulturbereich aktuell um das Problem der Flüchtlinge kümmert: In der Praxis gibt es eine stark
anwachsende Zahl von Initiativen und Projekten, die mit künstlerischen Mitteln ihren
Beitrag zur Willkommenskultur leisten und
die zeigen, dass keine kulturlosen Menschen
kommen, die mit einer deutschen Leitkultur
beglückt werden müssen. Auf der Ebene der
Bundesverbände wiederum zeigen die dies-
bezüglichen Beschlüsse des Deutschen Kulturrates, dass und wie die impliziten Werte
des Grundgesetzes lebendig gehalten werden.

»Und weil wir dies Land verbessern, Lieben und beschirmen wir's«

Thomas de Maizière im Gespräch mit Hans Jessen — Politik & Kultur 2/2017

Thomas de Maizière gehört zu den Initiatoren der Initiative kulturelle Integration. Er steht dem langjährigen ARD-Hauptstadtkorrespondenten Hans Jessen Rede und Antwort rund um die Themen kulturelle Integration, Leitkultur und Toleranz.

Herr de Maizière, bei der Tagung des Deutschen Beamtenbundes haben Sie ein Gemälde Gerhard Richters hochgehalten mit den Worten: »Wir müssen mal wieder drauf achten, wer wir eigentlich sind.« Warum ist das im Zusammenhang mit kultureller Integration für Sie wichtig?
Thomas de Maizière: Wenn wir wissen, wer wir sind, dann verstehen wir uns besser und verstehen auch besser, warum andere anders sind. Eine Sicherheit in der eigenen Identität führt zu Toleranz und Gelassenheit. Eine Unsicherheit dagegen führt eher zu Ängsten und Aggressivität. Die Frage »Was ist eine deutsche Identität?« ist vielleicht eine typisch deutsche Diskussion. Ich glaube nicht, dass man diese in Frankreich, in den USA oder in China so führt. Aber für uns war die Frage, gerade als wir geteilt waren, zwei Staaten, eine Nation: Was macht denn die Nation aus? Da war man schnell wieder bei der Kulturnation. Ich glaube, dass jetzt die Flüchtlingskrise, die Zunahme von Gewalt und die

Verrohung im Internet bis hin zum internationalen Terrorismus, ein wichtiger Anlass sind, zu dem wir uns unserer selbst vergewissern sollten. Und dazu gehört die Kultur. Bei Gerhard Richters Bild seiner Tochter Betty, die in Bewegung ist, spürt man: Jetzt dreht sie sich zu uns. Dieses nach hinten und nach vorne schauen, dieses Spannungsverhältnis drückt er so großartig aus. Deswegen habe ich es als Beispiel für diese Debatte gezeigt.

Sie gehören zu den Initiatoren der Initiative kulturelle Integration. Darin stecken zwei Begriffe mit enormer Interpretationsbandbreite. Zum einen Integration: Das kann heißen, hier gibt es einen sozialen Körper, der aufnimmt. Integration kann aber auch heißen, hier fügen sich unterschiedliche Teile auf Augenhöhe zu einem neuen Ganzen zusammen. Zweitens: Was ist Kultur? Hochkultur oder Kultur als Lebensweise? Wie definieren Sie diese beiden Begriffe?
Zunächst dient diese Initiative dazu, dass wir das gemeinsam definieren und diskutieren, schon in der Diskussion selbst liegt ein wichtiger Mehrwert. Integration kommt aus dem Lateinischen und heißt »Erneuerung«. Assimilation ist nicht das Ziel von Integration. Aber genauso wenig ist es ein loses, un-

abhängiges Nebeneinander, was man früher als Multikulti verstanden hat. Positiv gesprochen: Diejenigen sind gut in die Gesellschaft integriert, die sich zugehörig fühlen zu dieser Gesellschaft. Das muss keine Frage der Staatsbürgerschaft sein. Und »zugehörig« hat auch ein emotionales Element. Eine innere Bindung zu dem Land, in dem man lebt. Ich würde für das Zusammenführen, kulturelle Integration, einen weiten Begriff von Kultur zugrunde legen. Also die Art und Weise unseres Zusammenlebens, die nicht materiell geprägt ist. Sie hat natürlich auch etwas zu tun mit Geschichte, mit Zusammenhalt und mit wichtigen Ritualen. Jede Gesellschaft hat bestimmte Rituale, die für sie wichtig sind. Es gehen ganz viele Menschen Weihnachten in die Kirche, auch wenn sie den Text von »Alle Jahre wieder« nicht kennen.

Würde kulturelle Integration dann bedeuten, dass man von Menschen mit einem Migrationshintergrund, in welcher Generation und Form auch immer, erwartet, dass sie an diesen Ritualen teilhaben, teilnehmen? Oder sollen sie nur ihre Bedeutung kennen?
Zunächst ist es wichtig, dass sie die Bedeutung kennen. Also etwa unser Staats-Kirchen-Verhältnis mit der in Europa nahezu einmaligen Beziehung zwischen Staat und Kirche, die weder Staatskirche ist, noch streng laizistisch. Sondern weltanschaulich neutral, aber den Kirchen freundlich zugewandt. Sonst hätten wir z. B. keine gesetzlichen Feiertage, die sehr stark kirchlich geprägt sind. Oder, dass man Karfreitag auf bestimmte Arten von Veranstaltungen verzichtet und bestimmte Formen von öffentlichen Darbietungen nicht durchführt. Das, finde ich, muss erst mal verstanden werden und als für die Mehrheitsgesellschaft prägend akzeptiert werden. Aber man kann natürlich nicht verlangen, dass nun alle am Gottesdienst teilnehmen. Umgekehrt gehört zu einer gelungenen kulturellen Integration auch, dass Christen wissen, wie wichtig der Ramadan für Muslime ist. Ich will es mal ganz konkret machen am Beispiel des Verzehrs von Schweinefleisch in öffentlichen Gebäuden, Schulen und Kindergärten. Da könnte man sagen, wir verzichten auf Schweinefleisch, weil das für muslimische Kinder im Kindergarten eine religiöse Zumutung ist. Ich bin dafür, dass der Speiseplan nicht geändert wird. Aber dass ein einzelnes Kind dennoch nicht dazu gezwungen wird, etwas Bestimmtes zu essen. Man sollte solche Dinge also respektieren, indem man hier keinen Zwang ausübt und zugleich die prägende Bedeutung akzeptiert und das funktioniert in vielen Bereichen auch heute schon.

Integration bedeutet sicherlich eine Anforderung und Aufforderung an die, die neu in diese Gesellschaft kommen. Gibt es auch eine Integrationsleistung, die die schon länger hier Ansässigen, die Mitglieder der Mehrheitsgesellschaft erbringen müssen, damit Integration gelingt?
Ja. Aber die größere Leistung muss, was kulturelle Integration angeht, von denen verlangt werden, die hierherkommen. Sie sind auch deswegen gekommen, weil Deutschland eine bestimmte Anziehungskraft hat. Und das kann nicht nur die Höhe der Asylbewerberleistungen sein. Sondern, dass wir ein freies Land sind, dass bei uns Freiheit geschützt wird und dass bei uns bestimmte Regeln gelten. Gerade wenn man aus diesen Gründen kommt, dann muss man diese Regeln auch akzeptieren. Und um nochmal auf die Kultur zurückzukommen: Dazu gehört eben auch, dass man verlangen kann – und das ist Teil der Integrationskurse – dass man bestimmte Kenntnisse darüber hat, was uns kulturell ausmacht. Dazu gehört Geschichte.

Dazu gehört sicher Vermittlung von Kenntnis und das Verlangen, dass für uns aus der Mittellage Deutschlands in Europa politische Konsequenzen entstehen. Z. B., dass wir eine Verantwortung gegenüber unserer nationalsozialistischen Vergangenheit haben, also dass Auschwitz und ein besonderes Verhältnis zu Israel uns immer mitprägen. Das muss man muslimischen und arabischen Menschen klarmachen. Und wir verlangen rechtlich, politisch und gesellschaftlich, dass Antisemitismus in Deutschland keinen Platz hat. Das ist auch eine kulturelle Forderung. Gleichzeitig brauchen wir eine gewisse Offenheit derer, die hier schon immer leben – also von uns allen. Dazu gehört eben, zu wissen, wo jemand herkommt und Verständnis und vielleicht auch Interesse dafür zu entwickeln. Es ist nicht zu viel verlangt, dass man dann den Unterschied zwischen Sunniten und Schiiten lernt, dass man weiß, was der Ramadan ist. Ein weiteres Beispiel: Ich finde, die Mehrheitsgesellschaft muss akzeptieren, dass Mädchen muslimischen Glaubens in der Pubertät in einer anderen Badebekleidung am Schwimmunterricht teilnehmen. Das ist sozusagen die Öffnung der Mehrheitsgesellschaft. Aber diejenigen, die zu uns kommen, die Eltern, müssen akzeptieren, dass bei uns die Teilnahme am Schwimmunterricht verpflichtend ist. So kann ich mir das für andere Bereiche auch vorstellen.

Als Sie Ihr Amt antraten, sagten Sie, dass Sie eigentlich weniger der Minister für innere Sicherheit als der für innere Freiheit sein wollten …
und für gesellschaftlichen Zusammenhalt habe ich da auch gesagt …

Nun hat sich vor allem durch die Entwicklung terroristischer Aktivitäten die öffentliche Diskussion und die Anforderung an Ihr Amt stärker in Richtung Sicherheitsmaßnahmen entwickelt. Bedeutet kulturelle Integration möglicherweise eine andere Form von innerer Sicherheit, dass nämlich dann, wenn Menschen wissen, wer sie sind, wozu sie gehören, sich im Inneren sicherer fühlen können, oder halten Sie das für ein semantisches Hirngespinst?
Nein, nein, ich begrüße das sehr, was Sie fragen. Zwei Antworten dazu: Das erste ist, warum macht auch ein demokratischer, und gerade ein wehrhafter Staat eine gegebenenfalls auch harte Sicherheitspolitik? Weil Sicherheitspolitik Freiheit schützt. Sicherheit dient dem Schutz von Leben und Freiheit der Bürger und ist kein Selbstzweck. Der zweite Punkt, und da bin ich jetzt ganz bei Ihnen, ich habe oder verwende den Begriff »innere Sicherheit« gar nicht so gern. Er hat sich so eingebürgert. Sondern ich verwende eher den Begriff »öffentliche Sicherheit«. Warum? Weil der Begriff »innere Sicherheit« aus der Abgrenzung zur äußeren Sicherheit stammt. Aber er ist im Grunde für Bürgerinnen und Bürger kein allgemeiner Sprachgebrauch. Stattdessen sprechen Bürgerinnen und Bürger dann, wenn jemand eine innere Sicherheit ausstrahlt, davon, dass er oder sie selbstsicher ist. Um auch da ein Beispiel zu nennen: Es gibt Lehrer, die kommen in die Klasse, da ist es immer laut. Und es gibt Lehrer, bei denen wird es ruhig, wenn sie in die Klasse kommen. Das hat etwas mit der Ausstrahlung von Sicherheit, Autorität und Ansehen des Lehrers zu tun. Das ist innere Sicherheit. Das ist ein gesellschaftliches, von mir aus auch ein kulturelles Thema. Öffentliche Sicherheit ist dagegen die Frage, wie man Straftaten verfolgt, ob man Videokameras aufstellt und vieles mehr. Das führt vielleicht auch zu einem Gefühl von innerer Sicherheit, aber es ist eine öffentliche Aufgabe, deswegen spreche ich eher von öffentli-

cher Sicherheit. Und kulturelle Integration hat wesentlich zum Ziel, die innere Sicherheit aller Beteiligten in diesem Sinne zu entwickeln.

Nun haben wir eine wachsende Mobilität in der Globalisierung. Mehr Eindrücke, Erfahrungen auch in kultureller Vielfalt und Unterschiedlichkeit. Mindestens in Teilen der Gesellschaft aber wird umso stärker abgegrenzt, wird ausgegrenzt. Das findet auch seinen politischen Ausdruck. Ist diese neue kulturelle Vielfalt vielleicht eine Überforderung?
Ja. Richtig ist sicher, dass die Unübersichtlichkeit der Globalisierung als Reaktion eine Sehnsucht nach Geborgenheit und Sicherheit auslöst. Das ist auch, ehrlich gesagt, niemandem zu verdenken. Der Kulturbegriff dagegen ist eigentlich wohlverstanden immer ein überregionaler gewesen. Natürlich gibt es Heimatkunde und Heimatmuseen. Das ist wunderbar. Aber auch in den Zeiten großer nationalstaatlicher Konflikte war doch irgendwie klar, dass die italienische Oper in Europa führend ist und dass man sie auch in Deutschland auf Italienisch hört. Und Goethe wurde in alle europäischen Sprachen übersetzt und galt als deutscher Künstler, der aber eine über Deutschland hinausgehende kulturelle Bedeutung hat. Ähnliches kann man sicher auch für bestimmte Formen der Pop-Entwicklung sagen. Die Rolling Stones oder die Beatles waren in einer bestimmten Entstehungsgeschichte einerseits britisch, aber sie prägten ein Kulturverständnis einer bestimmten Generation bis hin zu Bob Dylan. Und bis heute empfinden wir das als Teil unserer Kultur, die immer auch internationale Bezüge hat. Andererseits, mein Vetter Lothar, der mehr von Musik versteht als ich, sagt immer: Ein russisches Orchester spielt Schostakowitsch anders als ein deut-

sches. Und bei einer Übersetzung eines großen Romans geht auch immer etwas verloren. Sodass Goethe auf Deutsch letztlich anders wirkt als auf Koreanisch, denke ich. Deswegen glaube ich schon, dass es etwas Deutsches an Kultur gibt, jedenfalls in der Adaption, das nicht im Gegensatz zur Globalisierung steht, sondern etwas, das wir als Beitrag für eine europäische und eine Weltkultur einbringen. Und das geht eben nur dann, wenn wir auf diesen Teil besonders stolz sind. Und andere auf ihren Teil. Am besten hat das Bertolt Brecht in der »Kinderhymne« zum Ausdruck gebracht, die ich sehr liebe, wo er über Deutschland sagt: »Und weil wir dies Land verbessern, Lieben und beschirmen wir's, Und das liebste mag's uns scheinen, So wie andern Völkern ihrs.« Das heißt, aus Vaterlandsliebe, die auch etwas zu tun hat mit kultureller Identität, entsteht nicht Abgrenzung, sondern Stärke und Verständnis für die ähnliche Stärke anderer Kulturen und Kulturnationen.

Sie bekennen sich zum Begriff der Leitkultur, sagen aber, das habe nichts mit Kulturkampf zu tun.
Ja, Herr Gabriel hat den Begriff des Kulturkampfes erwähnt. Ich habe dem in der Tat widersprochen. Möglicherweise gibt es einen Kulturkampf des sogenannten Islamischen Staats gegen den Westen. Die wollen vielleicht auch den Untergang des Westens. Aber die Antwort darauf kann nicht Kulturkampf unsererseits sein, sondern die Überzeugung, dass ein Bekenntnis zur Freiheit, das die Kultur einschließt, solchen verengenden Ideologien auf lange Sicht immer überlegen ist. Leitkultur, ich finde diesen Begriff gut. Er bedeutet aber nicht, dass es einen Kanon gibt, und wer sich daran nicht hält, ist nicht integriert. Das ist mir zu eng. Leitkultur ist eine gesellschaftliche Verständigung über das, was uns gemeinsam leitet. Sie wan-

delt sich auch. Gerade im Verständnis darüber, was uns prägt und ausmacht. Und die haben wir. Dann kann man auch versuchen, sie zu verschriftlichen und sie mal anzupassen. Ich will auch da ein Beispiel nehmen: Irgendwer muss ja, für das, was an Allgemeinbildung in unserem Schulsystem gelehrt wird, festlegen, was zur Allgemeinbildung gehört. Da gibt es Experten, die erstellen für den Bereich der Literatur einen Kanon von Büchern, die man lesen sollte. Dazu gehört für mich ein guter Mix aus klassischer und moderner Literatur. Werke von Goethe, Lessing und Schiller ebenso wie aktuelle gesellschaftskritische Jugendliteratur – hier gibt es so wunderbare Titel, die für eine kulturelle Interessiertheit belebend sein können. Ich finde es richtig, dass jeder, der in Deutschland Abitur macht, auch wenn er Muslim ist und von fern herkommt, im Pflichtkanon im Deutschunterricht solche Werke lesen muss. Das ist ein Teil unserer Leitkultur. Heißt ja nicht, dass ich das irgendwie gut finden muss. Aber dass man sich damit beschäftigt, ist Teil von Allgemeinbildung, die für alle gemeinsam ist. Das, finde ich, ist Ausdruck von Leitkultur. Oder dass man respektvoll miteinander umgeht. Das ist etwas anderes, als dass man sich bloß nicht beleidigt. Beleidigung ist ein Straftatbestand. Aber respektvoll miteinander umzugehen, hält eine Gesellschaft zusammen und ist eine höhere Anforderung, als nur andere Menschen nicht zu beleidigen. Ich finde, Respekt zu haben voreinander, muss Teil einer solchen Leitkultur sein. Ich würde mich freuen, wenn diese Initiative dazu führt, dass wir versuchen, uns zu verständigen: Wenn Betty nach vorne guckt, was wäre ihr dann bei dem Blick in die Zukunft besonders wichtig? Das nenne ich dann Leitkultur.

Die (vermeintliche) deutsche Leitkultur
Der Wahlkampfstand des Bundesinnenministers

Burkhard Blienert und Kamilla Schröder — Politik & Kultur 4/2017

Wenn die Union ihr verstaubtes Konzept der Leitkultur wieder aus der Schublade holt, wissen wir, dass Wahlkampf ist. Wenn sich ein Generalsekretär oder ein anderer Parteifunktionär eines solch durchsichtigen Manövers bedient hätte, wäre es nicht weiter erwähnenswert. Nun ist es aber der Bundesinnenminister, der hier trommelt – für seine Partei, aber vor allem für sich selbst.

Die Anpassung an eine vermeintlich deutsche Leitkultur – verstanden als in Deutschland gewachsene kulturelle Grundvorstellungen und Werte – wird in konservativen Kreisen schon seit geraumer Zeit als zu erbringende Integrationsleistung gefordert. Friedrich Merz deutete 2000 das erstmals von dem Göttinger Politikwissenschaftler Bassam Tibi 1996 verwendete Konzept einer »europäischen Leitkultur« in eine »deutsche Leitkultur« um. Worum es sich bei diesen genuin deutschen kulturellen Grundvorstellungen und Werten handeln soll, wurde jedoch nie so genau formuliert. Ein pauschaler Nachholbedarf wurde hingegen sehr wohl attestiert. »Leitkultur« wurde auf diese Weise zu einem politischen Kampfbegriff instrumentalisiert, der Menschen ausgrenzt, Kulturen hierarchisiert und die gelebte Realität in Deutschland ausblendet. Dass der Begriff »Leitkultur« – unabhängig von seiner zweifelhaften inhaltlichen Aussage – politisch verbrannt ist, sollte sich eigentlich auch bis zum Bundesinnenminister herumgesprochen haben. Anders als seine Parteikollegen versucht Thomas de Maizière zumindest auszuformulieren, was genau er unter diesem nebulösen Begriff versteht. Beim Lesen seiner in der Bild am Sonntag im Mai 2017 veröffentlichten zehn Thesen wird jedoch klar, dass es de Maizière nicht darum geht, den Leitkulturbegriff von seinen exklusiven und homogenisierenden Tendenzen zu befreien und ihn positiv zu besetzen. Im Gegenteil: Statt zusammenzuführen, konstruiert de Maizière ein »Wir« und ein »Die« und entzweit damit eine in vielerlei Hinsicht ohnehin schon gespaltene Gesellschaft.

Der Zeitpunkt der Veröffentlichung der Leitkultur-Thesen ist nicht nur vor dem Hintergrund des nahenden Wahlkampfs kritisch zu hinterfragen. Der Bundesinnenminister wirkte als eines von 28 Mitgliedern an der Erarbeitung der 15 Thesen der Initiative kulturelle Integration mit. Das Ziel der überparteilichen Initiative war es, aufzuzeigen, dass und wie das Zusammenwachsen einer heterogenen Gesellschaft und das Zusammenleben in einem pluralen Deutschland gelingen kann. Zwei Wochen vor der Veröffentlichung der im Rahmen eines halbjährigen Dialogprozesses entwickelten Thesen entschied sich der Bundesinnenminister, seine eigenen

Vorstellungen von einer gelungenen Integration – sehr öffentlichkeitswirksam in Form eines Interviews mit einer großen deutschen Sonntagszeitung – kundzutun.

Welchen gesellschaftlichen Mehrwert verspricht sich der Bundesinnenminister von platten Parolen wie »Wir sind nicht Burka«? Versteht er unter diesem Ausspruch, mit dem die erste seiner zehn Thesen endet, wirklich eine der »ungeschriebene(n) Regeln unseres Zusammenlebens«? Das vielerseits entgegnete »Wir sind auch nicht Lederhose, Feinripp oder Socken in Sandalen« veranschaulicht die Absurdität dieser Aussage. Einer Aussage, die von Anfang an darauf ausgelegt war, als Schlagzeile in der bereits erwähnten großen Sonntagszeitung zu enden. Damit bedient sich der Bundesinnenminister der Sprache derjenigen, die bewusst vereinfachen, provozieren und sich Feindbildern und Dystopien bedienen.

Wenn es wirklich zu der leitenden »sozialen Gewohnheit« dieses Landes gehört, stets seinen Namen zu sagen und zur Begrüßung die Hand zu geben, haben die beiden Autoren dieses Beitrages in ihrem bisherigen sozialen Leben viel falsch gemacht. Diese Benimmregel wird gefolgt von weiteren Belehrungen und Belanglosigkeiten des Bundesinnenministers (»Schüler lernen – manchmal zu ihrem Unverständnis – auch das, was sie im späteren Berufsleben wenig brauchen«).

An anderer Stelle, dann nämlich wenn es um das vermeintliche »Uns« geht, blendet der Bundesinnenminister Teile der Realität aus, die nicht in sein Weltbild passen wollen: »(...) wir hatten Probleme mit unserem Patriotismus. Mal wurde er zum Nationalismus, mal trauten sich viele nicht, sich zu Deutschland zu bekennen. All das ist vorbei, vor allem in der jüngeren Generation.« Der Bundesinnenminister erklärt also die Probleme mit dem Patriotismus für beendet. Wie erklärt sich Thomas de Maizière dann das Er-

starken der AfD, die PEGIDA-Aufmärsche oder fremdenfeindlich motivierte Delikte? Wieso lässt der Bundesinnenminister all diejenigen unberücksichtigt, die den Geflüchteten und Zugewanderten eben nicht ihre »ausgestreckte Hand« reichen?

Überhaupt geraten in de Maizières Thesen diejenigen aus dem Fokus, die und deren Vorfahren schon immer in Deutschland gelebt haben. Auch sie müssen sich in diesem neuen Deutschland zurechtfinden und integrieren wollen. Integration ist keine Einbahnstraße, sondern ein dynamischer und wechselseitiger Prozess. De Maizières Integrationsverständnis hingegen ist einseitig. Integration wird als ein defizitärer Bedarf von Einzelgruppen verstanden, als einseitige Anpassungsleistung der zugewanderten Menschen aufgefasst. Dieser eindimensionale Blickwinkel lässt die strukturelle, institutionelle und gesamtgesellschaftliche Dimension von »Integration« außen vor. Der Wille zur Integration muss nicht nur bei den neu Zugewanderten vorhanden sein, sondern auch bei der Aufnahmegesellschaft. Institutionelle Diskriminierung, strukturelle Barrieren, gesellschaftliche Schließungsprozesse, Repräsentationslücken sowie ungleiche Zugangschancen zu materiellen und immateriellen Ressourcen sind allesamt gesellschaftliche Integrationsdefizite, die es ebenso zu beheben gilt wie individuelle Integrationsdefizite.

Für den Abbau institutioneller Diskriminierung und eine gesamtgesellschaftliche interkulturelle Öffnung plädiert Mark Terkessidis in seinem Buch »Interkultur« (2010). Anders als bei dem Konzept der »Integration«, bei dem es vordergründig darum geht, Defizite derer auszugleichen, die nicht der Norm entsprechen, geht es bei »Interkultur« um die Schaffung eines neuen gemeinsamen Raumes für alle Menschen – unabhängig von ihrer Herkunft oder ihrem sozialen Hintergrund. Integration ist vor allem eine Frage struktureller Veränderungen und gesellschaftlicher Öffnungen. Auf politischer Ebene muss sichergestellt werden, dass sich alle Menschen in diesem Land gleichermaßen am politischen, wirtschaftlichen, sozialen und kulturellen Leben beteiligen und mitentscheiden können.

Dass Kultur instrumentalisiert werden kann, um zu spalten, zeigt die Leitkultur-Debatte. Um sich beim Lesen von de Maizières Thesen nicht zugehörig zu fühlen, muss man bisweilen über keinen Migrationshintergrund verfügen. Auch als sogenannter »Biodeutscher«, der sich nicht im konservativen politischen Spektrum verortet, fühlt man sich ausgegrenzt. Nicht jeder Demokrat muss sich in Deutschland dazu bekennen, ein »aufgeklärter Patriot« zu sein, der sein Land »liebt«. Das »Wir«, von dem der Bundesinnenminister hier spricht, ist die konservativ-traditionalistisch geprägte Klientel seiner Partei und nicht wie es sein Amt eigentlich nahelegen würde, alle Bürgerinnen und Bürger dieses Landes.

Integration – also das Zusammenwachsen unserer Gesellschaft – ist eine Aufgabe, die nur mit vereinten Kräften zu bewältigen ist. Statt willkürlich eine ministerielle Leitkultur zu verordnen, wäre es die Aufgabe eines Bundesinnenministers gewesen, eine gesellschaftliche Debatte mit Zivilgesellschaft, Politik und Kultur anzuregen. Menschen unterschiedlicher politischer Couleur, die sich jedoch allesamt zu unserem demokratischen Rechtsstaat und einer vielfältigen Gesellschaft bekennen. Nur aus einem solchen Dialogprozess heraus hätte ein gesellschaftlicher Konsens, ja eine Art Kodex, der unser Zusammenleben künftig gestalten soll, entstehen können. Dass dies durchaus möglich ist, zeigen die Thesen der durch den Deutschen Kulturrat initiierten gesamtgesellschaftlichen Initiative kulturelle Integ

ration. Dafür hätte de Maizière aber nicht nur den Dialog suchen, sondern auch die richtigen Fragen stellen müssen:

Was verstehen wir in einer Gesellschaft, in der jedes dritte Kind über einen Migrationshintergrund verfügt, eigentlich noch unter »Integration«? Kann es uns vor diesem Hintergrund noch darum gehen, einzelne, von der »Norm« abweichende Menschen in ein bestehendes Gefüge integrieren zu wollen? Oder müssen wir Integration neu denken? Wie wollen wir in dieser durch Vielfalt und Verschiedenheit geprägten Gesellschaft künftig zusammenleben? Wie kann es uns gelingen, dass diese heterogene, zum Teil gespaltene, Gesellschaft zusammenwächst? Welche Rolle kann in diesem Zusammenhang Kultur spielen?

Kultur verbindet. Gerade in Umbruchzeiten vermag sie Orientierung zu geben und Identität zu stiften. Kulturelles Miteinander kann Neues und Bestehendes zusammenfügen, den gesellschaftlichen Zusammenhalt stärken und ein neues Wir-Gefühl entstehen lassen. Dieses integrative Potenzial gilt es zu aktivieren. Vielfalt und Heterogenität sind nicht nur »aushaltbar«, sie machen eine freie demokratische Gesellschaft erst zu dem, was sie ist. Kultur ist kein starres, in sich geschlossenes Konzept. Sie wird von Menschen gemacht und ist deshalb auch einem ständigen Wandel unterzogen. Kulturen konstituieren sich in einem Prozess der Überlagerung, Vermischung und Verschmelzung verschiedener kultureller Einflüsse. Im Rahmen permanenter kultureller Austauschprozesse verwischen die Grenzen zwischen Eigen- und Fremdkultur. Unsere kulturelle Vielfalt hat sich überhaupt erst durch Anleihen aus anderen Kulturkreisen entwickelt. Kultur ist hybrid, heterogen und dynamisch. Das, was bleibt und uns als Gesellschaft leitet, sind die Grundwerte, die in unserem Grundgesetz festgeschrieben sind.

Dabei war de Maizières Partei zumindest auf Bundesebene schon viel weiter. In dem Koalitionsantrag »Kultur baut Brücken – Der Beitrag von Kulturpolitik zur Integration«, der im Dezember 2016 vom Deutschen Bundestag verabschiedet wurde, ist es der SPD-Bundestagsfraktion gelungen, ihren Koalitionspartner CDU/CSU wegzubewegen von verkrusteten Denkmustern einer ausgrenzenden Leitkultur hin zu einem gemeinsamen Bekenntnis zur kulturellen Vielfalt und zu einem vielschichtigen Integrationsbegriff, der Integration nicht als persönliche Bringschuld der neu Zugewanderten versteht, sondern als gesamtgesellschaftliche Aufgabe. Ein Antrag, der es sich zum Ziel gemacht hat, auf politischer Ebene das integrative Potenzial von Kultur stärker zu aktivieren. Aber da war ja auch noch nicht Wahlkampf.

»Man darf sich vor einer fremden Kultur fürchten«

Ludwig Greven im Gespräch mit Olaf Zimmermann — Zeit Online vom 27.12.2017

Lassen Sie uns über Leitkultur reden, ein Reizbegriff von Rechts wie von Links. Was halten Sie von dem Begriff.
Olaf Zimmermann: Er ist verbrannt, weil er politisch missbraucht worden ist. Man sollte ihn nicht mehr verwenden. Der damalige Unions-Fraktionschef Friedrich Merz hat ihn vor 20 Jahren zu einem Kampfausdruck gemacht. Egal mit welchen Inhalten man den Begriff jetzt füllt, er löst nur noch Emotionen und keine Diskussionen aus. Die Debatte an sich ist jedoch wichtig. Was hält uns als Gesellschaft noch zusammen? Gibt es einen gemeinsamen Wertekanon? Was meinen wir mit kultureller Integration? Darüber müssen wir sprechen und streiten.

Die Integrationsbeauftragte Aydan Özoğuz meint, eine spezifisch deutsche Kultur jenseits der Sprache sei nicht identifizierbar. Noch-Innenminister Thomas de Maizière dagegen findet, zur deutschen Leitkultur gehöre, sich die Hand zu geben, das Gesicht nicht zu verschleiern sowie das Leistungsprinzip.
Beides sind Extrempositionen. Natürlich verbindet uns mehr als nur die Sprache und weit mehr als sich die Hand zu schütteln, was ja auch Menschen anderer Völker machen. Zwischen diesen beiden Auslegungen wabert es. Wir haben als Deutscher Kulturrat deshalb versucht, mit der Initiative kulturelle Integration selbst einen Vorschlag für eine positive Deutung zu machen – eine Klammer, die uns zusammenhält. Das fängt damit an, dass wir uns Regeln setzen. Die Grundlage ist das Grundgesetz, in dem in den ersten Artikeln vor allem die Freiheitsrechte beschrieben sind. Die gelten für alle, die in diesem Land leben.

Aber wieso brauchen wir dann noch eine verbindende Kultur?
Recht und Gesetze reichen nicht aus, und es geht auch um mehr als nur soziale Regeln. Uns sind bestimmte Werte, Tugenden, Verhaltensweisen wichtig. Zum Beispiel, dass und wie wir miteinander kommunizieren. Bis hin zu der Frage, was machen wir mit unserer Geschichte? Führt die alle Menschen zusammen, die hier leben? Auch diejenigen, die hinzukommen, übernehmen ein Stück Verantwortung für die deutsche Geschichte. Genauso wie wir aus der Geschichte Tabus ableiten, zum Beispiel dass wir nicht antisemitisch sein wollen.

Müssen wir deshalb auch sensibel sein bei muslimischem Antisemitismus?
Absolut. Wenn jemand aus einem arabischen Land hierherkommt, egal mit welchem Schutzstatus, kann er nicht sagen, in seiner

Heimat gehöre Antisemitismus zu den kulturellen Werten und den bringe er mit nach Deutschland. Da gibt es klare Grenzen.

Und wie ist das mit dem Antiislamismus?

Zu den Lehren aus unserer Geschichte und damit zu unserer Kultur gehört auch, andere Völker und Kulturen nicht abzuwerten. Das gilt selbstverständlich auch für die muslimische Kultur und Religion. Religiöse Toleranz ist einer der zentralen Pfeiler unseres Zusammenlebens. Jeder darf seiner Religion frönen – privat wie öffentlich. Wir sind ja kein laizistischer Staat wie Frankreich. Deshalb haben Muslime auch ein Recht darauf, Moscheen bauen zu dürfen, genauso sichtbar wie Kirchen oder Synagogen. Das ist kein Gnadenakt, sondern leitet sich aus unserem Grundgesetz ab.

Ist es dennoch angebracht davon zu sprechen, dass unsere deutsche und europäische Kultur christlich-jüdisch geprägt ist? Oder ist das schon eine Abwertung des Islam?

Selbstverständlich ist unsere Kultur in Europa stark von der christlichen Religion beeinflusst. Auch der jüdischen. Aber die haben unsere Vorfahren auszulöschen versucht. Auch das gehört zur Wahrheit. Diese Prägung muss man nicht verschweigen, trotz aller Entchristianisierung. Durch die Migration ist ein stark wachsender islamischer Einfluss dazugekommen. Das ist in unserer religionsoffenen Verfassung nicht nur möglich, sondern erwünscht. Jeder kann glauben, was er möchte. Oder auch nicht.

Aber davon abgesehen: Was macht das Deutsche aus?

Die deutsche Kultur steht nicht allein. Sie ist Teil der europäischen Kultur. Auch die amerikanische Kultur gehört, wenn man so will,

dazu. Sie wurde ja von europäischen Auswanderern begründet. Neben der christlichen Prägung ist die Aufklärung ein zentraler Bestandteil. Da wurden in der harten Auseinandersetzung mit der Kirche Werte festgelegt, die heute noch von großer Bedeutung sind, beispielsweise Individualität. Jeder Mensch, jeder Einzelne hat einen besonderen Wert, er ist nicht nur Teil einer sozialen Gruppe.

Das gehört aber schon zum christlichen Menschenbild.

Das Neue ist seit der Reformation, deren 500. Jahrestag wir in diesem Jahr gefeiert haben, dass der Mensch sich nicht mehr die Gnade Gottes erarbeiten muss. Aber er trägt Verantwortung für sein Handeln. Das geht bis zum Raubbau an der Natur. Wer ganz individuell ist, kennt im Prinzip keine Grenzen mehr. In einer konformistischen Gesellschaft ohne Freiheitsrechte könnte man den Naturverbrauch einfach begrenzen. Das geht bei uns nicht. Eine freiheitliche Gesellschaft geht Risiken ein.

Die muslimische Kultur kennt wesentlich weniger Freiheitsrechte des Einzelnen.

Ja, und deshalb ist es auch falsch so zu tun, als gäbe es keine grundlegenden Differenzen zwischen der christlichen und der muslimischen Religion und Kultur. Umso wichtiger ist es, einen Aushandlungsprozess für gemeinsame Regeln hinzubekommen.

Muss der Islam auch noch durch eine Aufklärung gehen?

Einige fordern das. Wenn man sich das genauer anschaut, bedeutet das aber, dass wir unsere Maßstäbe absolut setzen und von den Muslimen verlangen, sich dem anzupassen. Da verstehe ich Muslime, wenn sie das als neo-kolonialistisch empfinden.

Der Konflikt entsteht dadurch, dass Menschen, die hierherkommen, unter Berufung auf unsere Freiheit verlangen, ihre muslimische Kultur in ihrem Verständnis hier leben zu können, obwohl die wenig Freiheit und Individualität kennt. Müssen wir das akzeptieren?

Jeder in diesem Land hat das Recht, die Grundbedingungen zu nutzen, die wir festgelegt haben. Die Grenze ist dort, wo Menschen versuchen, fundamentale Werte auszuhebeln, die wir uns gegeben haben. Die Gleichberechtigung der Frau zum Beispiel.

Auch die Freiheit für andere Religionen?

Selbstverständlich! Wer Freiheit für seine Religion verlangt, darf Andersgläubige oder nicht religiöse Menschen nicht abwerten oder gar bekämpfen. Zur Religionsfreiheit gehört, dass man aus einer Religion aussteigen oder konvertieren kann …

… was der Islam nicht vorsieht.

Auch bei Christen muss ein Abfall vom Glauben vorliegen, um nicht mehr Christ zu sein. Aber man kann sehr einfach mit einem Antrag beim Amtsgericht aus der evangelischen und katholischen Kirche austreten, ohne verfolgt oder gar umgebracht zu werden. Wir Christen sind da heute liberaler als die Muslime. Allerdings sollten wir in diesen Fragen demütig in unsere jüngste Vergangenheit zurückblicken. In das kleine Dorf im Taunus, in dem ich aufgewachsen bin, zogen, als ich eingeschult wurde, als erste Migranten eine italienische Familie. Empört war man in der Dorfbevölkerung aber nicht darüber, dass sie keine Deutsche waren, sondern dass sie katholisch waren. Das war für die Menschen dort vor 50 Jahren ein Kulturschock, so wie heute für viele Christen, wenn Muslime hierherkommen und ihren Glauben

hier leben wollen. Zum Glück hat sich im Zusammenleben der Kulturen und Religionen in diesem Land seitdem eine Menge zum Positiven verändert.

Geht es bei der Frage der verbindenden Kultur vielleicht gar nicht so sehr um die unterschiedlichen Kulturen von Einheimischen und Migranten, sondern darum, was uns in diesem Land überhaupt noch zusammenhält, die Bayern und Mecklenburger, Ost- und Westdeutsche, Kosmopoliten und Heimatfreunde, Stadt und Land, Ältere und Jüngere?

So ist es. Die Debatte wird jedoch häufig aus der Sicht einer urbanen Oberschicht geführt, in der Politik, in den Medien, auch von Künstlern. Wir haben eine starke Elitenarroganz. Die Elite geht davon aus, dass sich alle Menschen so bewegen und verhalten wie sie selbst. Dass jeder Englisch spricht, weltläufig ist, sich an fremde Kulturen gewöhnt hat. Deshalb sind sie so schockiert, wenn sich in Form von Pegida oder der AfD Widerstand bildet. Die Situation in breiten Schichten der Bevölkerung ist jedoch anders. Viele kennen sich in der Welt nicht so aus, sie können oder wollen nicht mobil sein, sie sind ängstlicher gegenüber Fremden. Das Fremde ängstigt uns Menschen immer.

Jeden?

Ja, das gehört zu uns Menschen. Wir sind ja auch Tiere von unserer Abstammung her. Und jedes Tier fürchtet sich erst einmal vor dem Unbekannten. Denn Furcht macht aufmerksam. Und mehr Aufmerksamkeit kann das Überleben sichern.

Kleine Kinder machen das durch, wenn sie »fremdeln«, also lernen, zwischen ihren Eltern und anderen, fremden Menschen zu unterscheiden.

Das ist ein notwendiger Schritt des Erwachsenwerdens. Jeder muss lernen, zwischen Ich, Wir und den anderen zu differenzieren. Das ist für unser Leben unerlässlich.

Skepsis gegenüber Fremden und fremden Kulturen, nicht Fremdenfeindlichkeit oder Fremdenhass, ist also nichts Böses?
Es ist nichts Verwerfliches, sich vor fremden Kulturen und Einflüssen zu ängstigen und sich unsicher zu fühlen, wenn Fremde mit ihren Kulturen hierherziehen. Kulturen grenzen sich immer von anderen ab. Jeder darf auch sagen, dass er seine Kultur besser findet. Schon allein, weil er daran gewöhnt ist. Man darf nur anderen Kulturen nicht die Existenzberechtigung und die Entfaltungsmöglichkeiten absprechen.

Darf man auch stolz sein auf die deutsche Kultur?
Selbstverständlich. Man sollte es sogar.

Auch auf die deutsche Ordnungsliebe, Pünktlichkeit und Effizienz?
Wenn ich Menschen im Ausland treffe, schätzen sie gerade das an uns Deutschen. Die protestantische Ethik, die sich auch im Arbeitseifer äußert, ist eine der deutlichsten Ausdrucksformen unserer Kultur. Bei uns gehört Arbeit zum Menschsein dazu. Das ist schlimm für die, die keine Arbeit haben oder nicht arbeiten können. Andere Länder mit einer anderen Arbeitskultur schauen mit Erstaunen auf uns und unser Herumhetzen und Schuften. Aber das gehört zu unserer kulturellen Prägung nun mal dazu, und ich finde die gut. Für die Entwicklung in Deutschland, in Europa und darüber hinaus war und ist diese sehr deutsche Einstellung zur Arbeit elementar.

Macht sie uns als Deutsche und als Menschen aus, die hier arbeiten und leben?
Ja, das ist ein entscheidender Punkt, wenn es darum geht, was uns zusammenhält. Deshalb kann Integration nur gelingen, wenn wir die Zuwanderer in Arbeit bringen. Nur dann gehören sie zu unserer Gesellschaft. Wenn wir sie jahrelang in Unterkünften isolieren und ihnen verbieten zu arbeiten, sorgen wir nur dafür, dass sie in diesem Land nie ankommen. Integration in Arbeit ist der zentrale Hebel der Integration.

Auch kulturell?
Ja. Man kann die Deutschen und die deutsche Kultur nicht verstehen, wenn man nicht weiß, wie wir arbeiten. Und wenn man nicht selbst hier mitschuften darf.

Dabei geht es auch um Würde. Zur Menschenwürde gehört, für sich selbst Verantwortung übernehmen und für sich und seine Familie sorgen zu können. Oder?
Absolut. Das war schon der richtige Grundgedanke der sozialdemokratischen Agenda 2010: Menschen zu helfen, damit sie sich selbst helfen können und nicht länger vom Staat und der Gemeinschaft abhängen. Das gilt genauso für Migranten. Wenn wir sie aus den Heimen herausholen und arbeiten lassen, geben wir ihnen nicht nur Würde, sondern auch Freiheit – ein weiterer zentraler Wert unserer Kultur. Auch materielle Freiheit. Und wir bauen nebenbei das Gefühl bei Einheimischen ab, die Migranten würden ihnen alle nur auf der Tasche liegen.

Im Streit um die »Leitkultur« wird häufig missverstanden, dass das »Deutsche« etwas sei, was andere Menschen und Kulturen ausschließe. Also etwas sehr Nationalistisches.

Aber war die Vorstellung der deutschen Kultur nicht ursprünglich etwas Inklusives? Deutschland als Nationalstaat gibt es ja erst seit 146 Jahren.

Das ist in der Tat ein großes Missverständnis. Deutsch wird immer gleich mit der Nationalfrage und der Staatsbürgerschaft verbunden. Das eine hat mit dem anderen aber nichts zu tun. Goethe sprach von der deutschen Weltkultur. Nicht aus Hybris, sondern als Angebot an alle Menschen. Deutsch im umfassenden Sinn meint heute nicht nur die, die einen deutschen Pass haben, sondern alle, die in Deutschland leben.

Aber die neu Dazugekommenen bringen natürlich auch ihre eigene Kultur mit.

Das ist doch bei uns Einheimischen nicht anders! Ich stamme aus dem Taunus, habe lange im Rheinland gelebt und bin jetzt seit 20 Jahren in Berlin. Dennoch habe ich immer noch eine besondere emotionale Bindung an meine Heimatregion. Das gilt natürlich auch für Menschen mit türkischen, syrischen oder afghanischen Wurzeln. Die werden immer auch Teil ihrer alten Heimat oder der ihrer Eltern und Großeltern bleiben. Niemand sollte versuchen, ihnen das herauszureißen. Dagegen würde ich mich auch wehren. Jeder darf diesen Teil leben. Aber es gibt etwas Umfassenderes, das uns zusammenhält und zusammenhalten muss.

Macht uns Deutsche auch aus, dass viele bis heute mit dem Nationalen, gar mit Nationalstolz Schwierigkeiten haben? Im Unterschied zu anderen Ländern?

Wir sind aufgrund unserer Geschichte sehr kritisch gegenüber jedem nationalen Überschwang. Das ist eine sehr positive deutsche Tugend. Deshalb darf es auch nie einen Schlussstrich unter unsere Geschichte geben.

Diese Debatte gibt es aber nicht mit Zuwanderern, sondern mit Einheimischen, die wie der AfD-Extremist Höcke die Holocaust-Gedenkstätte für ein »Schand-Mahnmal« halten.

Kulturelle Integration ist eine Aufgabe nicht nur gegenüber Migranten, sondern gegenüber allen Menschen in diesem Land. Deshalb muss es darum gehen, auch Anhängern der AfD und von Pegida wieder das Gefühl zu geben, dass sie dazugehören. Dieses Zusammengehörigkeitsgefühl ist teilweise verloren gegangen. Nicht nur die Neubürger in unserem Land müssen unsere Werte kennenlernen, sondern auch viele Alteingesessene.

Was ist deutsch?

Michael Wolffsohn im Gespräch mit Hans Jessen — Politik & Kultur 1/2018

Herr Wolffsohn, Sie haben unter dem Titel »Was ist deutsch?« einen Text verfasst, der sich etwas polemisch liest: »Deutsch ist, was Herr oder Frau Deutschmichel als deutsch empfinden. Deutsch ist nicht allein, was Herr oder Frau Professor Doktor Deutschmichel als deutsch empfinden und definieren.« Schmeckt Ihnen etwas nicht an der Debatte, die um das, was deutsch ist oder sein kann, derzeit geführt wird?
Michael Wolffsohn: Die Debatte ist notwendig, aber wie bei vielen Debatten in Deutschland vermisse ich die intellektuelle Tiefe. Das als Vorbemerkung. Dieser Text, auf den Sie sich beziehen, ist nicht polemisch. Er ist analytisch. Ich wüsste nicht, wer empirisch nachweisbar zusammenfassen könnte, was deutsch, englisch, französisch, russisch usw. sein könnte. Jeder oder jede Gruppe hat diesbezüglich ein eigenes Verständnis. Die Realität jeder Gesellschaft ist ihre Vielschichtigkeit, ihre Pluralität. Wenn es eine Pluralität in der Gesellschaft und dem gesellschaftlichen Denken, Fühlen, Meinen gibt, kann es keine einheitliche Definition dessen geben, was, bezogen auf Deutschland, deutsch wäre.

Sie sagen, zur Debatte darum, was deutsch ist, gehöre ganz wesentlich, was deutsch war. Man müsse Vergan- genheit und Gegenwart a) voneinander trennen, b) aber zueinander in Beziehung setzen. Also kein statischer Begriff, sondern ein dynamischer?
Geschichte ist dynamisch. Das menschliche Leben ist dynamisch. Kein Mensch ist nur ein Teil, den man konkret definieren kann. Wir spielen verschiedene Rollen. Wir sind in verschiedenen Situationen verschieden. Wir denken in verschiedenen Situationen bereits individuell verschieden. Warum sollte es ausgerechnet kollektiv dann einen, und das sage ich jetzt polemisch, Einheitsbrei geben? Das sind doch Fiktionen. Halten wir uns an die Fakten. Das Wunderbare an der offenen Gesellschaft, die uns hoffentlich als Ziel verbindet, ist die Vielschichtigkeit und Pluralität. Pluralität zum einen und definitorische Singularität zum anderen, das ist unmöglich.

Aber ist nicht das Ziel eines solchen Diskurses, etwas Gemeinsames, sogar Gemeinschaftliches festzustellen? Ist für Sie die Suche nach dem Gemeinsamen eine vergebliche Suche?
Die Suche ist Teil des menschlichen Seins und, wenn überhaupt vorhanden, Denkens. Im Judentum z. B. ist das Religionsgesetz so zu verstehen – ich greife eher Stichworte auf – als Weg, also als Suche. Man findet es nicht. Wen oder was sucht man in der Reli-

gion? Den Weg zu Gott. Und individuell wie auch kollektiv sucht man den Weg zu sich selbst als Individuum und zum Kollektiv, in das man, wohlgemerkt zufällig, hineingeboren wurde. Das heißt, es gibt – und ich meine das gar nicht vorwurfsvoll – in dieser Diskussion, bezogen auf das Ziel, etwas Manipulatives. Wir machen aus addierten Zufällen ein gemeinsames Sein. Das Bedürfnis ist vorhanden. Aber rein analytisch müssen wir uns dessen klar werden, dass das ein Manipulativum ist. Ein notwendiges Manipulativum, aber das auszusprechen, ist keine Polemik. Ich habe auch gar nichts dagegen. Aber analytisch halte ich es für unmöglich, jenseits der Manipulation, einen Konsens zu finden über das, was deutsch ist. Ich habe nichts gegen einen aufgeklärten Nationalismus, ganz im Gegenteil. Ich war einer der Ersten, noch vor der Wiedervereinigung, die für einen aufgeklärten Patriotismus plädiert haben und bin dafür beinahe gesteinigt worden. Das ist die eine Seite. Aber die andere Seite ist das durch Denken analysierende Festhalten des Faktischen.

Wenn ich Sie recht verstehe, lautet Ihre These: Es ist gut, wenn Menschen sich unterhalten, was für sie deutsch ist. Es wäre aber eine Illusion, zu sagen: Aha, jetzt kommen wir auf etwas normativ Festlegbares, was das Deutsche sei?
Ja. Die normative Einheit halte ich für eine Plattmacherei, für intellektuell völlig inakzeptabel. Das wäre sozusagen das kulturelle Gegenstück zur Einheitspartei. Sei sie sozialistisch, nationalsozialistisch oder wie auch immer definiert.

Was können Sie mit dem Begriff »Leitkultur« anfangen?
Sehr viel. Der sagt in schöner Offenheit, dass geleitet werden soll. Das heißt, es gibt ein Subjekt und es gibt ein Objekt. Der Leitende und der Geleitete. Und jetzt kommen wir zum Kern der Dinge: Was ist das normativ für mich Entscheidende? Der Leitende sollte vom Humanum abgeleitet sein. Das Humanum wird in den jeweiligen Nationalsprachen formuliert. Also in Deutschland wird der Leitende/die Leitende nicht auf die Idee kommen, die Leitung auf Chinesisch oder Russisch vorzunehmen. Was heißt das wiederum in Bezug auf die Definition dessen, was deutsch, französisch, russisch ist? Eine Nation ist eine Kommunikationsgemeinschaft. Zum ersten ist sie eine Zufallsgemeinschaft, die Addition derer, die zufällig in ein Land, in einen Staat hineingeboren wurden. Ich rede noch nicht über die Zugewanderten, Zugereisten, Hinzugekommen. Was ist nicht zufällig an dieser Gemeinschaft? Wobei hier auch der historische Zufall eine Rolle gespielt hat. Nämlich die Sprachentwicklung. Das heißt, in der Nation A wird die Sprache A gesprochen. Man regt sich über die gleichen Politiker, Intellektuellen, Schwätzer, klugen Menschen auf. Eine Definition, die der böhmisch-amerikanisch-jüdische Politikwissenschaftler Karl W. Deutsch geprägt hat: Kommunikationsgemeinschaft. Das ist sprachlich und wirtschaftlich eine Kommunikationsgemeinschaft. Die Kommunikation innerhalb ein- und derselben Nation ist intensiver als mit der benachbarten. Je weiter die Entfernung geografisch, desto schwächer die Kommunikation. Das hat sich im Zuge der Globalisierung, erfreulich oder nicht, verändert. Da spielt die geografische Entfernung keine so große Rolle mehr. Aber sie spielt eine Rolle. Und natürlich auch die sprachliche. Kurzum, das Manipulative im Definitorischen zu erkennen, ist notwendig, wenn man Mündigkeit der Deutschen, Engländer, Franzosen haben will. Darüber hinaus muss das oberste Ziel das Humanum sein.

Es gibt also nicht eine Art Leitkultur, die sich in 10, 15, wie viel auch immer, Einzelabschnitten definieren ließe, aber es gibt einen Prozess der Kommunikation, des Austausches, in dem sich Kultur konstituiert, von der man sich dann leiten lassen kann?
Richtig. Aber es ist nicht die oberste Schicht. Die oberste Schicht ist eine universalistische. Das sind, wenn Sie es formalistisch definieren wollen, die Menschen- und Bürgerrechte oder die naturrechtlichen Leitgedanken der amerikanischen Unabhängigkeitserklärung, nämlich die Sicherung des Staates als Aufgabe für »Life, Liberty and the Pursuit of Happiness«, wie immer man das definiert. Das ist ein Humanum. Das ist nicht bezogen auf die Amerikaner, die Deutschen und so weiter. Und auf den unteren Ebenen haben wir dann die jeweils spezifische Leitkultur. Die oberste Leitkultur muss das Humanum sein. Auf einer weiteren Stufe, wo auch immer, das ist eine definitorische, auch identifikatorische Frage, kommt dann das jeweils Nationale, in diesem Falle deutsch. Was war und ist deutsch? Das, was deutsch ist, beschäftigt sich natürlich mehr mit dem, was auch immer deutsch war. Einschließlich Nationalsozialismus bis hin zu den »ollen« Germanen, Armin, der Cherusker usw. Das beschäftigt »die« Deutschen mehr als die Könige von Frankreich.

Wenn man unter Kultur nicht nur Hochkultur versteht, sondern einen Begriff von Kultur als Lebensweise hat, dann finde ich die Frage interessant: Was hat sich beispielsweie im Sommermärchen, der Fußballweltmeisterschaft in Deutschland 2006, an kollektiver Entäußerung von Lebensweisen oder auch Sehnsüchten manifestiert? Was war daran deutsch?

Genau. Das ist die Frage. Fußball ist Fußball. Die Kicker sind in Deutschland geprägt. Wobei natürlich auch hier die Herkunfts- und Kulturanalyse der Fußballer eine hochinteressante Rolle spielen könnte. Nun sind das nicht unbedingt die Kulturträger der jeweiligen Nation, müssen sie auch gar nicht sein. Ich meine das in keiner Weise hochmütig. Aber wenn man jetzt mal rein vom Erscheinungsbild her die Kicker des Jahres 2006, erst recht der unmittelbaren Gegenwart, vergleicht mit den Weltmeistern von 1954, dann sieht man, dass sich nicht nur die ethnische Zusammensetzung der Fußballer verändert hat, sondern der Nationen. Das gilt für sportliche Ereignisse ganz allgemein. Das wiederum bringt uns zur Kultur und Zusammensetzung der Gesellschaft. Dass sich heute ohne Probleme die nationale Gemeinschaft mit dieser sehr heterogenen Truppe »identifiziert«, zeigt, was sich in Deutschland verändert hat. Das ist nun heute deutsch. 1954 war sozusagen das Quarkgesicht typisch deutsch. Heute haben Sie einen Jérôme Boateng, Sami Khedira oder Mesut Özil, das gefällt manchen und manchen nicht. Hier ist der Sport ein Spiegel der Gesellschaft und ihrer Veränderungen. Das ist die positive Seite. Aber machen wir uns nichts vor, jede positive Seite – und wir interpretieren das jetzt kultursoziologisch – hat auch ihre negativen Seiten. Ein Özil, der Tore schießt, ist ein guter Deutsch-Türke. Und ein Özil, der keine Tore schießt, ist für einen Großteil dauerhaft ein schlechter Özil. Die Ambivalenz können Sie nicht zuletzt an dieser Person feststellen. In der Qualifikation für die Fußball-Europameisterschaft spielte 2010 Deutschland in Berlin gegen die Türkei. Im Jahr zuvor hatte sich Özil für die Deutsche National-Elf entschieden. Das Berliner Olympiastadion war voller Deutsch-Türken oder Türken oder Menschen türkischer Herkunft. Wenn Özil den Ball hatte, wurde er ausgepfiffen. Was heißt das? Nehmen wir an, dass die Mehrheit der im Berliner Olympiastadion zuschauenden Türken, Deutsch-Türken sogar den deutschen Pass hatten – dann identifizierten sie sich, wie an den Pfiffen zu hören, dennoch wohl stärker mit der Türkei. Wenn Özil den Ball hatte, wurde er ausgepfiffen. Wir sehen hier, dass die Definition dessen, was deutsch, türkisch usw. ist, überhaupt gar nicht eindeutig sein kann. Gerade an dieser Person kann man das besonders deutlich machen. Weder individuell noch kollektiv können Sie die Singularität der Definition anwenden, sondern Sie haben hier die Personifizierung der Pluralität. Und auf der gesamtgesellschaftlichen Ebene zeigt Ihnen dies das Steuerungselement dieser Debatte. Es ist doch unsere Aufgabe als Intellektuelle, uns dessen bewusst zu werden.

Welche Rolle spielt die Kultur in diesem schwierigen dynamischen, dialektischen, nicht im starren Regelwerk enden könnenden Prozess der Suche nach dem, was zurzeit, für wen auch immer von uns, deutsch ist?
Die Kultur ist etwas Gewachsenes und Dynamisches. Sie ist kein Endprodukt. Nehmen Sie allein die Sprache. Einer der vielen Gründe, weswegen deutsche Literatur kein wirkliches Massenprodukt mehr unter »Biodeutschen« ist oder denen, die der deutschen Sprache wirklich mächtig sind, ist die Unterschiedlichkeit der Sprache. Wenn sie Grimmelshausen im Original lesen, dann haben sehr viele große Schwierigkeiten. Oder die wunderbare Lyrik eines Walther von der Vogelweide oder der mittelhochdeutschen Lyrik ganz allgemein. Es ist mit das Schönste an Lyrik, was in der deutschen Kultur geschrieben wurde. Es gab auch andere großartige Lyrik. Aber wer ist noch in der Lage, das zu lesen? Ich gebe selbstkritisch zu, dass ich sozusagen auch eine zweisprachige Ausgabe brauche.

Bei »Sprache« möchte ich einhaken. Wir waren eben beim »Fußball-Sommermärchen«. Das bezieht sich historisch auf das Wintermärchen von Heinrich Heine. Eine Liebeserklärung an Deutschland und speziell an die deutsche Sprache. Heine schrieb: »Und als ich die deutsche Sprache vernahm, da ward mir ganz seltsam zumute, ich meinte nicht anders, als ob das Herz recht angenehm verblute.« Ein großer deutscher jüdischer Dichter drückt über die Sprache seine Liebe aus. Hat er damit nicht definiert: »Das ist für mich deutsch«?
Natürlich. Nation ist, ich zitiere noch einmal Karl W. Deutsch, eine Kommunikationsgemeinschaft. Die Sprache ist ein ganz wichtiges Bindemittel. Aber – und auch hier wieder der dialektische Charakter dieses Faktums – die deutschen Juden waren der deutschen Sprache genauso mächtig wie Lieschen Müller. Man muss nicht unbedingt Heinrich Heine gewesen sein. Meine Großeltern, die dann eben von Hitler und Konsorten vertrieben worden sind, waren auch akzentfrei, grammatikalisch in der Lage, richtiges Deutsch zu sprechen. D. h., das, was wir heute immer hören, dass Sprache der entscheidende verbindende Faktor wäre, trifft nicht zu. Denn hätte es zugetroffen, wären die Juden nicht ausgegrenzt worden. Zum einen zeigt sich der instrumentelle Charakter. Zum anderen ist die Sprache natürlich etwas ganz Emotionales. Ich gebe Ihnen ein sehr subjektives Beispiel, um wieder das Subjektive mit dem Kollektiven zu verbinden: Wenn ich im Ausland bin, sagen wir mal, Auslandsreise in Südkorea, Taipeh oder in Afrika, und in eine Lufthansa-Maschine steige und die Frankfurter Allgemeine Zeitung, Die Welt, die tageszeitung und Süddeutsche Zeitung angeboten bekomme, oder wieder Deutsch höre, dann geht es mir ähnlich wie Heinrich Heine

in diesem wunderbaren Gedicht, ohne dass ich das ebenso schön formulieren könnte. Das Emotionale ist ein ganz wichtiger Faktor. Aber wir müssen uns zugleich dessen bewusst sein, dass es ein manipulativer Faktor sein kann. Und in der Geschichte, nicht nur in der deutschen Geschichte, immer ein manipulativer Faktor war. Das heißt nicht, dass wir das Wohlgefühl mit schlechtem Gewissen abstellen müssten. Wir müssen uns nur einfach über das, was ist, im Klaren sein.

Als Resümee: Sie warnen vor dem manipulativen Charakter einer Definition von Deutsch-Sein. Sie sagen, es gehe im Grunde nur individuell, dynamisch im kommunikativen Prozess. Wo kann diese Frage »Was ist deutsch?« im besten Fall münden?
Es ist das Humanum in seiner spezifischen Ausprägung. Das gilt für jedes nationale Gefühl oder jede Definition des Nationalen. Basierend auf dem Instrument der Kommunikation, der jeweils spezifischen Kommunikation, so meine normative Vorstellung, ist das spezifisch Nationale zu definieren, aber im Sinne einer dynamischen Definition. Nicht: »Das ist, und fertig«, festgemauert in der Erden. Sondern es entwickelt sich weiter. Das ist auch in der deutschen Kultur so. Gucken Sie sich doch die Literaten der Gegenwart und der Vergangenheit an, auch ihre Herkunft. Bei Theodor Fontane wissen wir von seiner hugenottischen Herkunft. Wenn Sie sich die deutsche Gegenwartsliteratur ansehen, die deutsche Nobelpreisträgerin Herta Müller ist eine Deutsche, aber aus Rumänien stammend. Und so viele weitere: György Dalos, der aus Ungarn stammt, in Berlin lebt, fließend Deutsch spricht, Deutsch schreibt – das ist ein großartiger deutscher Literat. Oder »Das achte Leben« von Nino Haratischwili, meines Erachtens einer der besten deutschsprachigen Romane der un-

mittelbaren Gegenwart. Nino Haratischwili ist eine inzwischen Deutsch-Georgierin, die als junge Erwachsene nach Deutschland kam, dann Deutsch lernte und ein phänomenales Deutsch schreibt. Dieses Buch ist ca. 800 Seiten stark. Ich konnte es überhaupt nicht weglegen. Da wird die deutsche Sprache um Bilder aus dem Georgischen ergänzt, aber kongenial. Das heißt, dass die Empfindungswelt Georgiens in die deutsche Sprache übertragen wird und im Sprachgebäude nicht als fremd empfunden wird. Das wäre vor 100 Jahren, auch vor 50 Jahren, noch undenkbar gewesen. Plötzlich erweitern sich die Sprach- und Gefühlsbilder durch das Importierte. Das halte ich für die große Aufgabe der Kultur. Da kann Kultur in der Kommunikation kreativ Neues entwickeln aus dem Kern des Humanum. Das ist das Entscheidende. Es ist überhaupt nichts Negatives, wenn sich ein Deutscher als deutsch empfindet, wie immer er oder sie es definiert. Aber wir müssen uns im Klaren sein, wenn wir es als normative Vorgabe wollen, dann muss das übergeordnete Ziel das Humanum sein.

Vielen Dank.

»Das Grundgesetz kann nicht ein gutes Miteinander definieren.«

Rede von Thomas de Maizière bei der Vorstellung der 15 Thesen
der Initiative kulturelle Integration am 16. Mai 2017 in Berlin

Thomas de Maizière — **Politik & Kultur 4/2017**

Lassen Sie mich mit einer Geschichte beginnen: Es wird oft gesagt, dass das Bücherregal einer Person ziemlich viel über sie aussagt. Ann Morgan aus Großbritannien fragte sich vor einigen Jahren: Was sagen die Bücher auf meinen Regalen eigentlich über mich aus?

Als sie dieser Frage nachging, machte sie eine erschreckende Entdeckung. Sie hatte sich immer für eine kultivierte und weltoffene Person gehalten. Ihre Bücherregale sprachen aber eine ganz andere Sprache: Beinahe alle ihre Bücher stammten von britischen oder US-amerikanischen Autoren – fast keine einzige Übersetzung war dabei. Sie wusste natürlich, dass die Welt mehr gute Geschichten zu bieten hatte als nur die aus ihrer Heimat. Trotzdem besaß sie nur Bücher aus ihrem Kulturkreis. Sie war – so nannte sie sich selbst – ein »literarischer Fremdenfeind«.

Ann Morgan fasste einen Entschluss: Sie wollte innerhalb eines Jahres aus jedem Land der Welt mindestens einen Roman oder eine Kurzgeschichte lesen – am besten noch mehr. Es folgten aber zunächst nur Probleme: Welche Länderlisten sind maßgeblich? Die der UNO mit 193 Staaten? Wie die Zeit einteilen – bei fünf Arbeitstagen pro Woche? Woher die Bücher in englischer Sprache bekommen – eine Novelle aus Namibia oder einen Roman aus Swasiland?

Sie startete einen Aufruf im Internet. Sie bat in ihrem Blog um Orientierung und Hinweise, welche Bücher empfehlenswert sind, um die verschiedenen Länder kennenzulernen. Nach kurzer Zeit nahmen Menschen aus allen Teilen der Welt zu ihr Kontakt auf. Zuerst Freunde und Kollegen, dann Freunde von Freunden, dann waren es Fremde. Einige übernahmen sogar Recherchen für sie. Andere machten Umwege auf Dienstreisen oder in Urlauben, um für sie in Buchhandlungen zu gehen.

Nach – doch etwas mehr – als einem Jahr hatte sie ihr Projekt abgeschlossen. Sie hatte aus jedem Land der Welt mindestens ein Buch gelesen. Und das sind ihre Erfahrungen. Ich zitiere: »Die Bücher, die ich in jenem Jahr las, öffneten mir für vieles die Augen. Ich habe mich in die Gedankenwelt von Menschen aus anderen Ländern hineinversetzt und ihre Welt für die Dauer des Lesens mit ihren Augen betrachtet. (...) Ich habe die kulturelle Vielfalt der Welt erfahren. Das kann eine schöne, aber auch eine unangenehme Erfahrung sein – besonders dann, wenn man ein Buch aus einer Kultur liest, die ganz andere Werte besitzt als die eigenen. (...)All das ist aber auch sehr erhellend. Mit fremden Vorstellungen zu ringen, klärt das eigene Denken. Es zeigt blinde Flecken in der Sicht auf sich selbst und auf die

Welt. Nach und nach änderte sich meine lange Länderliste, die ich ein Jahr zuvor machte, von einem trockenen akademischen Verzeichnis in ein lebendiges Gebilde. Ein Gebilde unterschiedlicher Kulturen, Erlebnisse und Geschichten.«

Vielleicht fragen Sie sich, welche Bücher Ann Morgan aus Deutschland gelesen hat, um einen Eindruck von unserem Land zu bekommen? Ich sage es Ihnen: Es war »Die Blechtrommel« von Günter Grass. »Die verlorene Ehre der Katharina Blum« von Heinrich Böll. Und es war »Medea: Stimmen«" von Christa Wolf. Was ist daran typisch für unser Land? Sind diese Bücher genauso geeignet, etwas über das Leben und die Kultur in Frankreich zu erzählen?

Und: Warum ist keiner ihrer Hinweisgeber auf die Idee gekommen, Ann Morgan das Grundgesetz zu empfehlen? Natürlich, das ist kein Roman, könnte man jetzt formal antworten.Jeder von uns, der in ein anderes Land und eine andere Kultur reist, kauft sich einen Reiseführer und keine Gesetzessammlung – und sei sie auch noch so gut. Oder wir lesen einen Roman aus dem Land, in das wir verreisen. Warum? Weil Gesetze natürlich zu wenig sind, um sich in einem fremden Land zurecht zu finden – sogar als Tourist. Wir wollen Kultur erleben und die finden wir nicht in Gesetzen. Warum sollten wir also für Menschen, die lange Zeit hier bleiben, weniger bereithalten als für uns selbst, wenn wir nur kurze Zeit in einem fremden Land sind? Und warum sollten wir nicht darüber diskutieren, was – im übertragenen Sinne – in unseren Bücherregalen steht?

Die Frage aber bleibt: Wollen wir Menschen aus anderen Kulturen etwas über unser Land sagen, was über das Grundgesetz hinausgeht? Einige sagen: Im Grundgesetz steht alles drin, was unser Zusammenleben grundlegend regelt und was unseren Zusammenhalt ausmacht oder beschreibt. Viele der

Menschen in unserem Land sagen aber – so glaube ich – »ja« und zu ihnen gehöre ich auch. Das Grundgesetz kann nicht ein gutes Miteinander definieren.

Das Grundgesetz wurde formuliert vor dem Hintergrund unserer Geschichte. Aber es beschreibt nicht die Verantwortung für unsere Zukunft vor dem Hintergrund unserer Geschichte. Das Grundgesetz steht am Anfang der Thesen, die ich vor einigen Tagen veröffentlicht habe. Und es steht am Anfang der 15 Thesen über die wir heute sprechen und denen ich zustimme.

Die Summe der alltäglichen Rituale, Traditionen und Umgangsformen mag nicht für alle 80 Millionen Menschen unseres Landes die gleiche Bedeutung haben – aber für viele Menschen sind sie wichtig. Und zu denen gehöre auch ich. Höflichkeit, Respekt, Offenheit, Toleranz, Streitkultur, Kompromissbereitschaft – diesen Geist atmet das Grundgesetz, aber das alles steht so nicht darin.

Und doch stehen diese Verhaltensweisen jedem Bürger unseres Lands und jedem, der in Deutschland lebt, gut zu Gesicht. Deswegen sind sie auch hilfreich und wichtig für Integration.

Die Initiative kulturelle Integration formuliert viel fordernder als ich: »Die freiheitliche Demokratie verlangt Toleranz und Respekt.« Und weiter »Die Regeln des alltäglichen Zusammenlebens müssen in der Demokratie unter Beachtung der Rechtsordnung immer wieder neu ausgehandelt werden.«

Manche empfinden – oder wollen es empfinden – schon das Aufschreiben einiger Lebensgewohnheiten und Haltungen als eine Provokation – auch und sogar, wenn es als Debattenbeitrag gekennzeichnet ist. Vielleicht, weil sie fälschlicherweise dort einen verbindlichen Benimm-Katalog vermuten, wo eigentlich die für unser Land wichtige Debatte um eine gemeinsame Selbstvergewisserung stattfinden kann.

Wir können von niemandem verlangen, unsere Lebensgewohnheiten zu respektieren, wenn wir nicht bereit sind, diese zu formulieren. Gleichzeitig sollte niemand der Überzeugung sein, dass das, was er oder sie als Beitrag zu diesem Thema aufgeschrieben hat, abschließend oder verbindlich ist. Das ist es nämlich nicht.

Entscheidend ist aus meiner Sicht etwas ganz anderes: Die Debatte, wie wir in unserem Land zusammenleben wollen, darf niemals vom Ende – vom Ergebnis – her gedacht werden. Denn das »eine« Ergebnis der Debatte kann und wird es in einer freiheitlichen und sich verändernden Gesellschaft niemals geben. Die Debatte selbst ist das Ziel, weil und wenn sie zusammenführt und gerade nicht spaltet. Diese Debatte setzt einen eigenen Standpunkt voraus, denn erst der eigene Standpunkt lässt Unterschiede und Gemeinsamkeiten erkennen. Und es sind doch ebenjene Gemeinsamkeiten, die wir suchen, wenn wir danach fragen, was unser Land im Innersten zusammenhält.

Vor einem eigenen Standpunkt bei diesen Fragen sollte sich niemand drücken – etwa mit einem Verweis auf vermeintliche Banalitäten oder vermeintlich unpassende Begriffe. Denn darum scheint es bei all dem auch zu gehen – um Begriffe, um reflexhafte Reaktionen auf bestimmte Begriffe. Zum Beispiel auf Begriffe wie Leitkultur.

Beim Wort Leitkultur habe ich mit dem Kulturrat offenbar eine Meinungsverschiedenheit: Ich finde das Wort gut. Sie finden das Wort nicht gut. Dabei ist mir bis heute nicht ganz klar, ob es der Wortteil des »Leitens«, der Wortteil der »Kultur« oder eben die Kombination beider Wörter ist, die Sie stört. Oder etwas anderes, was in der Vergangenheit liegt. Wir könnten dazu auch »Richtschnur des Zusammenlebens in Deutschland« sagen. Oder »einigendes Band«. Oder man könnte statt Leitkultur auch »Leitbild«

sagen – etwas, das jedes Krankenhaus, jede Schule, jedes Unternehmen, das etwas auf sich hält, inzwischen hat.

Reden wir bei dieser Debatte über die Inhalte – denn darauf kommt es an. Ich bestehe natürlich nicht auf den Begriff der Leitkultur, aber ich benutze ihn gerne für das, was ich zu dem Thema sagen möchte – und nutze ihn auch heute. Aber ich respektiere jeden, der mir zivilisiert und höflich sagt, dass er dazu eine andere Meinung hat. Entweder zum Begriff, besser noch zum Inhalt.

Das ist Streitkultur. Und wenn Streitkultur etwas Wichtiges ist, dann kann Leitkultur, zu der Streitkultur gehört, nicht gar so schlimm sein. So wie wir heute hier miteinander umgehen – und sicher in der anschließenden Diskussion auch mal streitig –, so sollten wir das auch vorleben, wenn es um Leitkultur, Leitbild oder eine Richtschnur für unser Zusammenleben geht.

Die Menschen, die sich in unserem Land integrieren wollen, bringen – im übertragenen Sinne – ihre Bücher und ihre Geschichten mit in unser Land. Und das kann eine große kulturelle Bereicherung sein – für unser Bücherregal, zu dem wir die mitgebrachten Bücher dazu stellen. Keiner darf und keiner sollte verlangen, dass die Menschen ihre Geschichten vergessen und beiseitelegen, weil ihnen die Geschichten ihrer bisherigen Heimat genauso wichtig sind, wie jedem anderen die seinen.

Neben den Büchern und Geschichten bringen die Menschen auch ein soziales Miteinander mit, das von ihren Heimatgesellschaften geprägt ist. Dieses Miteinander wird sich – verglichen mit dem Miteinander hier – in einigen Punkten gleichen, in anderen unterscheiden. Vieles müssen wir aushalten – auch wenn es uns im Einzelfall nicht gefallen sollte. Eine freiheitliche Ordnung versagt wenig und erlaubt vieles. Manches aber wollen und werden wir nicht tolerieren können. Und wir müssen zusammen diskutieren, was das eine und was das andere ist. Die Debatte darüber ist im Kern die Unterscheidung zwischen Liberalität und Gleichgültigkeit. Eine solche Debatte wollte ich anstoßen – ich glaube, das ist mir und das ist uns heute gelungen.

2

Kulturstaat – Staatsziel Kultur

Mit Beiträgen von:

Peter Badura, Max-Emanuel Geis, Ulrich Karpen, Jan-Hendrick Olbertz, Bodo Pieroth, Paul Raabe, Klaus Stern und Olaf Zimmermann

Von der Kulturnation zum Kulturstaat
Die Kultur gehört ins Grundgesetz

Paul Raabe — Politik & Kultur 4/2008

Kultur entsteht durch die schöpferischen Leistungen von begabten und begnadeten Menschen. Für sie gibt es bezeichnenderweise keinen Oberbegriff: für die Künstler, Maler, Bildhauer, Architekten, Autoren, Komponisten, die Philosophen, Gelehrten und dazu die Vermittler: die Schauspieler, Musiker, Regisseure, Intendanten, Interpreten, die Lehrer.

Man hat angesichts der gegenwärtigen kulturpolitischen Diskussionen auch an die Auftraggeber dieser – nennen wir sie Kulturschaffenden – zu erinnern: im Mittelalter und in der frühen Neuzeit an die Bischöfe und Äbte, also den Klerus und an die oft gescholtenen Fürsten und Adligen, aber auch an die Patrizier und Bürger in den Städten. Die Überlieferung dieser Kulturgüter ist außerdem nicht zu denken ohne die adligen und bürgerlichen Mäzene und Kulturförderer.

Außerdem lernten die Missionare, die Eroberer und die Reisenden die materiellen und geistigen Güter der Welt kennen, seit Amerika entdeckt wurde. Sie berichteten in den Reisebeschreibungen und Missionsberichten über die Kultur der Osmanen, der Inder, der Chinesen usw. So wurde man sich im 18. Jahrhundert der Reichtümer in der Welt bewusst, die man in Deutschland als Kultur bezeichnet. Der landwirtschaftliche Begriff der Cultur wurde zunächst auf die Pflege der Sprache und die Gelehrsamkeit me-

taphorisch übertragen. Er kam parallel zum Begriff der Aufklärung im 18. Jahrhundert in Deutschland zum Umlauf. So schrieb Moses Mendelssohn 1784: »Die Worte Aufklärung, Kultur, Bildung sind in unserer Sprache neue Ankömmlinge«, und er fuhr später fort: »Die Nürnberger haben mehr Cultur, die Berliner mehr Aufklärung«. In Nürnberg bewunderte man die Kunstwerke von Veit Stoß und Albrecht Dürer, in Berlin wurde räsoniert und über Aufklärung debattiert.

Bekanntlich hat Johann Gottfried Herder den Begriff der Kultur mit Leben gefüllt. Er spricht in Anlehnung an die cultura animi von geistiger Kultur, aber auch von der Kultur des Volkes. Herder bezeichnete als Kultur die Gesamtheit aller menschlichen Leistungen in ihrer Vervollkommnung auf dem Wege zur Humanität. In der Weimarer Klassik fand das ästhetische und humane Element der Kultur seinen epochemachenden Ausdruck, wie auch in der Berliner Klassik zwischen 1800 und 1830, die derzeit in der Berlin-Brandenburgischen Akademie der Wissenschaften intensiv erforscht wird.

Aber weder in den Wörterbüchern der Aufklärungszeit noch in den Enzyklopädien des 19. Jahrhunderts, weder im Grimmschen Wörterbuch noch im Brockhaus von 1866 gibt es einen Artikel Kultur. Aber da sich diese im öffentlichen Raum selbst enorm entfaltete, widmete sich die Geschichtswissenschaft nicht mehr allein der politischen, der Staatengeschichte, sondern auch der Geschichte der Kultur. Jacob Burckhards »Kultur der Renaissance in Italien« ist dafür das bekannteste Beispiel.

Abgesehen vom kulturellen Leben der Kirchen war die ständische Gesellschaft der frühen Neuzeit vor allem von der höfischen Kultur, der Pflege von Kunst, Musik, Oper, Dichtung geprägt. Diese Tradition lebte fort bis zum Ende der Obrigkeitsstaaten, also bis 1918, wenngleich das Bürgertum seit dem 19. Jahrhundert daran immer mehr partizipierte. Die bürgerliche Gesellschaft, die sich im Zuge der Aufklärung im letzten Drittel des 18. Jahrhunderts als emanzipatorische Bewegung formierte, schuf eigene kulturelle Institutionen: zunächst unter den misstrauischen Augen der Herrschenden gemeinnützige Gesellschaften, Clubs, Lesegesellschaften. Im 19. Jahrhundert entstanden daraus im Bürgertum die Zweige des Vereinswesens: die Kunstvereine, die Ausstellungen veranstalteten und Kunstmuseen bauten, die Gesangvereine, die Chöre gründeten, die Musikvereine, die das Konzertleben ermöglichten, die Arbeiterbildungsvereine, die das Lesen beförderten, die Geschichtsvereine, die sich der Erforschung der territorialen Geschichte und Vorgeschichte, der Altertümer, widmeten.

Gleichzeitig wurden fürstliche Einrichtungen zu öffentlichen kulturellen Institutionen umgewandelt und dem allgemeinen Publikum geöffnet und zugänglich. Das galt für die fürstlichen Bibliotheken in den Residenzstädten wie für die Galerien und naturwissenschaftlichen Museen, die aus den Kunst- und Naturalienkammern des 16. und 17. Jahrhunderts hervorgegangen waren. Zu den Theater- und Opernaufführungen hatte das Publikum schon seit dem 18. Jahrhundert Zugang. Diese höfischen Veranstaltungen der

frühen Neuzeit waren den späteren städtischen Gründungen vorangegangen. Nur die Archive als Sammelstätten für Urkunden und Akten, die im Laufe der Jahrhunderte in den Verwaltungen angefallen waren, blieben verschlossen, was sich im gewissen Sinne bis heute fortgesetzt hat.

Die Aufsicht über die Museen, Bibliotheken, Theater und Archive, also die kulturellen Einrichtungen, wurden im 19. Jahrhundert bestimmten Ressorts in den Ministerien der 35 autonomen deutschen Territorialstaaten zugeordnet. Ihre Anzahl war nach dem Wiener Kongress verringert worden, aber immer noch sehr beträchtlich. Die Staaten fühlten sich, wie es später auch die Städte taten, für die Kulturgüter zuständig. Kultur im staatlichen Sinn und Handeln heißt also zunächst Pflege und dann auch Förderung kultureller Einrichtungen, die dem Staat unterstehen. Nach 1815 entstanden so in den Königreichen Preußen und Bayern, Sachsen und Württemberg sowie in dem Großherzogtum Sachsen-Weimar-Eisenach die Kultusministerien, die in Carl von Rottecks und Carl Welckers »Staatslexikon« 1837 noch als »Cultministerien« bezeichnet wurden. Darin heißt es: »Der wahre Cult, die echt christliche Gottesverehrung besteht in der möglichsten Förderung aller geistigen Cultur«. Daraus folgt, »dass die leitende Grundidee aller Kultministerien sein müsse, Förderer und Leiter aller geistigen Culturmittel zu sein und deswegen die größte moralisch zulässige Freithätigkeit in den Geistesübungen rechtlich zu beschützen«. Was damals angesichts der verschärften Zensur nach den Karlsbader Beschlüssen von 1819 verklausuliert gefördert wurde, war im Sinne eines aufgeklärten Liberalismus die Freiheit geistigen Lebens bei gleichzeitiger Anerkennung staatlicher Zuständigkeit für die Förderung und Leitung aller »Culturmittel«, d.h. der Institutionen kulturellen Lebens.

Im Kern wird die Kulturhoheit der Länder beschrieben, die seither – also seit fast 200 Jahren – von den Kultusministerien vertreten wird. Der Begriff Kultur bezieht sich hier also im Hinblick auf staatliches Handeln, um es nochmals zu sagen, auf die Zuständigkeit für kulturelle Einrichtungen und die Förderung kulturellen Lebens. Kultur ist im staatlichen Verständnis ein Handlungsspielraum für alle kulturellen Angelegenheiten des öffentlichen Lebens. Heute wird diese Zuständigkeit für, wie es heißt, »Angelegenheiten der Kultur« in den 16 Bundesländern unterschiedlich gehandhabt. In fast allen Flächenstaaten gibt es Ministerien für Wissenschaft und Kultur, in einzelnen auch für Bildung (d. h. Schulen), Wissenschaft und Kultur, die manchmal auch unter der Bezeichnung Kunst läuft. Nur in Thüringen und in Sachsen-Anhalt heißen sie Kultusministerien. Es ist der Begriff, der in allen Ministerien noch geläufig ist. In den genannten Ländern ist das Ressort Kultur die fünfte, d. h. die letzte Abteilung, ich will nicht sagen: das fünfte Rad am Wagen. In den Stadtstaaten ressortiert die Kultur unterschiedlich. In Hamburg gibt es eine Kulturbehörde, geleitet von der einzigen Kulturministerin in der Bundesrepublik, die Senatorin für Kultur heißt. In Berlin, Bremen, Nordrhein-Westfalen und Schleswig-Holstein ist, wie man weiß, die Kultur den Staatskanzleien zugeordnet und wird von Staatssekretären geleitet. Das bedeutet eine unmittelbare Unterstellung unter den obersten Dienstherrn. Nur im Saarland gibt es eine andere Zuordnung. Dort gibt es ein Ministerium für Bildung, Familien, Frauen und Kultur.

In den Verfassungen der Bundesländer ist die Kultur verankert, am ausführlichsten in Sachsen, mehrfach heißt es übereinstimmend: »Das Land schützt und fördert das kulturelle Leben.« Allein in Bayern wird das Land auch als Kulturstaat bezeichnet, wenn es dort heißt: »Bayern ist ein Rechts-, Kultur- und Sozialstaat«. Bekanntermaßen ist Bayern das Musterland kultureller Förderung, historisch gesehen nach Preußen, das sich bis zu seiner Auflösung auch als Kulturstaat mit einem mächtigen Kultusministerium verstand. Das eindrucksvollste Erbe der preußischen Kulturpolitik ist ja die Museumsinsel in Berlin mit ihren Kulturstätten, heute unter der Ägide der Stiftung Preußischer Kulturbesitz.

Dass die Bundesrepublik Deutschland insgesamt ein Kulturstaat sei, ist in der Verfassung bekanntlich nicht gesagt. Erst in dem »Vertrag zwischen der Bundesrepublik Deutschland und der Deutschen Demokratischen Republik über die Herstellung der Einheit Deutschlands« von 1990 stehen dazu klare Aussagen. In Paragraph 35 heißt es unter der Überschrift Kultur: »In den Jahren der Teilung waren Kunst und Kultur – trotz unterschiedlicher Entwicklung der beiden Staaten in Deutschland – eine Grundlage der fortbestehenden Einheit der deutschen Nation. Sie leisten im Prozess der staatlichen Einheit der Deutschen auf dem Weg zur europäischen Einigung einen eigenständigen und unverzichtbaren Beitrag. Stellung und Ansehen eines vereinten Deutschlands in der Welt hängen außer von seinem politischen Gewicht und seiner wirtschaftlichen Leistungskraft ebenso von seiner Bedeutung als Kulturstaat ab.«

Zweifellos hatten die Vertreter der DDR, die den zentralistischen Staat unter Führung der Staatspartei verwirklicht hatte, auf diese Formulierung Einfluss. Die »fortbestehende Einheit der deutschen Nation« umschreibt den Begriff der Kulturnation, auf den noch einzugehen sein wird, während in diesem Dokument endlich expressis verbis der Kulturstaat genannt wird, von dem das »Ansehen eines vereinten Deutschlands in der Welt« abhängt.

Es ist bekannt, dass die Juristen dem Einigungsvertrag keinen Verfassungsrang beimessen, da er nicht vom Bundestag als Bundesgesetz abgesegnet wurde. Aber er gibt immer wieder Veranlassung, über die Rolle des Kulturstaates in der Diskussion um die Aufnahme der Kultur in das Grundgesetz und über die Frage eines Bundeskulturministeriums nachzudenken. Was versteht nun das Staatsrecht unter einem Kulturstaat? Ich beziehe mich in der Definition auf die Ausführungen von Ernst Rudolf Huber in seiner umfassenden Verfassungsgeschichte. Er schreibt: »Kulturstaat ist ein Staat, der, ausgehend von der Anerkennung der Autonomie der Kultur, sich zum Dienst an der Kultur verpflichtet weiß, so dass er einerseits zur Ausübung von Kulturhoheit in den Formen der Planung, Gesetzgebung und Verwaltung ermächtigt, andererseits aber auch der Gestaltungsmacht der Kultur unterworfen ist. Diese Antinomie hebt sich in der Selbstverwirklichung des Staates als Kulturgebilde auf«.

In dieser ausgefeilten juristischen Begriffsbestimmung wird Kultur als »Inbegriff autonomer Bildungsgüter« verstanden, als ein »System von Werten«. Unter diesen Voraussetzungen geht es bei dem Wort »Kulturstaat« um fünf »Bedeutungsvarianten«:

1. Der Kulturstaat steht für die »Staatsfreiheit der Kultur«, das heißt er respektiert und garantiert die Autonomie der Kultur. Er mischt sich als Staat nicht in den Freiraum der Kultur ein.
2. Der Kulturstaat dient der Kultur. Huber schreibt: Der Staatsdienst »ist gegründet auf die Bereitschaft des Staates zum verantwortlichen Schutz, zur uneigennützigen Pflege, zur dienenden Vermittlung der Kultur«. Der Staat hat gegenüber der Kultur eine bindende Selbstverpflichtung.
3. Auf der anderen Seite hat aber der Staat eine Gestaltungsmacht über die Kultur. Indem er der Kultur dient, übt er eine Kulturhoheit aus, d. h. kann Kulturereignisse planen, Kulturgesetze z. B. zum Schutz der Kultur erlassen. Es ist seine Aufgabe, Kultur zu verwalten.
4. Der Kulturgestaltungsmacht des Staates steht die Staatsgestaltungsmacht der Kultur gegenüber. Das heißt also – ich zitiere – »Die Kulturhoheit des Staates [schlägt] in die staatsbestimmende Funktion der Kultur um«. Daraus folgt
5. »Der Kulturstaat ist die Selbstbestimmung der Kultur als Staat«.

Der Einigungsvertrag spricht von der »fortbestehenden Einheit der deutschen Nation«, die trotz der Teilung in die beiden deutschen Staaten der Nachkriegszeit bestehen geblieben ist. Damit ist die deutsche Kulturnation gemeint, historisch betrachtet, das Substitut der Verweigerung eines einheitlichen Nationalstaats nach den Freiheitskriegen zu Beginn des 19. Jahrhunderts. Die Hoffnung der fortschrittlichen bürgerlichen Kräfte scheiterte 1815 an den althergebrachten politischen Machtstrukturen der Territorialstaaten, an deren Erhalt nicht nur die regierenden Fürsten, sondern auch ihre zur Treue verpflichteten Beamten festhielten.

Was aber die Bewahrer der großen und kleinen deutschen Staaten verband, war neben der Sprache die gemeinsame Kultur, das geschichtliche kulturelle Erbe und das gegenwärtige kulturelle Leben. Solange eine staatliche Einheit fehlte, verstanden sich die Deutschen als Kulturnation, wie sie Friedrich Meinecke in seinem bekannten Buch »Weltbürgertum und Nationalstaat« entwickelt hat. In der kurzen Spanne des Zweiten Deutschen Reiches von 1871 bis 1918 wurde trotz des Fortbestehens der Territorialstaaten ein Kulturstaat unter preußischer Führung geschaffen, in dem sich allerdings Wilhelm II., der selbstherrlich äußerte, was unter Kultur zu verstehen sei, dem Spott der Presse und der Intellektuellen aussetzte. Aber dieser Epoche hat Deutschland nicht nur die Entstehung der Museumsinsel in Berlin, sondern auch die Reform der Universitäten und die Weltgeltung der deutschen Wissenschaft zu verdanken, die durch den Exodus und durch die Vernichtung des deutschen Judentums zwischen 1933 und 1945 für immer verloren ging.

Die einzigartige Chance in den Verhandlungen über die deutsche Reichsverfassung zwischen November 1918 und August 1919, einen einheitlichen Kulturstaat als Erfüllung der Kulturnation zu verwirklichen, scheiterte erneut an den Beharrungskräften der aus der Zeit des Absolutismus intakt gebliebenen Strukturen der Territorialstaaten, die zwar in der Zahl erneut reduziert wurden, aber auf das Gleichgewicht von Reich und Ländern bedacht waren.

Der damalige preußische Staatssekretär Carl Heinrich Becker, ein namhafter Islamwissenschaftler, hatte im Auftrage des amtierenden Reichsinnenministers Hugo Preuß, der den Verfassungsentwurf der Nationalversammlung in Weimar vorlegte, eine Denkschrift verfasst, die unter dem Titel »Kulturpolitische Aufgaben des Reiches« noch 1919 veröffentlicht wurde. Er schreibt in diesem Dokument: »Wir stehen vor der ungeheuer schwierigen Aufgabe, ein neues einigendes Band zu suchen, das uns über unseren Stammespartikularismus, über unsere konformelle Spaltung und über unsere berufsständische und soziale Gliederung hinaus zum Einheitsvolk werden lässt. Nötiger denn je braucht Deutschland eine bewusste Kulturpolitik« (S. 5). Becker, übrigens der Vater des bekannten Bildungspolitikers Hellmut Becker, ging es um eine »nationale Kulturpolitik«. Ihre Parole müsse sein: »Erziehung der deutschen Stämme zur Nation« als Voraus-

setzung reichseinheitlicher Regelungen kulturpolitischer Fragen in Kultur und Bildung, Schule und Universität. Beckers Argumente fanden bei den Abgeordneten, den »Stammesfürsten«, kein Gehör.

In der deutschen Reichsverfassung vom 11. August 1919, unter Zeitdruck entstanden, ohnehin kein Glanzstück staatsrechtlicher Prägnanz, wurden die Kompetenzen zwischen Reich und Ländern geregelt. Die Kultur kommt an drei Stellen vor. Artikel 7 zählt die Bereiche auf, deren Gesetzgebung in der Hand des Reiches liegen sollte. Als letzten, 20. Punkt werden »das Theater- und das Lichtspielwesen« genannt, mit dem sich bekanntlich die junge Republik in den Gotteslästerungsprozessen viel Ärger einhandelte. Artikel 150 lautet: »Die Denkmäler der Kunst, der Geschichte und der Natur sowie die Landschaft genießen den Schutz und die Pflege des Staates«. Er ergänzt Artikel 142: »Die Kunst, die Wissenschaft und ihre Lehre sind frei. Der Staat gewährt ihnen Schutz und nimmt an ihrer Pflege teil.« In der Verbindung der beiden Artikel entspricht das fast der heutigen Forderung: »Der Staat schützt und fördert Kultur« oder, wenn man den staatsrechtlichen Begriff der »Kulturpflege« aufgreift: »Der Staat schützt und pflegt Kultur«.

Auf die verheerenden Auswirkungen der nationalsozialistischen Diktatur auf die staatliche Lenkung eines Alleinanspruchs auf Kultur – »Am deutschen Wesen soll die Welt genesen« – habe ich hier nicht einzugehen. Der Parlamentarische Rat 1948/49 ignorierte die erwähnten Artikel 142 und 150 der Weimarer Verfassung, an der Zuständigkeit der Länder für die Kultur wurde nicht gerührt. Mit der Wiedervereinigung der beiden deutschen Nachkriegsstaaten wurde der Föderalismus in Deutschland durch den Beitritt von fünf neuen Ländern sogar noch gestärkt, der Kultusministerkonferenz gehören die Vertreter aller Länder an.

Wenn sich Bayern in seiner Verfassung als Kulturstaat versteht, wird sich jedes andere Bundesland gleichermaßen positionieren. Die Bundesrepublik Deutschland ist also die Summe von sechzehn autonomen Kulturstaaten. Da sie sich in ihren Zuständigkeiten nicht ins Gehege kommen und Kultur auf den Konferenzen der Kultusminister seit Jahren so gut wie keine Rolle spielt, lässt sich auf diesem Gebiet miteinander leben. Es gibt reiche Bundesländer, die sich z. B. wundervolle Kulturneubauten erlauben können und andere, die die Höhe des Kulturhaushalts alljährlich infrage stellen. Außerdem liegt der Anteil der Länder an den Kulturausgaben nur bei 46 Prozent, fast die gleiche Summe – 44 Prozent – haben die Kommunen aufzuwenden. Der Bund ist mit 10 Prozent an den Kulturausgaben der öffentlichen Hand beteiligt. Es ist aber wichtig, an dieser Stelle ergänzend auf die enormen komplementären Leistungen der Kirchen und der privaten Institutionen, der Vereine und vor allem der Kulturstiftungen hinzuweisen, die den Freiraum außerhalb staatlicher Zuständigkeiten ausfüllen und die Kultur mittragen.

Was die einzelnen Kommunen unter Kultur verstehen und welchen Stellenwert kommunale Kulturpolitik hat, hängt oft von den Interessen der Stadtverordneten ab. Dass Kultur vor allem in kleineren Städten eine untergeordnete Rolle spielt, ist bekannt. Einen einheitlichen kommunalen Kulturbegriff gibt es, soweit ich sehe, nicht.

Trotz ihrer Kulturhoheit konnten die Länder nicht verhindern, dass auch der Bund kulturelle Aufgaben wahrnimmt, beispielsweise in der auswärtigen Kulturpolitik, in Rechtsfragen wie dem Urheberrecht oder dem Sozialrecht bei der Künstlersozialversicherung usf. Schon in der alten Bundesrepublik kam man ohne eine Kulturabteilung im Innenministerium des Bundes nicht aus, die – so die Sprachregelung – kulturelle Institutionen von überregionaler, gesamtstaatlicher Bedeutung unterstützen, beispielsweise das Germanische Nationalmuseum in Nürnberg, die Festspiele in Bayreuth, das Deutsche Literaturarchiv in Marbach. Sie befinden sich interessanterweise in den süddeutschen Bundesländern, die sich am heftigsten gegen kulturelle Kompetenzen des Bundes wehren und deshalb im Fall der Akademie der Künste in Berlin sogar das Bundesverfassungsgericht bemühten.

Vor zehn Jahren wurde die Kulturabteilung des Bundesinnenministeriums dem Bundeskanzleramt angegliedert und dem Beauftragten der Bundesregierung für die Angelegenheiten der Kultur und der Medien unterstellt, der abgekürzt als Kulturstaatsminister bezeichnet wird. Im Bundestag wurde 1998 gleichzeitig ein Kulturausschuss gegründet, eine Enquete-Kommission legte vor einem halben Jahr den Bericht »Kultur in Deutschland« vor.

So viel Kultur auf Bundesebene gab es noch nie. Nur die letzten Schritte werden nicht gewagt oder gewollt, die die Bundestagsfraktion Die Linke zu Protokoll gab, nämlich ein Kulturministerium auf Bundesebene mit einem Bundeskulturminister an der Spitze zu schaffen. Die Enquete-Kommission schließt sich übrigens dieser Auffassung an, wenn sie der Bundesregierung empfiehlt, »Aufgaben im Bereich ›Kultur‹ zu bündeln und zu institutionalisieren, weil Kulturpolitik eine zentrale Querschnittsaufgabe der Innen- und Außenpolitik ist« (S. 56).

So vielfältig und zahlreich die Anregungen sind, die sich aus dem Kulturbericht der Enquete-Kommission ergeben, so sehr vermisst man hier eine klare, einfache und eindeutige Definition des Kulturbegriffs. Er ergibt sich nur aus der Fülle dessen, was nach Auffassung der Kommission alles verwaltet, geschützt, gefördert, unterstützt, vermittelt wird oder werden soll:

- die Kultureinrichtungen,
- das kulturelle Erbe,
- das kulturelle Leben,
- die kulturelle Bildung.

Zusammengefasst heißt das: kulturelle Angelegenheiten als Aufgaben der Kulturpolitik. Damit unterscheidet sich der Begriff der Bundesvertreter nicht von dem, was dem staatlichen Handeln in den Ländern und auch den Kommunen zugrunde liegt.

Es gibt de facto zwei kulturelle Zuständigkeiten: die Kulturhoheit auf der Ebene der Länder und die partielle übergeordnete Zuständigkeit für kulturelle Angelegenheiten auf nationaler Ebene. Da wir Deutschen mit einem gebrochenen Rückgrat leben, ein natürliches, den europäischen, insbesondere den osteuropäischen Staaten selbstverständliches nationales Selbstbewusstsein eingebüßt haben, hüten wir uns bisher zum Schaden unserer Kultur, auch von nationalen Kulturaufgaben und von einer deutschen Nationalkultur zu sprechen. Wir haben zwar keine Hemmung, im Sport von Nationalmannschaften und Nationalspielern, zu denen auch viele mit Migrationshintergrund gehören, zu sprechen. Von einer nationalen gesamtstaatlichen Kultur zu reden, verhindert die Bundespolitik auch mit der Ausrede, Kultur sei allein Ländersache. Damit geben wir heute im Konzert der europäischen Staaten, die sich alle als Nationalstaaten verstehen, zu deren Verwunderung unsere kulturelle Identität auf. Ein Beispiel möge dies erläutern: Im gesamten Kulturbericht der Enquete-Kommission kommen Persönlichkeiten, die unser Ansehen in der Welt ausmachen, überhaupt nicht vor, weder Martin Luther noch Johann Sebastian Bach, weder Johann Wolfgang Goethe noch Alexander von Humboldt, weder Albert Einstein noch Max Planck, von weiteren ganz zu schweigen. Haben die Verfasser des Berichts

die Namen schon soweit verdrängt, dass sie ihnen überhaupt nicht mehr in den Sinn gekommen sind? Für einen Bibliothekar ist es immerhin eine Genugtuung, dass der Bundestag dem Zusammenschluss der Deutschen Bibliothek Frankfurt und der Deutschen Bücherei Leipzig endlich den Namen »Deutsche Nationalbibliothek« gegeben hat, wenngleich das historische Bindeglied, die traditionsreiche Staatsbibliothek zu Berlin, noch nicht einbezogen wurde. Endlich hat auch unser Land die nationale Institution, die jeder Staat in der Welt besitzt.

Kultur ist auch Repräsentation. Wer ist für die Nationalhymne zuständig, wer für das Reformationsfest im Jahre 2017? Wird die deutsche Kultur im Rahmen der europäischen Staaten wirklich in Brüssel von 17 deutschen Diplomaten vertreten? Außerdem: Ist die Wartburg nicht ein nationales Denkmal? Sind nicht Wittenberg und Weimar nationale Kulturstädte? Warum können Entscheidungen der UNESCO über die Weltkulturerbestätten von lokalen Interessen missachtet werden? Steht nicht jeder, der für eine Nationalkultur eintritt, schon hierzulande unter Verdacht, ein falsches und überholtes politisches Bewusstsein zu haben? Es ist verhängnisvoll, dass sich die Bundesrepublik Deutschland als Gesamtstaat, also länderübergreifend, nicht eindeutig zu ihrer Rolle als nationaler Kulturstaat, auch im Interesse seiner Bürger und seiner zu Deutschen gewordenen Einwanderer, bekennt. Es ist verhängnisvoll, dass der Bund nicht mit abgesicherten Kompetenzen in kulturellen Angelegenheiten von überregionaler Bedeutung ausgestattet ist. Nur nach Einlösung dieser Forderungen kann unser Land seinen Beitrag zur künftigen Gestalt der europäischen Kultur erfüllen, die ohnehin finanziell kläglich dasteht. Staatliches Handeln in der Kultur ist europäische Kulturpolitik. Unsere Nationalkultur hat einen friedlichen Beitrag zur

Zukunft Europas zu leisten. Auch aus diesem Grund ist die Aufnahme der Kultur in das Grundgesetz eine unaufschiebbare Voraussetzung.

Kultur – weniger wichtig als Tierschutz?
Einen rechtlichen Markierungspunkt setzen

Bodo Pieroth —— **Politik & Kultur 4/2005**

Was lange währt, soll endlich gut werden. Nachdem die Enquete-Kommission des Deutschen Bundestages »Kultur in Deutschland« einstimmig beschlossen hat, dem Deutschen Bundestag zu empfehlen, Kultur als Staatsziel ins Grundgesetz aufzunehmen, stehen die Chancen nicht schlecht, dass wir in absehbarer Zeit folgenden neuen Art. 20b in der Verfassung haben werden: »Der Staat schützt und fördert die Kultur.« Die Aufnahme einer Staatszielbestimmung zum Kulturstaat hatte schon die von der Bundesregierung eingesetzte »Sachverständigenkommission Staatszielbestimmungen/Gesetzgebungsaufträge« nach intensiven Beratungen in den Jahren 1981 bis 1983 empfohlen, ohne dass man sich damals allerdings auf eine bestimmte Formulierung geeinigt hatte.

Der Gemeinsamen Verfassungskommission von Bundestag und Bundesrat, die aufgrund des Einigungsvertrags gebildet worden war und zu prüfen hatte, ob den gesetzgebenden Körperschaften die Aufnahme weiterer Staatszielbestimmungen in das Grundgesetz zu empfehlen sei, lag ein Antrag der SPD vor, Art. 20 GG um folgenden Absatz 2 zu ergänzen: »Er (der Staat) schützt und fördert das kulturelle Leben seiner Bürger.« Dieser Antrag fand nach ausführlichen Beratungen allerdings keine Mehrheit, geschweige denn die geforderte Zweidrittel-Mehrheit. Was bewog

die Mehrheit dieses Gremiums dazu, nein zu sagen zu einer Verfassungsnorm über die Förderung und den Schutz der Kultur?

Erstens sei eine derartige Klausel zu unbestimmt. Was heißt schon Kultur? Oder: nennt sich nicht alles mögliche Kultur? Doch ist anerkannt, dass Kultur als Rechtsbegriff Tätigkeiten und Gegenstände geistig schöpferischer Arbeit umfasst. Sicher dazu gehören Wissenschaft, (Aus-)Bildung und Kunst. Diese Begriffe werfen ähnliche Bedenken bezüglich ihrer Bestimmtheit auf, die sich aber dadurch erledigen, dass wir diese Begriffe im geltenden Verfassungsrecht vorfinden und sie anwenden müssen; Rechtsarbeit ist immer Grenzziehung. Zweitens sei eine Kulturstaatsklausel oder kulturelle Staatszielbestimmung nicht justiziabel, also vor Gericht nicht einklagbar, und daher wertlos. Aber das Grundgesetz kennt schon von Anfang an Staatszielbestimmungen, wie zum Beispiel das Sozialstaatsprinzip, deren Geltung und Bindungswirkung für die Judikative nicht in Zweifel gezogen werden. 1994 ist auf Vorschlag der Gemeinsamen Verfassungskommission der Art. 20a GG eingefügt worden, nachdem der Staat die natürlichen Lebensgrundlagen und die Tiere schützt. Derartige Staatszielbestimmungen dienen also nicht nur jedem Gericht als Auslegungs- und Anwendungsmaßstab für das einfache Recht, sondern können auch vor dem Bundesverfassungsgericht gegenüber Gesetzen geltend gemacht werden; mit der Verfassungsbeschwerde unter Berufung auf eine Verletzung des Art. 2 Abs. 1 GG, aber auch mit der konkreten und abstrakten Normenkontrolle. Dass aus Staatszielbestimmungen keine Leistungsansprüche folgen, ist bei ihnen nicht anders als bei den meisten Grundrechten des Grundgesetzes.

Drittens sei der vorgeschlagene Art. 20b GG überflüssig: Es gebe bereits kulturbezogene Verfassungsnormen, die kein Defizit erkennen ließen. In der Tat hat das Bundesverfassungsgericht den Kulturstaatscharakter der Bundesrepublik Deutschland aus der Wertentscheidung des Art. 5 Abs. 3 GG abgeleitet: Der Staat, »der sich im Sinne einer Staatszielbestimmung auch als Kulturstaat versteht«, habe entsprechende Schutz- und Förderpflichten. An dieser großzügigen und dogmatisch fragwürdigen Herleitung einer Staatszielbestimmung aus dem Grundrecht auf freie Kunst und Wissenschaft wird allerdings verbreitet Kritik geübt. Folgt man dieser Kritik, hat die kulturelle Staatszielbestimmung konstitutive Wirkung, d. h. sie wäre keineswegs überflüssig. Aber auch auf der Grundlage der zitierten Rechtsprechung könnte ein Art. 20b GG der Durchsetzungsschwäche von kulturellen Zielsetzungen im politischen Prozess entgegenwirken, weil geschriebenes Verfassungsrecht juristisch wirkungsvoller ist als Richterrecht. Beispielsweise könnte eine Gemeinde nicht mehr unter Berufung auf die Freiwilligkeit ihrer Selbstverwaltungsaufgaben die Förderung von Kultur ablehnen.

Viertens greife eine kulturelle Staatszielbestimmung in die Kulturhoheit der Länder ein. Bei diesem Argument reibt sich der Verfassungsrechtler verwundert die Augen. Bekanntlich ist die Hauptdomäne der Kulturhoheit der Länder das Schulwesen. Nun steht aber in Art. 7 Abs. 1 GG: »Das gesamte Schulwesen steht unter der Aufsicht des Staates.« Ist das auch ein Verstoß gegen die Kulturhoheit der Länder? Nein, weil mit »Staat« bei dieser Organisationsnorm wie bei den »Staats«zielbestimmungen alle Ebenen der öffentlichen Gewalt der Bundesrepublik Deutschland angesprochen sind: vom Bund über die Länder bis zu den Gemeinden und sonstigen Körperschaften und Anstalten des öffentlichen Rechts. Welche Kompetenzen sie haben, ergibt sich aus speziellen Normierungen. Art. 7 Abs. 1 GG und die Staatszielbestimmungen lassen also gerade die Gesetzgebungs- und Verwaltungskompetenz der Länder ungeschoren. Aber wo bleibt das Positive? Wenn alle Argumente gegen den vorgeschlagenen Art. 20b GG nicht stechen, folgt daraus nicht zwingend, dass man diese Verfassungsänderung vornehmen muss. Ohne sie bleibt die Förderung und der Schutz von Kultur dem demokratischen Prozess und der politischen Entscheidung überlassen – ein Zustand, den man aus demokratischen Gründen in vielen Bereichen durchaus begrüßen sollte. Für die Verankerung einer Kulturstaatsklausel oder einer kulturellen Staatszielbestimmung sprechen in meinen Augen zwei Vergleiche: Es existieren entsprechende Normen sowohl im Europäischen Gemeinschaftsrecht als auch in den Verfassungen der deutschen Länder. Es steht dem für unser Gemeinwesen weiterhin überragend wichtigen Grundgesetz schlecht zu Gesicht, insoweit hinter der höheren und der niederen Herrschaftsebene zurückzustehen. Kulturelle Staatszielbestimmungen in den Landesverfassungen sind übrigens kein ausreichendes Surrogat für eine Regelung in der Bundesverfassung, weil sie kein Maßstab für das das Verfassungsrecht in Deutschland dominierende Bundesverfassungsgericht sind. Der noch einleuchtendere Vergleich ist mit dem geltenden Verfassungsrecht zu ziehen, in dem die genannten Staatszielbestimmungen die materiellen Bedingungen menschlicher Existenz, sozusagen den Unterbau, abdecken. Sollten uns nicht die geistigen, ideellen Dimensionen menschlichen Daseins, sozusagen der Überbau, genauso viel wert sein? Hier einen rechtlichen Markierungspunkt zu setzen, scheint mir gerade in einer Zeit, in der alles auf die ökonomische Dimension reduziert zu werden droht, durchaus angebracht zu sein. Sigmund Freud hat in seiner berühmten Abhandlung »Das Unbehagen in der Kultur« Kultur als »die ganze Summe der Leistungen und Einrichtungen« bezeichnet, »in denen sich unser Leben von dem unserer tierischen Ahnen entfernt«. Wollen wir verfassungsrechtlich wirklich nur die Ahnen schützen?

Staatsziel »Kultur« im Grundgesetz
Geringe normative Wirkung, fragliche appellative Wirkung

Peter Badura — Politik & Kultur 4/2005

Die Enquete-Kommission »Kultur in Deutschland« des Deutschen Bundestages empfiehlt, Kultur als Staatsziel in die Verfassung des Bundes aufzunehmen und das Grundgesetz durch einen Art. 20 b zu ergänzen, der folgenden Wortlaut hätte: »Der Staat schützt und fördert die Kultur«. Der staatlichen Kulturpolitik, zuerst dem Gesetzgeber im Bund und in den Ländern, soll dadurch eine explizite Stützung und ein Auftrag zu Pflege und Förderung von Kultur gegeben werden. Rechtlich gesehen ist eine derartige Kulturklausel in der Verfassung eine Staatszielbestimmung, die mit normativ bindender Wirkung ein Staatsziel und eine fortdauernd zu erfüllende Aufgabe des Staates festlegt. Als Bestandteil der Verfassung bildet diese Norm zugleich eine die Erfüllung anderer Staatsaufgaben beeinflussende Richtlinie und auch eine Rechtfertigung für Bindungen und Einschränkung von Grundrechten, z. B. der Berufs- und Unternehmensfreiheit und der Eigentumsgarantie. Die kulturpolitische Staatszielbestimmung würde mit vergleichbarer Wirkung neben den Sozialstaatssatz (Art. 20 Abs. 1 GG) und den Schutz der natürlichen Lebensgrundlagen (Art. 20 a GG) treten.

Es kann als eine anerkannte Maxime der Verfassungspolitik gelten, das Verfassungsgesetz nur bei zwingender Notwendigkeit und nur insoweit zu ändern, als in einer Grundfrage der Staats- und Rechtsordnung ein Mangel behoben oder eine Verbesserung herbeigeführt wird. Ist diese Bedingung gegeben, muss klar voraussehbar sein, welche Konsequenzen sich aus der Verfassungsänderung ergeben und welche Wirkungen im Gesamtgefüge der verfassungsmäßigen Ordnung eintreten können.

Es ist schwer abschätzbar, welche Bedeutung die vorgeschlagene Kulturklausel haben würde, vor allem schon deswegen, weil das Wort »Kultur« einen weitläufigen und keinen rechtlich abgrenzbaren Sinn bezeichnet. In gewisser Weise reicht die möglicherweise als kulturell oder kulturpolitisch benennbare Aktivität in nahezu alle gesellschaftlichen Lebensbereiche und Handlungsweisen. Immerhin lassen sich Bildung, Wissenschaft und Kunst als die Sphären angeben, in denen die Kultur eines Volkes zum Ausdruck kommt und auf nationaler Ebene sich der »Kulturstaat« verwirklicht. Schon in diesem Kernbereich treten – in der Perspektive des Verfassungsrechts – ausgleichsbedürftige Überschneidungen auf, so mit den Grundrechten der Freiheit von Kunst und Wissenschaft, Forschung und Lehre (Art. 5 Abs. 3 GG), mit der freien Wahl der Ausbildungsstätte (Art. 12 Abs. 1 GG), mit dem Schulartikel (Art. 7 GG) und mit dem elterlichen Erziehungsrecht (Art. 6 Abs. 2 GG). Es dürfte jedoch schwer sein, das weitere Umfeld von Presse, Rundfunk und Film (Art. 5 Abs. 1 GG) sowie, noch gravierender, von Religion und Kirche (Art. 4, 140 GG) von der Ausstrahlungswirkung des Kulturartikels auszunehmen.

Dass die Bundesrepublik sich kraft ihrer Verfassung, auch ohne ausdrückliche »Verankerung«, als Kulturstaat versteht, dem die Aufgabe gestellt ist, ein freiheitliches Kunstleben zu erhalten und zu fördern und insgesamt dem freien kulturellen Leben Schutz und Pflege zuzuwenden, ist durch die Rechtsprechung des Bundesverfassungsgerichts mehrfach bekräftigt worden (Urteil vom 5. März 1974 u. a.).

Eine zusätzliche Kulturklausel könnte dieser verfassungsrechtlichen Rechtslage nichts hinzufügen. Demzufolge kann nicht gesagt werden, die Verfassung Deutschlands weise in dieser Hinsicht eine Lücke auf, die ein halbes Jahrhundert nach Inkrafttreten des Grundgesetzes geschlossen werden müsse. Die ausdrückliche Deklaration wird offenbar eher wegen ihres appellativen Charakters für wünschenswert gehalten, entsprechend einer verbreiteten Vorstellung, die Verfassung als eine Art Grundbuch der nationalen Werte und Ziele aufzustellen. Programmatische Verheißungen, vor allem in der Präambel, können durchaus sinnvoll sein. Es muss jedoch bedacht werden, dass die Verfassung ein mit Vorrang ausgestattetes Gesetz ist, das mit seinen justiziablen Rechtsfolgen von den Gerichten ausgelegt, angewandt und durchgesetzt wird. Die Verfassungsnormen müssen deshalb berechenbar sein und sich in einen widerspruchsfreien Regelungszusammenhang einfügen. Programmsätze mit diffuser Bedeutung und unklaren Rechtsfolgen, besonders bei nicht oder nicht ohne weiteres einlösbaren Versprechungen, sind der Autorität und Legitimität der Verfassung abträglich. Deutlicher als die Weimarer Reichsverfas-

sung hat das Grundgesetz davon abgesehen, wirtschafts-, sozial-, kultur- oder gesellschaftspolitische Programme und Verheißungen ohne rechtlich greifbaren oder berechenbaren Gebotsgehalt aufzunehmen, die sich in appellativer Wirkung erschöpfen. Es hat damit nicht nur einen das Rechtsleben prägenden Stil begründet und sich eine erfolgreiche Autorität erworben, sondern das Fundament für die maßgebende und zum Teil kodifikatorische Rechtspraxis des Bundesverfassungsgerichts gelegt, gerade im Bereich von Wissenschaft, Bildung und Medien. Hiervon abzugehen, um Zeitströmungen Einlass in das Verfassungsgesetz zu geben oder dem Grundgesetz eine vermeintlich gesteigerte Popularität hinsichtlich bestimmter politischer Ziele zuzuführen, besteht kein Anlass oder Grund. Es ist Sache des Gesetzgebers, die politische, finanzielle und administrative Leistungsfähigkeit des Staates im Hinblick auf die notwendige oder wünschenswerte Erfüllung der staatlichen Aufgaben einzuschätzen und zur Geltung zu bringen.

Der »Staat«, dem eine Kulturklausel des Grundgesetzes Schutz und Förderung aufgeben würde, sind der Bund und die Länder. »Kultur« in nahezu allen wesentlichen Dimensionen und Feldern, soweit sie überhaupt Gegenstand staatlicher Politik sein kann und sein sollte, ist nach der Kompetenzordnung des Grundgesetzes Sache der Länder. Folgerichtig finden sich in den Länderverfassungen verbreitet allgemeine Kulturstaatsklauseln oder etwas spezifischer gefasste Staatsziele, die den Schutz, die Pflege und die Förderung der Kultur, des kulturellen Erbes oder des kulturellen »Schaffens« dem Land und auch den Kommunen auftragen. Einige Verfassungen verbinden damit eine sozialpolitische und partizipatorische Zielsetzung, indem sie postulieren, dass die Teilnahme an den Kulturgütern dem gesam-

ten Volk oder allen Schichten des Volkes zu
ermöglichen ist oder dass die kulturelle Betätigung aller Bürger zu fördern ist. Die bundesstaatliche Ordnung und die Staatspraxis
in Deutschland weisen somit die Aufnahme
kulturpolitischer Staatsziele den Verfassungen der Länder zu.

Es wäre verfehlt, dem Bund unter Berufung
auf eine exklusiv definierte »Kulturhoheit«
der Länder eine kulturelle Staatsaufgabe ab-
zusprechen. Eine deutsche Nationalkultur ist
eine geschichtliche Wirklichkeit und die Förderung von Wissenschaft und Forschung, von
Bildung und Universität, von Kunst und Literatur fällt – nicht nur in Rücksicht auf die
europäische Integration und die internationalen Beziehungen – auch in die »gesamt-
staatliche Verantwortung des Bundes« (vgl.
Art. 23 Abs. 6 Satz 2 GG). Es gehört aber auf
der anderen Seite zu den Lebensbedingungen
des deutschen Bundesstaates, dass die »Kultur« und die Pflege und Förderung der kulturellen Angelegenheiten dem Grundsatz nach
eine staatliche Aufgabe der Länder ist (Art. 30,
70 GG), sodass »Chancen und Veränderungen für die Kultur in Deutschland«, die mit
neuen kulturellen Staatszielbestimmungen
im Grundgesetz verbunden wären, zuerst der
Verantwortung der Länder zuzuordnen sind.
Es muss bezweifelt werden, dass eine Staatszielbestimmung der von der Enquete-Kommission vorgeschlagenen Art eine klare und
das bundesstaatliche Gleichgewicht beach-
tende Abgrenzung von Aufgaben des Bundes gewährleistet. Auch obwohl die formelle
Kompetenzordnung von Bund und Ländern
unbeschränkt bleibt, müsste eine allgemeine Kulturklausel im Grundgesetz unitarische
Wirkungen erzeugen.

Die geringe und eher missverstehbare
normative Wirkung eines Kulturartikels im
Grundgesetz und die vorstellbare Ingerenz
des Bundes in die Kompetenz der Länder,
etwa in Schule und Hochschule, als mittel-

bare Wirkung einer solchen Klausel überwie-
gen die Gründe für eine etwa zu erwartende
appellative Wirkung. Das dem kulturpolitischen Staatsziel als Abwägungsklausel zu-
wachsende Gewicht gegenüber den wohl-
fahrts-, finanz- und sozialpolitischen Erfordernissen kann durch eine ausdrückliche Verfassungsnorm nicht substantiell zunehmen.
Im Übrigen ist ausschlaggebend, dass die entscheidende Lebensbedingung von Kultur und
Bildung, Wissenschaft und Kunst ihre Freiheit ist.

Entbehrlich und nicht wünschenswert
Eine Kulturstaatsklausel wäre allenfalls schöner Schein

Ulrich Karpen — **Politik & Kultur 4/2005**

Die Verankerung von »Kultur« als Staatsziel im Grundgesetz ist entbehrlich und nicht wünschenswert. Eine solche Bestimmung regelte etwas völlig Selbstverständliches – was die Verfassung nicht tun sollte – und weckt Erwartungen, die sie nicht einlösen könnte.

Unter Kultur versteht man Bildung, Wissenschaft, Kunst, Medien und Selbstdarstellung des Staates in künstlerischen Formen (Fahne, Hymne, Wappen, Gebäude wie der Reichstag usw.). Kultur ist unbestritten Staatsaufgabe, die von Bund, Ländern und Gemeinden wahrgenommen wird. Da auch andere Träger kulturelle Aufgaben erfüllen, sollte man besser von Kultur als öffentlicher Aufgabe sprechen.

Pflege und Förderung der Kultur ist im Grunde eine jedem Staat, nicht nur der Bundesrepublik Deutschland, vorgegebene Aufgabe. Sie ist selbstverständlicher Bestandteil der staatlichen Sorge für die Wohlfahrt des Volkes, Teil der Verwirklichung des Gemeinwohls, wie an Schule, Theater, Museum leicht deutlich wird. Deshalb bedarf dieses Staatsziel im Grunde keiner ausdrücklichen Erwähnung in der Verfassung (»Über die Zwecke des Königreiches Preußen schweigt die Verfassung«). Der freiheitliche Staat ist nunmehr Kulturstaat. Er schützt die Kultur, vorwiegend durch finanzielle Leistungen. Letztlich ist der Staat selbst Ausdruck der Kultur im weitesten Sinne, nämliche einer bestimmten Lebensform, eine Vorstellung von der »richtigen« Gestaltung der Gesellschaft, eben des freiheitlich demokratischen Rechtsstaates.

Weil das alles selbstverständlich ist, enthält das Grundgesetz keine ausdrückliche Staatszielbestimmung. Gleichwohl gibt es in einigen Verfassungsnormen wichtige Hinweise, wie sich das Grundgesetz die Erfüllung kultureller Staatsaufgaben zur Erreichung des Kulturstaatszieles vorstelle. Hier ist zunächst an den Menschenwürde-Artikel 1 GG zu denken. Der Mensch lebt nicht vom Brot allein. Die Freiheits- und Gleichheitsgarantie (Art. 2 und 3 GG), auch die Berufsfreiheit (Art. 12 GG) verlangen dem Staat kulturstaatliche Leistungen ab, wie an der Numerus-Clausus-Rechtsprechung des Bundesverfassungsgerichtes deutlich wird. Die Religions- und Meinungsfreiheit (Art. 4, 5 GG) schützen geistige Kommunikationsräume. Der Republikbegriff enthält kulturstaatliche Elemente und in der Demokratie ist (staatsbürgerliche) Bildung für die Ausübung von politischen und Bürgerrechten unentbehrlich. Der Eckstein des Kulturstaatszieles ist die Kunstfreiheitsgarantie des Artikels 5 GG. Diese Vorschrift muss im Lichte des Sozialstaatsprinzips verstanden und interpretiert werden. Der Sozialstaat ist zur Gewährleistung der Daseinsvorsorge für die Bürger verpflichtet und diese umfasst richtigerweise auch kulturelle Leistungen. Noch einmal: Der Mensch lebt nicht vom Brot allein!

Der Staat kann Kultur nicht selbst schaffen. Im freiheitlichen Rechtsstaat gibt es keine Staatskunst. Kultur ist Menschenwerk, autonom; sie lebt in Staatsdistanz. Der Staat kann Kultur nur schützen, hegen, pflegen, fördern. Das geschieht im Bund, in den Ländern, den Gemeinden, orientiert an den Maßstäben der Neutralität, Nichtidentifikation, Toleranz, Pluralität.

Dieses dichte Regelungsgeflecht des Themas »Kultur als Staatsziel und Staatsaufgabe« beschreibt hinreichend deutlich ein klares Kulturstaatskonzept. Es ist schwer zu erkennen, warum es einer zusätzlichen Staatszielbestimmung bedürfen könnte. Das Grundgesetz ist auf Kompetenzen, Organisation, Verfahren ausgerichtet, im Grunde staatszielbestimmungsspröde. Es gibt nur wenige explizite Staatszielbestimmungen. Dazu gehören der Sozialstaat, der Umweltschutzartikel (20 a GG) und das »magische Viereck« der Wirtschaftspolitik (Art. 109 GG). Das Wiedervereinigungsgebot der Präambel ist ausgeführt und hat sich damit erledigt. Das Kernziel jedes Staates, den Frieden zu sichern, nach außen und innen, lässt sich aus vielen Artikeln erschließen. Es empfiehlt sich nicht, diesen Katalog von Staatszielbestimmungen zu erweitern. Schon die Aufnahme des Umweltschutzartikels 20a in das Grundgesetz (1994) wäre besser unterblieben. Für eine Kulturstaatsklausel spricht im Grunde nur, dass eine zwar nicht direkt umsetzbare, aber in ihrer Rhetorik, ihrer Appellfunktion dem Kunstverständnis, der Kunstförderung möglicherweise dienliche Vorschrift in die Verfassung hineinkäme. Letztlich wäre eine solche Staatszielbestimmung ein Symbol für Hoffnungen und Erwartungen in Bezug auf Wünschbares und »Schönes«. Dieser rhetorische Glanz entspricht aber nicht dem Stil des Grundgesetzes.

Die Verfassung kennzeichnen nicht Verheißungen und Appelle, sondern strikt anwendbare Rechtsgarantien. Eine Kulturstaatsklausel müsste Erwartungen wecken, die sie nicht erfüllen kann. Kultur ist materiell unbestritten und von jedem anerkannt. Ob und wie viel und welche Kultur gefördert wird, kann eine Kulturstaatsklausel nicht verordnen, und sie will es auch nicht. Über diese Fragen entscheiden Parlamente und Regierungen, Gemeinderäte und Bürgermeister, und zwar »nach Kassenlage«. Wenn die Verteidigung verstärkt oder Straßen gebaut werden müssen, muss Kultur zurückstehen. Auch die umgekehrte Prioritätensetzung ist möglich. Diese Entscheidungsfreiheit unserer gewählten Vertreter sollte man nicht beschneiden. Gibt es eine Kulturstaatsklausel, so besteht die Gefahr der Entparlamentarisierung und Juridifizierung der Kulturpolitik, eine Gefahr, die sich für das Sozialstaatsprinzip in manchen Entscheidungen des Bundesverfassungsgerichtes realisiert hat. Eine Kulturstaatsklausel weckt Erwartungen, die sie nicht erfüllen kann. Sie ist ein klassisches »Schaufenstergesetz«. Der Bürger erhält im Regelfall keine einklagbaren kulturellen Leistungsrechte, allenfalls nach Maßgabe von konkretisierenden Gesetzen Teilhaberechte (auf Schulbesuch, Zugang zu Theatern und Museen usw.).

Schließlich ist die Befürchtung nicht ganz von der Hand zu weisen, die Einfügung einer Kulturstaatsklausel ins Grundgesetz, unserer Bundesverfassung, könnte einen Kompetenzzuwachs des Bundes im Kulturbereich weiter fördern, der nach Auffassung mancher Beobachter bereits eingetreten ist. Das würde der Kompetenzordnung des Grundgesetzes entgegenwirken und ist im Zweifel auch nicht beabsichtigt. Eine Kulturstaatsklausel wäre also allenfalls ein schöner Schein, führte aber zu Missverständnissen und enthielte auch verborgene Fußangeln. Man sollte die Finger davonlassen.

Staatsziel Kultur als aktiver Schutz- und Förderauftrag
Kultur als zwingend zu beachtendes Ermessenskriterium

Max-Emanuel Geis — **Politik & Kultur 4/2005**

Am 1. Juni dieses Jahres hat die Enquete-Kommission des Deutschen Bundestages »Kultur in Deutschland« einen Zwischenbericht vorgelegt, in dem sie dem Bundestag empfiehlt, das Grundgesetz um ein Staatsziel »Kultur« in einem neuen Art. 20 b (»Der Staat schützt und fördert die Kultur«) zu ergänzen. Zwar wird die Arbeit der Kommission wegen der vorgezogenen Neuwahlen erst einmal der Diskontinuität zum Opfer fallen; es ist jedoch zu hoffen, dass der künftige Bundestag diese Empfehlung aufgreifen wird.

Warum dieser neuerliche Anlauf? Die Empfehlung der Kommission »Gesetzgebungsaufträge und Staatszielbestimmungen« (1983), die Kultur in der Verfassung zu etablieren, war ebenso folgenlos geblieben wie der weitere Anstoß in der Gemeinsamen Kommission von Bundestag und Bundesrat (1992), in der von einer Empfehlung dann sogar Abstand genommen worden war. Doch ist eine Verankerung der Kultur im Grundgesetz prinzipiell zu befürworten, da sie die Verantwortung des Staates unterstreicht, das kulturelle Erbe zu bewahren, zu schützen und weiter zu entwickeln und bestehenden Staatszielbestimmungen wie dem Sozialstaatsprinzip oder dem neueren Postulat des Umweltschutzes (Art. 20a GG) prinzipiell gleichstellt. Dies ist besonders wichtig, um ein Gegengewicht zur derzeit dominieren-

den Ökonomisierungs- (vulgo: Einsparungs-) welle zu schaffen. Eine positive Norm ist hier jedenfalls ein verlässlicher Ausgangspunkt für Diskussionen und Abwägungen. Skeptiker begründen freilich die Unnötigkeit einer Kulturklausel mit dem Hinweis darauf, dass der Schutz der Kultur als ungeschriebenes, ja »wesenhaftes« Staatsziel ohnehin unbestritten sei. In Zeiten katastrophaler Finanzknappheiten und angesichts der Tatsache, dass der Kulturbereich traditionell zu den ersten Opfern zählt, möchte man jedoch ihren Schutz eher in einer verfassungsrechtlichen Norm als in einer nebulösen, quasi-ontologischen Konstruktion gesichert wissen.

Sehr zu begrüßen ist, dass die Kommission von der Formulierung einer Kulturstaatsklausel Abstand genommen hat. Es ist heute zu wenig bewusst, dass dieser auf Fichte und Hegel zurückgehende, gleichwohl meist blindlings rezipierte Begriff mit etatistischen Konnotationen verknüpft ist, die sich mit einem freiheitlich-demokratischen Politikverständnis nicht vereinbaren lassen. Vor allem darf dieser Begriff nicht dazu missbraucht werden, um dem Staat eine quasi inhärente, inhaltlich unbegrenzte Kulturgestaltungsmacht zukommen zu lassen, wie es eine von dem posthegelianischen Juristen Ernst Rudolf Huber formulierte und weitverbreitete Formulierung suggeriert. Auch vermag der

Bund unter Berufung auf sein »Wesen« als Kulturstaat zu Kompetenzanmaßungen verleitet werden, die mit den Eckpunkten der Föderalismusdebatte kollidieren. Die Bezeichnung als »Kulturstaat« könnte schließlich die Tendenz zu einer historisch-retrospektiv bzw. national ausgerichteten Verortung der Kultur stärken. Indes muss auch der prozesshafte, innovative Charakter der Kultur einbezogen sein. Es ist daher besser, ein Staatsziel »Kultur« als aktiven Schutz- oder Förderauftrag zu formulieren. Die Enquete-Kommission hat diese Fährnisse zielsicher erkannt; dass sie sich insoweit dem Formulierungsvorschlag des Verfassers angeschlossen hat (vgl. BT-Drucksache 15/ 5560, S. 12, 17 Fn. 99), bestätigt nur dessen Einschätzung, verfassungslyrische Aufwallungen möglichst zu vermeiden. Die Verankerung in einem eigenen Art. 20 b ist vorzugswürdig, weil dadurch einmal die Einbeziehung in den sprachlich und dogmatisch verunglückten Art. 20a GG vermieden wird und systematisch klargestellt wird, dass diese Staatszielbestimmung nicht unter die »Ewigkeitsklausel« des Art. 79 Abs. 3 GG fällt.

Die vorgeschlagene Formulierung macht mehrfaches deutlich: zum einen, dass die Bereiche Staat und Kultur zwei unterschiedliche Größen sind, die in Art. 20 b GG zueinander in Relation gesetzt werden. Dabei ist die Kultur untrennbar mit der Menschenwürde verknüpft, denn die Verwirklichung des Individuums in der Gesellschaft bringt die Inhalte hervor, die in ihrer Gesamtheit den Bereich der Kultur bilden: Kultur ist ein Inbegriff von Kommunikationsinhalten zwischen den Individuen, nicht etwa das, was ein etatistisch-selbstzweckhafter Staat zu seiner Verherrlichung oder zu sonstigem Machtkalkül schafft.

Zum zweiten wird klar, dass der Schutz der Kultur Pflichtaufgabe des Staates ist. Sie gehört dann de lege lata – und namentlich aus haushaltsrechtlicher Sicht! – nicht zu den nachrangigen Politikzielen. Eine weitergehende rechtliche Verpflichtung zur Sicherung einer kulturellen Grundversorgung wäre dagegen aufgrund des hohen Abstraktionsgrades des Begriffs »Kultur« relativ sinnlos, da sie eher Quelle unendlicher Auslegungsstreitigkeiten wäre als eine fassbare Garantie.

Welche Wirkungen kann die vorgeschlagene Norm entfalten? Sicherlich keine Kompetenzverschiebung zwischen Bund und Ländern. Wie in Art. 20 wird die Frage, wer der verpflichtete »Staat« ist, durch die Kompetenzabgrenzungen in den Art. 30, 70 ff., 83 ff. GG beantwortet. Insbesondere schafft eine allgemeine Kulturklausel keine ungeschriebenen Gesetzgebungs- und Verwaltungskompetenzen des Bundes. Auch wäre es auf Grund des hohen Abstraktionsgrades nicht opportun, der Kulturklausel die Funktion einer verfassungsimmanenten Schranke von Grundrechten zuzubilligen. Eine solche Kulturklausel könnte sonst zu einer generellen Schrankenklausel mutieren, die mit der klaren Systematik der Grundrechte nicht vereinbar ist. Insofern besteht eine Parallele zum Sozialstaatsprinzip, dem nach herrschender Meinung ebenfalls aufgrund der inhaltlichen Unschärfe keine verfassungsimmanente Grundrechtsschranke entnommen werden kann.

Positive rechtliche Wirkungen kann ein Staatsziel »Kultur« dagegen durch seine Auswirkungen auf die anderen Staatszielbestimmungen entfalten. Der Grundsatz der Einheit der Verfassung verlangt es, bei Gesetzgebungsvorhaben auch die kulturelle Dimension und die Folgen für die Kultur gleichgewichtig mitzubedenken. Des Weiteren ist ein rechtlich verankerter Kulturauftrag des Staates ein Punkt, der in verwaltungsrechtliche Ermessens- und Abwägungsentscheidungen einfließen kann und muss; ein schlichtes Ignorieren dieses Staatsziels kann in Zukunft zu Ermessensfehlern führen, und zwar auch in der Normgebung. So ist zum Beispiel etwa im Normgebungsprozess sowohl im Steuer- wie auch im Sozialrecht zu bedenken, welche Folgen allfällige Regelungen für die Kultur nach sich ziehen werden. In der Positivierung der Kultur als zwingend zu beachtendem Ermessenskriterium dürfte der Hauptnutzen der neuen Regelung liegen, namentlich, wenn ihr Einfluss durch vieltausendfache Realisation in praktischen Verwaltungsabläufen und -entscheidungen zum Normalfall geworden sein wird.

Staatsziel Kultur ist mehr als ein Symbol
Ein Kommentar

Olaf Zimmermann — Politik & Kultur 3/2006

Heinrich Heine, dessen 150. Todestag in diesem Jahr gefeiert wird, schrieb 1844 in »Deutschland – Ein Wintermärchen«:

»Franzosen und Russen gehört das Land,
Das Meer gehört den Briten,
Wir aber besitzen im Luftreich des Traums
Die Herrschaft unbestritten.

Hier üben wir die Hegemonie,
Hier sind wir unzerstückelt;
Die andern Völker haben sich
Auf platter Erde entwickelt.«

Heine spielt mit diesen Zeilen auf den deutschen Idealismus an, in dem die Einheit der deutschen Nation im Geiste, sprich in der Philosophie und der Kultur, beschworen wird. Im Gegensatz zu anderen europäischen Nationen war Deutschland zu dieser Zeit noch in Kleinstaaten zersplittert und erst die Revolution 1848 ließ erstmals die Verwirklichung der Idee eines deutschen Nationalstaats aufschimmern. Es waren im übrigen Schriftsteller wie Heinrich Heine, Ludwig Börne, Georg Herwegh, die Göttinger Sieben mit Jakob und Wilhelm Grimm an der Spitze und viele andere, die sich für den Nationalstaat als Überwindung der Kleinstaaterei einsetzten. In einer Föderalismusdebatte, in der die deutsche Kleinstaaterei immer wieder als positi-

ves Beispiel für die Entwicklung der kulturellen Vielfalt zitiert wird, lohnt es sich, daran zu erinnern, dass gerade Künstler – und hier speziell die Schriftsteller – für Deutschland als Nation zur Überwindung der feudalen Herrschaft eingetreten sind. Die Vielzahl der kleinen deutschen Staaten hat zwar eine beträchtliche Zahl an Theatern, an Kunstsammlungen, an Sammlungen wertvoller Bücher und Autographen hinterlassen, sie waren aber keineswegs ein Hort der Freiheit oder Prosperität. Viele dieser Kleinstaaten waren wirtschaftlich nicht lebensfähig, sodass allein durch geschickte Heiratspolitik das Überleben gesichert werden konnte – abgesehen von der Ausbeutung der Untertanen. Künstler litten unter Zensur, mangelnder Freiheit und lebten bis auf wenige Großkünstler, die eigentlich in anderen Berufen ihren Lebensunterhalt verdienten, wie Goethe als Beamter, mehr schlecht als recht.

Dieser Blick in die Geschichte soll daran erinnern, dass die Kultur in den vergangenen Jahrhunderten in Deutschland stets eine besondere Rolle gespielt hat. Sie war sozusagen das geistige Band gerade in jenen Zeiten, in denen die staatliche Einheit nicht verwirklicht war. Deutschland versteht sich nicht umsonst als Land der Dichter und Denker. Und ein föderaler Staat wie die Bundesrepublik Deutschland braucht diese kulturelle

Klammer auch in der Zukunft. Es ist eigentlich kaum nachzuvollziehen, dass im Grundgesetz des Landes der Dichter und Denker das Staatsziel Kultur nicht fixiert ist. Im neuen Artikel 20b des Grundgesetzes, so fordern es die Befürworter des Staatsziels Kultur, soll es heißen: »Der Staat schützt und fördert die Kultur«.

Gegner des Staatsziels Kultur wenden ein, dass Kultur in Deutschland so selbstverständlich ist, dass eine Erwähnung im Grundgesetz überflüssig ist. Dem muss entgegnet werden, dass in allen Länderverfassungen – bis auf Hamburg – Kultur als Staatsziel verankert ist. Ist Kultur in den Ländern keine Selbstverständlichkeit, dass es deshalb ihrer Erwähnung bedarf? Eine Frage, die sich allein auf Grund der immer wieder ins Feld geführten Kulturhoheit der Länder schon fast verbietet. Andere entgegnen, mit der Sicherung der Kunst- und Wissenschaftsfreiheit in Artikel 5 Grundgesetz sei quasi auch das Staatsziel Kultur verankert. Doch die Kunstfreiheit alleine schafft keine unmittelbare Verantwortung des Staates zum Schutz und zur Förderung der Kultur.

Auch wird eingewandt, dass das Staatsziel Kultur keinen müden Euro mehr in die Kassen der Kultureinrichtungen spülen wird und auch die Künstler werden deshalb nicht besser leben können. Dieses ist durchaus im Grundsatz richtig. Künstlerinnen und Künstler werden keine individuellen Rechte aus dem Staatsziel Kultur auf Förderung ableiten können. Auch eine Bibliotheksdirektorin bleibt nicht automatisch vor Kürzungen in ihrem Etat verschont, wenn das Staatsziel Kultur verankert ist, ebenso wenig wie der Museumsdirektor oder der Intendant eines Theaters. Das Staatsziel Kultur wird dennoch bei Ermessensentscheidungen, wenn es darum geht, abzuwägen wie ein Haushalt einer Kommune, eines Landes oder des Bundes aufgestellt wird, eine Rolle spielen können.

Diese Abwägungsmöglichkeit spielt gerade auch gegenüber europäischen und internationalen Verhandlungspartnern eine wichtige Rolle. In zunehmendem Maße wird Kulturpolitik auf der internationalen und europäischen Ebene vorgeprägt, die GATS-Verhandlungen (Allgemeines Übereinkommen über den Handel mit Dienstleistungen) der Welthandelsorganisation und die Dienstleistungsrichtlinie der Europäischen Union sind dafür nur zwei Beispiele. Gerade in diesem Kontext wird es immer bedeutsamer, darauf zu verweisen, dass sich die Bundesrepublik Deutschland als Kulturstaat versteht und dieses auch im Grundgesetz niedergelegt hat. Hier geht es darum, den Staat zu verpflichten, für Ausnahmetatbestände für die Kultur einzutreten, dass Kultur als Waren und Dienstleistungen besonderer Art gesehen werden, die einen entsprechenden Schutz verdienen.

Die Verankerung des Staatsziels Kultur ist mehr als ein Symbol. Einem Land, das sich als Kulturnation versteht, das stolz ist auf sein kulturelles Erbe, das in seine Künstlerinnen und Künstler investiert, steht es gut an, sich im Grundgesetz zu Kultur als Staatsziel zu bekennen. Die Formulierung des Staatsziels Kultur im Grundgesetz bedeutet, die idealistische Vorstellung von der Kulturnation Deutschland in praktische Politik zu übersetzen. Dies ist notwendig, nicht trotz, sondern gerade weil wir ein föderaler Staat sind.

Kulturstaatsklausel ins Grundgesetz?
Die Gelegenheit ist günstig, ein Paket zu schnüren

Ulrich Karpen — Politik & Kultur 4/2006

Ob es zu einer verfassungsändernden Einfügung einer Kulturstaatsklausel ins Grundgesetz kommt, ist ungewiss. Die Gelegenheit ist günstig. Wenn alles gut geht, wird noch in diesem Jahr die Föderalismusreform auf den Weg gebracht, die eine umfangreiche Novellierung unserer Verfassung erfordert. Da könnte man ein Paket schnüren und die Kulturstaatsklausel mit verabschieden. Die Enquete-Kommission »Kultur in Deutschland« des Deutschen Bundestages war sich am vorzeitigen Ende der 15. Legislaturperiode im Jahre 2005 einig, dass die Formulierung »Der Staat schützt und fördert die Kultur« geeignet und notwendig sei, das Staatsziel »Kultur« im Grundgesetz zu verankern, ebenso wie den Natur- und Tierschutz, die in Art. 20a GG Aufnahme gefunden haben. Dann ist aber Eile geboten und auch möglich. Denn es ist schwer vorstellbar, dass die in der neuen, 16. Legislaturperiode zum Leben erweckte Enquete-Kommission einen (wesentlich) abweichenden Vorschlag machen sollte. In ihrem Zwischenbericht hatte sie gemeint, der Satz »Der Staat schützt und fördert die Kultur« bezeichne das Staatsziel treffend. Allerdings sind die Vorbehalte – so scheint es – gegen eine Kulturstaatsklausel nach wie vor lebhafter als bei der Föderalismusreform. Das gilt jedenfalls für einige Länder, deren Zustimmung mit zwei Drittel der Mitglieder des Bundesrates erforderlich ist. Die Auseinandersetzung über das Für und Wider einer solchen Klausel bewegt sich nach wie vor im Grundsätzlichen, anders als bei der Bundesratsdebatte. Das lässt es hilfreich erscheinen, die wesentlichen Konfliktlinien noch einmal auszuziehen.

Jedermann will die Kultur schützen und fördern

Es ist wichtig, dass man sich im Ausgangspunkt einig ist. Jeder hält es für ebenso selbstverständlich wie unerlässlich, dass Deutschland ein »Kulturstaat« ist. Die Pflege und Förderung der Kultur sei im Grunde eine jedem Staat, nicht nur der Bundesrepublik, vorgegebene und aufgetragene Aufgabe. Roman Herzog meint, Kultur sei selbstverständlicher Bestandteil der staatlichen Sorge für die Wohlfahrt des Volkes, Teil der Verwirklichung des Gemeinwohls. Deshalb bedürfe dieses Staatsziel keiner ausdrücklichen Erwähnung in der Verfassung. »Über die Zwecke des Königreiches Preußen schweigt die Verfassung«, schrieb ein Staatsrechtler des 18. Jahrhunderts. Die Verpflichtung des Staates auf das Gemeinwohl ist in der Tat in Art. 14, 56 und 64 GG thematisiert. Nein, sagen die Befürworter einer Verfassungsergänzung, was dem Sozialstaat, dem Natur- und Tierschutz recht sei, sei der Kultur nur billig.

Es sei mehr als Symbolpolitik, das Grundgesetz zu ergänzen. Die Kulturschaffenden, die vielfältigen Staatsleistungen für die Kultur – für Schulen, Hochschulen, Museen, Theater und Orchester – müssten im Grundgesetz einen angemessenen Ausdruck finden. Welche wichtigere Integrationsleistung, die auch eine Aufgabe der Verfassung sei, lasse sich denken als die Kultur? – Man sieht: Beide Seiten haben starke Argumente. Es gilt abzuwägen.

Sicherung der Kultur im internationalen, Europa- und nationalen Recht

Schaut man auf die gesamte Rechtsordnung, so gibt es im internationalen, europäischen und – vor allem – im deutschen nationalen Recht zahlreiche Garantien der Kultur. In der Allgemeinen Erklärung der Menschenrechte, die von der Generalversammlung der Vereinten Nationen am 10.12.1948 verabschiedet wurde, ist die Freiheit der Kultur in den Art. 26 und 27 thematisiert. Gleiches gilt für den Internationalen Pakt über wirtschaftliche, soziale und kulturelle Rechte vom 19.12.1966 (Art. 13–15). Die Europäische Konvention zum Schutze der Menschenrechte und Grundfreiheiten vom 4.11.1950 schützt in Art. 9 und 10 die Gedanken-, Gewissens- und Religionsfreiheit und die Freiheit der Meinungsäußerung, die ja auch zu einem (weiten) Kulturbegriff gehören. Das Zusatzprotokoll vom 20.3.1952 enthält in Art. 2 das Recht auf Bildung. Der EG-Vertrag enthält in der Fassung von Nizza vom 26.2.2001 die wichtige Formulierung »Die Gemeinschaft leistet einen Beitrag zur Entfaltung der Kulturen der Mitgliedstaaten unter Wahrung ihrer nationalen und regionalen Vielfalt sowie gleichzeitiger Hervorhebung des gemeinsamen kulturellen Erbes«. In Deutschland enthalten fast alle Landesverfassungen Kulturstaatsklauseln, sei es in Form einer Schutzpflicht, sei es ergänzend als Förderverpflichtung. Diese Klauseln sind wichtig, denn Kultur ist nach Art. 31 GG unbestritten zuvörderst Ländersache.

Der verfassungsrechtliche Befund im Grundgesetz

Das Grundgesetz enthält demgegenüber keine explizite Kulturstaatsbestimmung. Auch die Formel des Bundesverfassungsgerichtes (36. Band der Entscheidungen, S. 321 ff.), die Kunstfreiheitsgarantie des Art. 5 Abs. 3 GG als »objektive Wertentscheidung für die Freiheit der Kunst stellt dem modernen Staat, der sich im Sinne einer Staatszielbestimmung als Kulturstaat versteht, zugleich die Aufgabe, ein freiheitliches Kunstleben zu erhalten und zu fördern«, bedeutet nicht mehr, als dass der Staat verpflichtet ist, die Kunst zu fördern. Eben dies ist als selbstverständlich bezeichnet worden. In wenig bekannten Bestimmungen nehmen Art. 135 Abs. 4 (Grundlage für die Errichtung der Stiftung Preußischer Kulturbesitz) und Art. 35 Abs. 4 und 7 des Einigungsvertrages positiv zur Kultur Stellung. Das Grundgesetz insgesamt ist – wie sich nicht nur hier zeigt – in seiner strikt demokratischen rechtsstaatlichen Form auf Kompetenzen, Organisation und Verfahren ausgerichtet. Die Verfassung ist staatsbestimmungsprüde. Der Sozialstaat kommt nur attributiv als »sozialer Rechtsstaat« und als »sozialer Bundesstaat« vor. Das frühere Wiedervereinigungsgebot der Präambel hat sich glücklicherweise erledigt und die wirtschaftspolitische Staatszielbestimmung des Art. 109 Abs. 2 GG, auf der das Stabilitätsgesetz mit dem »magischen Viereck« beruht, läuft bei 5 Millionen Arbeitslosen gewissermaßen leer.

Die Ecksteine des Kulturstaates

Andere Verfassungsnormen enthalten wichtige Hinweise auf die Erfüllung kultureller Staatsaufgaben zur Erfüllung des Kulturstaatszieles. Das gilt für den Menschenwürde-Art. 1 (»Der Mensch lebt nicht vom Brot allein!«), die Freiheits- und Gleichheitsnormen (Art. 2, 3), die Ausbildungs- und Berufsfreiheit (Art. 12), den Republikbegriff und das Demokratieprinzip (»Staatsbürgerliche Bildung tut Not!«). Letztlich ist der Sozialstaat zur Gewährleistung der Daseinsvorsorge verpflichtet. Daseinsvorsorge ist Freiheitsvorsorge und umfasst im modernen Staat selbstverständlich die Vorhaltung von Bildungs- und Wissenschaftseinrichtungen, freien Zugang zu Kunstinstitutionen und den Genuss von Kunst. Zur Daseinsvorsorge in wirtschaftlich-sozialer wie kultureller Hinsicht gehört die Hilfe für Künstler nach Maßgabe der Gesetze und des Budgets.

Der rechtlichen Rahmenordnung des Kulturstaates als natürliche Gegebenheit gewissermaßen vorausliegend ist der Umstand, dass der Staat Kultur nicht selbst schaffen kann. Das kommt in der Autonomie der Kultur (Art. 5 Abs. 3 GG) zum Ausdruck. Es gibt keine Staatskunst. Der Staat kann Kultur nur schützen, hegen, pflegen, fördern. Kultur lebt in Staatsdistanz. Selbst bei den kulturellen Medien der Staatsrepräsentation (Hymne, Fahne, Orden, Denkmäler, Staatsarchitektur [Reichstag!]) gibt der Staat nur Themen vor, nicht Art und Form der Ausführung. Ob dieser staatlichen Zurückhaltungspflicht das Vorgehen in der Rechtschreibreform entspricht, soll hier nicht behandelt werden. Staatliche Kulturverantwortung ist an den Maßstäben der Neutralität, Nichtidentifikation, Toleranz und Pluralität zu messen. Inhaltlich-kulturelle Entscheidungen liegen deshalb in der Hand von Selbstverwaltungsgremien: Vergaberäte, Jurys, Zuweisung von Mitteln an künstlerische Dachverbände, Fonds usw. Auch die Subsidiarität und Dezentralität der Kunstförderung ist Verfassungsgebot. Der Wettbewerb der Länder in der Kultur und die starke Stellung der Städte und Gemeinden ist kennzeichnend für die Kultur in Deutschland. Man kann davon ausgehen, dass der Bund 1,7 Prozent, die Länder 40,3 Prozent und die Gemeinden 57,9 Prozent der Kulturausgaben bestreiten. Das Budget der EU beträgt ungefähr 30,6 Prozent des Haushaltes des Bundes.

Eine Staatszielbestimmung im Grundgesetz? Pro-Argumente

Angesichts dieses dichten Netzes von Vorschriften zum Schutz und zur Förderung der Kultur ist die Frage berechtigt, ob es einer zusätzlichen ausdrücklichen Staatszielbestimmung bedarf. Für eine solche Bestimmung spricht, dass die Verfassung um eine nicht direkt umsetzbare, aber doch in ihrer Rhetorik, ihrer Appellfunktion dem Kulturverständnis, der Kulturförderung dienliche Vorschrift erweitert würde. Eine Kulturstaatsklausel könnte politische Integrationskraft entfalten, Impulse zugunsten der Kultur geben. Das rege Interesse an der Debatte um eine deutsche »Leitkultur« zeigt, wie wichtig das Thema für das Land ist. Eine Kulturstaatsklausel könnte für einen Ausschnitt von Staatsaufgaben einen Eindruck von der Fülle der Herausforderungen verschaffen, denen sich der Staat gegenübersieht. Insofern hätte die Vorschrift einen volkspädagogischen Nutzen. Gewiss könne eine solche Klausel auch als Hilfe bei der Auslegung einfachen Gesetzesrechts dienen. Sie könnte die Verwaltung bei Ermessensentscheidungen beeinflussen, bei der Abwägung von Handlungs- und Förderungsmöglichkeiten als Richtschnur dienen. Solche Funktionen gingen über die Wirkung eines Symbols hinaus. Symbolisch wäre die Funktion der Kulturstaatsklausel als Hinweis auf Hoffnungen und Erwartungen in Bezug auf Notwendiges, Wünschbares und »Schönes«.

Eine Staatszielbestimmung im Grundgesetz? Contra-Argumente

Dieser rhetorische Glanz entspricht jedoch nicht dem Stil des Grundgesetzes. Dessen Interpretation und Anwendung erfolgt nicht durch Verheißungen und Appelle, sondern durch streng justiziable Rechtsgarantien. Die Klausel könnte Erwartungen wecken, die sie nicht erfüllen kann. Ob und wie viel und welche Kultur gefördert wird, kann eine Kulturstaatsklausel nicht verordnen. Diese Fragen werden von Parlamenten und Regierungen, Gemeinderäten und Bürgermeistern entschieden. Dabei steht Kultur im Wettbewerb um knappe Mittel, muss mit anderen Aufgaben – Straßenbau, Sport, Ver- und Entsorgung – rivalisieren. Die Entscheidung erfolgt auch »nach Kassenlage«. Es besteht nicht nur die eben angedeutete Gefahr der Entparlamentarisierung der Kulturpolitik zugunsten einer Verfassungsnorm. Auch kann es zu einer Juridifizierung kommen. Soll das Bundesverfassungsgericht die letzte Entscheidung fällen, was dem Kulturstaat dient und was nicht? Die Gefahr der »Politik durch Richterspruch« hat sich für das Sozialstaatsprinzip in manchen Urteilen realisiert. Da die Kultur in (fast) allen Landesverfassungen hinreichend bedacht worden ist, befürchten manche Beobachter als Folge einer Verankerung im Grundgesetz, der Bundesverfassung, einen Trend zur Zentralisierung, zur Ausweitung der Bundeskulturkompetenzen, die die Verfassung derzeit nur äußerst begrenzt vorsieht.

Staatszielbestimmung für die Kultur – Eine neue Formel!

Der Formulierungsvorschlag der Enquete-Kommission »Kultur in Deutschland« des Deutschen Bundestages für einen möglichen Art. 20b GG (»Der Staat schützt und fördert die Kultur.«) ist auf manche Kritik gestoßen. Er verweise unterschwellig auf den »Kulturstaat«, der zu Missverständnissen in Be-zug auf eine eingreifende, richtungsgebende Funktion des Staates Anlass gebe. Auch sei in Theorie und Praxis umstritten, ob die Gemeinden als die Hauptträger der Kultur »Staat« seien. Letztlich – und entscheidend! – müsse die individuelle, bürgerbezogene Dimension der staatszentrierten vorgezogen, jedenfalls hinzugefügt werden. Es ist der Mensch, nicht der Staat, der Kultur »macht« und »erlebt«, »genießt«. Diesen Einwänden trägt der folgende Vorschlag einer dreigliedrigen Staatszielbestimmung »Kultur« Rechnung: Art. 20b GG: »Kultur ist Auftrag von Bund, Ländern und Gemeinden«. »Alle Träger öffentlicher Gewalt schützen, pflegen und fördern die Kultur.« »Jedermann ist die Teilhabe an Kulturgütern zu ermöglichen.«

Eine Kulturstaatsklausel für das Grundgesetz
Verfassungsrechtliche Überlegungen aus aktuellem Anlass

Klaus Stern — Politik & Kultur 2/2007

Im Gegensatz zu den Landesverfassungen kennt das Grundgesetz keine Kultur(staats) klausel, obwohl im Parlamentarischen Rat 1948/49 vorgeschlagen wurde, die Kultur auch verfassungsrechtlich zu verankern. Wohl mit Rücksicht auf die Kulturhoheit der Länder verzichtete man darauf. Kultur taucht deshalb nur an einigen Stellen in spezifischen Zusammenhängen auf. Erst später gab es wieder Initiativen für eine Kultur(staats) klausel, die jedoch scheiterten, u. a. 1983 von der von der Bundesregierung eingesetzten Sachverständigenkommission »Staatszielbestimmungen/Gesetzgebungsaufträge und 2005 von der Enquete-Kommission des Bundestages »Kultur in Deutschland«. Jüngst unterbreitete die FDP-Fraktion wieder einen dahin zielenden Vorschlag. »Der Staat schützt und fördert die Kultur« sollte als Art. 20 b GG normiert werden.

Der Rechtsausschuss des Deutschen Bundestages veranstaltete dazu am 29. Januar dieses Jahres eine Anhörung von Sachverständigen, die sich mehrheitlich dafür aussprachen, die Kultur als Staatsziel im Grundgesetz zu verankern. Dafür plädierte auch der Verfasser dieses Beitrags. Allerdings ist für ihn der richtige Standort Art. 20 Abs. 1 GG. Anknüpfend an Art. 3 Bayerische Verfassung sollte dort neben Demokratie, Bundesstaat und sozialer Rechtsstaat auch der Kulturstaat

genannt werden. Damit sollte zugleich der Verheißung des Art. 35 Abs. 1 Satz 3 des Einigungsvertrages entsprochen werden, der davon spricht, dass »Stellung und Ansehen eines vereinten Deutschlands in der Welt außer von seinem politischen Gewicht und seiner wirtschaftlichen Leistungskraft ebenso von seiner Bedeutung als Kulturstaat abhängen«. Das sind goldrichtige Worte, deren man sich 17 Jahre später wieder erinnern sollte.

Mit der Verankerung einer Kulturstaatsklausel wird ein gerade Deutschland wohlvertrauter Staatszweck aufgegriffen. Kultur und Staat wurden bekanntlich seit Beginn des 19. Jahrhunderts miteinander in Verbindung gebracht, vorzugsweise allerdings von der Philosophie des Idealismus. Es genügt, die Namen Johann Gottlieb Fichte, Johann Gottfried Herder und Wilhelm von Humboldt zu nennen. Aber auch rechtswissenschaftliche Autoren wie Otto von Gierke, Edmund Bernatzik und Hans Kelsen traten für einen Kulturzweck des Staates ein und gebrauchten den Begriff Kulturstaat, meist in Verbindung mit dem Rechtsstaat im Gegensatz zum Machtstaat.

Unter der Herrschaft des Grundgesetzes gab es nach einigen Äußerungen unmittelbar nach dem Ende des Zweiten Weltkriegs aufgrund mehrerer Beiträge des Verfassungshistorikers Ernst-Rudolf Huber seit 1957 eine ausführliche Diskussion über die Kennzeichnung des Staates als Kulturstaat. Nach vielen literarischen Äußerungen namhafter Verfassungsrechtler ließen sich Thema und Funktion der Kulturstaatlichkeit aus dem deutschen Staatsrecht und der Staatslehre nicht mehr verdrängen. Der Kulturstaat war nicht mehr nur ein Gegenstand, mit dem sich Philosophie, Anthropologie, Soziologie und die Kulturwissenschaften beschäftigten. Er wurde vor allem auch dem Wirtschaftsstaat entgegengesetzt. Aber die Politik zögerte noch, eine Kulturklausel in das Grundgesetz aufzunehmen. Offenbar war die Zeit dafür noch nicht reif. Das ist verwunderlich, haben doch zahlreiche europäische Verfassungen, wie die Italiens, Spaniens, Portugals, Schwedens und der Schweiz sowie des östlichen und südöstlichen Mitteleuropas, die Kultur in ihren Verfassungstexten verankert, nicht zuletzt auch Art. 151 EG-Vertrag seit 1992. Mehrfach ist die Kultur auch Bestandteil des Entwurfs der EU-Verfassung. Auch das Bundesverfassungsgericht spricht im Zusammenhang mit Art. 5 Abs. 3 GG – Kunst- und Wissenschaftsfreiheit – vom Kulturstaat, aber mehr als Aperçu denn substantiell.

Zwar lässt sich aus der bisherigen Nichtaufnahme einer Kulturklausel in das Grundgesetz keine Absage an die Kulturfreundlichkeit des Verfassungsrechts ableiten; dies würde gänzlich der deutschen kulturstaatlichen Tradition widersprechen. Aber mit einer Kulturstaatsklausel könnte eine Gesamtkonzeption aller kulturrelevanten Normen zum Ausdruck gebracht werden, die den Staat Bundesrepublik Deutschland auf Kulturpflege und Kulturförderung hin orientieren. Kulturpflege und Kulturförderung würden als Staatsaufgabe festgeschrieben, ohne dass die Zuständigkeitsverteilung zwischen Bund, Ländern und Kommunen verschoben würde. Das Grundgesetz würde mit einer solchen Staatszielbestimmung eine kulturver-

fassungsrechtliche Mitte erhalten, die vor allem für die Auslegung der kulturellen Grundrechte von Gewicht wäre. Die Kulturklausel würde auch die vielfältige Wechselbezüglichkeit von Staat und Kultur in Gesetzgebung und Verwaltung verdeutlichen und diese Staatsgewalten auf die Berücksichtigung kultureller Gehalte und Werte verpflichten.

Allerdings ist Bedacht darauf zu nehmen, dass die Kulturklausel nicht die Vielfalt, Autonomie und Freiheit der Kultur gefährdet; sie darf auch nicht die vielfältigen Initiativen privater Kulturschaffender und Kulturförderer behindern. Diese Freiheiten sind vor allen Dingen durch die kulturellen Grundrechte der Art. 5 Abs. 1 – Meinungs-, Medien- und Filmfreiheit – und Abs. 3 – Kunst- und Wissenschaftsfreiheit –, Art. 7 – Bildung und Schule –, Art. 4 und Art. 140 – Religion, Weltanschauung und Kirchen – gesichert. Diese Grundgesetznormen würden dann zusammen mit der Kulturklausel das maßgebliche Kulturverfassungsrecht der Bundesrepublik Deutschland bilden. Dieses kulturelle Verfassungsrecht könnte dann wichtige Impulse für das einfache Gesetzesrecht abgeben.

Ein Bekenntnis zum Kulturstaat in der Verfassung würde eine wertvolle Ergänzung zum sozialen Rechtsstaat bedeuten und an beste Traditionen der Nation anknüpfen, die sich in ihrem ersten Einigkeitsstreben als Kulturnation verstand. Eine normative Verankerung der Kulturstaatlichkeit würde einem so dringend notwendigen Impuls für Kulturpflege und Kulturförderung Richtung geben und die Kultur in Abwägungsprozessen nicht – wie so oft – zur quantité négligeable abwerten, der man – jedenfalls finanziell – ganz leicht an den Kragen gehen kann. Ein verfassungsrechtliches Staatsziel Kulturstaat gäbe der staatlichen Kulturpolitik Rückhalt, könnte identitäts- und integrationsstiftend wirken. Bloße Verfassungslyrik wäre es mitnichten.

Kulturstaatlichkeit in der Verfassung würde auch die Verantwortung des Staates für das kulturelle Erbe der Deutschen stärken. Dadurch würde zugleich der Stellenwert der Kultur bei Abwägungen mit anderen staatspolitischen Zielen erhöht. Kulturstaatlichkeit als Verfassungsaussage würde dem Staat eine Wertorientierung geben, die sich anderen – eher materiellen – Staatszielen würdig zur Seite stellt. Darin läge eine Aufwertung der Kultur in einer oft beklagten kulturfremden Gegenwart. Zugleich würde die vielfältige Wechselbezüglichkeit von Staat und Kultur deutlich.

Kultur als Staatsziel

Jan-Hendrick Olbertz — Politik & Kultur 1/2008

Deutschlands kultureller Reichtum ist historisch betrachtet der Reichtum einer verspäteten Nation. Die zahlreichen deutschen Fürstenhöfe und Herzogtümer haben insbesondere im 17. und 18. Jahrhundert die Kultur in den Residenzstädten und ihrem Umland maßgeblich geprägt. Die jeweiligen Landesherren bauten ihre Höfe aus, sammelten Kunstgegenstände, unterhielten Hofkomponisten, Maler, Bildhauer und förderten Theater. Es war auch eine Art Repräsentationswettbewerb unter den Fürstentümern, der sie veranlasste, sich mit berühmten Künstlern und Philosophen zu umgeben. Das hat das kulturelle Erbe, das wir angetreten haben, so reich gemacht. Deutschland wurde darüber zum Land der Dichter und Denker.

Die vielfach als »Kleinstaaterei« gescholtene föderale Struktur hat also in ihrer Geschichte erst die Vielfalt und den kulturellen Reichtum bewirkt, auf den wir heute so gern und so stolz verweisen, auch wenn uns die Last der Verantwortung, die daraus erwächst, mitunter drückt. Vor allem die Kultur hat das Entstehen einer nationalen Identität und den inneren Zusammenhalt der Nation bewirkt. Deutschland als föderale Ländergemeinschaft muss auch künftig diese kulturelle Klammer pflegen und stärken. Aus dieser Verantwortung kann man nicht entlassen werden – hier stehen wir in der Pflicht.

In erster Linie ist das eine Verpflichtung gegenüber unserer eigenen Kultur, eine Verantwortung, die keinesfalls nur in individuellem oder lokalem Ermessen steht. Auch wenn die Kulturpflege in den Kommunen als freiwillige Aufgabe gilt, ist es ihnen keineswegs freigestellt, die Kultur zu vernachlässigen oder Denkmäler verwahrlosen zu lassen.

Wenn es diese nationale Verpflichtung gibt, dann sollte man sie auch im Grundgesetz verankern. Der Formulierungsvorschlag des Staatsrechtlers Max-Emanuel Geis »Der Staat schützt und fördert die Kultur« als Zusatz im Artikel 20 des Grundgesetzes ist zwar nicht mehr als ein symbolischer Satz, aber auch nicht weniger, zumal symbolische Ausdrucksformen gerade der Kultur nicht fremd sind. Gewiss füllt das die Staatskassen nicht und garantiert auch keine konstanten oder gar wachsenden Budgets für die Kulturförderung. Aber es stärkt unsere Identität und schärft das Bewusstsein in den Kommunen, Sparmaßnahmen auch in höchster Not nicht dort anzusetzen. Ein durch das Grundgesetz veranlasster kritischer Diskurs über die »Freiwilligkeit« der Kulturförderung würde es gewiss erschweren, immer zuerst die Kultur zur Konsolidierung kommunaler Haushalte heranzuziehen. Kulturpflege ist so etwas wie eine freiwillige Pflichtaufgabe, indem man den freien Willen darauf richtet, diese Verpflichtung einzugehen und hochzuhalten. Angemessen ist diese Argumentation schon deshalb, weil Kultur – vor allem Kunst – ohnehin auf Freiheit angewiesen ist, das heißt nicht »verfügt« werden kann, sondern Gelegenheit zum Entstehen und Wachsen braucht. Dafür ist die Gesellschaft, genauer gesagt, der demokratische Staat, originär zuständig. Es ist ohnehin eine merkwürdige Sprachregelung, die »Freiwilligkeit« der Kommunen bezüglich der Förderung von Kunst und Kultur zu betonen, ebenso wie Bildungsausgaben eigentlich nicht konsumtiver Natur sind, sondern erstrangige Zukunftsinvestitionen – und in öffentlichen Haushalten auch so bilanziert werden sollten.

Neben der Stärkung der kulturellen Identität der Deutschen geht es im Kontext der Kulturförderung immer auch um ganz praktische Gesichtspunkte wie zum Beispiel der Imagepflege einer Region oder eines Standortes, die auch in wirtschaftlicher Hinsicht nicht zu unterschätzen ist. Kultur trägt zur Steigerung der Lebensqualität und der Attraktivität einer Region, etwa für den Tourismus, bei. Ähnliches gilt für die creative industries, jenen zeitgenössischen Branchenmix aus Architektur, Musik, Film, Theater, Literatur, Design, Kunst, Software/Games und Werbung, der zunehmend auch einen eigenen Arbeitsmarkt generiert.

Allerdings lassen sich gerade Kunst und Kultur nicht immer nach wirtschaftlich-ökonomischen Kriterien bewerten. Nach wie vor braucht jede Gesellschaft die Künste als »Unruhepotenzial«. Doch können sich Kunst und Kultur ganz ohne Förderung nicht tragen. Sie müssen sich ihre Partner suchen. Das ist zuweilen schwierig, da der Anspruch der Kunst oft nicht deckungsgleich ist mit dem des Konsumenten. Kunst braucht Vorlauf, und Investitionen in die Kultur wirken sich oft erst langfristig aus. Wenn das alles so ist und in der Nation darüber Kon-

sens herrscht, dann gibt es keinen Grund, sich nicht auch entsprechend zu bekennen und zu binden. Hierfür wäre das Grundgesetz der angemessene Ort. Dies würde unserem Selbstverständnis als »Kulturnation« gut tun, denn wir brauchen bei allem Respekt vor regionaler Identität auch ein nationales (nicht nur föderales) Bewusstsein kultureller Verantwortung. Aus demselben Grund plädiere ich auch für einen Bundeskulturminister, und zwar nicht trotz der föderalen Strukturen in der deutschen Kulturpolitik, sondern um ihretwillen. Es muss eine Instanz geben, die unsere kulturelle Vielfalt kommuniziert und sie auch im Ausland als singuläres Merkmal der deutschen Kulturlandschaft sichtbar macht. Diese internationale Wahrnehmbarkeit der Kulturentwicklung in Deutschland ist seit Jahrzehnten alles andere als ein eingelöster Anspruch. Heute reisen 16 Kultusminister in Brüssel an, um auf europäischer Bühne jeweils ein Sechzehntel dieser Vielfalt zu repräsentieren, ganz zu schweigen von den Erschwernissen der europäischen Kulturförderung, die mit dieser Praxis verbunden sind.

Wichtig ist dabei, dass die Kultur nicht gegen andere Staatsziele aufgerechnet wird. Zum Beispiel kann die Sportförderung bei aller Anerkennung ihrer Bedeutung nicht auf demselben nationalen Rang angesiedelt sein wie die Kulturförderung. Kultur hat ihren »Eigensinn« in mehrfacher Auslegung des Wortes. Sie schließt Wissenschaft, Bildung und Kunst ein, die alle drei wesentliche Grundlagen der kulturellen Bildung sind.

Gerade die Verbindlichkeit kultureller Bildung zu betonen, haben wir Anlass genug. Tendenzen der Fremdenfeindlichkeit in Deutschland hängen auch damit zusammen, dass es gerade jungen Menschen an kultureller Identität mangelt. Wer seine eigenen kulturellen Wurzeln nicht mehr kennt (geschweige denn pflegt), wird alles Fremde als Bedrohung erleben, jedenfalls nicht als willkommene Bereicherung des eigenen Horizonts. Die vielbeschworene multikulturelle Gesellschaft ist eben keine bodenlose Gesellschaft – Vielfalt und Toleranz brauchen eine kulturelle Basis, die identitätsbestimmend ist und auch öffentlich sichtbar gemacht werden muss.

Vor diesem Hintergrund ist es kaum nachzuvollziehen, dass im Grundgesetz des Landes der Dichter und Denker die Aussage, dass der Staat die Kultur zu schützen und zu fördern habe, nicht enthalten ist. Fast müsste man diesen Satz klammheimlich hinzufügen, so peinlich berührt es einen, sein Fehlen im deutschen Grundgesetz festzustellen.

3

Die Kunst ist frei

Mit Beiträgen von:

Petra Bahr, Jakob Johannes Koch, York-Gothart Mix,
Regine Möbius, Elke Monssen-Engberding, Peter Raue
und Olaf Zimmermann

Wie frei darf Kunst sein?
Wo liegen die rechtlichen Grenzen der Kunstfreiheit und wie werden sie definiert?

Peter Raue — Politik & Kultur 4/2014

»Die Kunst ist frei«, sagt das Grundgesetz, und wie Donnerhall tönt der Artikel 5 Abs. 3 im Chor der Grundrechte, dieser »Rocher de bronze« aller Freiheitsrechte. Der Laie mag sich darüber weniger wundern als der Fachmann, denn der Laie wird sagen: »Nun ja, die Religion ist frei, die Berufswahl ist frei, das Recht zur Demonstration ist frei ... und so eben auch die Kunst«. Die einzigartige Freiheitsgarantie des Artikel 5 Abs. 3 begreift man aber nur, wenn man weiß: Alle Freiheitsrechte des Grundgesetzes stehen unter dem »Gesetzesvorbehalt«. D. h., die Freiheit der Berufswahl kann durch das Gesetz ebenso beschränkt werden wie das Wohnrecht, das Recht der Freizügigkeit, der freien Meinungsäußerung und das Presserecht. Das »Dogma« von der Kunstfreiheit ist deshalb so singulär, weil es als einziges Grundrecht der Verfassung einem Gesetzesvorbehalt nicht unterworfen ist. Aber da beginnen ja erst die Schwierigkeiten: Darf man unter Berufung auf die schrankenlos gewährte Kunstfreiheit zur Straftat aufrufen? Dürfen im Namen der Kunstfreiheit Jugendliche gefährdet, unwahre Tatsachen verbreitet, Propagandamittel, die nach ihrem Inhalt dazu bestimmt sind, Bestrebungen einer nationalsozialistischen Organisation zu unterstützen (§ 86 Abs. 1 StGB), während einer Kunstaktion verwendet werden? Wäre die Antwort einfach, gäbe es nicht ungezählte Rechtsprechung und Literatur zu der Frage, wo im Allgemeinen, wo im Besonderen die Grenzen der Kunstfreiheit verlaufen. Immer dort – so lässt sich wohl die Rechtsprechung zusammenfassen –, wo mit der Ausübung der Kunstfreiheit elementare andere Grundrechte (die persönliche Ehre, die Menschenwürde, die Religionsfreiheit) verletzt werden, sind der Kunstfreiheit – so nennen wir Juristen das nun einmal – »immanente Schranken« gesetzt, also Schranken, die jedem Freiheitsrecht naturgemäß innewohnen und nicht durch Gesetze wie beim Demonstrations-, Zuzugs- oder Berufswahlfreiheitsrecht beschränkt werden. Es hat gedauert, Jahre und Jahrzehnte, bis die Rechtsprechung vom Bundesverfassungsgerichtsurteil zu Klaus Manns (für unzulässig erachteten) Mephisto-Roman zur ziemlich grundrechtsfreudigen Esra-Entscheidung geführt hat. Das, was theoretisch sich so blass anhört, in Wahrheit ein constituents unseres freiheitlichen Staates darstellt, will ich nur an zwei Beispielen belegen, die die Öffentlichkeit in den letzten Jahren nachhaltig beschäftigt hat: Maxim Billers »Esra« und Jonathan Meeses Hitler-Gruß.

Maxim Biller schreibt einen Roman »Esra«, in dem er sein – bzw. das seines Romanhelden Adam – Liebesverhältnis zu Esra (Eva!) in ohne Frage ehrverletzender, sexuelle Details ihrer Liebesbeziehung darstellender Weise schildert und zugleich von deren Mutter berichtet, die als eine verbrecherische, falsche und bis in ihr Innerstes verlogene Person dargestellt wird. Wohnort, Beruf, Verleihung des Alternativen Nobelpreises, Familienverhältnisse von Esra und ihrer Mutter sind eins zu eins aus dem wirklichen Leben übernommen. Jedermann, der die Münchner Szene jener Jahre kennt, konnte beide Personen ohne Umschweif erkennen, identifizieren und glauben, dass das, was Biller hier schildert, wahr ist. Maxim Biller ist ein bedeutender Autor, das Buch bei Kiepenheuer & Witsch, einem der wichtigsten deutschen Verlage, erschienen. Sein Roman kann »an sich« das Kunstfreiheitsrecht des Artikel 5 Abs. 3 GG in Anspruch nehmen. Die Frage, die die Gerichte beantworten mussten, lautet: Scheitert die Zulässigkeit einer Veröffentlichung an den »immanenten Schranken« des Artikel 5 Abs. 3 (Intimleben der Esra, Ehre der Mutter)?

Während die Instanzgerichte die Veröffentlichung des Romans in mehreren Entscheidungen verboten haben, geht das Bundesverfassungsgericht radikal neue Wege, wenn es prüft, ob nicht allein aufgrund der Tatsache, dass Maxim Biller einen »Roman« geschrieben, diesen ausdrücklich so bezeichnet hat, gleichsam eine unausgesprochene Vereinbarung zwischen Autor und Leser entsteht, wonach dieser versteht und akzeptiert, dass der Roman »romanhaft« eine Geschichte erzählt und deshalb nicht alles wahr sein muss, vieles erfunden sein kann, was in diesem Roman zu lesen ist, auch wenn manches Detail mit der Realität übereinstimmt. Das Bundesverfassungsgericht kommt zu einem subtilen und durchaus überraschenden Ergebnis: Wenn der Autor eines Romans Vorgänge schildert, von denen der Leser weiß, dass er sie selbst erlebt hat (Adams sexuelle Beziehung zu Esra), dann unterstellt er die

Richtigkeit und Wahrhaftigkeit des Dargestellten. Wenn der Autor dagegen die Schandtaten (der Mutter Esras) nicht selbst erlebt hat, dann können sie auch dann als romanhafte Fantasie betrachtet werden und deshalb zulässig sein, auch wenn im Roman und in der Wirklichkeit viele Übereinstimmungen bestehen. Konsequent hat das Gericht in einer etwas späteren Entscheidung diese Rechtsprechung unterstützt und verdeutlicht: Ein Autor dramatisiert einen im türkischen Milieu sich abspielenden Ehrenmord. Der türkische Liebhaber eines Mädchens bringt dieses um, nachdem es (fälschlicherweise) behauptet, schwanger zu sein. Die Eltern des toten Mädchens wollen die Aufführung des Dramas, das eins zu eins das in der Presse breitgetretene Ereignis übernimmt, verbieten. Damit scheitern sie mit der Begründung: Weil der Autor bei den geschilderten Ereignissen, die Gegenstand seines Textes sind, nicht dabei war, sondern sie der Zeitung entnommen hat, ist seine Darstellung zulässig, selbst wenn Beteiligte dadurch in ihrer Ehre getroffen, mit falschen (romanhaften) »Tatsachen« konfrontiert sind. Hätte dasselbe Stück der Mann geschrieben, der das Mädchen ermordet hat, würde der Rezipient dieses Stück als Wiedergabe des Erlebten ansehen und es könnte verboten werden. Diese Rechtsprechung öffnet insbesondere im Bereich der sogenannten »DokuFiktion« ein fast ungehindertes Betätigungsfeld. Ob Lengede, Watergate oder NSA-Skandal: Da diese Verfilmungen stets von am eigentlichen Ereignis Unbeteiligten erzählt werden, kann die Mischung aus Wahrheit und Fiktion durch die Rechtsprechung kaum mehr eingeschränkt werden. Das ist ein großer Fortschritt zur Stärkung der Kunstfreiheit.

Zurück zur Esra-Entscheidung: Letztlich gibt das Bundesverfassungsgericht dem Autor und seinem Verlag aber Steine statt Brot: Weil die geschilderte Beziehung des Romanhelden Adam – Esra in die Intimsphäre der Esra eingreift, der Ich-Erzähler Adam seine eigenen sexuellen Erlebnisse schildert, bleibt das Buch verboten, obwohl die Schilderung der »fürchterlichen Schwiegermutter« zulässig wäre. Deshalb haben sich zwei Richter mit einem »dissenting vote« zu Wort gemeldet, die den Roman insgesamt freigeben wollten!

Es ist schon erstaunlich und nachdenkenswert: Hätte Maxim Biller einen Roman in einer Kurzfassung als Seite Drei der Süddeutschen Zeitung veröffentlicht, wäre er mit Unterlassungs- und Schadenersatzklagen zugekleistert worden. Nur weil er das, was er schildert, einen »Roman« nennt, muss sich die Schwiegermutter gefallen lassen, zu lesen, sie habe den Nobelpreis erschlichen, Versicherungsbetrug begangen, die Beziehung von Adam und Esra in niederträchtiger Weise auseinandergebracht. Eine vielkritisierte Entscheidung und vielleicht nicht in allen Punkten der Weisheit letzter Schluss. Aber »ein Schritt in die richtige Richtung« allemal.

Einfacher und klarer ist die causa Jonathan Meese. Dieser großartige Künstler tritt während einer Performance mit dem Hitler-Gruß auf, und ein offenkundig unterbeschäftigter und schlecht beratener Staatsanwalt erhebt Anklage gegen ihn mit der Behauptung, das sei ein strafrechtlich relevanter Gebrauch von nationalsozialistischen Symbolen, die nun mal § 86 des Strafgesetzbuches verbietet. Dabei wäre es einfach gewesen für unseren Staatsanwalt, wenn er bedacht hätte: Jonathan Meese ist nicht in eine Kneipe gegangen, um mit dem Hitlergruß nationalsozialistische Parolen zu verbreiten, sondern er hat in seiner Performance sich mit Aktion und Reaktion des Hitlergrußes auseinandergesetzt. Hätte der Staatsanwalt das Grundgesetz verstanden, dann hätte er erkannt, dass Meese seine Aktion nicht als affirmativen Akt einer nazinahen Befindlichkeit verstanden hat, und darauf verzichtet, Anklage wegen

des Gebrauchs nationalsozialistischer Symbole zu erheben. Zu Recht hat das Gericht Meese freigesprochen: Selbstverständlich ist die Benutzung dieser Symbole »an sich« verboten. Im Kunstkontext – in der »Bühnenwirklichkeit« – muss die Auseinandersetzung mit nationalsozialistischen Symbolen erlaubt sein. Ginge (was er nie täte) Meese mit derselben Geste in eine Kneipe, würde er sich strafbar machen. Betritt er die Bühne als Raum der Kunst, trägt Jonathan Meese den schützenden Mantel der Kunstfreiheit.

Kunstfreiheit ist ein Kernbestandteil der Demokratie
Jeder unrechtmäßigen Einschränkung der Kunstfreiheit muss entgegengetreten werden

Olaf Zimmermann — Politik & Kultur 4/2014

Als Sebastian Edathy, der sich immer noch auf der Flucht befindliche ehemalige Bundestagsabgeordnete, Anfang dieses Jahres darauf hinwies, dass Darstellungen nackter Knaben in der bildenden Kunst eine lange Tradition haben und auch in der Literatur Beispiele zu finden sind, in denen die Schönheit von Knabenkörpern beschrieben wird, schluckten die einen und empörten sich die anderen. Was, die Anbetung Tadzios durch Gustav von Aschenbach in Thomas Manns »Der Tod in Venedig«, die schwüle Atmosphäre von unterdrückter Sexualität um die Wende des 19. zum 20. Jahrhundert, das soll vergleichbar sein mit dem Herunterladen von Bildern und Filmen nackter oder wenig bekleideter Jungen aus dem Internet? Die Skulpturen eines Michelangelo sollen Ähnlichkeit damit haben, was auf dubiosen Webseiten angeboten wird? Und Bundesjustizminister Heiko Maas reagierte rasch und ließ mitteilen, dass er den Jugendschutz verschärfen will.

Damit kein Missverständnis entsteht: Die sexuelle Ausbeutung nicht nur, aber besonders von Kindern und Jugendlichen ist zutiefst verwerflich. Sie ist streng zu ahnden. Wessen Geschäftsmodell darauf basiert, dass Kindern und Jugendlichen Leid angetan wird, dass sie sexualisiert dargestellt oder gar vergewaltigt werden, muss zur Rechenschaft gezogen werden. Und wer sich als Erwachsener zu Kindern sexuell hingezogen fühlt, ist gut beraten, sich an eine der Beratungsstellen zu wenden, um zu lernen, seine Triebe zu kontrollieren.

Dennoch gilt es gerade mit Blick auf diese aktuellen Debatten, die Freiheit der Kunst zu verteidigen. Und diese Diskussionen sind heute vor allem mit Blick auf den Umgang von Kunst mit religiösen Symbolen oder Sexualität zu finden.

Schrieb Heinrich Heine in seinem Wintermärchen noch davon, dass bei seinem Grenzübertritt von Frankreich in die deutschen Lande nach verbotenen Büchern gesucht wurde, während er doch die »Contrebande« in seinem Kopf hat, kann in Deutschland heute so ziemlich alles gedruckt, gemalt, gespielt, gesungen und verbreitet werden. Dass dies alles keineswegs selbstverständlich ist, lehrt ein Blick in die Geschichte, die auch eine Geschichte der Unterdrückung künstlerischer Werke und Ausdrucksformen ist. Die Karlsbader Beschlüsse von 1819 sind nachgerade ein Symbol für die Unterdrückung von Meinungs-, Presse- und letztlich auch Kunstfreiheit. Aber auch der Kulturkampf ab 1871 und die Etablierung eines katholischen Presse- und Publikationswesens ist ein Teil dieser Geschichte. Im NS-Staat wurde mit der Verbrennung von Büchern, der Ausstellungen »Entarteter Kunst« begonnen, bis hin zur Verfolgung und Ermordung von Künstlern.

Nicht zuletzt aufgrund der leidvollen Geschichte gehört die Kunstfreiheit, zu der auch die Pressefreiheit und die Freiheit der Berichterstattung durch Rundfunk und Film gehören, zu den unverbrüchlichen ersten Artikeln des Grundgesetzes. Die Väter und Mütter des Grundgesetzes haben vor dem Hintergrund der geschichtlichen Erfahrungen dieses klare Bekenntnis zur Kunstfreiheit als Art. 5 im Grundgesetz verankert: »Jeder hat das Recht, seine Meinung in Wort, Schrift und Bild frei zu äußern und zu verbreiten und sich aus allgemein zugänglichen Quellen ungehindert zu unterrichten. Die Pressefreiheit und die Freiheit der Berichterstattung durch Rundfunk und Film werden gewährleistet. Eine Zensur findet nicht statt. Diese Rechte finden ihre Schranken in den Vorschriften der allgemeinen Gesetze, den gesetzlichen Bestimmungen zum Schutze der Jugend und in dem Recht der persönlichen Ehre. Kunst und Wissenschaft, Forschung und Lehre sind frei. Die Freiheit der Lehre entbindet nicht von der Treue zur Verfassung.«

Eine zentrale Frage beim Thema Kunstfreiheit muss immer beantwortet werden: Wann ist etwas Kunst und ist damit letztlich durch das Grundgesetz geschützt? Das gesellschaftliche Verständnis, was Kunst ist, verändert sich permanent. Die Diskussion über Remixe, Edits, Mashups, Sampling und Coverversionen zeigen einen kleinen Ausschnitt aus den komplizierten Definitionsproblemen. Das Urheberrecht ist bei der Problemlösung nur bedingt geeignet, weil es bei der Frage der Kunstfreiheit nicht in erster Linie um die Frage nach dem Urheber und seinen Rechten geht, sondern nach der schützenswerten Autonomie des einzelnen Werkes. In diesem Sinne sind Remixe und andere Kopierkunsttechniken auch schützenswerte Kunstwerke.

Dass dennoch Kunstfreiheit nicht alles erlaubt, dass immer wieder neu Grenzen gezogen werden müssen und dass sich die Grenzziehungen je nach gesellschaftlicher Diskussion verändern, davon zeugen die Beiträge zur Kunstfreiheit. Es geht um Auseinandersetzungen mit literarischen Texten, um die Frage nach der Verletzung religiöser Gefühle, um den Jugendschutz, um den Umgang mit Kunst in der DDR und um die Frage, welche Bilder wollen wir sehen, welche Bilder können wir ertragen, welche Bilder lösen welche Reaktionen aus.

Über den Jugendschutz wacht in Deutschland heute die Bundesprüfstelle für jugendgefährdende Medien, die im Übrigen deutlich mehr Musik als andere Kunstwerke indiziert. In der Film- und der Computerspielebranche gibt es eine regulierte Selbstkontrolle, die festlegt, welche Werke welcher Altersgruppe zugänglich gemacht werden dürfen. Im Fernsehen dürfen bestimmte Filme erst ab 22 Uhr ausgestrahlt und es muss darauf hingewiesen werden, dass sie erst ab einer bestimmten Altersgruppe gedacht sind.

Wer sich mit Kunstfreiheit befasst, tut gut daran, sich immer wieder klar zu machen, dass sie keineswegs selbstverständlich ist. In vielen Ländern werden Künstler, Schriftsteller, Filmemacher, Musiker und andere verfolgt. Ihre Werke dürfen nicht gezeigt, gedruckt oder gespielt werden, manchmal werden sie auch vernichtet. Künstler erhalten Berufsverbot und werden schlimmstenfalls inhaftiert und getötet. Die Kunst-, Publikations- und Informationsfreiheit sind zentrale Freiheitsrechte, ohne die eine demokratische Gesellschaft nicht funktioniert. Es ist deshalb unser aller Aufgabe jeder unrechtmäßigen Einschränkung dieser Rechte, auch wenn unsere religiösen und ethischen Gefühle durch die Kunstwerke stark strapaziert werden, unmissverständlich entgegenzutreten.

Schließt Demokratie Zensur nicht aus?
Kunstfreiheit und Zensur in der Bundesrepublik

York-Gothart Mix — **Politik & Kultur 4/2014**

Die in vielen Verfassungen – auch im Grundgesetz – verankerte Ächtung der Zensur hat in der Regel mit der Verfassungswirklichkeit nur bedingt etwas gemein. Zensur reglementiert soziales Verhalten nach der Maßgabe einer soziokulturellen und politischen Ordnung, einer verpflichtenden Moral, vorherrschenden Religion, verordneten Ideologie oder einer zum monokratischen Dogma erhobenen Ökonomie. Ihr Augenmerk richtet sie auf die vermutete Wirksamkeit von Textzeugnissen oder Ideologemen, ihr Ziel ist die Konformität eines für verbindlich erklärten Kulturhorizonts. Zensur ergreift stets Partei und setzt an die Stelle einer komplexen Wirklichkeit die Reduktion von Komplexität. Seit jeher kommt den Instanzen der Zensur – ganz gleich ob es sich um aktive Lobbyisten, um staatliche oder kirchliche Eliten handelt – auch der Einfluss zu, die angestrebte Konformität durch Privilegierung oder Verhinderung durchzusetzen. Zensur ist in der Bundesrepublik ein viel diskutiertes Thema künstlerischer, kulturwissenschaftlicher und historischer Reflexion. Text- und Bilderverbote sind umgangen oder gefordert worden, wenn es um die Bekämpfung missliebiger und konkurrierender Ideen ging. In diesem Kontext spielt auch die über jahrzehntelang verfassungswidrige, aber von staatlichen Stellen geduldete und betriebene Missachtung des Postgeheimnisses durch die Alliierten oder die digitale Überwachung eine bedeutende Rolle. Grundsätzlich ist indes zu fragen, ob ein auf die Tradition des Liberalismus rekurrierendes, staatsfixiertes Zensurverständnis angesichts diskursbestimmender Aktivitäten weniger Globalplayer im World Wide Web, supranational oder lokal agierender Pressuregroups und Religionsgemeinschaften, massiver Konzentrationsprozesse im Medienbereich oder der quotengerechten Anpassung des öffentlich-rechtlichen Fernsehens an das Privat-TV durch Parteienproporz, Gesetz sowie Staatsvertrag qualifizierte, eher abhängige als unabhängige Aufsichtsgremien heute noch tragfähig ist. Garantiert beispielsweise die selbstgewählte Fixierung des öffentlich-rechtlichen Fernsehens auf eine von der Ökonomie trendiger Aufmerksamkeit bestimmten Marktdynamik die selbstpropagierte Unabhängigkeit oder fördert sie die zunehmende Marktabhängigkeit sowie die systematische Ausgrenzung ambitionierter Produktionen und eines kulturell interessierten Publikums?

Unter der Berücksichtigung temporärer Merkmale lässt sich der zensorische Eingriff als Vorzensur, Nachzensur und Rezensur charakterisieren. Unter Rezensur versteht man die wiederholte Zensur bereits erschienenen Schrifttums, die Vorzensur zielt als umfassendste Form der Kontrolle auf eine Überwachung vor der Verbreitung eines Textes. Diese für totalitäre Staaten symptomatische Variante ist in der Bundesrepublik verboten und existiert de facto nicht. Die Selbstzensur als subtilste Variante kann als Unterdrückung eines eigenen Werkes oder als Korrektur einzelner Passagen definiert werden, die von einem Autor entgegen seiner ursprünglichen Absicht im Wissen um die Sanktionsfähigkeit einer ihm fremden Norm vorgenommen wird. Schadenersatzforderungen in ungewöhnlicher Höhe oder Unterlassungsansprüche gegen die Veröffentlichung, Verbreitung und Bewerbung eines Buches wie im Fall von Maxim Billers durch das Bundesverfassungsgericht 2007 verbotenem Roman »Esra« sind als Beweggründe der Selbstzensur ebenso denkbar wie ökonomischer Druck oder die Androhung sozialen Zwangs. Im Gegensatz zur formellen Zensur, die juristisch legitimiert und durch administrative Zwangshandlungen durchgesetzt wird, basiert die informelle Zensur auf Vorbehalten, die mittels psychologischen, finanziellen, politischen oder anderen Varianten sozialen Drucks geltend gemacht werden. Diese Form der Zensur spielt momentan in der Bundesrepublik die größte Rolle.

Das Verbot des Romans »Esra« ist kein Fall staatlich-exekutiver Zensur im formellen Sinne, die gemäß Art. 5 Abs. 1 Satz 3 Grundgesetz verboten ist. Dennoch fügt sich auch ein von der Judikative ausgesprochenes Bücherverbot mit definierbaren Modifikationen in die Phänomenologie der Zensur ein: Auf Initiative von Privatpersonen entscheidet ein staatliches Gericht unter Abwägung der betroffenen Verfassungsgüter, dass im konkreten Fall die Kunstfreiheit von Autor und Verlag hinter das allgemeine Persönlichkeitsrecht der beiden Klägerinnen zurückzutreten hat. In diese Entscheidung fließen für die Phänomenologie der Zensur bedeutsame Erwägungen ein: Es wird über die Fragen »Was ist Kunst?« und »Was ist Literatur?« ebenso geurteilt wie über das Problem, wie Literatur im außerliterarischen Bereich wirkt und bis zu welchem Grad ein Kunstwerk auch auf der sozialen Ebene Wirkungen entfalten »darf«.

Jedes Literaturverbot zielt auf die durch die Literaturproduktion erschlossenen Möglichkeiten literarischer Kommunikation, provoziert aber eine öffentliche Aufmerksamkeit, die dem ursprünglichen Ziel der Indizierung zuwiderläuft. Das gilt auch für Werke, die wie Klaus Manns »Mephisto« oder Billers »Esra« aus Gründen des Persönlichkeitsschutzes verboten sind. Nicht die ästhetische Relevanz »Esras«, sondern der Konflikt hat den Text in das Zentrum des öffentlichen Interesses gerückt. So wie von einer soziokulturellen, nationalen und temporären Diversität der Zensurpraxis auszugehen ist, so ist aber auch der Normenhorizont des Persönlichkeitsschutzes kein kohärentes, statisches Wertesystem.

In »Esra« wird die Konstruktion einer fiktiven Wirklichkeit gleich zu Beginn durch die Schilderung einer Grundsatzdebatte zwischen dem Ich-Erzähler und der Romanheldin deutlich zur Sprache gebracht. Der Erzähler führt vor, dass die Selbst- und Fremdwahrnehmung von Personen mit Rollenzuschreibungen und -erwartungen verbunden ist, die nur vordergründig eindeutig sind. Die Rolle des Ich-Erzählers ist im Text nicht konsistent: Im vorletzten Kapitel berichtet er über das unerwartete Wiedersehen mit Esra, im Folgenden, dem Epilog, ist er absent. Auch im 55. Kapitel ist der Ich-Erzähler nicht gegenwärtig. In der hier vorgeführten Erzählstrategie manifestiert sich Billers Anspruch auf Literarizität, er suggeriert Authentizität und zielt auf Imagination. Der Roman ist nur autobiographisch inspiriert und spielt gezielt mit dem klassischen Alsob-Prinzip des Philosophen H. Vaihinger, aber die Äußerungen über das Ich des Erzählers und das der Protagonistin werden nicht von erfahrungsweltlicher Referentialisierbarkeit, sondern von einer klaren literarästhetischen Programmatik geleitet. Leider hat die Mehrheit der Richter unter Vorsitz von H.-J. Papier den Text nicht als Roman, sondern als simplen Erlebnisbericht Billers begriffen. Eine Autobiographie ist der Roman aber mitnichten, literaturwissenschaftlich gesehen ist die Entscheidung ein Fehlurteil. Unter diesen Vorzeichen ließen sich Theodor Fontanes Ehebruchsgeschichte »Effi Briest« ebenso indizieren wie Thomas Manns Romane »Buddenbrooks« und »Doktor Faustus« oder die autobiographisch inspirierte Erzählprosa von Thomas Bernhard, Hans Fallada oder Robert Musil. Die Folgen des Karlsruher Urteils sind nicht nur für fiktionale Texte unübersehbar, die sich wie Imre Kertész' »Roman eines Schicksallosen« oder Jorge Semprúns »Was für ein schöner Sonntag«, Rolf Hochhuths »Juristen«, Wolfgang Hilbigs »Ich« oder Volker Brauns »Unvollendete Geschichte« mit der Historie des Totalitarismus auseinandersetzen. Eine politische Instrumentalisierung der Logik dieser Jurisdiktion durch die Gegner jeder Kunstfreiheit ist zu erwarten. Dann hat das allgemeine Persönlichkeitsrecht politisch motivierter Täter Vorrang vor der Kunstfreiheitsgarantie.

Während sich die Erforschung der Zensurverhältnisse im Biedermeier, Wilhelminismus, NS-Staat und in der DDR zu einem weit gefächerten Arbeitsfeld entwickelt hat, weist die Beschäftigung mit diesem Thema für die Geschichte der Bundesrepublik große Defizite auf. Viele Indizierungsverfahren sind wie der Streit um Werke von Nabokov, Genet, Miller, Schamoni, Delius oder Ellis bewusst bagatellisiert worden. Prominentere Beispiele wie der Verbotsantrag gegen Günter Grass' Novelle »Katz und Maus« sind unzureichend dokumentiert. Grundsätzlich stellt sich, egal, ob es um Jugendschutz oder die Wahrung des allgemeinen Persönlichkeitsrechts geht, die

Frage nach der Literarizität und das Problem einer Abgrenzung von juristischer und literarischer Kompetenz. Das gilt auch für die neueren Fälle. Die Zensurgeschichte der Republik ist in starkem Maße, vor allem in der sogenannten Adenauer-Ära, eine Geschichte der Verdrängung. Wer weiß beispielsweise, dass 1965 mit behördlicher Genehmigung am Düsseldorfer Rheinufer eine öffentliche Bücherverbrennung stattgefunden hat, die ungeachtet massiver Kritik beim Berliner Bischof und ehemaligen Ratsvorsitzenden der Evangelischen Kirche in Deutschland (EKD), Otto Dibelius, Zuspruch gefunden hat und bei der neben anderen Texten auch Vladimir Nabokovs »Lolita«, Erich Kästners »Herz auf Taille«, die Erzählung »La chute« von Albert Camus und der Roman »Die Blechtrommel« von Grass verbrannt worden ist? Wer erinnert sich an den 1952 in Wiesbaden durchgeführten dreimonatigen Mammut-Prozess, bei dem die Journalisten Michael Heinze-Mansfeld, Rudolf Sievers und Karl Beckmeier ungeachtet massiver Geldstrafen erstmals dem Recht zu einer investigativen Berichterstattung über die Methoden des NS-Euthanasieprogramms Geltung verschafft haben? Systematisch gesehen ist die Zensurgeschichte der Bundesrepublik nach wie vor eine Terra incognita.

Bis hierher und nicht weiter!
Oder Kunstfreiheit in der DDR

Regine Möbius — Politik & Kultur 4/2014

»Hier fallen sie auf den Rücken
Dort kriechen sie auf dem Bauche
Und ich bin gekommen
Ach gekommen bin ich
Vom Regen in die Jauche.«

Das schrieb einer, die DDR und die Bundesrepublik vergleichend, der »das verquer-privilegierte Leben eines staatlich anerkannten Staatsfeindes« (Fritz Raddatz) geführt hatte: Wolf Biermann.

Biermann, dem schon 1974 eine Auswanderung aus der DDR angeboten wurde, hatte zwei Jahre später eine Reise in die Bundesrepublik genehmigt bekommen, um dort auf Einladung der IG Metall einige Konzerte zu geben. Millionen ostdeutscher Fernsehzuschauer, die ihre Informationen regelmäßig über das bundesdeutsche Fernsehen bezogen, verfolgten die Ausstrahlung von Biermanns Kölner Konzert über den »feindlichen Sender«. Das Politbüro der SED reagierte prompt: Am 17. November 1976 wurde Biermann die Staatsbürgerschaft der DDR aberkannt. Damit war ihm der Weg zurück in das Land seiner Wahl versperrt. Im staatskonformen Neuen Deutschland war von einer »angemessenen Antwort« zu lesen, »vom feindseligen Auftreten« gegen die DDR. Dabei ist nicht zu vergessen, dass genau jener Künstler nicht nur scharfe Kritik an den Mi-

seren in der DDR geübt hatte, sondern diese gleichzeitig als gesellschaftliche »Errungenschaft« charakterisierte. Völlig unerwartet zeigten in den Tagen und Wochen nach der Biermann-Ausbürgerung bedeutende Künstler der DDR Zivilcourage und traten noch am 17. November in einem offenen Brief für den unbequemen Dichter ein. Erstunterzeichner waren Sarah Kirsch, Christa Wolf, Volker Braun, Franz Fühmann, Stephan Hermlin, Stefan Heym, Günter Kunert, Heiner Müller, Rolf Schneider, Gerhard Wolf, Jurek Becker und Erich Arendt. Über 70 weitere Künstler und Intellektuelle unterzeichneten in den folgenden Tagen diesen Brief, in dem es u. a. hieß: »Wir identifizieren uns nicht mit jedem Wort und jeder Handlung Biermanns und distanzieren uns von Versuchen, die Vorgänge um Biermann gegen die DDR zu missbrauchen. Biermann selbst hat nie, auch nicht in Köln, Zweifel daran gelassen, für welchen der beiden deutschen Staaten er bei aller Kritik eintritt. – Wir protestieren gegen seine Ausbürgerung und bitten darum, die beschlossene Maßnahme zu überdenken.«

Ein Instrumentarium staatlicher Sanktionen folgte, das von Verhaftung und Hausarrest, Parteistrafen wie Organisationsausschluss und Publikationsverbot bis hin zur plötzlichen Bewilligung von Ausreiseanträgen unbequem kritischer Intellektueller reichte. Ein Abwandern künstlerischer Eliten in den westlichen Teil des geteilten Landes begann als Konsequenz schon zu lange ertragener Behinderungen und Sanktionen. Einige der Gegangenen hatten im Gefängnis gesessen, Einschüchterungen und Sanktionen folgten Druck- oder Aufführungsverbote. Der Dissens zwischen der SED und einer kritischen Intelligenz ging inzwischen durch alle Generationen der Künstler.

Im Frühjahr 1978 erschien Loests achter Roman, der zu den wichtigsten Prosatexten dieser Zeit gehörte. Sein Titel: »Es geht seinen Gang oder Mühen in unserer Ebene«. Jedes Exemplar ging durch viele Hände und wurde, gleich einem Kassiber, immer weitergegeben, zu erhalten nur als »Bückware unter dem Ladentisch«. Der Roman spielte im Jahr 1975. Der Held ist 26, so alt wie die DDR und lebt mit seiner Familie in einem Plattenneubau, einer üblichen Wohnungsform vieler DDR-Bürger.

Mit der genauen, schonungslosen und erheiternden Abbildung der DDR-Verhältnisse waren die Schwierigkeiten des Buches vorprogrammiert. Selbst nach der fünften, immer wieder korrigierten Fassung, nahmen die ideologischen Einwände des Verlages, es zu drucken, kein Ende. Die selbstverständliche Nachauflage wurde Erich Loest verwehrt und kam später in einem kleinen Verlag. Gleichzeitig stellte die offizielle Literaturkritik fest, »daß der Fall des Wolfgang Wülff ›ein absoluter Einzelfall und nicht charakteristisch für die gesellschaftliche Entwicklung‹ sei.« Man teilte Loest und seinen Lesern maßregelnd mit, dass die Anspielung des Autors auf das Brecht-Wort, in welchem auf die Mühen der Gebirge (die eigentliche Revolution) die Mühen der Ebene – auf den Titel anspielend – folgen, nicht unsere Mühen seien, sondern die des individuellen Versagers Wülff. Die Anfrage der Filmgesellschaft DEFA, die sich für diesen Stoff interessierte, wurde abgewürgt.

Zurück zum Roman. Die Hauptfigur, der Ingenieur Wolfgang Wülff, ist kein sozialistisches Vorbild. Er ist einfach freundlich, intelligent und fleißig mit mäßigem, vielleicht aber auch gar keinem Ehrgeiz. So hatte man sich keinen sozialistischen Helden vorzustellen. Mit diesem scheinbaren Versagen als guter sozialistischer Bürger wurde Wülff zum einzigen Widerständigen einer Gesellschaft.

Keine Literatur dieser Zeit bot auf unterhaltsame Weise Genaueres über die wirkliche DDR, über Leipzig, über Sachsen, als dieses Buch. Als dann im Folgejahr gegen Robert Havemann und Stefan Heym ein Verfahren wegen Devisenvergehen eröffnet wurde, schrieben acht Schriftsteller – Kurt Bartsch, Jurek Becker, Adolf Endler, Erich Loest, Klaus Poche, Klaus Schlesinger, Dieter Schubert und Martin Stade – einen offenen Brief an Erich Honecker, in dem es unter anderem hieß: »Immer häufiger wird versucht, engagierte, kritische Schriftsteller zu diffamieren, mundtot zu machen oder wie unseren Kollegen Stefan Heym strafrechtlich zu verfolgen«. Am 7. Juni 1979 wurden die Briefautoren Kurt Bartsch, Adolf Endler, Klaus Poche, Klaus Schlesinger und Dieter Schubert sowie Stefan Heym, Karl-Heinz Jacobs, Rolf Schneider und Joachim Seyppel aus dem Schriftstellerverband ausgeschlossen.

Die Proteste in der DDR, von denen viele unterschlagen wurden, und die internationalen Proteste gegen den Ausschluss bescherten der SED einen Glaubwürdigkeitsverlust, der auch nicht durch die organisierten Zustimmungserklärungen und oft höchst peinlichen Loyalitätsadressen anderer DDR-Künstler ausgeglichen werden konnte, selbst wenn dies die überwiegende Meinung der privilegierten Kulturfunktionäre war. Einige, zuvor noch nicht so bekannte Schriftsteller, die sich kritisch zu Wort meldeten, wie Wolfgang Hilbig oder Uwe Kolbe, erhielten Veröffentlichungsverbot.

Die Idee, den sogenannten Stafettenstab des Projektes Sozialismus aufzunehmen und weiterzugeben, war zur Farce geworden. Manfred Jäger kommentierte sie folgendermaßen: »Es lohnt sich nicht, das dürr gewordene Stück Holz, das da feierlich angeboten wird, zu ergreifen und in die angeblich vom Geschichtsprozess vorgegebene Richtung weiterzulaufen.«

Im August 1979 berichtete der Journalist Karl Corino in der Stuttgarter Zeitung über einen Artikel des Germanistikprofessors Claus Träger (Spitzname: Zuträger), veröffentlicht in der Leipziger Volkszeitung, mit dem Titel »Über Schriftstellerei«. In verquaster Form appellierte Träger: »Der Kampf enthebt nicht des kameradschaftlichen Disputs: Er fordert ihn. Wer indessen von jenen Übeln [der kapitalistischen Gesellschaft] angesteckt und womöglich dahingerafft werden sollte, den wird – wenn auch nicht mit Freuden – die nicht angesteckte Mitwelt meiden und erst recht eine vollends gesunde Nachwelt schließlich dem Vergessen anheymfallen lassen, wovon niemand erloest.« Angespielt wurde auf Stefan Heym, der seinen Roman »Collin« in der Bundesrepublik veröffentlichen ließ, ohne eine Genehmigung dafür in der DDR einzuholen. »Den Klein-Pariser (sprich: den Leipziger) Bürgerleuten«, so fuhr Träger fort, »kann unmöglich der Bekennermut inzwischen abhanden gekommen sein. Leider können wir nicht mehr mit Lessing sagen: ›Geh deinen unmerklichen Schritt, ewige Vorsehung!‹ Hier hilft sogar Schillers Canaille Franz besser: ›Bis hierher und nicht weiter!‹ Es wird nur das seinen Gang gehen, wovon wir selber wollen, dass es seinen Gang geht, und zwar auf dem Boden selbstgeschaffener, geltender Gepflogenheiten.«

Verletzte Gefühle
Was darf die Kunst im Umgang mit Religion?

Petra Bahr — Politik & Kultur 4/2014

Im Frühling 1928 kommt es vor dem Landgericht in Berlin-Charlottenburg zu einem geschichtsträchtigen Prozess. Der Maler George Grosz muss sich wegen des Vorwurfs der Gotteslästerung verantworten. Das Bild, das Anlass für diese Anklage ist, geht noch heute unter die Haut. Manche haben es vielleicht vor Augen: ein sterbender Christus am Kreuz, die Gasmaske vor dem Gesicht. Der leidende Christus in der Montur eines einfachen Soldaten aus dem 1. Weltkrieg. Die Bildunterschrift dieser modernen Passion: »Maul halten und weiter kämpfen«. Was sich nun zwischen dem Gericht, der Öffentlichkeit, der Kirche, dem Künstler und den intellektuellen Beobachtern der Zeit abspielt, ist eine Studie zum Konflikt zwischen Kunst, Meinungsfreiheit und Religion wert. Drei Jahre und durch fünf Instanzen kämpft der Künstler für seine Freiheit in der Darstellung des Christusbildes, während das Gericht seinen Blasphemievorwurf auf Druck der Öffentlichkeit noch verschärft. Grosz wehrt sich aber auch immer wieder gegen den Verdacht, er wollte den christlichen Glauben beleidigen. Gotteslästerung oder eindringliche Kritik an der Kriegstreiberei der Kirche? Verletzt das Bild die religiösen Gefühle der Christenmenschen, oder stellt diese moderne Kreuzigungsszene die kritische Ursprungsaussage des Christentums gegen ihre Verfälschungstendenzen aller erst

her? Ist die Bildunterschrift als Ausspruch des Gekreuzigten zu verstehen oder als zynischer Kommentar der Schaulustigen unter dem Kreuz? Ist das Ensemble aus Bild und Text eine unverschämte Parodie oder eine ausdrucksstarke Mahnung im Medium der Kunst, die aus der Verstörung der Betrachter gutartige Aufmerksamkeit gewinnen will?

Der Fall Grosz ist deshalb so aufschlussreich, weil während des Prozesses unermüdlich über die Bedeutung des Bildes gestritten wird. Geht das zu weit? Die Frage wird nicht gestellt, sie wird aufgeführt, auf der öffentlichen Gerichtsbühne und im Spektakel öffentlicher Meinungsäußerungen. Was darf die Kunst im Umgang mit Religion? Wo verlaufen die Grenzen zwischen ästhetischer Religions- und Kirchenkritik, zwischen der eigensinnigen künstlerischen Auslegung religiöser Sujets, Bildtraditionen und Gehalte einerseits und der Verhöhnung der Religion andererseits? Wie viel Satire verträgt die Religion? Wo läuft Kunst zu Recht Sturm gegen problematische religiöse Festlegungen und Interpretationsverbote, um so den verschütteten Sinn religiöser Grundfragen aus dem Geröll bürgerlicher Gewohnheiten zu befreien, und wo spielt sie, um der Effekte willen, leichtfertig und unernst mit Stoffen, die anderen Menschen der letzte Halt im Leben und im Sterben sind? Wo verläuft die Grenze zwischen kalkulierter Kritik und der reinen Lust an der Provokation, bei der die öffentliche Erregung nicht nur billigend in Kauf genommen wird, sondern die Erregung selbst das Ziel der Aktion ist?

Kurt Tucholsky begleitet den Prozess gegen George Grosz mit seinen Gerichtskolumnen in der Weltbühne. Der Fall Grosz steht in der Kunstgeschichtsschreibung für den zähen Kampf um künstlerische Freiheit. Am Schluss kommt der Maler noch einmal davon. Doch sein Glück währt nicht lang. Nach der Machtergreifung der Nationalsozialisten muss er das Land fluchtartig verlassen. Der streitbare Künstler ist nun der Inbegriff der »Entarteten Kunst«. Jetzt ist nicht mehr nur das Christentum beleidigt, jetzt verletzt seine Kunst das Deutschtum.

50 Jahre später ist der Blasphemieparagraph abgeschafft. Wie sollte der weltanschaulich neutrale, säkulare Staat auch entscheiden können, was eigentlich nur theologisch, also aus der reflektierenden Innenperspektive der Religion heraus, recht zu beurteilen gewesen wäre? Das Problem der Blasphemie schien selbst zu den Geschichtsakten gelegt zu sein, wie der alte Paragraph.

Das hat sich dramatisch geändert. Seit dem Karikaturenstreit um die Darstellung Mohammeds verschärfen sich nicht nur die Konflikte zwischen Kunstfreiheit, Meinungsfreiheit und Religion. Die Konflikte werden, wie im Falle von George Grosz, nicht nur zunehmend vor Gerichten ausgetragen. Sie erhalten auch große mediale Aufmerksamkeit. Der Streit um das, was geht, wird zum Medienereignis. Mit dem großen Unterschied, dass wir nun in Echtzeit dabei sind, wenn wegen einer Karikatur in einer dänischen Tageszeitung Autos in Afrika brennen.

In den vergangenen Jahren kamen allein in Deutschland eine stattliche Anzahl medial genüsslich inszenierter Konflikte zusammen. Die meisten bleiben lokale Aufre-

ger. Vergessen sind sie ebenso schnell, wie sie die Gemüter erregt haben. Seltsamerweise verschwindet hinter der Emotion die Frage nach der ästhetischen Güte des Kunstwerks. Zwischen den kleinen und großen Skandalen gibt es einen unheimlichen Konsens. Im Zentrum steht das religiöse Gefühl, das verletzt ist. Nie waren religiöse Gefühle so öffentlich wie zurzeit. Religiöse Gefühle mögen, wie der Theologe Schleiermacher 1799 in seinen »Reden über die Religion« formulierte, einmal eine »eigene Provinz« im Gemüte gewesen sein, hochgradig individuell und nur in Grenzen darstellbar. In den neuen Konflikten um die Grenzen dessen, was über Religion gesagt oder gezeigt werden darf, treten sie anders auf: als kollektive Erregungszustände und als gemeinschaftliche Empfindlichkeiten, auf die man sich mit Macht bezieht. Die Gefühle, die verletzt sind, brauchen nicht einmal eine argumentative Erklärung. Was beleidigt ist, hat Recht. In der Politik gibt es ähnliche Entwicklungen.

Was passiert in einer Gesellschaft, deren Mitglieder sich wechselseitig verletzte Gefühle vorwerfen? Wir stehen vor einer Renaissance des Ehrdiskurses, der zu keiner Relativierung mehr fähig ist. Die Kategorie der Ehre ist nicht individuell. Sie ist eine Kategorie, die sich ursprünglich auf Sippe und Familie und heute zunehmend auf Gruppen und Gemeinschaften bezieht. Im Western ist die Sache klar: Auf Beleidigung folgt Gegenbeleidigung, auf gekränkte Ehre eine Gegenkränkung – und dann kommt das Duell. Wir ach so Modernen mögen uns die Augen reiben, aber dieser Mechanismus taucht wieder auf. Der allgegenwärtige Ehrdiskurs fällt nicht so auf, wenn wir die Antwort auf eine Kränkung oder Beleidigung dem Staat und seinen Gerichten überlassen. Noch nehmen die, die ihre Ehre verletzt sehen, ihre Genugtuung nur selten selbst in die Hand. Mordanschläge oder Drohungen sind der Ausnahmefall. Der Ton in den Internet-Foren wird allerdings längst vom Schwarm der Beleidigten bestimmt. Kunst rüttelt an Tabus und kratzt an Grenzen. Reden können provozieren, Bilder ans Allerheiligste rühren.

Doch mit der Rhetorik der verletzten Gefühle, die man in der Debatte über die Dresdener Rede von Sybille Lewitscharoff sogar in den Kritiken des bürgerlichen Feuilletons finden konnte, kommt ein Prozess in Gang, den der Historiker Timothy Garton Ash kürzlich als »Tyrannei des Gruppenvetos« bezeichnet hat. »Man vereinige alle Tabus und man erhält eine gewaltige Herde heiliger Kühe. Nun lasse man den verschreckten Kindermädchenstaat all diese Tabus in neue Gesetze oder bürokratische Verbote einschließen, und heraus kommt ein drastischer Verlust an Freiheit.« Das ist spitz formuliert, mit einem bösen Unterton, der aus der Sorge erwächst.

Meinungsfreiheit und Kunstfreiheit mögen nicht nur für religiöse Menschen bisweilen eine arge Zumutung sein. Auch das Justemilieu hat mittlerweile heilige Kühe. Ärgern soll man sich. Debatten sind nötig. Davon lebt eine offene Gesellschaft. Aber sie braucht eine Verwandlung von Gefühlen in Argumente, im Falle von Kunstwerken auch der ästhetischen Argumente. Wer das Verbot zu Ende denkt, der endet bei der Zensur. Zensur aber ist die größte Gefahr der Freiheit. Das Verbot, das ich fordere, kann über kurz oder lang auch mich selbst erwischen.

Gegen die Überwältigung durch den eigenen Affekt ist ein Blick in die gute alte Tugendlehre vielleicht das Gebot der Stunde. Besonnenheit etwa oder das rechte Maß verschaffen für den Moment Distanz vom eigenen Gefühl. Die Kränkung ist nicht mehr ganz so stark, wenn Überlegung und Nachdenklichkeit der eigenen Aktion vorgeschaltet sind. Respekt und Freimut, aber auch Gelassenheit und Humor könnten die neuen Tugenden werden, mit denen sich unsere Gesellschaft aus den Fängen der Angst und der Gruppenerregung befreit. Verletzte Gefühle haben übrigens auch eine Geschichte. Wie die Geschichte der Bilder von George Grosz. Heute finden sie sich in beinahe jedem Religionsbuch.

Differenzieren. Versachlichen. Gebrauchsanleitung für das Spannungsfeld Kunst- und Religionsfreiheit

Jakob Johannes Koch —— **Politik & Kultur 2/2015**

Kommt es zu Spannungen zwischen der Kunstfreiheit und dem Religionsschutz, so verfügt Deutschland über einen gut sortierten rechtsstaatlichen Werkzeugkasten. Bei Ignoranz indes beschädigt man das Werkzeug, beschädigt sich selbst – und auch andere.

Die Faustregel lautet daher: Differenzieren und Versachlichen. Nehmen wir das Beispiel künstlerischer Satire, das heißt, fiktivspöttischer oder karikierender Darstellungen: Die Verspottung eines bestimmten religiösen Amtsträgers ist etwas grundlegend anderes als die explizite Schmähung des zentralen Gottesglaubens einer Religion. Einer Satire, die deutlich zu Gewaltakten gegen eine Religionsgemeinschaft aufhetzt, ist völlig anders zu begegnen als einer mit sarkastischem Witz vorgebrachten Religionskritik. Oder: Eine einzelne religionsverächtliche Äußerung im internen Forum muss anders bewertet werden als eine in der Öffentlichkeit überall sichtbare, breit gestreute Beleidigungskampagne usw. So kompliziert das alles klingen mag – in Deutschland ist nichts davon dem Zufall überlassen. Selbstjustiz ist daher keine Option.

Das richtige Werkzeug finden

Um auf dem Spannungsfeld Kunst-/Satirefreiheit und Religionsschutz nötigenfalls das richtige Werkzeug anzuwenden, muss man zunächst die sechs gängigen Konflikttypen identifizieren:

1. Hetze zu kollektivem Hass und zu Gewalt- oder Vernichtungsakten gegen Mitglieder eines religiösen Bekenntnisses, einer Religionsgesellschaft oder einer Weltanschauungsvereinigung (im Folgenden: »Religion«) im Werk- und/oder Wirkbereich einer künstlerisch-ästhetischen oder satirischen Äußerung; Kurzbezeichnung: Volksverhetzung.
Eine künstlerische oder satirische Äußerung (im Folgenden: »eine Äußerung«) stellt religiöse Inhalte eindeutig identifizierbar dar und verknüpft diese Darstellung mit verleumderischen und schmähenden Darstellungen, die geeignet sind, kollektiven Hass auf die Mitglieder/Vertreter einer Religion hervorzurufen oder sogar zu Gewalt- oder Vernichtungsakten gegen diese aufzuhetzen.

2. Böswillige Verhöhnung, Schmähung, Herabwürdigung von Inhalten des Kultes, der Lehre und/oder der konstitutiven Schriften einer Religion im Werk- und/oder Wirkbereich einer künstlerischen oder satirischen Äußerung; vulgo: Blasphemie.

Eine Äußerung stellt Bestandteile des Kultes, der Lehre und/oder der konstitutiven Schriften einer Religion (im Folgenden: »religiöse Inhalte«) eindeutig identifizierbar dar und verknüpft diese Darstellung mit eindeutig verhöhnenden, schmähenden, herabwürdigenden Attributen bzw. Darstellungen.

3. Verletzung der Persönlichkeitsrechte eines bestimmten Mitglieds einer Religion im Werk- und/oder Wirkbereich einer künstlerischen oder satirischen Äußerung.

Eine Äußerung stellt ein bestimmtes Mitglied einer Religion eindeutig identifizierbar dar und verknüpft dies mit Darstellungen, die geeignet sind, die Persönlichkeitsrechte – insbesondere das Recht auf Ehre – der dargestellten Person zu verletzen.

4. Häresie (= religiöse »Irrlehre«) im Werk- und/oder Wirkbereich einer künstlerischen oder satirischen Äußerung.

Eine Äußerung stellt religiöse Inhalte eindeutig identifizierbar dar und verändert sie derart, dass eine neue theologische Aussage entsteht, die der Lehre der betroffenen Religion substanziell widerspricht.

5. Religionskritik im Werk- und/oder Wirkbereich einer künstlerischen oder satirischen Äußerung.

Eine Äußerung stellt religiöse Inhalte eindeutig identifizierbar dar und verknüpft dies mit Darstellungen, welche Kult, Lehre, konstitutive Schriften und/ oder institutionelle Verfasstheit der betroffenen Religion kritisieren, das heißt, mit künstlerischen oder satirischen Mitteln als unrichtig, inhuman, unmoralisch, absurd etc. darstellen.

6. Unübliche Darstellungen der Lehre und/oder Überlieferung einer Religion im Werk- und/oder Wirkbereich einer künstlerischen oder satirischen Äußerung.

Eine Äußerung stellt religiöse Inhalte auf eine Art und Weise dar, die formal, technisch, kompositorisch, morphologisch und/oder medial von der herkömmlichen Ikonographie in einem oder mehreren Parameter(n) deutlich abweichen.

Die Gebrauchsanleitung strikt beachten

Die angemessene Handhabung der beschriebenen sechs Konflikttypen bedarf einer rechtsstaatlichen »Gebrauchsanleitung«:

1. Volksverhetzung: ist rechtsstaatlich stets relevant, insofern sie schwerwiegendes illegales Handeln wie Sachbeschädigung, Körperverletzung, Totschlag oder Mord bewirken kann. Gleichwohl gilt diese Rechtsnorm generell, ist mithin nicht allein an einen religiösen Kontext geknüpft.

2. Blasphemie: ist rechtsstaatlich irrelevant, solange der öffentliche Friede nicht gestört ist. Das geschützte Rechtsgut ist folglich nicht der Inhalt einer theologischen Lehre oder eines religiösen Bekenntnisses, den kann und darf der weltanschaulich neutrale Staat gar nicht beurteilen, sondern der Zustand allgemeiner Rechtssicherheit, befriedeten Zusammenlebens und Vertrauens der Bevölkerung in die Fortdauer dieses Zustandes (Sicherheitsgefühl). Dies gilt reaktiv wie präventiv: Wenn es zu einer ernsthaften Störung des »öffentlichen Friedens« kommt oder höchstwahrscheinlich zu kommen droht oder wenn eine künstlerische/satirische

Aktion in Tateinheit mit strafbaren Delikten, wie z. B. Störung der Religionsausübung, Hausfriedensbruch, Persönlichkeitsrechtsverletzung oder Körperverletzung, einhergeht, greift der berühmte § 166 Strafgesetzbuch (»Beschimpfung von Bekenntnissen, Religionsgesellschaften und Weltanschauungsvereinigungen«) sowie in Tateinheit die betreffende andere Rechtsnorm.

3. Persönlichkeitsrechtsverletzung: ist rechtsstaatlich dann relevant, wenn die Ehre einer bestimmten Person verletzt wird, was voraussetzt, dass die betreffende künstlerische oder satirische Darstellung nicht fiktional ist. Diese Rechtsnorm gilt freilich über den religiösen Bereich hinaus.

4. Häresie: kann niemals eine Kategorie des säkularen Rechts sein. Sie ist im Rahmen der Grundrechte der Kunst- und Meinungsfreiheit erlaubt und deshalb interessiert sie den Rechtsstaat nicht. Das müssen die Religionsgesellschaften selbst regeln: entweder diskursiv oder ignorierend, aber natürlich immer verfassungskonform und rechtlich integer.

5. Religionskritik: ist im Rahmen des Grundrechts der Kunst- und Meinungsfreiheit erlaubt. Es ist den Religionsgesellschaften selbst anheimgegeben, ob und wie sie darauf eingehen, sofern sie sich nur im Rahmen geltenden Rechts bewegen.

6. Unübliche Darstellung: ist selbstverständlich im Rahmen des Grundrechts der Kunst- und Meinungsfreiheit erlaubt. Wird oft mit Blasphemie oder Häresie verwechselt, ist aber allenfalls eine »gefühlte Blasphemie« oder »gefühlte Häresie«.

Ein wichtiger Nachtrag zum »Blasphemie«-Paragraphen § 166 StGB: Man könnte ihn ja so lesen, als komme nur jene Religionsgesellschaft zu ihrem Schutzrecht, die auf Blasphemie mit Gewalt reagiert. Dann aber wäre diese Rechtsnorm eine indirekte Aufforderung zu Straftaten, was selbstverständlich nicht intendiert ist. Dreh- und Angelpunkt ist vielmehr die Interpretation dessen, was als »öffentlicher Friede« bezeichnet wird: In einem demokratischen Rechtsstaat ist der öffentliche Friede dann gefährdet, wenn die Mitglieder einer Religionsgesellschaft aufgrund der Folgen einer gezielten blasphemischen Diskriminierungskampagne in ihrer Existenz als kulturell tolerierte, bürgerschaftlich respektierte und in ihren Artikulationsmöglichkeiten gesellschaftlich gleichberechtigte Gruppierung nachhaltig eingeschränkt werden. Dann nämlich ist einer Religionsgesellschaft die friedliche Existenz als Teil eines Gemeinwesens nicht mehr möglich und sie bedarf staatlichen Schutzes. Diese Definition von »öffentlicher Friede« ist also nicht enggeführt auf physische Gewalt – die ist ohnehin strafbar und muss Gegenstand allgemeiner Prävention sein –, sondern sie beschreibt »Friede« in einem ganzheitlichen, ideell-sozialen Sinn.

Ist Religionskritik per se etwas Schlechtes?

Aus christlich-theologischer Sicht kann der unbeschränkt souverän geglaubte Gott nicht gekränkt werden; er muss folglich von den »Rechtgläubigen« nicht verteidigt werden. Dies ergibt sich unmissverständlich aus dem biblischen Weizen-Unkraut-Gleichnis, wo der Hausherr gebietet, das Unkraut nicht auszureißen: »Sonst reißt ihr zusammen mit dem Unkraut auch den Weizen aus. Lasst beides wachsen bis zur Ernte« (Mt 13, 24–30). Sich in seinen religiösen Gefühlen verletzt fühlen zu müssen, ist eine Zumutung. Doch tut man als Betroffener stets gut daran, zu prüfen, ob es eine »gefühlte« oder tatsächliche Verletzung ist und wie man damit passgenau umgeht. Gegen blasphemische Diskriminierungskampagnen, Persönlichkeitsrechtsverletzung oder gar Volksverhetzung gibt es die Werkzeuge des Rechtsstaates. Aber jenseits dessen ergeben sich aus fair vorgebrachter Religionskritik öffentlich beachtete Diskurse, aus denen eine Religionsgemeinschaft, die mit Sachargumenten zu überzeugen weiß, durchaus einen Zugewinn öffentlicher Sympathie schöpfen kann. Sollte sich aber die Religionskritik sachlich als berechtigt erweisen, dann tut die betroffene Religionsgesellschaft gut an einer Kurskorrektur. Wie zum Beispiel im Christentum, hier gab die abstrakte sakrale Kunst des 20. Jahrhunderts wesentliche, durchaus religionskritisch gemeinte Impulse zur Überwindung eines patriarchalisch vereinnahmten Gott-Vater-Bildes. Eine Religionsgemeinschaft wird dadurch ihr Gesicht nicht verlieren.

Fazit

Die Kunstfreiheit und die Religionsfreiheit sind gleichermaßen wertvolle ideelle Güter. Störfälle auf diesem Feld sind in Deutschland eher selten. Sollten Diskriminierungs- und Gewaltfronten entstehen – ganz gleich ob unter dem vorgeblichen Label »Religion« oder »Kunst« oder »Satire« –, dann ist juristisches Eingreifen mit den gegebenen Werkzeugen vonnöten. Aber im Normalfall sollte man Provokateuren auf beiden Seiten – fundamentalistischen Eiferern und trashigen Profilneurotikern – nicht noch zur Aufmerksamkeit verhelfen. Übrigens: Nicht alles, was vom Standpunkt des Rechts her zulässig ist, ist auch ethisch vertretbar. Auch außerhalb des Justiziablen kann eine Gesellschaft auf »vulgäre Ausdrücke der Geringschätzung und verantwortungsloses Gießen von Öl ins Feuer des Hasses zwischen Menschen und Kulturen« (Tomáš Halík) gut verzichten. Es ist an der Zeit, eine neue Kultur des Respekts zu vergewissern. Das gilt für alle.

Kunst- und Meinungsfreiheit: Über die Grenzen der grenzenlosen Freiheit?
Ein Kommentar zur Kunst- und Meinungsfreiheit

Olaf Zimmermann — **Politik & Kultur 2/2015**

Um es gleich vorweg zu nehmen, das Töten von Mitgliedern einer Zeitungsredaktion ist schändlich, niederträchtig und verachtenswert, ganz egal, ob die Grenzen der Kunst- und Meinungsfreiheit von ihr überschritten wurden oder nicht. Das gilt ganz unabhängig davon, ob religiöse Gefühle verletzt wurden oder nicht. Du sollst nicht töten, dieses Gebot gilt für Juden, Christen und Muslime gleichermaßen, wenn sich schon auf den Einen Gott berufen wird.

Die Kunst- und Meinungsfreiheit gehören zu den Grundrechten. Lange wurde dafür gestritten. Viele Künstler, aber auch Drucker, Verleger und Bibliothekare wurden wegen der Publikation unliebsamer Schriften oder Bilder verfolgt und auch getötet. Und noch längst gilt nicht in allen Teilen der Welt die Kunst- und Meinungsfreiheit.

Dennoch wird nach Anschlägen wie auf die Redaktion der französischen Zeitung Charlie Hebdo im Januar dieses Jahres oder den Bedrohungen des Karrikaturisten Kurt Westergaard immer wieder die Frage laut, ob es nicht doch Grenzen der Kunst- und Meinungsfreiheit gibt.

Diese Grenzen gibt es zum einen im Recht. In Paragraf 166 des deutschen Strafgesetzbuches ist beschrieben, »wer öffentlich oder durch Verbreiten von Schriften den Inhalt des religiösen oder weltanschaulichen Bekenntnisses anderer in einer Weise beschimpft, die geeignet ist, den öffentlichen Frieden zu stören, wird mit Freiheitsstrafe bis zu drei Jahren oder mit Geldstrafe bestraft«. In Absatz 2 dieses Paragrafen wird auf Kirchen oder andere Religionsgemeinschaften Bezug genommen. Auch in Deutschland ist also im Namen der Kunst- und Meinungsfreiheit nicht alles möglich, wenn auch der Rahmen glücklicherweise weit geschlagen wurde.

Doch ist das Recht die einzige Grenze? Gibt es nicht auch die Frage des Respekts vor religiösen Gefühlen? Bis Anfang des 21. Jahrhunderts spielten zumindest in Teilen der westlichen Welt, zu der eindeutig Deutschland gehört, vielfach religiöse Gefühle kaum mehr eine Rolle. So gut wie alles war erlaubt und so mancher religiöse Mensch fragte sich im stillen Kämmerlein, ob alles, was erlaubt ist, auch gemacht werden muss. Der Anschlag auf das World Trade Center in New York am 11. September 2001 markierte einen Einschnitt. Auf einmal standen der Islam und der Westen einander unversöhnlich gegenüber. Und viele Menschen, zu denen ich mich auch zähle, spürten erstmals so deutlich die Entfremdung zwischen der westlichen, weitgehend säkularen Welt und dem Islam.

Etwas mehr als ein Jahrzehnt steht nun der Islam im Fokus politischer, aber auch künstlerischer und journalistischer Auseinandersetzungen. Dabei ist auf der einen Seite eine große Verunsicherung zu spüren. Wie weit darf gegangen werden? Was verletzt Gefühle von Muslimen? Diese Verunsicherung speist sich teilweise auch aus geringem Wissen über Religion im Allgemeinen und den Islam im Besonderen. Der Deutsche Kulturrat hat daher in seiner Zeitung Politik & Kultur unter der Überschrift »Islam Kultur Politik« zwei Jahre lang Beiträge zum Thema veröffentlicht. Diese wurden 2013 im gleichnamigen Buch noch einmal gesammelt veröffentlicht. Das Buch soll einen Beitrag zur Versachlichung der Diskussion um den Islam leisten und Informationen über den Islam bereitstellen. Die Verunsicherung im Umgang mit dem Islam führt teilweise aber auch zu einem vorauseilenden Gehorsam, der dazu führt, bestimmte Beiträge oder Bilder nicht zu veröffentlichen, weil sich möglicherweise Muslime verletzt fühlen könnten.

Neben der Verunsicherung gibt es aber auch die Haltung in der westlichen Welt des »jetzt erst recht«. Hier wird gezielt provoziert und verletzt und sich dann auf die Kunst- und Meinungsfreiheit berufen. Ich bin der festen Überzeugung, dass jeder, der in die Öffentlichkeit tritt, sei es als Künstler oder als Journalist, sich Gedanken um die Auswirkungen seines Tuns machen muss. Das gilt auch für Satiriker und Karikaturisten.

Nun gibt es in Frankreich aufgrund des lange bestehenden laizistischen Staatsverständnisses andere Grenzen als in Deutschland. Auch hat die Karikatur als Kunstform einen deutlich höheren Stellenwert als es in Deutschland der Fall ist. Dennoch besteht auch dort eine engagierte Debatte über die Grenzen der grenzenlosen Freiheit.

»Je suis Charlie« war die Reaktion auf die Tötung der Redakteure von Charlie Hebdo. Das hieß, ich stehe für Kunst- und Meinungsfreiheit, auch wenn mir manche künstlerische Position oder Meinung nicht gefällt. Es

war wichtig und richtig, dass so viele Menschen sich so klar und eindeutig positioniert haben. In Deutschland hatte der Zentralrat der Muslime nach den Anschlägen in Paris zu einer Mahnwache aufgerufen und hat damit ein Zeichen gegen Gewalt und auch für Kunst- und Meinungsfreiheit gesetzt. Das waren sehr wichtige Akzente.

Doch ist damit das Thema nicht erledigt, dazu ist es viel zu komplex und bietet zu viele Reibungspunkte. Diese intensiver zu diskutieren, ohne das Grundrecht in Frage zu stellen, ist mehr als nur eine spannende Herausforderung, es ist überfällig.

Wie weit muss Jugendschutz gehen?
Was hat Vorrang: Jugendschutz oder Kunstschutz?

Elke Monssen-Engberding — **Politik & Kultur 4/2014**

Kunst-, Wissenschafts- und Meinungsäußerungsfreiheit sind grundgesetzlich (Art. 5, Abs. 1 und 3 Grundgesetz) geschützt. Um diese Freiheiten einerseits zu garantieren und andererseits mit der ebenfalls im Grundgesetz (Art. 1, Abs. 1 i. V. mit Art. 2, Abs. 1 GG) verankerten Aufgabe des Jugendschutzes in Einklang zu bringen, hat der Gesetzgeber ein differenziertes Regelwerk geschaffen, das den unterschiedlichen Grad der Gefährdung der Entwicklung von Kindern und Jugendlichen berücksichtigt.

Grundsätzlich gilt, dass nicht alles, was jugendgefährdend ist, auch ohne Weiteres indiziert werden darf. Neben der Meinungsfreiheit und Freiheit der Wissenschaft kann auch die Kunst den Vorrang vor dem Jugendschutz beanspruchen. Die höchsten Gerichte haben hierzu mehrfach Stellung genommen und dabei ihre Ansicht zu der Frage, wie Kunst und Jugendschutz miteinander zu vereinbaren sind, wiederholt geändert. Die aktuellste Aussage zum Verhältnis Kunst – Jugendschutz ist der Mutzenbacher-Entscheidung des Bundesverfassungsgerichts vom 27.11.1990 (BVerfGE 83, 130–155) zu entnehmen: Die Bundesprüfstelle für jugendgefährdende Medien hat grundsätzlich in jeder Entscheidung eine Abwägung zwischen den Belangen des Jugendschutzes und – je nach Art des Mediums – der Kunst- und der Wissen-schaftsfreiheit und dem Grundrecht auf freie Meinungsäußerung vorzunehmen. Kunst ist nach der Entscheidung des Bundesverfassungsgerichts das Ergebnis freier schöpferischer Gestaltung, in der Eindrücke, Erfahrungen und Fantasien des Künstlers zu unmittelbarer Anschauung gebracht werden. Dies ist unmittelbarer Ausdruck der Persönlichkeit des Künstlers.

Geschützt sind die künstlerische Betätigung und die Darbietung und Verbreitung des Kunstwerks, der sogenannte Werkbereich und der Wirkbereich. Die Kunstfreiheit enthält das Verbot, auf Methoden, Inhalte und Tendenzen der künstlerischen Tätigkeiten einzuwirken, insbesondere den künstlerischen Gestaltungsraum einzuengen, oder allgemein verbindliche Regelungen für diesen Schaffungsprozess vorzuschreiben. Dabei wird heute von der Rechtsprechung und der Rechtswissenschaft ein »offener« Kunstbegriff vertreten. Kunst ist danach gekennzeichnet durch einen subjektiven schöpferischen Prozess, dessen Ergebnis vielfältige Interpretationsmöglichkeiten zulässt. Das bedeutet, dass Kunst das ist, was der Künstler als Kunst bezeichnet und worüber andere streiten, ob es Kunst ist.

Es ist in diesem Zusammenhang eine werkgerechte Interpretation vorzunehmen. Der künstlerische Wille des Urhebers, die Gesamtkonzeption des Werkes und seine Gestaltung im Einzelnen sind zu beachten. Allerdings sind daneben auch die realen Wirkungen eines Kunstwerkes zu berücksichtigen: Minderjährige können etwa ein Werk anders verstehen, als Erwachsene es tun.

Die Kunstfreiheit umfasst auch die Wahl eines jugendgefährdenden, z. B. Gewalt und Sexualität aufgreifenden Inhalts sowie dessen Verarbeitung nach der von dem Künstler selbst gewählten Darstellungsart. Doch das Grundrecht des einen kann nur so weit gehen, wie es die Grenzen der Grundrechte anderer nicht überschreitet. Den Gremien der Bundesprüfstelle obliegt es daher, die Beschränkung von Kunstfreiheit auf der einen Seite und die Wahrung des Jugendschutzes auf der anderen Seite in einen gerechten Ausgleich zu bringen. Ist im Ergebnis der Kunst der Vorrang einzuräumen, so ist eine Indizierung trotz Jugendgefährdung nicht zulässig. Überwiegt dagegen die Jugendgefährdung, so darf das Kunstwerk indiziert werden.

Als Fazit dieser Ausführungen ist darauf hinzuweisen, dass die Gremien der Bundesprüfstelle für jugendgefährdende Medien daher bei jeder Entscheidung den entsprechenden Abwägungsprozess zwischen Kunstschutz einerseits und Jugendschutz andererseits durchzuführen haben.

4

Die Diskussion um einen Kanon

Mit Beiträgen von:

Jörg-Dieter Gauger, Christian Höppner,

Birgit Jank, Gabriele Schulz, Claudia Schwalfenberg

und Hermann Wilske

Ohne Fakten geht es nicht
Warum kulturelle Bildung einen Kanon braucht

Jörg-Dieter Gauger — Politik & Kultur 6/2006

Um einem Missverständnis vorzubeugen: Die folgenden Bemerkungen beziehen sich nicht auf die außerschulische Jugendbildung, auf Musikschulen, auf außerunterrichtliche Aktivitäten oder gar auf jenen umfassenden, lebenslangen und individuellen Prozess, den wir mit »Bildung« bezeichnen wollen.

Es geht um den regulären Schulunterricht, und für den hat Bundespräsident Horst Köhler am 21. September 2006 in seiner »Berliner Rede« wieder eine einfache Wahrheit formuliert: »Die Schule soll jungen Menschen doch das vermitteln, was nötig ist, um sich in der Welt zurecht zu finden, um selbstständig weiter zu lernen und um Neues beurteilen zu können. Dabei aber sind Maßstab und Richtschnur nötig. Das griechische Wort für ›Richtschnur‹ heißt: Kanon. Gerade im Bildungswesen braucht man eine klare Vorstellung vom Maßgebenden und Maßgeblichen. Der Inhalt des Bildungskanons wird immer im Wandel bleiben, denn immer kommt Neues hinzu, und Altes veraltet. Aber was wirklich Maß gibt, das hat lange Bestand.« Damit hat der Bundespräsident der sich in seiner Rede auch ausdrücklich zur ästhetischen Bildung bekannte, den Blick darauf gelenkt, dass die Verständigung über konkrete grundbildende Inhalte wieder in das Zentrum schulpolitischer Debatten gehört. Darauf hat auch Altbundespräsident Roman Herzog in

der ihm eigenen Deutlichkeit hingewiesen, als er in seinem jüngsten Buch 2005 mahnte: »Entscheidend ist, was die kommenden Generationen tatsächlich wissen, wenn sie das Bildungssystem verlassen. Alles andere ist von sekundärer Bedeutung.«

Denn jenseits aller Strukturfragen, ob Gemeinschaftsschule, Gesamtschule oder gegliedertes System, die Frage danach, »was« gelehrt und gelernt wird, ist die eigentliche didaktische Herausforderung, aber man hat sie allzu lange durch die Frage nach dem »wie«, also nach der Methode, und nach den äußeren Rahmenbedingungen überspielt. Die Resultate sind nicht berauschend. Dafür nur einige Belege aus jüngerer Zeit: Bundestagspräsident Norbert Lammert beklagt (Focus 36/2005) »einen lausigen Zustand der kulturellen Bildung«; Anne Sophie Mutter sorgt sich (WamS vom 13. August 2006) »um Bach und Mozart. Ihre Musik existiert in Kindergärten und Grundschulen fast gar nicht mehr.« Nach einem Bericht der FAZ vom 28. Dezember 2002 konfrontiert eine deutsche Großbank ihre Nachwuchsmanager in eigenen Kursen mit Musik. Sie lernen dort, dass Beethoven neun Symphonien, aber nur eine Oper geschrieben habe und dass Mozart und Haydn zur deutschen Klassik gehören. Der Direktor des Deutschen Historischen Museums Hans Ottomeyer diagnostiziert

»eine wachsende Desorientierung« (Spiegel 21/2006): »Unser kulturelles Gedächtnis löst sich auf. Geschichtsunterricht ist in den meisten Schulen in der Oberstufe seit langem abgeschafft zugunsten politischer Weltkunde oder ähnlicher Fächer. Ich lehre an der Humboldt-Universität, Friedrich II. kennen die Studenten noch, aber davor ist Dunkel.« Spiegel: »Fehlanzeige auch bei Luther oder Barbarossa?« Antwort: »Weit schlimmer. Mich fragen Studenten im 5. Semester: »Was ist denn das gewesen, 'ne Kirche? Was haben die Menschen da früher gemacht? Eine Moschee haben wir ja schon mit der Schule besucht, wegen der Toleranz und so.«

Das sind nur einige Stimmen zum Zustand der kulturellen Bildung und ihren »Resultaten« an unseren Schulen: Verdampfen des kulturellen Gedächtnisses, Null-Wissen, Verschwinden der historischen Dimension und Tradition, die »Furie des Verschwindens« mit dem schönen Bild Hegels ist in unsere Schulen eingezogen.

Dass wir die Debatte über »Maßgebendes und Maßgebliches« jetzt wieder intensiv führen, ja offenbar führen müssen, ist der beste Beleg dafür, dass dieser Eindruck stimmt. Die Konrad-Adenauer-Stiftung hat deswegen 2000 ihre Initiative »Bildung der Persönlichkeit« begründet, deren Ergebnisse 2006 auch in Buchform erschienen sind (Herder-TB), die sich allerdings nicht nur darauf beschränken zu fordern, sondern auch ganz konkrete Vorschläge für Kerncurricula, im Bereich der kulturellen Bildung für den Deutsch-, Geschichts- und Musikunterricht, vorzulegen; die dort geäußerten Grundsätze gelten auch für die bildende Kunst. Das hat teils positiv zustimmende, teil erregt abwehrende Reaktionen herausgefordert: Dass führende Musikdidaktiker auf ein 14-Seiten-Papier mit einer 160seitigen Widerlegung (im ConBrio-Verlag) antworten, zeigt den Grad der Betroffenheit. Denn machen wir uns nichts vor, auch

Kompetenzbeschreibungen wie die hochgelobten »Bildungsstandards« entlasten nicht von der Aufgabe, sie an Inhalten zu konkretisieren, daher konkrete Inhalte zuzuordnen, um wieder das zu leisten, was Ulrich Raulff in der Süddeutschen Zeitung einmal anlässlich unseres Geschichts»kanons« geschrieben hat, den Autoren käme es darauf an, »ein wenig Allgemeinbildung zu retten«. Genau darum geht es! Was ist denn kulturelle Allgemeinbildung etwa am Beispiel der Musik? Das war unsere Leitfrage, die wollten wir einmal konkret beantworten, nicht mit den üblichen vagen Floskeln.

Wir leben in einer Zeit zunehmender Dekultivierung, in den Massenmedien herrscht das Vulgäre und der Trash, unsere Jugend ist einer Fülle von Miterziehern ausgeliefert, auch und gerade kulturell. Friedrich Tenbruck hat schon 1965 darauf hingewiesen, dass die moderne Jugend sich von den vorhergehenden Jugendphasen dadurch unterscheide, dass sie übersozialisiert werde, weil ihnen jenseits von Familie und Schule ein außerordentlich vielfältiges Rollenverhalten abverlangt wird, das sich durch die Angebote der neuen Medien noch weiter verstärkt hat. Wo soll da Orientierung herkommen? Wer sich auf die »Eigenwelt« unserer Schüler beschränken will oder auf ihre »Lebensweltlichkeit«, versetzt den meisten Fächern den Todesstoß: Was man im normalen Leben an »Physik« braucht, ist so minimal, dass man dafür das Fach nicht benötigt. Das gilt gleichermaßen auch für andere Fächer: Ich kann im Leben auch ohne Karl den Großen, Mozarts »Don Giovanni«, ohne Latein oder höhere Mathematik auskommen, Werner Fuld hat das in seinem Buch »Die Bildungslüge« (2004) ja eindrucksvoll vorgeführt. Wir müssen uns also darüber verständigen, was die Schule als Einrichtung der Gesellschaft, die allgemein verbindlich ist, der keiner entkommt und die allein systematisch arbeiten kann, leisten soll im Unterschied zu anderen, mehr oder minder zufälligen »Miterziehern«? Hat die Schule einen besonderen und auch beschreibbaren Bildungsauftrag, und zwar jenseits der ihr immer obliegenden Berufsbefähigung und der ihr heute immer mehr zuwachsenden sozialen Betreuung?

Wenn die Schule eine allgemein verbindliche und für alle vorgesehene Institution ist, hat sie das Allgemeine, das Repräsentative, das Exemplarische und das Fundamentale zu vermitteln, und zwar unter dem Aspekt von »Bildung«. »Eine wirkliche Reform der Bildungsinhalte (...) setzt zumindest Idealvorstellungen über das voraus, was ein moderner Mensch an Wissen benötigt, um einerseits als ›gebildet‹ zu gelten und andererseits den Anforderungen der Zeit gerecht werden zu können.« (Roman Herzog) Wir wissen alle um die Schwierigkeit des Bildungsbegriffs, aber wenn man die bekannten Protagonisten durchmustert, Humboldt, Hegel, Nietzsche und Adorno und schließlich aktuelle bildungstheoretische Positionen bis hin zu Klafkis »Schlüsselproblemen«, so geht es immer wieder um »Kultur«, um Aneignung von »Kultur« und um »Kultur« als Lebensform. Grundlage von Bildung als subjektiver Aneignung von »Kultur« ist konkretes, sich immer wieder erweiterndes/erneuerndes/vertiefendes »Wissen«: Bildung ohne Wissen ist leer, wer nichts weiß, muss alles glauben, wird nicht zum Subjekt, sondern bleibt Objekt. »Bildungswissen«, verstanden als strukturiertes, übernützliches, aufklärendes Wissen, erschließt die vielfältigen Dimensionen des Menschseins, klärt auf über das eigene Selbstverständnis vor dem Hintergrund alternativer Lebensformen oder Möglichkeiten menschlicher Existenz im Spiegel fremder Kulturen, früherer Weltbilder und Epochen, weiß nicht nur um den rationalen, sondern auch um den symbolischen, ästhetischen und religiösen Zugang zur Welt, fördert das

Verstehen von Kultur und Natur, von Politik und Gesellschaft, konfrontiert mit ethischen Entscheidungen. Bildung ist daher »emanzipatorisch«, begründet innere Freiheit, ermöglicht Distanz zum jeweiligen Zeitgeist, schafft daher Selbständigkeit und damit Selbstbewusstsein, sie trägt also zur Lebensqualität bei. Der Begriff signalisiert, dass es um mehr geht als um ein Alphabetisierungsprogramm für »Risikogruppen« oder um »PISA«-Erfolge. Der Auftrag der Schule kann dann nur darin bestehen, das »Basislager« für künftige individuelle Bildungsprozesse zu sein, und zwar durch das grundlegende Erschließen der anthropologischen Dimensionen: symbolisch, ästhetisch, religiös, ethisch, historisch, räumlich usf., das mit den verschiedenen Zugangsformen zur Welt vertraut macht.

Die Frage, was »grundlegendes Erschließen« bedeutet, gilt natürlich für die kulturelle Bildung im engeren Sinne ebenso wie sie für die politische Bildung, den Deutschunterricht, den Geschichtsunterricht oder den Unterricht in den mathematisch-naturwissenschaftlichen Fächern gilt. Was gehört zu den grundlegenden kulturellen Gütern, die Schule durch Fachunterricht, der auf das Kognitive konzentriert ist, tradieren soll, etwa am Beispiel der Musik? Es kann dort doch wohl nur darum gehen, junge Menschen mit einer gewissen Musikkenntnis (vergleichbar der Literaturkenntnis), einem Grundwissen von Gestaltungsformen und von der Aufeinanderfolge von Musikepochen, also mit einem chronologischen Gerüst, einer Ahnung von bedeutenden Komponisten und maßgeblichen Werken und ihren Charakteristika ins Leben zu entlassen und darauf zu hoffen, dass sie das Interesse daran im Laufe ihres Lebens nicht verlieren, sondern sogar noch weiter kultivieren. Schulbildung ist immer abgeschlossen, Bildungsprozesse sind lebenslang. Offensichtlich scheint das, wenn man sich das jüngste Jugendkulturbarometer ansieht und noch einmal an die eingangs genannten Feststellungen erinnert, an unseren Schulen immer weniger zu gelingen, und ich fürchte, wenn wir eine Umfrage, wie sie für die deplorablen Geschichtskenntnisse ja des Öfteren erhoben wird, auch für Musikkenntnisse durchführen würden, dass wir dann bei der kulturellen Tradition auf tiefe Löcher stoßen würden. Bildung ohne Wissen aber ist und bleibt ein Null-Code, und das Reden über »kulturelle Identität«, »Kulturnation«, gar »Leitkultur« können wir gleich ad acta legen, weil der Resonanzboden fehlt.

Man mag ja verschiedene Wissensformen unterscheiden, und sicher ist das »Faktenwissen«, wie man es herabsetzend gerne nennt, nicht das einzige Wissen, das Schule vermitteln soll. Aber ohne solide »Fakten« geht es auch nicht. Ohne ein solches Grundgerüst wird sich das verstärken, was jeder, der mit jungen Menschen umgeht, kennt: Es verschwimmt alles im Ungefähren, oder es ist gar nichts mehr da: So hat der zunehmende religiöse Analphabetismus unserer Gesellschaft, der nicht einmal mehr die einfachsten biblischen Motive zu kennen scheint, für die kulturelle Bildung katastrophale Folgen, denn Literatur, Musik, Malerei, Skulptur, Architektur usf. sind nun einmal in unserem Kulturkreis ganz wesentlich durch christliche Motive geprägt. Wenn ich sie nicht kenne, verschließe ich mir von vornherein jeglichen Zugang dazu. Es ist nicht von ungefähr, dass Kunststudenten vor einer Abendmahlszene stehen und gar nicht wissen, worum es sich dabei eigentlich handelt.

Man kann natürlich fragen: Wie kommen wir zu fundamentalen, exemplarischen, repräsentativen Inhalten? Die etablierte Musikdidaktik scheint davor zurückzuscheuen. Ich glaube aber schon, dass wir uns zumindest bis 1900 auf eine Liste von Komponisten/Werken einigen könnten, die jeder, der

auch nur wenig Ahnung hat, für halbwegs repräsentativ halten würde. Und das gilt auch für die anderen kulturellen Ausprägungen. Denn hier ist die Antwort auf die Frage sehr wohl zu beantworten, was eigentlich im kulturellen Diskurs der Gegenwart lebendig ist, wovon man also etwas »wissen« müsste, um daran teilhaben zu können, was daher Begründung für Unterrichtsinhalte liefert, nicht nur in der Musik. Man muss sich ja nur die Spielpläne oder Festivals über einige Zeit ansehen, dann wird man feststellen, dass gewisse Namen und Werke geballt auftauchen, andere kaum. Oder man wird feststellen, dass Antike oder Klassik auf unseren Bühnen hochrepräsentiert sind, also zeitübergreifend als wertvoll betrachtet werden, was die jeweilige Moderne erst noch zu beweisen hätte. Das bedeutet: Kommunikative Teilnahme an Kultur setzt ein bestimmtes, von ihrer gesellschaftlichen Dominanz her begründbares Gerüst von Wissen voraus, das wiederum diesen kulturellen Diskurs spiegelt. Das mag man mit dem strengen Begriff, dem »Reizwort« Kanon belegen, Marcel Reich-Ranicki hat bekanntlich diesen qualitativen Kanonbegriff gewählt, auch wenn er im Modus der Bescheidenheit einschränkte, es handele sich natürlich nur um »Empfehlungen«. Rechtfertigen muss sich freilich nicht der, der in diesem kulturellen Rahmen verbleibt, sondern der, der aus diesem kulturellen Rahmen heraustritt, denn Kultur ist zunächst das, worin man lebt. Und kulturelle Identität gewinnt man zunächst einmal dadurch, dass man sich den eigenen Lebensraum geistig zu eigen macht.

Ist ein Werke-Kanon heute zeitgemäß?
Einige Gedanken zum Kanon und zu seiner Vergangenheit in der DDR

Birgit Jank — **Politik & Kultur 6/2006**

Durch die von der Konrad-Adenauer-Stiftung (KAS) vorgelegte »Bildungsoffensive durch Musikunterricht« und vor allem durch die darauf in kritischer Form Bezug nehmenden Aufsätze im Rahmen des 2006 im Con-Brio-Verlag erschienenen Buches »Bildungsoffensive Musikunterricht? Das Grundsatzpapier der Konrad-Adenauer-Stiftung in der Diskussion« ist die Frage nach einem verbindlichen Werke-Kanon für den Musikunterricht wieder recht intensiv entfacht worden.

Es geht hierbei nicht nur um eine theoretische Debatte, denn der Arbeitskreis für Schulmusik (AfS), einer der beiden großen Musiklehrerbände in Deutschland, identifiziert sich klar mit den in diesem Buch vertretenen Positionen und Inhalten und hat deshalb diese Publikation unterstützt und finanziell ermöglicht. In neuer Qualität ist so eine Diskussion zwischen Politik, Berufsverband und Wissenschaft in Gang gekommen, die einem gemeinsamen Anliegen dienen möchte: der Beförderung eines guten Musikunterrichts.

Es macht vielleicht Sinn, sich zunächst noch einmal zu vergewissern, welche Möglichkeiten und Grenzen ein Werke-Kanon haben kann. Hierbei möchte ich auch auf einige meiner Erfahrungen aus der DDR zurückgreifen, in der ja im Musiklehrplan für alle Schulstufen verbindlich Musikwerke und Lieder festgeschrieben waren, die im Musikunterricht eingeführt und behandelt werden sollten. Was also jetzt als mögliche Option mit der Perspektive einer vermeintlichen Bildungsoffensive diskutiert wird, ist in einem Teil Deutschlands über mehrere Jahrzehnte realisiert worden, es gibt also bereits Praxiserfahrungen mit einer solchen Unternehmung.

Ein Kanon setzt immer eine bestimmte Form von Unterricht durch, die sich letztlich bei einem vorgegebenen Werke-Kanon z. B. im Musikunterricht vorrangig an stofflichen Dimensionen orientiert. Es geht also dabei um Stoffe, weniger um Zielsetzungen, um Bildungsinhalte oder letztlich um die daran beteiligten Menschen wie die Schülerinnen und Schüler und die Lehrerinnen und Lehrer. Zu fragen wäre auch, ob es in einer sich immer wieder verändernden Kultur- und Musiklandschaft so etwas wie ein verbindlich anerkanntes, musikbezogenes Wissen und damit eine daraus ableitbare Werke-Liste überhaupt geben kann. Vielfalt der Kulturen und damit auch Musikalische Vielfalt in Deutschland zu befördern und zu erhalten ist wohl ein gesellschaftlicher Konsens, hinter den man nicht zurückgehen darf, will man an dem Prinzip einer demokratisch strukturierten Gesellschaft festhalten.

Ein Werke-Kanon gerät allzu schnell in die Gefahr, zu einem Zwangskorsett zu werden und somit die musikalische Praxis, das musikbezogene Nachdenken und den Austausch über und mit Musik zu blockieren. Andererseits bietet er für »den eiligen Lehrer« auch die »Möglichkeit«, sich nicht selbst auf die Suche nach einem geeigneten Musikstück für seine Klasse, für seine spezifische regionale Situation machen zu müssen. Diese Beförderung der Unselbständigkeit von Lehrerinnen und Lehrern hatte in der DDR System, wurde aber vielleicht gerade auch deshalb im Schulalltag immer wieder durchbrochen und dies gerade in den ästhetischen Fächern, die nicht immer unbedingt im Mittelpunkt des bildungspolitischen Interesses des Staates standen.

Eine in einer offiziellen bildungspolitischen Struktur (Rahmenlehrpläne, Prüfungsinhalte für das Abitur u.ä.) festgeschriebene Werke-Liste nimmt immer eine konservative Perspektive ein, da sie (notgedrungen) immer auf Bestehendes zurückgreifen muss und sich vorrangig am Gesicherten zu orientieren sucht. Zu dem kommt, dass sich in derart gestalteten curricularen Strukturen immer der Blickwinkel, der Geschmack, letztlich das Wertesystem der »aufschreibenden« und damit das Werk festsetzenden Fraktion niederschlägt. Dies war auch in der DDR so. Die ideologische Blickrichtung für die Werkauswahl war klar und in den Vorworten der offiziellen Bildungsdokumente auch eindeutig definiert. Wenn man aber einmal die ideologisch motivierten Musikwerke aus den DDR-Musiklehrplänen herausdenkt, so stellt man eine verblüffende Ähnlichkeit mit dem vorgeschlagenen KAS-Werke-Kanon fest, der sich vorrangig im Bereich der abendländischen Klassik festmachen lässt.

Wie ist das zu erklären? Offensichtlich stellt sich hier ein gesellschaftssystemisch-übergreifender Konsens her, was in der abendländischen Kultur als gut und wichtig anzusehen ist. Wer aber definiert diesen Konsens? Wo liegen die Kriterien, die Begründungen, die sozialen und kulturellen Passungen? Weder in den offiziellen DDR-Lehrplänen noch in der aktuellen Studie der Konrad-Adenauer-Stiftung sind hier wirklich überzeugende Antworten und differenzierende Sichtweisen auszumachen. Kritisch nachzufragen wäre das sicherlich auch aus der Perspektive der Musikwissenschaft: Gibt es für eine Musikepoche wirklich das repräsentative Werk, den markantesten Komponisten oder die eindeutige Aufführungspraxis? Ich wage dies mit aller Vorsicht zu bezweifeln.

Man könnte auch eine Art empirische Perspektive aufnehmen: Durch die verbindlichen Festlegungen der Lehrpläne wurden in der DDR z. B. die klassischen Musikwerke von Rostock bis Gera in den Musikunterricht gebracht und dies über die Jahrzehnte hinweg. Dies hat aber Kinder und Jugendliche nach meinen Beobachtungen und wissenschaftlichen Untersuchungen zu den Kinder- und Jugendmusikkulturen in der DDR nicht davor »bewahrt« oder gar davon abgehalten, sich konsequent der Rockmusik, der Liedermacherkultur oder dem eigenen Produzieren von Musik auf selbstgebauten Instrumenten zuzuwenden. Per Zwangsfestlegung in einem Musiklehrplan gelingt es also offensichtlich nicht oder nur sehr unzureichend, das traditionelle musikalische Erbe als Teil einer gedachten Allgemeinbildung und als Option für selbst gewähltes musikalisches Handeln zu zementieren oder wirklich zu etablieren.

Vielmehr gelang und gelingt dies Musiklehrerinnen und Musiklehrern dort, wo durch eine ausgewogene Balance von praktischem musikalischem Tun und dem neugierig machenden gemeinsamen Nachdenken über Musik, einer guten Reflexion des eigenen Unterrichts und der Berücksichtigung der Perspektiven von Schülerinnen und Schüler ein wirkliches Interesse an den ja tatsächlich existierenden ansprechenden Werken unserer eigenen Kulturgeschichte geweckt wird. Hierzu gehören ein Aushandlungsprozess ebenso wie die Schaffung guter motivierender Einstiege und Ermutigungen für die Schülerinnen und Schüler, sich mit dieser »anderen« Musik beschäftigen zu wollen. Wenn dies gelingt, besorgen sich Jugendliche nämlich auch selbst a-capella-Gesänge von Brahms aus dem Internet oder besuchen am Abend ein Oratorium in einer Kirche.

Der Wert musikalischer Bildung geht jedoch weit über das Erlernen musikalischer Werke und deren Geschichte hinaus. Die Bedeutung des Musikunterrichts für sämtliche Schulformen ist heute unbestritten und wird derzeit vor dem Hintergrund internationaler Bildungsrankings diskutiert. Nicht vergessen werden sollte hierbei, das es eine der schwersten Unternehmungen ist und immer sein wird, verbindlich belegbare und aktuell repräsentative Aussagen darüber zu erhalten, was Kinder und Jugendliche in den verschiedenen Bereichen der Musik wie Musikmachen, Musikhören oder Musik bewerten wirklich können, wo Interessenlagen liegen, wo Neuentwicklungen aufbrechen, da vieles von diesen Musikpraxen in schulfernen Zusammenhängen abläuft. Hier kommt Schule wohl auch an ihre institutionellen Grenzen und Möglichkeiten im Bereich der Musik.

Soll der Kanon also nun verdammt werden? Hier sind wohl differenzierende Betrachtungsweisen angebracht. Möglicherweise kann in einigen Bereichen ein klassischer Kanon als Orientierungshilfe gesehen werden. In den aktuellen erziehungswissenschaftlichen Diskussionen lösen heute jedoch schrittweise Kompetenzmodelle die vorhandenen Modelle kanonisierten Wissens ab. Das heißt, dass sich die Fächer und somit auch der Musikunterricht durch die eigenen Zielsetzungen und Bildungsvorstel-

lungen konstituieren und weniger durch Inhalte und Themen. Stehen ausschließlich die Werke im Mittelpunkt, so wird zwar musikgeschichtliches Denken befördert, die Entwicklung noch zu entdeckender eigener Kreativität und eines noch nicht definierten Gestaltungsinteresses an und mit Musik wird kaum gefördert. Ein wesentliches Anliegen eines modernen Musikunterrichts wird so möglicherweise ungenügend berücksichtigt.

Schließlich sei noch ein abschließender kurzer Blick auf die Musiklehrerausbildung erlaubt. Die Ausbildung von Musiklehrern in der DDR war stark methodisch orientiert, das heißt, man lernte an der Hochschule und in entsprechenden Praktika in den verschiedensten Facetten, z. B. ein Musikwerk in einen Klassenunterricht einzubringen. Warum gerade dieses Werk, darüber wurde kaum diskutiert, weil der Lehrplan die zu behandelnden Werke ja vorschrieb. Heute findet man an verschiedenen Ausbildungsstätten für Musiklehrer fast das andere Extrem: Über ästhetische Wertekategorien, (musik-) analytische Zugangsweisen, Bedeutsamkeiten eines Werkes in unterschiedlichen systematischen Kontexten werden in der Ausbildung sehr interessante Wege im Rahmen der Musikwissenschafts- und der Musikpädagogikausbildung erkundet. Was aber oft fehlt oder wegen kapazitärer Zwänge nur unzureichend umgesetzt werden kann, sind konkrete methodische Vermittlungsmöglichkeiten in ganz unterschiedlichen Klassensituationen mit der Möglichkeit einer geordneten Rückkopplung zu systematisch angelegten Lehrveranstaltungen an der Hochschule. Auch hier muss es also stärker darum gehen, überzeugende Kompetenzbeschreibungen für gelingende Musiklehrerprofile zu entwickeln und in den neu zu erarbeitenden Studienordnungen auch umzusetzen, anstatt sich vornehmlich auf Kanonisierungen von Musikstoffen und Themenbereichen zu konzentrieren.

Viel Lärm um nichts?!
Die Diskussion um einen Kanon

Gabriele Schulz — Politik & Kultur 6/2006

Die Konrad-Adenauer-Stiftung rief im Jahr 2000 die Initiative »Bildung der Persönlichkeit« ins Leben. Ausgangspunkt dieser Initiative war folgender Befund der Konrad-Adenauer-Stiftung: »In den vergangenen 30 Jahren gab es in Deutschland – bedingt durch falsche Reformansätze – zahlreiche Fehlentwicklungen in der Schulpolitik. Nord- und westdeutsche Bundesländer hatten daran auf Grund der jeweils vorherrschenden Regierungspolitik den Löwenanteil. Die aktuelle scheibchenweise Rücknahme früherer Entscheidungen räumt diese Irrwege – wenn auch indirekt – ein. Berufsbildende Schulen, Wirtschaft und Hochschule als Abnehmer der Schulabsolventen fordern zudem, die Ausbildungs- beziehungsweise Studienreife wieder auf eine solide Leistungsbasis zu stellen. Eine Renaissance des Leistungsprinzips in Schulpolitik und Schulpädagogik ist also überfällig. Ebenso überfällig im Sinne von Wertevermittlung ist eine Wiederentdeckung des Prinzips »Mut zur Erziehung«. Beides – Leistung und Werte – gedeiht aber nur auf der Basis konkreter und verbindlicher Inhalte.«

Das erste Schulfach, das sich die Arbeitsgruppe der Konrad-Adenauer-Stiftung vorgenommen hatte, war der Deutschunterricht. Im Mai 2001 erschien das Arbeitspapier »Bildungsoffensive durch Stärkung des Deutschunterrichts«. Es war das erste Arbeitspapier, dem weitere zum naturwissenschaftlichen Unterricht, zum Geschichtsunterricht und im Jahr 2004 zum Musikunterricht folgten.

Als gravierende Fehlentwicklungen des Deutschunterrichts der letzten 30 Jahre wurden ausgemacht:

- die Vernachlässigung der Spracherziehung, woraus ein ungenauer Ausdruck und primitive Sprache resultiere,
- die Vernachlässigung des Einübens bestimmter Gestaltungsformen wie Nacherzählung, Zusammenfassung, Schilderung usw.,
- die Abschaffung eines Lektürekanons.

Im Arbeitspapier wird gefordert, die vernachlässigten Tugenden wieder zu beleben. Zur Veranschaulichung wird ein Vorschlag für einen Lektürekanon – differenziert in Hauptschule, Realschule und Gymnasium – gleich mitgeliefert.

Wer sich diesen Kanon anschaut und sich zugleich an die eigenen Lektüreerfahrungen in der Schule erinnert, wird wenig Neues entdecken. Und er wird ebenso wenig Neues entdecken, wenn er diesen Mindestkanon mit den aktuellen Bildungsplänen, Lehrplänen, Curricula für das Fach Deutsch in allen Bundesländern vergleicht. Außer dass die Lektüreempfehlungen in den jeweiligen Bundesländern teilweise umfänglicher sind und dass sie mit Blick auf relevante Jugendliteratur nicht bei Astrid Lindgren und Erich Kästner enden, sondern die zeitgenössische Kinder- und Jugendliteratur einbeziehen. Denn eines sei an dieser Stelle unterstrichen, für das Fach Deutsch existieren selbstverständlich Lektüreempfehlungen und zwar je nach Bundesland schulform- oder schulstufenspezifisch.

Ist die gesamte Diskussion um einen Kanon also viel Lärm um nichts? Wird ein Popanz um etwas getrieben, was längst existiert? Und welche Wirkungen hat ein Kanon?

Festzuhalten ist zunächst, dass es selbstverständlich einen Literaturkanon gibt. Es gibt einen offiziellen Kanon in den Lektüreempfehlungen zum Deutschunterricht. Der Kanon findet sich in den von Kultusministerien genehmigten Lehrbüchern zum Deutschunterricht wieder. Soviel zum offiziellen Kanon. Dieser wird verstärkt durch entsprechende Produkte der Verlagsbranche, die nämlich zu genau jenen Werken, die zumeist im Deutschunterricht behandelt werden, Schülerhilfen herausgebracht hat und für die Lehrer entsprechende Materialien bereithält. Dieser Kanon findet sich wieder in erschwinglichen Buchausgaben mit hilfreichen Anmerkungen. Und zumindest was die Gattung Drama betrifft, wird er noch verstärkt durch die Spielpläne an deutschen Bühnen, die ebenfalls Stücke spielen, die zu einem unausgesprochenen Kanon gehören. Der existente Kanon, der ähnlich zum Fach Deutsch auch in anderen Fächern besteht, hat aber offensichtlich dennoch nicht verhindern können, dass Manager bei Großbanken ahnungslos bei so genannter Ernster Musik sind und daher entsprechende »Nachhilfe« benötigen. Nun kann meines Erachtens getrost davon ausgegangen werden, dass es sich bei diesen Managern nicht um Mitglieder der so genannten Unterschicht handelt, sondern dass

sie das Abitur und ein Hochschulstudium absolviert haben. Sie also zum – der altmodische Begriff sei hier erlaubt – Bürgertum gehören. Es offenbart sich, dass Führungskräfte in Unternehmen nicht automatisch gebildet – im Sinne eines Bildungsbürgertums – sind, sondern dass sie über eine äußerst funktionale Bildung verfügen.

Es werden jetzt die Früchte einer jahrzehntelangen Abwertung der Geisteswissenschaften geerntet. Etwa zeitgleich mit der von der unionsgeführten Regierung Kohl propagierten »geistig-moralischen Wende« setzte die Abwertung der Geisteswissenschaften ein. Eine Zeit, in der es langsam eng wurde mit Stellen im öffentlichen Dienst in Museen, Archiven und anderen Einrichtungen und viele Geisteswissenschaftler neue Stellen erfanden, z. B. in der Soziokultur. Eine Zeit, in der von einer »Lehrerschwemme« die Rede war und in der die Museums- und Theaterpädagogik aufblühte. Eine Zeit, in der abfällig von Orchideenfächern gesprochen wurde, die abgeschafft werden könnten. Eine Zeit, in der die Meinungsführerschaft von den Geistes- und Gesellschaftswissenschaften auf die Wirtschaftswissenschaften überging. Mit zunehmender Arbeitslosigkeit wuchs deren Bedeutung.

In einer solchen gesellschaftlichen Stimmung ist es nicht verwunderlich, wenn zwar in der Schulzeit Fakten repetiert werden können, aber nicht zu Wissen werden. Denn warum soll sich mit etwas beschwert werden, das offensichtlich keinen Wert hat. Wenn dann, wie jüngst in Baden-Württemberg geschehen, ein Ministerpräsident sagt, ihn kümmere eine Empörung, die im Feuilleton stattfindet, nicht, solange nicht die Wirtschaftsseiten betroffen seien, bestärkt es noch jene, die von vorneherein die geisteswissenschaftlichen Fächer in der Schule als notwendiges Übel absolviert haben und sich jetzt den wichtigen Dingen, nämlich der Wirtschaft, zuwenden. Wer damit konfrontiert ist, dass altehrwürdige Universitäten wie die Ruprecht-Karls-Universität in Heidelberg ihre Stellen in Englisch ausschreibt, wird wenig Sinn darin sehen, sich mit der Schönheit der deutschen Sprache und ihrer Dichtkunst von Walther von der Vogelweide bis Durs Grünbein auseinanderzusetzen. Um dem Ansturm an Studierenden gerecht zu werden, werden in Baden-Württemberg neue Studienplätze in den Naturwissenschaften und in den angewandten Wissenschaften eingerichtet, die Geisteswissenschaften zählen nicht dazu. Bei der Exzellenzinitiative sind die Geisteswissenschaften deutlich unterrepräsentiert.

Die drei Beispiele aus Baden-Württemberg belegen, dass es nicht unbedingt die Schulpolitik der norddeutschen Bundesländer ist, die zu mangelnden Kenntnissen in geisteswissenschaftlichen Disziplinen führt. Es sei denn, man wolle behaupten, dass sich Baden-Württemberg die norddeutsche Schulpolitik zum Vorbild genommen hat, was sicherlich sofort dementiert würde.

Ein Kanon hat meines Erachtens nur Wert, wenn er mit Leben gefüllt ist. Zum Lesen von Emilia Galotti als Schulstoff gehört auch, zu vermitteln, welch unerhörter Akt es war, als Hauptfigur eines Dramas eine Bürgerliche zu wählen und das »jus primae nocte« zu thematisieren. Und das Stück erhält natürlich eine besondere Spannung, wenn Friedrich Hebbels »Maria Magdalena« danach gelesen wird. Die Lektüre von Heinrich Heines Wintermärchen bekommt ihren besonderen Witz doch durch seine Kritik an der deutschen Kleinstaaterei, die mitunter umstandslos auf den Föderalismus übertragen werden kann. Alfred Anderschs »Sansibar oder der letzte Grund« kann nachdenklich machen, wenn Meldungen von gelungener Flucht aus Diktaturen in den Nachrichten gebracht werden. Im Übrigen sind dies vier Werke, die in den Lektüreempfehlungen Deutsch der Bundes-

länder genannt sind. – Nach den bisher vor allen natur- und ingenieurwissenschaftlich ausgerichteten Wissenschaftsjahren soll das nächste Jahr unter dem Motto »Jahr der Geisteswissenschaften« stehen. Bundesbildungsministerin Schavan, selbst Geisteswissenschaftlerin, will in diesem Jahr besondere Akzente zugunsten der Geisteswissenschaften setzen. Es sei ihr ein riesiger und vor allem ein nachhaltiger Erfolg darin gegönnt, die Geisteswissenschaften tatsächlich aufzuwerten und zwar in ihrem Eigenwert und nicht als Mittel zum Zweck. Doch eines Kanons bedarf es dazu nicht, vielmehr der Überzeugungskraft und vieler Mitstreiter aus der Kultur.

Ohne Mut zur Beschränkung geht es nicht
Frei zur Bildung – Plädoyer für einen offensiven Kulturkanon

Claudia Schwalfenberg — **Politik & Kultur 6/2006**

Frei klingt immer erst einmal gut. Doch frei von Bildung dürfte kein Gütesiegel sein. Die Abschaffung des Bildungskanons in den 1960er Jahren kam als Emanzipationsgewinn daher. Doch in den Schulen kam sie häufig als eklatanter Verlust an Bildung an. Persönlich habe ich das im Deutschunterricht erfahren. Büchners Woyzeck haben wir nur in Auszügen gelesen – aber immerhin, denn Goethes Faust kam gar nicht vor. Viele, zum Glück nicht alle Lehrer ließen sich von der Sorge leiten, sie könnten uns Schüler möglicherweise überfordern. Da schien Faust nicht zumutbar. Umso erstaunter war ich dann, als ich während eines Praktikums bei der Stiftung Weimarer Klassik 1992 lauter ostdeutschen Museumsbesuchern begegnete, für die Faust in der Schule eine Selbstverständlichkeit war.

Wenn ich mich jetzt für einen Kanon ausspreche, offenbare ich dann eine heimliche Sehnsucht nach einem Avantgarde feindlichen, Kunst reglementierenden, starren Sozialismus? Oder leiste ich einem »Rechtsruck« Vorschub, als dessen Ausdruck der Anfang 2006 in Dänemark eingeführte Kulturkanon teilweise bewertet worden ist? Jedenfalls befinde ich mich mit der Idee eines Kanons in einer Gesellschaft, der sich weder das eine noch das andere unterstellen lässt: der von Thomas Krüger geleiteten Bundeszentrale für politische Bildung.

Die Bundeszentrale setzte 2003 eine 19-köpfige Expertenkommission ein, um einen »Katalog von 35 Filmen aus über 100 Jahren Filmgeschichte« zusammenzustellen. Die »Initiative Filmkanon« zielt nach eigener Aussage darauf ab, »Filmkompetenz an Schulen zu fördern«. Einen Überblick über den Katalog gibt das offizielle Buch »Der Filmkanon«, einzelne Hefte zu den ausgewählten Filmen erscheinen nach und nach. Außerdem beabsichtigt die Bundeszentrale, die Filme in verschiedenen Formaten verfügbar zu machen, übrigens eine interessante Parallele zum historischen Literaturkanon, dessen Titel überwiegend ebenfalls erst zugänglich gemacht werden mussten. Was aber noch viel spannender ist: Die Bundeszentrale nutzt das Instrument des Kanons, um einen Bildungsinhalt zu etablieren, der bisher außen vor war. Anders formuliert: Sie setzt den Kanon offensiv ein. Ein Kanon muss also keineswegs der »Ausdruck einer Angst vor Unsicherheit« sein, wie Harry Nutt anlässlich der Vorstellung des dänischen Kanons in der Frankfurter Rundschau meinte, – und auch kein Relikt überholter Nationalkultur, denn zumindest der Filmkanon versammelt auch internationale Werke.

»

Ein Kanon schafft Orientierung auf der Höhe der Zeit

Das Wissen der Menschheit vermehrt sich immer schneller, die Zahl der Medien auch. Mehr Informationen und mehr Informationsquellen sind die beiden Seiten einer Medaille. Wo also beginnen, um einen zeitgemäßen Einstieg in Kunst und Kultur zu finden? Die Frage stellt sich nicht erste heute, aber sie stellt sich heute dringlicher denn je. Wie groß der Bedarf tatsächlich ist, belegen eindrucksvoll entsprechende Projekte von Buch-, Zeitungs- und Zeitschriftenverlagen. Mag der große, auch kommerzielle Erfolg des Bestsellers von Dietrich Schwanitz »Bildung. Alles, was man wissen muss« aus dem Jahr 1999 in dieser Form noch unterwartet gewesen sein, nutzen aktuelle Verlagsprojekte das Orientierungsvakuum gezielt als Marketingchance.

Hohe Präsenz hat zum Beispiel die »Mediathek« der Süddeutschen Zeitung, erst mit ihrer bereits ausgelaufenen 100-bändigen »Bibliothek«, jetzt mit ihrer 50-bändigen »Jungen Bibliothek« und 50-bändigen »Kriminalbibliothek«, alle einheitlich gestaltet und pro Band für 4,90 Euro im Buchhandel erhältlich. Nach diesem Schema funktionieren auch eine inzwischen 100-bändige »Cinemathek«, deren DVDs im Buchhandel je 9,90 Euro kosten, eine 50-bändige »Diskothek«, pro Buch mit Musik-CD ebenfalls für 9,90 Euro zu haben, und eine »Bibliothek der Erzähler«, pro Hörbuch auch für 9,90 Euro im Angebot. Dem Käufer bleibt es überlassen, ob er einzelne Werke herausgreift oder sich für eine komplette, dann zusätzlich reduzierte Edition entscheidet, wobei der Preis verglichen mit anderen Ausgaben so oder so sehr günstig ist. Ein unbestreitbarer Vorzug der »Mediathek«, deren Spektrum sich von der schöngeistigen Literatur zur Jugend- und Popkultur geweitet hat, ist, dass sie einzelne Werke niedrigschwellig zugänglich macht.

Dennoch sollten wir es nicht den kommerziellen Anliegen und Beschränkungen (Stichwort Verwertungsrechte) einzelner Verlage überlassen, die Lücke zu schließen, die der fehlende Bildungskanon hinterlassen hat. Abgesehen davon, dass die Auswahl der einzelnen Werke mehr oder weniger willkürlich geschieht, führt das legitime verlegerische Interesse, bei Erfolg eines bestimmten Produkts die Produktpalette auszuweiten, und das Bestreben von Zeitungen und Zeitschriften, mit immer neuen Reihen die Leserbindung zu erhöhen, zu einer wahren Flut von Sondereditionen, die letztlich die vorherrschende Desorientierung mit anderen Mitteln fortsetzen.

Teilweise bieten solche Serien sogar ein Surrogat anstelle des Kunstwerks, auf das sie im besten Fall Lust machen. Ein aktuelles Beispiel liefert die NZZ am Sonntag, in der seit Mitte September zum zweiten Mal eine Serie »Weltliteratur – 10 Klassiker kompakt« läuft. Zehn Wochen lang liegt jeder Zeitungsausgabe ein DIN A4-Heft bei, das neben knappen Informationen zum Buch und zum Autor vor allem eins enthält: eine inhaltliche Zusammenfassung des jeweiligen Klassikers – auch hier wieder die Fortführung eines erfolgreichen Formats.

Ein Kanon lebt im Gegensatz dazu aber wesentlich von der Beschränkung. Genau darin liegt auch der Charme des dänischen Kanons. Er versammelt insgesamt 108 Werke in den Sparten Architektur, Literatur, Bühnenkunst, Film, klassische Musik, Populärmusik, Design/Kunsthandwerk, bildende Kunst und Kunst für Kinder. Das sind gerade einmal zwölf Werke pro Sparte. Die eigens eingerichtete Website www.kulturkanon.kum.dk stellt alle Werke vor, als Gesamttableau, geordnet nach Sparten oder nach sieben Entstehungszeiträumen (bis 1699, ab 1700 fünf Mal 50 Jahre und von 1950 bis heute). Der Kanon ist also zugleich historisch ausgerichtet und aktuell, so aktuell, dass im Zweifelsfall ein Künstler gegen die Aufnahme eines seiner Werke protestieren kann, was Lars von Trier, dessen Film »Idioten« Teil des Kanons ist, mit einer spektakulären Aktion getan hat.

Der dänische Kanon ist also alles andere als angestaubt. Klassische und moderne Kunstsparten stehen gleichberechtigt nebeneinander. Und die Aufbereitung des Kanons bewegt sich auf der Höhe der Zeit. Vor allem aber eröffnet die klare Beschränkung auf zwölf Werke pro Sparte eine realistische Chance, sich mit allen aufgenommenen Werken vertraut zu machen.

Ein Kanon macht Schluss mit selbstgenügsamer Unschärfe

In einer Pressemitteilung zum 25-jährigen Bestehen des Deutschen Kulturrates heißt es: »Kulturelle Unterschiede zu benennen, ist nicht nur ehrlich, sondern das Mindestmaß an Achtung gegenüber anderen Kulturen.« Ähnlich äußerte sich Norbert Lammert, der in seiner Festrede »die Bereitschaft, einen eigenen Standpunkt nicht nur zu haben, sondern auch vorzutragen« als eine von zwei Mindestvoraussetzungen für den interkulturellen Dialog nannte.

Um den eigenen Standpunkt zu haben, muss aber erst einmal eine Selbstvergewisserung darüber stattfinden, was die eigene Kultur ausmacht, und das nicht nur abstrakt, sondern auch ganz konkret, was die herausragenden Hervorbringungen der eigenen Kultur sind.

Eine solche Selbstvergewisserung kann nicht dem Einzelnen oder dem Markt überlassen bleiben, kann sich nicht in individueller Mythen- und kommerzieller Markenbildung erschöpfen, sie muss ein gesellschaftlicher Prozess sein. Das ist nicht bequem und das tut hier und da sicher weh. Denn auszuwählen heißt zugleich immer auszuschließen und im Fall eines aktuellen Kanons auch,

Werke auszuschließen, die früher einmal zum Kanon gehörten: Einmal Kanon immer Kanon gilt nicht.

Ein Kanon macht so Akzentverschiebungen innerhalb einzelner Sparten explizit, aber auch Akzentverschiebungen zwischen einzelnen Sparten. Dass Architektur, Film, Populärmusik, Design/Kunsthandwerk und Kunst für Kinder wie in Dänemark Teil eines Kanons sind, ist keineswegs selbstverständlich. Musisch-ästhetische Fächer an deutschen Schulen sind gerade einmal Musik, Kunst, Literatur und Darstellendes Spiel.

Natürlich wäre es bequemer, alles im Vagen zu belassen. Jeder hat sein eigenes Kulturverständnis, hat seine eigenen Lieblingswerke und muss sich über deren Relevanz mit niemandem auseinandersetzen. Einer solchen Selbstgenügsamkeit fehlt aber der gesellschaftliche Bezug.

Ein Kanon belebt die Auseinandersetzung um Kunst und Kultur

Einen Kanon zu definieren, schafft Kontroverse. Die Frage, was hineingehört und was nicht, dürfte die Gemüter reichlich erregen und so die Auseinandersetzung um Kunst und Kultur beleben. Ein Kanon provoziert wie alle Regeln Widerspruch. Er macht Lust auf Mehr und vor allem Lust auf Anderes. Und wenn er sich tatsächlich auf einige wenige Werke konzentriert, bleibt dazu genügend Spielraum. Ein Kanon beinhaltet schließlich kein Verbot, über ihn hinauszugehen, im Gegenteil, er ist eine Einladung an alle, einen ersten Einstieg zu finden.

Ein Kanon schafft einen gemeinsamen Bildungsschatz

Ein Kanon ist darüber hinaus eine Einladung zum Gespräch. Wer einen gemeinsamen Kanon hat, teilt einen Bildungsschatz. Das Bedürfnis nach einer verbindenden Gesprächsbasis ist wie das Bedürfnis nach Orientierung nicht neu, aber dringender denn je. Die Menschen sind so mobil wie nie zuvor und die individuellen Lebenswelten unterscheiden sich immer stärker. Dabei erfolgt die Ausdifferenzierung der Gesellschaft hochgradig nach Konsumverhalten. Doch wenn wir auch in Zukunft mehr sein möchten als eine Summe von Kunden, brauchen wir gemeinsame Identitätsmuster, die über Marktverhalten hinausgehen.

Wenig plausibel scheint mir in diesem Zusammenhang auch die Auffassung, es genüge für den Schulunterricht festzulegen, welche Phänomene behandelt werden sollen, etwa welche Epochen oder welche Stilrichtungen. An welchen Werken diese Phänomene dann veranschaulicht werden, solle aber besser dem einzelnen Lehrer überlassen bleiben. Wenn es legitim oder sogar wünschenswert ist, sich auf bestimmte Phänomene zu einigen, wieso dann nicht auch auf konkrete Inhalte? Wieso soll es Menschen, die an unterschiedlichen Orten aufgewachsen sind, nicht möglich sein, auf gemeinsame Bildungsinhalte zurückzugreifen?

Ein Kanon schützt vor Willkür und missverstandener Liberalität

Zum Beispiel möchte ich es nicht ausschließlich der Entscheidung eines einzelnen Lehrers überlassen, welche Autoren seine Schüler im Deutschunterricht kennen lernen. Favorisiert er Schriftsteller, weil sie gesellschaftskritische Inhalte vermitteln oder ist für ihn Literatur wesentlich Form? Kommen in einer Geschichte der deutschen Literatur des 20. Jahrhunderts die drei Bs Brecht, Borchert und Böll vor, aber Benn nicht? Falls sie die Grundlage für den Deutschunterricht ist, möchte ich darüber zumindest öffentlich streiten können.

Wohin die allgegenwärtige Selbstverwirklichung führen kann, lässt sich augenscheinlich am Friedrichswerder in Berlin verfolgen,

wo auf 47 einzelnen Grundstücken individuell gestaltete Stadthäuser entstehen, »als Lehrbeispiele einer missverstandenen Liberalität im Stadtraum«, so Gerhard Matzig am 23. September in der Süddeutschen Zeitung: »Die flirrende, in jede beliebige Richtung wuchernde Ästhetik der Stadthäuser, die kein einziges Kapitel der Baustilkunde auslässt, illustriert eine Massengesellschaft, die sich in privatistische Kapriolen flüchtet, weil sie ihre eigene Masse offenbar nicht aushält. Norm, Kanon und Regelhaftigkeit: Man sieht die ›Berlin Townhouses‹ förmlich auf der Flucht davor.«

Ein Kanon stärkt die rezeptive Auseinandersetzung mit Kunst und Kultur

Im Trend liegt gegenwärtig auch die praktische Auseinandersetzung mit Kunst und Kultur als Bildungsmethode. Theater spielen, Videos drehen, Objekte gestalten: Es ist gut, dass Kinder und Jugendliche verstärkt zu kreativen Tätigkeiten ermuntert werden. Schlecht ist aber, wenn dabei die rezeptive Auseinandersetzung mit Kunst und Kultur auf der Strecke bleibt. Die Aneignung kultureller Traditionen ist eine wesentliche Voraussetzung für künstlerisches Schaffen und kulturelle Teilhabe gleichermaßen. Deshalb ist auch nicht innovationsfeindlich, wer einen Kulturkanon fordert, im Gegenteil.

Pro Kanon: Kultur weitergeben

Hermann Wilske — Politik & Kultur 1/2008

Wenn es um die Situation der Schulmusik in Deutschland geht, dann stehen zwei Zahlen unwidersprochen im Raum: 40 Prozent aller Unterrichtsstunden an Gymnasien fallen aus oder aber werden fachfremd unterrichtet, und an den Grundschulen des Landes liegt diese Quote gar bei 90 Prozent. Selbst wenn diese Zahlen nur zur Hälfte zuträfen – kein anderes Schulfach, das auch nur annähernd mit derart unzulänglichen Rahmenbedingungen zu kämpfen hätte! Schlimmer noch: Es gibt auch im Jahr 2007 Bundesländer, die eine weitere Kürzung des Musikunterrichts planen, und manchmal sucht man die Musik in Länderstatistiken über Unterrichtsausfall gerade dort vergeblich, wo man hinreichend Schulen hat, an denen auch nicht ein einziger Musikpädagoge unterrichtet. Offenbar ist man hier davon abgerückt, Musik überhaupt noch als unverzichtbaren Bestandteil schulischer Bildung anzusehen.

Die Ursachen dieser misslichen Situation sind vielfältig. Zunächst einmal ist festzuhalten, dass die desolate Situation der Schulmusik nun schon seit Jahrzehnten währt. Viele Vertreter in Elternverbänden, Kultusbehörden und Politik haben auch aus ihrer eigenen Schulerfahrung kein Ideal mehr, an dem man eine sinnvolle Existenz von Musikunterricht festmachen könnte. Ökonomische Krisen und schlechte Ergebnisse bei Bildungsstudien haben dazu geführt, Musik nicht länger als wesentlichen Teil der Persönlichkeitsbildung anzusehen, sondern durch das Raster eines blanken Utilitarismus fallen zu lassen. In dessen Gefolge erscheint es für Schüler zwar nach wie vor unabdingbar, die einzelnen Glieder des rotbäuchigen Alpenmolches benennen zu können, die Kenntnis der Notennamen hingegen scheint entbehrlich. Welch Desiderat musikalische Bildung in Deutschland mittlerweile darstellt, davon legen die Quizsendungen im Fernsehen beredtes Zeugnis ab, in denen Kandidaten selbst noch von einfachsten Fragen zur klassischen Musik in die Bredouille gebracht werden.

Wie immer, wenn ein Schulfach aus dem Fokus des bildungspolitischen und gesellschaftlichen Interesses gerückt ist, ist auch die Gefahr von fachinternen Fehlentwicklungen groß. Zu nennen wäre eine Schülerorientierung, die sich zum ausführenden Organ von Schülerinteressen macht, anstatt eine Orientierung im eigentlichen Sinne des Wortes zu leisten. Zu nennen wären überdies eine Pädagogik und Didaktik, welche die ureigenen Bildungsinhalte des Faches zugunsten soziologischer, ethischer und politischer Derivate leichtfertig geopfert hat. All dies jedoch ist immer auch ein Stück weit den negativen Rahmenbedingungen des Faches geschuldet.

Was bleibt, ist die grundsätzliche Frage, wie sich das zerrissene Band der musikalischen Bildung erneut zusammenknüpfen ließe, und zwar so, dass Musizieren und Nachdenken über Musik wieder auf produktive Weise ineinandergreifen können. Oft ist in diesem Zusammenhang von Projekten die Rede, und tatsächlich sind diese nötig, um jene Welle, die es zugunsten des schulischen Musikunterrichts zu initiieren gilt, immer größer werden zu lassen. Erwähnt werden müssen an dieser Stelle beispielhafte Bestrebungen: etwa jedes Kind ein Instrument lernen zu lassen, allen Klassen Liederkalender zugänglich zu machen oder aber das Ausbildungsprogramm zum Schülermentor Musik (in Baden-Württemberg und im Saarland), das nachgerade ein Muster zur Berufsorientierung und Förderung der musikalischen Infrastruktur einer Schule darstellt. Es wäre indes ein Irrtum zu glauben, die Restituierung des Schulfaches Musik allein mit Projekten befördern zu können. Vielmehr bedarf es zur Behebung der Mangelsituation grundsätzlicher struktureller Maßnahmen. Wessen es jenseits föderaler Prinzipien vor allem bedarf, ist ein gemeinschaftlicher Wille aller Bundesländer und des Bundes, schließlich eines politischen Repräsentanten, der sich dieser großen Aufgabe als Koordinator annimmt.

Aber auch die Schulmusik selbst hat eine Bringschuld. Ihr obliegt es, etwas von jener Kraft und Faszination der Musik, die im Orpheus-Mythos – durch den Aufstieg vom Totenreich der seelenlosen Körper hin zum Leben – beispielhaft symbolisch dargestellt worden ist, auch in der Schule Wirklichkeit werden zu lassen. Umfragen zeigen, dass eine solche Aufgabe dort am besten gelingt, wo man der Schulmusik keine Patchwork-Existenz in Nischen zubilligt, sondern die Gelegenheit zu einem seriösen und kontinuierlich aufbauenden Unterricht gibt, dessen Qualität sich zugleich der

Evaluation öffnet. Es versteht sich von selbst, dass in einem solchen Musikunterricht auch gelungene Beispiele der Popmusik samt ihrer Geschichte einen festen Platz haben.

Seit Jahrzehnten kommen tausende von Studierenden aus allen Ländern der Welt nach Deutschland, um an den Musikhochschulen dessen einzigartiges Weltkulturerbe der Musik zu studieren. Es wäre auf Dauer eine schier unerträgliche Diskrepanz, wenn dieses Erbe allein auf hohem Niveau exportiert wird, an den Schulen des eigenen Landes jedoch kaum mehr eine Rolle spielt. Wir stehen vor der entscheidenden und unverzichtbaren Aufgabe, das kulturelle Gedächtnis unserer Musiktradition auch im eigenen Land an kommende Generationen weiterzugeben.

Contra Kanon: Kanon ist didaktische Steinzeit

Christian Höppner — Politik & Kultur 1/2008

Der Konrad-Adenauer-Stiftung ist zu danken, dass sie mit ihrer Initiative »Bildung der Persönlichkeit« und den daraus hervorgehenden Vorschlägen – u. a. für den Lehrplan des Musikunterrichtes – eine Debatte über die Kanonisierung angestoßen hat und damit einmal mehr die in weiten Teilen desaströse Situation der musikalischen Bildung in Deutschland in den Blickpunkt rückt. Die 2006 vorgelegten Vorschläge für einen Bildungskanon im Fach Musik haben über die Fachkreise hinaus zu einer kontroversen Debatte und einer Buchveröffentlichung geführt, in der sich Wissenschaftler aus Schule und Hochschule mit der Frage auseinandersetzen, welche didaktischen, ästhetischen und politischen Aspekte Musikunterricht kennzeichnen, der sich in erster Linie an einem Kanon von Werken abendländischer Kunstmusik orientieren soll. In der kritischen Auseinandersetzung mit dem von der Konrad-Adenauer-Stiftung vorgeschlagenen Kanon ist dort eindeutig eine ablehnende Haltung zu erkennen. Dabei ist die Debatte um die zu vermittelnden Inhalte kultureller Werte und damit kultureller Bildung keine auf die Musik bzw. auf unser Land beschränkte Diskussion. So hat z. B. Dänemark 2006 einen Kulturkanon eingeführt.

In der Analyse der Defizite des Musikunterrichts in Deutschland gibt es eine große Schnittmenge an Gemeinsamkeiten, bei der Frage, wie diese Defizite zu überwinden seien, gibt es diese Gemeinsamkeiten nicht. Leider übersehen die Verfechter der Kanonisierung des Musikunterrichts, dass der zu oft ausfallende bzw. fachfremd erteilte Musikunterricht die Grundlage für die Misere der musikalischen Bildung in Deutschland ist. Da könnte selbst der beste Kanon keine Wirkung entfalten. Die bundesweit rund 100.000 Schülerinnen und Schüler auf den Wartelisten der Musikschulen zeigen in skandalöser Weise, welche Prioritäten unsere Gesellschaft (nicht) setzt. Hier gilt es, sich in einer gemeinsamen fach- und gesellschaftspolitischen Arbeit zu engagieren, anstatt mit Positionen von vorgestern Sand in das langsam erwachende öffentliche Bewusstsein über den Wert der Kreativität zu streuen, wie zum Beispiel die Initiative »Jedem Kind ein Instrument« aus Nordrhein-Westfalen zeigt. Kanon in der Schule ist didaktische Steinzeit.

Es ist schon erstaunlich, dass wir einerseits so viel Expertenwissen über Musikvermittlung angesammelt haben – der Kongress zur Musikvermittlung in Wildbad Kreuth des Deutschen Musikrates hat die Ein- und Aussichten eindrucksvoll belegt und weitere Impulse gesetzt – und andererseits mit dem Griff in die didaktische Mottenkiste ohne Berücksichtigung dieses Wissens versucht werden soll, allseits anerkannte Defizite zu beseitigen. Die Schule für das Leben, die sie im Idealfall sein muss, kann doch nur in einer Balance zwischen Erziehungsauftrag und dem zu prägenden Individuum gelingen. Der Kanon schließt das Individuum aus – sowohl den Empfänger (Schüler), wie den Sender (Lehrer). Diese doppelte Entmündigung ist aber weder mit einem humanen Gesellschaftsbild, das das Individuum in den Mittelpunkt einer demokratisch verfassten Bürgergesellschaft stellt, noch mit der Alltagsrealität unserer pluralen Gesellschaft in Verbindung zu bringen.

Der Schüler aus Reit im Winkel bringt eben andere kulturelle Prägungen mit, als der Schüler aus Berlin-Neukölln oder der Schüler aus Leer in Ostfriesland. Im Verbund mit dem steigenden Anteil von Schülerinnen und Schülern mit Migrationshintergrund wird deutlich, wie heterogen die Zielgruppe Jugend ist. Der Soziologe Erwin Scheuch formulierte bereits 1975 in einem Aufsatz »Die Jugend gibt es nicht« und Waldemar Vogelsang wagt sogar die Aussage, dass es »heute so viele Jugenden wie es Jugendliche« gebe. Die annähernd 300 bekannten Ausprägungen von Jugendkulturen zeigen nur die sichtbare Spitze des Eisberges und sind Teil der kulturellen Vielfalt in Deutschland. Dieser kulturellen Vielfalt, die auf unserem reichen kulturellen Erbe, den zeitgenössischen Künsten und dem Reichtum anderer Kulturen in unserem Land aufbaut, gilt es, Raum zu verschaffen, denn sie ist der wichtigste Nährstoff für unser Land auf dem Weg zu einer Wissens- und Kreativgesellschaft. Kulturelle Vielfalt lebt vom Unterschied. Diesen Unterschied zu erkennen und wertzuschätzen, ist auch eine Aufgabe des Musikunterrichtes. Dazu bedarf es der Stärkung des je Eigenen, denn wer das je Eigene nicht kennt, kann das Andere nicht erkennen, geschweige denn schätzen lernen. Zudem widerspricht gerade im Bereich der musisch-ästhetischen Fächer ein Kanon dem

Prinzip der Kunstfreiheit, weil er von vornherein die nicht erwähnten Werke diskreditiert. Damit wird der Anspruch auf kulturelle Teilhabe eingeschränkt, denn Schule ist der einzige Ort, an dem wir für alle Kinder und Jugendlichen kulturelle Teilhabe ermöglichen können. Die Familie tritt als immer noch erster und wichtigster Ort kultureller Prägung leider immer mehr in den Hintergrund. Umso wichtiger ist es, das Bewusstsein dafür zu stärken, dass die musikalische Bildung neun Monate vor der Geburt beginnt – nämlich bei den Eltern, die sehr oft selber über (k)eine poröse musikalische Bildung verfügen.

Die Sehnsucht nach Orientierung speist sich aus dem Dialog zwischen Lernenden und Lehrendem und der daraus entstehenden Neugier. Dieser Dialog kann selbstbestimmtes Handeln anregen und damit in ganz anderer Weise kulturelle Praxen vermitteln, als das je über einen vorgegebenen und angesichts der kulturellen Vielfalt rudimentär verkümmerten Kanon möglich wäre. Formatisierung außerhalb technischer Produktionsprozesse ist nicht erst seit dem Zeitalter der Globalisierung eine Geißel der Menschheit. Sie behindert die Motivation, die Welt mit den eigenen Sinnen zu entdecken. Bildung – schreibt Hartmut von Hentig – verleiht der Neugier Sinn. Eine Neugier, die man den Verfechtern des schulischen Kanons wünschen würde, indem sie zum Beispiel bei ihrer Argumentation die Aufsatzsammlung »Die Menschen stärken, die Sachen klären« von Hentig mit bedenken würden.

Der Kanon ist in der Musik eine sehr schöne Form der zeitlich versetzten Einsätze gemeinsamen Musizierens. Kanon in der Schule zeigt Misstrauen in die Kraft der Kunst, die Yehudi Menuhin so trefflich beschrieben hat: »Die Musik spricht für sich allein, vorausgesetzt wir geben ihr eine Chance.« Das sollte der Maßstab für unsere Diskussionen und unser Handeln sein, damit jedem Kind, gleich welcher sozialen oder ethnischen Herkunft, der Zugang zur Welt der Musik eröffnet werden kann – als einem lebensbegleitenden Prozess. Es ist unsere Verantwortung, in welcher Breite und Qualität wir diesen Zugang ermöglichen.

5

Was ist deutsch?
Was ist Heimat?

Mit Beiträgen von:

Adriana Altaras, Katajun Amirpur, Kristin Bäßler,
Dimtrij Belkin, Theresa Brüheim, Bernd Fabritius,
Katrin Göring-Eckardt, Hans Jessen, Ingo Metzmacher,
Regine Möbius, Ritva Prinz, Marwan Salamah, Imre
Török und Olaf Zimmermann

5. Kapitel: Was ist deutsch? Was ist Heimat?

173

Heimat

Olaf Zimmermann — **Politik & Kultur 2/2018**

In den USA gibt es ein Heimatschutzministerium, die Homeland Security, unser Innenministerium wird wohl in der Zukunft den Zusatz »Heimat« tragen. In der Flüchtlingsdebatte steht das Begriffspaar »Heimat und Fremde« für ein scheinbar unüberwindliches Grundproblem der Integration.

Heimat ist das Land oder die Gegend, in der man aufgewachsen ist oder sich zu Hause fühlt, weil man schon längere Zeit dort lebt. Für mich ist ein kleines Nest im Taunus Heimat, obwohl ich seit 40 Jahren nicht mehr dort lebe. Und Berlin ist meine Heimat, weil ich 19 Jahre hier lebe. Dass Berlin meine Heimat geworden ist, habe ich vor einigen Jahren bemerkt, als ich mal wieder, trotz des Wochen vorher im Internet vereinbarten Termins, über eine Stunde im sogenannten Bürgeramt warten musste und dann noch schön berlinerisch von der Sachbearbeiterin angepflaumt wurde. Meine lautstarke Erwiderung hat das Problem zwar nicht gelöst, aber von diesem Zeitpunkt an wusste ich, es ist meine Stadt, meine Heimat. Heimat ist dort, wo es mir nicht egal ist, wie es ist.

Ohne Engagement für die Heimat, kann ich mir Heimat nicht vorstellen. Wäre ich in dem kleinen Taunusort geblieben, hätte ich mich sicher noch der Freiwilligen Feuerwehr angeschlossen oder anderswo in der Dorfgemeinschaft engagiert. Mitglied des örtlichen Gesangvereins, MGV Liederkranz von 1854, war ich schon als Jugendlicher. In Berlin sind die Engagementmöglichkeiten ungleich breiter, aber die Entfernung der Menschen untereinander auch deutlich größer. Aber auch in einer Millionenstadt ist Engagement nötig, möglich und die Voraussetzung, um Heimat zu empfinden.

»Bürgerschaftliches Engagement ist gelebte Demokratie und leistet einen unverzichtbaren Beitrag zum gesellschaftlichen Zusammenhalt«, so steht es in den 15 Thesen der Initiative kulturelle Integration zum gesellschaftlichen Zusammenhalt. Viele Bürgerinnen und Bürger engagieren sich ehrenamtlich in Vereinen und Verbänden. Sie übernehmen damit Verantwortung für andere und für die Gesellschaft, für ihre Heimat. Bürgerschaftliches Engagement hat eine breite integrative Wirkung durch Heimatbildung.

Dort, wo das Engagement fehlt, bricht der Zusammenhalt auseinander, kann Heimat nicht entstehen. Dort brennen auch Flüchtlingsunterkünfte, dort marschieren die Demagogen durch die Straßen, dort wird Heimat als ausgrenzender Begriff gegenüber den Neuen verwendet. Wir müssen um die Heimat als einen verbindenden Ort für alle kämpfen. Dafür brauchen wir aber kein Heimatministerium, wohl aber viele Menschen, die sich für ihre alte oder neue Heimat engagieren.

Heimat – wir suchen noch

Katrin Göring-Eckardt — Politik & Kultur 6/2009

Heimat sei eine Utopie, sagte Ernst Bloch und mit ihm Bernhard Schlink. Der marxistische Philosoph Georg Luckács hat die Situation des Menschen in der Welt sogar als »transzendentale Obdachlosigkeit« bezeichnet. Und in eine ganz ähnliche Richtung zielt Roger Willemsen, wenn er schreibt: »Wir sind alle Heimatvertriebene.« Hinter all diesen schönen Formulierungen steht eine philosophische Betrachtungsweise: Heimat versteht sich für den Menschen nicht von selbst, er muss sie – im Gegensatz zum Tier, das immer schon eine Umwelt hat, in die es passt und hineingehört – erst suchen und schaffen. Das ist alles richtig, aus einer philosophischen und anthropologischen Sicht.

Gleichzeitig ist Heimat etwas völlig Selbstverständliches. Würde ich die Menschen fragen »Was ist Ihre Heimat?«, wer würde wohl antworten, sie wüsste nicht, wo ihre Heimat ist, er sei eigentlich heimatlos, man fühle sich verloren in der Welt und sei noch auf der Suche ... Nein, wir bekämen Antworten wie: »Heimat, das ist der Ort, wo ich meine Freunde habe.« Oder Sätze wie: »Heimat ist für mich der Geruch des Pflaumenkuchens meiner Mutter«. Oder einfach: »Heimat ist, wo ich mich wohl fühle, wo man mich kennt, wo ich sein kann, wie ich bin.« Dabei ist es nicht egal, ob jemand auf dem Dorf oder in der Stadt aufwächst. Es ist nicht gleichgültig,

mit welchen Menschen er oder sie Begegnungen hatte, es ist von Belang, welche Bücher im Regal standen, ob die Kirchenglocken zu hören waren oder der Muezzin rief. Heimat ist so auch immer ein Ort des Dafür- oder Dagegenseins. Es ist der Ort, an dem wir wurden, wer wir sind, oder es ist der fehlende Ort, an dem wir nicht werden konnten, wer wir werden wollten. Dabei ist Heimat eben selbstverständlich da. So selbstverständlich, dass wir sie nicht einmal mögen müssen.

In seinem Essay »Wie viel Heimat braucht der Mensch?« hat Jean Améry die Offenheit des Heimatgefühls zum Ausdruck gebracht: »In der Heimat leben heißt, dass sich von uns das schon Bekannte in geringfügigen Varianten wieder und wieder ereignet. Das kann zur Verödung und zum geistigen Verwelken im Provinzialismus führen, wenn man nur die Heimat kennt und sonst nichts. Hat man aber keine Heimat, verfällt man der Orientierungslosigkeit, Verstörung, Zerfahrenheit.«

Die genannten Beispiele und Themen zeigen, dass Heimat nicht nur ein privates Gefühl ist, sondern entscheidende politische Fragen aufwirft: Wie wollen wir leben? Was bedeutet gutes Leben für uns? Wie muss unsere Umwelt beschaffen sein, damit wir uns wohl und zuhause fühlen? Welche Institutionen wollen wir bewahren, welche auf jeden Fall abschaffen? Das sind Fragen, die durch

5. Kapitel: Was ist deutsch? Was ist Heimat?

175

die Globalisierung noch dringlicher geworden sind. Denn wir alle wissen, dass diese Globalisierung mit massiv gestiegenen Anforderungen an die individuelle Flexibilität und Mobilität einhergeht.

Selbst die »heimatlichste« Heimat, das Dorf in der Provinz, ist also mehr als nur ein Ort der Stabilität und der Selbstvergewisserung. Heimat hat einen Erlebniswert: Es ist ein Ort, wo andere Menschen sind, die man sich so nicht aussuchen konnte. Ein Ort, der sich verändert. Ein Ort, wo Differenz und Vielfalt erfahrbar sind. Der gängige Vorbehalt gegen den Begriff Heimat, dass er geschlossen sei, abgedichtet gegen andere Kulturen, stimmt demnach nicht so ganz. Denn die Erfahrung von Differenz und Abweichung, des »Wildfremden«, gehört zur Heimat dazu.

Deshalb ist auch der ideologische Gegensatz »Heimat« versus »multikulturelle Gesellschaft« aus meiner Sicht ein falscher. Er wurde auch nur von denen aufgemacht, die ihre Heimat offenbar nicht so schön fanden, dass sie Lust auf viel Hinzuziehende gehabt hätten. Denn dass ich starke Heimatgefühle habe, heißt ja nicht, dass ich andere aus meiner Heimat ausschließe. Gemeinsam kann dann etwas Neues aus dem Ort gestaltet werden, ohne Altes zu verdammen. Mit anderen Worten: Heimatgefühl und Weltoffenheit sind keine Widersprüche. Jede »Blut und Boden«-Ideologie ist schlicht Rassismus und hat mit positiven Heimatgefühlen nichts zu tun. Und in einer multikulturellen und multireligiösen Heimat zu leben, ist erst einmal mehr als in der Gleichförmigkeit und Enge von ausschließlich Ähnlichem.

Der Fußball gibt da ein gutes Beispiel: Selbst wenn elf Ausländer in der Startelf stehen, feiern die Fans der Mannschaft den Verein immer noch als »ihren« Verein, der zu ihrer Stadt gehört. Energie Cottbus ist auch ohne einen heimischen Spieler Energie Cottbus, für Real Madrid, Arsenal London oder Schalke 04 gilt das genauso. Für einen Schalke-Spieler aus Brasilien ist Schalke Heimat. Und Brasilien ist auch Heimat. Die Heimat ist eben längst multikulturell geworden, und wo dies nicht zugelassen wird, droht tatsächlich öde Verblödung. In der multikulturellen Heimat soll jeder auf die jeweilige Scholle aufspringen können, wie der Eisbär auch mal von einer Scholle zur anderen hüpft. Damit will ich keineswegs sagen, dass die multikulturelle Gesellschaft ohne Konflikte ist und Migration, wenn sie erzwungen ist, nicht für viele Menschen sehr viel Leid bedeuten kann. Was ich sagen will, ist, dass der positive Bezug zum eigenen Lebensort eine Gesellschaft offener und lebendiger machen kann.

Das zivilgesellschaftliche Engagement, das wir an vielen Orten so bewundern, ist denn auch ohne einen grundierenden Heimatbezug nicht zu erklären. Man denke etwa an Proteste für den Erhalt eines Stadttheaters oder die historische Spurensuche vieler Gruppen, die die Nazigeschichte eines Ortes aufarbeiten wollen. Solche Aktivitäten haben mit dem konkreten Ort zu tun, also mit Heimat. An vielen Orten auf der Welt sind lokale Aktivitäten international vernetzt, eingelassen in eine globale Zivilgesellschaft. Gerade der lokale Bezug zu einem bestimmten Kontext macht das Engagement authentisch und nachhaltig.

Heimat braucht Orte, Institutionen, Kontexte. Kulturpolitik hat deshalb in Zeiten der Globalisierung, in der viele Menschen das Gefühl haben, die Orientierung zu verlieren, eine besondere Aufgabe: Sie muss dafür sorgen, dass kulturelle Orte und Institutionen, die für den Charakter eines Ortes und einer Gegend wichtig sind, nicht einfach so sang- und klanglos verschwinden. Theater, Gebäude und Museen sind weit mehr als Monumente der Vergangenheit, eine Erinnerung an goldene Zeiten. Sie sind vor allem Orte, an denen Öffentlichkeit entsteht, verbindlicher

Austausch, wo Erfahrungen mit anderen geteilt werden und Kinder mit neuen und bisher ungekannten Welten in Kontakt kommen.

Im Alltag mögen wir es oft vielleicht gar
nicht merken, aber unsere Heimat – ob als
Erinnerung oder als Hoffnung – gibt uns
mehr Obdach, als wir manchmal ahnen.

5. Kapitel: Was ist deutsch? Was ist Heimat?

177

Heimat + Film = Heimatfilm?

Kristin Bäßler — **Politik & Kultur 6/2009**

Was kommt zuerst: die Identität eines Menschen und dann die Heimat? Oder konstituiert sich unsere Identität aus unserer Heimat, aus dem Land, in dem wir wohnen, aus der Gesellschaft, in der wir leben? Wie wird diese Heimat sichtbar gemacht? Sozialwissenschaftler erklären, dass Identität die Interaktion zwischen dem Ich und der Gesellschaft ist. Das Subjekt hat einen inneren Kern, ein Wesen, das in einem kontinuierlichen Dialog mit den kulturellen Welten »außerhalb« und den Identitäten, die sie anbieten, steht. Kunst und Kultur bilden diese Interaktion ab: im Theater, in der Literatur, der Musik, der bildenden Kunst und im Film.

Seit den 1950er Jahren wurde selten so viel über Heimat gesprochen wie derzeit. Man beschäftigt sich mit der Frage, ob es für das Selbstverständnis eines Individuums notwendig ist, sich in einer Heimat zu verorten. Das fragt sich nicht nur die Politik, sondern auch die Kunst. Die Auseinandersetzung mit dem Heimatfilm der 1950er Jahre wird in diesem Zusammenhang immer wieder angesprochen. Galt der Heimatfilm insbesondere in der Nachkriegs-BRD unter anderem als Trost für die Zerstörung und Vertreibung aus der »alten Heimat«, indem das Gegenpanorama der zerstörten Städte und der verwaisten Familien dargestellt wurde, so vehement wurde sich im neuen deutschen Film der 1960er Jah-re gegen die Darstellung rauschender Wälder, Berge und Glückseligkeit begrifflich, politisch und auch künstlerisch gewandt. Und nun, 20 Jahre nach dem Mauerfall, 19 Jahre nach der Wiedervereinigung, erhebt sich im kulturellen Diskurs wieder die Debatte darüber, was Heimat in Deutschland ist. Dabei wird versucht, eine Synthese herzustellen, die erklärt: heimatliche Verortung ja, Heimattümelei nein. Dabei steht eine Frage im Vordergrund: Was bedeutet Heimat in einer Zeit, in der das Leben oftmals nicht mehr nur an einem Ort, sondern durch die Digitalisierung eigentlich fast überall stattfindet, und in der immer mehr Menschen auswandern und ihre alte Heimat mit einer neuen verbinden.

Wie der Mythos um »die Heimat« in den 1950er Jahren filmisch vermittelt wurde, so könnte es nun auch wieder der Film sein, der dazu beiträgt, dass sich der Begriff der Heimat einer neuen Standortbestimmung unterzieht. Der WDR veranstaltete im Oktober eine zweitägige Tagung zum Thema »Plötzlich so viel Heimat. Identität im Wandel in Film, Kultur und Gesellschaft«, bei der vor allem aus Sicht des Films und seiner medialen Möglichkeiten diese Standortbestimmung diskutiert wurde. In seinem Eröffnungsvortrag versuchte der Kulturwissenschaftler Diedrich Diederichsen, auch bekannt durch seine Schriften zur Popkultur, den Mythos um den Begriff Heimat auszuleuchten. Seine These: Heimat ist eine Gegenkonstruktion zu einer Idee von Fremdheit. Und weiter: Dass die Unterschiede zwischen den Fremdheitsvorstellungen – Anonymität, Entfremdung, Exil, Wurzellosigkeit – in diesem Gegenbild verschwinden, machen den Begriff der Heimat so mächtig und dubios.

Neben der Frage, wie Heimat im zeitgenössischen deutschen Film dargestellt wird, ging es bei der WDR-Veranstaltung auch um die Frage, wie sich ein kulturelles Zuhausegefühl in einer multi-ethnischen Gesellschaft darstellt, die einem ständigen Wandel unterworfen ist. So wurde auch das kulturelle Gedächtnis der Migration in Film und Kultur beleuchtet. Die vordergründige Frage, die dabei diskutiert wurde, war: Gibt es heute, Anfang des 21. Jahrhunderts, noch so etwas wie den deutschen Heimatfilm? Wenn es stimmt, was der Soziologe Stuart Hall sagt, dass nationale Kulturen Identitäten konstruieren, indem sie Bedeutungen der »Nation« herstellen, mit denen wir uns identifizieren können, und sie in den Geschichten enthalten sind, die über die Nation erzählt werden, in den Erinnerungen, die ihre Gegenwart mit ihrer Vergangenheit verbinden und in den Vorstellungen, die über sie konstruiert werden, dann bedeutet das für den Film, dass auch dieser sich verändern muss, will er über die deutsche Gesellschaft von heute erzählen. Und wenn ja, wie sieht dieser aus und wovon berichtet er?

Die Filmwissenschaftlerin Deniz Göktürk von der Berkeley University zeigte bei der WDR-Tagung anhand von verschiedenen Filmbeispielen, wie Film und Heimat neu gedacht werden müssen aufgrund der Tatsache, dass das Leben von vielen eher durch interaktive Verortung und globale Zirkulation gekennzeichnet ist als durch Beständigkeit und geografische Kontinuität. Göktürk betont, dass Heimat nur in der Fiktion gedacht werden kann, es gibt kein Daheimsein mehr in einer nationalen Kultur. Heimat ist die Überlagerung von Diskursen. Wie diese verlinkte Heimat im Film sichtbar gemacht werden kann, erzählt u. a. Fatih Akin in seinem Film »Auf der anderen Seite«, in dem er zeigt: Egal ob in Hamburg, Bremen, Istanbul oder am Schwarzen Meer, irgendwie ist man überall ein bisschen zu Hause – und gleichzeitig auch ein bisschen fremd.

Für die Frage, wie der Wandel einer Gesellschaft mit Blick auf »Heimat« vermittelt werden kann, spielen gerade die Medien eine entscheidende Rolle. Denn sie sind es, die nicht nur ein Programm für verschiedene Zielgruppen anbieten sollten, sondern auch entscheidend dazu beitragen, wie Zuwanderer und ihre Geschichten dargestellt und einer breiten Masse vermittelt werden. Wie der Integrationsbeauftragte des WDR Gualitiero Zambonini erklärte, geht es beispielsweise beim WDR insbesondere um die Vermittlung von verschiedenen Identitäten und ihren Geschichten. In diesem Zusammenhang sieht Zambonini eine große Diskrepanz zwischen den politischen Maßnahmen wie dem Nationalen Integrationsplan der Bundesregierung und den Äußerungen eines Thilo Sarrazin. Die Worte Sarrazins in dem Magazin Lettre International sieht er als Symptom dafür, wie heutzutage auf Zuwanderung reagiert wird. Bedrückend ist für ihn, wie viele Menschen die Äußerungen von Sarrazin begrüßen und damit Politik machen. Wie Zambonini deutlich macht, gehe es nicht darum, Probleme, die es in einer Einwanderungsgesellschaft gibt, unter den Tisch zu kehren, sondern grundsätzlich um die Art und Weise, wie über diese Probleme gesprochen und diskutiert wird. Derzeit befinde sich Deutschland im Wandel, in einer gesellschaftlichen Transformation, an der Schwelle zu einem neuen Verständnis dessen, was Heimat ist und wie diese aussieht. Vielleicht ist die Debatte um Heimat und die Frage, welche kulturellen Identitäten dieses Land zulässt, auch eine Möglichkeit, ein neues Bewusstsein dafür zu entwickeln, welche Rolle Erinnerung, Geschichte und Migration für das Verständnis von »Heimat« spielen, um damit den Blick von der altbackenen Rauschewaldidylle hin zu einem Heimatbegriff zu öffnen, der immer auch das Paradox, das jeweils Andere und Fremde mitdenkt. Heimat ist nicht mehr nur das »eine«, sondern die Überlagerung komplexer Identitäten und Lebensentwürfe. Zu »unserer« Heimat gehört per se der Wandel und das kulturelle Gedächtnis der Migration. Dieser offene Prozess wird im Medium Film veranschaulicht: Der Film ist ein offener Text, die Suche nach Heimat ein ewiger Prozess.

Heimat ist mehr als ein geografischer Ort
Die Rolle der Vertriebenen bei der Integration

Bernd Fabritius im Gespräch mit Theresa Brüheim — **Politik & Kultur 4/2017**

Teilen Vertriebene Erfahrungen mit den heute zu uns kommenden Geflüchteten? Der Präsident des Bundes der Vertriebenen (BdV), Bernd Fabritius, im Gespräch mit Theresa Brüheim.

Herr Fabritius, Sie sind ursprünglich Siebenbürger Sachse und nach Schulabschluss gemeinsam mit den Eltern nach Deutschland ausgewandert. Was bedeutet Heimat für Sie?
Eine Heimat bedeutet für mich der Ort, in dem ich selbstverständlich bin, in dem ich zu Hause bin, in dem ich mich nicht erklären muss. Heimat ist der Ort der bekannten Gerüche, der Töne, der Verstecke, es ist ein Ort von Emotionen – und für mich ganz, ganz wichtig.

Das heißt, Heimat ist für Sie ein geografischer Ort?
Heimat ist mehr als ein geografischer Ort. Ich habe eine Heimat, das ist Siebenbürgen, ein geografischer Ort. Dort bin ich aufgewachsen. In der Stadt, in der ich aufgewachsen bin, kenne ich jeden Strauch, jede Pfütze, wenn Sie so wollen. Ich weiß, wie die Stadt heute riecht, auch wenn ich nicht dort bin. Auch München ist meine Heimat. Das ist auch ein geografischer Ort. Ich könnte auch zu München das sagen, was ich zu Siebenbürgen ge-

schildert habe. Heimat ist aber auch die Gemeinschaft, in der ich bin. Z. B. wenn ich die Siebenbürger Sachsen in Kanada besuche und dort eine Küche erlebe, die auch meine Küche ist, wenn ich einen Dialekt höre, der auch mein Dialekt ist, wenn ich Witze höre, die erzählt werden und Sachverhalte betreffen, die ich selbst kenne, wenn wir Geschichten erzählen, unsere Vergangenheit, und das ist auch meine Geschichte, dann ist das für mich auch Heimat. Also Heimat kann auch eine Gemeinschaft sein.

Was bedeutet es, von dieser Heimat getrennt zu sein?
Das ist wie, wenn Sie einen Baum nehmen und ihn entwurzeln und dann hoffen, dass Sie ihn anderswo wieder einpflanzen können. Die Metapher funktioniert eigentlich sehr, sehr gut, auch für die folgende Integration. Wenn der Baum noch nicht zu groß ist, wenn der noch nicht vollständig entwickelt ist und wenn Sie möglichst viel von den Wurzeln mitnehmen, dann wächst er vermutlich auch in einer neuen Umgebung an. Wenn das nicht so ist, dann ist das schwierig. Wenn Sie jemanden von der Heimat trennen, dann trennen Sie ihn eigentlich von einem ganz wesentlichen Stück der eigenen Identität. Von ihr getrennt zu sein, heißt eine Gefährdung der Identität.

5. Kapitel: Was ist deutsch? Was ist Heimat?

181

Sie sind der Präsident des Bundes der Vertriebenen. In der Charta der deutschen Heimatvertriebenen steht: »Den Menschen mit Zwang von seiner Heimat trennen, bedeutet, ihn im Geiste töten. Wir haben dieses Schicksal erlitten und erlebt. Daher fühlen wir uns berufen zu verlangen, dass das Recht auf die Heimat als ein Grundrecht der Menschheit anerkannt und verwirklicht wird«. Hier wird das eben Geschilderte deutlich. Aber wie kann man dieses Recht auf Heimat garantieren?

Das Recht auf Heimat ist nach meiner festen Überzeugung ein Menschenrecht. Es ist damit geschützt von allen Verträgen – nur taugen Verträge als Schutz nur bedingt. Ich denke, wir bewahren das Recht auf Heimat am besten dann, wenn wir uns ganz dezidiert gegen Vertreibung und gegen ethnische Säuberungen aussprechen. Und wenn wir die Vielfältigkeit des Heimatbegriffes realisieren und schützen. Wir schützen Heimat und Identität, wenn wir jedem Menschen die selbst empfundene kulturelle Identität belassen. Das ist ein Plädoyer für Integration, gegen Assimilierung. Das ist besonders in diesen jetzigen Zeiten wichtig. Ich denke, es ist auch für heutige Opfer von Flucht und Vertreibung ganz wichtig, dass sie ihre eigene kulturelle Identität als Heimat bewahren, oder um ein ganz plakatives Beispiel zu nennen: Es wäre grundfalsch, wenn wir versuchen würden, aus einem Syrer einen authentischen Bayern zu machen. Die Menschen, die heute kommen, sollen innerhalb ihrer eigenen Identität in unsere Gesellschaft integriert werden. Das ist auch ein Stückchen Heimatschutz.

Welche Parallelen gibt es zwischen der Fluchterfahrung deutscher Heimatvertriebener und heutiger Geflüchteter aus Syrien etc.?

Die Frage ist ganz wichtig. Denn die beiden Sachverhalte, also die Vertreibung nach dem Zweiten Weltkrieg, die ethnischen Säuberungen nach dem Zweiten Weltkrieg und die heutigen Vertreibungsgeschehen sind in dem persönlichen Trauma-Empfinden der Betroffenen vergleichbar. Sie sind in dem Bruch der individuellen Biografien absolut vergleichbar. Aber damit endet es. Vergleichbar sind sie eben genau in dem Punkt, dass Menschen aufgrund ethnischer Säuberungen von jetzt auf gleich all das, was Heimat ausmacht, unter Zwang verlieren. Das ist eine unglaubliche Verletzung der eigenen Identität und der Lebensbiografie. Es besteht allerdings überhaupt keine Vergleichbarkeit, wenn ich an notwendige Integrationserfordernisse oder auch nur Aufnahmebedingungen denke. Man muss sich klarmachen, dass die Heimatvertriebenen nach dem Zweiten Weltkrieg nach heutigen Maßstäben Binnenflüchtlinge gewesen sind. Sie sind aus einem Teil des damaligen Deutschlands in einen anderen Teil Deutschlands vertrieben worden. Sie kamen zu Brüdern und Schwestern. Sie haben die gleiche Sprache gesprochen. Sie hatten vielfach die gleiche Konfession. Sie hatten die gleiche Religiosität. Sie hatten überhaupt kein Sprachproblem. Es gab keine Problematik der beruflichen Anerkennung. Ein plakatives Beispiel: Wer nach dem Zweiten Weltkrieg als gelernter Schlossermeister mit einem Prüfungszeugnis der IHK Breslau nach Frankfurt kam, der hatte keinerlei Integrationsprobleme. Man hat gewusst, was er kann. Es war, wie wenn heute jemand aus München nach Frankfurt geht. Wenn Sie allerdings die heutigen Opfer von Flucht und Vertreibung sehen, dann stimmt das alles nicht. Die Menschen kommen aus der völligen Fremde. Und sie kommen in eine für sie völlige Fremde, in der sie sich nicht so leicht zurechtfinden. Sie verstehen unsere Sprache nicht. Sie können noch nicht einmal die

Lebensmittelschilder im Supermarkt lesen. Wenn sie ein Zeugnis über eine abgeschlossene Schlosserausbildung vorzeigen, um bei dem Beispiel zu bleiben, dann können wir das gar nicht lesen, weil es noch gar nicht in unseren Schriftzeichen ausgefertigt ist. Und wir wissen, auch wenn wir es übersetzen, nicht, was wirklich dahintersteckt. Wer diese gravierenden Unterschiede in den Integrationsrahmenbedingungen ausblendet und von einer Gleichmacherei spricht, der kann nur auf dem Holzweg landen.

Heißt das für Sie, dass es in unserer Gesellschaft stärkere Integrations- und Aufnahmebemühungen geben muss?
Ich stimme zu. Aber das bedeutet nicht, dass wir unsere Heimat verändern müssen, um sie dem anzupassen, was die Opfer von Flucht und Vertreibung verlassen haben. Beispielsweise bin ich nicht bereit, auch nur eine Handbreit an der Gleichberechtigung der Geschlechter preiszugeben, weil Menschen, die heute kommen, der Meinung sind, man müsse einer Frau die Hand nicht geben, man müsse sich von einer Ärztin nicht behandeln lassen oder man könne als Eltern in der Schule den Aufstand pflegen, wenn die Lehrerin eine Frau ist oder wenn angeordnet wird, dass Buben und Mädel gemeinsam Sportunterricht machen. Wir müssen dort auf keinen Fall unsere Heimat verändern und anpassen. Das wäre falsch verstandene Integration. Sondern wir müssen Verständnis dafür wecken, dass Menschen, die sich zu uns retten, das gerne tun sollen, aber sie müssen auch unser Umfeld als ihres akzeptieren wollen. Das ist für mich eine Grundvoraussetzung gelingender Integration.

Wie können denn deutsche Heimatvertriebene bei dieser Integration helfen?
Wir können das selbstverständlich und tun es auch schon ganz aktiv. So betreiben wir als

BdV 16 Migrationsberatungsstellen für Erwachsene in zehn Bundesländern. Und diese haben wir ausdrücklich auch für die heutigen Opfer von Flucht und Vertreibung zur Verfügung gestellt. Es kommen zwar noch die meisten Spätaussiedler als Ratsuchende, aber etwa 45 Prozent der Menschen, die unsere Beratungsstellen aufsuchen, kommen aus Syrien oder anderen Verfolgungsgebieten. Sie kommen, weil sie wissen, dass sie bei uns offene Ohren und Herzen finden, eben weil wir zu dieser Empathie aufgerufen haben und selbst wissen, wie es sich anfühlt, Heimat zu verlieren. Wir können natürlich bei allen Fragen des Alltags helfen. Ich denke, das sind die wichtigsten Punkte, wenn Menschen zu uns kommen. Sie wollen wissen, wo man sich anmeldet, was man macht, wenn die Tochter krank ist, wie man in Deutschland einen Telefonanschluss bekommt, ob und wo man arbeiten kann … Also ganz praktische Fragen des Alltags, die wir mit Verständnis klären können.

Welche Rolle spielen Vertriebene und ihre Nachfahren für den gesellschaftlichen Zusammenhalt in unserer von Flüchtlingskrisen geprägten Zeit?
Aus meiner Sicht spielen die deutschen Heimatvertriebenen eine sehr, sehr große Rolle, gerade auch für den gesellschaftlichen Zusammenhalt. Weil wir aus eigener Erfahrung sagen können, dass es nicht negativ sein muss, wenn man sich auf Neues einlässt. Wir haben selbst erfahren, wie das war. Wir können auch die deutsche Gesellschaft daran erinnern, dass vor einigen Jahrzehnten über 15 Millionen Deutsche das gleiche Schicksal einer Vertreibung, einer ethnischen Säuberung erlebt haben und wir damals froh gewesen sind, eine neue Heimat zu finden. Genau das können wir heute in die gesellschaftliche Analyse einbringen. Um nochmal die Vergleichbarkeit an einzelnen Punkten dar-

5. Kapitel: Was ist deutsch? Was ist Heimat?

183

zustellen: Gleich nach dem Zweiten Weltkrieg sind aus der Tschechischen Republik Menschen in geschlossenen Zügen nach Deutschland gekommen, meist nach Bayern. Da sind z. B. 500 Menschen in einem Dorf gelandet, in dem vorher auch nur 500 Menschen gelebt haben. Es ist zu einer Verdoppelung der Bevölkerungszahl gekommen. Und es gab die Möglichkeit, dass Protestanten in ein rein katholisches Dorf gekommen sind und umgekehrt. Ich denke, dass vor 70 Jahren der konfessionelle Unterschied vielleicht genauso bedeutsam war wie heute der religiöse Unterschied. Trotzdem hat man sich daran gewöhnt. Man hat festgestellt, dass Menschen, wenn man die Betrachtung von Ideologie befreit, eigentlich auch nur Menschen sind und dass man zusammenwachsen kann. Ich denke, wenn wir diese Erfahrung einbringen, dann klappt es heute auch mit den neuen Nachbarn.

Vielen Dank!

Was ist Heimat?
In dem Buch »In Deutschland angekommen ...« erzählen Einwanderer ihre Geschichte

Kristin Bäßler — Politik & Kultur 2/2009

»Bei mir ist es so, dass, wenn man gerade jemanden kennenlernt, der mich direkt fragt »Woher kommst du?«, das ist immer so eine Sache, die mich abschreckt. Ich denke nicht, dass wenn man einen Menschen kennenlernt, das das Erste sein soll, was man erfahren muss, weil es einfach nicht so wichtig ist...«, so Jonas Makonnen. Der Vater von Jonas Makonnen kommt aus Äthiopien, seine Mutter aus Indonesien. Er ist gebürtiger Kölner.

Seit einigen Jahren legt die Bundesregierung unter der Federführung des Bundesamtes für Migration und Flüchtlinge jährlich einen Migrationsbericht vor, der Auskunft über die Zuwanderungssituation in Deutschland gibt. Zahlen und Statistiken belegen und veranschaulichen diese Migrationssituation. Veranschaulichen? Zahlen und Daten sind zwar für politische Handlungen und gesetzliche Rahmenbedingungen notwendig, sie geben aber keinen Einblick in die Geschichten, die hinter einem Entschluss stehen, in ein anderes Land auszuwandern. Warum kommen Menschen nach Deutschland? Wollen sie für immer oder nur übergangsweise hier bleiben? Was sind ihre Motive und Gründe? Wie finden sie in diesem Land Anschluss und vielleicht sogar eine Heimat?

Das migration-audio-archiv hat im Jahr 2000 damit begonnen, die Migrationsgeschichten unterschiedlichster Menschen aufzuzeichnen. Nun wurden diese Geschichten von den Herausgebern Sefa Inci Suvak und Justus Herrmann aufgeschrieben und in dem Buch »In Deutschland angekommen ... Einwanderer erzählen ihre Geschichte 1955 – heute« zusammengefasst. Da die Migrationsgeschichte je nach Jahrzehnt unterschiedlich verlaufen ist, haben sich die Herausgeber dazu entschlossen, 50 Jahre Migrationsgeschichte in drei zeitliche Abschnitte einzuteilen: Die Jahre 1955 bis 1973, 1973 bis 1989 und 1989 bis heute. Begleitet werden diese Abschnitte von kurzen Informationen, die die Erzählungen in einen historischen Kontext setzen.

Viele der Befragten hatten gar nicht vor, lange in Deutschland zu bleiben, sie blieben einfach »hängen«, häufig unbedarft oder aus Lust am Abenteuer. Viele sahen in Deutschland die einzige Chance, um frei leben zu können. Sie fingen an, als Krankenschwestern, Wirtschaftsprüfer, Fabrikarbeiter, Journalisten, Putzfrauen, Künstler, Unternehmer, LKW-Fahrer zu arbeiten, und haben sich nach und nach ein Leben aufgebaut. Sie stammen aus der Türkei, Italien, Griechenland, Indonesien, Argentinien, Spanien, Israel, Kroatien, der Tschechoslowakei, Nigeria, dem Iran, Polen und haben Deutschland durch ihre jeweils einzigartigen Geschichten und Kulturen gestaltet und mitgeprägt.

5. Kapitel: Was ist deutsch? Was ist Heimat?

185

Die Jahre 1955 bis 1973

In den 1950er und 1960er Jahren wanderten viele Menschen, die gezielt von der Bundesrepublik Deutschland angeworben wurden, aus Südeuropa in die deutschen Schwerindustrieregionen der Bundesrepublik. Zwischen 1955 und 1968 schloss die Bundesrepublik Anwerbeverträge für Arbeitskräfte zunächst mit Italien (1955), Spanien und Griechenland (1960) und später auch mit der Türkei (1961), Marokko (1963), Portugal (1964), Tunesien (1965) und Jugoslawien (1968). Das erste Kapitel beschreibt die Zuwanderungsgeschichte, die Wünsche und Träume von 13 Frauen und Männern, die primär nach Deutschland kamen, um hier Arbeit zu finden oder zu studieren. Ihre Erzählungen lesen sich teilweise wie ein Abenteuerroman und sind bestimmt durch das Interesse und die Neugierde auf ein neues fremdes Land. Aber auch von der Idee, nach dem Verdienen des nötigen Geldes wieder in ihre Heimat zurückzukehren. Von 14 Millionen Migranten, die nach Deutschland kamen, sind 10 Millionen nach einigen Jahren wieder zurück in ihre Heimat gekehrt. Für Millionen wurde Deutschland zur neuen Heimat. Wie für Ali Can. Er kam in den 1960er Jahren nach Essen, um hier zu arbeiten, und blieb 40 Jahre. Seinen Lebensabend verbringt er nun in seinem Heimatdorf in der Ägäis.

Die Jahre 1973 bis 1989

Der zweite Abschnitt des Buches behandelt die 1970er und 1980er Jahre. Diese Zeit zeichnete sich insbesondere durch den Familiennachzug der angeworbenen Arbeitnehmer aus. Dies hatte zur Folge, dass das Thema Integration und Bildung immer stärker in den Fokus der Politik rückte und erste Maßnahmen wie so genannte Förder- und Ausländerklassen das Lernen der zugezogenen Kinder unterstützen sollten. Im Jahr 1979 legte der erste Ausländerbeauftragte der Bundes-

regierung, der frühere nordrhein-westfälische Ministerpräsident Heinz Kühn (SPD), ein Memorandum vor, in dem eine konsequente Integrationspolitik, die Gleichberechtigung v.a. der so genannten Zweiten Generation in den Bereichen Bildung und Ausbildung, die Einführung des kommunalen Wahlrechts für hier lebende Ausländerinnen und Ausländer sowie eine Option auf den Erhalt der Staatsbürgerschaft für hier geborene ausländische Kinder gefordert wurde. Trotz dieser sehr konkreten Forderungen des Kühn-Memorandums richtete die Bundespolitik in den 1970er und 1980er Jahren ihre Ausländerpolitik primär auf temporäre Konzepte zur sozialen Integration von Zugezogenen, da die Idee in Deutschland aufrechterhalten werden sollte, ein Rotationsland zu sein, in das die Menschen kommen, um es nach einiger Zeit wieder zu verlassen.

Daraus gestalteten sich rechtliche Probleme insbesondere für die Personen, die bereits seit Jahrzehnten in Deutschland lebten und die aufgrund ihres Aufenthaltstatus keine politische Partizipation erhielten. So erzählt Ghanim Kahn, der mit 36 Jahren aus Pakistan über England nach Deutschland kam: »Ich war in Deutschland politisch aktiv in der SPD, aber hatte als Ausländer keine politischen Rechte. Je länger ich hier lebte, desto mehr kamen mir Gedanken, dass ich so viele Pflichten habe, alle Abgaben und Steuern bezahlen muss, dem Gesetz treu bin, aber praktisch keine Rechte haben.« Diese Situation änderte sich erst ab Anfang der 1990er Jahre im Zuge der Neuregelung des Ausländerrechts, das Ausländern unter bestimmten Voraussetzungen nach 15 Jahren den Anspruch auf Einbürgerung gab.

Die Jahre 1989 bis heute

Obwohl man glauben könnte, dass sich durch den politischen Fokus auf das Thema Migration und Integration die Situation für Einwanderer hätte verbessern müssen, ist der dritte und letzte Abschnitt des Buches durch die zahlreichen Probleme gekennzeichnet, die viele Einwanderer tagtäglich erleben. Sie erzählen von den Schwierigkeiten, eine Arbeitserlaubnis zu erhalten, ihre Schul- oder Berufabschlüsse anerkennen zu lassen, die Trauer darüber, nicht mit auf eine Klassenfahrt mitzufahren, weil man sich nicht weiter als 30 km von seinem Wohnort entfernen darf, oder der Angst, jeden Moment abgeschoben zu werden – manchmal wird die Aufenthaltserlaubnis nur um zwei Wochen, manchmal um einen Monat verlängert, bis man wieder zum Amt gehen muss, um sie verlängern zu lassen. So ergeht es dem jungen Fußballer Hianick, der mit seinen Eltern aus dem Kongo flüchten musste und der nun hofft, einen Profivertrag bei einem Fußballverein zu erhalten, damit er in Deutschland bleiben kann. Denn, so Hianick: »Ich lebe schon lange hier und fühle mich richtig wohl. Das ist eigentlich meine Heimat hier.«

Was ist Heimat?

Wie beschreiben Menschen, die teilweise in zwei oder mehreren Ländern gelebt, geheiratet haben, das Gefühl von Heimat? Und gibt es einen Unterschied, ob man schon lange in einem anderen Land lebt oder erst seit ein paar Jahren? Die Erzähler des Buches »In Deutschland angekommen...« beschreiben fast alle Heimat nicht als einen spezifischen Ort, sondern als etwas, das durch Freunde, durch Respekt, durch Anerkennung und vor allem durch die Familie geprägt ist. Für viele ist Deutschland so zu ihrer neuen Heimat geworden, was aber nicht unbedingt bedeutet, dass sie dadurch auch eine spezifische »kulturelle« Identität angenommen haben. So erklärt die in Siegen geborene Sabina Xhemajli, deren Eltern Roma aus dem Kosovo sind: »Aus der deutschen Kultur nehme ich mir einfach das, was mir gefällt, sich als Frau zu

verwirklichen, das kann ich in Deutschland wunderbar. Aber auch bei den Roma nehme ich mir das, womit ich gut leben kann, was mir Glück bereitet und ich weitergeben möchte ... Das mische ich dann alles zusammen und bastele mir daraus mein Leben ...«.

Die Geschichten in dem Buch »In Deutschland angekommen ...« erzählen, wie es ist, sich in einem fremden Land zurechtzufinden und sich ein neues Leben zwischen zwei Kulturen aufzubauen. Es ist ein Verdienst dieses Buches, dass es den Geschichten hinter den Begriffen »Migration«, »Migrationshintergrund« und »Zuwanderung« ein Gesicht und eine Stimme gibt. Zudem stellt es Begriffe wie Fremdheit und Gewohnheit in einen neuen Kontext und lässt einen die eigenen Kategorien von Heimat neu überdenken.

»In Deutschland angekommen ...« Einwanderer erzählen ihre Geschichte. 1955 bis heute. Sefa Inci Suvak/Justus Herrmann (Hrsg.) 2008, Bertelsmann Chronik, wissenmedia Verlag GmbH, Gütersloh/München.

5. Kapitel: Was ist deutsch? Was ist Heimat?

187

Migrare
Von Flüchtlingswellen und Erfolgsgeschichten

Adriana Altaras — **Politik & Kultur 2/2017**

Wo immer ich hinkomme, nach wenigen Minuten beginnt eine heftige Debatte über die Flüchtlingspolitik der BRD, häufig negativ, meistens erhitzt, auch in meinen ansonsten »aufgeklärten« Kreisen. Ich werde dann zunächst still, man scheint vergessen zu haben, dass ich selbst eine Migrantin bin!

Migrantin mit Erfolgsgeschichte! In den USA, dem früheren Einwanderungsmekka, ist es gang und gäbe: »Jeder kann es schaffen!« ist dort die Devise, hier in Deutschland ist man vorsichtiger, es wird nivelliert, gern nach unten hin.

Das ist schade, denn die BRD hat einige Erfolgsgeschichten zu verbuchen. Als meine Eltern in den frühen 1960er Jahren mit mir nach Deutschland kamen, gab es hier ca. 8.000 Juden und 600.000 Ausländer oder Menschen mit Migrationshintergrund, wie man das heute so hübsch nennt. Heute haben wir mittlerweile ca. sieben Millionen Ausländer und ungefähr 100.000 registrierte Juden in der Bundesrepublik.

Wir fassten damals Fuß in Gießen, was wahrlich nicht der Nabel der Welt ist. Meine Eltern nahmen Abschied von ihrem bis dato geführten Leben und gaben sich Mühe, in Deutschland anzukommen. Wir fuhren regelmäßig nach Frankfurt, dort gab es immerhin in der Markthalle Espresso und Mozzarella. Mozzarella? Man hielt es damals für einen si-

zilianischen Tanz, heute tun die Berliner so, als sei es wie die Currywurst ihre Erfindung, vom Espresso ganz zu schweigen.

Meine Eltern hatten lange für ihre deutsche Staatsbürgerschaft gekämpft. Meine Mutter hatte über acht Jahre Anträge aller Art gestellt, und als wir schließlich 1970 die deutsche Staatsbürgerschaft erhielten, gingen wir zum »Jugoslawen« und feierten ausgiebig. Jugoslawien gibt es nun längst nicht mehr, aber die Kroaten und Serben, Bosnier und Mazedonier, die in Deutschland leben, schon. Meine Eltern wollten nach Deutschland, weil es die kulturelle Heimat meiner Mutter war. Beide wollten in Europa bleiben, weil sie sich trotz allem als Europäer fühlten.

Heute bin ich froh darüber. Kein Land in Europa hat sich mit seiner Geschichte so heftig auseinandergesetzt und auseinandersetzen müssen. Österreich, Frankreich, Spanien und auch die angeblich so neutrale Schweiz haben da noch einiges vor sich, was die Aufarbeitung der eigenen Vergangenheit angeht.

Damals in den 1960er Jahren jedenfalls waren wir fremd, sehr fremd hier. Mein Vater, Oberarzt an der Gießener Uniklinik, tat sich schwer im überschaubaren Gießen. Jede halbe Stunde hörte er Nachrichten auf seinem kleinen Weltempfänger, wie ein Reserveoffizier der Geschichte, den man plötzlich wieder einberufen könnte.

Inzwischen fuhr meine Mutter mit ihrem Renault Clio durch Hessen, auf den Spuren des Landjudentums, das es einmal in großer Anzahl hier gegeben hatte. Irgendwann griff aber auch bei meinen Eltern die alte Emigrantenweisheit: »Richte dich ein, als wär's auf ewig.« Das taten sie und gründeten eine Jüdische Gemeinde. Und dabei blieb es nicht, sie sorgten dafür, dass Gießen ein neues Gemeindehaus bekam, die kleine, original erhaltene Landsynagoge aus dem Dorf Wohra wurde umgesetzt, ein Wohnheim für Stipendiaten wurde angeschlossen. Viele, sehr viele halfen ihnen. Sicher, einige taten es aus Schuldgefühlen, aus Scham. Aus dem Wunsch heraus, etwas wiedergutzumachen. Viele taten es aber freiwillig aus Freude und Begeisterung. Meine Eltern bekamen das Bundesverdienstkreuz und Gießen eine wunderschöne Synagoge.

Ich bin in Deutschland zur Schule gegangen, habe hier studiert, geheiratet, fühle mich wohl und sicher in Berlin. »Vorsicht!« höre ich meinen Freund Raffi sagen. »Wenn es die Schoah nicht gegeben hätte, hättest du noch deine alte Heimat, und vergiss nicht: Deutschland musste gut zu euch sein!« Vielleicht, wahrscheinlich, wer weiß.

Dass Deutschland eine so große Anzahl an Flüchtlingen aufgenommen hat, hat sicher mit seiner Geschichte zu tun. Ich finde das gut, auch wenn es keine leichte Aufgabe ist und es noch sehr viel zu verbessern gibt. Ganz zu schweigen von den religiösen, kulturellen und sprachlichen Unterschieden und Barrieren – das braucht Zeit. Außerdem haben wir alle sowieso keine Wahl. Es herrscht Krieg auf der einen Hälfte der Welt, da ist die andere Hälfte gefragt zu helfen. Es gab schon immer Völkerwanderungen aus den verschiedensten Gründen, meistens aus Not heraus, bedingt durch Hunger oder Krieg. Jetzt ist es wieder soweit und es ist eine Mitzwa, also eine Verpflichtung, zu helfen.

Wir »Migranten«, aus dem Latein »migrare«, sprich wandern, also wir »Wandernden«, die schon länger von der Demokratie der BRD profitieren durften, stehen mit unseren »Erfolgsgeschichten« als gelungenes Beispiel da. Ich glaube fest an solche positiven Leitbilder. Wenn die vielen Kinder und Jugendlichen, die neu in die BRD gekommen sind, sehen, dass sie eine Chance in Deutschland haben, dass sie hier etwas lernen und werden können, ist das sicher besser, als ihnen die Angst zu vermitteln: »Wir schaffen das nicht!«

Und es würde dabei auch helfen, wenn langsam die bequemen Klischees verschwinden würden, vor allem die im deutschen Fernsehen. Mein Rollenprofil sah über Jahrzehnte nämlich so aus: Erst war ich die Tochter, dann die Schwester, schließlich die Mutter der Diebe, Einbrecher, Mörder. Was Ausländer in deutschen Filmen halt so sind. Meinen Durchbruch hatte ich als Putzfrau.

Nun weiß ja jeder, dass nicht alle Menschen mit Migrationshintergrund zugleich Verbrecher sind. Tja, nicht alle, aber leider, leider doch eine Menge, also eine sehr große Menge, das kann man doch jeden Tag im Fernsehen sehen. Sie sind allesamt Analphabeten, haben einen Döner- oder Gemüseladen, sowohl im Vorabendprogramm als auch zur prime time, und wenn es Juden sind, dann sind sie reich und handeln mit Immobilien…

»Gebraucht werden« könnte ein Schlüsselwort sein, und sicher ist es an der Zeit, Leitungspositionen oder Stellen in Kreativbereichen mit Menschen mit einer »Migranten-Vita« zu besetzen. In Kreuzberg gibt es eine starke Szene an Autoren, Schauspielern, Regisseuren, die akzentfrei Deutsch und Türkisch können, die haben Geschichten auf Lager, von denen wir nichts ahnen … man könnte sie fragen. Ansonsten bin ich fest davon überzeugt, dass wir es schaffen werden, vielleicht nicht so schnell, wie man sich erhofft hat, aber in 100 Jahren wird kein Mensch mehr von dieser Flüchtlingswelle sprechen – weil es bis dahin neue geben wird.

Germanija
Jüdisch und erwachsen in Deutschland

Dimitrij Belkin — Politik & Kultur 2/2017

Der 22-jährige Sohn eines jüdischen Vaters und einer nicht jüdischen Mutter, ein Perestroika-Kind der späten Sowjetunion, wachte 1991 im neuen Staat Ukraine auf und reiste im Dezember 1993 nach Deutschland aus. Er hatte drei Taschen dabei, einige Bücher, darunter Schelling und Heidegger auf Russisch – der junge Mann wollte in Deutschland Philosophie studieren. Der frisch gebackene jüdische Kontingentflüchtling hatte auch ein Diplom als Historiker in der Tasche. Er hat die Universität absolviert und die liberalen Glasnost-Ideale aufgesaugt.

Der Kontingentflüchtling verbrachte acht Monate in einem furchtbaren Wohnheim in Reutlingen. Den rechten Flügel bewohnten die Vietnamesen, den linken die Juden. Interkulturelle Konflikte gab es keine, manchmal verschwand die billige Wurst (Schweinefleisch, koscher kam viel später) aus den Etagenkühlschränken, doch diese Probleme waren eher intern verursacht und nicht interkulturell. Auf dem Amt hing ein Plakat »Alle Menschen sind Ausländer!«. Der Einwanderer realisierte: Einige sind es doch noch mehr. Der junge Mann strebte ein widersprüchliches Zweierlei an, nämlich: zurück, um das untergegangene Land zu retten. Und nach vorne, um in Tübingen weiterzustudieren. Seine Frau, die acht Monate später kam – die Wiedervereinigung der

Familien ist eine recht wichtige Institution für die neuen Deutschen, auch für die heutigen Flüchtlinge – plädierte klugerweise für die zweite Variante: die des Bleibens. In Tübingen studierte der Mann osteuropäische Geschichte und Philosophie. Er promovierte. Das Bild Russlands hier enttäuschte ihn. Der Kalte Krieg wurde akademisch weitergeführt, doch der Mann wollte seine liberale Sowjetunion zurück – nicht die Kritik des Stalinismus. Der Mann wurde einsam. Er ließ sich taufen und integrierte sich zunächst in die russische orthodoxe Kulturgemeinschaft. Sie kam ihm aber bald nationalistisch und ebenso verloren vor wie er selber. Zu dieser Zeit war Deutschland nach vier bis fünf Jahren das Land der Erweiterung seiner Lebensperspektive, der niedlichen Berge und des fehlenden Winters. Aber nicht das Land seiner Seele.

Irgendwann, realisierte der Mann gegen die Jahrtausendwende, steht man etwas seltsam da. Man kann nicht mehr zurück, die Sowjetunion existiert nicht mehr, mit der Ukraine hat man nicht viel zu tun, in Deutschland fühlt man sich schlecht – als Migrant und als Fremder. Und erst dann, verstand der Mann, fragst du, was du denn bist, wenn du ganz nackt und ganz allein dastehst? Dann kam bei ihm die eindeutige Antwort: ein Jude. Diese Antwort führte dazu, dass der Mann sich entschloss, mit seiner Familie diesen Weg zum Judentum zu machen. Denn er war nicht mehr für sich allein verantwortlich – der kleine Sohn war da und mit ihm die Frage: Wie soll er denn aufwachsen? Die im Kern areligiöse deutsche Gesellschaft gab die Antwort: »Lieber gar keine Religion, plural erziehen, den Rest werdet ihr sehen«. Das war nicht die Antwort seiner Familie, die sich für einen jüdischen Weg entschied. Hilfreich war dabei die weltoffene, kapitalistisch-literarische Stadt Frankfurt, ihre jüdische Gemeinde und die neuen Freunde. Wichtig waren die Reisen nach Amerika und Israel, die eine bisher unbekannte jüdische Vielfalt öffneten und den Mann zwangen, sich mit Deutschland als seinem Land auseinanderzusetzen. Denn die Frage »Wie hart hast du es als Jude in Deutschland?« bekam er im Ausland oft gestellt und musste sein neues Land, dessen Pass er inzwischen besaß, rechtfertigen. Seine Eltern waren inzwischen auch da. Sie putzten Toiletten auf Tankstellen. Zugegeben: nicht optimal für Ingenieure, doch deutlich besser als allein in einer leeren Wohnung zu sitzen.

Es war auch eine Rechtfertigung Deutschlands nach innen angesagt: Die Generation der 1968er hat dem Mann den Diskurs über das »Scheißland« beibringen wollen – er wollte und will diesen Diskurs nicht zu seinem machen. Der Mann und seine Familie suchten und fanden ihr Judentum und ihr Deutschland. Parallel dazu suchte der Mann die Öffentlichkeit, um die Geschichten der neuen deutschen Juden zu erzählen. Er kuratierte im Jüdischen Museum Frankfurt eine Ausstellung »Ausgerechnet Deutschland! Jüdisch-russische Einwanderung in die Bundesrepublik«. Die neue jüdische Gemeinschaft, zu 90 Prozent aus »Russen« bestehend, nannte er: »Deutsches Judentum 2.0«. Es gab Kritik an diesem Namen: »Nie wieder kann sich ein Jude mit Deutschland identifi-

zieren«. Und was, wenn doch? Anschließend kam der Mann nach Berlin, um für ELES, ein jüdisches Studienwerk, zu arbeiten und den Stipendiaten seine Erfahrungen weiterzugeben und von ihnen zu lernen.

Über Deutschland habe ich ein Buch geschrieben: »Germanija. Wie ich in Deutschland jüdisch und erwachsen wurde«. Wobei mir das Erwachsensein im Titel und im Leben zentral zu sein scheint. Der Gedanke über die Notwendigkeit eines verantwortungsvollen, »erwachsenen« Agierens in der Gesellschaft ist zugleich mein Beitrag zum Thema kulturelle Integration. Denn irgendwo dort, wo man sich den Anderen öffnet und auch ihre Zuneigung spürt, sind die Konturen von einem schwierigen, schönen Etwas deutlich zu vernehmen, das man die »Heimat« nennt, ohne ein mulmiges Gefühl beim Artikulieren dieses Wortes zu bekommen.

Gleichberechtigung für Muslime schaffen
Über unsägliche Debatten und positive Entwicklungen in Deutschland

Katajun Amirpur — Politik & Kultur 1/2013

Als Deutsche muslimischen Glaubens musste man sich in den letzten Jahren zuweilen fremdschämen. Denn die Debatten, die in unserem Lande geführt werden, waren und sind manchmal unsäglich. Thilo Sarrazins Buch »Deutschland schafft sich ab« und die Beschneidungsdebatte sind nur die herausragenden Beispiele der letzten Monate und Jahre. Es ist mir als Deutsche ein absolutes Rätsel, wie man so unsensibel, pietätlos, geschichtsblind etc. sein kann, in diesem Land Juden die Beschneidung verbieten zu wollen.

Von den Muslimen braucht man hier gar nicht zu reden. Was uns Muslime anbelangt, so haben wir es bloß als weiteres Zeichen für das gesehen, was ohnehin viele vermuten: dass der Islam eben nicht zu Deutschland gehören soll. Grund für ein Unbehagen gibt es ja nicht erst jetzt. Bedenklich genug ist schließlich, wie der Reihe nach Migranten muslimischen Glaubens umgebracht werden, ohne dass der Verfassungsschutz die offenkundig völkisch-nationalen Motive erkennt. Aber wie man angesichts der deutschen Vergangenheit eine Entscheidung wie das Beschneidungsurteil gegenüber deutschen Juden vertreten kann, ist noch einmal eine andere Sache – und schier unfassbar.

Im Kontext der Beschneidungsdebatte und der Debatte um das Sarrazin-Buch findet das Wort »Fremdschämen« hier seine Berechtigung, weil man plötzlich das Gefühl hat, nicht mehr dazuzugehören. Debatten dieser Art führten dazu, dass auch die Muslime, die es nie wollten, sich fremd fühlen in diesem Land. Das scheint mir eine sehr beunruhigende Entwicklung zu sein: wenn selbst die, die immer integriert waren, sich nicht mehr zugehörig fühlen. Doch man konnte als Deutsche muslimischen Glaubens und zugewanderte Hanseatin in diesem Jahr auch stolz sein auf etwas. Gäbe es das Wort, würde man es »Fremdstolzsein« nennen, was ich hier empfinde. Es ist Anlass zum Stolz aller Hamburger, dass der Staatsvertrag mit den Muslimen und den Aleviten zu Stande gebracht wurde. Hamburg nimmt hiermit bundesweit eine Vorreiterrolle ein. In vielem hat der Vertrag symbolischen Charakter. Aber auch das ist viel. Und eine konkrete Rechtsänderung ergibt sich beispielsweise bei der Regelung über die Feiertage. Die höchsten islamischen und alevitischen Feiertage, drei an der Zahl, sollen den Status kirchlicher Feiertage, vergleichbar mit dem Reformationstag, Fronleichnam oder dem Buß- und Bettag, erhalten. Schüler können an solchen Tagen Unterrichtsbefreiung verlangen, Arbeitnehmer können frei nehmen. Eine ähnliche Regelung gibt es bereits für nicht-gesetzliche christliche Feiertage. Zudem wird der an den staatlichen Schulen erteilte »Religionsunterricht für

5. Kapitel: Was ist deutsch? Was ist Heimat?

193

alle in evangelischer Verantwortung« (Hamburger Modell) mit dem Ziel einer gleichberechtigten Beteiligung auch der islamischen und alevitischen Religionsgemeinschaften weiterentwickelt.

Der Vertrag nimmt die Muslime aber auch in die Pflicht – und auch das zu Recht. Die islamischen Verbände bekennen sich zur »vollständigen Geltung und Achtung der staatlichen Gesetze«, also beispielsweise auch zur Gleichberechtigung von Mann und Frau. Das ist zwar eine Selbstverständlichkeit für den Großteil aller hier lebenden Muslime, aber es kann ja nicht schaden – auch und vor allem gegenüber der Mehrheitsgesellschaft – dies auch vertraglich festgelegt und somit noch einmal betont zu haben.

Wer baut, der bleibt, sagt der Volksmund. Und wer Verträge schließt, auch. Die Muslime fordern hier keine Sonderrechte für sich als Gäste, sondern Gleichberechtigung, weil sie deutsche Staatsbürger sind. Durch solche Regelungen werden die Muslime heimisch, ihre Religion wird deutsch, ebenso wie ihre Sprache. Mit solcher Gleichberechtigung ist der Integration wirklich gedient – weit mehr als unzählige nervtötende Debatten, ob der Islam denn nun ein bisschen, ganz oder vollständig zu Deutschland gehört oder doch »nur« die Muslime. Wer auf staatlicher Seite Verträge schließt, akzeptiert, dass das Gegenüber bleiben will – und er akzeptiert das Gegenüber. Einzelne grummeln zwar noch immer, attestieren den Muslimen an sich und per se, dass sie nicht vertrauenswürdig seien und vermutlich vertragsbrüchig würden. Aber diese vereinzelten Unkenrufe ändern nichts daran, dass die Politik in Hamburg insgesamt und vor allem angesichts der herrschenden Verhältnisse im Land einen großen Schritt auf die über 100.000 Muslime, die im Stadtstaat leben, zu gemacht hat. Deshalb ist der Vertrag doch ein Meilenstein und nicht nur eine Selbst-

verständlichkeit, wie Olaf Scholz im hamburgischen Understatement formulierte. Er trägt der Tatsache Rechnung, dass die multikulturelle und multi-religiöse Gesellschaft auch in Deutschland eine Realität ist – und keine grüne Spinnerei wie Claudia Roth einmal passend formulierte. Das anzuerkennen sollte eine Selbstverständlichkeit sein, ist es aber nicht. Umso schöner, dass Hamburg seinen Ruf als Hauptstadt des interreligiösen Dialogs mit diesem Staatsvertrag nochmals bestätigt.

»Nicht Sprache ist Heimat, sondern das, was gesprochen wird«
Über kulturelle Integration in Ost und West. Wer will wen integrieren und wohin?

Regine Möbius — Politik & Kultur 2/2017

Die Maueröffnung 1989 brachte den großen Schnitt. Durch die Währungsunion und die Wiedervereinigung hatten sich die persönlichen und gesellschaftlichen Lebensumstände für die ostdeutsche Bevölkerung rasch und umfassend verändert. Viele Menschen kamen mit dem nötigen Maß an Neuorientierung nicht zurecht oder fanden sich in so ungünstigen Voraussetzungen wieder, dass sie nicht oder nur schwer in der Lage waren, diesen Prozess ohne Beschädigungen am Selbstwertgefühl zu überstehen. Jetzt erst war er in vollem Ausmaß spürbar, der Graben der Geschichte, der zwischen Ost und West klaffte. Er trennte die Generationen in die, die Deutschlands Teilung überlebt hatten, und in die Nachgeborenen.

Aber auch diese Trennung ist nicht der alleinige Schlüssel zum Verstehen der unterschiedlichen Ost-West-Mentalitäten. Denn jede geschichtliche Erfahrung ist im tieferen Sinn auch eine persönliche, eine biografische. Und im Wettstreit der deutschen Teilgeschichten siegte die des Westens, dank ihrer effizienten Wirtschaft, der sich 1990 zu Bedingungen des Westens die bankrotte Ostgeschichte anschloss. Der Osten brauchte den Westen, nicht umgekehrt. Im Westen ist das kaum spürbar, im Osten gab es plötzlich Regionen mit über 25 Prozent Arbeitslosigkeit. Tief grub sich dadurch das Gefühl einer Dauerkrise auf dem ostdeutschen Arbeitsmarkt ein, die in den Augen vieler Ostdeutscher die Zuwanderer als vermeintliche Konkurrenten um Arbeitsplätze erscheinen ließ. Hinzu kam, dass in dieser Zeit sich viele Ostdeutsche entwertet gefühlt haben – ein Empfinden, das nicht der Vergangenheit angehört – weil es der alten Bundesrepublik relativ leicht gelang, ihre Verhältnisse auf die neuen Bundesländer zu übertragen, ohne gleichzeitig die vermeintlich gleiche Sicherheit und Teilhabe z. B. an Arbeitsplätzen mit sich zu bringen.

Wohl erst jetzt, da wir in unserer deutschdeutschen Auseinandersetzung das Konstrukt »Europa« als eine verlässliche Konstante benötigen, in die und mit der integriert werden soll, und es damit zum unmittelbaren Adressaten von breiten und kontroversen Interessen, Erwartungen und Ansprüchen wird, ergibt sich unter dem Aspekt einer erhofften europäischen Identität eine kritische Situation.

Für das Europa nach Maastricht (1992) ergibt sich eine doppelte Aufgabe:

1. Neue europäische Solidaritätskriterien zu entfalten, die in eine Werteordnung eingebettet sind
2. Die Loyalitäten zu den Nationalstaaten zu erhalten

5. Kapitel: Was ist deutsch? Was ist Heimat?

195

Erfolgt das erste nicht, gewinnt die EU keine hinreichende Legitimität über Wertebeziehungen. Gelingt das zweite nicht, verliert die EU Kompromissfähigkeit für unterschiedliche Formen von Konflikten.

Da die Politikverflechtung in der EU in all den Jahren das vorrangige Thema war, muss jetzt darüber nachgedacht werden, wie die Identitätsbildungen innerhalb der einzelnen Staaten durch die Bezugsgröße »Europa« erweitert werden muss, um eine kulturelle Integration zu ermöglichen.

Wir, als Gesellschaft, gehen davon aus: Kultur ist ein Programm oder Leitfaden von Werten, Normen und Verhaltensweisen. Dieses Programm ist in unterschiedlichen Gesellschaften unterschiedlich tradiert und als »Kultur« proklamiert, um maßgebliche Ziele im Zusammenleben in der jeweiligen Gesellschaft zu sichern.

Während die alte Bundesrepublik seit den späten 1950er Jahren mit Zuwanderern lebt, haben viele DDR-Bürger bis zur Wende kaum Alltagskontakt zu Migranten gehabt. Die DDR war kein Land, das für Zuwanderer besonders attraktiv war, von vereinzelten Entscheidungen abgesehen. Die Anwesenheit von Ausländern war vorrangig Ausdruck von politischen Entscheidungen der Staats- und Parteiführung und diente daher hauptsächlich politischen Zwecken. Das wurde weitgehend akzeptiert. Die meisten Menschen waren pragmatisch. Sie wollten in einer überschaubaren, scheinbar sicheren Gewohnheit leben oder Karriere machen und passten sich deshalb weitgehend den Verhältnissen an. Mehrheit läuft immer zu Mehrheit. Das wussten die Ideologen nicht nur dieser Diktatur und waren als Staatsmacht fokussiert darauf, das Volk zu durchdringen. Die Macht umzäunte das Land. Wenn sich die DDR-Bürger dieser Macht entziehen wollten, gab es nur eine Emigration nach innen.

Einen wirklich multikulturellen Austausch gab es nicht. Lediglich proklamierte die DDR als »Friedensstaat« die Aufnahme von politisch Verfolgten, z. B. aus Chile oder auch die Auszubildenden und Studierenden aus den Ländern Asiens, Afrikas und Lateinamerikas mit entsprechender politischer Orientierung. Ende der 1970er Jahre kam es jenseits der Öffentlichkeit zum Einsatz von Vertragsarbeitnehmern. Sie bildeten die Zuwanderungsgeschichte der DDR. Diese zugewanderten Menschen lebten in zugewiesenen Unterkünften oder Studentenheimen, weitgehend getrennt von der einheimischen Bevölkerung. Kontakte wurden, anders als an den Universitäten »im Geist von Solidarität und Völkerverständigung« organisiert, persönliche Kontakte waren vielfach nicht erwünscht. Kollegiale Kontakte bezogen sich lediglich auf den Arbeitsalltag, es sei denn, private Freundschaften oder Eheschließungen unterbrachen das Muster. In der Öffentlichkeit wurde von ihnen als den »Freunden aus Bruderländern« staatskonformes Verhalten erwartet.

Die dann in der Zeit nach der Friedlichen Revolution von 1989 immer wieder anzutreffende Verwechslung von Patriotismus und Nationalismus tat ein Übriges dazu, dass man den nun häufiger im Alltag anzutreffenden Ausländern nicht freundlich begegnete.

Es blieb der Wunsch, dass Ost- und Westdeutsche möglichst schnell gleich werden, ein krampfhafter Versuch. Und viele Ostdeutsche spürten, dass dieser Wunsch nach schneller Normalität nicht unbedingt ein brüderlicher war, sondern eher dem Unbehagen entsprang, sich gemeinsam mit den Folgen von 40 Jahren sozialistischer Diktatur auseinandersetzen zu müssen.

Die Tatsache jedoch ist: Noch immer tickt Ostdeutschland anders. Die Verwerfungen, die Komplexe, die Ohnmacht und der gleichzeitige Wille, sich aufzubäumen, werden nicht weg sein, wenn auch die letzte Dorfstraße neu asphaltiert ist, das letzte Haus seines Verfalls enthoben wurde. Die Nobelpreisträgerin Herta Müller schreibt in ihrem Text »Bei uns in Deutschland«: »Von Rumänien bin ich längst losgekommen. Aber nicht losgekommen von der gesteuerten Verwahrlosung der Menschen in der Diktatur. (...) Auch, wenn die Ostdeutschen dazu nichts mehr sagen und die Westdeutschen darüber nichts mehr hören wollen, lässt mich dieses Thema nicht in Ruhe.«

Dort, ja vielleicht ausschließlich dort, in den Hinterlassenschaften von Diktatur und Demütigung, liegt das Aufbäumen gegen das vermeintlich Fremde. Die Vergangenheit ist wohl der Schatten ihrer Gegenwart.

Der Schriftsteller Nicol Ljubić, in Zagreb geboren, wuchs in Schweden, Griechenland, Russland und Deutschland auf. Noch immer wird er – der in deutscher Sprache Schreibende – als Deutscher mit Migrationshintergrund bezeichnet. Und von denen gibt es ziemlich viele in diesem Land: Schon vor fünf Jahren waren es fast neun Millionen. Gewöhnt aber hat sich das Land offenbar noch nicht an sie.

Mit ihrer Rede »Heimat ist das, was gesprochen wird« weist Herta Müller 2001 auf die Bedeutung von Sprache für die eigene Identität und das Heimischwerden hin.

Auch jetzt wird in den offiziellen Verlautbarungen das Erlernen der deutschen Sprache als unbedingte Voraussetzung für gelingende Integration angesehen. Wer will wen integrieren und wohin? Herta Müller reflektiert in ihrer Rede die trügerische Sicherheit, die sich auch für Emigranten hinter dem Satz »Sprache ist Heimat« verbirgt und setzt der politischen Macht von Sprache mit einem Zitat von Jorge Semprun aus dem 1994 erschienen Werk »Frederico Sánchez verabschiedet sich« das gesprochene Wort entgegen: »Im Grunde ist meine Heimat nicht die Sprache [...], sondern das, was gesprochen wird.«

Sehen wir Kultur unter diesem Gesichtspunkt, ist die wichtigste Schlussfolgerung daraus, dass wir dabei nicht nur auf Kommunikation (damit ist nicht eine einseitige verbale Vermittlung gemeint) angewiesen sind, sondern dass in dem von uns angestrebten Prozess Kommunikation die Ausdrucksform von Kultur – von einem kulturellen Austausch – ist. Das bedeutet, wir können jetzt, an einem Runden Tisch, mit dauerhafter Geltung keine ausschließlichen Bedingungen formulieren. Die Muster und Inhalte, die wir für eine kulturelle Integration geltend machen wollen, sind immer wieder aktuell von sozialen Strukturen und der damit aktuell möglichen Verbindlichkeit abhängig. Wir müssen uns bewusst sein, dass die jetzt von uns im Rahmen der kulturellen Vielfalt erarbeiteten Normen offen, konstruktiv und dynamisch sein müssen, denn sie werden durch die eigene Gesellschaft und die Erweiterung dieser durch neue Kulturbezüge modifiziert und weiterentwickelt. Nur wenn wir diesen beständigen Prozess annehmen können, werden wir eine lebbare Balance finden.

Wir haben in den politischen bzw. gesamtgesellschaftlichen Prozessen besonders in den letzten Jahren die Erfahrungen gemacht, dass

- die Globalisierungs- und Lokalisierungstendenzen sich vermeintlich ausbalancieren.
- je mehr weltweit Verhaltensweisen die Alltagskultur der Bürger durchdringen und Unterschiede vermeintlich verschwinden lassen, umso mehr scheinen andere gesellschaftliche Orientierungsangebote zuzunehmen, deren Propagandisten einen Rückhalt in engen, nationalen Konzepten versprechen.
- das erste Ziel dieser Populisten das Versprechen der Einmaligkeit der eige-

5. Kapitel: Was ist deutsch? Was ist Heimat?

197

nen Lebensweise und damit das Versprechen einer sicheren Unterscheidung
von fremden Kulturen, Diskursen und
Glaubensformen ist.
- wir uns aber bewusst machen sollten, dass
der Gegensatz zwischen nationalen und
globalen Übereinstimmungen und Un-
gleichzeitigkeiten überall in der Welt gefunden werden kann und ein unausweich-
liches Moment der Globalisierung (auch
der Globalisierung von Kultur, geschmei-
diger gesagt: kulturelle Vielfalt) ist.
- wie es scheint, in Europa gegenwärtig
nicht das eine ohne das andere zu haben
ist, was nicht bedeutet, dass wir diese
Entwicklung als gegeben hinnehmen
dürfen.
- die Fragen im Raum stehen: Wie kann
Identität gefördert werden als ein prak-
tikables Hilfsmittel für gemeinsames
Weltverstehen? Was bedeutet in diesem
Zusammenhang kulturelle Integration?
- obwohl immer wieder thematisiert, den
Medienangeboten eine Schlüsselrolle zukommt. Sie tragen – in großen Teilen privatwirtschaftlich organisiert – mit
ihrer Destrukturierung und Entpolitisie-
rung des Weltwissens wesentlich dazu
bei, dass in schwerer zu überblickenden
Situationen die Bürger nach relativ gro-
ben, d. h. einfachen Mustern der Erklärung greifen.
- hinzu kommt, dass auch die öffentlichen
medialen Kommunikationsformen des
Diskurses nach dem Muster der »Unterhaltung« kaum als Hilfsmittel innerhalb
des so nötigen Identitätsdiskurses angesehen werden können. Kulturelle Integration bedeutet wohl vorrangig kulturelle Identität in Europa. Worauf sollten wir
bauen, was sollten wir nutzen? Der Mythos »Freiheit, Gleichheit, Brüderlichkeit« hatte wohl bis in den Herbst 1989
eine soziale Kraft und eine kulturelle

Dimension. Als Orientierung friedlichen
Verständigungshandelns sollten wir diese
Kraft (auch wenn sie zurzeit propagan-
distisch missbraucht wird) als ein symbo-
lisches Zentrum sehen.

Die Mauer im Kopf
Ein kultureller Integrations-bericht: Von Syrien über Libanon und Tunesien in die DDR

Marwan Salamah im Gespräch mit Hans Jessen — Politik & Kultur 3/2017

Marwan Salamah arbeitet als Kameramann und Dokumentarfilmregisseur. Er erzählt Hans Jessen seine Geschichte kultureller Integration.

Herr Salamah, Sie leben seit 40 Jahren in Deutschland – sind Sie in die deutsche Gesellschaft integriert?
Ja, auf jeden Fall. Aber ich könnte das nicht mit mathematischer Genauigkeit beschreiben. Vom Gefühl her bin ich in Berlin, in Deutschland zu Hause. Ich habe mich mehrmals bei kleinen Sachen erwischt, z. B. wenn die deutsche Mannschaft Fußball spielt und ein Tor schießt. Dann ist die Freude bei mir riesig groß. Manche gucken mich dann an: »Hallo, das sind die Deutschen?« Ich sage: »Ja, und? Deshalb.« Ich weiß nicht, ob man dazu »integriert« sagen kann.

Sie sind palästinensischer Herkunft, in Syrien geboren, dort aufgewachsen, zur Schule gegangen. Sie haben zum engeren Kreis um den PLO-Führer Yassir Arafat gehört. 1976 wurden Sie in die DDR geschickt. Sie sollten Kamera studieren, um für die PLO Filme zu drehen. Das war ein klarer Auftrag. Warum sind Sie trotzdem nach einigem Hin und Her in Deutschland geblieben?

Der Hauptgrund sind meine Kinder. Ich habe zwei Töchter, mit einer deutschen Frau. Die sind meine Welt. Auch hätte ich mit den Kindern, mit der deutschen Familie, nicht im Libanon oder in Tunesien leben können. Außerdem ist mir früh klar geworden, dass ich niemals auf Menschen schießen würde. Es gibt ein Foto, da stehe ich in einer PLO-Gruppe. Alle recken ihre Fäuste mit den Kalaschnikows hoch. Nur ich in der Mitte halte meine Kamera hoch. Ich wusste immer: Die Kamera, das ist meine Waffe.

Sie haben ab 1976 die DDR kennengelernt. Sie sind aus einer völlig anderen Kultur gekommen, aus der arabischen, und dann landen Sie in der DDR. Wie fremd war das? Und wie verlief Integration in den ersten Jahren?
Die Kultur war für mich nicht so fremd. Natürlich, die Sprache war fremd. Ich war eher neugierig, Leute kennenzulernen. Bestimmte Sachen zu lernen... speziell die DDR. Selbst für jemanden im Westen war das eine andere Kultur. Obwohl es Deutsch ist, dieselbe Sprache, waren es trotzdem zwei Welten. Und für mich war das natürlich extrem. Ein kleines Beispiel: Ich war gewöhnt, ins Restaurant einfach reinzugehen, einen Tisch zu suchen und mich hinzusetzen. In Leipzig ging das gar nicht. Man musste an der Tür

5. Kapitel: Was ist deutsch? Was ist Heimat?

199

stehenbleiben und wurde platziert. Das war für mich fremd. Oder mit dem Bus zu fahren, mit der Straßenbahn, all diese Kleinigkeiten. Das muss man lernen. Der Umgang mit Terminen, viel Bürokratie auch. Diese Welt musste ich erstmal neu kennenlernen. Und vor allem die Sprache.

Wie wichtig ist Sprache für Integration? Für Sie persönlich und darüber hinaus?
Ich finde, ohne die deutsche Sprache gibt es keine Integration. Durch die Sprache habe ich Leute kennengelernt. Ich habe Freunde gewonnen, deutsche Freunde. Und es sind richtige, echte Freunde. Wir sind seit 35 Jahren befreundet. Wir feiern zusammen, wir diskutieren über persönliche Sachen, über Beruf, über das ganze Leben. Wie hätte ich die denn als Freunde gewinnen können, wenn ich die Sprache nicht kenne?

Wir reden über kulturelle Integration, ein schwieriger Begriff. Als Kameramann arbeiten Sie im Feld der Kultur. Ist dadurch die Integration in die Gesellschaft leichter geworden? Oder hat das keine Rolle gespielt?
Doch, das hat eine große Rolle gespielt. Ich fange mal bei meinem Studium an, das war die Filmhochschule in Babelsberg. Die Studenten oder die Dozenten selbst, sie haben alle mit Kultur zu tun. Und das ist auch eine Qualität, diese Menschen sind anders. Wenn ich woanders gelandet wäre, vielleicht in einem Betrieb mit massenhaft Leuten – man weiß nicht, wie das gegangen wäre. Z. B. zwei meiner besten Freunde hörten gern klassische Musik. Die hatte ich auch schon gehört, ehe ich nach Deutschland kam. Aber hier war das alles mehr vertieft. So bin ich immer mehr reingekommen in diese Kultur. Wenn einer mir gesagt hat: »Mensch, ich habe gestern ein tolles Stück im Maxim-Gorki-Thea-

ter gesehen, geh mal hin«, dann habe ich das gemacht. So war das für mich und so ist es heute noch. Wenn ich jetzt im ARD-Hauptstadtstudio mit Redakteuren unterwegs bin, sind das auch kultivierte Leute und sie bleiben in meiner Nähe. Ich erfahre sehr viel und ich fühle mich gleich geborgen. Das gibt mir eine Art Sicherheit.

Kultur, in Form von Musik, Theater oder Film, hilft nach Ihrer Erfahrung bei der Integration. Es geht aber auch um Integration in eine bestimmte Kultur als Lebensweise. Da meinen Sie, man muss Mauern im eigenen Kopf niederreißen. Was bedeutet das?
Ja, natürlich. Als ich gekommen bin, waren mir bestimmte Sachen völlig fremd. Z. B. der erste Sommer hier. Da sagte ein Freund: »Komm, wir gehen schwimmen.« Ich dachte, es ist nahe Babelsberg, Potsdam, da sind schon sehr viele Seen. Aber er sagte: »Nein, nein, wir nehmen die Fahrräder und fahren ein Stückchen weiter. Da ist ein FKK-Strand. Da ist ein bisschen mehr Ruhe.« Ich habe zuerst nicht verstanden, was FKK ist. Als wir ankamen, musste ich erstmal schlucken. Wie verhalte ich mich jetzt? Das gab es vorher nie in meinem Leben. Splitternackt in der Öffentlichkeit. Da sind Frauen, da sind Männer… Dann habe ich mich überwunden. Ich musste mir sagen, du probierst es jetzt. Nach zehn Minuten war alles normal. Da merkte ich, das ist wirklich wie eine Mauer im Kopf. Wenn man die niederreißt, funktioniert es.

Die Debatte um kulturelle Integration wird intensiviert durch die große Zahl der Flüchtlinge, die gekommen sind. Viele aus Syrien, Ihrer ursprünglichen Heimat. Haben Sie mit denen Kontakt? Konnten Sie Tipps oder Empfehlungen geben, damit ihre Integration vorankommt?

Ich bin niemandem begegnet, den ich aus Syrien kannte. Aber ich habe viele Leute getroffen, z. B. durch meine Arbeit, bei Drehs mit Asylbewerbern, in Heimen und manchmal auf der Straße. Den Jugendlichen sage ich dann: Sprache, Sprache, Sprache. Erstmal die Sprache lernen. Dadurch können sie weiterkommen. Sonst passiert gar nichts. Meine Erfahrung mit diesen Leuten ist: Sie sind sehr jung und sie wollen alles, was sie 20 Jahre lang in Syrien versäumt haben, nachholen, sich auch austoben. Sie wollen alle studieren, sie wollen alles lernen, sie wollen arbeiten, sie wollen die Sprache lernen. Neulich haben wir beim CSU-Parteitag in München gedreht und waren hinterher essen. Als wir zurückgingen, hörte ich auf der Straße arabische Musik. Es waren so etwa 15 Jugendliche, die arabisch getanzt haben. Ich habe sie fotografiert und mit meinem Handy gefilmt. Sie standen alle um mich herum und es war eine schöne Diskussion. Ich habe allen gesagt: »Ihr seid tolle Jungs. Ihr müsst die Sprache lernen. Ohne die Sprache kommt ihr nicht weiter. Und jeder von euch will doch was werden.« Man muss mit denen Geduld haben und richtig viel arbeiten. Ich glaube, diese jungen Leute werden innerhalb von drei Jahren integriert sein.

Mussten Sie für Ihre Integration Ihre ursprüngliche Identität aufgeben?

Nein. Aber vom ersten Tag in Deutschland an habe ich angefangen, zu sortieren. Es gibt in dem, was ich das arabische Erbe nenne, gute und schlechte Seiten. Ich sage immer, die arabische schlechte Seite habe ich weggelassen, z. B. unpünktlich zu sein, über Leute zu reden oder einfach nur rumzusitzen, nicht irgendwie tätig zu sein. Es ist schrecklich für mich, zwei oder drei Tage lang nur rumzusitzen. Aber die guten Seiten wie die Gastfreundschaft, die Hilfsbereitschaft, die Aufgeschlossenheit und die arabische Weltkultur, die habe ich bei mir und das bleibt.

Woran erkennt man, ob ein Mensch integriert ist? Gibt es da eine Checkliste?

Nein, ich glaube nicht. Das läuft wie ein Fluss, langsam und fast unmerklich, aber irgendwann kommt der Punkt, wo etwas anders ist. Auch in der Sprache, und in der Denkweise. Ich habe mal einen Freund in Syrien besucht, wir haben auf Arabisch diskutiert. Plötzlich sagt er, er versteht mich nicht. Ich frage: »Wieso denn nicht?« Er sagt: »Du redest nicht mehr so wie wir.« Ich frage: »Was meinst du denn?« Er sagt: »Manchmal habe ich das Gefühl, du bist ein Engländer oder Deutscher, der seinen Text ins Arabische übersetzt.« Bei solchen Sachen frage ich mich: Ja, wie denn jetzt?

Ist das ein Vorteil oder ein Nachteil für Sie, dass da eine neue Mischung von Identitäten entsteht?

Das ist auf jeden Fall ein Gewinn für mich. Diese Mischung, also besser geht es gar nicht. Wenn man, wie gesagt, von beiden Seiten nur das Positive nimmt.

Was sagen Sie Menschen, die in Deutschland Angst davor haben, dass eine kulturelle Überfremdung stattfindet, beispielsweise durch die große Zahl von Muslimen, die hierherkommen? Es gibt politische Bewegungen, die davon profitieren. Was sagen Sie denen?

Ich sage, das ist Quatsch. Diese verschiedenen Kulturen, davon kann Deutschland gewinnen. Ob das Esskultur ist, ob das Musik ist oder anderes. Aber es ist keine Einbahnstraße, es muss auch aus der anderen Richtung was kommen. Araber, die müssen auch ihren Kindern die Chance geben, die Kultur und alles, so wie es hier ist, auszuprobieren, auszuleben.

Also keine Parallelgesellschaft?

5. Kapitel: Was ist deutsch? Was ist Heimat?

201

Nein, nein. Das müssen sie verstehen. Und das ist auch wieder diese Mauer im Kopf.

Was können Kulturorganisationen tun, damit Kultur als Integrationsfaktor funktioniert?
Veranstaltungen organisieren, die Menschen zueinander bringen. Das ist immer noch das größte Problem: Leute begegnen sich nur auf der Straße – von weitem, jeder hat seine Welt. Aber wenn man miteinander zusammensitzt und sich kennenlernt, egal was man vorher gedacht hat, dann funktioniert es besser. Die Deutschen verstehen das Problem mit den Asylsuchenden oder den Ausländern dann besser, auch als Mensch. Und umgekehrt, die Araber oder die Asylbewerber verlieren die Angst vor den Deutschen …

Araber haben Angst vor den Deutschen?
Ja, das ist so. Neulich habe ich beim Einkaufen in einem arabischen Laden einen getroffen. An der Kasse kamen wir ins Gespräch. Und er sagte: »Wer weiß, wie lange die Deutschen uns in Ruhe lassen. Und sie werden uns umbringen usw.« Ich sage: »Wer sagt denn das? Wie kommst du denn dadrauf?« – »Ja, das hat einer gesagt, weil es hier Leute gibt, die das wollen.« Gemeint waren AfD und Pegida. Da ist schon die Angst da.

Ist es für Migranten mit arabischem oder muslimischem Hintergrund schwierig, zu begreifen, dass Deutschland ein besonderes Verhältnis zu Israel und zum Judentum hat?
Für viele ja. Sie haben in ihrer Sozialisation von früh angelernt: die Juden, das sind unsere Feinde. Das sitzt tief. Ich nehme jeden Besucher aus der arabischen Welt mit zum Holocaustmahnmal, sage aber nicht vorher, was das ist. Dann gehen wir durch dieses Stelenfeld und ich frage hinterher: »Wie hast du dich gefühlt?« Als Antwort kommt meistens:

»eingeengt, bedrängt, unfrei«. Dann erzähle ich ihnen, woran das Mahnmal erinnert, an sechs Millionen ermordete Juden, für die Hitler-Deutschland verantwortlich war. Oft merke ich, wie dann in ihrem Kopf etwas zu arbeiten beginnt.

Sie haben am Anfang gesagt: »Ich bin integriert.« Gibt es den Punkt, wo Sie sagen: Jetzt ist meine Integration abgeschlossen? Oder geht das noch weiter?
Ich weiß eigentlich nicht, ob ich integriert bin. Also ich weiß, dass ich ganz normal lebe. Mit meiner Arbeit, mit meinen Kollegen, mit meinen Freunden, mit meinen Kindern, mit allem Drum und Dran. Das ist für mich Normalität. Vielleicht kann man daran erkennen, dass ich integriert bin? Weil ich mich nicht mit diesem Problem beschäftige. Vielleicht zum Schluss noch ein Beispiel aus DDR-Zeiten. Ich war einen Tag in Westberlin, ich musste einen Farbfilm von Kodak entwickeln lassen, das ging nur dort. Zurück an der Grenze musste ich wie alle anderen meinen Pass zeigen. Ich hatte damals einen algerischen Pass. Alles war okay, dann kam der Zoll. Und dieser Zoll-Typ fragte mich: »Pass.« Da habe ich wieder meinen Pass gezeigt. Er fragte mich, was ich dabeihabe. Ich erzählte von den Fotos. Er: »Wo wollen Sie hin?« Ich sagte: »Nach Hause.« Er: »Ach, nach Algier?« Ich: »Nein, nach Pankow.« Das hat mich eine Stunde an Fragen gekostet, ich war fast eine Stunde eingesperrt. Ich hatte das ganz ohne zu überlegen gesagt. Ich wohne in Pankow, da ist meine Frau, da sind meine Kinder. Da ist mein Schlafzimmer, mein Fernsehapparat. Da bin ich zu Hause.

Danke.

Zwischen Melonen und Kulturen
Ist die »Gastliteratur« in den deutschen Literaturbetrieb integriert worden?

Imre Török — Politik & Kultur 6/2008

»Überall bin ich der Fremde. Ich wünsche mir so sehr, alles zu umarmen. Aber alles entgleitet mir.« Sätze eines deutschsprachigen Literaten nicht-deutscher Herkunft. War er ein Verfasser von Ausländer- oder Gastarbeiterliteratur? Von polynationaler, multikultureller oder interkultureller Literatur? Ein Schriftsteller der Betroffenheit, der Fremde, der Migration?

Die meisten dieser zeitgenössischen Bezeichnungen könnten treffend und wahr sein. Und doch führen sie auf einen Holzweg. Etwa wie die Märchen des »einzigen Kaffeehausgeschichtenerzählers Deutschlands«. Der heißt Jusuf Naoum, ein gebürtiger Libanese, dessen Stories in Beirut und Bagdad ebenso wie in Washington und Berlin spielen. Jener andere Fremde aber, der alles umarmen wollte, floh rund zwei Jahrhunderte früher aus seiner Heimat Frankreich nach Preußen, erlangte 1814 Weltruhm mit »Peter Schlemihls wundersame Geschichte« und ist unter seinem Künstlernamen Adelbert von Chamisso bekannt.

Zurück in die Jetztzeit. Die Dresdner Poetikdozentur wird von Trägern des renommierten Chamisso-Preises der Robert Bosch Stiftung bestritten: Yüksel Pazarkaya, Carmine Gino Chiellino, Adel Karasholi, Ilma Rakusa. Türkische, italienische, syrische, ungarisch-slowakische oder deutsche Literaten?

Hat die literarische »Hochzeit der Kulturen« (Pazarkaya) tatsächlich stattgefunden? Oder kann man, so der Schriftsteller Rafik Schami in einem Interview Ende 2004, »nie zwei Wassermelonen in einer Hand tragen«?

Arbeitskräfte aus dem Ausland brauchte das deutsche Wirtschaftswunderland, doch es kamen Menschen. Und nicht nur das, sie schrieben sogar. Manche mehr als nur Briefe in ihre Heimatländer. Schrieben Lyrik und Prosa, in der und sehr wohl für die fremde »kalte« Heimat. Man sprach zunächst, bei den ersten Deutschschreibern fremder Zunge, von Gastarbeiterliteratur oder Literatur der Betroffenheit. Heute leben an die 400 Vertreter der noch oft so genannten »Ausländerliteratur« in Deutschland, bevorzugt bezeichnen sie sich als interkulturelle Schriftsteller.

Wegmarken einiger der Betroffenen: Der heutige Schriftsteller und Diplompsychologe Franco Biondi kam aus Italien, arbeitete seit 1965 zunächst als Chemie- und Fließbandarbeiter in Deutschland. Ab 1970 begann er zu schreiben, war 1980 Mitbegründer der Literaturgruppe »südwind gastarbeiterdeutsch«, Mitinitiator des »Polynationalen Literatur- und Kunstvereins (PoLiKunst)«, der die Interessen von Schriftstellern der Migration vertrat. In den achtziger Jahren erhielt Biondi die Ehrengabe der Bayerischen

5. Kapitel: Was ist deutsch? Was ist Heimat?

203

Akademie der Schönen Künste und wurde mit dem Adelbert von Chamisso-Preis ausgezeichnet. Auch der aus Syrien stammende Rafik Schami engagierte sich bei »Südwind« und »PoLiKunst«, stritt für die Eigenart einer zwischen den Kulturen beheimateten Literatur. Sein poetisches Werk ist mittlerweile vielfach preisgekrönt, mit dem Adelbert von Chamisso-Preis, dem Hermann Hesse-Preis, dem Prix de Lecture, dem Thaddäus Troll-Preis, dem Hans Erich Nossack-Preis. Der aus Italien stammende Lyriker und Essayist Carmine Gino Chiellino, heute Professor für Vergleichende Literaturwissenschaft an der Universität Augsburg, zählt ebenfalls zu den Mitbegründern von »PoLiKunst«, der allerdings nur von 1980 bis 1987 aktiv war. Chiellino hat sich auf die Kultur der Migration konzentriert und das Standardwerk »Literatur und Arbeitsmigration« (Metzler, 1995) herausgegeben. Er sagt, dass die Hoffnung vieler, gehört zu werden, sich nicht erfüllt habe. Seine Ansicht begründet er damit, dass »die Sprache der Gastgesellschaft nicht vorbereitet ist, um Fremde aufzunehmen. Es ist eine Sprache, die eigentlich nur die deutsche Kultur in sich trägt.«

Zeigen die genannten Beispiele, die Poetik-Dozenturen und Auszeichnungen, nicht gerade das Gegenteil, dass nämlich die »Gastliteratur« (Chiellino) sehr wohl in den deutschen Literaturbetrieb integriert ist? Die Frage zielt auf einen wunden Punkt, der seit Jahrzehnten diskutiert wird.

Bei den Literaturtagen in Sindelfingen 1985 war ich Mitorganisator, ein Themenschwerpunkt hieß »Deutsche Literatur in einem fremden Land«. Rafik Schami, Sinasi Dikmen, José Oliver, Zacharias Mathioudakis u. a. nahmen teil. Heftig diskutiert wurde in jener Zeit über sprachliche Normen und Freiheiten. Dikmen etwa wollte in seinem literarischen Schreiben seine türkische Denkweise bewahrt wissen, ließ deshalb Ausdrucks-

fehler nicht korrigieren. Mancher empfand Stilkorrekturen von Lektoren gar als deutsches Obrigkeitsdenken. Verbunden mit sprachlichen Aspekten wurde so auch die Frage nach der gesellschaftlichen Relevanz und der Möglichkeit der Gesellschaftskritik in einer Literatur der Fremdheitserfahrung gestellt. Spielt diese Sichtweise, die Schau von innen und gleichzeitig von außen, heute noch eine prägende Rolle? Oder sind Wogen geglättet und die »Ausländerliteratur« integriert worden?

Damals in Sindelfingen las Keko einen bissig ironischen Text über Deutschland, über die »Ureinwohner des Wiwulandes«. Seine Geschichte »Ach wie gut, dass jeder weiß, dass auch ich Kanake heiß'!« löste bei der kleinen, aufgeschlossenen Zuhörerschaft verhaltene Heiterkeit und nachdenkliche Betroffenheit aus. Eine beachtliche öffentliche Resonanz gab es nicht, Gleichgesinnte dies und jenseits des Lesetischs waren und blieben weiter unter sich. Keine 20 Jahre später ist regelmäßig eine Kolumne in der Bild-Zeitung zu lesen, unter dem Titel »Voll krass Kanakisch«, und der Einheimische amüsiert sich köstlich. Worüber eigentlich? Türkendeutsch is angesagt, weisstu, Mann! Mehr von den klischeebehafteten Persiflagen z. B. in dem Buch »Wem is dem geilste Tuss in Land? Märchen auf Kanakisch un so«, aus der Feder des voll krass Kolumnisten Michael Freidank. Nicht, dass ich sauertöpfisch erscheinen will. Ich schmunzele bei den Comedykünstlern Dragan und Alder auch. Aber die Frage sei erlaubt, ob das die einzigen Ziele waren, die mein Schriftstellerfreund Dikmen und all die andere Kollegen erreichen wollten?

Es gibt natürlich poetischere, anspruchsvolle Töne in Kanakien der Enkelgeneration von Aras Ören. Feridun Zaimoglu, 1964 im anatolischen Bolu geborenen, Mannheimer Theaterdichter, Chamisso-Preisträger 2004, hat das Buch »Kanak Sprak« (Rotbuch, 1995) geschrieben. Diskriminierung von Minderheiten ist in den Büchern von Zaimoglu nach wie vor ein vorrangiges Thema. Mit »Kanak Sprak« ist er zum Kultautor geworden. Und türkischstämmige Jugendliche verwenden das Schimpfwort »Kanake«, so die Sprachwissenschaftlerin Inken Keim vom Institut für deutsche Sprache in Mannheim, längst selbstbewusst für sich selbst.

Was also gibt es in Sachen Migrantenliteratur noch zu kritteln und zu meckern, Herr Kanake aus dem Ungarnland (Török heißt übersetzt Türke)? Welchen wunden Punkt gäbe es doch noch zu finden? Irmgard Ackermann, die zahlreiche Artikel und Bücher zur »mehrkulturellen Literatur« in Deutschland publiziert hat, wirft in ihrem Beitrag für das Buch »Schreiben zwischen den Kulturen« (Fischer, 1996) eine Frage auf: »Wenn man die angeführten Beispiele aus der deutschen Literatur von Autoren anderer Herkunft (...) mit der Darstellung der multikulturellen Realität in Deutschland in den Werken deutscher Autoren vergleicht, so ist nicht zu übersehen, dass die hier lebenden Ausländer in diesen Werken – von Nadolnys exemplarischem Selim oder die Gabe der Rede einmal abgesehen – kaum zur Kenntnis genommen wurden. Wenn Literatur unter anderem auch als Seismograph für gesellschaftliche Entwicklungen gesehen werden kann, so scheint hier ein blinder Fleck zu sein.«

Ein blinder Fleck vieler Schriftsteller deutscher Muttersprache? Oder der Verlagsprogramme, von denen sie abhängig sind? Oder ein Verdrängungsmechanismus in einer Gesellschaft, die sich über Türkensprache gut amüsieren kann, aber arg viel mehr über Fremdheit im Eigenen auch nicht wissen will?

Nach wie vor gibt es vor allem kleine und nur einige große Verlage, die Literatur von Migranten publizieren. Und wohl niemand wünscht sich die Zeit zurück, als jeder Be-

troffenheitsschmerz reihenweise gedruckt wurde. Doch wie groß ist das Interesse an kritischen, heiklen, bohrende Fragen aufwerfenden Themen, wie sie in den Anfängen der Mirgantenliteratur auf der Tagesordnung waren? Punktet nur noch das Exotische? Und hier und da eine poetische Spitzenleistung interkultureller Schriftsteller? Und die anderen bleiben mit ihren Manuskripten zwischen Melonen, Kulturen und allen Stühlen sitzen.

Aber, wird man sagen, Verlage müssen marktorientiert produzieren. Also liegt es am Publikum? In ihrem Vortrag »Migration und Kultur«, während der Tagung »Mainzer Migranten Litera-Tour« 1996, ging die Schriftstellerin Christa Dericum auf Sigmund Freud ein, der uns gelehrt habe, dass wir die Fremden seien. Sie fuhr fort: »Wenn wir das Fremde als Teil unseres eigenen Unbewussten erkennen, schwinden die Ängste und das Fremde (als Wesentliches am anderen) wird vertraut, integraler Teil des Selbst. Welche Chance für das Zusammenleben, welche Bereicherung des Lebens und der Kultur! Aber dieses Land ist immer wieder das Deutschland aus Heinrich Heines Versen, das alte, unbewegliche, wehrige Deutschland. (...) Wir sind die Fremden! Wir werden erst zu Hause sein, wenn die Hunde zahm und die Tore offen sind, wenn Menschenrechte und Freundschaft keine leeren Formeln bleiben. Eine Utopie? Gewiss. Es geht jedoch darum, die Utopie in die Topie zu überführen.« Menschenrechte, Utopie, Freundschaft – davon fehlt mir etwas, wenn es um die Literatur von Migranten geht. Von Integration wird viel geredet. Aber von Freundschaft? Yüksel Pazarkaya thematisiert in seinem Essay über »Die Hochzeit der Kulturen« die Janusköpfigkeit der gegenseitigen kulturellen Durchdringung, da es »dafür in einer Gesellschaft wie der unsrigen einer gewaltigen Kraftanstrengung bedarf. Diese Energie wäre bes-

5. Kapitel: Was ist deutsch? Was ist Heimat?

205

ser investiert, wenn man sich einbringt und zugleich Originalität, Eigenständigkeit bewahrt. Ich will damit auf eine bekannte Gefahr hinweisen, dass Impulse von außen zwar verändern, jedoch selber verschlungen werden und eingehen. Im kulturellen Geflecht besteht diese Gefahr der Nivellierung auch und gerade bei gut gemeinter Pflege. Nicht einer besonderen Pflege bedarf also das Zusammenleben und Zusammenwirken, sondern Anerkennung und Akzeptanz im Sinne der Gleichberechtigung ...« Originalität, Gleichberechtigung – ja, davon haben viele geträumt, als sie die »kalte« neue Heimat explizit beim Namen benannten. Und Integration – bedeutet das nicht die Wiederherstellung des Ganzen, die Herstellung einer Einheit? Im Wortursprung schon!

Chamissos Peter Schlemihl gibt seinen Schatten für ein Glückssäckel her. Doch seine Schattenlosigkeit wird ihm zum Verhängnis. Bis er schließlich den vermeintlichen Glücksspender wegwirft. Auch fortan muss er zwar schattenlos leben. Doch in dem der lange Gedemütigte das bürgerliche Glück in der Gesellschaft nicht mehr vermisst, wird er wahrhaft frei für die Erforschung der Welt, und lässt an seinen wunderbaren Erkenntnissen alle Menschen teilhaben. Ein utopisches Märchen? Gewiss. Aber ein zuversichtliches. Und wenn den Enkeln Chamissos die Hoffnung zwischendurch versiegt, bleiben noch immer die Worte des in der Champagne geborenen, in Berlin gestorbenen Dichters: »überall bin ich der Fremde. Ich wünsche mir so sehr, alles zu umarmen ...«

Was ist deutsch an der Musik?

Ingo Metzmacher — Politik & Kultur 5/2007

Wenn ich meinen Freunden im Ausland erzähle, dass ich mich in der Zukunft besonders mit dem »Deutschen« in der Musik beschäftigen möchte, rollen sie verwundert mit den Augen. Das sei ja Eulen nach Athen tragen. Die deutsche Musik werde doch ohnehin überall gespielt. Sei es nicht viel wichtiger, geradezu zwingend, heute, im Zeitalter der Globalisierung, das Internationale der Musik, ihre grenzüberschreitende, Völker verständigende Kraft hervorzuheben. Hm, stimmt. Da ist was dran. Beethoven, Brahms und Bruckner, Wagner und Strauss, Schumann und Mendelssohn sind omnipräsent auf den Konzertpodien dieser Welt. Kein Tag vergeht, an dem ihre Stücke nicht gespielt werden, von Shanghai bis San Francisco, von Helsinki bis Kapstadt. Was gäbe es da noch zu entdecken? Musik sei doch sowieso deutsch. Das ganze große Erbe. Vom alten Bach angefangen. Stimmt haargenau. Trotzdem, seien wir ehrlich: Wissen wir Deutschen etwas davon, sind wir uns dieser Tatsache wirklich bewusst? Ist diese Erkenntnis etwa Teil unserer neu gewonnen Identität?

An dieser Stelle gilt es, einem Missverständnis vorzubeugen. Natürlich meine ich die Musik des deutschsprachigen Kulturraums. Mozart und Haydn, Schubert, ja der vor allem, Schubert also und Mahler, schließlich Schönberg und die Explosion der Moder-

ne haben auch in diesem Raum gelebt und stattgefunden. Wenn ich in Wien bin, spüre ich dieses Bewusstsein an jeder Straßenecke. Komme ich nach Berlin, fällt mir das schwerer. Und davon spreche ich. Denn wie kann es sein, dass in einem Land, in das Jahr für Jahr junge Menschen aus der ganzen Welt strömen, um an der Quelle die Sprache zu lernen, die sie vor allem mit Deutschland verbinden, nämlich die Musik, wie kann es also sein, dass ausgerechnet dieses Land den Musikunterricht an seinen Schulen verkümmern lässt? Wie kann es sein, dass ein Land, das von der gesamten übrigen Welt darum beneidet wird, dass es eine unvorstellbare Anzahl an Opernhäusern, Theatern und Orchestern beheimatet, eine kulturelle Vielfalt also sein Eigen nennt, die ihrem Reichtum und ihrer Qualität nach tatsächlich einzigartig ist, wie kann es also sein, dass dieses Land es zulässt, dass eine so einmalige kulturelle Landschaft, ererbt über viele Generationen, allmählich immer mehr ausdünnt? Es kann nur damit zu tun haben, dass wir uns eben dieser unserer eigenen Tradition nicht genug bewusst sind. Jetzt, da die Suche nach einer Identität des »Deutschen« neu begonnen hat, ist es vielleicht an der Zeit, sich auch mit dem ganz besonderen Verhältnis der Deutschen zur Musik zu beschäftigen. Es handelt sich eben nicht um eine reine Liebhaberei, son-

5. Kapitel: Was ist deutsch? Was ist Heimat?

207

dern um eine tief verwurzelte, ja fast leiden-
schaftliche Beziehung, die seit Jahrhunderten andauert und in der sich weit mehr ab-
bildet als ein Feierabendvergnügen. Nicht
umsonst waren es die Nazis, denen es gelang,
diese ganz besondere Beziehung für sich aus-
zunutzen, indem sie Wagner und Beethoven
für ihre Sache missbrauchten, andere Komponisten dagegen kurzerhand zu »Entarteten« erklärten, Aufführungen ihrer Werke verboten, sie zum Gang ins Exil zwangen
oder zur Bedeutungslosigkeit verdammten.
Die Folgen spüren wir noch heute. Gerade im
20. Jahrhundert spiegelt die Geschichte deutscher Musik allen Glanz und alles Elend dessen wider, was aus Deutschland über die Welt
hereinbrach. In der Musik von Hans Pfitzner
und Kurt Weill, von Carl Orff und Karl Ama-
deus Hartmann finden wir Haltungen wieder,
wie sie gegensätzlicher nicht sein könnten.
Und auch nach dem Zweiten Weltkrieg war
es wieder in Deutschland, genauer gesagt in
Darmstadt, dass die Neue Musik – eine bisher ungehörte – entstand. Deutschland ist
ein Ort der Musik und sollte es bleiben. Hören wir auf, von Standortfaktoren, Umwegrentabilität und anderen scheinbar greifbaren Effekten zu reden. Seien wir uns einfach
bewusst darüber, dass unser Selbstverständnis, unser Blick auf die Welt und deren Blick
auf uns sehr viel mehr mit Musik zu tun hat,
als wir uns eingestehen. Meine Freunde im
Ausland sind nachdenklich geworden. Sie haben mir versprochen, im Herbst nach Berlin
zu kommen und sich einige Konzerte anzu-
hören. Die Suche nach dem »Deutschen« in
der Musik hat gerade erst begonnen.

Kulturvermittlung braucht Gemeinschaft

Ritva Prinz — Politik & Kultur 6/2009

Wie feiert man mit dem Kind am 6. Dezember den traditionell sehr wichtigen Jahrestag der finnischen Unabhängigkeit, wenn alle anderen vom Nikolaus reden? Oder wie motiviert man das Kind zum Finnischlernen, wenn Mama dafür die einzige Gesprächspartnerin ist und auch fließend Deutsch spricht? Viele in Deutschland lebende Finninnen und Finnen fühlen sich allein auf weiter Flur, wenn es darum geht, den Kindern Traditionen ihres Heimatlandes weiterzugeben. Die finnischen Sprachschulen unterstützen die Familien in der Vermittlung finnischer Sprache und Kultur.

Integration ist kein Problem für die in Deutschland lebenden Finninnen und Finnen. Sie fallen wegen ihres Aussehens auf der Straße nicht auf, verfügen in der Regel über sehr gute Sprachkenntnisse und haben sich gut in der deutschen Gesellschaft eingelebt. Ihre Wurzeln sind ihnen sehr wichtig, aber als verschwindend kleine Minderheit (Ende 2008 nach Angaben des Statistischen Bundesamtes 13.400 Personen von insgesamt gut 6,7 Millionen mit nur einem ausländischen Pass) ist es manchmal sehr schwer, die eigene finnische Identität zu bewahren – geschweige denn, die Traditionen den Kindern weiterzugeben. Der Schlüssel zur Kultur ist die Sprache. Sprache wiederum ist Kommunikation, die sich im menschlichen Mitein-

ander ereignet. In den 1970er Jahren lebten in Deutschland vor allem Finninnen, die ursprünglich als Au-Pair-Mädchen oder zum Studium nach Deutschland gekommen waren und dann einen Deutschen heirateten. Sie erkannten die Wichtigkeit der muttersprachlichen Gemeinschaft, suchten Kontakt zueinander und gründeten die ersten finnischen Sprachschulen.

Damals war die zweisprachige Erziehung noch sehr umstritten und der Nutzen einer »exotischen« Minderheitensprache für viele nicht erkennbar. Mit finnischem »Sisu«, einer Mischung aus Ausdauer, Beharrlichkeit und Unnachgiebigkeit, schickten die Frauen ihre Kinder jede Woche zum Finnisch-Unterricht und backten und bastelten für Weihnachtsbasare, um die Schule zu finanzieren. Inzwischen bezweifelt kaum jemand die Vorteile der Zweisprachigkeit. In den 24 Finnisch-Schulen in Deutschland lernen ca. 700 Kinder und Jugendliche die finnische Sprache und Kultur kennen. Vielerorts sind bereits die Kinder der ehemaligen Schülerinnen und Schüler dabei. Die Allerkleinsten lernen Bewegungslieder und basteln, die Grundschulkinder schreiben kurze Geschichten und die Jugendlichen unterhalten sich über finnische Geschichte oder die angesagten finnischen Bands. Die Arbeit wird vom finnischen Staat unterstützt und findet breite Anerkennung.

5. Kapitel: Was ist deutsch? Was ist Heimat?

209

»Eine Muttersprache zu haben, ist fein, aber mehrere Muttersprachen sind ein außergewöhnlicher Reichtum. Zwei Muttersprachen bedeuten doppelte Heimat«, sagte die finnische Staatspräsidentin Tarja Halonen ermutigend bei ihrem Besuch in Hamburg im letzten Mai.

Die meisten deutsch-finnischen Kinder und Jugendlichen sind stolz auf ihre Wurzeln und fühlen sich mit Finnland sehr verbunden. »Mein finnischer Teil ist stark, weil er von Sehnsucht geprägt ist, aber mein deutscher Teil ist ebenso stark, weil hier mein Zuhause ist«, beschreibt die 18-jährige Sophie das Gefühl, in zwei Ländern zu Hause zu sein.

Im Alltag muss der finnische Elternteil dennoch viel Ausdauer beweisen, um mit den Kindern konsequent Finnisch zu reden. Und die Kinder müssen auch mal ein Hobby sein lassen, um Zeit für die Finnisch-Schule zu haben. »Zweisprachige Erziehung kann nicht isoliert von dem restlichen Leben betrachtet werden. Das ganze Umfeld spielt eine große Rolle«, betont Logopädin Heli Horn, die Mutter von zwei deutsch-finnischen Kindern ist und an einer Finnisch-Schule unterrichtet. »Eine bi-kulturelle Familie lebt weder in der einen noch in der anderen Kultur, sondern entwickelt eine eigene, individuelle Familienkultur, mit je einmaligen Ausgangspunkten, Werten, Zielen und Ressourcen. Wichtig ist, dass die Herkunftsidentitäten beider Elternteile wertgeschätzt werden.«

Für die Pflege der kulturellen Identität ist Gemeinschaft von wesentlicher Bedeutung. Möglichkeiten zur Begegnung auch über die Finnisch-Schulen hinaus werden von 18 finnischen Kirchengemeinden angeboten, die mit der Evangelischen Kirche in Deutschland zusammenarbeiten. Es gibt auch andere Institutionen, die Finnland bekannt machen: Die Deutsch-Finnische Gesellschaft zum Beispiel bringt finnische Kultur nach Deutschland, fördert Gemeindepartnerschaften und verbindet Finnen und deutsche Finnland-Freunde. Das Finnland-Institut in Berlin bietet ein Forum finnischer Kultur, Wissenschaft, Technologie und Wirtschaft. »Wir arbeiten eng mit allen diesen Organisationen zusammen. Unser besonderer Auftrag aber ist es, den hier lebenden Finninnen und Finnen finnischsprachige Gemeinschaft, und so unabhängig von ihrer kirchlichen Bindung, ein Stück Heimat zu bieten. Deshalb reicht unser Angebot von Motorradtreffen bis zum Volkstanz«, berichtet der Geschäftsführer des »Zentrums der finnischen kirchlichen Arbeit«, Mauri Lunnamo. »Durch die acht mal im Jahr erscheinende Zeitschrift »Rengas« und unsere Internetseiten werden auch diejenigen erreicht, die außerhalb der Ballungszentren leben und keine finnische Gemeinde vor der Haustür haben.«

Für die Identitätsfindung der im Ausland lebenden Jugendlichen mit finnischen Wurzeln sind Begegnungen mit Gleichaltrigen in Finnland sehr wichtig. Hierbei können jene Einblick in die finnische Jugendkultur bekommen. Dazu finden in Finnland jeden Sommer deutsch-finnische Konfirmandenfreizeiten statt. Zudem organisieren die Finnisch-Schulen Austauschreisen, bei denen die Kinder einige Tage eine finnische Schule besuchen.

Für die Eltern bietet die Gemeinschaft mit Landsleuten die Möglichkeit, Erfahrungen auszutauschen und sich gegenseitig zu ermutigen. Ist das Prinzip, dass jedes Elternteil mit dem Kind nur seine Muttersprache sprechen soll, unumstößlich? Ist es sinnvoll, zuerst in einer Sprache lesen zu lernen und dann in der anderen – oder beides gleichzeitig? Wie verhalte ich mich, wenn Probleme in der Sprachentwicklung auftauchen? »Auch die Fachleute haben zu Fragen der bilingualen Erziehung divergierende Meinungen. Im Volksmund kursieren darüber hinaus viele Mythen, die Eltern leicht verunsichern.

Deswegen ist es sehr hilfreich, innezuhalten und die eigene Situation zu reflektieren, im Gespräch mit anderen neue Wege zu suchen – oder einfach zusammen den Reichtum des bi-kulturellen Lebens zu bestaunen«, erläutert Heli Horn, die in den finnischen Gemeinden Seminare über die zweisprachige Erziehung anbietet.

Ob der eher feierlich begangene Unabhängigkeitstag, das ausgelassene Tanzen am großen Feuer zum Johannisfest oder der Tag des finnischen Nationaldichters Aleksis Kivi – in den Finnisch-Schulen lernen die Kinder und Jugendlichen die kulturellen und geschichtlichen Zusammenhänge kennen, und natürlich wird dann auch gemeinsam gefeiert. So erfahren die deutsch-finnischen Kinder, dass auch andere genauso wie sie eine doppelte Heimat haben. Das stärkt den Familien den Rücken auf der Suche nach der richtigen Mischung aus beiden Kulturen. So werden in unserer Familie auch dieses Jahr am 6. Dezember morgens die vom Nikolaus gefüllten Stiefel vor der Tür stehen. Und abends zünden wir eine Kerze in den Farben der finnischen Fahne (blau und weiß) an und hören Musik von Sibelius.

6

Wertedebatte

Mit Beiträgen von:

Armin Conrad, Max Fuchs, Wolfgang Huber,
Hans Jessen, Susanne Keuchel, Ulrich Lilie,
Heiko Maas, Regine Möbius, Gabriele Schulz,
Wolfgang Thierse und Olaf Zimmermann

Wertedebatte
Verfassungspatriotismus alleine schafft keine Integration

Olaf Zimmermann — Politik & Kultur 6/2015

Wenn gestandene Konservative, die sich bislang stets gegen die Gleichstellung gleichgeschlechtlicher Paare gewehrt haben und die verbindliche Quoten für mehr Geschlechtergerechtigkeit in Führungsetagen der Wirtschaft für überflüssig halten, auf einmal von dem Problem reden, dass Flüchtlinge aus muslimisch geprägten Ländern weder die Gleichberechtigung von Mann und Frau noch die gleichgeschlechtlicher Paare anerkennen, haben sie entweder ihre Ansichten radikal geändert oder es ist eine Menge Bigotterie im Spiel.

Seit gut zwei Monaten beherrscht ein Thema die politischen Diskussionen: wohin mit den Flüchtlingen und wie viele mögen wohl noch kommen? Deutschland als Land in der Mitte Europas ohne EU-Außengrenzen, ohne unmittelbare Nachbarschaft zu Krisenregionen blieb über viele Jahre verschont von der Anforderung, eine Antwort auf die Fluchtbewegungen aus den Ländern des Südens zu geben. Mit Schaudern und Entsetzen konnte sich empört werden, wenn Menschen im Mittelmeer ertranken, weil ihre Boote nicht seetüchtig waren. Die italienische Regierung konnte als unfähig gescholten werden, wenn vor Lampedusa Menschen starben oder aber die Grenzorgane weder mit der Unterbringung geschweige denn der Erfassung von Flüchtlingen nachkamen. Geschützt durch das Schengen-Abkommen, das die Sicherung der EU-Außengrenzen jenen Mitgliedstaaten zuweist, die eine EU-Außengrenze haben, und abgesichert durch das Dublin-Abkommen, dass Flüchtlinge verpflichtet, in jenem Land, in dem sie zum ersten Mal EU-Boden betreten haben, den Asylantrag zu stellen, konnte in Deutschland die »Moralkeule« mit leichter Hand geschwungen werden.

Dies alles änderte sich mit der Entscheidung von Bundeskanzlerin Merkel, das Dublin-Abkommen aufzuweichen und syrischen Flüchtlingen den Weg nach Deutschland zu öffnen, weil offenkundig die ungarische Regierung überfordert und unwillig war und eine humanitäre Katastrophe drohte. Seither erreichen nicht nur täglich sehr viele Menschen Deutschland, seither stellt sich auch für Deutschland die ganz praktische Frage, wo die Menschen untergebracht werden, wie ihre Asylanträge, so sie denn welche stellen, bearbeitet werden, wie Kinder beschult werden können und wie Integration gelingen kann. Die Diskussionen finden im breiten Spektrum zwischen Angst vor einer »Überfremdung« und rosaroten Träumen einer »Transkultur« statt. So absurd manche Äußerungen auch sein mögen, eines wird deutlich: Es bedarf einer Wertedebatte. Einer Wertedebatte, die weder im Zuge der deutschen Einheit noch in der Verwirklichung des Binnenmarkts und schon gar nicht im Zuge der Erweiterung der Europäischen Union geführt wurde. Einer Wertedebatte, die auch reflektiert, welche Verantwortung das wiedervereinigte Deutschland in der Welt annimmt.

Im 25. Jahr der deutschen Einheit rächt sich, dass die Vereinigung der beiden deutschen Staaten vor allem unter wirtschaftlichen Gesichtspunkten betrachtet wurde, dass vorschnell aus der gemeinsamen deutschen Sprache geschlossen wurde, es gäbe tatsächlich eine gemeinsame Sprache mit einer gleichen Semantik. Weder fand die von einigen eingeforderte Verfassungsdiskussion statt, noch wurde eine ehrliche Wertedebatte geführt. Überwältigt von der Chance 40 Jahre deutsche Teilung zu überwinden und angetrieben von schnell erforderlichen politischen und wirtschaftlichen Entscheidungen, wurde im Kern erwartet, dass westdeutsche Werte gleichermaßen in Ostdeutschland zum Common Sense gehören. Dass dies voreilig war, war bereits in den 1990er Jahren zu erkennen und wird nun offenkundig. Man mag zwar den Kopf schütteln, dass in Gegenden, in denen so gut wie keine Muslime leben und ein erheblicher Teil der Bevölkerung keiner Glaubensgemeinschaft angehört, auf einmal von einer Islamisierung und der Bedrohung des Christentums die Rede ist, dennoch wäre es kurzsichtig, daraus den Schluss zu ziehen, sich mit dem offenkundigen Gefühl vieler ostdeutscher Menschen zu kurz gekommen zu sein, nicht auseinandersetzen zu müssen. Hier ist eine Wertedebatte notwendig. Zu der auch die Verteidigung der Meinungsfreiheit gehört, selbst wenn einem die Meinung der anderen nicht passt.

Ebenso wichtig ist aus meiner Sicht eine Wertediskussion in der Europäischen Union. Zwar mag noch so oft beschworen werden, dass Europa mehr ist als ein Binnenmarkt und eine große Verteilungsmaschinerie von Subventionen. Dennoch ist das gemeinsame Wertefundament, wie sich aktuell in der Flüchtlingsverteilungsdebatte zeigt, sehr dünn. Es zeichnet sich ein Gegensatz zwischen westeuropäischen Staaten, dem sogenannten Kerneuropa, Großbritannien und den neuen Mitgliedstaaten aus Osteuropa ab. Jene Länder sehen sich offenbar weder in der Verantwortung noch in der Pflicht, in größerem Umfang Flüchtlinge aufzunehmen. Sie scheinen in erster Linie an der ökonomischen Integration interessiert zu sein und weniger an einem Europa, das auf einem gemeinsamen Wertefundament beruht. Da hilft auch der Verweis auf die Europäische Grundcharta wenig, wenn Mitgliedstaaten es sich erlauben können, Grundrechte, wie Meinungsfreiheit und Recht auf Asyl, mit Füßen zu treten. Will Europa in der Zukunft glaubwürdig in der Welt für Werte eintreten, ist eine innereuropäische Debatte zu den gemeinsamen Werten vonnöten.

Dieses gilt auch mit Blick auf die Außenbeziehungen und damit ist die Verantwortung Europas und auch Deutschlands für die Welt angesprochen. Dazu gehört z. B. auch, sich nachhaltig für Lösungen im syrischen Bürgerkrieg einzusetzen. Es ist fast zynisch festzustellen, dass diese Lösungen erst in dem Moment dringlicher wurden, als zehntausende Menschen auf ihrer monatelangen Flucht Deutschland erreichten. Oder um es drastisch zu formulieren: Der syrische Bürgerkrieg war so lange kein drängendes Problem, wie Flüchtlinge in jordanischen, libanesischen und türkischen Flüchtlingslagern ausharrten. Eines ist klar, Lösungen bedürfen Geduld und viel Überzeugungskraft. Schnelle Erfolge sind kaum zu erwarten. Aber auch hier würde eine Wertedebatte bei der Lösung von Konflikten helfen.

Verantwortung für die Welt zeigt sich aber auch in den Handelsbeziehungen. Der Einsatz für einen fairen und gerechten Welthandel ist eben nicht nur eine Formel für Kirchentage oder Eine-Welt-Läden. Es sollte das ureigenste Interesse der Politik sein, für einen fairen und gerechten Welthandel einzutreten, denn nur er wird es den Ländern des Südens ermöglichen, mit ihren Waren und Dienstleistungen auf dem Weltmarkt zu prosperieren. Aus ganz egoistischen Gründen müssten Deutschland und Europa sich für einen fairen Welthandel stark machen, um den Menschen im Süden Perspektiven zu bieten, damit sie dort leben, ihre Gesellschaft entwickeln und zu Wohlstand kommen. Auch hier tut eine Wertedebatte Not.

Nötig ist meines Erachtens auch eine Wertediskussion in Deutschland. Eine Verkürzung der Wertediskussion auf das Grundgesetz wäre meines Erachtens fahrlässig. Sicher hat der Begriff der »Leitkultur«, fast bin ich versucht zu sagen »Leidkultur«, ausgedient und ist politisch verbrannt. Dennoch wäre es meiner Meinung nach verkürzt, allein die Verfassung als Leitschnur hochzuhalten und damit die Diskussion zu beenden. Verfassungspatriotismus alleine schafft keine Integration. Es muss doch vielmehr darum gehen, zu debattieren, was es bedeutet, in einer multireligiösen und von vielen verschiedenen Kulturen geprägten Gesellschaft zu leben. Die Menschen, die in Deutschland Obdach und ein Zuhause suchen, haben Werte. Sie ernst zu nehmen und zu integrieren, heißt sich damit auseinanderzusetzen und die eigenen Werte selbstbewusst in die Diskussion einzubringen. Wir werden klären müssen, welche Werte wir, neben den in der Verfassung garantierten Grundrechten, als kulturelles Fundament unserer Gesellschaft für konstitutiv halten. Sich in eine solche Wertedebatte einzubringen, steht dem Kulturbereich gut an.

Die Spuren des Gewesenen oder: Im Wandeln der Verhältnisse

Erklärungsmuster für die »Patriotischen Europäer gegen die Islamisierung des Abendlandes« (Pegida) sind nicht einfach zu finden und in lange kulturhistorische und politische Prozesse eingebunden

Regine Möbius — **Politik und Kultur 4/2015**

Nach der Friedensdekade 1981 tauchten in Dresden Flugblätter auf, die zu einer Schweigedemonstration am 13. Februar 1982 vor der Ruine der Frauenkirche aufriefen. Die DDR-Staatsorgane waren aufs höchste beunruhigt und verlangten von der sächsischen Landeskirche, dass diese die Demonstration absage. Eine Forderung, die ohne Wirkung geblieben wäre, da die Flugblätter nicht durch kirchliche Gruppen initiiert und bereits weit verbreitet waren. Man erwartete größere Teile der Dresdner Bevölkerung, die auch ohne kirchliches Dazutun gekommen wären.

Der Schulterschluss einer solchen Demonstration gehörte zu den Ritualen oppositioneller Haltungen, die verdeutlichten, dass es theoretisch und praktisch eine Alternative zur disziplinierten Gesellschaft gab. Dabei ging es um weit mehr als das Gedenken an die Zerstörung Dresdens, es ging um ein Kontrastprogramm zu den permanenten Versuchen der SED, ein sozialistisch geprägtes Zusammenleben zu schaffen, in der die individuellen, geistigen und materialistischen Bedürfnisse mit denen der SED-Normen übereinstimmten.

Bis 1981 hatte es in der Stunde des ersten Bombenangriffs auf Dresden nur das Glockenläuten gegeben. Der damalige Landesbischof Hempel versuchte, dem Unmut der SED entgegenzukommen und schlug vor, die De-

monstranten gezielt zu einem »Friedensforum« in die Kreuzkirche einzuladen. Damit sollte den angekündigten westlichen Journalisten verdeutlicht werden, dass es sich nicht um eine politische Demonstration, sondern eine innerkirchliche Veranstaltung handele.

Es fand am 13. Februar in der Kreuzkirche das »Friedensforum« statt. Über 5.000 Menschen waren gekommen – überwiegend jüngere. Eine unbekannt gebliebene Zahl von Personen aus der ganzen DDR wurde an diesem Tag an ihrer Fahrt nach Dresden gehindert. Einige Hundert hatten sich nicht bewegen lassen, in die Kreuzkirche zu gehen, sie blieben still an der Ruine der Frauenkirche stehen und stellten Kerzen auf. Auf dem Podium hatten sich die Kirchenleitung und der Landesjugendpfarrer versammelt. Während die einen beschwichtigten, ging der Landesjugendpfarrer auf die Anliegen der in der Kreuzkirche Versammelten ein im Wissen darum, dass der Wille der friedensbewegten DDR-Jugend eng verknüpft war mit der Forderung nach einem gemeinsamen, politischen Handeln.

Im Wissen darum gemahnte der Landesbischof an die Grenzen, die die Kirche hatte, an den Freiheitsbegriff der Kirche im inneren Sinn, der nicht zu vergleichen war mit dem der politischen Freiheit. Darüber mag es damals viele Enttäuschte gegeben haben, die

Ermutigung erwartet hatten und diese Haltung als schwächlich oder dienstbar verstanden. Der Begriff »Kirche im Sozialismus« war jedoch weder ein Schimpfwort noch ein politisches Bekenntnis, sondern die reale Verortung der Kirche in der DDR, in einer realsozialistischen Diktatur. Sie fühlte sich nicht daneben und gab sich nicht dagegen.

Das gehörte, wie so vieles, zur deutschen Teilungsgeschichte, bei deren Wettstreit sich im Osten Deutschlands Wesentliches von dieser Geschichte verflüchtigte und die des Westens die effizientere blieb. Der Osten wollte und brauchte den Westen – nicht umgekehrt. Die daraus entstandene kipplige Synthese ist noch immer nicht in einer Balance. Von gesamtdeutscher Repräsentanz sind die Ostdeutschen und ihre Geschichte meist nur in den Jahrestagsreden. Die stetig wachsenden sozialen Abstände, das fehlende Leitbild als erklärende Größe und glaubhafte Visionen zerreißen die aus der Historie und dem sozialen Umfeld unterschiedlich geprägte Gesellschaft auf kaum vergleichbare Weise. Vermutlich waren die Erwartungen vieler Ostdeutscher utopisch. Da liegt wohl des Pudels Kern.

Das hätte an jenem Montagabend im Januar dieses Jahres, als sich mehr als 25.000 Menschen in Dresden bei Pegida versammelten, thematisiert werden können. Aber ein Lutz Bachmann, der sich als Chef dieser Demonstrationen sieht, wütete im Rausch der Masse, die ihn umgab, vornehmlich gegen Zuwanderer und Muslime. Ein Sprechchor skandierte »Wir sind das Volk! Wir sind das Volk!« Froh war ich, diese Massensuggestion nicht im Original erleben zu müssen. Sie erzeugte Gänsehaut. Die gerufene Parole hatte nicht den gleichen Ton wie im Herbst 1989, in dem Erwartung schwang und Hoffnung – immer aber auch Angst. »Lügenpresse, Lügenpresse« wurde zwischendurch gebrüllt. In der Erwiderung hätte die große Stunde des Redners und sei-

ner Sekundantin kommen können. Beispielsweise zu erinnern an heilige Eide, den Gütertransport von der Straße auf Schienen und Wasserwege zu verlegen oder zu kritisieren, dass finanzpolitische Experimente der EZB nicht mehr nachvollziehbar sind.

Vermutlich erwarteten nicht wenige der in der Menschenmasse Untergetauchten das Ansprechen der Tatsache, dass sich Regierung und Parlament nicht selten von ihrer ersten und wichtigsten Pflicht entfernen, sich ständig für die gemeinnützige und persönliche Daseinsfürsorge der im Land lebenden Menschen einzusetzen. Vielleicht hätte es Applaus dafür gegeben, der die Heroa der Tribüne ermutigt hätte zu warnen vor einer immer extremeren Kluft zwischen Arm und Reich. Sie ist wohl so groß, dass sie sogar das Wirtschaftswachstum der Länder hemmt. Vermutungen einer Ratlosen waren das.

Aber nichts von alledem wurde in die teils perplexe, teils aufgeheizte Menge hinein gesagt, nur immer wieder Parolengeklapper und Plakateschwenken.

Es kamen keine Forderungen, die real etwas mit der Lebenswirklichkeit der Demonstranten zu tun hatten, anders, als vor einem Vierteljahrhundert. Zur Wahrheit aber gehört auch, dass damals in historischer Naivität viele Ostdeutsche geglaubt hatten, Helmut Kohl zaubere in kürzester Zeit »blühende Landschaften«. Pardon, diese Ahnungslosigkeit fiel in die Rubrik Diktaturschaden.

Jetzt, an diesem Januartag, glaubte man mit überlauten Tönen, mit oberflächlichen Schuldzuweisungen wohl wegzudrücken, dass es womöglich schmerzte, noch auf lange Zeit ein Appendix des Westens zu bleiben.

Aber an diesem Tag, an einem Tag, wo wieder einmal unterschiedlich Unzufriedene, Massenhörige, Mutlose und Gedankenlose zusammengekommen waren, wäre eigentlich der Zeitpunkt gekommen, der Moment, wo Bachmann aufrufen könnte, TTIP und

CETA zu verhindern, verdeutlichen, dass sie kritische Punkte wie Investor-Staat-Schiedsverfahren und Regelungen enthalten, die die Demokratie und den Rechtsstaat aushöhlen. Aber er sagte nichts gegen intransparente Verhandlungen, nichts gegen mögliche Deregulierungen unserer Kulturgüter. Die Leute liefen weiter, die Parolen vermischten sich mit Sprüchen auf den Transparenten wie: »Lieber heute aufrecht für Pegida als morgen auf Knien gen Mekka«.

Die eigentlichen Fragen wurden nicht gestellt. Auch die Gegendemonstranten stellten sie nicht. Schade, denn so bleiben die Antworten aus.

Am ersten Junitag war in der Sächsischen Zeitung zu lesen: »Nach Polizeiangaben kamen etwa 2.000 Menschen und damit noch einmal weniger als am Pfingstmontag, wo 2.200 Pegida-Anhänger gezählt wurden. Unklar blieb, ob Pegida eine Sommerpause einlegt.«

Wird die Bewegung übersommern? Nach einem Bild zu suchen, mit dem sie vergleichbar wäre, ohne grobe Klischees zu bemühen, ist nicht einfach.

Damenoberbekleidung ist politisch
Oder wer sollte unter seiner Burka hervorkommen

Olaf Zimmermann und Gabriele Schulz — **Politik und Kultur 5/2016**

Kaum ein Thema hat in diesem Sommer für solches Rauschen im Blätterwald gesorgt wie die Damenoberbekleidung, womit einmal mehr bewiesen wird, das Private ist politisch und das gilt auch oder insbesondere für die Bekleidung von Frauen.

Blicken wir zurück: Über viele Jahrzehnte war es vor allem die mangelnde Bekleidung von Frauen, die ein »Aufreger« war. Nach dem Ersten Weltkrieg wurden Röcke und Kleider kürzer. Das Ende der Monarchie, die Demokratie war auch eine Befreiung vom Korsett, von langen Röcken und insbesondere bei älteren Frauen von dunklen Kleidern. Und quelle horreur, nicht nur die Kleider wurden kürzer, auch die Haare. Der »Bubikopf« war ein Zeichen emanzipierter Frauen und manche Dame ginge gar soweit ein Beinkleid, vulgo Hose, zu tragen. In den 1960er Jahren sorgte der »Mini«, der kurze, teilweise auch sehr kurze Rock für Skandale. Der Bikini galt als unkeusch. Während in den 1970er Jahren in der Werbung noch der »Hüfthalter Frauen umbrachte« und »Zauberkreuz-BHs« für eine garantiert stramm nach vorne ragende Brust sorgen sollten, hatten Feministinnen sich solcher quälenden Unterwäsche längst entledigt. Die lockere, teilweise wallende Kleidung war auch eine Absage an ein Rollenmodell und stand für Emanzipation, für die berufstätige, ihr Leben in die eigene Hand

nehmende Frau. Passend hierzu eine entsprechend pflegeleichte Frisur. Dennoch war es zumindest im ländlichen Raum üblich, dass Mädchen in schwarzem Rock, keusch das Knie bedeckt, und weißer Bluse zur Konfirmation gingen und das Tragen einer Hose als Verstoß gegen Anstand und gute Sitten galt.

Die Liste an Beispielen ließe sich noch lange fortsetzen. Und meist waren es konservative Kreise, die die sich verändernde Damenoberbekleidung als Angriff auf bestehende Werte und als Bedrohung ansahen. Sittenverfall ist nur eines der Stichworte, die in diesem Zusammenhang gefallen sind.

Heute ist es die Verhüllung, die insbesondere Konservativen den Schweiß auf die Stirn treibt. Jene, die noch vor Kurzem gegen Quoten für mehr Frauen in Führungsetagen waren, gegen die Betreuung von Kleinkindern in Kindertagesstätten opponierten und für die Betreuung zu Hause, am besten durch die ihre Erwerbskarriere unterbrechende Mutter, stritten, jene sind es nun, die sich als die Speerspitze für die Emanzipation von Frauen verstehen und gegen Burka, Niqab und Burkini zu Felde ziehen. Sie geben vor, für die Befreiung von verschleierten und verhüllten Frauen einzutreten und wollen sie aus ihrem »Gefängnis« befreien. Ja, schwarz gekleidete Frauen, deren Gesicht durch einen Niqab verhüllt ist, irritieren. Es ist ungewohnt, sie zu sehen. Erst recht, wenn sie auch schwarze Handschuhe tragen und nur manchmal ein Hauch von Haut zu sehen ist – dass diese Verhüllung ausgesprochen sexy sein kann und einige der sich verhüllenden Frauen sich dessen sehr bewusst sind, sei nur am Rande erwähnt.

Und doch, wer offenen Auges durch die bundesrepublikanischen Städte und Gemeinden geht, wird kaum eine Burkaträgerin, jenes vor allem in Afghanistan getragene, zumeist blaue Frauengewand, das den gesamten Körper verhüllt, sehen. Um die Burka geht es also offenbar nicht! Und auch Niqab-Trägerinnen sind zwar häufiger in süddeutschen Großstädten mit exklusiven Geschäften anzutreffen, doch handelt es sich hierbei sehr oft um Saudi-Araberinnen, die exquisit einkaufen. Auch jene werden die Vorkämpfer für Frauenemanzipation weniger im Blick haben. Ein Massenphänomen sind Niquab-Trägerinnen in Deutschland jedenfalls nicht und auch in anderen europäischen Ländern, selbst Frankreich, wo ein Vollverschleierungsverbot besteht, waren auch vorher Frauen, die sich voll verschleiern, die Ausnahme und nicht die Regel.

Worum geht es also in dieser teilweise aufgeheizten Diskussion um die vermeintlich adäquate Damenoberbekleidung in Deutschland? Es geht, so meinen wir, um eine tiefe Verunsicherung von Teilen der Gesellschaft und es geht um die Lufthoheit insbesondere in konservativen Kreisen. Nur so lässt sich erklären, dass in der »Berliner Erklärung der Innenminister und -senatoren von CDU und CSU zu Sicherheit und Zusammenhalt in Deutschland« vom 19. August 2016 folgendes zu lesen ist: »Vollverschleierung beeinträchtigt den gesellschaftlichen Zusammenhalt. Sie steht mit ihrer frauenverachtenden Symbolik im Widerspruch zur Gleichberechtigung und Würde der Frau. Sie leistet Parallelgesellschaften Vorschub und ist damit

ein Integrationshemmnis. Die Vollverschleierung widerspricht unserem gesellschaftlichen Konsens. Wir lehnen sie daher ab und fordern, dass alle Menschen ihr Gesicht zeigen.«

Hieraus werden erforderliche rechtliche Konsequenzen abgeleitet, wie ein Vollverschleierungsverbot im öffentlichen Dienst, in Kindertageseinrichtungen, Schulen und Hochschulen, vor Gericht, bei Passkontrollen, bei Verkehrskontrollen, im Meldeamt, im Standesamt usw., bei Demonstrationen und im Straßenverkehr. Nach dieser Aufzählung drängt sich der Eindruck auf, dass es vielleicht besser wäre, gleich gesetzlich festzulegen, in welchen Fällen eine Vollverschleierung erlaubt wäre.

Es findet in dem noch jungen 21. Jahrhundert zum zweiten Mal eine Debatte darüber statt, wer zu unserer Gesellschaft dazugehört und wer nicht und was diejenigen, die dazugehören wollen, tun müssen. Anfang der 2000er Jahre, in der ersten rot-grünen Bundesregierung (1998–2002), hatte Bundeskanzler Gerhard Schröder (SPD) eine Zuwanderungskommission eingesetzt und klug mit der ehemaligen Bundestagspräsidentin Rita Süssmuth (CDU) als Vorsitzende besetzt. Wichtige Ergebnisse der Zuwanderungskommission waren, dass Zuwanderung als Gewinn für die Gesellschaft angesehen werden sollte, dass Mehrstaatlichkeit ermöglicht, dass Asylverfahren beschleunigt, dass Maßnahmen zur Integration ergriffen werden sollen und anderes mehr.

Im Zusammenhang mit der Diskussion um die Zuwanderungskommission und deren Arbeit fand einerseits eine Diskussion um Leitkultur und vermeintlich deutsche Werte statt. Es wurde bewusst die Angst vor Fremden geschürt, insbesondere vor Menschen muslimischen Glaubens. In diesem Kontext ist auch die sogenannte Kopftuchdebatte einzuordnen. Andererseits entstand ein Bewusstsein, dass die Menschen, die als »Gastarbeiter« nach Deutschland kamen, und deren Kinder und Kindeskinder in Deutschland bleiben werden und Teil der deutschen Gesellschaft sind. Es erwuchsen hieraus gerade auch im Kulturbereich viele neue Initiativen zur Öffnung von Kultureinrichtungen, zu mehr Teilhabe und Partizipation an kultureller Bildung, die nicht nur Kindern und Jugendlichen aus migrantischen Milieus, sondern vielen, aus eher kulturfernen Schichten, zugutekamen und kommen. Akademische Debatten um Inter- oder Transkultur entstanden und pädagogische Konzepte wurden weiterentwickelt. Letztlich erschien die Leitkulturdebatte als eine Diskussion der ewig Gestrigen und konnte sich gesellschaftlich nicht durchsetzen. Schon lange waren viele Ausländer längst zu Inländern geworden.

Das entscheidende weitere Verdienst der Zuwanderungskommission war, klar auszusprechen und politisch zu verankern, dass Deutschland ein Zuwanderungsland ist. Dieses bedeutet in einem Land, das über Jahrhunderte Auswanderungsland war, ein radikales Umdenken und neues Verständnis. Deutschland ist wie andere westeuropäische Industrienationen ein Sehnsuchtsort vieler Menschen, die in ihren Heimatländern für sich und möglicherweise auch ihre Familie keine Zukunft sehen. So wie über Jahrhunderte Wirtschaftsflüchtlinge aus Deutschland nach Nord- und Südamerika sowie Australien auswanderten und weder über die erforderlichen Sprachkenntnisse noch sonstige Mittel außer ihrer Arbeitskraft verfügten, so kommen heute Menschen – ganz unabhängig von Bürgerkriegen – aus rein ökonomischen Gründen nach Deutschland. Zusätzlich erreichten im letzten Jahr erstmals seit dem Balkan-Krieg wieder viele, sehr viele Bürgerkriegsflüchtlinge Deutschland. Dass sie aufgenommen werden konnten, ist zuallererst dem großen bürgerschaftlichen Engagement

so vieler zu verdanken. Nach der Nothilfe im letzten Jahr steht nun die Integration derjenigen an, die dauerhaft in Deutschland bleiben und gegebenenfalls deutsche Staatsbürger werden. Dies geschieht durch Respekt, durch Arbeit, durch Deutschkurse, durch Begegnungen, durch Kultur, durch das Miteinander in Vereinen und Weltoffenheit von beiden, den hier geborenen und den dazugekommenen Menschen, und vieles andere mehr.

Bekleidungsvorschriften werden kaum einen Beitrag zur Integration leisten können. Sie entzünden vielmehr erneut die längst überwunden geglaubte Diskussion um die, die dazugehören und jene, die außen vorstehen. Ja, Damenoberkleidung kann, wie eingangs gezeigt wurde, auch ein Zeichen von Emanzipation sein. Emanzipieren kann man sich aber nur selbst, man kann nicht emanzipiert werden. Vielleicht ist es daher erforderlich, dass einige der Vorkämpfer für das Vollverschleierungsverbot unter ihrer Burka hervorkommen und ihren Blick in die Vielfalt der deutschen Gesellschaft werfen. Das hieße Gesicht zeigen und sich für Weltoffenheit starkmachen.

Wie halten wir es mit der Religion?
Über die Notwendigkeit einer neuen Wertedebatte

Heiko Maas — Politik & Kultur 1/2016

Identität und Abgrenzung sind Nachbarn. Wer man selbst ist, das wird man auch beim Blick auf andere gewahr. Kein Wunder also, dass in Zeiten starker Zuwanderung und offener Grenzen die Frage nach der deutschen Identität Konjunktur hat. Diese Debatte kann unter zwei verschiedenen Vorzeichen geführt werden. Unter dem Schlagwort einer deutschen »Leitkultur« mit unübersehbar aus- und abgrenzender Tendenz oder als integrative Wertedebatte, bei der es darum geht, was unsere Gesellschaft ausmacht und zusammenhält.

Die Parole von der »Leitkultur« ist als trotziger kultureller Anpassungsimperativ gegenüber Migranten unbrauchbar für die Herausforderungen unserer Zeit. Müll trennen, Vorgarten harken und sonntags Tatort gucken? Das machen viele, aber das ist nicht der Wesenskern der politischen Gemeinschaft, die unser Staat nun einmal ist. Fragt man hingegen nach den Werten, dann sind da zunächst Demokratie und Menschenrechte. Diese Grundwerte anzuerkennen, das können und müssen wir von allen einfordern – von denen, die hier schon lange leben, genau wie von den Flüchtlingen, die erst in diesem Jahr zu uns gekommen sind. Und das heißt ganz konkret: Frauen und Männer sind gleichberechtigt. Schwule, Lesben und Transsexuelle können hier offen zu ihrer Identität stehen. Jeder darf hier seinen Glauben leben, niemand wegen Herkunft oder Religion ausgegrenzt werden. Antisemitismus – das geht im Land des Holocausts gar nicht!

Aber all das werden wir nicht mit dem erhobenen Zeigefinger vermitteln können oder indem wir bloß den Text unseres Grundgesetzes verteilen. Und: Wir haben auch keinen Anlass, uns über die Menschen, die zu uns kommen, moralisch zu erheben. Wir wissen sehr gut, wie lange es selbst in einem freien und liberalen Land gedauert hat, diese Werte tatsächlich im Alltag durchzusetzen: Gleichberechtigung, Glaubensfreiheit und die Anerkennung der menschlichen Würde stehen seit 1949 im Grundgesetz. Und doch waren Männer und Frauen jahrzehntelang nur auf den unteren Sprossen der Karriereleiter gleichberechtigt, war die Liebe schwuler Paare bis Ende der 1960er durch den § 175 StGB kriminalisiert, kommen antisemitische Hetze und Gewalt bis heute in Deutschland leider noch immer viel zu häufig vor.

Eine offene, bunte, freie Gesellschaft, die müssen wir alle gemeinsam gestalten und immer weiter vorantreiben. Das ist auch Sache der Rechtspolitik. Schon in der Vergangenheit hat sie die Weichen gestellt. Sie hat die Homosexualität zunächst entkriminalisiert und dann mit der »eingetragenen Lebenspartnerschaft« und dem Adoptionsrecht schrittweise neben rechtlicher Gleichstellung auch zu mehr gesellschaftlicher Akzeptanz verholfen. Sie hat formelle Gleichberechtigung von Frauen auf dem Papier ersetzt durch eine aktive Förderungspolitik – ganz aktuell durch die Frauenquote für Aufsichtsräte, die in den Chefetagen der deutschen Wirtschaft zu mehr Gleichberechtigung führen wird.

Auch wenn es um die Vielfalt der Kulturen und Religionen geht, kann die Rechtspolitik einen großen Beitrag zur Integration leisten. Nach Schätzungen leben bereits vier Millionen Muslime in Deutschland. Der überwiegende Teil der Flüchtlinge, die zurzeit zu uns kommen, sind ebenfalls Muslime. Da wird es immer wieder zu neuen Debatten über die Religionsfreiheit kommen – Kopftuchstreite inklusive. Wir sollten uns dabei klarmachen: Ein junger Mann mit Kippa, ein Minarett im Stadtbild, ein Sikh mit Turban – all das sind keine Widersprüche zum Grundgesetz, sondern das ist gelebte Religionsfreiheit.

Wie halten wir es also mit der Religion? Eines steht aus meiner Sicht fest: Ein strikter Laizismus wie in Frankreich ist keine Lösung. Dort geht die Trennung von Staat und Kirche soweit, dass in staatlichen Schulen selbst Schüler keine religiöse Kleidung oder Symbole tragen dürfen. Ich halte davon gar nichts. Das tolerante Miteinander der Religionen fördert man nicht dadurch, indem man sie aus dem öffentlichen Raum verbannt. Ich bin der Meinung, das geht im Gegenteil besser, wenn wir mehr Begegnungen zwischen den Religionen schaffen und zwischen Gläubigen und nicht religiösen Menschen. Heiner Bielefeldt, der UN-Sonderberichterstatter für Religionsfreiheit, hat die tatsächliche Bedeutung staatlicher Neutralität auf den Punkt gebracht: Sie sei ein Fairnessprinzip des Staates im Umgang mit dem religiösen Pluralismus. Der neutrale Staat ist nicht etwa wertfrei oder indifferent. Im Gegenteil: Seine Werte sind die Vielfalt und der gegenseitige Respekt.

Konkret bedeutet das: Die Möglichkeiten und Privilegien, die unser Religionsverfassungsrecht anbietet, stehen nicht nur den beiden christlichen Großkirchen offen, sondern gelten auch für andere Religionsgemeinschaften. Staatsverträge sind dabei ein wichtiger Schritt hin zu einem deutschen Islam. Sie könnten die Ausbildung islamischer Theologen an deutschen Universitäten regeln. Manche Probleme ergeben sich ja daraus, dass Imame aus Ländern kommen, in denen es keine Freiheit, keine Vielfalt und keine Gleichberechtigung der Frauen gibt. Wir brauchen deutsche Imame, die unsere Wertordnung kennen und leben, und die hier ausgebildet sind. Dann werden sich viele hier lebende Muslime Deutschland sehr viel mehr verbunden fühlen.

Das könnte gerade jungen Muslimen ein positives Leitbild geben. Ein neuer demokratischer, europäischer Islam könnte so auch eine Rolle spielen bei der Bekämpfung von Gewalt und Terrorismus extremer Kämpfer. Wenn Muslime mit gleichen Rechten ausgestattet sind, dann werden sie auch eher Verantwortung für das Gemeinwesen übernehmen. Auch jetzt erheben muslimische Verbände, Imame in den Moscheen und auch auf Demonstrationen viele Zuwanderer ihre Stimme, wenn im Namen ihrer Religion gemordet wird. Ich glaube, die Radikalisierung einzelner kann noch früher und wirksamer gestoppt werden, wenn klar ist, dass Muslime und ihr Glauben selbstverständlich Teil dieses Landes sind. Die Identifikation ist ja bereits erstaunlich groß. Das zeigen aktuelle Studien: 90 Prozent der religiösen Muslime in Deutschland halten die Demokratie für eine gute Regierungsform und zeigen eine starke Verbundenheit mit unserem Staat und unserer Gesellschaft. Ich meine: Die restlichen zehn Prozent – das schaffen wir auch noch. Wir müssen aber am Thema dranbleiben, und das bedeutet auch, dass wir noch viele Detailfragen klären müssen. In Kanada ist gerade ein neuer Verteidigungsminister ernannt worden, ein ehemaliger Polizist. Der Mann ist Sikh und trägt natürlich einen Turban. In Frankreich dagegen wurde gerade von den höchsten Richtern bestätigt, dass die Angestellte eines Krankenhauses entlassen werden darf, weil sie als Muslima im Dienst ein Kopftuch getragen hat. Der Vergleich zeigt: Es gibt auch in den westlichen Demokratien bei diesem Thema keinen Königsweg.

Wie wollen wir hier in Deutschland also etwa mit Frauen im öffentlichen Dienst umgehen, die ein Kopftuch tragen? Verbieten wir ihnen, an Schulen Kinder zu unterrichten, als Richterinnen Urteile zu sprechen oder als Polizistinnen auf der Straße für Recht und Ordnung zu sorgen? Das liefe für viele muslimische Frauen de facto auf ein Berufsverbot hinaus. Für ihre Integration wäre es besser, ihnen möglichst viele Berufschancen zu eröffnen, auch im Staatsdienst. Dagegen spricht, dass eine kopftuchtragende Lehrerin vielleicht ein falsches Zeichen setzt: Für viele Menschen und in vielen Teilen der Welt ist das Kopftuch eher Ausdruck männlicher Dominanz als der individuellen Glaubensüberzeugung der Frauen. Im Unterricht könnten manche Schülerinnen und Schüler das dann missverstehen, dass Integration und die Gleichberechtigung der Geschlechter gar nicht gewünscht sind.

Sicher ist: Wir können nur entweder alle religiösen Symbole aus dem Klassenzimmer verbannen oder sie alle zulassen. Das Kopftuch zu verbieten, nicht aber Kippa oder Nonnen-Habit, das lässt unsere Verfassung nicht zu. Ein Zwei-Klassen-Regime für die Religionsfreiheit – das darf es nicht geben. Und trotzdem können wir uns entscheiden: Gar keine religiösen Symbole an Schulen oder alle! Der Verweis auf die Werte unserer Verfassung wird an dieser Stelle nicht ausreichen. Wir müssen sie mit Leben füllen. Das

wird nicht ohne intensive Debatte gehen. Dabei dürfen wir auf keinen Fall die Fehler der Vergangenheit wiederholen: Selbst als bereits Millionen neue Mitbürger hier lebten, hat Deutschland sich immer noch nicht als Einwanderungsland begriffen. Von »Gastarbeitern« war noch in den 1990er Jahren die Rede – die Alltagssprache kann manchmal entlarvend sein. Deutschkenntnisse, Ausbildung und Integration, das hat Deutschland deswegen viel zu lange vernachlässigt. Da haben wir viel verpasst, und viele aktuelle Integrationsprobleme haben mit diesen Fehlern zu tun.

Es ist deswegen falsch, wenn wir auch heute wieder mehr über die Risiken als über die großen Chancen der Zuwanderung sprechen. Wenn wir sie richtig gestalten, dann kommt sie allen zugute: Den Menschen, die zurzeit auf unsere Hilfe angewiesen sind, weil sie vor Terror, Unterdrückung oder Krieg in ihrer Heimat fliehen. Und den Menschen, die hier leben. Ohne Zuwanderer würde Deutschland schrumpfen und im Bevölkerungsschnitt immer älter werden. Die Auswirkungen merken wir schon heute, gerade in ländlichen Gegenden. Es gibt dort oft zu wenige Ärzte, und an manchen Orten werden Schulen nur deswegen nicht geschlossen, weil dort nun auch syrische Kinder eingeschult werden.

Wenn wir so erfolgreich bleiben wollen, wie wir es im Moment sind, dann müssen wir dafür sorgen, dass diese Kinder eines Tages starke Stützen unserer Gesellschaft sind: im Beruf, als Steuerzahler und als Staatsbürger.

Dass Respekt für andere belohnt wird, das zeigt das Beispiel von Alex Assali. In Syrien arbeitete der 37-jährige Mann als Informatiker, aber er hat dort alles verloren und flüchtete mit dem Boot nach Europa. In Deutschland, sagt er, erfuhr er viel Herzlichkeit: Als er in Berlin seine Flüchtlingsunterkunft nicht fand, da nahm ihn eine alte Dame bei der Hand und brachte ihn dorthin. Alex Assali sagt: »Heute bin ich an der Reihe, etwas zurückzugeben«. Deswegen kocht er jeden Tag auf dem Alexanderplatz für Obdachlose.

Menschen wie Alex Assali zeigen eindrucksvoll: Die Mitmenschlichkeit und Hilfsbereitschaft der vielen ehrenamtlichen Helferinnen und Helfer, der Kirchen, Polizisten und Soldaten bekommen wir zurück. Ihr Einsatz wird dieses Land am Ende stärken. Denn er macht deutlich: Deutschland ist ein Land der Solidarität und des Zusammenhalts. Keine Frage, der Wind ist rauer geworden. Aber ich bin überzeugt: Die Menschlichkeit bleibt stärker als der Hass.

Pragmatismus und Respekt
Über neue Formen des gesellschaftlichen Zusammenlebens anhand von Brechts »Kinderhymne«

Ulrich Lilie — Politik & Kultur 3/2016

Ein Text von Bertolt Brecht geht mir in diesen Tagen nicht aus dem Sinn: »Die Kinderhymne«, singbar auf die Melodie der Nationalhymne, aus dem Jahr 1950. Diese Kinderhymne war Brechts Kommentar zum Lied der Deutschen in der jungen Bundesrepublik, die sich seiner Meinung nach allzu gradlinig aus dem nationalsozialistischen Deutschland entwickelt hatte. Die Tonalität dieser Kinderhymne begleitet meine Überlegungen zur aufgegebenen Fragestellung: Welche Werte halten wir als kulturelles Fundament unserer Gesellschaft für konstitutiv und was bedeutet es, in einer multireligiösen und von vielen verschiedenen Kulturen geprägten Gesellschaft zu leben? Ich empfinde es als ein bereicherndes Charakteristikum einer vielfältigen Kultur, dass ich mich als evangelischer Theologe dabei von einem atheistischen Dichter inspirieren lassen kann:

»Anmut sparet nicht noch Mühe
Leidenschaft nicht noch Verstand
Dass ein gutes Deutschland blühe
Wie ein and'res gutes Land.«

Der erste Vers der Kinderhymne besticht durch seine sprachliche Schönheit, durch geistige Klarheit, emotionale Kraft wie durch seine schlichte Verständlichkeit. Er formuliert eine gesellschaftspolitische Vision so, dass im Wortsinn jedes Kind verstehen kann, worum es geht: Um ein gutes Land nämlich, das blühen soll und an dem mit Anmut, mit Herz, Verstand, Heiterkeit und Kraft gearbeitet werden will. Und sie erinnert in verständlicher Weise daran: Was für ein Kind gut ist, schadet auch Erwachsenen nur selten. Ich vermisse solche verständliche und einleuchtende Rede in der aktuellen deutschen Politik, ein einleuchtendes und nachvollziehbares Narrativ einer gelingenden Integration in einem Einwanderungsland Deutschland.

Nach der Wiedervereinigung in den 1990er Jahren gab es Versuche, dieses Gedicht von Brecht als neue gesamtdeutsche Hymne zu etablieren, weit entfernt von einem ethnisch homogen interpretierten Nationalismus, aber eben doch mit einer nationalbewussten Aussage. Diese Versuche sind im Sande verlaufen. Die Wertedebatte, die damit verbunden gewesen wäre, konnte damals noch nicht geführt werden. In diesen Tagen brauchen wir eine breite Debatte darüber, wer wir als Deutsche sein wollen. Nicht nur, weil die nationalistischen Stimmen in Europa und auch in Deutschland wieder Konjunktur haben. Sondern eben vor allem darum, weil »unser« Deutschland, »unser« Europa jetzt und in Zukunft immer mehr Männern, Frauen und Kindern zur Heimat werden wird, die keine deutsche oder europäische kulturelle Prägung erfahren haben. Realismus gebietet, diesen Sachverhalt anzuerkennen. Viele solcher Menschen leben bereits seit Jahrzehnten unter uns. Sie sind Teil unseres Deutschlands geworden. Und es ist heute auch keine Frage, ob noch mehr von diesen Menschen kommen, sondern nur wie und in welcher Anzahl.

Der kulturell homogene Nationalstaat war schon immer eine Fiktion. Ihn ausgerechnet im 21. Jahrhundert zum Ideal politischen Handelns zu erklären, ist nichts anderes als ein politischer Anachronismus und eine rassistische Torheit, die hoffentlich bald ihre Zeit gehabt hat. In einer globalisierten Welt, deren Vorteile wir Europäer nur zu gerne genießen, geht es nicht mehr nur um die Beantwortung der Frage, wie wir als Deutsche miteinander leben wollen, sondern darum, wie wir als Menschen auf diesem Planeten mit seinen begrenzten Ressourcen miteinander überleben können, und wie sich nationale Gesellschaften so organisieren lassen, dass das zur Bereicherung aller und möglichst friedlich gelingt. Das ist der herausfordernde globale und historische Kontext, in dem wir über Werte sprechen. Die Allgemeinen Menschenrechte und das Grundgesetz markieren einen nicht zur Diskussion stehenden Rahmen, jenseits dessen, auch in unserem Land, der »Wilde Westen« bzw. der »Wilde Osten«, das Recht des Stärkeren oder der Biodeutschen drohen – das ist keine Basis für eine vielfältige und menschenfreundliche Kultur.

»Dass die Völker nicht erbleichen
Wie vor einer Räuberin
Sondern ihre Hände reichen
Uns wie andern Völkern hin.«

Fünf Jahre nach dem Ende des Zweiten Weltkriegs schrieb Brecht diese Zeilen der zweiten Strophe seiner Hymne. In und nach diesem von Deutschland begonnenen Krieg hatten in Europa rund 60 Millionen Menschen ihre Heimat verloren, es kam zur größten Völkerwanderung nach der Antike. Die Gesellschaft hat unter diesen Belastungen in der Nachkriegszeit geächzt, aber sie ist nicht kollabiert. Im Gegenteil. Heute erbleichen die Völker vor Deutschland nicht mehr »wie vor einer Räuberin«. Für Ungezählte verbindet sich mit einem demokratischen und friedlichen Deutschland vielmehr Hoffnung. Unsere in fast 70 Jahren gereifte, erstrittene und durchgearbeitete Gesellschaftsform der parlamentarischen Demokratie mit einer sozialen Marktwirtschaft, eingebettet in einen europäischen Kulturraum, ist zu einem Sehnsuchtsort für viele geworden. Für manche – ich wage es kaum zu sagen – zu einem Vorbild. Das hätte sich 1950 niemand träumen lassen. Dass dieser Sehnsuchtsort als Festung Europa an seinen Grenzen buchstäblich verteidigt wird, auch nicht.

»Und nicht über und nicht unter
Andern Völkern woll'n wir sein
Von der See bis zu den Alpen
Von der Oder bis zum Rhein.«

Heute sind weltweit über 60 Millionen Menschen auf der Flucht. Die meisten im eigenen Land oder in den Nachbarländern ihrer Heimat. Das ist nicht erst seit dem vergangenen Spätsommer so. Im vergangenen Sommer ist die Not dieser Menschen lediglich auf eine Art und Weise in unserem Land angekommen, die kein historisches Vorbild kennt. Die den Alltag unterbricht, die die Gewohnheiten infrage stellt und auch handfeste Probleme aufwirft. Und: Das ist gut so. Die Augenwischerei, dass die Konflikte und Kriege in den fernen Ländern uns nichts angingen, hat endgültig ihr Ende erreicht. Die pure Menge an Schutz- und Zukunftsuchenden macht es unmöglich, die Menschen jahrelang fern ab unserer Kommunen in Hotspots oder Flüchtlingsunterkünften zu verstecken, zu stigmatisieren und in »sichere Herkunftsländer« abzuschieben, wie es seit dem Asylkompromiss von 1993 viel zu oft geschehen ist. Diese Welt ist ein Dorf geworden. Brennen an einem Ende des Dorfes die Hütten, kann man am anderen Ende nicht mehr so tun, als ginge einen das nichts an. Wenn die Menschheit eine Verantwortungsgemeinschaft geworden ist, müssen wir lernen, füreinander einzustehen. Ich denke als Christ. Jeder einzelne Mensch unabhängig von Kultur, Hautfarbe und Geschlecht ist in seinem Menschsein für mich ein Ebenbild Gottes; eines Gottes, der sich in besonderer Weise mit den Leidenden identifiziert. Das ist das Schwungrad meiner, unser aller Arbeit in der Diakonie, der sozialen Arbeit der evangelischen Kirchen. Wenn stimmt, dass »Einigkeit und Recht und Freiheit« die Basis einer lebenswerten Gesellschaft bilden, sollten wir gemeinsam daran arbeiten, dass Einigkeit, Recht und Freiheit nicht nur bei uns in Deutschland gesellschaftlich wirksam werden. Fluchtursachen bekämpfen heißt die eine, miteinander leben lernen die andere Lektion, die wir neu zu lernen haben. Hier ist eine gute Mischung aus schlichtem Pragmatismus und Respekt gefragt. Christen nennen das Nächstenliebe.

»Und weil wir dies Land verbessern
Lieben und beschirmen wir's
Und das Liebste mag's uns scheinen
So wie andern Völkern ihrs.«

Kann das gehen? Können wir unser Land »verbessern, lieben und beschirmen« und uns gleichzeitig den Herausforderungen der politischen Großwetterlage verantwortlich stellen? Können wir eine offene Gesellschaft bleiben und Männer, Frauen, Kinder – eine Million oder mehr, sehr viele von ihnen Moslems – integrieren? Ich meine, ja. Werden sie

eine neue Heimat finden? Ich hoffe, ja. Können wir Alteingesessenen die unsrige einfach behalten? Das halte ich nicht für eine angemessene Erwartung. Integration heißt, sich aufeinander zuzubewegen, neue Kompromisse auszuhandeln und das Andere der Anderen auszuhalten. Dieses Land wird sich mit den zugewanderten Geflüchteten verändern, so wie es sich immer wieder in seiner Geschichte durch neue Menschen verändert hat und dadurch an kulturellem Reichtum gewonnen hat.

Ich bin überzeugt, dass unsere Gesellschaft optimale Bedingungen aufweist, um Menschen anderer Kulturen aufzunehmen, ohne vollständig den eigenen Charakter zu verlieren. Zwei tragende Säulen unseres Verfassungsverständnisses erscheinen mir besonders wichtig, wenn wir in Zukunft in einer multireligiösen Gemeinschaft mit Wertepluralismus friedlich miteinander leben wollen: die positive Religionsfreiheit und das Prinzip der Subsidiarität.

Als Christ beobachte ich mit einer besonderen Sensibilität, wie offene Bekenntnisse zu Religion in unserem Land zunehmend kritisch behandelt werden. Kopftuch, Kippa und Kreuz, Minarett, Kirchturm und buddhistisches Zentrum sind ein lebendiger Ausdruck gesellschaftlichen Reichtums, der auf vielfältige Weise unsere Öffentlichkeit prägt. Auch Atheisten, Esoteriker und spirituell Gleichgültige gestalten unser Land mit. Wir haben in der Bundesrepublik sehr gute Erfahrungen gemacht mit diesem Neben- und Miteinander der »Weltanschauungen« im öffentlichen Raum. Anerkannte Religionsgemeinschaften genießen dank des Religionsverfassungsrechts historisch begründete Privilegien und übernehmen zivilgesellschaftliche Verantwortung – hier kommt die Subsidiarität ins Spiel –, die unterschiedslos allen Gesellschaftsmitgliedern zugutekommen soll. Ich stimme Heiko Maas zu, der an dieser Stelle kürzlich darauf aufmerksam gemacht hat, dass die Möglichkeiten und Privilegien, die unser Religionsverfassungsrecht anbietet, auch für andere Religionsgemeinschaften gelten sollten und dass Staatsverträge ein wichtiger Schritt hin zu einem deutschen Islam mit einem konstruktiven Beitrag zum Zusammenleben aller sind. Wir unterstützen und fördern die Entwicklung eines islamischen Wohlfahrtsverbandes; ich bin überzeugt, dass es in einigen Jahren neben den christlichen, dem jüdischen und den weltanschaulich neutralen auch einen (oder mehrere) islamischen Wohlfahrtsverband geben wird. Integration gelingt durch – die gewollte – Übernahme von Verantwortung zur Mitgestaltung der Gesellschaft.

Üben, üben, üben. Das gelingende Zusammenleben der Verschiedenen musste bereits im alten Ägypten wie auch in Europa im Laufe der Geschichte immer wieder neu eingeübt werden. Die erste und vielleicht schwerste Übung erfordert das Anderssein des Anderen als Reichtum zu verstehen und einen kultursensiblen Umgang miteinander einzuüben. So wie wir das seit vielen Jahren mit Fortschritten und Rückschritten an ungezählten Orten unserer Gesellschaft bereits lernen: in Familien, in Kirchengemeinden, in Sportvereinen, am Arbeitsplatz, im öffentlichen Personennahverkehr, in den Parlamenten und Regierungen oder in der Literatur und der Kunst: Dass ein gutes Deutschland blühe / wie ein andres gutes Land. In einem freien Europa der Menschenrechte und des sozialen Miteinanders der Verschiedenen in einer gerechteren Welt.

Eine doppelte Aufgabe

Wolfgang Thierse — Politik & Kultur 3/2016

Für die Auszeichnung mit dem diesjährigen Kulturgroschen danke ich dem Deutschen Kulturrat herzlich. Ebenso herzlich bedanke ich mich für die Würdigung, die so freundliche Laudatio von Monika Grütters. Und es stimmt ja auch: Meine berufliche Prägung, also mein entschiedenes Interesse für die Künste und meine Leidenschaft für Kultur und Kulturpolitik haben mich in den 25 Jahren meines aktiven politischen Lebens nicht verlassen, im Gegenteil, sie haben mir in der Politik geholfen. Aber ich will keinen Rückblick halten, sondern ein paar ernsthafte Bemerkungen machen zu dem uns alle beschäftigenden Thema der Aufnahme und Integration von Flüchtlingen – und welche Rolle Kultur und Kulturpolitik nach meiner Überzeugung dabei zu spielen haben.

Wir ahnen, dass die deutsche Gesellschaft sich durch Migration stark verändern wird. Sich auf diese Veränderung einzulassen, ist offensichtlich eine anstrengende Herausforderung, sie erzeugt Abwehr, provoziert Misstöne und Ressentiments und macht vielen (Einheimischen) Angst, vor allem unübersehbar und unüberhörbar im östlichen Deutschland. Pegida ist dafür ein schlimmes Symptom. Die Wahlerfolge der AfD sind es auch, sie sind eine negative Antwort auf die so sympathische Willkommenskultur vieler Deutscher in den vergangenen Monaten.

Vertrautes, Selbstverständliches, soziale Gewohnheiten und kulturelle Traditionen: Das alles wird unsicher, geht gar verloren. Individuelle und kollektive Identitäten werden infrage gestellt – durch das Fremde und die Fremden, die uns nahegerückt sind – durch die Globalisierung, die offenen Grenzen, die Zuwanderer, die Flüchtlinge. Die Folge sind Entheimatungsängste, die sich in der Mobilisierung von Vorurteilen, in Wut und aggressivem Protest ausdrücken. Genau das ist unsere demokratische Herausforderung und sie ist eine politisch-moralische Herausforderung: Dem rechtspopulistischen, rechtsextremistischen Trend, der sichtbar stärker und selbstbewusster geworden ist, zu begegnen, zu widersprechen, zu widerstehen.

Was ist zu tun? Worüber müssen wir uns in unserem Land, in unserer Gesellschaft verständigen? Angesichts des vielhunderttausendfachen Zustroms von Fremden, der vielen Probleme und Ängste und einer verunsicherten, gespaltenen Gesellschaft.

Es gilt, meine ich, vor allem zu begreifen, dass eine pluralistischer werdende Gesellschaft keine Idylle ist, sondern voller sozialem und kulturellem Konfliktpotenzial steckt. D. h. auch, zu begreifen, dass Integration eine doppelte Aufgabe ist: Die zu uns Gekommenen sollen, sofern sie hier bleiben wollen, heimisch werden im fremden Land –

und den Einheimischen soll das eigene Land nicht fremd werden. Heimisch werden heißt, die Chance zur Teilhabe an den öffentlichen Gütern des Landes zu haben, also an Bildung, Arbeit, sozialer Sicherheit, Demokratie und Kultur partizipieren zu können. Es heißt auch, menschliche Sicherheit und Beheimatung zu erfahren, was mehr ist als Politik zu leisten vermag, sondern Aufgabe vor allem der Zivilgesellschaft ist, ihrer Strukturen und Gesellungsformen, von deren Einladungs- oder Abweisungscharakter, also vom Ausmaß an Willkommenskultur, das wir in Deutschland durchhalten im prosaischen Alltag des Zusammenlebens. Die Erfüllung dieser doppelten Aufgabe verlangt viel Kraft und viel Zeit. Erinnern wir uns an die Integration von 15 Millionen Flüchtlingen und Vertriebenen nach 1945, ein schwieriger Prozess, der mindestens zwei Jahrzehnte gebraucht hat. Erinnern wir uns an die sogenannten »Gastarbeiter«. Der Schweizer Schriftsteller Max Frisch hat vor Jahrzehnten auf einem SPD-Parteitag gesagt: »Wir haben Arbeitskräfte gerufen und gekommen sind Menschen.« Die alte Bundesrepublik hat lange der Selbsttäuschung angehangen, dass man sich um die Gastarbeiter und deren Integration nicht kümmern müsse. Die Folgen dieser Fehleinschätzung sind bis heute wahrnehmbar. Und erinnern wir uns an die »innere Einheit« der Deutschen: Auch nach 25 Jahren sind nicht alle Differenzen überwunden. Die doppelte Aufgabe also, die der Begriff Integration meint: Sie wird nur dort gelingen, wo beide Seiten, sowohl die zu uns Kommenden wie auch die Aufnahmegesellschaft, Integration wollen und das Notwendige dafür tun. Gegen die Mehrheit einer Gesellschaft kann Integration nicht gelingen und ohne die Integrationsbereitschaft und den Integrationswillen der zu uns Gekommenen auch nicht!

Nach den zunächst und vor allem notwendigen Anstrengungen zu unmittelbarer Hilfe und menschenfreundlicher Aufnahme muss sich unser Land dem Konfliktpotenzial einer pluralistischen, auch widersprüchlicher werdenden Gesellschaft stellen, wenn Integration – besser als in früheren Jahrzehnten – gelingen soll. Und diese Herausforderung ist nicht nur politischer, ökonomischer, finanzieller und sozialer Art, sondern ganz wesentlich auch kultureller Natur. Denn wenn in einer migrantischen Gesellschaft, die Deutschland noch mehr werden wird, Integration eine der großen Aufgaben ist und bleiben wird, dann müssen wir eine Vorstellung davon haben, wo hinein die zu uns Kommenden integriert werden sollen. Dann müssen wir die einfache und zugleich manchen unangenehme Frage beantworten, wer wir sind, was wir anzubieten haben, wozu wir einladen.

Und wir könnten dies durchaus mit gelassenem Selbstbewusstsein tun. Schließlich kommen die Flüchtlinge ausdrücklich nach Deutschland, wollen unbedingt zu uns – wegen unseres wirtschaftlichen Erfolgs und unseres Wohlstands, gewiss. Aber doch auch wegen unseres Rechtsstaates, unserer Demokratie, unserer politischen Stabilität, die Schutz und Sicherheit und Zukunft verheißen.

Damit Integration gelingt, stellen sich über die unmittelbaren Aufgaben – Erwerb der deutschen Sprache, Bildung und berufliche Qualifikation, Arbeitsplätze und Wohnungen – hinaus weitere Fragen, die wir zu beantworten haben. Das sind Fragen nach unserem kulturellen Selbst: Wer sind wir Deutsche, was ist das Eigene? Was sind unsere Gemeinsamkeiten, die den Zusammenhalt einer vielfältiger, widersprüchlicher und konfliktreicher werdenden Gesellschaft ermöglichen und sichern? Wie schützen wir uns vor Parallelgesellschaften und religiösem Fanatismus? Wie begegnen wir Ängsten und Vorurteilen und Entheimatungsbefürchtungen?

Gerade in Zeiten heftiger Umbrüche, beschleunigter technisch-wissenschaftlicher, wirtschaftlicher, sozialer und eben ethnischer Veränderungen ist das individuelle und kollektive Bedürfnis nach Vergewisserung und Verständigung, nach Identität besonders groß. Und dieses Bedürfnis gilt sowohl für die zu uns Kommenden, als auch für die Einheimischen! Und damit, so meine ich, sind wir wirklich im Zentrum der Kultur.

Als je konkrete, je bestimmte, je besondere Kultur ist diese aber nicht nur ein Modus, ein Raum von Verständigung, sondern ein immer geschichtlich geprägtes Ensemble von Lebensstilen und Lebenspraktiken, von Überlieferungen, Erinnerungen, Erfahrungen, von Einstellungen und Überzeugungen, von ästhetischen Formen und künstlerischen Gestalten. Als solche prägt Kultur mehr als andere Teilsysteme der Gesellschaft die – relativ stabile – Identität einer Gruppe, einer Gesellschaft, einer Nation. Gilt dies nicht mehr in globalisierter Welt? Darf dies nicht mehr gelten in pluralistischer migrantischer Gesellschaft? Die aber doch gerade das Bedürfnis nach Identität verstärken – und dessen Befriedigung zugleich erschweren. Von Hölderlin stammt der Satz: »Das Eigene muss so gut gelernt sein wie das Fremde.«

Aber was ist dieses Eigene? Was ist unser kulturelles Selbst? Dürfen, ja müssen die Deutschen darüber reden und, ja, auch streiten? Oder ist dies schon »kultureller Protektionismus« (Simone Peter)? »Mit dem Hinweis auf Kultur fängt die ganze Misere an«, meint Armin Nassehi: »Was also ist das Deutsche? Hier zu leben. Mehr sollte man darüber nicht sagen müssen.« Aber vielleicht dürfen, hoffe ich!

Die islamistischen Terroristen nämlich nehmen die westliche Kultur, den westlichen Lebensstil so ernst, wie der Westen vielleicht längst nicht mehr, so ernst, dass sie ihn bekämpfen. Aber das von ihnen Bekämpfte kann doch nicht bloß der müde oder trotzige Hedonismus sein, der sich nach den Pariser Mordtaten in den Aufrufen, nun erst recht auf Partys zu gehen, ausgedrückt hat. Nichts gegen Spaßkultur, aber sie allein kann ja nicht gemeint sein, wenn z. B. der italienische Ministerpräsident Matteo Renzi zu Recht sagt: »Die wollen Terror, aber wir antworten mit Kultur, die stärker ist als Ignoranz.«

Wer nach Deutschland kommt, der kommt in ein geschichtlich geprägtes Land, der kommt – und das ist eine wesentliche Dimension von Kultur – in eine Erinnerungsgemeinschaft. Ich zitiere den Bundespräsidenten Joachim Gauck: »Die Erinnerung an den Holocaust bleibt eine Sache aller Bürger, die in Deutschland leben.« So hat er es Anfang vorigen Jahres formuliert. »Es gibt keine deutsche Identität ohne Auschwitz.« Gauck spricht hier von einer kulturellen Erbschaft, die nicht auszuschlagen ist.

Integration nach Deutschland hinein enthält diese historisch-kulturelle Zumutung für die zu uns Kommenden, auch wenn und gerade weil sie aus muslimischen Ländern kommen.

Ich hoffe sehr, dass darüber weitgehende Einigkeit besteht. Aber wir sollten auch wissen, dass die uns in Deutschland vertraute Erinnerungskultur durch die Veränderungen, die der Begriff Einwanderungsgesellschaft meint, auf den Prüfstand gestellt ist. Was taugt von den Traditionen, Institutionen, Methoden, Ritualen für die Zukunft des Gedenkens in einer Einwanderungsgesellschaft? Die Antworten darauf werden wir nur gemeinsam mit den zu uns Kommenden muslimischen Glaubens und arabischer Kulturprägung finden. Wir sollten sie dazu ausdrücklich einladen. Zu der notwendigen Selbstverständigung darüber, was das Eigene ist, was wir in diesem Land den zu uns Kommenden anzubieten haben, wozu wir sie einladen, muss die Antwort auf die Frage gehören, welchen (nicht nur historischen) Rang und welche Gegenwärtigkeit die christlich-jüdische Prägung unserer Kultur – die sie in Widerspruch und Gemeinsamkeit mit dem Prozess der Aufklärung erfahren hat – beanspruchen darf und soll. Diese Frage erzeugt, wenn ich es richtig beobachte, in der Öffentlichkeit nicht selten Reaktionen zwischen Irritation und Unsicherheit, zwischen Trotz und Verschämtheit. Als sei schon der Hinweis etwas Unziemliches und Integrationsfeindliches, dass unsere Kultur (nicht allein, aber doch wesentlich) christlich geprägt ist. Man dient aber der Integration nicht, wenn man sich selbst verleugnet und nur noch »Interkultur« für zeitgemäß und legitim hält.

»Niemand kann verlangen, dass unser Land sich ändert« (Viktor Orban). Das ist ein Satz der Angst, von der ich vermute, dass viele Menschen auch in unserem Land sie teilen. Es ist aber auch ein fataler Satz. Denn wir wissen doch: Nur offene, sich verändernde Gesellschaften sind produktiv und haben Zukunft! Das ist doch auch die Erfahrung von 1989: Geschlossene, eingesperrte Gesellschaften bedeuten Stillstand, sind nicht überlebensfähig, müssen überwunden werden!

Die Veränderungen, die wir erleben, machen den Kulturbegriff in der Tradition von Herder, die Fiktion einer homogenen Nationalkultur endgültig obsolet. Aber ist deshalb Kultur nur noch vorstellbar als Interkultur? Und haben wir die Tendenz zur »Kreolisierung«, zum »kulturellen McWorld«, zum »Kulturplasma«, also zum kulturellen Einheitsstrom – dies alles nicht nur durch Migrationsbewegungen, sondern mehr noch durch ökonomische Macht befördert – nicht nur zu konstatieren, sondern gar zu bejubeln? Die Ängste allerdings genau davor, vor Nivellierung, vor Ununterscheidbarkeit, vor Identitätszerstörung, die Abwehr all dessen, der Kampf dagegen machen einen wesentlichen Teil der gegenwärtigen kulturellen Globalisierungskonflikte aus, von denen die emotionalen Auseinandersetzungen in Deutschland ein Widerhall sind.

Offensichtlich erscheinen in Zeiten von Migrationen und von gewalttätigen Auseinandersetzungen gerade kulturelle Identitäten besonders bedroht. Nationale Identitäten geraten in Bewegung, aber verschwinden sie deshalb? Sie zu schützen wird ein verbreitetes und heftiges Bedürfnis, global und sogar im eigenen Land. Und gerade Kultur ist der bevorzugte Ort, an dem man sich der eigenen Identität besonders streitig zu vergewissern sucht.

Dies als »Kulturalisierung« ökonomischer und sozialer Gegensätze zu kritisieren und abzuwehren, halte ich für unangemessen, genauso wie »Interkultur« als eine Art neue substanzartige Homogenität zu verfechten. Vielmehr sollte es um folgendes gehen:

- um die Unterscheidung zwischen legitimer kultureller Selbstbehauptung einerseits und fundamentalistischer Politisierung kultureller Identität andererseits;
- um kulturellen Dialog als Begegnungs- und Verständigungsprozess zwischen Verschiedenen, denn Dialog setzt verschiedene Identitäten voraus;
- um die Ausbildung kultureller Intelligenz, also um die Fähigkeit zum Verständnis von Denkmustern und Geschichtsbildern, von Narrativen, Ängsten und Hoffnungen der Anderen, der Fremden – und diese Fähigkeit ist nicht zu haben ohne ein Quantum an Distanz gegenüber der eigenen und kollektiven Identität. Deutschland hat in Europa nicht nur wirtschaftliche und politische Macht. Unser Land ist auch eine kulturelle Macht durchaus besonderer Art, wie ein Blick in die Geschichte zeigt: In den guten und

glücklichen Phasen der deutschen Geschichte hat unsere Kultur eine besondere Integrationskraft bewiesen – und
in den schlechten Phasen unserer Geschichte war das Land mit Abgrenzung
und Ausgrenzung befasst.

In der Mitte des Kontinents hat Deutschland
in immer neuen Anstrengungen und geglückten Symbiosen Einflüsse aus West und Ost,
Süd und Nord aufgenommen und etwas Eigenes daraus entwickelt, in gewiss widersprüchlichen und unterschiedlich langwieri-
gen Prozessen, die nicht verordnet oder kom-
mandiert werden können und müssen. Das
macht nach meiner Überzeugung die besondere Leistungsfähigkeit der deutschen Kultur
aus. Diese Geschichte und Tradition der kulturellen Integration gilt es fortzuschreiben!
     Unser kultureller wie auch unser mate-
rieller Reichtum heute gründet wesentlich
auf der Zuwanderung von Menschen und
Ideen in den vergangenen Jahrhunderten.
Was und wer fremd war, blieb es nicht. Das
Fremde und die Fremden wurden deutsch,
sie veränderten sich und die Deutschen mit
ihnen. Integration also lohnt sich und sie ist
erreichbar, wie beides unsere deutsche Geschichte beweist. Sie zeigt auch: Wer seiner
selbst nicht sicher ist, reagiert mit Abwehr
und Ausgrenzung, um seine labile Identität
zu stabilisieren. Wer aber seiner selbst sicher
ist, dem ist Offenheit und Angstfreiheit möglich. Wir sollten mehr kulturelles Selbstbewusstsein wagen!
     Mit den Worten von Daniel Barenboim:
»Ich glaube, es ist wichtig, den Ankommenden die hiesige Kultur zu geben. Die Deutschen müssen überwinden, sich andauernd
wegen ihrer Kultur und Sprache schlecht
zu fühlen ... Sie haben eine grandiose Kultur. Die Flüchtlinge, die herkommen, sollen
das lernen.«

Integration durch gemeinsame Werte
Welches Wertefundament braucht die Einwanderungsgesellschaft

Olaf Zimmermann und Gabriele Schulz — **Politik & Kultur 2/2016**

Auf den ersten Blick eine einfache Frage – könnte man meinen. Welches Wertefundament kann schon gemeint sein? Natürlich muss es um die allgemeinen Menschenrechte gehen, um die Grundrechte, die sich auch in den ersten Artikeln des Grundgesetzes finden. Oder, um es konkret zu machen: Es geht zuerst um die Würde des Menschen, die unantastbar ist. Es geht um das Recht auf Entfaltung der Persönlichkeit, auf das Recht auf körperliche Unversehrtheit. Es geht um die Gleichberechtigung von Mann und Frau und es geht darum, dass niemand wegen seiner Herkunft, Rasse, Sprache, Heimat oder wegen seines Glaubens benachteiligt werden darf. Es geht um die Freiheit des Glaubens und die ungestörte Religionsausübung. Es geht um die Meinungsfreiheit, um die Pressefreiheit und um die Freiheit von Kunst und Wissenschaft. Es geht um die Versammlungsfreiheit und die Vereinigungsfreiheit. Und es geht um den Schutz der Familie.

Grundwerte
Diese in den ersten Artikeln des Grundgesetzes beschriebenen Grundwerte sind unverrückbar. Sie gelten für jeden Menschen, egal, ob hier geboren, hierhergezogen, hierher geflüchtet. Egal, ob jemand lange oder kurz in unserem Land ist. Die Verwirklichung und Umsetzung dieser Grundwerte ist die Aufgabe von uns allen. Es sind Schutzrechte, deren Wahrung zuerst dem Staat obliegt. Die Grundrechte sind aber mehr: Sie sind eine Aufgabe und eine Herausforderung für jeden. Es heißt nämlich auch, die Grundrechte der zu uns kommenden Menschen zu achten. Es impliziert auch, ihnen Religionsfreiheit zu gewähren. Es geht eben nicht nur darum, das Grundgesetz auf Arabisch zu verteilen – auch wenn dies eine gute Initiative ist. Es geht in erster Linie darum, die Grundwerte tatsächlich zu leben. Dabei sind sie unverhandelbar!

Wenn über Integration durch gemeinsame Werte gesprochen wird, so dürfen diese Grundwerte nicht zur Disposition gestellt werden. Und viele Menschen kommen doch auch deshalb nach Europa, weil die Grundwerte hier im Großen und Ganzen geachtet und gelebt werden.

Beispiel Kunstfreiheit
Zu diesen Grundrechten gehört ganz zentral auch die Kunstfreiheit. Kunst ist nicht nur das Wahre und Schöne. Kunst ist nicht nur das Verbindende. Kunst fordert heraus und kann und muss an die Grenzen des guten Geschmacks und weit darüber gehen. Gerade haben wir 100 Jahre Dada gefeiert, große Kunst, die für die damals Herrschenden und für weite Teile der damaligen kriegsbegeisternden Bevölkerung, gerade weil sie Gren-

zen bewusst überschritten hat, eine Zumutung war. Kunst stellt oft gerade für religiöse Menschen eine große Herausforderung dar. Besonders in islamischen Ländern wird die Freiheit der Kunst aus religiösen Gründen in den letzten Jahrzehnten massiv beschnitten. So ist das Todesurteil gegen den Schriftsteller Salman Rushdie auch 27 Jahre nach der Verhängung der Fatwa immer noch gültig und der Zeichner Kurt Westergaard muss auch zehn Jahre nach der Veröffentlichung seiner Mohamed-Karikatur weiter um sein Leben fürchten. Doch auch in der christlichen Kommunität kommt es immer wieder zu heftigen Debatten um Kunstwerke, wie im Jahr 2003 in Regensburg um ein Kunstwerk von Martin Kippenberger. Kippenberger stellte auf einem Bild einen an das Kreuz genagelten Frosch, ähnlich der Christusfigur, dar. Dieses Bild wurde im Zuge der Bewerbung Regensburgs als Kulturhauptstadt Europas 2010 in einer Unterstützungsaktion aus dem Kulturbereich gezeigt. In Regensburg erhob sich gegen dieses blasphemische Bild ein Sturm der Entrüstung.

Wir sollten festhalten, dass nicht nur Muslime Probleme mit Kunstfreiheit haben können oder Menschen, die neu nach Deutschland kommen. Auch für die Eingeborenen, für die hier Geborenen und Aufgewachsenen, ist die Kunstfreiheit als Grundrecht eine immerwährende Herausforderung. Kunst kann irritieren. Kunst muss nicht integrieren. Kunst ist subjektiv. Kunst fordert heraus.

Viele Grundwerte, wie die Kunstfreiheit, sind auch bei uns noch nicht sicher verankert. Der aktuellen Debatte um den Respekt vor Gleichberechtigung oder auch gleichgeschlechtlicher Lebenspartnerschaften haftet sehr viel Bigotterie an. Viele derjenigen, die sich heute an der Speerspitze zur Verteidigung dieser Rechte befinden, haben noch vor Kurzem hiergegen massiv Stellung bezogen. Die Verwirklichung der Grundwerte ist auch für diejenigen, die schon lange hier leben, eine dauerhafte, noch längst nicht abgeschlossene Aufgabe.

Alltagskonflikte

Doch oftmals geht es, wenn über Integration gesprochen wird, doch gar nicht um das große Ganze. Geht es nicht um die Würde des Menschen. Dreht es sich nicht um die Verteidigung der Meinungsfreiheit oder das Aushalten der Kunstfreiheit. Die echten Alltagskonflikte entstehen doch sehr oft in ganz anderen Situationen: der in Deutschland seit einigen Jahren eingeübten Mülltrennung, offensichtlich ein wirkliches Problem in Flüchtlingsunterkünften, und an vermeintlich deutschen, protestantischen Tugenden, wie Pünktlichkeit oder auch Zuverlässigkeit. Dass Geflüchtete, die zu einem Deutschkurs eingeladen sind, auch tatsächlich da sind, wenn er anfängt, also pünktlich sind. Dass sie bei der Stange bleiben, also zuverlässig sind.

Wir hatten im Deutschen Kulturrat kürzlich eine Arbeitsgruppe, die sich mit dem Thema bürgerschaftliches Engagement für Geflüchtete befasst hat. Schnell bestand Einigkeit, dass die Grundwerte nicht zur Diskussion stehen. Ebenso schnell wurde deutlich, dass die, die praktisch in der Arbeit mit Geflüchteten aktiv sind, doch so oft an den fehlenden »Tugenden« schier verzweifeln. Dass sie sich über sich selbst ärgern, weil sie so deutsch sind, weil ihnen beispielsweise Pünktlichkeit und Zuverlässigkeit so wichtig sind. Das gilt im Übrigen auch für Menschen mit Migrationshintergrund, die lange in Deutschland leben und die jetzt merken, wie deutsch sie sind.

Hier geht es nicht um Werte im Sinne von Grundwerten, sondern um eingeübte Umgangsformen, um etwas, was uns wichtig ist – auch wichtig in einer Einwanderungsgesellschaft, weil es Teil unserer DNA ist. Sich hiermit zu befassen, ist auch ein Teil einer ehrlichen Diskussion um Integration, auch wenn die Tugenden weniger unverrückbar sind als die Grundwerte.

Einwanderungsgesellschaft

Dass Deutschland eine Einwanderungsgesellschaft ist, hat sich keineswegs überall und bei allen herumgesprochen. Dabei zeigt die Bundesrepublik schon seit vielen Jahrzehnten, dass sie ein Einwanderungsland ist. Zu denken ist etwa an sogenannte Spätaussiedler aus Russland, aus Rumänien oder auch aus Polen, die bis zur Mitte der 1980er Jahre in die Bundesrepublik kamen und im Großen und Ganzen ihren Platz gefunden haben. Gedacht werden kann auch an die sogenannten Boatpeople, Flüchtlinge aus Vietnam, die Anfang der 1970er Jahre in der Bundesrepublik eine neue Heimat fanden. Oder auch an russische Juden, die in den 1990er Jahren nach Deutschland kamen und in vielen jüdischen Gemeinden inzwischen die Mehrheit stellen. Und natürlich gehören dazu auch jene Menschen, die als sogenannte Gastarbeiter kamen und die inzwischen längst in Deutschland zu Hause sind. Oft ist es die dritte Generation, die inzwischen hier zu Hause ist und auf ihre Weise das Deutsch-sein lebt.

Deutschland ist ein Einwanderungsland, weil es ein wirtschaftlich prosperierendes Land ist, in dem eben jene Grundrechte gelten, von denen eingangs die Rede war.

Dennoch hat es Jahrzehnte gedauert, die Realität anzuerkennen. Die erste rot-grüne Bundesregierung hat mit der von Rita Süssmuth (CDU) geleiteten Zuwanderungskommission (September 2000–Juli 2001) eine gesellschaftliche Diskussion hierüber eingeleitet. Es folgten erste gesetzgeberische Maßnahmen und auf der operativen Ebene der Nationale Integrationsplan, aber es wurde kein Einwanderungsgesetz auf den Weg gebracht. Besonders CDU und CSU verhinderten über Jahrzehnte die Schaffung eines modernen Einwanderungsrechtes, das wir gerade jetzt dringend brauchen würden.

Integrationsprobleme und teilweise entstandene Parallelgesellschaften dürfen nicht geleugnet werden, doch wäre es sicherlich hilfreich, einmal rein statistisch gegenüberzustellen, wie viele Menschen, die zugewandert sind, hier bestens integriert leben und letztlich wie wenige Menschen Probleme verursachen. Die öffentliche Diskussion um Integration hat positiv bewirkt, sich darüber Gedanken zu machen, wie divers unsere Gesellschaft ist, welche Menschen von welchen Angeboten Gebrauch machen und inwieweit sich gerade auch öffentlich geförderte Einrichtungen darüber Gedanken machen, ob sie alle Teile der Gesellschaft erreichen. Teilhabe und Partizipation an gesellschaftlichen Angeboten sind hierfür die entscheidenden Stichworte.

Fazit

Selbstbewusst kann heute gesagt werden, dass es gelungen ist, sehr viele Menschen in den vergangenen Jahrzehnten in unser Land, in unsere Gemeinschaft zu integrieren. Und zwar so zu integrieren, dass es ein gemeinsames Wertefundament gibt. Es spricht nichts dagegen, dass es uns auch weiterhin gelingen wird.

Würde Würde würdig?
Über die Bedeutung von Würde und Freiheit im deutschen Grundgesetz

Armin Conrad — Politik & Kultur 3/2016

Es sind nicht Meinungs-, Religionsfreiheit und auch nicht die freie Entfaltung der Persönlichkeit, die im deutschen Grundgesetz Artikel 1 stehen. Es ist die menschliche Würde. Mit der Formulierung haben es sich die Väter des Grundgesetzes nicht leicht gemacht, bevor genau dieser Satz feststand: Die Würde des Menschen ist unantastbar. Da war ganz viel Gott im Spiel und immer wieder das Bedürfnis, diese an sich raunende Begrifflichkeit konkreter, eindeutiger zu fassen. Gut, dass man das den Philosophen überlassen hat! Das gilt auch für den zweiten Satz in diesem Artikel 1, der auf der 1948/49 noch sehr frischen Einsicht beruht, dass Würde eben doch antastbar sei, auch durch staatliches Handeln. Auch hier wurden damals religiöse Imperative hin und her gewälzt, was letztendlich zu der Formulierung führte: »Sie (die Würde) zu achten und zu schützen ist Verpflichtung aller staatlichen Gewalt«.

Würde – ganz vorne. Erst in den folgenden Artikeln des Grundgesetzes folgen die Tugenden der Demokratie: Religionsfreiheit, Meinungsfreiheit, das Recht auf freie Entfaltung der Persönlichkeit, alles Appellative, die man schnell mit Inhalt füllen kann, wenn man sie erklären soll, aber von denen man damals, als das Grundgesetz entstand, schon wusste, wie sie missbraucht werden können. Deshalb finden sich in den Artikeln 2, 4 und 5 auch Hinweise auf Einschränkungen. Weshalb gibt ein Mensch seine Heimat auf und bittet um Asyl? Wegen Meinungsfreiheit? Möglich! Religionsfreiheit? Auch möglich! Wegen seiner Würde?

Gibt es das, den Tausch von Heimat gegen Würde unter – wie seit einiger Zeit täglich bebildert – mindestens zeitweise würdelosen Umständen? An sich sei die Würde des Menschen nichts Tauschbares, sie habe einen unbedingten Wert, sei unvergleichlich im Wert – meinte vor 200 Jahren Immanuel Kant.

Jeder Mensch hat eine, seine Würde, ein Naturrecht von Geburt an. Sie befähigt ihn, sittlich zu handeln, also nicht seinen Trieben und Instinkten ausgeliefert zu sein. Und dies berechtigt ihn, ebenso sittliches Handeln bei anderen einzufordern. Das ist der Gestaltungsauftrag an dieses Recht auf Würde. »Die Würde stirbt nie«, dieser Satz stammt schon aus dem Mittelalter und wir erfahren seine Gültigkeit in jeder Begegnung mit Leiden und Tod, ob bei den Flüchtlingen oder im Privaten. Meinungsfreiheit stellt eines der vornehmsten aller Menschenrechte dar, hat einmal das Bundesverfassungsgericht in eine seiner Entscheidungen hineingeschrieben. Aber sie bleibt etwas, das man abschaffen, einschränken, durch Ausnahmetatbestände und bestimmte Gesetze bändigen soll. Ehrverletzend, volksverhetzend und

Holocaust leugnend sollte die Meinungsfreiheit nicht sein, das ist allgemein anerkannt. Und so bleibt aber Meinungs- und Religionsfreiheit eine Ableitung, eine Dienstbarkeit an der Menschenwürde. Es kann kein Diktatoren-Regime der Welt jemanden verurteilen, weil er Würde hat, denn die Würde geht durch das Urteil nicht weg, sie ist unsterblich, siehe Mittelalter.

Man wird sie von sich aus nicht los. Man kann seine eigene Würde nicht abschütteln, selbst die nicht, die sich problematisch, kritikwürdig, gar würdelos verhalten – ob fremde Staatsoberhäupter oder Prostituierte. Das Grundgesetz enthält keine Regeln zum Umgang mit sich selbst. Würde ist da immer die Würde des Anderen, des »Andersdenken« vielleicht, um der unten noch einmal erwähnten Rosa Luxemburg etwas näherzukommen. Ist aber Meinungsfreiheit tatsächlich ein Instrument, das Würde schafft, das den Umgang von Menschen zivilisiert?

Längst steckt dieser viel und gern benutzte Begriff in einem Kontext »des Widerwärtigen« (Heiko Maas). Sie – die Meinungsfreiheit – ist eigentlich unerträglich geworden und nur formal zu rechtfertigen: »Ist halt Meinungsfreiheit«. Das Ganze eine Applikation der mit »zivilreligiöser Inbrunst« vorgetragenen politisch korrekten »Volkspädagogik« (Christian Geyer, FAZ, 26.10.2015).

Meinungsfreiheit war mal etwas, was man sich erkämpfen musste. Das Volk gegen die Fürsten, die Werktätigen gegen die Parteibonzen. Es war immer auch ein Kampf für Wahrheit und gegen Lüge. Er begründete legendäre Institutionen wie Wahrheitskommissionen und meinungsstarke Kunstformen wie z. B. die Satire. »Was darf die Satire?«, fragte Kurt Tucholsky im Berliner Tageblatt.

Das war am 27. Januar 1919, zwölf Tage nach der Ermordung von Rosa Luxemburg und Karl Liebknecht. Und er antwortete in der gleichen Zeile: »Alles!« Fast ein Jahrhundert lang zitierte das Kabarett, und nicht nur das, diesen Satz freudig. Als wir nach dem Terroranschlag auf »Charlie Hebdo« im vergangenen Januar erneut spontan Kurt Tucholsky als Beistand fanden, waren einige erschrocken. Einen Propheten lächerlich machen, hochmütig sein über Lebensentwürfe seiner Anhänger? Einen türkischen Staatspräsidenten, von dem man sich die Lösung gravierender Probleme erhofft, gleichzeitig zum Gespött machen? Darf man?

Klar darf man. Aber wir dürfen nicht sagen, wir hätten uns das erkämpft. Es sind technologiegestützte Meinungsfreiheitsfakes, die dem ganzen Diskurs, allen gesellschaftlichen Debatten und ihren Teilnehmern die Würde nehmen, rauben. Hass, Lügen, Hetze, alles Inhalt, der erkennbar kein Fortschritt in eine emanzipierte, aufgeklärte Wirklichkeit ist, hat mit Würde, auch jener Würde, die das Grundgesetz Artikel 1, Absatz 1, Satz 1 meint, nichts zu tun.

Und ganz nebenbei: Wahrheit, auf die man sich verlassen kann, hat auch eine Würde. Bei wem soll sie einen Asylantrag stellen?

60 Millionen Menschen auf der Flucht
Weltweite Solidarität ist eine Facette der Wertedebatte

Gabriele Schulz — Politik & Kultur 6/2015

Man sollte daran erinnern, dass es schon einmal eine Zeit gab, in der in Deutschland Millionen von Menschen Zuflucht suchten. Unmittelbar nach dem Zweiten Weltkrieg lebten rund neun Millionen Displaced Persons aus 20 Nationalitäten in Deutschland. Sie hatten die Konzentrations- und Arbeitslager des Nationalsozialismus überlebt. Insgesamt 12,5 Millionen Deutsche aus den sogenannten deutschen Ostgebieten flohen in die vier Besatzungszonen, darunter waren auch Deutsche, die als Minderheiten in anderen Staaten gelebt hatten. Das von Krieg und Zerstörung gezeichnete Deutschland bot diesen Menschen zunächst Zuflucht. Wer mit Menschen spricht, die selbst Flucht oder Vertreibung erlebt haben, erfährt, dass die Aufnahme durch jene, die ihre Heimat nicht verloren hatten, keineswegs immer freundlich war. Zusätzlich zu jenen Flüchtlingen der unmittelbaren Nachkriegszeit flüchteten zwischen 1945 und 1961 etwa 2,7 Millionen DDR-Bürger in die Bundesrepublik.

Schätzungen zufolge befinden sich derzeit rund 60 Millionen Menschen weltweit auf der Flucht. Mehr als die Hälfte dieser Flüchtlinge stammen aus fünf Staaten: Syrien, Afghanistan, Somalia, Sudan und Südsudan. Eine Hauptursache der Flucht ist Krieg. Laut UNHCR nahmen, bezogen auf die Einwohnerzahl im Jahr 2014, Libanon und Jordanien die meisten Flüchtlinge auf. Beides sind Nachbarländer zu Syrien. Die Türkei, ebenfalls ein Nachbarstaat zu Syrien, ist der Einzelstaat, der nach UNHCR-Statistiken mit 11 Prozent die meisten Flüchtlinge weltweit aufnahm, gefolgt von Pakistan mit 10,5 Prozent aller Flüchtlinge.

In Deutschland treffen seit Sommer 2015 in großem Umfang Flüchtlinge ein. Täglich sind Bilder von Menschen zu sehen, die inzwischen auf der sogenannten Balkan-Route nach Deutschland kommen. Erschöpft erreichen sie die österreichische und später die deutsche Grenze, um hier zu bleiben oder weiter nach Schweden zu ziehen. Sehr viele Menschen engagieren sich in Deutschland für Flüchtlinge. Die so oft als Dinosaurier gescholtenen Wohlfahrtsverbände helfen bei der Unterbringung, stellen Kleidung, Decken usw. zur Verfügung. Auch viele Kulturinstitutionen sowie -verbände engagieren sich in Flüchtlingsunterkünften oder öffnen ihre Türen gezielt für Flüchtlinge. Sie schaffen Begegnungsräume und erlauben für einige Stunden Ablenkung von Enge, Sorge vor der Zukunft und ganz banaler Langeweile.

Trotz verschiedener Bemühungen ist es bislang nicht gelungen, eine europäische Lösung für die nach Europa kommenden Menschen zu finden. Kleinere EU-Mitgliedstaaten verfügen kaum über die Ressourcen, um

Flüchtlinge unterzubringen. Manche EU-Mitgliedstaaten ducken sich einfach weg und hoffen vielleicht, dass sie nicht gesehen werden. Andere EU-Mitgliedstaaten zeigen auf Deutschland und sehen hier die Verantwortung für steigende Flüchtlingszahlen. Die Sprecherin des UN-Flüchtlingswerks, Melissa Fleming, mahnte Mitte Oktober 2015 eine europäische Lösung an und sah insbesondere in Griechenland den Schlüssel zur verbesserten Registrierung und späteren Verteilung von geflüchteten Menschen. Griechenland, war da nicht etwas? Genau jener EU-Mitgliedstaat, der in der ersten Jahreshälfte 2015 eher wie ein störrisches Kind behandelt wurde, das seine Hausaufgaben nicht macht, soll nun eine Schlüsselrolle in der europäischen Flüchtlingspolitik übernehmen?

Es ist schon ein wenig Ironie dabei, dass, nachdem die Türkei über Jahre hinweg bei den Beitrittsverhandlungen am langen Arm der EU verhungerte, sie nun an Bedeutung gewinnt. Frei nach dem Motto: Jeder Flüchtling, der bei euch bleibt, kommt nicht zu uns. Vielleicht werden wir uns in den nächsten Wochen noch wundern, wie freundlich auf einmal mit Griechenland umgegangen werden kann, wenn es dazu dient, dass weniger geflüchtete Menschen nach Deutschland kommen.

60 Millionen Menschen weltweit auf der Flucht: Das ist Anlass zu handeln. Zu handeln, um Bürgerkriegen entgegenzuwirken, um Hunger und Ungerechtigkeit zu beseitigen, um Menschen Perspektiven für ihr Leben und ihr Glück zu geben. Denn Menschenrechte, Freiheit, Gleichheit und Brüderlichkeit gelten nicht nur im Geltungsbereich des Grundgesetzes, sondern sind universelle Werte. Die weltweite Solidarität ist auch eine Facette der Wertedebatte.

Achtung: Identitäts- und Wertefalle!

Wolfgang Huber im Gespräch mit Hans Jessen — Politik & Kultur 3/2017

Bischof Huber, Integration ist immer auch eine Frage von Identität. Wer sich der eigenen Identität bewusst ist, tut sich leichter mit Integration. So die gängige These. Sie warnen vor einer »Identitätsfalle« – worin besteht die?
Identitätsfalle ist ein Ausdruck, der auf den indischen Nationalökonomen, Nobelpreisträger und großartigen Philosophen Amartya Sen zurückgeht. Das Argument lautet: Jeder Mensch hat eine multiple Identität. Wir sind Männer und Frauen, haben einen unterschiedlichen Bildungsgrad, ein unterschiedliches Alter, unterschiedliche Hobbys, Leidenschaften, Berufe, kulturelle Aktivitäten und Interessen, Sprachen, Nationalitäten, religiöse Zugehörigkeiten ... Das Geheimnis menschlicher Identität ist, diese Pluralität zu integrieren. Die Falle besteht darin, Menschen auf ein Identitätsmerkmal zu reduzieren. Ein anschauliches Beispiel dafür: Es gibt im Fußball-Fanbereich »Ultras«, die die ganze Woche über nichts anderes machen, als ihre Fußball-Identität zu polieren und auf den nächsten Samstag hinzuarbeiten, an dem sie das dann in voller Wucht entfalten. Man sieht daran auch, was die Gefahr ist: Diese Gleichsetzung, die ein Mensch da selber mit einem Identitätsmarker vornimmt, hat eine solche Wucht, dass sie sich sehr leicht in Gewalt entlädt. Die Falle besteht darin, dass auch bei der Fremdwahrnehmung von Menschen die Reduktion auf ein Merkmal dazu führt, dass sich das Konfliktpotenzial verschärft.

Die Religion, ein Thema, das mir besonders am Herzen liegt, ist dabei stark gefährdet: Wir haben 2001 einen terroristischen Anschlag gehabt, der religiös motiviert war – 9/11. Wir kennen das Handbuch der Terroristen und die Rolle, die der Islam dabei gespielt hat. Die Reaktion darauf war, dass wir von diesem Augenblick an Menschen aus den fraglichen Ländern nur noch unter dem Gesichtspunkt angeschaut haben, dass sie Muslime sind. Wenn Sie sich im deutschen Fall daran erinnern, wie wir bis 2001 Menschen aus der Türkei, aus dem Libanon, aus dem Maghreb, aus anderen Regionen bezeichnet haben, dann haben wir gesagt: »Wir haben so viele Menschen aus der Türkei, so viele Menschen aus Nordafrika bei uns, so viele Menschen aus Syrien«, und so fort. Seit 2001 reden wir nur noch darüber, wie viele Muslime in Deutschland leben und machen dabei zweierlei: Wir reduzieren die Identität von zuwandernden Personen ganz auf ihre Religionszugehörigkeit. Und wir verleugnen dabei gleichzeitig die innere Differenzierung, die es innerhalb des Islam gibt. Das ist eine kulturelle Zuschreibung, die konfliktfördernd und gerade nicht integrierend ist.

Deswegen sage ich: Man dient auch der Religion nicht damit, dass man sie zum einzigen Identitätsmerkmal einer ganzen Gruppe von Menschen macht.

Bedeutet dann Integration auch, dass man die Bereitschaft haben muss, gerade zu dem, was einem selbst viel bedeutet, auf kritische Distanz zu gehen?

Navid Kermani, der großartige Schriftsteller, hat in seiner Friedenspreisrede genau das behauptet. Seine These lautet: Ohne jeden Einwand lieben kann man eigentlich nur den anderen, nicht sich selbst. Auf die Religionen hat er das so übertragen, dass er gesagt hat: An der fremden Religion kann ich mich so freuen, dass ich es überhaupt nicht notwendig habe, mich kritisch mit ihr auseinanderzusetzen. Aber die eigene Religion, zu der kann ich eigentlich niemals ein Verhältnis haben, das nicht ein Stück Kritik enthält. Das ist eine Grundüberzeugung, die zutiefst mit dem Wesen von Kultur zusammenhängt. Denn Kultur ist nicht nur ein Medium der Identitätsbildung, sondern ein Medium der Kritik, der kritischen Auseinandersetzung mit der eigenen Identität, daher auch der Weiterentwicklung der eigenen Identität. Es ist vollkommen richtig, wenn man feststellt: Integration im Feld und mit Mitteln der Kultur meint eine Integration, die im Verhältnis zur eigenen Identität die kritische Auseinandersetzung einschließt.

Integration wird hauptsächlich von denen erwartet, die neu in diese Gesellschaft kommen. Aus dem, was Sie eben gesagt haben, kann man auch schließen, dass eigentlich eine mindestens ebenso große Arbeit von denen, die schon immer als Mehrheitsgesellschaft hier leben, abverlangt werden muss?

Man muss doch ganz elementar sagen: Integration in dem Sinn, in dem wir darüber sprechen, nämlich der Prozess des Zusammenfindens von Verschiedenen, ist ein wechselseitiger Prozess. Es ist eine vollkommen falsche Vorstellung, anzunehmen, Integration vollziehe sich dadurch, dass Menschen, die dazukommen, sich einfach einfügen in dasjenige, was da ist. Der Klarheit halber füge ich hinzu: Ich bin skeptisch gegenüber der schroffen Antithese zwischen Integration und Assimilation. Denn ich bin fest davon überzeugt, dass der Integrationsprozess auch ein Assimilationselement enthält, an dem man nicht herumdeuten sollte. Aber es geht um einen wechselseitigen Prozess. Jede Integration enthält die Aufgabe wechselseitiger Wertschätzung. Man muss neugierig aufeinander sein. Man muss herausfinden, was einem am anderen besonders wichtig und wertvoll ist. Man muss respektieren, was der andere wertschätzt. Es ist ganz einfach so: Nur wer selber weiß, was ihm wichtig ist, entwickelt ein Sensorium dafür, was dem anderen wichtig ist. Ich glaube, unsere Gesellschaft hat das Problem eines mangelnden Zutrauens zu dem, was ihr selber wichtig ist. Wer dieser Diagnose zustimmt, weiß, wo das Integrationsproblem der Mehrheitsgesellschaft in Deutschland liegt.

Woran machen Sie die These des mangelnden Zutrauens zu dem, was uns oder dieser Gesellschaft wichtig ist, fest?

Immer wieder habe ich Anlass, mit Menschen über Werte zu reden. Oft sagen die Gesprächspartner: »Wir brauchen Werte. Der Werteverlust ist etwas Schreckliches.« Dann frage ich: »Welche Werte meinen Sie denn?« Die Sprachlosigkeit, die sich dann ausbreitet, ist wirklich sehr beeindruckend. Ich versuche bei solchen Gelegenheiten, Vorschläge zu machen im Blick auf die Werte oder die

Haltungen, die für unsere Gesellschaftsform, für unsere Lebensform, für unsere Kultur charakteristisch sind. Dann gibt es erstaunliche Reaktionen. In einem Fall ist die Reaktion ganz heterogen, Menschen stellen sich etwas anderes vor. Aber wenn ich dann frage: »Wozu stehen Sie selber denn? Was ist es, was Sie gerne verteidigt sehen möchten?«, dann sind die Auskünfte sehr fragil.

In der politischen Debatte fällt oftmals der Begriff der westlichen Werte. Ich denke, Sie sehen den skeptisch. Kann Integration betrieben werden, indem man sagt: »Wir haben in dieser Gesellschaft ein Wertefundament, das macht die Kultur dieser bundesdeutschen Gesellschaft aus. Und wer hier leben will, wer Bestandteil dieser Gesellschaft sein will, muss sich auf diese Werte verpflichten?«

Ich sehe das in der Tat skeptisch. Der Begriff der westlichen Werte trägt das Problem in sich, dass er mit einem Überlegenheitsgestus daherkommt, der nicht gedeckt ist. Außerdem macht er nicht den notwendigen Unterschied zwischen westlichen Werten, die partikular westlich sind und nur für den Westen gelten sollen, und universalen Werten, von denen wir mit guten Gründen erwarten, dass sie für verschiedene Kulturen in gleicher Weise gelten können. Die Entwicklung des 20. Jahrhunderts hat durch die Schrecken der nationalsozialistischen Herrschaft, des Stalinismus, der Völkermorde (insbesondere des Holocaust, aber auch des Armenien-Genozids) hindurch zu der Einsicht geführt: Wir brauchen die Anerkennung bestimmter universaler Werte. Deswegen kam es zur Allgemeinen Erklärung der Menschenrechte, zur Verpflichtung der Völkergemeinschaft auf den Respekt vor der gleichen Würde aller Menschen. Wir sollten diesen Kern einer universalen Moral und

eines universalen Rechts verteidigen, ohne ihn für eine westliche Erfindung zu halten oder mit einem westlichen Überlegenheitsanspruch zu verbinden. An der Entwicklung dieser Konzeption waren auch Menschen aus anderen Kulturen, aus China, aus dem Nahen Osten beteiligt. Formuliert wurden diese Werte, weil sie in Teilen des Westens so schmählich verraten worden waren. Deshalb sollten wir diesen universalen Kern einer Menschheitsmoral in den Vordergrund rücken. Was wir im Moment erleben in der politischen und gesellschaftlichen Debatte und Entwicklung ist weniger eine Öffnung hin zu einem universalen, menschenrechtsorientierten Wertebegriff, sondern in vielen Fällen eher engere Grenzziehung, Abgrenzung, Abschottung. Es sind auch Formen von kulturellen Verengungen, die da stattfinden. Das Gegenteil von dem, was Sie gerade einfordern. Soweit man das feststellen muss, ist es zu beklagen. Es ist auch nicht vollkommen überraschend, weil wir es schon lange kommen sehen konnten, dass auf Globalisierungsprozesse mit Rückzugsmanövern auf eine eigene partikulare Identität geantwortet wird. Das geht weithin auf Kosten der Verknüpfung mit dem, was wir heute an Menschheitsmoral, an kosmopolitischem Denken brauchen. Umso wichtiger ist es, dass wir es uns selber zur Aufgabe machen, beides miteinander zu verbinden, und das, was uns selber prägt, nicht unter Wert zu verkaufen. Was ich damit meine, illustriere ich an einem Beispiel: Als wir den Terroranschlag in Paris im November 2015 hatten, hieß es: Das ist ein Anschlag auf unsere Kultur. Die Fernsehillustration dafür war, dass man Menschen sah, die im Herbst auf der Straße, im Café einen abendlichen Drink nahmen, Menschen, die leicht bekleidet an der Mittelmeerküste spazieren gingen, Menschen, die in einer Diskothek laute Musik hörten und tanzten.

Westliche Lebensweise.
Ich habe gegen keine dieser drei Tätigkeiten irgendeinen Einwand. Aber ich glaube, dass wir die westliche Identität unvollständig präsentieren, wenn wir diese Aspekte einer konsumorientierten Lebensform als Inbegriff dieser Identität ausgeben. Man darf sich nicht wundern, wenn die Kehrseite dieser Art konsumorientierter Vergleichgültigung eine andere Art von Engführung ist, die auf überholte Formen nationaler Identität zurückgreift, die die Abgrenzung vom Fremden, also die Produktion eines Feindbildes zum Mittel der Vergewisserung der eigenen Identität macht. Zu kultureller Integration gehört für mich deshalb ein neues Nachdenken darüber, was uns selber wichtig ist. Dabei wird sich zeigen, dass der Respekt vor dem Fremden ein nicht aufzugebender Bestandteil unserer eigenen Identität ist.

Die Art und Weise, wie wir uns über die Notwendigkeit von Identitätsbildung und die Schwierigkeit von Integrationsprozessen unterhalten, drücken auch die Versäumnisse einer kritischen Reflexion der eigenen gesellschaftlichen Verhältnisse in der Vergangenheit aus?
Es bleibt leider wahr, dass wir den Übergang zu einer Gesellschaft radikaler Pluralität zu lange geleugnet haben. Wir haben uns zu lange am Bild einer vermeintlichen kulturellen Homogenität der Gesellschaft festgehalten. Die Debatte darüber, ob wir eine Einwanderungs- oder eine Zuwanderungsgesellschaft oder keins von beidem sind, wirkt heute skurril auf uns. Sie liegt bloß überhaupt nicht lange zurück. Immer wieder haben wir Möglichkeiten für diese Diskussion verstreichen lassen. Plötzlich sagen wir, die Flüchtlingsentwicklung der letzten zwei Jahre habe uns dazu genötigt, sie zu führen. Haben denn nicht die Zeiten der italienischen Gastarbeiter, der türkischen Zuwanderung, der Flücht-

lingsbewegung aus dem Balkan diese Diskussion bereits notwendig gemacht? Schon bei diesen früheren Gelegenheiten wäre es richtig gewesen, zwischen der Legitimität der Zuwanderung aus wirtschaftlichen Gründen und der ganz anders gearteten Legitimität wegen politischer Verfolgung oder der Gefährdung von Leib und Leben in Bürgerkriegssituationen zu unterscheiden. Dass wir mit dieser Differenzierung noch heute so große Schwierigkeiten haben, zeigt, dass wir leider in den zurückliegenden Jahrzehnten viel versäumt haben und uns jetzt auf Lernprozesse einlassen müssen, die wir besser schon früher durchlaufen hätten.

Lässt sich die homogene Gesellschaft zurückholen?
Nein. Die homogene Gesellschaft in der Vorstellung eines durchgängig gleichen kulturellen Kanons lässt sich schon deswegen nicht zurückholen, weil es keine Mehrheitsgesellschaft gibt, die einen solchen Kanon repräsentiert. Zwischen den Generationen, zwischen unterschiedlichen kulturellen Milieus in unserer Gesellschaft besteht doch bereits eine kulturelle Pluralität. Sie bildet sich nicht erst durch Menschen, die von außen dazukommen. In diesem umfassenden Sinn muss kultureller Zusammenhang heute hergestellt werden. Doch genau genommen handelt Kultur von Anfang an von Verschiedenheit. Warum beschäftigen wir uns mit Bildender Kunst? Weil Maler unterschiedlich gemalt haben. Weil wir lernen, zwischen unterschiedlichen Epochen der Malerei zu unterscheiden und innerhalb dieser Epochen zwischen unterschiedlichen Stilen. Warum erfreuen wir uns an Musik? Weil jede Generation von Komponisten den Mut hatte, im wahrsten Sinne des Wortes Unerhörtes zu komponieren. Das Bild kultureller Homogenität ist ein Phantom, das dadurch entsteht, dass wir auf die Vergangenheit einheitliche,

kanonische Vorstellungen von dem projizieren, was Kultur ausmacht. Dabei handelt es sich jeweils um einen Ausschnitt aus der Pluralität, der für frühere Generationen als Kanon verpflichtend war. Jetzt merken wir: Das Wesen der Kultur besteht in Pluralität. Heute haben wir es allerdings mit verschärfter Pluralität zu tun, die auch die Tiefenschicht gelebter Überzeugungen betrifft. Wir haben es also mit dem Ernstfall kultureller Pluralität zu tun. Umso dringlicher ist es, dass wir eine Basis wechselseitiger Anerkennung und wechselseitigen Respekts gewinnen, indem wir uns auf die universalen Werte einer von allen anzuerkennenden Menschenwürde und elementarer Menschenrechte verständigen. Auf dieser Basis können wir mit Pluralität gelassen umgehen. Dafür müssen wir allerdings klare Grenzen definieren, die immer dann zur Geltung gebracht werden müssen, wenn Menschen mit Missachtung, mit Hass oder Gewalt gegen andere vorgehen.

Die Initiative Kulturelle Integration möchte bis zum internationalen Tag der kulturellen Vielfalt Thesen zur kulturellen Integration erarbeiten. Im Lutherjahr gefragt: Welches sind die zentralen Begriffe dieser Thesen, wenn man sie an die Tür des Kanzleramtes nageln wollte?
Es ist kein Zufall, dass die Reformation im Kern eine Bildungsbewegung war. Daraus möchte ich als erstes die These ableiten, dass Integration in ihrem Kern ein wechselseitiger Bildungsprozess ist. Die Bildungsgehalte für die in Deutschland Geborenen und Aufgewachsenen, der deutschen Sprache Mächtigen, sind andere, aber sie sind genauso groß wie die Bildungsprozesse für diejenigen, die zuwandern. Im Übrigen dürfen wir angesichts der Zuwanderung die großen Bildungsaufgaben bei denjenigen, die in zweiter, dritter Generation hier leben, nicht vergessen. Da gibt

es auch noch nicht vollendete oder abgebrochene Integrationsprozesse. Das ist die erste These: Integration ist Bildung. Die zweite These heißt: Integration schließt religiöse Bildung ein. Ein geklärtes Verhältnis zur eigenen religiösen Identität ist dabei genauso wichtig wie die Fähigkeit zur Wahrnehmung anderer religiöser Identitäten. Als dritte These will ich hinzufügen: Integration soll Menschen helfen, von ihrer Freiheit einen verantwortlichen Gebrauch zu machen. Dabei ist die Freiheit derjenigen, die zu uns kommen, genauso wichtig wie die Freiheit derjenigen, die bereits in unserer freien Gesellschaft zu Hause sind. Von daher schließe ich in einer vierten These mit einem Blick auf den gemeinschaftlichen Aspekt der Integration: Wir wollen miteinander unter dem Dach der Freiheit leben. Deshalb sind wir miteinander für die Bewahrung und Weiterentwicklung einer freiheitlichen Gesellschaft verantwortlich. Auch Zuwandernde müssen in diese Mitverantwortung einbezogen werden.

Digitalisierung, Werte und Politik
In Gesellschaften reicht es nicht aus, Werte zu bestimmen. Sie müssen auch vermittelt werden.

Max Fuchs — Politik & Kultur 2/2012

Vermutlich ist es nicht so schwer, einen gesellschaftlichen Konsens darüber zu erzielen, dass Kreativität einen Wert hat. Etwas schwieriger ist es bereits, dass dieser Wert auch einen Preis hat. Noch schwieriger ist das Problem zu lösen, ein entsprechendes Wertebewusstsein zu vermitteln, sodass der Preis auch entrichtet wird. Doch genau dies ist es, was Politiker gelegentlich als Lösung des Problems vorschlagen, dass sich Jugendliche offenbar viel und gerne schwarz urheberrechtlich geschützte Inhalte aus dem Internet anschauen oder anhören, herunterladen und weitervermitteln. Natürlich ist ein solches Vorgehen bereits jetzt unter Strafe gestellt. Inzwischen leben große Anwaltskanzleien davon, entsprechende Strafgelder einzutreiben. Doch ist das Internet schwer zu kontrollieren, zumal die wenigsten wollen, dass ganze Generationen Jugendlicher mit entsprechenden Vorstrafen erwachsen werden.

Daher die Lösung: Werteerziehung muss her. Diese Lösung klingt nicht nur elegant, man hat sie bereits öfter gehört: Jedes Mal, wenn Medienkampagnen – oft begleitet durch Studien entsprechender Kriminologen – durch das Land ziehen, dass es einen Trend zum Rechtsextremismus, zur Gewalt, zu Computerspielen, zur Fettleibigkeit etc. gibt, wird das Bildungssystem und dort speziell die Schule in die Pflicht genommen. Man hat das Problem erkannt, darüber sorgsam diskutiert und eine Lösung gefunden: Werteerziehung. Falls das Ganze nicht funktioniert, ist dann auch gleich ein Schuldiger identifiziert: Die Schule hat bei der Werteerziehung versagt! So weit, so gut. Das Problem hierbei besteht darin, dass Werteerziehung zwar wünschenswert ist, sie auch ständig geschieht, aber nur kaum in dieser vorgeschlagenen Weise. Und dies hat seine Gründe.

In der Schule, so der erste Chef der PISA-Studie Jürgen Baumert, herrscht der Primat des Kognitiven. Das ist sogar sinnvoller, als es – gerade aus der Perspektive der Künste – klingt. Denn die Schule ist der einzige Ort, an dem alle Kinder und Jugendlichen ein systematisches Bild von der Welt vermittelt bekommen können und hierbei das notwendige kognitive Instrumentarium erhalten. Denn welche Familie, welcher Jugendverband möchte schon gerne Bruchrechnen, Versformen oder Geschichte systematisch vermitteln? Auch bei den Werten gibt es ein intellektuelles Herangehen: Man muss sie identifizieren, beschreiben, unterscheiden, gewichten, in ihrer Genese untersuchen, ihre Zusammenhänge studieren und vor allem: nach Begründungen suchen. Werte- und Normbegründung ist sogar ein äußerst anspruchsvolles Unternehmen, an dem sich gleich eine ganze Reihe von Disziplinen beteiligen muss – und doch nicht zu einem Ende kommen kann. Doch selbst wenn ein intellektuell befriedigendes Begründungsverfahren vorläge: Was wäre damit für den pädagogischen Bereich gewonnen? Natürlich könnte ein solches angemessen im Unterricht vorgestellt werden – und es geschieht sicherlich auch im Philosophie-, Deutsch- oder Religionsunterricht. Doch wird man kaum eine bleibende Wirkung erwarten können. Denn akzeptierte Werte, so die Alltagserfahrung, haben weniger damit zu tun, dass man sie widerspruchsfrei begründen kann und sie rational einleuchten. Sie haben vielmehr mit Emotionen zu tun, man hat eine besondere existentielle Bindung zu ihnen, die wiederum etwas mit Weltanschauung, Weltbild und eventuell mit dem religiösen Bekenntnis zu tun hat.

Werte entstehen im Alltag aufgrund von Erfahrungen, die man gemacht hat. Auch dies gehört zur Pädagogik. Denn neben dem formalen Lernen im Unterricht kennt man das nonformale und speziell das informelle Lernen. Letzteres geschieht en passant, beiläufig, einfach dadurch, dass man Situationen durchlebt. 80 Prozent unserer Kompetenzen, so internationale Schätzungen, erwerben wir so, und nur der verbleibende Rest wird in formalen Lernsituationen angeeignet. Zu diesen 80 Prozent dürften auch die Werte gehören. Bei diesem Ansatz, den der Alltag nahelegt, kann man sich inzwischen auf veritable Autoritäten berufen. So beschreibt es etwa der Habermas-Schüler Hans Joas (»Die Entstehung der Werte« 1997; »Die Sakralität der Person«, 2011, letzteres Buch im Hinblick auf die Menschenrechte).

Auch in den Lerntheorien wird man fündig, um diese Alltagserfahrung zu untermauern. Man spricht über performatives Lernen, über ein Lernen, das neben dem Kognitiven die Sinne und das Ästhetische mit einbezieht. Man spricht von einem Lernen am Modell, wobei solche Modelle gesellschaftlich präsente Vorbilder sein können. Doch gibt es heute noch Vorbilder? Ja, es gibt sie noch, die Relevanz von Vorbildern. Und hierbei kommen die Politiker wieder ins Spiel. Denn unsere politischen und intellektuellen Eliten, denen man ständig in den Medien begegnet, spielen durchaus eine solche Modellrolle, selbst bei denen, die dies von sich weisen würden. Man weiß nämlich, dort sitzt die Macht, Regelungen unseres Alltags festzulegen. Dort wird entschieden, wie unsere Sozialleistungen aussehen, wie lange wir arbeiten müssen, sogar: Ob wir junge Menschen in den Krieg schicken oder nicht. Daher ist das Verhalten dieser Politiker relevant für alle, denn man will wissen, wer das ist, der solche gravierenden Existenzentscheidungen trifft. Vor diesem Hintergrund kann man die Bedeutung von Fehlverhalten nicht überschätzen: Ob ein Kanzler sich auf ein Ehrenwort beruft, um sich nicht an ein Gesetz halten zu müssen, ob ein SPD-Politiker äußerst problematische Aussagen zur Integration tätigt und in allen – auch den öffentlich-rechtlichen – Medien in gewissen Zeiten fast täglich präsent war und dadurch erst prominent wurde, ob ein Wirtschafts- und Verteidigungsminister lügt und betrügt – und seine Chefin dies als Peanuts abtut: All dies wird wahrgenommen und hat eine enorme werterzieherische Wirkung. Nun könnte man einwenden, dass auch Politiker nur Menschen und daher nicht besser oder schlechter als Alltagsmenschen seien. Man solle sie daher nicht überfordern oder an unangemessen hohen Maßstäben messen. Doch geht es dabei nicht um eine Überforderung der Amtsträger: Man erwartet lediglich das wohlanständige Verhalten, das man in seinem Verein, seiner Familie, seiner Arbeitsstätte auch erwarten würde.

Die eingangs zitierten Netzpolitiker, die so
stolz die Werteerziehung als Lösung eines
wichtigen Nutzungsproblems des Internets
vorstellen: Recht haben sie. Das Ganze hat
etwas mit Werten zu tun. Unsere Rechtsordnung basiert auf Werten, die man gerne ernst
genommen sähe – bei allen. Doch wird man
zum einen bedenken müssen, dass auch das
Rechtsbewusstsein der Menschen keine feste Größe ist, sondern sich im Laufe der Zeit
wandelt, sodass möglicherweise die notwendige Basis bestehender Gesetze verschwindet. Zum anderen sollte gezeigt werden, dass
die Forderung nach Werteerziehung durchaus ein Bumerang ist: Man muss in den eigenen Reihen beginnen.

Zwischen Individualisierung und gesellschaftlichem Zusammenhalt
Zur Neubewertung von Werten, Kultur und kultureller Bildung

Susanne Keuchel — Politik & Kultur 3/2017

Fragen des gesellschaftlichen Zusammenhalts werden angesichts der Flüchtlingssituation und des zunehmenden Rechtspopulismus aktuell intensiv diskutiert. Die Suchorientierung nach einem gesellschaftlichen Zusammenhalt impliziert indirekt einen früheren Zustand der gesellschaftlichen Stabilität. Daher lohnt es sich, Veränderungsprozesse in der Gesellschaft in den Blick zu nehmen.

Denn in den letzten Jahrzehnten konnte ein deutlicher gesellschaftlicher Wandel beobachtet werden, beeinflusst durch Ökonomisierung, Digitalisierung und Globalisierung. Diese Einflussfaktoren stehen in einem engen Zusammenhang zueinander und beruhen auf Prinzipien der Liberalisierung und der Technokratisierung.

Zur Liberalisierung und Technokratisierung der Gesellschaft

Eine Liberalisierung der Gesellschaft kann auf zwei Ebenen beobachtet werden: in der Freiheit der Lebensgestaltung und der Freiheit von Zugängen. Ersteres führt zu einer kritischen Infragestellung von idealisierten Formen des Zusammenlebens wie der Familie oder klassischen Geschlechterrollen. Dies geht einher mit einer Befreiung von gesellschaftlichen Normen. Parallel vollzieht sich eine Öffnung von Zugängen bei Bildung, Märkten etc. Da materialistische Ressourcen begrenzt sind, so beispielsweise auch die Bildungsfinanzierung, werden limitierte Zugänge liberal im Sinne der Chancengleichheit über Wettbewerbsprinzipien gesteuert. Hier greift Technokratie als Regelwerk unter der Grundannahme, dass es keinen ideologischen Weg der gesellschaftlichen Organisation gibt. Der Einzelne kann in Folge nicht mehr andere verantwortlich machen, sondern ist selbstverantwortlich, wenn er im Wettbewerb scheitert im Sinne des Modells der Risikogesellschaft von Ulrich Beck. Diese Selbstzuschreibungen können gesellschaftlichen Zusammenhalt gefährden, stellt sich doch die berechtigte Frage, warum der Einzelne sich für das Wohl Dritter in der Gesellschaft einsetzen soll, wenn er für sein eigenes Scheitern selbst verantwortlich gemacht wird. Ob dabei durch das Wettbewerbsprinzip wirklich Chancengleichheit entsteht, wird kritisch diskutiert, da letztlich die Leistungsfähigkeit der Eltern mitentscheidend ist für Wettbewerbsvor- oder -nachteile ihrer Kinder. Auch politische Entscheidungen werden durch Technokratie begrenzt aufgrund der Annahme, dass komplexe Zusammenhänge der Moderne nicht mehr von politischem Sachverstand getroffen werden können, sondern wissenschaftliche Fachexpertise benötigen unter der Annahme der Existenz eines richtigen Lösungswegs. Die Expertokratie ersetzt damit vielfach die Demokratie. Auch dies kann gesellschaftlichen Zusammenhalt infrage stellen. Des Weiteren können in jüngster Zeit vermehrt Bemühungen beobachtet werden, den Staat im Kontext von Marktfragen im Positiven wie im Negativen auch rechtlich im Zuge von Freihandelsabkommen einzuschränken.

Zum Einfluss von Liberalisierung und Globalisierung auf kulturelle Identitäten

Freie globale Marktzugänge führen neben einer Individualisierung von Lebensstilen auch zu einer Vereinheitlichung. Weltweit agierende Handelsketten, wie Zara oder Starbucks, tragen dazu bei, dass sich grenzüberschreitend ähnliche ästhetische Präferenzen in Mode, Musik oder Essen bilden. Zudem trägt Migration dazu bei, kulturelle Gepflogenheiten aus Herkunftsregionen in Aufnahmeregionen hineinzutragen. Im Zuge einer zunehmend pluralistischen Gesellschaft vertritt Stuart Hall, ein Vertreter der Culture Studies, die Ansicht, dass es nicht mehr möglich sein wird, über große Sinnsysteme Gemeinschaft zu stiften, sondern stattdessen die Abweichung von der kulturellen Norm zur Grundlage von kultureller Identität wird. Auch dies kann gesellschaftlichen Zusammenhalt erschweren. So betont der Kulturwissenschaftler Jan Assmann den wichtigen Stellenwert von gemeinsamen kulturellen Symbolsystemen für den gesellschaftlichen Zusammenhalt wie Sprache, Essen, Tänze, Bilder etc. Um einem kulturellen Symbolsystem einen »kulturellen Sinn« zu geben, bedarf es dabei nach Assmann auch eines »Vorrats gemeinsamer Werte, Erfahrungen und Deutungen«, um das »Weltbild« einer Gesellschaft zu bilden.

Auch die Festlegung von Werten kann in einem Spannungsfeld von Individuum und Gesellschaft verortet werden. »Kulturelle Werte« sind dominierende Präferenzwerte in einer Gesellschaft. Dem können subkulturelle oder gegenkulturelle Werte einzelner Gruppen und Individuen gegenüberstehen. Die Wertephilosophie geht davon aus, dass sich die Normen gesellschaftlichen Handelns durch Werte ergeben. Werte als Auslöser gesellschaftlichen Handelns stehen dabei in einem gewissen Widerspruch zu der Idee der Technokratie, die im Sinne der Expertise sachliche und nicht wertorientierte Handlungsgründe präferiert.

Zur Werteentwicklung in der Gesellschaft

In den 1970er Jahren wurde von dem Soziologen Inglehart ein Wertewandel auf Grundlage einer Mangelhypothese proklamiert. Er diagnostizierte für die Nachkriegsgeneration einen Mangel an Gütern, die zu einem materialistischen Streben und einer Wertehaltung in Richtung, Sicherheit, Konservatismus etc. führten. Die junge Generation in den 1970er Jahren hatte keinen Mangel an Gütern und strebte dementsprechend liberalistische Werte an. In Folge wurden aus den damaligen liberalistischen Suchbewegungen unterschiedliche Wertehaltungen abgeleitet wie hedonistische und idealistische. In den letzten Jahrzehnten werden Wertehaltungen nicht mehr gesamtgesellschaftlich, sondern innerhalb von Milieus bestimmt, ein Zeichen für die Fragmentierung der Gesellschaft. Einige Wissenschaftler vertreten die Ansicht, dass die damals erfolgte Hinwendung zu liberalistischen Werten bis in die heutige Zeit hineinwirkt und sich weiterhin gesamtgesellschaftlich vollzieht.

In jüngster Zeit wird erneut ein Wertewandel diskutiert. So wurde in der Jugend-Shell-Studie neben einer hohen Leistungsbereitschaft die Sehnsucht nach festen Bindungen, Familie und Sicherheit deutlich, möglicherweise eine Reaktion auf eine Mangelerscheinung in liberalistischen Zeiten des Wettbewerbsprinzips. Die zunehmenden rechtspopulistischen Strömungen könnten ebenfalls auf einen Wertewandel hindeuten. Auch zeigt sich hier möglicherweise eine Spaltung der Gesellschaft in Gruppen, die keinen materialistischen Mangel haben und daher eher idealistische Werte vertreten angesichts neuer Herausforderungen, wie der Flüchtlingssituation, und Gruppen, die aufgrund eines materialistischen Mangels eher ein Streben nach Sicherheit und Konservatismus entwickeln.

Zur Rolle von Kunst und kultureller Bildung

In der »Road map for arts education«, entwickelt auf der ersten UNESCO World Conference zur kulturellen Bildung, heißt es: »In vielen Kulturen werden die Ausdrucksformen, die Erkenntnisse kommunizieren und in den Köpfen der Menschen einen Raum für Reflexion schaffen, Kunst genannt.« Des Weiteren wird das kulturelle Erbe, das im liberalistischen Wertewandel der 1970er Jahre eher als kritische Masse einer Manifestierung von Eliten bewertet wurde, im weltweiten Diskurs als eine wichtige Grundlage kultureller Identität im Sinne einer gemeinsamen Vergangenheit als eine Grundlage des gesellschaftlichen Zusammenhalts verhandelt. In einer ökonomisierten Gesellschaft bedarf es anderer Begründungszusammenhänge für Kunst wie Umwegrentabilität, die Weiterentwicklung der Kreativwirtschaft, eine stärkere wirtschaftliche Ausrichtung und Publikumsorientierung. In letzter Konsequenz der Marktöffnung bedeutet dies das Infragestellen von öffentlicher Kulturförderung.

Auch die kulturelle Bildung wird unter ökonomischen Gesichtspunkten neu bewertet. So werden seit den 1990er Jahren die künstlerischen Unterrichtsfächer im Zuge von PISA zugunsten der MINT-Fächer marginalisiert. Parallel hat kulturelle Bildung in den letzten zehn Jahren im Rahmen des außercurricularen Ganztags an Bedeutung gewonnen unter dem Begründungszusammenhang der Förderung wichtiger Schlüsselkompetenzen für den schulischen und beruflichen Alltag wie Sozialkompetenzen, Kreativität etc. In diesem Kontext verbreitet sich international der Ansatz »learning through the arts«, in dem kulturelle Bildung als ganzheitliches Instrument zum allgemeinen Wissenserwerb – zum Erlernen von Sprache, Mathematik etc. – betrachtet wird.

Die aktuelle Flüchtlingssituation hat möglicherweise einen wichtigen Beitrag dazu geleistet, dass mit Blick auf den fortschreitenden Liberalisierungsprozess in unserer Gesellschaft eine längst überfällige Neuverständigung zu gemeinsamen Werten und Regeln des Miteinanders begonnen hat. Es geht um einen Aushandlungsprozess und eine Bilanz: Was sind Grundhaltungen und Prinzipien, die wir als unverhandelbar ansehen? Und welche neuen Modelle des Zusammenlebens eröffnen sich parallel oder in Alternative zum Prinzip der Ökonomisierung, Technokratie und des Wettbewerbsprinzips. Wie können wir uns hier neu austarieren? Hierzu bedarf es Perspektivwechsel und einer Neubewertung von Kunst und kultureller Bildung in unserer Gesellschaft. Diese schaffen Freiräume für Gestaltungsprozesse – frei von gesellschaftlichen Notwendigkeiten – es gibt kein »richtig« oder »falsch«. Wer sich gestalterisch betätigt, eine Skulptur entwirft, einen Songtext schreibt, kann eigene Gedankenwelten an Dritte kommunizieren und so eigene Positionen entwickeln. Und es bedarf einer eigenen Position, um andere Positionierungen wahrzunehmen, sie zu akzeptieren und gemeinsam gesellschaftliche Prozesse auszuhandeln mit dem Wissen: Es gibt Gestaltungsoptionen zwischen den Polen der Individualisierung und des gesellschaftlichen Zusammenhalts.

7

Vom Auswanderungs- zum Einwanderungsland

Mit Beiträgen von:

Max Fuchs, Alexander Grau, Hans Jessen, Ska Keller,
Katja Kipping, Gülay Kizilocak, Klaus-Dieter Lehmann,
Herfried Münkler, Marina Münkler, Rita Süssmuth,
Matthias Theodor Vogt und Olaf Zimmermann

Eingewandert nach Deutschland
Anfragen an eine Kultur des Zusammenlebens

Rita Süssmuth — **Politik & Kultur 2/2009**

Es geht um 60 Jahre gelebter und reflektierter Erfahrung mit Migration und Zusammenleben in Deutschland nach dem Zweiten Weltkrieg. Es ist der Versuch der Selbstvergewisserung, des Rückblicks und des Vergleiches mit den heutigen Erwartungen und Anforderungen. Kultur des Zusammenlebens beinhaltet den Umgang zwischen Menschen gleicher und verschiedener kultureller und nationaler Herkunft, die wechselseitige Achtung und Beachtung humaner Ressourcen und Kompetenzen, vor allem ihre Teilhabe und Zugehörigkeit.

Dabei ist es ein Unterschied, ob primär Deutsche, sei es als Vertriebene oder Spätaussiedler nach Deutschland zurückkehren und sich neu integrieren müssen oder ob wir es mit Einwanderern, vorübergehend Schutz suchenden Flüchtlingen sowie Arbeitsmigranten aus den verschiedensten Nationen und Kulturen zu tun haben. Heute leben 15,8 Millionen Menschen mit Migrationshintergrund in Deutschland. Unsere Bevölkerung ist multikulturell zusammengesetzt. Und obwohl wir seit Langem ein de facto Einwanderungsland sind, wird diese Realität erst seit 2005 politisch und gesetzlich anerkannt. Das hatte und hat Auswirkungen auf die Integrationspolitik und das Zusammenleben, auf den Grad der Teilhabe und die Zugehörigkeit. Es fehlt an einer Einwanderungskultur mit entspre-

chenden Aufnahme- und Unterstützungsverfahren verbunden mit Willkommensein, Wertschätzung der Kompetenzen und Gebrauchtwerden. Die entscheidenden Hilfen zum Zusammenleben sind in Deutschland aus der Zivilgesellschaft erfolgt: aus Vereinen, Kirchengemeinden, Sozialverbänden, Nachbarschaftshilfen etc. Interkulturelle Bildung verstanden als Lernen von Menschen aus unterschiedlichen Kulturen, Vertrautwerden mit Gemeinsamkeiten und Verschiedenheit ist prinzipiell keine neue Bildungsanforderung, eher eine Selbstverständlichkeit. Interkulturelle Bildung ist jedoch in Deutschland erst in den letzten Jahren zu einem zentralen bildungspolitischen Schlagwort geworden, aber noch keineswegs bundesweit eine bildungspraktische Realität. Erfolgt ist eine interkulturelle Öffnung, verstanden als Öffnung der Bildungseinrichtungen für Teilnahme der Migrantinnen und Migranten an den bestehenden Bildungsangeboten. Bildung, sowohl die sprachliche als auch die kulturelle und berufliche, hat heute eine Schlüsselstellung in nationalen und lokalen Integrationsplänen.

Frühe Nachkriegszeit und 1950er Jahre

Betroffen und angesprochen sind ganz unterschiedliche Gruppen von Einwanderern, Rückwanderern und Zuwanderern auf Zeit.

Die frühe Nachkriegszeit ebenso wie die frühen 1950er Jahre sind zunächst bestimmt von der Rückkehr einer großen Zahl von Zwangsarbeitern in ihre Heimatländer, weit weniger zunächst von der Rückkehr der politisch und weltanschaulich verfolgten Emigranten nach Deutschland. Im kollektiven Gedächtnis und in den geschichtlichen Fakten dominiert die große Gruppe der Flüchtlinge und Vertriebenen, 12 bis 14 Millionen, die aus dem »Osten« kamen und in Deutschland nicht nur vorübergehend Schutz suchten, sondern eine neue Existenz aufbauen mussten. Sie standen ebenso wie Ausgebombte und Evakuierte vor den psychischen und materiellen Trümmern der nationalsozialistischen Gewaltherrschaft und des Zweiten Weltkrieges. Vertriebene und Flüchtlinge kamen in ein Land, in dem ein Jeder ums Überleben kämpfte. Es ging nicht um die Frage, wie Deutsche mit deutschen Migranten lebten, sondern es war der Notfall ohne Rückkehroption. Alle Beteiligten waren gezwungen, miteinander auszukommen. Die schlechteste Unterkunft war oft genug das Höchste, was Flüchtlinge und Vertriebene erwarten konnten.

Im Rückblick wird die Aufnahme dieser Millionen als die große Integrationsleistung der deutschen Politik dargestellt. Zutreffender ist jedoch von der immensen Aufbauleistung und dem friedlichen Zusammenleben der Überlebenden in Deutschland zu sprechen. Dabei ist allerdings nicht außer Acht zu lassen, dass die Etikettierung »Vertriebene« schon eine Rolle spielte, gerade wenn es um Wertschätzung und Zugehörigkeit ging. Viele haben sich zunächst als Deutsche zweiter Klasse in der neuen Heimat gefühlt. Auch sie galten oft als Fremde, als »die aus dem Osten«, als die »Anderen«. Zum Heimatverlust kam für viele die soziale und menschliche Fremdheit. Die politische Antwort in dieser sehr schwierigen Aufbauphase war jedoch die starke Verankerung des Asylrechts

im Grundgesetz. Das war die grundlegende moralische und menschenrechtliche Konsequenz, die verbindliche Festlegung für zukünftige Generationen im Umgang mit Andersdenkenden, religiösen, ethnischen und kulturellen Minderheiten in der Gewährung von Asyl. Wann und wo immer in Deutschland über Migranten debattiert und entschieden wird, gilt es ferner den Artikel 1 unseres Grundgesetzes zur unteilbaren Würde eines jeden Menschen und die ursprüngliche Fassung des Asylrechts nicht aus dem Auge zu verlieren. Es gibt humane Verpflichtungen jenseits von wirtschaftlichen Zwängen und Bedarfen. Darauf sind alle, die in unserem Land leben, verbindlich festgelegt.

Anwerbung von Arbeitskräften (1956–1973)

Die zweite Phase der Nachkriegszuwanderung, die sogenannte »Gastarbeiterphase«, resultierte aus der Suche nach Arbeitskräften, um die Hochkonjunktur und den immensen Bedarf an Arbeitskräften in der Industrie abzudecken. Von 1956 bis 1973 wurden Arbeitskräfte angeworben: in Westeuropa und in der Türkei. Gebraucht wurden Un- und Angelernte. Die schulische und berufliche Qualifikation oder die Kenntnisse der deutschen Sprache spielten keine Rolle. Dabei ging es nicht um Einwanderung, sondern um vorübergehenden Aufenthalt mit anschließender Rückkehr ins Heimatland. Angeworben wurden in diesem Zeitraum mehr als vier Millionen Menschen. Von ihnen sind viele zurückgekehrt, aber viele auch geblieben. Heute bildet die größte Gruppe früherer »Gastarbeiter« die türkische Minderheit, die hier verblieben sind, sei es als inzwischen eingebürgerte Deutsche oder Türken mit Daueraufenthaltsstatus. Angeworben wurden Gastarbeiter, gekommen sind Menschen, zunächst als Einzelne, später – vor allem seit dem Anwerbestopp von 1973 – haben sie ihre Familien nachgeholt. Wir vergleichen heute die erste, zweite und dritte Generation und stellen fest, dass die erste Generation weit besser integriert war als die zweite und dritte. Das trifft nicht zu für die deutschen Sprachkenntnisse und den offiziell erworbenen Bildungs- und Ausbildungsabschluss. Sie waren integriert über Teilhabe am Erwerbsleben, lebten unauffällig, ohne Erwartungen an Anerkennung ihrer Religion und kulturellen Identität. Das gilt heute nicht mehr.

Die große Einwanderungswelle der späten 1980er und frühen 1990er Jahre

Die 1980er und 1990er Jahre (vor allem seit 1988) brachten Deutschland geradezu einen Strom von Zuwanderern trotz Anwerbestopp. In dieser Zeit der Wende, kamen ca. vier Millionen Spätaussiedler und nicht zu vergessen der Flüchtlingsstrom vom Balkan. Anfang der 1990er Jahre erfolgten jährlich Neuaufnahmen von 650.000 Zuwanderern und Flüchtlingen. Es war zugleich die Phase der Binnenwanderung von Ost- nach Westdeutschland, die Zeit der größten Veränderungen durch den Fall des Eisernen Vorhangs und der Wiedervereinigung.

Die friedliche Revolution mit allen ihren politischen Turbulenzen verdrängte zunächst die Migrationsprobleme und Konflikte. Sie wurden unübersehbar mit der eskalierenden Arbeitslosigkeit und führten zu einer drastischen Neuregelung des Asylrechts wie auch zu einer Beschränkung der jährlichen Zuwanderung von Spätaussiedlern. Die öffentliche Debatte beherrschten Themen wie Überlastung und Überfremdung durch zu viele Zuwanderer, Asylmissbrauch, zu viele ungelernte Migranten. Die Wirkungen dieser gesetzlichen Maßnahme traten ein, die Zuwanderung verringerte sich und erreichte ihren tiefsten Stand bis zur Mitte des Jahres 2005.

Deutschland: ein Einwanderungsland ohne Einwanderer

Ende der 1990er Jahre setzte ein Paradigmenwechsel ein. Er betraf die dauerhafte Integration und die dazu erforderlichen gesetzlichen Maßnahmen sowie die öffentliche Förderung. Es begann erneut der Streit um die Frage, ob Deutschland ein Einwanderungsland sei. Dieser Streit endete nach fünf Jahren mit der im Gesetz verankerten Aussage: Deutschland ist ein Einwanderungsland. Diese Feststellung war jedoch versehen mit dem Widerspruch, dass am Anwerbestopp festgehalten wird, abgesehen von drei Ausnahmen: Hochqualifizierte, Selbstständige und Studierende. Für die beiden Erstgenannten wurden die Hürden jedoch so hoch gelegt, dass seit 2005 nur sehr wenige Migranten nach Deutschland gekommen sind. In der aktuellen Phase der wirtschaftlichen Rezession ist von Engpässen auf dem Arbeitsmarkt und notwendiger Zuwanderung aus demographischen und/oder wirtschaftlichen Gründen nicht mehr die Rede.

Nicht abgerissen sind die Bemühungen und Debatten zum Thema notwendiger Integration hier lange lebender Migranten. Die einen sprechen vom Scheitern, die anderen von ungenutzten Potenzialen, von Fehlsteuerungen der Zuwanderung in der Vergangenheit und von unüberwindbaren kulturellen Differenzen und Nichtintegrierbarkeit bestimmter kultureller und ethnischer Gruppen.

Der Rückblick macht deutlich, dass über Jahrzehnte die Einwanderungsrealität geleugnet und das Zusammenleben in allen Lebensbereichen weder beachtet noch gefördert wurde. Das ändert sich, wenngleich noch immer der Austausch zwischen den Kulturen, das Lernen mit- und voneinander dem Hauptanliegen der Integration der Eingewanderten in die Kultur und Mehrheitsgesellschaft nachgeordnet ist. Wir leben jedoch in einer multikulturellen Gesellschaft

mit 19,5 Prozent Migrantenanteil. Die Vielfalt hat zugenommen, im kulturellen, religiösen, sozialen und beruflichen Leben. Die
Mehrheitsgesellschaft hat sich verändert. Der
Paradigmenwechsel verschiebt die einseitige
Thematisierung der Zumutungen und Belastungen zugunsten zusätzlicher Ressourcen
und Kompetenzen, von den Defiziten zu den
Stärken der Migranten, von den ungenutzten Potenzialen zur Entdeckung, Anerkennung und Förderung dieser Ressourcen und
Kompetenzen, von der Unvereinbarkeit zum
friedlichen und produktiven Miteinander der
Kulturen, von der Abwehr zur Öffnung. Nicht
nur die Einwanderer brauchen die interkulturelle Begegnung und Perspektive, das gilt
genauso für die Mehrheitsgesellschaft.

Die neuen Deutschen
Die gesellschaftliche Integration von Migranten

Marina und Herfried Münkler —— **Politik und Kultur 2/2017**

Viele von denen, die im Herbst 2015 nach Deutschland gekommen sind, werden bleiben, für lange Zeit, wenn nicht auf Dauer. Andere hingegen werden in ihre Heimat zurückkehren, weil die Lage dort das erlaubt; manche müssen zurückkehren, weil sie die rechtlichen Voraussetzungen für den Verbleib in Deutschland nicht erfüllen, wieder andere werden weiterziehen, und Deutschland wird für sie nur die Zwischenetappe einer längeren Migrationsgeschichte sein. Wir wissen nicht, wer auf Dauer bleiben wird und die Flüchtlinge wissen das in der Regel auch nicht. Es gehört zu den Wesensmerkmalen der Flucht, dass man nicht mit Sicherheit sagen kann, wie die eigene Zukunft aussehen wird.

Dieser Ungewissheit aufseiten der Migranten steht die juristische Sortiermaschine des Aufnahmelandes gegenüber, von der die ins Land Gekommenen kategorisiert werden: in solche mit und solche ohne Asylanspruch, in solche, die subsidiären Schutz erhalten, und solche, die eigentlich ausreisen müssen, vorerst aber geduldet werden. Mit dieser Sortierung sind unterschiedliche Ansprüche auf Integrationsmaßnahmen verbunden, von Sprachkursen bis zum Recht, in Deutschland arbeiten zu dürfen. Die Ordnung, die solcherart geschaffen wird, ist jedoch allenfalls provisorisch und oft entspricht sie

nicht dem, was dann gesellschaftliche Realität wird. Die Sortiermaschine verspricht Kostenbegrenzung, was sie aber tatsächlich produziert, sind große Fehlallokationen. Flüchtlinge, denen kein dauerhaftes Bleiberecht zugestanden wurde, können häufig – aus welchen Gründen auch immer – nicht abgeschoben werden, haben aber kein Deutsch gelernt, sich nicht um die Anerkennung ihrer Bildungsabschlüsse bemüht, auch keine berufsqualifizierende Aus- oder Weiterbildung erhalten, sondern sind durch monate- und oft jahrelange Unterbringung in Massenunterkünften in die Passivität gedrängt worden – und leben nun mehr schlecht als recht von den Leistungen des Sozialstaats. Entgegen einem verbreiteten Vorurteil ist das nicht das Ergebnis ihrer Faulheit, sondern das unserer eigenen Sortiermaschine. Die muss entweder intelligenter werden oder die Integrationsmaßnahmen müssen vom Rechtsstatus der Flüchtlinge entkoppelt werden, sodass jeder so behandelt wird, als würde er auf Dauer in Deutschland bleiben.

Das sei ein Pull-Faktor, der nur zur Vergrößerung des Flüchtlingsstromes nach Deutschland führe, lautet ein Einwand. Als ob die Flüchtlinge sich auf den gefährlichen Weg machen würden, weil sie unbedingt Deutsch lernen wollten. Integrationsmaßnahmen sind zu behandeln wie Impfungen:

Weil man im Vorhinein nicht weiß, wer sich infiziert, wendet sich das Angebot an alle. Und in einigen Fällen ist es nicht bloß ein Angebot, sondern sogar eine Pflicht. In unserem Fall heißt das: verpflichtende Deutschkurse für alle, die einen Asylantrag stellen, ohne dass klar ist, wie der beschieden wird. Auf Dauer ist das für die aufnehmende Gesellschaft günstiger, als wenn die Menschen dauerhaft passiviert werden. Und bei den Flüchtlingen sind es oft die besten Jahre, in denen sie zur Untätigkeit verurteilt sind. Wie viel vernünftiger wäre es, die Aufnahmebereitschaft unserer Gesellschaft mit den Integrationsanstrengungen der Hierhergekommenen zu verkoppeln. Vermutlich würde dann auch die Akzeptanz der Migranten bei denen wachsen, die ihnen gegenwärtig skeptisch gegenüberstehen. Dazu muss sichtbar sein, dass Flüchtlinge aus einer zeitweiligen Belastung unserer Gesellschaft zu einer dauerhaften Bereicherung werden können. Ein Blick zurück zeigt im Übrigen, dass das in Deutschland seit etwa eineinhalb Jahrhunderten immer wieder der Fall gewesen ist.

Im 19. Jahrhundert war Deutschland über die längste Zeit ein Auswanderungsland. Es exportierte Menschen, für die es keine Arbeit hatte und die es nicht ernähren konnte. Etwa eine Million Deutsche wanderten damals in die »neue Welt« aus. Das änderte sich mit dem Beginn der Industrialisierung, als der Arbeitskräftebedarf sprunghaft nach oben schnellte und Deutschland zu einem Importland von Menschen aus Mittel- und Osteuropa wurde. Statt Menschen exportierte es nunmehr Waren; der gesellschaftliche Reichtum wuchs. Trotz zweier furchtbarer Kriege, in deren Verlauf die Deutschen im Übrigen zum Zwangsimport von Arbeitskräften übergingen, ist das bis heute so geblieben; als Mitte des 20. Jahrhunderts der »Eiserne Vorhang« die Arbeitskräftewanderung aus dem Osten unterbrach, warb man in

Südeuropa und andernorts Arbeitskräfte an. Deutschland ist in den zurückliegenden eineinhalb Jahrhunderten durchgängig ein Einwanderungsland gewesen; nur die DDR war das in den vier Jahrzehnten ihres Bestehens nicht – und dementsprechend war es auch um deren ökonomische Prosperität bestellt. Die von konservativen Politikern verbreitete Formel, Deutschland sei kein Einwanderungsland, ist seit Beginn der Industrialisierung schlichtweg falsch.

Die Ursachen der Einwanderung legten auch die Art der Integration fest. Sie erfolgte in Deutschland über Arbeit, von den Polen an der Ruhr bis zu den Italienern, Jugoslawen und Türken in der alten Bundesrepublik. Zumeist war das eine kulturell wenig anspruchsvolle Integration, die weder auf gesellschaftliche Partizipation, noch auf sozialen Aufstieg ausgelegt war. Nichtsdestotrotz haben eine ganze Reihe von Zuwanderern es doch geschafft, sich zu integrieren, wobei das manchen Herkunftsgruppen leichter gefallen ist als anderen. Immer wieder ist es dabei zur gesellschaftlichen »Unterschichtung« gekommen, also einem Festsitzen der Zugewanderten auf den untersten Ebenen der Gesellschaft, aber mit den Jahrzehnten haben sich diese Unterschichtungsstrukturen aufgelöst und die zweite und dritte Generation der Zugewanderten ist in die Prozesse der gesellschaftlichen Zirkulation eingestiegen. Man kann das, was zunächst eine Beschreibung der sozio-ökonomischen Realität ist, auch als eine Normstruktur beschreiben, die beiden Seiten gerecht werden soll, der aufnehmenden Gesellschaft wie den in sie Eingewanderten: Danach ist die Erwartung, dass die Zugewanderten, sofern sie bleiben, nach einiger Zeit sich und ihre Familie durch eigene Arbeit versorgen und dass sie, wenn sie das tun, alle Möglichkeiten des Aufstiegs haben, ohne dabei durch Hautfarbe, Religion, Geschlecht oder den Namen benachteiligt zu werden.

Diese beiderseitige Erwartung bringt eine Norm zum Ausdruck, an der sich Gesellschaft und Neuankömmlinge immer wieder messen lassen müssen und bei der nachgesteuert werden muss, wenn sie diesen Anforderungen nicht genügen. Wo diese Norm zur gesellschaftlichen Normalität wird, entsteht eine Win-win-Situation, bei der sowohl die Neuankömmlinge als auch die aufnehmende Gesellschaft die Profiteure sind. Dementsprechend sind die einzuleitenden Integrationsprozesse so zu organisieren, dass diese Win-win-Situation entstehen kann. Wo das der Fall ist, schwinden die Ressentiments, und die Fremdenfeindlichkeit in der aufnehmenden Gesellschaft geht zurück. Wohlgemeint, sie verschwindet nicht, aber sie verliert an politischer Brisanz. Ist der Umstand, dass die meisten der zuletzt Gekommenen aus einer islamisch geprägten Kultur stammen, ein Hinderungsgrund für erfolgreiche Integration? Das ist zumindest der Haupteinwand gegen die Zuversicht, dass die deutsche Gesellschaft die Herausforderung, mit der sie nun konfrontiert ist, bewältigen wird. Freilich können die Skeptiker keine Alternative im Umgang mit den Flüchtlingen anbieten und verharren in missmutigem Zweifel. Sie trauen unserer Gesellschaft nicht viel zu und weil sie das nicht eingestehen wollen, suchen sie bei den Neuankömmlingen nach Gründen, warum das Integrationsprojekt dieses Mal nicht klappen werde. Dazu dient der ständige Verweis auf den Islam. Abgesehen davon, dass es »den« Islam nicht gibt, werden viele von denen, die so angesprochen werden, dadurch in eine Identität bzw. Identifikation hineingedrängt, die für sie zunächst gar nicht gegeben ist. Bleiben wir also bei der sonst üblichen Bezeichnung nach nationaler Herkunft, wie wir selbst das erwarten, wenn wir uns in anderen Ländern befinden, und behandeln wir die Religionszugehörigkeit der Neuankömmlinge zunächst einmal

so, wie sie bei uns behandelt wird: als eine private Angelegenheit. Das heißt nicht, dass es unter den Neuen keine Islamisten gäbe, die aus der Religion eine politische Ideologie machen und diese aggressiv zur Geltung bringen wollen. Gegen sie muss der Rechtsstaat entschlossen vorgehen, was er bislang nicht immer oder nur unzulänglich getan hat. Es ist jedoch ein verhängnisvoller Fehler, alle, die aus islamischen Ländern kommen, unter Generalverdacht zu stellen. Derlei blockiert die Integration bzw. macht sie langwieriger und damit teurer, als sie sonst wäre. Zuversicht in die Leistungsfähigkeit einer Gesellschaft ist eine wesentliche Voraussetzung ihrer Selbstbehauptungsfähigkeit. Wer sie fortgesetzt anzweifelt und infrage stellt, trägt tatsächlich zu ihrer Erosion bei. Insofern steht in der gegenwärtigen Debatte mehr infrage als bloß die Integration der Neuankömmlinge. Es geht auch um unser Zutrauen zu uns selbst.

Die Ankommenden
Gesellschaftlicher Zusammenhalt und kulturelle Integration

Matthias Theodor Vogt — Politik & Kultur 2/2017

Die Bundesrepublik Deutschland wurde 1949 bewusst als »Staatsfragment« gegründet mit einem schwer verständlichen »Offensein, [das] nicht durch sich selber ausgeschlossen ist«, so Carlo Schmid. Sie wurde 1990 lediglich räumlich erweitert unter Ausklammerung vieler Problemkreise und unter Aussetzung einer vertieften Verfassungsdiskussion. Ein Vierteljahrhundert nach Wiedervereinigung und Vertrag von Maastricht ist die Bundesrepublik derzeit zum Schauplatz einer intensiven Auseinandersetzung um die geistigen und normativen Grundlagen unseres Zusammenlebens geworden. Das Flüchtlingsgeschehen 2015 war nur ihr Auslöser, nicht ihr Grund.

Grundsätzlich ist eine solche Auseinandersetzung auch notwendig. Eine parlamentarische Demokratie gelangt jedoch dann an ihre Grenzen, wenn die Vielschichtigkeit der gesellschaftlichen Transformationsprozesse nicht hinreichend abgebildet wird in zyklisch-ritualisierten Wahlkämpfen, vom einfachen Wechsel gemäßigt-konservativ zu gemäßigt-sozialistisch (wie nach 1968 im Westen, zurück dann 1982 und wieder zurück 1998), von medialen Großerzählungen. 2017 zeigt die »paneuropäische Union der Nationalisten« (wiederum wie um 1930) in Polen, in Ungarn, in der Türkei, diesmal auch der Brexiteers, welche Ausnahme eine gesamtgesellschaftliche Auseinandersetzung ist, die allen Bürgern ein gemeinsames Haus auf der Grundlage gemeinsam geteilter Werte und ohne den Popanz einer singulären, sakral überhöhten Nationalkultur anzubieten vermag.

An kaum einer Stelle der Bundesrepublik wird das Maß der Aufkündigung gesellschaftlichen Zusammenhalts durch breite Bevölkerungsteile so deutlich wie im Freistaat Sachsen. Heidenau, Bautzen, Schneeberg sind zu Synonymen für eine Subkultur von rechts geworden, Leipzig-Connewitz für eine Subkultur von links, die nicht nur »die staatliche Autorität infrage« stellen, so Markus Ulbig, sondern weit mehr noch die Grundlagen eines Zusammenlebens auf Basis der Artikel 1 bis 19 des Grundgesetzes, dem Person-Sein aller Menschen, mit oder ohne deutschem Pass.

In Sachsen ist daher Forschung zu gesellschaftlichem Zusammenhalt und (kultureller) Integration dem staatlichen, kommunalen, korporativen, kirchlichen und zivilgesellschaftlichen Handlungsbedarf besonders nahe. Aus diesem Grund hat sich ein überparteilicher Forschungsverbund von Vertretern der Technischen Universität Chemnitz, der Technischen Universität Dresden, der Universität Leipzig, der Polizeihochschule Rothenburg, der Hochschule Zittau/Görlitz und des Instituts für kulturelle Infrastruktur Sachsen gebildet. Er hat im Herbst 2016 eine erste Bestandsaufnahme von Theorien und Prozessen verbunden mit konkreten Handlungsempfehlungen in Form der Studie »Ankommen in der deutschen Lebenswelt. Migranten-Enkulturation und regionale Resilienz in der Einen Welt« von Matthias Theodor Vogt, Erik Fritzsche und Christoph Meißelbach vorgelegt.

Ausgangspunkt der Studie war die Bitte der Sächsischen Staatskanzlei, eine Woche nach Heidenau und eine Woche vor dem Budapester Westbahnhof, den Hintergründen sächsischer Fremdenfeindlichkeit nachzugehen. Im Verlauf der Recherchen zeigte sich, dass seitens der Politik und seitens der sozialwissenschaftlichen Theorie das kulturelle Potenzial für gelingende Integration stark unterschätzt wird. Sachsens Landespolitik hat sich seit 1990 um eine Integration ihrer eigenen Bürger in die Wertegemeinschaft der Artikel 1 bis 19 des Grundgesetzes nur unzureichend bemüht. Ohne diese aber gibt es kaum Ansatzpunkte für eine Aufnahme von Fremden als Gleiche. Beheimatung in einer auf »Offenheit« angelegten Verfassungsstruktur kann einer technizistisch-administrativ angelegten Politik nicht gelingen. Einer retrograd angelegten Kulturpolitik genauso wenig.

In seiner »Ankommens«-Studie plädiert der Forschungsverbund für eine bildungs- und kulturpolitische Befestigung der Einsicht, dass Deutschlands Geschichte eine von Ein-, Durch- und Auswanderung ist, dass Migration der Normalfall ist und dass Innovation und Integration zwei Seiten der gleichen Medaille sind. Eine solche Befestigung in den Vorstellungswelten der Deutschen auf beiden Seiten der Elbe kann nur langfristig und durch eine neuartige, auf die kulturellen Voraussetzungen von Integration setzende Kulturpolitik geschehen. Im Mittelpunkt künftiger Forschungen und kulturpolitischer Handlungsempfehlungen kann daher kein präideologisiertes Multikulti stehen, sondern ein Ringen um Interkulturalität und vor allem um Intrakulturalität. Die Studie »Ankommen in der deutschen Lebenswelt« ist nur ein Anfang, aber ein Mut machender.

Position beziehen
Die Initiative kulturelle Integration

Olaf Zimmermann — Politik & Kultur 2/2017

Position beziehen, unter dieser Überschrift kann die Arbeit der Initiative kulturelle Integration zusammengefasst werden. Es geht um eine gemeinsame Position darüber, was gesellschaftlichen Zusammenhalt ausmacht und welchen Beitrag kulturelle Integration zum gesellschaftlichen Zusammenhalt leisten kann. Dabei ist die aktuelle Debatte um die Integration Geflüchteter ein Aspekt, aber weder der einzige noch der bestimmende. Die gemeinsame Position soll in 10 bis 15 Thesen zusammengefasst werden, die zum 21. Mai, dem internationalen Tag der kulturellen Vielfalt, der Öffentlichkeit vorgestellt werden.

Die Ziele sind hochgesteckt: Die Thesen sollen keine Allgemeinplätze sein, sie sollen, wie von Einzelnen immer wieder betont wird, »weh tun«, sie sollen zugleich im Konsens verabschiedet werden. Bei den ersten beiden Treffen der Initiative kulturelle Integration, dem Spitzentreffen am 15. Dezember 2016 und dem ersten Arbeitstreffen am 24. Januar 2017, wurde Verbindendes, aber auch Trennendes deutlich. Es war und ist allen klar, dass »das Rad nicht neu erfunden« werden soll, es gibt einen Fundus an bestehenden Erklärungen, Stellungnahmen und Leitbildern, auf den zurückgegriffen werden kann und der neu gelesen werden muss. Zugleich besteht der Anspruch, einen eigenen Beitrag zur gesellschaftlichen Debatte um gesellschaftlichen Zusammenhalt zu leisten und mehr vorzulegen als eine Synopse bestehender Erklärungen.

Die Besonderheit der Initiative kulturelle Integration besteht darin, dass zivilgesellschaftliche Akteure, Kirchen und Religionsgemeinschaften, Sozialpartner, Medien und die verschiedenen staatlichen Ebenen, Kommunen, Länder und Bund, zusammen an einem Tisch sitzen und gemeinsam Thesen entwickeln. Dabei ist der Diskussionsprozess bereits ein Wert an sich. Denn die verschiedenen Akteure werden sich, damit sie den Thesen am Ende zustimmen können, in ihren Verbänden und Organisationen abstimmen, sie werden die Zwischenergebnisse zurückspiegeln und mit neuen Ideen in die nächsten Arbeitstreffen kommen. Damit unterscheidet sich die Initiative kulturelle Integration von anderen Expertengremien, in denen vor allem Wissenschaftler zusammenarbeiten. Diese sind ihrer eigenen Arbeit verpflichtet. Sie stehen in einem wissenschaftlichen Diskurs und müssen mit ihrer Arbeit in der jeweiligen Fachwelt bestehen. Die Vertreter der Verbände tragen die gebündelten Meinungen aus ihren Verbänden vor. Sie stehen in der Verantwortung jeweils zu prüfen, ob eine These vom sie entsendenden Verband mitgetragen werden kann. Damit verankern sie den

Diskussionsprozess zugleich wieder im jeweiligen verbandspolitischen Diskurs. Die Initiatoren der Initiative kulturelle Integration erwarten sich hieraus eine Breitenwirkung, die über den Mai 2017 hinausstrahlt. Sie erhoffen sich, dass die Thesen in die Verbände und Organisationen getragen werden und dort breite Unterstützung finden werden. Letztlich geht es um nicht weniger als die Art und Weise, wie wir zusammenleben wollen. Dabei ist es wichtig, möglichst viele gesellschaftliche Gruppen wie die Kultur, den Sport, die Wohlfahrtspflege, die Umwelt- und Naturschutzverbände, die Migrantenorganisationen, die Kirchen und Religionsgemeinschaften, die Medien und nicht zuletzt die staatlichen Akteure einzubeziehen. Hier gibt es kein »wir« und »ihr«, wie es teilweise in Diskursen um Integration anzutreffen ist. Wir sind alle Teile dieser Gesellschaft, manche schon lange, manche erst kürzer.

Eine der größten Herausforderungen besteht darin, eine Sprache zu finden, die nicht »verdruckst« ist, die ausreichend Raum für Differenzierung lässt und zugleich die nötige Klarheit nicht vermissen lässt. Eines wurde bei den ersten beiden Treffen schon klar, gerade von Migrantenverbänden wird eine klare Sprache eingefordert. Sie sehen sich selbst gefordert, Neuankömmlingen in Deutschland die Hand zu reichen, damit sie sich zurechtfinden und von geglückten Migrations- und Integrationserfahrungen profitieren können. Sie sind Deutsche, verstehen sich als Teil der Gesellschaft, leisten ihren Beitrag zum gesellschaftlichen Diskurs und fordern ihren Platz in der deutschen Gesellschaft ein. Sie ärgert, wenn sie immer noch als Migranten gesehen werden, auch wenn ihre Eltern- oder Großelterngeneration die Migrationserfahrung machte.

Die gemeinsam erarbeiteten Thesen werden bei allem Bemühen um Prägnanz und Klarheit, wahrscheinlich dennoch an der einen und anderen Stelle rundgeschliffen sein, damit alle Mitglieder der Initiative kulturelle Integration sich dahinter versammeln können. Der Deutsche Kulturrat öffnet daher in dieser und in der nächsten Ausgabe von Politik & Kultur den Raum der Diskussion. Thema dieser und der nächsten Ausgabe ist »Kulturelle Integration«. In Interviews, Artikeln und literarischen Texten befassen sich verschiedene Autoren mit dem Thema gesellschaftlicher Zusammenhalt und kulturelle Integration. Zu Wort kommen Politiker, Wissenschaftler, Autoren sowie Verbandsvertreter. Ihre Beiträge spitzen zu, vermessen das Feld und zeigen damit die Bandbreite der Debatte. Ergänzend zur Veröffentlichung in der Zeitung Politik & Kultur werden die Texte auf der Seite www.kulturelleintegration.de nachzulesen sein.

Etappen der türkischen Migrationsgeschichte

Gülay Kizilocak — Politik & Kultur 4/2011

2011 jährt sich der Abschluss des deutsch-türkischen Anwerbeabkommens zum 50. Mal. Zwar haben die deutsch-türkischen Beziehungen eine darüber hinausreichende Tradition, doch erhalten sie durch die Migration eine besondere Bedeutung.

In den 1950er und 1960er Jahren herrschte in der Bundesrepublik Deutschland ein Mangel an Arbeitskräften. Um diesen zu beheben, schloss die Bundesregierung am 31. Oktober 1961 ein bilaterales Abkommen mit der Türkei über die Anwerbung von Arbeitskräften ab. Im Hinblick auf die defizitäre Situation auf dem Arbeitsmarkt wurden vorwiegend jüngere sowie männliche türkische Arbeiter für eine Beschäftigung in der verarbeitenden Industrie angeworben.

Seit dem Anwerbeabkommen ist die Zahl türkischer Arbeitnehmerinnen und Arbeitnehmer in Deutschland kontinuierlich angestiegen, ihre Zahl lag nach zehn Jahren, 1971, bereits deutlich über einer halben Million. Die geschichtliche Entwicklung der Migration aus der Türkei nach Deutschland lässt sich an bestimmten Phasen und Etappen festmachen: Die erste Phase der Arbeitsmigration begann mit dem Anwerbeabkommen 1961 und dauerte bis zum Anwerbestopp 1973. Der Anwerbestopp und die darauffolgend einsetzende Familienzusammenführung im Jahr 1974 änderte die Sozialstruktur der türkeistämmigen Bevölkerung in Deutschland durch den Nachzug von Frauen und Kindern und der Verlängerung der Aufenthalte. Mit diesem Prozess wandelten sich auch die gesellschaftlichen, politischen und sozialen Dimensionen der Migration, die sich nun – in der zweiten Phase – von einer Arbeits- in eine Familienmigration verwandelt hatte. Diese Veränderungen wurden jedoch von den politischen Entscheidungsträgern nicht ausreichend wahrgenommen. Schließlich glaubten sowohl die deutsche Seite als auch die Betroffenen selbst, dass ihr Aufenthalt in Deutschland nach wie vor nur von befristeter Dauer sein würde.

Die 1980er Jahre kennzeichnen den Wandel vom befristeten Aufenthalt mit sicherer Rückkehrabsicht zum dauerhaften Verbleib der türkischen Migranten in Deutschland, der sich vor allem in einer Änderung des Bewusstseins der Migranten niederschlug. Die von der damaligen Bundesregierung beschlossene Förderung der Rückkehr der Arbeitsmigranten führte zwar dazu, dass in den Jahren 1983 bis 1985 etwa 300.000 Türken Deutschland verließen. Für die in Deutschland verbliebenen Türken begann nach der aus Perspektive der Regierung insgesamt enttäuschend verlaufenen Rückkehrwelle eine neue Bewusstseinsära. Nicht zuletzt die Enttäuschungen der Rückkehrer, denen es oft nicht gelang, in der Türkei sozial und wirtschaftlich wieder Fuß zu fassen, führten bei den in Deutschland verbliebenen Türken mehr und mehr dazu, den Rückkehrgedanken aufzugeben oder in die ferne Zukunft zu schieben und von einem doch längeren Aufenthalt in Deutschland auszugehen.

Die Integration der Zuwanderer – die ja bis dahin nicht als solche gesehen wurden – war in den 1980er Jahren kein Thema der politischen Agenda. Es wurde Ausländerpolitik gemacht, die sich weitgehend auf rechtliche Aspekte bezog, jedoch keine Politik betrieben, um die soziale Gleichstellung oder das gesellschaftliche Zusammenleben zu beeinflussen. Lediglich auf kommunaler Ebene, insbesondere in den Großstädten mit hohen Anteilen von Arbeitsmigranten, wurde aufgrund zunehmend sichtbarer Probleme ausländischer Kinder an den Schulen damit begonnen, soziale Projekte zur besseren Einbindung zu etablieren.

Die Änderung des Ausländergesetzes von 1991 kennzeichnet eine weitere Etappe der türkischen Migrationsgeschichte. Mit dieser Änderung wurde erstmals für Ausländer ein Recht auf Einbürgerung verankert. Aber erst mit dem neuen Staatsangehörigkeitsgesetz, das Anfang 2000 in Kraft trat, wurde das Abstammungsprinzip durchbrochen und das Geburtsprinzip mit Optionsmodell für in Deutschland geborene Kinder von ausländischen Eltern eingeführt. Dennoch blieb das neue Staatsangehörigkeitsgesetz hinter den Erwartungen der türkischen Migranten zurück, denn es schließt nach wie vor die Beibehaltung der ursprünglichen Staatsangehörigkeit aus, für viele Ausländer ein zentraler Grund, sich nicht einbürgern zu lassen. Die grundlegende Änderung des Staatsangehörigengesetzes im Jahr 2000 mit dem Wechsel vom Abstammungs- zum Geburtsprinzip markiert eine weitere Etappe der Migrationsgeschichte und zugleich die erste Etappe

der Integrationspolitik. Bereits im Jahr 1998 hatte die damalige rot-grüne Bundesregierung Deutschland zum Einwanderungsland erklärt und damit den Wandel von der Ausländer- zur Integrationspolitik eingeläutet, die in eine institutionelle Umstrukturierung und der Erarbeitung eines Nationalen Integrationsplans mündeten.

Transformation einer Arbeiterkultur

Im Laufe dieser 50-jährigen Geschichte der Migration aus der Türkei nach Deutschland haben sich die Lebensumstände und die Struktur der türkeistämmigen Bevölkerung stark verändert, unterscheiden sich aber immer noch deutlich von der der Deutschen. Von den heute rund 16 Millionen Personen mit Migrationshintergrund in Deutschland stammen rund 2,5 Millionen aus der Türkei. Zu diesen 2,5 Millionen werden nicht die Personen gezählt, die durch Geburt Deutsche sind aber türkeistämmige Eltern haben, die wiederum – ein oder beide Elternteile – eine deutsche Staatsbürgerschaft haben oder es aufgrund des neuen Staatsangehörigengesetzes geworden sind. Rechnet man diese mit ein, kann die Gesamtzahl der türkeistämmigen Zuwanderer in Deutschland auf mehr als 2,9 Millionen geschätzt werden. Ihre durchschnittliche Aufenthaltsdauer liegt bei 26 Jahren und rund ein Viertel der erwachsenen Türkeistämmigen sind bereits in Deutschland geboren. Die Mehrheit der türkeistämmigen Migranten ist mittlerweile in Deutschland heimisch geworden.

In der ersten Phase des Migrationsverlaufs dominierte die Arbeitsmigration mit deutlicher Verwurzelung in der Türkei und fester Rückkehrabsicht, die das Leben in Deutschland weitgehend bestimmte. Heute hat sich die türkische Community in Deutschland in viele Facetten ausdifferenziert, wie die seit mehr als zehn Jahren durchgeführte jährliche Mehrthemenbefragung der Stiftung Zentrum für Türkeistudien und Integrationsforschung (ZfTI) zeigt. Insbesondere im Generationenvergleich werden in den verschiedenen Dimensionen, von der Bildungssituation bis zur beruflichen Stellung, langsame Verbesserungen bei den Nachfolgegenerationen im Vergleich zur ersten Generation und eine Angleichung an die Mehrheitsgesellschaft sichtbar, wobei insbesondere im Bildungsbereich und der Integration in den Arbeitsmarkt nach wie vor erhebliche Defizite im Vergleich zur Mehrheitsbevölkerung bestehen. Doch auch die erste Generation hat hohe Integrationsleistungen erbracht. Die Mehrheit fühlt sich inzwischen in Deutschland heimisch und hat keine Rückkehrabsichten mehr, was bei der Nachfolgegeneration noch häufiger der Fall ist als bei der ersten. Doch bleibt die Verbundenheit mit der Türkei neben der Verbundenheit mit Deutschland auch in der Nachfolgegeneration bestehen, ohne dass man sich von der Mehrheitsgesellschaft abgrenzen möchte.

Die gesellschaftliche Einbindung, die in der Öffentlichkeit als der zentrale Bereich der Integration wahrgenommen wird, nimmt ebenfalls zu, immer mehr Migranten unterhalten Freundschaften zu Deutschen. Durch die ZfTI-Befragungen wird jedoch deutlich, dass fehlende Kontakte zur einheimischen Bevölkerung und geringe Einbindung nicht immer eine beabsichtigte Folge des Verhaltens der Zuwanderer ist, sondern auch aus Mangel an Gelegenheiten oder aber auch aufgrund von Ablehnung seitens der Deutschen resultieren.

Das Zusammenleben von Türken und Deutschen

Die jahrzehntelange Weigerung der politischen Entscheidungsträger, die De-facto-Zuwanderung als solche anzuerkennen und entsprechende Maßnahmen zu ergreifen, hat dazu geführt, dass Migranten nicht als legitimer und gleichberechtigter Teil der Gesellschaft betrachtet werden. Dies wirkte sich nicht nur negativ auf das Zugehörigkeitsgefühl und die Identität der Zuwanderer aus, sondern auch auf die Haltung der einheimischen Bevölkerung gegenüber Menschen anderer Kultur und Religion.

Die türkeistämmige Migrantenbevölkerung in Deutschland hat die Geschichte der Bundesrepublik Deutschland mitgestaltet. In Anbetracht der Migrationsrealität von Zuwanderern in Deutschland ist die offene Auseinandersetzung über die Gestaltung des Zusammenlebens von Deutschen und Zuwanderern überfällig. Eine grundsätzliche Anerkennung der Migranten als integraler Bestandteil der bundesdeutschen Gesellschaft ist die Basis eines wechselseitigen Verständigungsprozesses und somit eines weitgehend konfliktfreien Zusammenlebens von Migranten und Einheimischen. Es ist endlich an der Zeit, das »Wir-Gefühl« zu stärken, anstatt mit pauschalen und polarisierenden Aussagen die Spaltung der Gesellschaft zu betreiben.

Kultur ist mehr als die Herkunft

Ska Keller im Gespräch mit Hans Jessen — Politik & Kultur 2/2017

Frau Keller, das EU-Parlament, Vertreter von 28 Nationen, bedeutet selbst schon kulturelle Vielfalt. Wie arbeitet dieses Parlament zusammen? Ist das eine durchgängige politisch-kulturelle Integration? Oder gibt es auch Schwierigkeiten?
Im Parlament teilen sich die Abgeordneten nicht nach Ländern, sondern nach Fraktionen, nach politischen Meinungen. Man sortiert sich nicht nach der Frage: Wo komme ich her? Sondern: Was denke ich, was will ich? Beispielsweise haben wir bei den Grünen 51 Mitglieder aus ganz Europa. Wir sind alle grün. Das bringt uns zusammen. Wir unterhalten uns nicht über: »Oha, wie läuft das so bei euch in den Niederlanden?«, sondern wir unterhalten uns gemeinsam darüber, wie wir europäische Politik gestalten wollen. Ich glaube, dass das ein gutes Beispiel für Integration sein kann, man arbeitet gemeinsam an etwas, auf ein gemeinsames Ziel hin. Dann ist es egal, woher man kommt.

Im Moment hat man den Eindruck, dass Europa, das ein Europa der kulturellen Vielfalt sein soll, in den einzelnen Mitgliedstaaten eher wieder in kulturelle Eigenarten zerfällt. Der politische Erfolg der Rechtspopulisten gibt dafür deutliche Signale. Woran liegt das?

Wir haben eine große kulturelle Vielfalt in Europa. Wir haben schon eine große kulturelle Vielfalt in Deutschland. Ich komme aus Brandenburg – wenn ich nach Baden-Württemberg fahre, dann habe ich schon Schwierigkeiten, die Leute nur zu verstehen, rein sprachlich. Wir haben große kulturelle Unterschiede, auch innerhalb von einzelnen Mitgliedsstaaten. Kulturelle Vielfalt ist aber etwas sehr Bereicherndes, sie macht uns alle insgesamt stärker. Kultur ist viel mehr als die Herkunft. Natürlich spielt das eine ganz große Rolle, aber Kultur ist alles, was ich denke, was ich tue, was ich als normal empfinde, das ist letztendlich Kultur. Da geht es nicht nur um Herkunft.

Aber es ist doch offenbar so, dass in vielen europäischen Ländern Menschen sich von dieser Vielfalt, die noch breiter wird durch Migranten und Flüchtlingszuwanderung, überfordert fühlen und sagen: So viel wollen wir nicht. Sie wollen sich abschotten.
Ja, weil den Leuten immer wieder erzählt wird, dass es nur eine Identität geben kann, dass man nur Schwedin oder Deutsche sein kann, aber nicht gleichzeitig Europäerin. Aber das ist absurd. Ich bin Brandenburgerin und gleichzeitig habe ich einen deutschen

Pass. Da steht auch noch »Europäische Union« drauf. Eine Identität schließt die andere nicht aus. Man kann vieles gleichzeitig sein. Deswegen glaube ich, dass kulturelle Vielfalt keine Bedrohung ist, sondern eine Bereicherung und dass sie nicht dazu führt, dass man die eigenen Identitäten aufgeben muss oder sollte – auch wenn es Parteien und Politiker gibt, die ein Interesse daran haben, da einen Keil rein zu treiben.

Haben Widerstände in einzelnen Staaten gegen Integration etwas mit der Zahl und Verteilung von Zuwanderern zu tun? Die EU macht eine eigene Flüchtlingspolitik. Sie sind die migrationspolitische Sprecherin Ihrer Fraktion. Wie sehen Sie den Zusammenhang zwischen Flüchtlingspolitik und gelungener gesellschaftlicher kultureller Integration?
Die Frage, wie Flüchtlinge ankommen, ist sehr wichtig für die Integration. Wenn sie z. B. jahrelang, monatelang auf den griechischen Inseln oder in Notunterkünften hocken müssen, und das Gefühl haben, sie seien nicht willkommen, sie werden nicht ernst genommen, sie müssen immer den Behörden hinterherrennen, die interessieren sich nicht für ihr Schicksal, sondern gucken nur auf irgendwelche Papiere, dann erschwert das die Integration. Wenn Menschen ihre Familie nicht nachholen können, wenn die noch in Syrien sitzen und bombardiert werden – da kann man sich nicht ordentlich integrieren. Wie soll man da den Kopf frei haben für Sprache lernen? Man hat eine Motivation zur Integration, wenn man das Gefühl hat, hier bleibe ich. Hier bleibe ich gerne und hier sind Leute, die sind cool, also will ich mit denen reden, also muss ich die Sprache lernen. Die Art und Weise, wie wir das Ankommen von Menschen gestalten, ist ganz wichtig.

Jetzt sieht sich Europa konfrontiert mit einem Zustrom von Menschen außereuropäischer, kulturell weit entfernter Herkunft. Syrienflüchtlinge oder Flüchtlinge aus dem afrikanischen, nordafrikanischen Raum. Ist das vielleicht eine Überforderung dessen, was die traditionelle deutsche Bevölkerung an Integration zu leisten hat oder leisten kann?
Das ist auf jeden Fall eine Herausforderung. Es ist auch tatsächlich nicht einfach. Die Leute sind nicht herkommen, weil sie sagen: »Hey, wir finden Deutschland großartig oder Schweden oder Belgien, deswegen kommen wir mal.« Sondern die mussten fliehen. Die wollten gar nicht weg von zu Hause. Das fällt niemandem leicht. Es ist eine ganz große Herausforderung, sowohl für die Flüchtlinge selbst als auch für die aufnehmende Gesellschaft. In der Tat hatten wir bis jetzt nicht viel Migrationserfahrung aus Syrien. Das ist nicht einfach, aber es ist keine Überforderung. Wir haben in der gesamten Europäischen Union grob geschätzt 1,5 Millionen syrische Flüchtlinge aufgenommen, auf 500 Millionen Einwohner in der Europäischen Union. Das sollte doch machbar sein. Man muss natürlich auch dafür sorgen, dass es Sprach- und Integrationskurse gibt. Man muss den Leuten erklären, was das hier mit dem ganzen Papierkram auf sich hat, wie man Telefonverträge abschließt usw. Und dass man genau hingucken muss, was man da unterschreibt, auch wenn man denkt, in Deutschland ist alles super geregelt, hier muss doch alles funktionieren. Das sind einfache, aber wichtige Beispiele.

Wenn Sie sich mit Ihren europäischen und über Europa hinausreichenden Erfahrungen von kultureller Vielfalt Deutschland angucken: Welche drei, vier, fünf Begriffe, Zielsetzungen

sind wichtig, damit innerhalb von Deutschland kulturelle Integration möglich ist?

Für Integration ist erstens immer sehr wichtig: Sprache, Sprache, Sprache. Aber auch eine Willkommenskultur in dem Sinne, dass man den Leuten sagt: »Ihr seid hier willkommen, wir wollen euch hier haben«. Und dass die Leute den Kopf frei haben können, z. B. durch Familiennachzug. Ganz, ganz wichtig. Dass man den Leuten nicht solche Hürden in den Weg legt, die sie zweifeln lassen, ob sie jemals hier ankommen werden. Das Ankommen ist wichtig. Und natürlich eine möglichst schnelle Integration in den Arbeitsmarkt. Aber auch nachbarschaftliche Integration. Einfach, dass sich die Nachbarschaft kümmert, dass es Leute gibt in der Kita, die sich kümmern. Das, was wir gerade sehen in ganz Europa, die ganzen kleinen Initiativen, die sich überall darum kümmern, dass Flüchtlinge, die in die Wohnung kommen, Möbel kriegen. Die dafür sorgen, dass das Kind den Schulweg findet und die bei den Hausaufgaben helfen. Das ist ein weiteres Kernstück von Integration.

Wenn dann aber Politiker und Bürger sagen, wollen wir alles gerne machen, das geht aber nicht mit einer unbegrenzten Zahl von Migranten, Zuwanderern, wenn gesagt wird, eine gewisse Höchstgrenze an Zuwanderung sei Voraussetzung dafür, dass kulturelle Integration überhaupt gelingen kann?

Zuwanderung kann man begrenzen, aber nicht Flucht. Wenn wir eine ordentliche Einwanderungspolitik hätten, dann könnte man sagen, es gibt legale Einwanderung von Menschen, die hier arbeiten wollen, da kann man dann mit Zahlen jonglieren, bitte schön. Aber bei Fluchtfragen kann man das nicht machen. Wenn ein Mensch fliehen muss, dann muss der fliehen. Man kann

nicht sagen: »Sorry, aber die Grenze ist leider erreicht, du musst in Aleppo bleiben«. Das geht nicht. Der Mensch muss fliehen, sonst ist sein Leben in Gefahr.

Dieses zu akzeptieren ist eine Forderung, auch eine kulturelle Anforderung an die, die hier schon länger relativ sicher leben?

Ja, es kann keine Obergrenze für Flüchtlinge geben. Das wäre komplett gegen die Menschenrechte, gegen internationales Recht. Man stelle sich vor, wir müssten mal fliehen. Vor nicht allzu langer Zeit ist das auch passiert. Und dann würden andere sagen: »Sorry, das ist gerade zu viel. 80 Millionen Deutsche, wo wollt ihr überall hin?« Und wir sollten nie vergessen, wir sind in einer ziemlich komfortablen Situation. Mit all den Problemen, die wir innerhalb der Europäischen Union haben, auch Armut, sind wir immer noch, verglichen mit dem Rest der Welt, einer der reichsten Kontinente. Deswegen finde ich es fatal, wenn jetzt die Mitgliedsstaaten beschließen wollen, einen Schutzwall um die EU zu bauen und zu sagen: Hier, Libyen, du machst das, Ägypten, Türkei, ihr macht das alle schon, ihr kümmert euch alleine um die Flüchtlinge, wir kommen leider damit nicht klar. Das ist doch ziemlich absurd.

In die Offensive gehen: Taten, die eine klare Sprache sprechen

Katja Kipping im Gespräch mit Hans Jessen — Politik und Kultur 3/2017

Frau Kipping, vor knapp einem Jahr, als das Integrationsgesetz vorgestellt wurde, haben Sie der Bundesregierung, namentlich dem Innenminister und der Arbeitsministerin, Integrationsunwillen und Integrationsverweigerung von oben vorgeworfen. Gilt dieses harsche Urteil eigentlich immer noch?
Ja. Weil ich denke, die beste Integration besteht a) in einer sozialen Offensive für alle und b) natürlich in gelebter demokratischer Praxis. Und wer Menschen, die vor einem Krieg fliehen mussten und hier ankommen, den Nachzug ihrer Familien verweigert, der stellt sich wirklich offensiv einer Integration in den Weg. Solange man als Familienvater noch Angst um seine Familie hat, die in einem Kriegsgebiet ist, solange hört die Unsicherheit nicht auf und man kann nicht wirklich ankommen. Allein schon, dass subsidiär Schutzberechtigten der Familiennachzug verweigert wird, ist ein ganz großes Integrationshemmnis.

Nun gehören Herr de Maizière und Frau Nahles, die Sie namentlich genannt hatten, mit zu den Begründern der »Initiative kulturelle Integration«. Kann man Menschen, die sagen, wir wollen explizit Integration erweitern, ihr eine kulturelle Dimension geben,

Integrationsunwilligkeit vorwerfen?
Die Frage ist erstmal, was für ein Verständnis von Integration habe ich? Liegt dem Ruf »Die sollen sich integrieren« die Überzeugung zugrunde, es gebe eine deutsche Leitkultur, der sich alle anpassen müssen? – Dann kann ich nur sagen, das ist nicht die Integration, die ich meine. Die Vorstellung, es gebe eine homogene deutsche Kultur, halte ich für eine absolute Chimäre. Migration, Zuwanderung ist eine feste Konstante in der deutschen Kulturgeschichte. Es gibt nicht die eine Kultur, die sozusagen abgegrenzt von allen anderen entstanden ist. Nehmen wir nur mal eins der großen Werke der Aufklärung, »Nathan der Weise« von Lessing. Da kommen Vertreter von drei Religionen vor, die alle auf wundersame Weise auch noch miteinander verwandt oder ineinander verliebt sind. Da kann man doch nicht sagen: »Oh, es gibt jetzt die eine deutsche christliche Kultur«. Ich würde auch sagen, wenn wir uns die deutsche Kulturlandschaft anschauen, gibt es soziokulturelle Parallelwelten, und das ist gut, das ist Teil unseres Reichtums. Schauen wir uns nur mal das Münchner Oktoberfest an und die »Fusion«, das ist ein Festival des Partykommunismus in Mecklenburg-Vorpommern: Beide Feste werden von Unmengen von Leuten besucht, sind für viele sozusagen »das« kulturelle Ereignis des Jahres, und

trotzdem würden Teilnehmer beider Festivitäten staunend voreinander stehen, weil die Rauschmittel, die konsumiert werden, die Kostüme, die angezogen werden, die Musik, die gespielt wird, sich vollkommen voneinander unterscheiden. Ich wage mal die These, dass die Teilnehmer des Münchner Oktoberfestes den Besuchern eines türkischen Teehauses kulturell fast näher sind als den Teilnehmern des auch in Deutschland stattfindenden Fusion-Festivals.

Im Februar wurde im Bundestag heftig über einen Antrag debattiert, den Sie gestellt hatten. Er trägt die Überschrift: Soziale Offensive für alle. Dabei ging es auch um die Frage: Was ist eigentlich Integration? Sie haben ein 25-Milliarden-Sofortprogramm gefordert. Ist für Ihre Partei Integration also wesentlich eine materielle Frage?
Nein. Aber ohne materielle Grundlage ist alles andere nichts. Um das mal ganz konkret zu machen: Wenn wir in einer Schule Lehrkräfte haben, die kaum Zeit für einzelne Kinder haben, weil die Klassen zu groß sind, ist es natürlich schwer, die Begegnung zwischen Flüchtlingskindern und Kindern, die schon länger da sind, gut zu organisieren. Wenn man sie aber pädagogisch wertvoll begleitet, kann daraus ein Gewinn für beide Seiten entstehen: für die Flüchtlingskinder, weil sie schneller Deutsch lernen. Für die Kinder, die schon länger hier sind, kann das auch ein Gewinn sein, weil sie auf einmal Einblicke in die große Welt bekommen, die zu ihrem Allgemeinwissen beitragen. Wenn die Lehrer aber gestresst sind und keine Zeit haben, kann das auch mal nach hinten losgehen – für beide Seiten. Ein anderes Beispiel: Wenn wir nicht organisieren, dass es mehr öffentlich geförderte Beschäftigung gibt, dann besteht sehr wohl die Gefahr, dass

es zu Konkurrenzwettbewerben kommt, die eher die Abneigung befördern. Wenn man aber Arbeitsmarktangebote schafft, von denen sowohl Menschen profitieren, die neu hierhergekommen sind, als auch Langzeiterwerbslose, die schon länger da sind, dann tut man das Richtige für Integration und dafür, dass das Zusammenleben von Anfang an gut beginnt.

Was wir im Moment gesellschaftlich erleben, sowohl innerhalb der Gesellschaft der Bundesrepublik als auch zwischen europäischen Nationen, sind eher Prozesse von Desintegration. Das Verhältnis zur Türkei, auch das Verhältnis zu den USA … was läuft da falsch? Wie kann man verhindern, dass sich diese soziale wie auch kulturelle Spaltung weiter fortsetzt?
Was wir erleben, ist, dass es international einen Aufwind für Rechtspopulisten gibt und eine neue Sehnsucht nach dem Autoritären. Darin lauert eine große Gefahr. Ich finde, man muss Folgendes tun: Erstens, immer wieder ganz klar Kante geben gegen Rechts. Zweitens, sehr wohl zur Kenntnis nehmen, dass der Nährboden für Rechtspopulismus auch in der sozialen Verunsicherung besteht. Die Gesellschaft, für die wir kämpfen, ist eine Gesellschaft der sozialen Garantien, in der alle garantiert frei von Armut sind und die Mitte bessergestellt ist. In einer solchen Gesellschaft hört der Rassismus natürlich nicht einfach auf, aber rassistische Propaganda hat es deutlich schwerer. Drittens muss man immer wieder Begegnungen organisieren. Weil wir wissen, dass die Aversion, die Abneigung gegenüber Geflüchteten dort besonders groß ist, wo es besonders wenige gibt. Das ist ja ein Paradox. Also: Begegnungen organisieren ist auch ein gutes Mittel gegen Rassismus.

Auch innerhalb Ihrer Partei gab es im letzten Jahr auf sehr prominenter Ebene eine Debatte. Sahra Wagenknecht hatte gesagt: Integration mache vielleicht doch mehr Probleme, als man denke. Das haben manche als unangenehme Nähe zu Rechtspopulisten empfunden. Sie haben dagegengehalten. Hat dieser Disput zu einem produktiven Prozess in Ihrer Partei geführt?

Ich denke, wir als Partei haben mit unseren Taten eine klare Sprache gesprochen. Wir haben als einzige Partei geschlossen gegen jegliche Angriffe auf das Asylrecht gestimmt, während alle anderen Parteien – zumindest teilweise – eingeknickt sind. Und wir haben eine kritische Auswertung der AfD-Wahlerfolge geleistet. Ich bin nach wie vor überzeugt, dass die Antworten, die die Linke gibt, nämlich eine soziale Offensive für alle, das beste und nachhaltigste Mittel gegen Rechtspopulismus und Hass ist.

Ihre Partei hat besonders in den neuen Bundesländern ihr Fundament auch darin, dass Sie »Kümmerer« sind. Sie kümmern sich vor Ort um die Probleme von Menschen und sind ein Ansprechpartner, der direkte Kommunikation und Begegnung ermöglicht. Kann man daraus etwas lernen und ableiten für Integrationsprozesse, die dann auch eine kulturelle Dimension haben?

Es ist in der Tat ein wichtiger Teil unserer Parteipraxis, dass wir auch vor Ort in den Stadtteilen präsent sind. Ob man da jetzt eins zu eins Schlüsse ziehen kann für kulturelle Integration? Ich würde es mal andersrum sagen: In Auswertung all unserer Erfahrung mit Hartz IV können wir sagen, wie es gesellschaftlich schon mal auf keinen Fall funktioniert. Hartz IV ist ein System, das darauf setzt, die Leute zu aktivieren,

indem man ihnen permanent mit der finanziellen Daumenschraube droht, sodass sie andauernd das Damoklesschwert der Existenzangst über sich spüren. Dieses System der Gängelung, der Angst hat auf den Seelen vieler Menschen Spuren hinterlassen. Und zwar Spuren, die sich oft in einer sehr destruktiven Dynamik der Betroffenen untereinander und gegeneinander äußern. Aus unseren Erfahrungen in der Beratung, aus den Beobachtungen, was Hartz IV mit den Menschen anrichtet, kann ich nur sagen, das Setzen auf Existenzangst und Abstiegsängste ist so ziemlich das Schlechteste und Desintegrierendste, was man einer Gesellschaft antun kann – in kultureller Hinsicht wie aber auch in menschlicher Hinsicht.

Keine Integration ohne Assimilation
Von der Rolle der Alltagskultur in einer erfolgreichen Integration

Alexander Grau — **Politik & Kultur 2/2016**

Kultur ist nicht austauschbar. Sie ist eine Lebensweise, die wir seit der frühesten Kindheit verinnerlicht haben. Sie lässt sich nicht durch ein paar Kurse oder Seminare prägen oder gar abändern.

Integration ist das Zauberwort der Stunde. Viele deutsche Politiker haben in den vergangenen Tagen mehr Kursangebote gefordert. Z. B. Julia Klöckner: Stellvertretend für viele andere forderte sie nach den Vorkommnissen in Köln und anderen Städten nicht nur eine Integrationspflicht für Einwanderer, sondern auch eine Verdopplung der Zahl der Integrationskurse.

Ist das ein Ausdruck von Hilflosigkeit? Oder Blauäugigkeit? Meinen Deutschlands führende Politiker wirklich, der Besuch irgendeiner Integrationsveranstaltung könnte kulturelle Prägungen, überlieferte Mentalitäten und verinnerlichte Sozialrollen nachhaltig abändern? Glaubt man tatsächlich, ein Ethikseminar sei eine Art kulturelle Reset-Taste? Ein normatives Update? Ganz offensichtlich. Und diese treuherzige Haltung ist gefährlich. Denn sie offenbart eine naive und zugleich verquere Vorstellung von Kultur und ihrer Prägekraft.

Über Jahrzehnte verinnerlicht

Kultur, so denkt man sehr offensichtlich in Deutschlands Regierungsbehörden, ist etwas, was man von heute auf morgen ablegen oder verändern kann. Kultur, so scheint man zu glauben, ist etwas Austauschbares, etwas, das man erklärt bekommt und an das man sich dann hält. Kultur, so die offizielle Lesart, ist etwas Verstandesmäßiges, das Argumenten zugänglich ist und in eine Handvoll Regeln gepackt werden kann, nach denen sich dann alle richten. So als sei Kultur im Kern eine Kopfsache und alles, was mit Emotionen und tief eingeschliffenen Verhaltensmustern zu tun hat, lediglich Folklore.

Doch Kultur ist etwas anders. Kultur ist weder mit Kunst zu verwechseln noch mit Ethik. Kultur ist eine Lebensweise. Und weil sie das ist, ist sie alles andere, nur eben keine Verstandssache. Kultur kann man nicht in einem Integrationskurs erlernen oder in einem Ethikseminar. Man verinnerlicht sie über Jahre und Jahrzehnte, von der frühesten Kindheit an. Man erfasst sie über die kindliche Sozialisation, über die Vorbilder im eigenen Elternhaus, über Rollenmuster und Rituale, über Feste und alltägliche Erfahrungen, auf der Straße, in der Kneipe, im Supermarkt.

Kultur schleift sich tief in das Unbewusste des menschlichen Verhaltens ein. Einmal ausgeprägt, ist es unendlich schwer, sich von ihr zu distanzieren. Man legt sie nicht ab wie ein altes Kleidungsstück, das man bei Bedarf durch ein anderes austauscht.

Ob wir es wollen oder nicht: Wir alle sind bestimmt durch die Kultur, in der wir groß geworden sind, sei sie protestantisch, katholisch, bürgerlich, hanseatisch oder schwäbisch. Kultur ist die Tiefengrammatik unserer Existenz, unseres Denkens und Handelns. Diese Prägekraft des Kulturellen wird von den Integrationseuphorikern geflissentlich übersehen. Ihr Kulturbegriff fußt im Kern auf der idealistischen Kulturvorstellung der deutschen Klassik und der Aufklärung. In ihr ist Kultur das Schöne, Wahre und Gute, eine überhöhte Sphäre allgemeinmenschlicher Normativität, die nichts mit der Alltagskultur zu tun hat, sondern zu der man den Menschen erziehen kann und erziehen muss.

Diese abgehobene, ideale »Kultur« hat mit der menschlichen Existenz wenig zu tun. Sie ist eine intellektuelle Konstruktion. Sie übersieht, dass die menschliche Prägung, dass Ideale, Wunschbilder und soziale Rollen irrational vermittelt und zutiefst emotional eingeschrieben und wirkmächtig sind. Man kann Menschen, zum Glück, nicht einfach umerziehen und sie leichter Hand in eine andere Lebenswelt und Mentalität eingliedern.

Integration durch eingefühlte Alltagskultur

Der gesamte Integrationsbegriff gründet auf der falschen Vorstellung, es gäbe zwei Formen der Kultur: Eine zu vernachlässigende Alltagskultur und eine höhere, argumentativ zugängliche Normenkultur, die sich auf jede mögliche Alltagskultur gleichsam aufpropfen lässt. So funktioniert das nicht. Es ist die Alltagskultur, in der Normen und Werte eincodiert sind. Sie bestimmt das Handeln der Menschen. Sie bestimmt, was sie wertschätzen, lieben, ablehnen oder verachten. Denn die in die Alltagskultur eingewebten Werte und Normen sind an Gefühle gebunden, an Stolz und Liebe, an Abneigung und Hass. Und Gefühle ändert man nicht von heute auf morgen. Schon gar nicht in gut gemeinten Kursen und mithilfe gewitzter Pädagogik. Der Mensch ist kein Computer, auf den man eben mal ein neues Betriebssystem installiert.

Deshalb werden viele der wohlgemeinten Integrationsbemühungen scheitern. Integration kann nur dann gelingen, wenn der sich Integrierende sich umfassend in die neue Alltagskultur einlebt und einfühlt. Kurz: Integration ist ohne Assimilation im Grunde nicht zu haben. Die Vorstellung, dass es ausreicht, Einwanderern aus weit entfernten Lebenswelten ein paar Benimmregeln an die Hand zu geben, muss scheitern. Ebenso wie das Konzept der Multikulturalität, das auch nur funktioniert, wenn man unter Kultur sinnentleertes Brauchtum versteht.

Zum Begriff der kulturellen Integration
Ambivalenzen eines Konzepts

Max Fuchs — **Politik & Kultur 2/2017**

Begriffe helfen, die Welt wahrzunehmen, zu ordnen und zu verstehen. In diesem Zusammenhang haben Begriffe auch eine emotionale Qualität: Man findet sie sympathisch oder abschreckend, man verwendet sie gerne oder man vermeidet sie.

Was bedeutet dies für die beiden Wortbestandteile des Begriffs der kulturellen Integration? Gerade im deutschsprachigen Bereich ist der Begriff der Kultur ausgesprochen positiv besetzt. Man hat in der Regel ein – in der Wissenschaft verpöntes – normatives Verständnis von Kultur, das es mit dem Guten, Wahren und Schönen zu tun hat. Ein solches, humanistisches Verständnis findet natürlich viele Bezugspunkte in der Geschichte. So sprach der Berliner Philosoph Moses Mendelsohn in der zweiten Hälfte des 18. Jahrhunderts von Bildung, Kultur und Aufklärung als »Neuankömmlingen in der deutschen Sprache«, wobei diese Neuankömmlinge die Hoffnungen auf eine Verbesserung der gesellschaftlichen Rahmenbedingungen zum Ausdruck brachten. Je positiver allerdings ein Begriff besetzt ist, umso größer ist – gerade in der öffentlichen und politischen Kommunikation – die Neigung, ihn für eigene Ziele und Zwecke zu nutzen und entsprechend umzudeuten. Dies führt zwangsläufig dazu, dass eine einvernehmliche Definition kaum noch möglich ist und sehr ver-

schiedene, auch einander widersprechende Deutungen nebeneinander existieren. Neben dieser humanistischen Deutung gibt es auch eine Begriffsverwendung, die unter »Kultur« nicht bloß die positiv zu bewertenden humanen Aktivitäten des Menschen erfasst, sondern auch sein Zerstörungspotenzial. Allerdings ist diese Sichtweise in der Kulturpolitik kaum verbreitet.

Auch der Begriff der Integration erfreut sich – zumindest im politischen Diskurs – einer großen Beliebtheit. Man assoziiert mit diesem Begriff das Gemeinsame, die Einbeziehung aller Menschen in ein Ganzes. Der Begriff ist aufs engste verwandt mit dem Begriff der Teilhabe und neuerdings mit dem Begriff der Inklusion. Beide Begriffe werden als politische Zielvorstellungen durch die Allgemeine Erklärung der Menschenrechte, durch zahlreiche Konventionen sowie durch nationalstaatliche Gesetze garantiert. Diese positive Sichtweise wird verstärkt, wenn man sich die Gegenbegriffe anschaut: Exklusion, Ausgrenzung, Ausschluss, Abschottung, Diskriminierung.

Vor diesem Hintergrund wundert man sich nicht über die vielfältige Nutzung im politischen Bereich, man kann sich allerdings darüber wundern, dass man oft in dem Bereich, in dem man es mit Migration und Zuwanderung zu tun hat, auf eine deutliche Ablehnung dieses Begriffes stößt. Woran liegt das? Ein erster Antwortversuch besteht darin, dass man zwar über Integration spricht, aber letztlich Assimilation meint: Diejenigen, die bislang außen vor sind, sollen zwar aufgenommen werden in die Gemeinschaft, allerdings sind die Hürden für diese Aufnahme ausgesprochen hochgelegt. Es geht dabei nicht bloß um die Aneignung der deutschen Sprache und die Akzeptanz der Rechtsordnung, sondern es geht um ein starkes Bekenntnis zu einer deutschen Leitkultur, was immer man darunter versteht. Ein weiterer Grund für eine skeptische Haltung gegenüber diesem Begriff kann darin gesehen werden, dass die Notwendigkeit übersehen wird, unterschiedliche Formen von Integration und Teilhabe gleichermaßen zu berücksichtigen. Neben der kulturellen Teilhabe gibt es nämlich eine soziale, politische und ökonomische Teilhabe, was ganz konkret bedeutet, dass man den Aufnahmekandidaten eine Chance am Arbeitsmarkt und eine Chance zur politischen Mitwirkung geben muss. Zudem sollte man die Beträge im Kontext von Hartz IV und der Grundsicherung für kulturelle Aktivitäten betrachten, die kaum eine auch nur minimale Teilnahme am kulturellen Leben gestatten.

Auch der Aspekt der Bildungsgerechtigkeit – gerade gegenüber Kindern und Jugendlichen aus Zuwanderungsfamilien – spielt eine entscheidende Rolle, wobei das deutsche Bildungssystem, wie die PISA-Studien regelmäßig zeigen, einen hohen Grad an Selektivität zeigt. Dies bedeutet, dass auch kulturelle Integration nicht allein von der Kulturpolitik bewältigt werden kann, sondern dass weitere Politikfelder wie Wirtschafts-, Sozial-, Innen- und Bildungspolitik – und dies auf allen drei Ebenen des Staates – einbezogen werden müssen. Tut man dies nicht, dann könnte der Verdacht entstehen, dass die Rede über kulturelle Integ-

ration und Teilhabe die anderen genannten Teilhabeformen an den Rand drängen will: Kulturpolitik wäre dann eine Art Ersatz für eine Politik, die es ernst meint.

Nun spricht die Kulturpolitik zwar über Kultur, hat es aber im Wesentlichen mit der Produktion und Rezeption von Künsten zu tun. Auch in diesem Feld ist Skepsis angebracht, da man spätestens seit den Studien von Bourdieu weiß, dass Kunst und Kultur sehr starke Mittel der gesellschaftlichen Ausdifferenzierung und auch Abgrenzung unterschiedlicher Gruppen sind. Sie wirken zwar integrierend, aber dies lediglich in abgegrenzten Lebensstilgruppen.

All diese Hinweise sollen nun nicht dazu führen, das Ziel einer kulturellen Integration abzulehnen. Es weist nur auf einige Stolpersteine hin: Man sollte sich kritisch fragen, wie viel an Gemeinschaftlichkeit überhaupt notwendig ist, damit eine moderne Gesellschaft funktioniert. Anders als in traditionellen Gesellschaften geschieht Integration nicht über eine starke und emotional verankerte und verbindliche universelle Werteordnung (wie etwa ein geteilter Glaube), sondern über Prozesse der Partizipation. Moderne Gesellschaften halten es nicht nur aus, dass es eine Pluralität von Lebensformen und -orientierungen gibt: Dies ist sogar ein wesentliches Kennzeichen. Man erinnere sich, dass ein zivilisierter Umgang mit Fremdem die Basis für den Erfolg der Städte als internationale Handelszentren und damit für ihre ökonomische, politische und kulturelle Entwicklung war: Weltoffenheit, Toleranz, Neugierde, ökonomische Prosperität gingen in der Geschichte immer schon Hand in Hand. Ein Blick auf die großen Städte könnte auch die Ängste vor Parallelgesellschaften nehmen. Denn alle Großstädte hatten immer schon Viertel, in denen sich bestimmte ethnische Gruppen konzentrierten. Straßennamen erinnern noch an das frühere Griechen-, Juden-, italienische etc. Viertel, was einer »Integration« gerade keinen Abbruch getan hat.

Man sollte zudem die segmentierende Wirkung von Kunst und Kultur nicht aus den Augen verlieren. Man sollte überlegen, dass kulturelle Integration nicht funktionieren kann, wenn man ökonomische, soziale und politische Integration nicht mit bedenkt, damit die eigenen kulturellen Anstrengungen nicht zu einer bloßen Symbolpolitik verkommen. Man sollte sich zu dem bewusst sein, dass der Reichtum der Kulturen, die kulturell integriert werden sollen, zwangsläufig dazu führt, dass sich das, was man unter der eigenen Kultur versteht, verändern wird: Das Wir nach einer erfolgten Integration ist ein anderes als das vorherige Wir. Dies bedeutet insbesondere, dass Integration keine Einbahnstraße ist: Es müssen sich nicht bloß die Aufnahmekandidaten an ein anderes Regelsystem gewöhnen, auch die bisherigen Mitglieder der Gemeinschaft werden hinnehmen müssen, dass die Neuankömmlinge eigene Vorstellungen einbringen wollen. Nicht zuletzt muss man vor dem Hintergrund der oben angesprochenen, zum Teil widersprüchlichen Füllung des Begriffs der kulturellen Integration für eine eigene klare Begriffs- und Zielbestimmung sorgen. Dies bedeutet aber auch, dass jeder der beteiligten Akteure bei sich selbst mit einer kritischen »Evaluation« beginnen muss, inwieweit im eigenen Bereich dieses Ziel realisiert wird.

Übrigens: Integration ist dabei nicht nur eine Aufgabe, die man im Kontext von Zuwanderung diskutieren sollte. Es gibt zum einen viele »Biodeutsche«, deren Beteiligung an den unterschiedlichen Gesellschaftsfeldern durchaus verbesserungsbedürftig ist. Auch sollte man bedenken, dass Reiche, die in Deutschland die immer noch guten Infrastrukturen nutzen und auch hier ihr Geld verdienen, sich gerne in durch private Sicherheitskräfte abgeschirmte Viertel zurückziehen und häufig ihre Vermögen und Einkommen in Steueroasen deponieren. Sollte dies nicht unter dem Aspekt der »Integration« mitbedacht werden?

Kulturelle Integration kann unter dieser Perspektive bedeuten: Anerkennung und Respekt vor kulturellen Ausdrucksformen, die einem selbst zunächst fremd sind. Dies setzt Neugierde und Offenheit voraus, was nicht bedeutet, dass einem alles gefallen muss. Kulturelle Integration bedeutet, dass man bewusst Möglichkeiten der Teilnahme und Teilhabe schaffen muss. Bei der Teilnahme geht es um die Öffnung der Angebote, wobei finanzielle Aspekte und Fragen der Erreichbarkeit eine Rolle spielen. Teilhabe geht allerdings über die bloße Teilnahme an fertigen und bewährten Produkten hinaus: Es müssen Gelegenheiten geschaffen werden, eigene Produktionen – und dies im normalen Programm und nicht in Sonderprojekten – zu entwickeln. Kulturelle Integration ist jedoch nicht nur eine Aufgabe für die einzelne Kultureinrichtung: Auf politischer Ebene geht es darum, die Notwendigkeit einer Einbeziehung der oben genannten anderen Integrationsformen (in Politik und Ökonomie) aufzuzeigen. Letztlich ist kulturelle Integration nur ein Aspekt von Integration insgesamt und Kulturpolitik ein Feld, das nur im Kontext anderer Politikfelder wirksam werden kann.

Mehr als nur Vokabeln
Deutsche Sprache als Integrationsmotor

Klaus-Dieter Lehmann — Politik & Kultur 2/2017

Deutschland ist bereits seit längerer Zeit ein Zuwanderungsland. Fast 20 Millionen Menschen mit ausländischen Wurzeln leben hier. Für alle ist die deutsche Sprache der Schlüssel zur Integration. Alle Studien belegen, je besser das Sprachvermögen, umso besser die Chancen für eine gesellschaftliche Teilhabe. Es geht dabei nicht nur um die Eingliederung von Fachkräften für die Wirtschaft. Längst gibt es Musiker, Schriftsteller, Filmemacher oder Bildende Künstler, die ihre Erfahrungen und ihre Perspektiven mit uns teilen, die sich ganz selbstverständlich als Teil der deutschen Kultur verstehen. Aber für alle gilt gleichermaßen, ohne einen motivierten Sprachwechsel ist ein wirkliches Ankommen nicht zu erreichen.

Der Erwerb einer Sprache beschränkt sich dabei nicht auf das Erlernen von Vokabeln und Grammatik, sondern schließt auch Werte, Verhaltensnormen und kulturelles Wissen ein. Integration muss die Erfahrung von Fremdheit verarbeiten und in Verhalten übersetzen. Das gilt in Richtung der Deutschen und in Richtung derer, die zu uns kommen.

Eine neue Dimension hat die Migration in Deutschland 2015/2016 erreicht. Innerhalb eines Jahres suchten fast eine Million Flüchtlinge Schutz und Aufnahme. Nicht nur Größenordnung und Geschwindigkeit sind außergewöhnlich, sondern auch die Umstände.

Ein Großteil stammt aus Kriegs- und Krisengebieten mit erschütternden Einzelschicksalen, die meisten sind auf unvorstellbar auszehrenden Landwegen oder über das Mittelmeer nach Europa gelangt. Ein großer Anteil ist traumatisiert, insbesondere Kinder und Jugendliche. Deshalb ist es so wichtig, dass Sprache nicht nur als technisches Werkzeug vermittelt wird, sondern eingebettet ist in einen Zusammenhang mit kultureller Integration.

Eine beeindruckende Willkommenskultur als humanitäre Soforthilfe hat das Bild Deutschlands bei der Aufnahme von Flüchtlingen geprägt. Diesem Willkommen muss jedoch eine wirkliche Kultur der Teilhabe folgen, die die Menschen als Teil der Gesellschaft aufnimmt. Flüchtlinge wollen nicht Opfer bleiben, sondern eine verlässliche Integration erleben.

Sprache ist zweifellos der Schlüssel, um in Deutschland am gesellschaftlichen Leben teilzuhaben, einen Arbeitsplatz zu bekommen oder ein Studium zu beginnen. Je motivierter dies ermöglicht und genutzt wird, desto besser die Lebens- und Berufsperspektiven. WLAN und Smartphones ermöglichen den schnellen Zugang zu zahlreichen Übungsangeboten und Apps im Internet. Diese Selbstlernangebote erleichtern den Einstieg ins Deutschlernen und können unabhängig vom

Standort genutzt werden. Durch sie können auch Wartezeiten bis zum Deutschkurs produktiv genutzt werden. Das Goethe-Institut als größter Kulturmittler Deutschlands hat gemeinsam mit dem Bundesamt für Migration und Flüchtlinge (BAMF), der Bundesagentur für Arbeit (BA) und dem Bayerischen Rundfunk/ARD alpha die sehr erfolgreiche App »Ankommen« für Smartphones realisiert. Sie stellt in fünf Sprachen die wichtigsten Informationen für einen erfolgreichen Einstieg zur Integration zur Verfügung: Hinweise zu Leben und Verhalten in Deutschland, Informationen zum Asylverfahren, zu Ausbildung und Berufsleben und einen vom Goethe-Institut entwickelten multimedialen Sprachkurs für Selbstlerner. Die App wurde inzwischen mehr als 220.000 Mal heruntergeladen. Die Inhalte werden laufend weiterentwickelt.

Um die Fähigkeit zu erwerben, in der Fremdsprache zu kommunizieren, braucht es jedoch direkte Interaktion mit Muttersprachlern, die über Apps nicht zu erreichen ist. Individuelles Üben und Nachahmen sind darüber hinaus nur einzelne Bausteine eines erfolgreichen Spracherwerbs und keinesfalls ausreichend. Dies trifft in besonderem Maß auf Menschen zu, die erstmals eine Fremdsprache lernen. Sie benötigen eine professionelle Begleitung, durch die Strukturen, Lernstrategien und Fortschritt im Lernstoff garantiert werden.

In Deutschland regelt das Aufenthaltsgesetz die Teilnahme an Integrationskursen, die bundesweit von durch das BAMF akkreditierten Trägern angeboten werden. Das Goethe-Institut hat das Rahmencurriculum für die Integrationskurse erarbeitet und 2016 an die neue Situation im Auftrag des BAMF angepasst. Alle Sprachkursanbieter müssen die Qualitätsstandards erfüllen, um eine erfolgreiche Sprachförderung zu gewährleisten. Auch wenn der Begriff »Flüchtling« zunächst eine homogene Gruppe suggeriert, so

hat doch jeder Geflüchtete seine eigene Biografie, seine eigenen Lern- und Berufserfahrungen und Fähigkeiten, die seine Möglichkeiten und Erwartungen bestimmen. Je nach Bildungsstand braucht es differenzierte und flexible Kursangebote. Ergänzend zu den Integrationskursen sind das Angebote für Analphabeten sowie Kurse für akademisch gebildete und studierwillige Flüchtlinge. Darüber hinaus müssen Spracherwerb und Ausbildung enger aufeinander abgestimmt werden. Dazu ist nicht nur die Förderung von berufsbezogenen Sprachangeboten unbedingt erforderlich. Die Angebote müssen auch auf die zeitliche und örtliche Verfügbarkeit Rücksicht nehmen.

Aufgrund der außergewöhnlichen Situation und des rasant steigenden Bedarfs nach Deutschkursen hat das Goethe-Institut folgende Maßnahmen verstärkt angeboten: Digitale Angebote zum Selbstlernen, Teilnahme von Hochqualifizierten an Sprachkursen an den zwölf Goethe-Instituten in Deutschland oder an den Online-Kursen, um den schnellen Zugang zum Arbeitsmarkt zu erleichtern. Da die deutschen Goethe-Institute keine öffentlichen Mittel erhalten, konnten die Angebote nur aufgrund von Spenden oder zweckgebundenen Drittmitteln – in der Regel für neue Projektinhalte – realisiert werden. Interessant für das Goethe-Institut und im Sinn einer möglichst nachhaltigen Sprachvermittlung wäre es, wenn die gesamte Kurs- und Prüfungspalette auch für Flüchtlinge genutzt werden könnte und die beauftragenden Stellen dies einfach durch Stipendienvergabe ermöglichen können. Schließlich ist die Einbettung in Projekte zur Aktivierung und Stärkung der gesellschaftlichen Teilhabe neu Zugewanderter ein motivierendes Element und schafft echte Teilhabe. Das können sein: Ausflüge, Theater- und Museumsbesuche, Einladungen, Praktika in regionalen Firmen, Kooperation mit Hochschulen, organisiert von Förder- und Freundeskreisen. Gerade weil wir kein Land der großen Metropolen sind – die überwiegende Mehrheit der Bevölkerung lebt in Orten unter 50.000 Einwohnern – eröffnen sich aufgrund nachbarschaftlicher Strukturen Chancen zur Anwendung des Gelernten, für sprachlich wie interkulturell-landeskundliches Lernen.

Beeindruckend ist der selbstlose Einsatz von Ehrenamtlichen. Ohne sie wäre vieles nicht möglich. Allerdings hat sich ihre Integrationshilfe inzwischen zu einer Orientierungs- und Auskunftshilfe entwickelt. Das bedeutet, eine stärkere Zusammenarbeit zwischen Gesellschaft und Staat ist unbedingt notwendig. Das Goethe-Institut hat auf diese Gruppe reagiert und für die Ehrenamtlichen ein sehr nachgefragtes Qualifizierungspaket zur effizienten Sprachvermittlung entwickelt. Dieses Engagement stellt eine wichtige Ergänzung zu den professionellen Angeboten dar. Der Ausbau von bereits existierenden Schulungsangeboten in der Reichweite und zur Stärkung der interkulturellen Kompetenz ist dringend notwendig. Die bisherigen Erfahrungen sind überzeugend, gerade auch wegen der menschlichen Nähe.

Das Goethe-Institut kennt die Situation bereits in den Herkunftsländern der Migranten und insbesondere die Flüchtlingsproblematik in den Nachbarländern Syriens und des Irak – in der Türkei, in Jordanien und im Libanon. Dort werden besonders Kinder und Jugendliche betreut. Diese Gruppe benötigt auch in Deutschland eine besondere Zuwendung. Durch eine großzügige Spende von fast einer Million Euro seitens der Japan Art Association wurde es dem Goethe-Institut ermöglicht, Kinder und Jugendliche zwischen 12 und 17 Jahren in kulturellen Integrationskursen zu betreuen. Außerdem entstanden zwei wunderbare Projekte zu einer anschaulichen Vermittlung der deutschen Sprache in ihrem kulturellen Kontext.

Zum einen ist es eine Reihe von Kinder- und Hörbüchern in Deutsch, Arabisch und Farsi unter dem Titel »Einfach Lesen« und »Einfach Hören«, die Einblicke in die Lebenswelt deutscher Kinder gibt. Mit den Büchern können die jungen Leser in ihrer Muttersprache Geschichten deutscher Autoren kennenlernen und bekommen gleichzeitig die Möglichkeit, sich mit der deutschen Sprache vertraut zu machen. 300 Bücherpakete wurden über Stadtbibliotheken verteilt, über 100.000 Kinder wurden inzwischen erreicht. Und die Eltern lesen mit! Zum anderen ist es der Filmkoffer Cinemanya mit 18 deutschen Spielfilmen mit arabischen und zum Teil persischen Untertiteln und einem Kurzfilmprogramm. Die 15 Filmkoffer werden durch geschulte Patinnen und Paten für Begleitveranstaltungen in ganz Deutschland mit großem Erfolg eingesetzt. Obwohl untertitelt, werden die Filme komplett auf Deutsch gesehen, meist auf ausdrücklichen Wunsch der Kinder. Die Filmkofferveranstaltungen sind häufig als Begegnungsveranstaltungen angelegt, d. h. das Publikum besteht aus Kindern und Jugendlichen mit und ohne Fluchterfahrung. So werden sie Teil der lokalen Jugendkultur, es werden Barrieren abgebaut und die Motivation erhöht, sich weiter mit Sprache und Kultur zu befassen.

Wir haben gute Chancen, aus der sprachlichen und kulturellen Verarbeitung gemeinsame Erfahrungen nutzbar zu machen und zu wirklichen Begegnungsgeschichten werden zu lassen.

8

Kulturelle Integration und Erwerbsarbeit

Mit Beiträgen von:

Peter Clever, Jutta Cordt, Andreas Damelang,
Klaus Dauderstädt, Reiner Hoffmann, Hans Jessen
und Andrea Nahles

Arbeit und Kultur – untrennbar verwoben

Andrea Nahles im Gespräch Hans Jessen — Politik & Kultur 2/2017

Frau Nahles, bei der Vorstellung der Initiative sagten Sie: »Arbeit ist der Schlüssel zum Gelingen der Integration.« Was meinen Sie damit? Warum ist Arbeit der Schlüssel? Andere halten ja eher Kenntnisse der deutschen Sprache für den Schlüssel.

Beides ist wichtig. Sprache ist die Grundvoraussetzung, um sich zu verständigen. Und der Moment, in dem man zum Kollegen oder zur Kollegin wird, trägt eine große Chance in sich. Durch das Miteinander im Alltag findet ein Austausch statt, der alles einfacher macht, das Sprachelernen und auch das Zusammenleben. Wo sonst kann man die Eigenheiten eines Landes, das einem zunächst fremd ist, so schnell und so gut kennenlernen? Arbeit ist ein großer Teil unserer Kultur – in Deutschland noch mehr als in anderen Ländern. Wer arbeitet, ist nicht passiv, sondern aktiv. Man kann selbst einen Beitrag leisten in einem neuen Land, in dem man versucht, Fuß zu fassen. Bei uns in der Eifel sagt man z. B. den schönen Satz: »Den kann ma jebrauche«. Das heißt so viel wie: Der packt an, der macht mit, der will Teil der Gemeinschaft sein. Als eine geflüchtete Familie mit vier Kindern zu uns ins Dorf kam und über den Vater gesagt wurde »Den kann ma jebrauche«, war das für mich das beste Zeichen dafür, dass die Familie in der Dorfgemeinschaft angekommen war.

Für Sie ist also Arbeit eine bestimmte Haltung zur Arbeit und das, was man ausdrückt in der eigenen Arbeit, schon Bestandteil einer Kultur, wenn man Kultur als Lebensweise ansieht?

Ja. Arbeit ist ein ganz wesentlicher Teil unserer Kultur in Deutschland. Arbeit und Kultur sind untrennbar miteinander verwoben. Ich will Ihnen noch ein Beispiel nennen: Eine der großen Schwierigkeiten in den Integrationskursen besteht darin, den Menschen die Bedeutung unserer dualen Ausbildung zu vermitteln. Ein Viertel der Menschen, die aus den acht wesentlichen Herkunftsländern zu uns gekommen sind, haben einen Hochschulabschluss. Ein weiteres Viertel hat hingegen überhaupt keinen Abschluss, ist aber zum allergrößten Teil noch sehr jung. In ihren Heimatländern, in Afghanistan, Syrien, im Irak oder in Eritrea, gibt es das System der dualen Ausbildung schlichtweg nicht. Sie verstehen daher auch nicht, welcher Stellenwert dem deutschen Facharbeitertum hier zukommt. Das zu erklären, ist kulturelle Übersetzungs- und schwere Überzeugungsarbeit. Erklären Sie jemandem, dessen Verständnis von Verantwortung darin besteht, schnell Geld für sich und seine Familie zu verdienen, dass es sich lohnt, in eine Ausbildung zu gehen, obwohl er dann zunächst einmal weniger Gehalt bekommt. Ich erinnere mich auch sehr gut an einen syrischen Mann, der vor mir regelrecht auf die Knie gegangen ist, um nicht an einem fünfwöchigen Erprobungskurs bei der Handwerkskammer Koblenz teilnehmen zu müssen. Dabei ging es lediglich darum, sich von seinen Fertigkeiten zu überzeugen, nachdem er angegeben hatte, er sei Bäcker. Das prüft die Handwerkskammer, damit er auch tatsächlich als Bäcker arbeiten kann. Anschließend kann er sofort eine Arbeit aufnehmen, und zwar eine gute. Er selbst war aber davon überzeugt, dass er mit seinem 400-Euro-Aushilfsjob bereits bestens versorgt sei. Wir hingegen setzen auf die Perspektive, langfristig einen guten Job zu finden.

Fühlt die Arbeitsministerin sich vielleicht auch deswegen für Integration zuständig, weil Integration selbst Arbeit ist?

Wohl wahr, das gilt aber nicht nur für mich (lacht). Ich habe das im letzten Jahr erlebt, als es darum ging, zahlreiche Gesetze anzupassen, die unsinnige und praxisferne Vorschriften enthielten. Z. B., dass man als geduldeter Flüchtling keine Ausbildung mehr beginnen durfte, wenn man älter als 21 Jahre alt war. Das ist Quatsch. Warum sollte ein 25-Jähriger nicht mehr Kfz-Mechatroniker werden können, wenn es einen Betrieb gibt, der ihn gern ausbilden möchte? Das sollen die Betriebe selbst entscheiden können. Wir haben diese Altersgrenze deshalb abgeschafft. Diese und andere Erleichterungen zur Integration in den Arbeitsmarkt waren mit mühevoller Überzeugungsarbeit verbunden. Insbesondere konservative Innenpolitiker sahen in Vielem nur sogenannte Pull-Faktoren, also zusätzliche Anreize, nach Deutschland zu kommen. Aber die Menschen sind ja nun hier, also müssen wir auch so damit umgehen, dass es hier gelingt. Die eigentliche Integrationsarbeit beginnt erst jetzt. Es geht

darum, all diejenigen, die bislang in Integrationskursen saßen, auch in Arbeit zu bringen. Das ist eine große Aufgabe, ein Marathon und kein Sprint.

Ich möchte nochmal nachfragen, was für Sie kulturelle Integration eigentlich bedeutet, darunter ließe sich ja sowohl die Integration in eine bestimmte Lebensweise verstehen als auch die Einbeziehung in bestimmte Kulturebenen wie Musik, Literatur und Kunst. Was ist es für Sie?

Kulturelle Integration bedeutet für mich die Bereitschaft, einen Weg für ein gutes Miteinander der Kulturen zu finden, ohne seine eigenen Wurzeln und Überzeugungen aufgeben zu müssen. Sich in der Kultur eines Landes zurechtzufinden und einzugliedern bedeutet also nicht, dass man seine Herkunft leugnet oder verwischt. Es geht vielmehr um ein Zusammenführen von Kulturen. In meinem Wahlkreis in Andernach beispielsweise gab es früher eine leerstehende französische Kaserne. Dort wurden 6.000 Russlanddeutsche einquartiert. Es waren Mennoniten, denen aus religiösen Gründen nicht erlaubt ist, an Musikveranstaltungen oder Festen teilzunehmen. Trotzdem haben sie sich gut in die bestehende Gemeinschaft integriert. Und zwar über den Sport. Andernach hat seitdem beispielsweise eine Top-Turner-Abteilung. Gleichzeitig wurde ihnen die Möglichkeit gegeben, ihre Religion auch bei uns zu leben. Sie durften auf einem Grundstück der Stadt ihre eigene Kirche bauen. Das verstehe ich unter gelebtem Miteinander. Es gibt viele Wege für ein gutes Miteinander, bei jedem sieht er vielleicht ein bisschen anders aus. Es kann über den Sport laufen, die Musik, die Arbeit. Es geht darum, die Offenheit auf beiden Seiten aufzubringen, den Weg gemeinsam zu finden.

Aber wird nicht gerade das von Teilen der Gesellschaft, die sich politisch nach rechts orientieren, abgelehnt?
Leider ja. Aber eine Gesellschaft ist dann besonders stark, auch ökonomisch, wenn sie zusammenhält, wenn sich ihre Mitglieder auf Augenhöhe begegnen, wenn sie Perspektiven schafft und jedem Einzelnen die Chance gibt, dass er etwas erreichen kann, wenn er sich anstrengt. Egal, ob er hier geboren und aufgewachsen ist oder ob er unlängst zu uns gekommen ist. Genau das zeichnet unsere Gesellschaft aus und darauf bin ich stolz. Klar ist auch, dass unsere Gesellschaft über verbindliche Regeln verfügt. Sie sind in unserer Verfassung niedergelegt und alle, die bei uns Schutz suchen oder aus anderen Gründen zu uns kommen, haben sich an diese Regeln zu halten. Eine Gesellschaft darf also durchaus etwas erwarten von denjenigen, die zu uns kommen. Ich war und bin deshalb auch davon überzeugt, dass das Prinzip des Förderns und Forderns für alle gelten muss. Aber: Wer kulturelle Integration als Einbahnstraße versteht und von den Menschen fordert, ihre Herkunft, ihre Geschichte und damit einen großen Teil ihres Selbstverständnisses aufzugeben, der spaltet und sorgt für Konfrontation statt Integration. Das halte ich für sehr gefährlich.

Zum Teil mit der erklärten These, man befürchte eine Überfremdung unserer Kultur durch massenhaften Zustrom. Es gibt offenbar wachsende Teile der deutschen Bevölkerung, die Integration grundsätzlich ablehnen – es sei denn, sie findet in Form von Assimilation statt. Woran liegt das? Und wie geht man damit um? Beziehungsweise: Wie gehen Sie damit um?
Die Stärke unseres Landes und unserer Wirtschaft begründet sich auch historisch gesehen in hohem Maße auf Integration und Zuwanderung. Und für die Zukunft unseres Landes wird dies umso mehr gelten. Auch vor diesem Hintergrund halte ich eine Totalverweigerung für gefährlich und kurzsichtig. Aber sie ist trotzdem ernst zu nehmen. Wir müssen für unsere Position werben, ins Gespräch kommen, Begegnung organisieren, Vorurteile abbauen, auch und vor allem über Arbeit. Ich stelle häufig fest, dass Vorbehalte in Respekt oder gar Sympathie umschlagen, wenn es einen persönlichen Kontakt gibt. Denn bei allen Vorbehalten im Allgemeinen gibt es doch die konkrete Offenheit für den Einen. Diese Offenheit zu fördern und sie im Alltag spürbar zu machen, ist unser gemeinsames Ziel. Eben deshalb freue ich mich über die Initiative Kulturelle Integration, die hierzu gewiss einen großen Beitrag leisten kann und wird.

Die große Chance
Die gesellschaftliche Zugehörigkeit aller muss gewährleistet werden

Peter Clever — **Politik & Kultur 3/2017**

Vielfalt macht unser Land stark. Deutschlands Geschichte ist seit vielen Jahrhunderten auch eine Geschichte von Zuwanderung und gelungener Integration. Carl Zuckmayer hat dies am Beispiel meiner Heimat – dem Rheinland – sehr anschaulich beschrieben. Dort, in der Mitte Europas, kommen Menschen mit ganz unterschiedlicher Herkunft, Sprache, Religion und kultureller Prägung seit jeher zusammen. Aus dieser Vielfalt erwachsen neue Ideen, Fortschritt und viel Kreativität. Dies sind entscheidende Grundlagen für den Erfolg Deutschlands – auch in wirtschaftlicher Hinsicht.

Zuwanderung und Integration erfordern Anstrengungen – von den Menschen, die zu uns kommen, aber auch von den Menschen, die bereits in Deutschland leben. Wir müssen uns verständigen: Welche Werte sind in unserer Gesellschaft unverletzlich? Welche Regeln prägen unser Gemeinwesen? Ich bin überzeugt, dass wir Erwartungen an diejenigen, die neu zu uns kommen, formulieren dürfen, ja sogar müssen. Assimilation ist jedoch nicht das Ziel dieses Dialogs, sondern ein tragfähiger gesellschaftlicher Konsens. Erfolgreiche Integration zeichnet sich dadurch aus, dass aus gesellschaftlicher Vielfalt Zusammengehörigkeit und Zusammenhalt erwachsen. Dazuzugehören, das bedeutet in unserer Gesellschaft vor allem auch, am

Arbeitsleben teilzuhaben. Deutschland ist im besten Sinne eine Arbeitsgesellschaft. Arbeit leistet viel mehr, als nur die wirtschaftliche Existenz zu sichern: Wo Menschen zusammenarbeiten, entsteht Gemeinsinn durch zusammen überwundene Herausforderungen und gemeinsame Erfolge. Arbeit integriert, weil sie gesellschaftliche Anerkennung schafft und Selbstwertgefühl vermittelt. Umfragen unter geflüchteten Menschen bestätigen auf eindrucksvolle Weise, wie sehr sich die Menschen eine Arbeit und Aufgabe wünschen. Sie wollen nicht Bittsteller sein, sie wollen dazugehören und ihre Talente einbringen.

Das Erlernen der deutschen Sprache ist dafür die Grundvoraussetzung. Ohne Sprachkenntnisse sind das Zusammenarbeiten und Zusammenleben nicht möglich. Es ist besonders wichtig, dass Asylbewerber mit guter Bleibeperspektive und Geduldete ohne Arbeitsverbot schnell Sprachkursangebote erhalten. Für Flüchtlingskinder muss eine bundesweite Schulpflicht nach drei Monaten gelten. So geben wir ihnen eine Chance, möglichst schnell in unserer Gesellschaft Fuß zu fassen und aus Fremden zu Nachbarn und Freunden zu werden.

Arbeitgeber und Kollegen tragen zur Integration von geflüchteten Menschen in unsere Gesellschaft erheblich bei. Überall in

Deutschland geben große wie kleine Betriebe geflüchteten Menschen eine Perspektive – durch Praktika, Ausbildungsplätze und Beschäftigung. Überall in Deutschland stellen sich Unternehmer zusammen mit ihren Mitarbeitern gegen Fremdenfeindlichkeit, Vorurteile und Hass. Zahlreiche Integrationsprojekte machen deutlich: Es kommt nicht auf die Größe an. Bereits der Handwerksmeister, der einem einzigen Geflüchteten eine Ausbildungschance gibt, steht beispielgebend für das Engagement und die Überzeugung der Wirtschaft insgesamt.

Integration richtet sich nicht allein an Zuwanderer oder geflüchtete Menschen. Vielmehr müssen wir uns viel stärker darum bemühen, dass sich alle Menschen in Deutschland zugehörig und für unsere Gesellschaft verantwortlich fühlen. Gerade darin liegen die große Chance und die Aufgabe der Initiative kulturelle Integration.

In der öffentlichen Debatte wird immer stärker polarisiert, nicht selten verroht auch die Sprache – letzteres nicht nur in den sozialen Netzwerken. Wir müssen uns dieser gesellschaftlichen Entwicklung mit aller Entschlossenheit entgegenstellen, weil sie die Grundlagen unseres friedlichen Zusammenlebens gefährdet. Dies erfordert, dass wir uns auch denjenigen zuwenden, die Veränderungen skeptisch gegenüberstehen. Ich sehe dabei Politik, Wirtschaft und Gesellschaft noch stärker in der Pflicht: Sie müssen Entscheidungen erklären und Folgen von vermeintlich einfachen Alternativen oder Scheinlösungen klar benennen. Weltoffenheit ist für Deutschland ein wichtiger, auch wirtschaftlicher Erfolgsfaktor. Auch das muss in der öffentlichen Debatte noch stärker verdeutlicht werden. Auf diese Weise kann dem Populismus der Boden entzogen werden und wieder mehr Sachlichkeit in die Debatte einziehen – egal ob es um Zuwanderung oder andere wichtige Fragen geht.

Die gesellschaftliche Auseinandersetzung um die Integration der geflüchteten Menschen sollten wir als Chance begreifen, den Zusammenhalt aller zu festigen. Wenn uns das gelingt, werden wir die Herausforderungen nicht nur meistern, sondern stärker dastehen als vorher. Dies wünsche ich mir und hoffe, dass die Initiative kulturelle Integration dazu einen wichtigen Beitrag leistet.

Mehr als nur Broterwerb
Für eine Kultur der Vielfalt in der Lebens- und Arbeitswelt

Reiner Hoffmann — Politik & Kultur 3/2017

Vor dem Hintergrund der aktuellen Debatten um Zuwanderung, Flucht und Asyl beobachten wir in Deutschland und Europa, wie vor allem die Rechtspopulisten systematisch Ängste vor Überfremdung oder einer drohenden »Islamisierung des Abendlandes« schüren. Ihr Interesse liegt nicht darin, die Begegnung und das Zusammenleben von Menschen unterschiedlicher Herkunft, Religion und Tradition zu gestalten. Sie gebaren sich in der Öffentlichkeit vielmehr als die einzig legitime Stimme des »wahren Volkes«, das kulturelle Vielfalt ablehnt und sich zurück wünscht in die Zeit, als der Satz »Deutschland ist kein Einwanderungsland« noch in aller Munde war. Damit gefährden sie den gesellschaftlichen Zusammenhalt und die Weltoffenheit unserer Gesellschaft.

Im Kern handelt es sich dabei um nichts Anderes als um eine besonders fremdenfeindliche Variante der Leitkulturdebatte, die seit mehr als 15 Jahren immer wieder heftige Kontroversen ausgelöst hat. Die Verfechterinnen und Verfechter der Idee einer solchen Leitkultur nehmen für sich in Anspruch, ganz genau zu wissen, was »die deutsche Kultur« ausmacht. Erfolgreiche Integration bedeutet für sie schlicht, dass Zuwanderinnen und Zuwanderer sich dieser Leitkultur einseitig anpassen. Mit unserer gesellschaftlichen Realität hat diese Sichtweise rein gar nichts zu tun. Deutschland ist längst Teil einer globalisierten Welt. Für viele Menschen sind es die bei uns ankommenden Geflüchteten, die diese Tatsache für sie sichtbar machen. Gegen Geflüchtete richten sich ihre Ängste und Ressentiments angesichts einer immer komplexeren und vernetzteren Welt.

Deutschland ist ein Einwanderungsland mit verschiedensten kulturellen Einflüssen. Insbesondere vor dem Hintergrund der Flüchtlingsfrage müssen wir uns der Aufgabe stellen, aus unserem Einwanderungsland eine weltoffene Einwanderungsgesellschaft zu machen. Deswegen stellen sich der Deutsche Gewerkschaftsbund und seine Mitgliedsgewerkschaften aktiv gegen eine Debatte, die völlig unreflektiert und mit zunehmend rassistischen Untertönen die Fiktion einer deutschen Leitkultur heraufbeschwört.

Was wir stattdessen brauchen, ist ein Gesellschaftsbild, das durch ein hohes Maß an Kultursensibilität geprägt ist. Für die erfolgreiche Integration von Geflüchteten und Asylsuchenden, von Spätaussiedlerinnen und Spätaussiedlern, ausländischen Studierenden, Zuwandererinnen und Zuwanderern aus EU-Mitgliedstaaten und Nicht-EU-Staaten brauchen wir hierzulande einen starken gesellschaftlichen Konsens darüber, dass Kultur immer das Ergebnis einer Vielfalt von Erfahrungen, Handlungen, Erkenntnissen und Verhalten von Menschen unterschiedlicher Herkunft und Religionszugehörigkeit ist – und somit einem beständigen Wandel durch neue Einflüsse unterworfen ist. Diese Veränderungen sind es, die Kultur ausmachen.

Kulturelle Integration kann daher nur gelingen, wenn Kultur nicht als etwas Feststehendes, Abgeschlossenes begriffen wird. Es kann nicht darum gehen, im ersten Schritt zu bestimmen, was deutsche Kultur ausmacht, um im zweiten Schritt festzulegen, wie Zugewanderte sich in diese zu integrieren haben. Nur durch Vielfalt, Veränderung und Austausch kann Kultur überhaupt erst entstehen.

Wir begreifen kulturelle Integration dementsprechend als einen wechselseitigen Prozess. Es gilt, den Austausch der Verschiedenen zu fördern, das gegenseitige Verstehen zu stärken und Teilhabe zu ermöglichen. Nur so kann kulturelle Integration einen Beitrag zum gesellschaftlichen Zusammenhalt leisten. Den Schlüssel dazu bilden gesellschaftliche Integrationskonzepte, kontinuierliche kulturelle und politische Bildungsangebote sowie Organisationsentwicklungsprozesse, die auf kulturelle Vielfalt und Teilhabe setzen. Denn wenn wir über kulturelle Integration sprechen, müssen wir auch über Teilhabe sprechen. Abhängig von Herkunft, Bildung und Einkommen nehmen Menschen in ganz unterschiedlichem Maß am kulturellen und politischen Leben teil. Kulturelle und politische Teilhabe zu ermöglichen und zu fördern, muss deswegen unser gemeinsames Ziel sein.

Was wir brauchen, ist ein Bildungssystem, das offen ist für kulturelle Vielfalt und diese ermöglicht. Darin liegt der Schlüssel zu einer Gesellschaft, deren Zusammenhalt von der Herausbildung transkultureller Identitäten getragen wird – und die keinen Raum lässt für den Rückfall in ein völlig überholtes Leitkulturdenken, das sich in unserer globalisierten Welt mehr und mehr als gesellschaftlicher Spaltpilz erweist.

Eine gleichberechtigte Teilhabe am Erwerbsleben ist für den Deutschen Gewerkschaftsbund und seine Mitgliedsgewerkschaften eine wesentliche Voraussetzung dafür, dass Integration in Deutschland gelingen kann. Dabei darf aber nicht das Prinzip »Arbeit um jeden Preis« gelten. Die gleichberechtigte Teilhabe an guter Arbeit muss für alle Menschen, unabhängig von ihrer Herkunft, unser gemeinsames Ziel sein. Denn gute Arbeit bedeutet nicht nur ein gesichertes Einkommen und wirtschaftliche Unabhängigkeit, sondern auch die Möglichkeit zur aktiven Teilhabe an der Gesellschaft und ihrem kulturellen Leben.

Arbeit ist für viele Menschen mehr als ein bloßer Brotverdienst. Gute Arbeit bietet aus Sicht der Arbeitnehmerinnen und Arbeitnehmer nicht nur ein festes, verlässliches Einkommen. Gute Arbeit eröffnet die Möglichkeit, die eigenen Fähigkeiten einzubringen, diese weiterzuentwickeln und Anerkennung zu erhalten. Sie ist sinnstiftend und fördert den sozialen Zusammenhalt von Kolleginnen und Kollegen. Unter den richtigen Rahmenbedingungen sind Betriebe und Verwaltungen Orte des kollegialen und kulturellen Austauschs auf Augenhöhe. Diese Rahmenbedingungen gilt es sozialpartnerschaftlich zu gestalten.

Dass solche Veränderungsprozesse nicht immer konfliktfrei ablaufen, ist auch klar. Dafür bieten der DGB und seine Mitgliedsgewerkschaften eine Bandbreite an Seminaren, Weiterbildungen und Trainings an. In unserer Bildungsarbeit orientieren wir uns an einem Verständnis von Diversität, das die unterschiedlichen kulturellen Erfahrungen der Menschen, die bei uns zusammenleben, als Reichtum und Potenzial begreift. Als Teil der europäischen und internationalen Gewerkschaftsbewegung stehen unsere bildungspolitischen Aktivitäten im Zeichen von Solidarität, sozialer Gerechtigkeit und einer lebendigen Demokratie. Kulturelle Vielfalt ist für uns erhaltenswert. Deswegen setzen wir uns dafür ein, sich offen mit kultureller Differenz auseinanderzusetzen. Unsere gewerkschaftliche Bildungsarbeit soll die Beschäftigten dazu befähigen, kulturelle Differenz nicht an nationalen Stereotypen festzumachen. Diese haben die negative Kraft, Belegschaften zu spalten und Entsolidarisierung zu fördern. Stattdessen schulen wir die Kolleginnen und Kollegen darin, jede Einzelne und jeden Einzelnen besser als Individuum wahrzunehmen – mit allem, was sie oder er erlebt hat und was sie oder ihn ausmacht.

Es sind Menschen wie die Mitglieder des Vereins »Mach' meinen Kumpel nicht an!«, die sich für eine vielfältige Gesellschaft und friedliches Miteinander einsetzen. Und das nicht erst seit gestern: Der Kumpelverein wurde vor 31 Jahren von der DGB-Jugend gegründet. Sein Logo, die leuchtend gelbe Handfläche mit dem roten Schriftzug »Mach' meinen Kumpel nicht an« ist das deutlichste gewerkschaftliche Symbol für die Bekämpfung von Rassismus und Menschenfeindlichkeit in der Arbeitswelt. Der Verein arbeitet vor allem präventiv. Zu seinen Kernaktivitäten gehört beispielsweise ein Wettbewerb »Gelbe Hand«, der Auszubildende, Berufsschülerinnen und Berufsschüler und die Gewerkschaftsjugend motivieren soll, sich mit Rassismus, Rechtsextremismus und Gleichbehandlung in der Arbeitswelt auseinanderzusetzen.

Auch auf das DGB-Bildungswerk, das sich stark auf den Umgang mit kultureller Vielfalt in der Arbeitswelt konzentriert, möchte ich an dieser Stelle verweisen. In den letzten Jahren hat unser Bildungswerk weit über hundert Trainings in Betrieben und Verwaltungen durchgeführt – mit der Zielsetzung, die Beschäftigten sicherer im Umgang mit kultureller Diversität zu machen. Einen Schwerpunkt bildet dabei die Sensibilisierung und Schulung von Betriebs- und Personalräten sowie der Leitungsebene für Formen der strukturellen Diskriminierung von Kolleginnen und Kollegen mit Migrationshintergrund. Mit den Ausbildungen »Fachkraft Kulturelle Vielfalt« und »Trainer für (kulturelle) Vielfalt in der Arbeitswelt« vermittelt das DGB-Bildungswerk Kompetenzen und Konzepte, um in Organisationen die Themen Migration und kulturelle Vielfalt noch besser strukturell zu verankern – mit dem Ziel, eine gleichberechtigte Teilhabe aller zu fördern. Fachkräfte und Trainerinnen und Trainer können beispielsweise Ziele und Inhalte für interkulturelle Weiterbildungen benennen, gute Ziele im Rahmen einer interkulturellen Öffnung formulieren und Vorschläge machen, was dafür wie konkret verändert werden muss.

Mit verschiedenen Bildungsangeboten und Aktivitäten setzt sich auch unsere DGB-Jugend als eigenständiger Jugendverband für eine offene und tolerante Gesellschaft ein. Sie ist aktiv gegen Rechts – mit Projekten wie 90 Minuten gegen Rechts, Aktionskarten gegen Nazis, AfD und Pegida: Die neue Rechte.

Die DGB-Gewerkschaften arbeiten zudem mit dem Netzwerk für Demokratie und Courage (NDC) zusammen, das von verschiedenen Jugendorganisationen und -verbänden getragen wird und sich für Demokratieförderung und politische Bildung engagiert. Das Hauptaufgabenfeld des NDC ist die Ausbildung von jungen Menschen als Multiplikatorinnen und Multiplikatoren. Das Netzwerk führt Projekttage, Seminare und Fortbildungen an allgemeinen und beruflichen Schulen sowie für viele andere Zielgruppen durch.

Auf Initiative des DGB hat sich im Februar 2016 die »Allianz für Weltoffenheit, Solidarität, Demokratie und Rechtsstaat« gegründet (www.allianz-fuer-weltoffenheit.de). Leitmotiv dieses breiten zivilgesellschaftlichen Bündnisses ist der Artikel 1 unseres Grundgesetzes: »Die Würde des Menschen ist unantastbar«. Die zehn Allianzpartner rufen dazu auf, demokratische Grundwerte und gesellschaftlichen Zusammenhalt zu wahren sowie Hass und Intoleranz entschieden entgegenzutreten. In dem Aufruf heißt es: »Gerade in Krisenzeiten dürfen wir die rechtsstaatlichen, sozialen und humanitären Errungenschaften unserer Gesellschaft nicht aufgeben.« Zur Integration der geflüchteten Menschen, die für lange Zeit oder dauerhaft in Deutschland bleiben, bedarf es aus Sicht der Allianz ausreichender Möglichkeiten gesellschaftlicher Teilhabe sowie der Bereitschaft zur Integration.

Ein Spiegel der Gesellschaft
Der Öffentliche Dienst

Klaus Dauderstädt — Politik & Kultur 3/2017

Das Grundgesetz für die Bundesrepublik Deutschland legt die Grundwerte unseres gesellschaftlichen Zusammenlebens fest: Demokratie, Rechtsstaatlichkeit und die Grundrechte als Freiheits- und Abwehrrechte gegen staatliches Handeln sind die Basis. Diese Grundwerte sind nicht verhandelbar, sie sind aber auch nicht selbstverständlich! Die Bewahrung demokratischer Grundwerte gehen jeden einzelnen etwas an und für ihren Bestand muss tagtäglich gearbeitet werden.

Was es heißt, wenn Regierungen versuchen, demokratische Bestrebungen zu unterdrücken, sehen wir weltweit in vielen bedrückenden Bildern und bekommen die Folgen angesichts internationaler Krisenherde und nicht zuletzt aufgrund von Migrationsbewegungen zu spüren. Auch vor unserer Haustür erleben wir in einigen osteuropäischen Staaten, dass demokratische Grundwerte wie z. B. Pressefreiheit beschnitten werden. Das muss Mahnung für unsere freiheitliche und plurale Gesellschaft sein!

Die Bürger bauen zu Recht darauf, dass durch einen Rechtsstaat Rahmenbedingungen für Verlässlichkeit von politischen wie von Verwaltungsentscheidungen geschaffen werden. Und dazu gehört ein unabhängiger öffentlicher Dienst. Dieser trägt eine große Verantwortung dafür, dass dies gelingt: In seiner objektiven, ausschließlich an Recht und Gesetz orientierten Handlungsweise sorgt er für die Infrastruktur des gesellschaftlichen Zusammenlebens und damit den Zusammenhalt in Deutschland. Und damit schafft er die Grundlage für Rechts- und Planungssicherheit und gibt so eine stabile Zukunftsperspektive.

Eine plurale demokratische Gesellschaft zeichnet sich aber auch dadurch aus, dass alle gesellschaftlichen Bereiche adäquat politisch repräsentiert sind und damit auch Entwicklungen in einem Land widerspiegeln. Deutschland hat sich in den vergangenen Jahrzehnten gesellschaftlich stark verändert in dem Sinn, dass die Gesellschaft durch stärkere Diversität geprägt ist. Der Wandel an Lebensformen, die zugenommene Frauenerwerbstätigkeit und nicht zuletzt die Migration nach Deutschland seit den 1950er und 1960er Jahren haben die Veränderung beeinflusst. Damit wurde und wird nicht nur die Bevölkerung heterogener, sondern zugleich auch der Arbeitsmarkt. In Deutschland leben rund 16,5 Millionen Personen mit Migrationshintergrund, über 20 Prozent von ihnen arbeiten in der Privatwirtschaft, aber nur rund 6,7 Prozent arbeiten in der öffentlichen Verwaltung, davon rund 15 Prozent in der Bundesverwaltung. Dies ist angesichts wachsender Zuwanderung nach Deutschland noch relativ gering.

Die öffentliche Verwaltung steht ohnehin aus unterschiedlichen Gründen vor großen Herausforderungen: Älter, weniger, vielfältiger – so könnte der Veränderungsprozess kurz beschrieben werden, der auch am öffentlichen Dienst nicht spurlos vorübergeht. Und dieser Prozess wird in den kommenden Jahren noch an Dynamik gewinnen: Eine große Anzahl von Beschäftigten wird innerhalb der nächsten zehn Jahre im Bund und in den Ländern in den Ruhestand gehen. Es muss demzufolge also bereits heute darum gehen, qualifizierten Nachwuchs für die öffentliche Verwaltung zu gewinnen. Der dbb setzt sich seit Langem bei den öffentlichen Arbeitgebern dafür ein, die Attraktivität dieser Berufe zu erhöhen und dabei auch den Anteil an Beschäftigten mit Migrationshintergrund zu erhöhen. Dabei geht es nicht nur darum, den Kreis der möglichen Bewerber zu erweitern.

Die Verwaltung ist der Spiegel der Gesellschaft und sollte diese auch in ihrer Beschäftigtenstruktur abbilden. Organisationen mit einer vielfältigen Beschäftigtenstruktur können besser auf unterschiedliche Bedürfnisse der Bürger eingehen. Es müssen künftig stärker die Beschäftigtenpotenziale sämtlicher gesellschaftlicher Gruppen genutzt werden, um die Leistungsfähigkeit des gesamten öffentlichen Dienstes langfristig zu stärken.

Um den Anteil von Menschen mit Migrationshintergrund im öffentlichen Dienst zu erhöhen, müssen jedoch folgende Faktoren berücksichtigt werden: Zum einen müssen sich potenzielle Bewerber auch für eine Ausbildung/Karriere im öffentlichen Dienst interessieren. Hier gilt es, durch gezielte Nachwuchskampagnen z. B. in den Schulen auf die vielfältigen Aufgaben und Karrieremöglichkeiten hinzuweisen. Zum anderen wird es vermehrt darauf ankommen, die interkulturelle Kompetenz in der Verwaltung zu stärken. Nicht selten kommt es im Alltag in Behörden zu Konflikten, die durch Verwick-

lungen bei der Begegnung unterschiedlicher Kulturen entstehen. Insbesondere im Hinblick auf die hohe Zahl von Flüchtlingen und allgemeiner Zuwanderung muss die interkulturelle Kompetenz als Qualifikation stärker Bestandteil der Aus- und Fortbildung werden. Ein gutes Zeichen sind die jüngeren Beschäftigten, unter denen der Anteil von Menschen mit Migrationshintergrund bereits höher ist – der Wandel ist also eingeleitet! Darauf können sich die öffentlichen Arbeitgeber aber nicht ausruhen. Migranten haben mit ihren Fremdsprachenkenntnissen und ihrem kulturellen Hintergrund Fähigkeiten, auf die ein zukunftsfähiger öffentlicher Dienst nicht verzichten sollte.

Stellschraube kulturelle Integration

Jutta Cordt im Gespräch Hans Jessen — Politik & Kultur 6/2017

Frau Cordt, als Sie vor einem Dreivierteljahr das Amt der BAMF-Präsidentin übernahmen, wurden erstens Verfahrensbeschleunigung und zweitens Integration von Menschen als zentrale Aufgaben der Behörde genannt. Ist Verfahrensbeschleunigung Voraussetzung dafür, dass Integration überhaupt gelingen kann?
Ich bin der festen Überzeugung: Je eher man mit der Integrationsarbeit beginnt, desto besser kann Integration gelingen. Dazu gehört auch, dass unsere Asylverfahren im gebotenen Maße zeitnah durchgeführt und entschieden werden. Insofern ist es vielleicht keine Bedingung, die zwingend erfüllt sein muss, aber sicherlich eine wichtige Unterstützung.

Das BAMF hat in diesem Jahr eher durch Mängel und Fehler bei der Bearbeitung von Asylanträgen Schlagzeilen gemacht. Bleibt bei deren Aufarbeitung und Beseitigung noch Kapazität für Integrationsarbeit? Oder müssen sie die zwangsläufig hinten anstellen?
Wir haben aus meiner Sicht in diesem Jahr sehr solide Arbeit geleistet. Wir haben bereits über rund 500.000 Verfahren entschieden – und arbeiten kontinuierlich an allen Stellschrauben weiter. So haben wir bei-

spielsweise ein umfangreiches Qualitätssicherungssystem einbezogen und unsere Mitarbeiterinnen und Mitarbeiter stetig weiter qualifiziert. Es ist eine große Herausforderung, den Menschen, die nach langer Flucht und voller Erwartungen nach Deutschland gekommen sind, gerecht zu werden. Dazu gehört zum einen ein zeitnahes Asylverfahren und zum anderen – und wir arbeiten hier übergreifend – das Thema frühzeitige Integration. Für uns war besonders wichtig, ausreichend Integrationskurse anzubieten, in denen Sprache und kulturelle Werte vermittelt werden. Hier sollten auch die Wartezeiten, bis jemand in den Integrationskurs gehen kann, verkürzt werden. Wir haben Pilotprojekte gestartet und uns deutlich verbessert.

Als Sie Ihr Amt antraten, schob das BAMF 430.000 Asylanträge vor sich her. Viele davon lagen seit zwei Jahren oder länger. Wie ist der Stand jetzt? Wie lang ist die durchschnittliche Verfahrensdauer?
Bei den Rückständen haben wir uns zum Ziel gesetzt, dieses Jahr »rückstandsfrei« zu werden. Das wird nie Null bedeuten, weil immer wieder Anträge dazukommen. Aber wir sind auf einem guten Weg, aktuell sind weniger als 100.000 Asylverfahren anhängig. Wir

müssen zwischen der durchschnittlichen Dauer aller Altverfahren, die wir abbauen, und der Neuverfahren unterscheiden: Die durchschnittliche Asylverfahrensdauer beträgt über alle Verfahren gesehen knapp elf Monate. Wir messen von Antragstellung bis zum Bescheid. In den elf Monaten Durchschnittsdauer stecken auch all diejenigen, die in 2016, 2015 und 2014 zu uns gekommen sind und erst in diesem Jahr entschieden wurden. Das erklärt diesen hohen Durchschnittswert. Aber wir haben viel an unseren Prozessen verbessert: Bei den Menschen, die 2017 zu uns gekommen sind, dauern die Verfahren schon nur noch rund zwei Monate.

Sie haben angekündigt, Asylbewerber schon vor dem Bescheid zu informieren, wenn die Bleibeperspektive schlecht aussieht, sodass die über eine freiwillige Rückkehr nachdenken können. Das könnte man so verstehen, dass Sie die mühselige Integrationsarbeit reduzieren wollen, ehe sie überhaupt anfängt?
Nein. Man muss unterscheiden, wer in Deutschland Schutz bekommt, wem Asyl gewährt wird und wem nicht. Bei denjenigen, denen Schutz gewährt wird bzw. wurde, beginnt die Integrationsarbeit. Bei denjenigen, die nach dem Recht kein Anspruch darauf haben, hierzubleiben, steht nicht die Integrationsarbeit im Vordergrund, sondern die Rückkehr. Das ist dem Asylsystem immanent. Insofern konzentrieren wir uns in der Integrationsarbeit auf diejenigen, die hier bleiben dürfen.

Zehn Prozent der Flüchtlinge haben eine akademische Ausbildung, deren Vermittlung sei relativ einfach, sagen Sie. Aber was ist mit den 70 Prozent, die keine Ausbildung nach deutschen Standards haben, was muss und kann für deren Integration getan werden?

Das ist immer eine Frage von: »Was versteht man unter Integration?« Sie spitzen es jetzt auf Arbeit und Ausbildung zu. Hier hat die Bundesagentur für Arbeit sehr viele Maßnahmen aufgesetzt, um Voraussetzungen für das Gelingen von Integration zu schaffen. Das BAMF setzt einen Schwerpunkt auf den Erwerb der deutschen Sprache und kultureller Werte – wir schauen dabei sehr genau, was der Einzelne benötigt: Ein Analphabet braucht beispielsweise einen anderen Integrationskurs als jemand, der schon studiert hat und unser Schriftbild kennt. Eine Mutter oder ein Jugendlicher vielleicht wieder eine ganz andere Maßnahme. Wir bieten, auch in Zusammenarbeit mit der Bundesagentur, kombinierte Maßnahmen an, um in bestimmte Berufe einzusteigen. Am Vormittag Sprache, am Nachmittag Beruf, so lernen sich dann beispielsweise auch Fachtermini leichter. Berufliche Qualifikation und Fertigkeiten müssen ggf. über Arbeitsmarktpolitik bei der Bundesagentur für Arbeit geleistet werden.

Wo liegen die Grenzen dessen, was das BAMF für Integration leisten kann? Wo gibt es Möglichkeiten für Integrationsunterstützung – auch über die Aufgaben hinaus, die Sie eben beschrieben haben?
Wir bieten noch mehr als Integrations- und Sprachkurse. Das sind sehr wichtige Bausteine, in denen wir kulturelle Werte und sprachliche Fertigkeiten vermitteln. Darüber hinaus fördern wir aber auch Begegnungs- und Mentorenprojekte, bieten Multiplikatorenschulungen an und stärken das Ehrenamt, in dem wir beispielsweise in unseren 14 »Houses of Ressources« bedarfsorientiert und flexibel die Arbeit von Migrantenorganisationen und Ehrenamtlichen unterstützen – sei es in Form von Beratung, Räumen oder finanziellen Mitteln. Wir un-

terstützen in hohem Maße die Vereinsarbeit im Sport, die ebenfalls für Integration wichtig ist. Wir fördern Migrationsberatung, d. h. Beratung der Menschen auf dem Weg in die deutsche Gesellschaft hinein. Ich bin der festen Überzeugung, dass es uns am besten gelingt, wenn wir unsere Projekte mit allen Anbietern und Institutionen, die an dem Thema Integration arbeiten, gut vernetzen.

Im BAMF ist unter anderem die Geschäftsstelle der Deutschen Islamkonferenz angesiedelt. Ist das ein über klassische arbeitsmarkt- und kulturnahe Integrationsarbeit hinausgehender Ansatz für kulturelle Integration?
Selbstverständlich. Die Deutsche Islamkonferenz ist ein Gesprächsforum mit und für den Islam in unserer Gesellschaft. Dialog und Vernetzung spielen hier eine zentrale Rolle und reichen in viele Bereiche mit hinein, auch in den Ansatz der kulturellen Integration.

Die Initiative von Kulturrat und Bundesministerien heißt »Initiative kulturelle Integration«. Hat dieses Attribut für Sie persönlich und für das BAMF eine Bedeutung? Oder ist das Kulturelle etwas, das über Ihre Aufgaben und Möglichkeiten als Behörde hinausreicht – eben ein eher unverbindliches »nice to have«?
Das würde ich nicht sagen. Es kommt natürlich immer drauf an, wie man kulturelle Integration definiert. Die Initiative des Kulturrates hat mit dem Begriff »kultureller Integration« einen relativ breiten Ansatz gewählt, der sehr gut die Arbeit trifft, die wir leisten und finanziell fördern. Z. B. wie wichtig ist Vermittlung von Werten, wie wichtig ist das Grundgesetz? Das alles sind Elemente des Integrationskurses. Auch mit unserer Projektförderung unterstützen wir Projekte zur

kulturellen Integration, viele Initiativen von Ehrenamtlichen dienen der kulturellen Integration.

Sowohl in den Debatten vor und nach der Bundestagswahl als auch im Wahlergebnis manifestieren sich teilweise fremdenfeindliche Positionen. Hat das Auswirkungen auf die Organisation von Integrationsarbeit? Entsteht da ein gesellschaftlicher Druck auf Mitarbeiter des BAMF – von welcher Seite auch immer? Die Frage gilt insgesamt für Deutschland: Wie stellen wir uns diesem Thema?
Für uns als Behörde, die geltendes Recht umsetzt, kommt es darauf an, unsere Instrumente gut auszurichten und sehr transparent zu machen. Auch Pressearbeit dient dazu, unsere Möglichkeiten, Menschen zusammenzuführen, aufzuzeigen – auch um vorhandene Ängste zu nehmen. Ich glaube, das gelingt umso besser, je transparenter man ist und zeigt, was Integration bedeutet – was es bedeutet, wenn wir Menschen, die auf dem Fluchtweg zu uns kommen, integrieren wollen; was es auch für die Menschen, die schon in Deutschland sind, bedeutet. Da ist Transparenz ein guter Weg.

Vor dem Hintergrund Ihrer Erfahrungen bei der Bundesagentur für Arbeit, der Sie langjährig verbunden waren, und beim BAMF: Wo ist der größte Handlungsbedarf, damit Integration auch als kulturelle Integration gelingt?
Man kann den größten Handlungsbedarf nicht einer Institution allein zugestehen oder zuschieben. Es muss ein Ineinandergreifen dessen sein, was man, gerade im behördlichen Bereich, miteinander machen kann. Z. B. führen wir das Gesamtprogramm Sprache durch. Das ist aber nur so gut, wie die Bundesagentur mit dem, was wir an Spra-

che vermitteln, weiterarbeiten kann und der Arbeitgeber nachher den Menschen integrieren kann. Es kommt also darauf an, unsere Sprachkurse gut auszustatten. Das machen wir. Wir lassen uns beispielsweise von der Bundesagentur regelmäßig mitteilen: Wo braucht ihr Kurse? In welchem Sprachniveau? In welchen beruflichen Feldern? Dann versuchen wir, die Kurse dort im nötigen Umfang anzubieten. Die Herausforderung besteht darin, die vielen Angebote gut miteinander zu vernetzen, abzustimmen und nicht parallel nebeneinander her laufen zu lassen.

Wenn Sie für ein kurzes Werbevideo über besonders gut laufende Integrationsarbeit des BAMF drei Projekte nennen sollten, welche wären das?
Auf jeden Fall erstens die Förderung im sportlichen Bereich. Durch gemeinsamen Sport lernt man eine ganze Menge. Man ist Teil, man kann mitbestimmen, gemeinsam etwas gestalten. Der zweite unverzichtbare Punkt ist die Unterstützung des Ehrenamtes. Es ist traditionell in Deutschland eine ganz wichtige Stütze der Integration. Und ohne das Ehrenamt hätten wir die Situation in Deutschland in den letzten zwei Jahren nicht so gut bewältigt. Der dritte Punkt ist für mich auf jeden Fall der Integrationskurs, in dem die Basis für Verständigung und kulturelles Verständnis in Deutschland gelegt wird. Das ist unverzichtbarer Teil von Integration.

Die Potenziale der Zuwanderung nutzen

Andreas Damelang — Politik & Kultur 4/2011

Die Integration von zugewanderten Personen ist eines der zentralen Themen moderner Gesellschaften. Neben dem Bildungssektor gehört der Arbeitsmarkt zu den Schlüsselbereichen, in denen sich der Erfolg oder Misserfolg der Integration von Zuwanderern in eine Aufnahmegesellschaft entscheidet. Eine existenzsichernde Beschäftigung ist der zentrale Baustein für eine nachhaltige Integration in die Aufnahmegesellschaft. Auf dieser aufbauend scheint erst die Integration der zugewanderten Bevölkerung in andere für die Lebensführung relevante gesellschaftliche Teilbereiche wie Bildung, Wohnung und Gesundheit zu gelingen.

Entgegen der weithin verbreiteten Vorgehensweise, Migranten als defizitäre Akteure zu analysieren und ihre Integrationsschwierigkeiten in den Vordergrund zu stellen, wird der Blickwinkel in diesem Beitrag neu justiert und richtet sich auf die ökonomischen und gesellschaftlichen Potenziale der Zuwanderung. Versteht man dieses Potenzial in wirtschaftlichen Prozessen zu nutzen, so kann Zuwanderung und die damit induzierte kulturelle Vielfalt einer Gesellschaft das wirtschaftliche Wachstum stimulieren und positive Impulse für den Arbeitsmarkt aussenden.

Potenziale der Zuwanderung: kulturelle Vielfalt

Die kulturelle Vielfalt einer Gesellschaft wird als Vielfalt an unterschiedlichen Kulturen und Nationen definiert. Kulturelle Vielfalt wirkt sich auf die Produktivität, die Innovationsfähigkeit und den Konsum einer Gesellschaft aus und erhöht in der Folge das Integrationspotenzial des Arbeitsmarktes. Ein ökonomischer und sozialer Nutzen für die Gesellschaft kann in diesem Zusammenhang insbesondere aus folgenden Gründen resultieren: Zunächst kann sich kulturelle Vielfalt positiv auf die Produktivität auswirken. Dieser Fall tritt ein, wenn Individuen unterschiedlicher Herkunft aufgrund kulturspezifischer Charakteristika in bestimmten Produktionsprozessen in einem komplementären Verhältnis zueinander stehen, d. h. sich in ihren Fähigkeiten ergänzen. Ein weiterer Aspekt von kultureller Vielfalt ist ihr Einfluss auf den Innovationsprozess. In einer Gesellschaft, die sich aus Menschen mit verschiedenen kulturellen und ethnischen Hintergründen zusammensetzt, existiert eine Vielzahl von unterschiedlichen Werten und Ideen. Findet zwischen den einzelnen Gruppen eine offene Kommunikation statt, können sich neue Denkmuster und Vorstellungen entwickeln. Zum Beispiel können Zuwanderer im Wissenschaftssektor zur Entwicklung neuer Ansätze beitragen oder neue Strömungen in der ursprünglichen Kultur begründen.

Des Weiteren kann kulturelle Vielfalt über den Konsum den individuellen Nutzen der Bürger steigern. So zeichnet sich eine Gesellschaft mit einem hohen Grad an kultureller Vielfalt durch eine Vielzahl verschiedenartiger Güter und Dienstleistungen aus. Als Beispiel sei hier das gastronomische Angebot genannt, welches durch italienische, chinesische und griechische Restaurants oder türkische Kaffeehäuser erweitert wird. Ebenso können japanische Dirigenten oder russische Pianisten das Kulturleben einer Gesellschaft bereichern. Schließlich reduzieren regelmäßige interkulturelle Kontakte Diskriminierung und Vorurteile und schaffen ein offenes und tolerantes soziales Klima – ein wesentlicher Standortfaktor im globalen Wettbewerb um talentierte Fachkräfte.

Die grundlegende Voraussetzung dafür, dass sich die potenziellen positiven ökonomischen Effekte kultureller Vielfalt entfalten können, ist die Teilnahme von Zuwanderern am Wirtschaftsleben, insbesondere ihre Arbeitsmarktintegration sowie ihre Partizipation an der Produktion von Gütern und Dienstleistungen. Im Gegensatz hierzu können die meisten der potenziellen negativen Effekte kultureller Vielfalt, wie erhöhte Transaktionskosten, auch mit einer unzureichenden Arbeitsmarktpartizipation von Zuwanderern eintreten. Deshalb nimmt die Integration am Arbeitsmarkt eine Schlüsselrolle ein.

Internationalität der Bevölkerung

Die ethnisch-kulturelle Heterogenität der Bevölkerungen in den westlichen EU-Staaten hat im Verlauf der letzten Jahrzehnte, aufgrund von innereuropäischer Mobilität und Zuwanderung aus nichteuropäischen Ländern, deutlich zugenommen. Derzeit leben etwa 16 Millionen Menschen mit Migrationshintergrund (ca. 20 Prozent der Bevölkerung) in Deutschland, davon sind etwa 7,2 Millionen (ca. 8 Prozent der Bevölkerung) ausländische

Staatsbürger. Die multikulturelle Gesellschaft stellt somit in Deutschland wie auch in zahlreichen anderen europäischen Ländern einen bedeutsamen Aspekt der gesellschaftlichen und ökonomischen Zukunft dieser Länder – mit entsprechenden Chancen und Risiken – dar. Die gegenwärtigen demografischen Trends zeigen deutlich, dass die Internationalisierung der Bevölkerung in Deutschland zudem weiter zunehmen wird.

Der Grad kultureller Vielfalt in Deutschland ist jedoch regional sehr ungleich verteilt. Insbesondere Großstädte weisen eine hohe Konzentration von Menschen unterschiedlicher Herkunft auf. So lebt in den sechs größten deutschen Städten ein Fünftel der gesamten ausländischen Bevölkerung Deutschlands, während dort nur knapp ein Zehntel aller deutschen Staatsbürger angesiedelt sind. Vor dem Hintergrund regional ungleich verteilter Arbeitsmarktchancen – günstige Bedingungen in den süddeutschen Städten, erschwerte Bedingungen in Berlin und Köln – variieren auch die Voraussetzungen, um den positiven Einfluss kultureller Vielfalt nutzen zu können. Allerdings sind Ausländer in allen Städten deutlich schlechter am Arbeitsmarkt platziert als die deutsche Erwerbsbevölkerung, was bedeutet, dass ein erheblicher Teil des Potenzials kultureller Vielfalt generell nicht genutzt wird.

Dies liegt auch in der Struktur der ausländischen Beschäftigung in Deutschland begründet. Diese ist noch immer von der sogenannten Gastarbeitermigration der 1960er Jahre geprägt, als formal schlecht qualifizierte Akteure aus dem europäischen Ausland für besonders arbeitsintensive Tätigkeiten angeworben wurden. Zwar sind inzwischen deren Nachfahren im Zentrum wirtschaftlicher Prozesse, ungleiche Beschäftigungschancen werden jedoch weiterhin festgestellt. Aufgrund der sozialen Vererbung von Bildungschancen und dem technologisch be-

dingten wirtschaftlichen Wandel sowie der
Verlagerung produktionsintensiver Tätigkeiten in sogenannte Billiglohnländer sind die
Arbeitsmarktoptionen der zweiten und dritten Generation als ungünstig einzuschätzen.
Für die Zukunft bedeutet dies, dass zum einen durch gezielte Integrationspolitik Chancengleichheit, vor allem in der Ausbildung,
gewährleistet werden muss bzw. durch maß-
geschneiderte Förderangebote Fehlentwicklungen ausgeglichen werden müssen. Zum
anderen kann das Qualifikationsniveau po-
tenzieller Zuwanderer durch eine Steuerung
der Migration nach sogenannten Humanka-
pitalkriterien positiv beeinflusst werden. Somit lässt sich festhalten, dass ethnische Dif-
ferenzierungslinien auf dem deutschen Arbeitsmarkt weiterhin fortbestehen und die
Potenziale kultureller Vielfalt nur unzureichend genutzt werden. Vor dem Hintergrund
des demografischen Wandels und der Freizü-
gigkeitsvereinbarung innerhalb der Europäischen Union sind gesellschaftliche Anstrengungen notwendig, um Chancengleichheit
herzustellen, denn Integration impliziert
gleiche Chancen. Die gesellschaftliche und
ökonomische Integration von Ausländern
und Menschen mit Migrationshintergrund
ist eine der größten Herausforderungen der
deutschen Gesellschaft und wird auch in Zukunft nicht an Aktualität verlieren. Sie sollte
daher nicht von tagesaktuellen Geschehnis-
sen beeinflusst, sondern langfristig und gezielt vorangetrieben werden. Dazu sind Offenheit und Entgegenkommen sowohl von
Seiten der Zuwanderer als auch von Seiten
der Aufnahmegesellschaft erforderlich.

9

Kulturelle Integration und Medien

Mit Beiträgen von:

Thomas Bellut, Theresa Brüheim, Hans Demmel, Hans Jessen, Ercan Karakoyun, Marjan Parvand, Susanne Pfab, Ekrem Şenol, Frank Überall und Dietmar Wolff

Jeden Tag aufs Neue
Kulturelle und gesellschaftliche Integration als Aufgabe der privaten audiovisuellen Medienunternehmen

Hans Demmel — Politik & Kultur 3/2017

Populismus, Ignoranz und auch Desinformation durch Fake-News auf Social-Media-Kanälen machen das Thema »Kulturelle Integration« heute gesellschaftlich wichtiger und anspruchsvoller denn je. Vieles, was uns lange selbstverständlich erschien, wird heute angegriffen und infrage gestellt. Es steht nicht weniger als der Grundkonsens einer freiheitlichen Gesellschaft und gelebter Werte wie der Menschenwürde und eines toleranten Miteinanders von Bürgern und Menschen, die in unserem Land leben, auf dem Spiel.

In Anbetracht dieser Entwicklungen sehen wir Vertreter von privatem Rundfunk und elektronischen Medien uns in einer besonderen Verantwortung, durch Information und gelebte Integration einen Beitrag dafür zu leisten, dieser Entwicklung entgegenzuwirken. Mit unseren vielfältigen Unterhaltungs- und Informationsangeboten erreichen gerade die privaten Anbieter im Gegensatz zum öffentlich-rechtlichen Rundfunk jüngere Bevölkerungskreise. In diesen Zielgruppen tragen wir aktiv mit unseren redaktionellen Mitarbeitern zum gesellschaftlichen Zusammenhalt bei und sorgen für die Integration unterschiedlicher Meinungen und Kulturen. Doch was genau bedeutet gesellschaftliche Integration und wann ist sie gelungen? Gesellschaftliche und kulturelle Integration ist aus unserer Überzeugung

dann gelebt, wenn die Vielfalt der Gesellschaft als selbstverständlich akzeptiert wird, sich jeder in ihr wiederfinden und mit ihren grundlegenden Werten identifizieren kann. Dieses Verständnis geht über die Vielfalt der Kulturen hinaus, es umfasst auch die Pluralität von Religionen, Weltanschauungen, Alter, Geschlechtern, sexuelle Orientierungen, Barrierefreiheit usw. Der private Rundfunk steht in allen diesen Dimensionen für Vielfalt und Offenheit, Werte, die aus unserer Sicht unverzichtbar sind.

Im Jahr 2016 nutzte der deutsche Durchschnittsverbraucher täglich über zehn Stunden Medien. Radio und Fernsehen sind dabei die mit Abstand meistgenutzten Medienangebote und haben damit einen hohen gesellschaftlichen Stellenwert. Das bedeutet für uns als Macher eine entsprechend hohe Verantwortung, aber auch Chance. Der Verband Privater Rundfunk und Telemedien e.V. (VPRT) und seine Mitgliedsunternehmen stehen deshalb in einem regelmäßigen Dialog mit zahlreichen Interessengruppen, politischen Vertretern und Institutionen, z. B. im Rahmen des Nationalen Integrationsgipfels der Bundesregierung, um sich auch der Frage ihrer Verantwortung und Rolle in dem wichtigen Thema Integration zu stellen. Neben der Vielfalt der Inhalte ist auch die Form der Darstellung von zentraler Bedeutung, um die Themen einer diversifizierten Gesellschaft Zuschauern, Hörern und Nutzern nahezubringen. Die Abbildung unterschiedlicher Kulturen und Bevölkerungsgruppen im Radio, in TV-Filmen und Serien oder in der Nachrichtenberichterstattung macht sie einem breiten Publikum in allen ihren Facetten zugänglich, kann hier entsprechende Akzeptanz und Verständnis schaffen und zum Diskurs über das gesellschaftliche Zusammenleben anregen.

Neben dem Fernsehen kommt dabei auch dem privaten Radio eine besondere Bedeutung zu, das in den lokalen und regionalen Räumen Identität stiftet und das als wichtigstes Informationsangebot und täglicher Begleiter der Menschen dort nicht mehr wegzudenken ist.

Einen wichtigen Beitrag zur gesellschaftlichen Integration leisten die privaten Medien zudem auch mit dem stetigen Ausbau der barrierefreien Medienangebote, die Menschen mit zusätzlichen Hilfestellungen den Zugang zu unseren Angeboten ermöglichen, die wir sonst nicht erreichen würden.

Um Vielfalt zu fördern und zu leben, beteiligen wir uns über all dies hinaus an diversen Projekten und Initiativen. Viele VPRT-Mitglieder haben die »Charta der Vielfalt«, eine Unternehmensinitiative zur Förderung von Vielfalt in Unternehmen und Institutionen, unterzeichnet. Wir repräsentieren Diversität nicht nur durch die Vielfalt der Protagonisten vor der Kamera oder am Mikrofon, wir legen auch bei der Auswahl der Mitarbeiter großen Wert auf Offenheit und Akzeptanz.

Unter dem Motto »Wir zusammen« engagieren wir uns gemeinsam mit zahlreichen anderen namhaften deutschen Unternehmen für die Integration von Flüchtlingen. Die Aktion wurde von Ralph Dommermuth, Gründer und Vorstandsvorsitzender der United Internet AG, ins Leben gerufen und soll dazu beitragen, in Deutschland für ein Klima zu sor-

gen, welches von Toleranz und gegenseitigem Verständnis geprägt ist. Der VPRT setzt sich kontinuierlich dafür ein, die wirtschaftlichen, ordnungspolitischen und technischen Rahmenbedingungen so zu gestalten, dass ein vielfältiges privates Rundfunk- und Telemedienangebot in Deutschland als gesellschaftlich und kulturell elementarer Faktor besteht. Neben der Vielfalt von Anbietern und Inhalten gehört dazu auch die Verfügbarkeit unserer Angebote. Aus dieser Überzeugung heraus sprechen wir uns für eine liberale Medienordnung und die Entwicklung zukunftsfähiger Infrastrukturen aus, die es ermöglichen, Inhalte über sämtliche Kanäle diskriminierungsfrei und auffindbar abzurufen.

Es ist uns bewusst, dass gerade auch die privaten Medienangebote einen erheblichen Einfluss auf die Zuschauer und Zuhörer sowie unsere Gesellschaft haben. Dem VPRT und mir als seinem Vorsitzenden und Geschäftsführer eines reichweitenstarken Nachrichtensenders ist es ein großes Anliegen, das Thema der gesellschaftlichen Integration ins Bewusstsein zu rücken. Wir und die Mitarbeiter des privaten Rundfunks verstehen es als eine Verpflichtung, hierzu einen nachhaltigen Beitrag zu leisten, und stellen uns diesem Anspruch jeden Tag aufs Neue.

Voraussetzung Weltoffenheit
Der Integrationsauftrag des öffentlich-rechtlichen Rundfunks

Thomas Bellut im Gespräch mit Hans Jessen — Politik & Kultur 3/2017

Herr Bellut, im ZDF-Staatsvertrag steht: »Die Sendungen sollten der gesamtgesellschaftlichen Integration dienen«. Integration ist also gesetzlicher Programmauftrag. Welche Rolle kann das elektronische Massenmedium ZDF im Integrationsprozess realistischerweise einnehmen?
Es ist eine der zentralen Aufgaben des ZDF, überhaupt des öffentlich-rechtlichen Rundfunks, integrativ in der Gesellschaft zu wirken. Das ist keine Phrase, sondern wird in vielen aktuellen Diskussionen deutlich. Ich erinnere an die Debatte über das Schmähgedicht von Jan Böhmermann, in der wir über die Frage diskutiert haben, wie das auf die deutsch-türkische Minderheit wirkt. Sind da Stereotype drin, die eben diesem Integrationsziel widersprechen? Eine sehr komplexe Diskussion. Gerade in diesen Zeiten des Populismus ist es wichtig, das Thema Integration von allen Seiten zu beleuchten. Anders ausgedrückt: Es ist eine wahrhaft ehrenvolle Aufgabe, zu verhindern, dass Gruppen in der Gesellschaft separiert und diskriminiert werden.

Vor anderthalb Jahren hat der CSU-Generalsekretär Andreas Scheuer ein öffentlich-rechtliches Integrationsfernsehen gefordert. Einen eigenen Integrationskanal, in dem auch deutsche Leitkultur vermittelt werden sollte. Hat dieser Vorschlag eine programmrelevante Wirkung entfaltet?
Der Vorschlag kam auf dem Höhepunkt der sogenannten Flüchtlingskrise. Wir hatten bereits eigene unterschiedliche Angebote arabisch untertitelt und online angeboten: Nachrichtensendungen, auch die von Logo, Erklärfilme bis hin zu Dokumentationen. Es gibt gemeinsame Angebote mit der ARD und der Deutschen Welle, um diese Gruppe anzusprechen. Das hat in den ersten Monaten ganz respektabel funktioniert. Die Resonanz wurde aber immer schwächer. Entweder haben die Menschen, die ins Land gekommen sind, andere Informationsquellen, etwa im Netz, oder sie nutzen tatsächlich schon deutsche Medien. Genau wissen wir das nicht. Der Vorschlag eines eigenen Kanals ist nicht weiter verfolgt worden. Meine persönliche Auffassung ist, dass die Erfolgsaussichten einer solchen Unternehmung eher gering sind.

In den aktuellen Nachrichtensendungen berichten die öffentlich-rechtlichen wie auch die kommerziellen Sender über konkrete Ereignisse, z. B. in der Flüchtlingspolitik, auch über politische Debatten und Entscheidungen.

**Jenseits dieser Pflichtaufgaben –
ist das ZDF eigenständiger Akteur
im Integrationsprozess?**

Wir sind als Medium Akteur. Wir hatten nicht
nur die aktuellen Berichte, sondern auch
viele Hintergrundberichte für die Zuschauer. Im letzten Sommer gab es eine interessante Reportage-Reihe »Mein Land – dein
Land«, die wir fortsetzen wollen. Darin ging
es ganz konkret um Migration und Integration in diesem Land. Unsere Reporter haben
sich umgesehen etwa in der russischstämmi-
gen Bevölkerungsgruppe in Leipzig, bei Vietnamesen in Berlin. Man nennt diese Form
heute »Constructive Journalism«. Wir haben
über Probleme berichtet, aber auch Lösungsansätze und Erfolge der letzten Jahrzehnte
gezeigt. Das ist die Art, wie Medien Integration befördern können. In dieser Reihe, die
übrigens noch in der ZDF-Mediathek zu sehen ist, ist das gut gelungen.

**Es gibt immer noch Sendungen, vor
denen sich große Teile der Zuschauer
versammeln – man nennt das »Lager-
feuerfernsehen«. Das ist auch eine
Form von Integration, wohl überwiegend der klassischen Mehrheitsgesellschaft. Lässt sich das im fiktionalen
Bereich, also in Spielfilmen, auch auf
Menschen mit anderen kulturellen
Hintergründen ausweiten?**

Meine Erfahrung ist, gestützt auf Erkenntnisse der Medienforschung: Je besser die Menschen in die Gesellschaft integriert sind, desto stärker nehmen sie diejenigen Botschaften und Themen auf, die von der Mehrheit
der Zuschauer in Deutschland aufgenommen
werden. Gezielte Angebote für Minderheiten
funktionieren dagegen meistens nicht. Man
kann natürlich hin und wieder auch mal Migrationsthemen in Fernsehspielen behandeln, das haben wir auch getan. Aber das ist
eben nur begrenzt möglich und sinnvoll. Es

gibt bessere Möglichkeiten. Z. B., einen erkennbaren Anteil von Migranten unter den
Moderatoren und Reportern zu haben. Das
kann man bei uns schon lange und zunehmend auf dem Schirm beobachten. Und dieses Signal ist, nach meinem Eindruck, in der
Gruppe der Migranten auch angekommen.
Es ist auch beruhigend, dass das für die Zuschauer kein generelles Thema ist. Nur gelegentlich findet sich in der Zuschauerreso-
nanz auch mal Kritik daran, dass z. B. beim
Morgenmagazin zu viele Menschen mit Migrationshintergrund arbeiten. Schwieriger als
bei den »Bildschirm-Gesichtern« ist es, auch
im Management einen angemessenen Anteil
von Menschen mit Migrationshintergrund zu
haben. Daran müssen wir arbeiten. Wir hatten schon einmal, nach der deutschen Einheit, eine ähnliche Diskussion. Wie konnte
das ZDF, der westdeutsche Sender, am Rhein
gelegen, im Management und im Personal
mehr Menschen aus Ostdeutschland hinzubekommen? Es hat fast 20 Jahre gedauert, bis
wir dort erkennbare Erfolge erzielen konnten.
Man sieht daran, dass es ein langer Weg ist.
Für die Migranten ist es womöglich noch ein
Stück schwieriger. Wir werden aber über gezielte Nachwuchsförderung, wie etwa unser
Redaktionsvolontariat, auch diese Herausforderung annehmen.

**Den öffentlich-rechtlichen Sendern
wird, vor allem in Netz-Communities,
vorgeworfen, sie würden Schönfär-
berei betreiben, z. B. in der Berichterstattung über Flüchtlinge, Asylbewerber und andere Migranten. Eine solche
Wahrnehmung befördert ja nicht Integration, sondern blockiert sie eher.
Wie gehen Sie damit um?**

Das ist tatsächlich ein schwieriges Thema.
Unsere Redaktionen wollen kein Bild von einer Sonderwelt zeichnen, in der alles in Ordnung ist. Aber Journalisten leben in einer an-

deren Umgebung als viele aus unserem Publikum. Sie fühlen sich von Migranten nicht bedroht in ihrer wirtschaftlichen, gesellschaftlichen Entwicklung. Aber Journalisten lernen aus dem, was sie berichten. Ich glaube, dass wir in der Flüchtlingskrise insgesamt ein annähernd korrektes Bild von der Wirklichkeit vermittelt haben. Dass zeitweise der Eindruck entstanden ist, das Verständnis sei größer gewesen als in einem Teil der Bevölkerung, lag auch an der besonderen Emotionalität der Bilder von Flüchtenden. Manche meinten, es seien nur Frauen und Kinder zu sehen gewesen. Es gab den Vorwurf, das Fernsehen hätte die jungen Männer ausgeblendet, obwohl auch diese gezeigt wurden. Im Rückblick kann man auch festhalten, dass sich die Wahrnehmung der Flüchtlingskrise in der Gesellschaft mit der Zeit mehrfach verändert hat. Daraus entstehen Diskussionen, denen wir uns stellen. Im Kern geht es da immer um den journalistischen Umgang mit Realitäten und Informationen. Man kann das auch am Beispiel der Vorfälle in der Silvesternacht vorletzten Jahres in Köln erläutern. Dem ZDF wurde vorgeworfen, wir hätten darüber nicht berichtet. Tatsächlich hatte die 19 Uhr heute-Sendung das damals versäumt. In den anderen Nachrichtensendungen und im Netz wurde berichtet. Ich meine, Journalisten müssen das Recht haben, sich erst einmal mit Vorfällen dieser Art zu beschäftigen. Wenn man die Vorzeichen ändert, besteht die Gefahr, dass man zu bereitwillig Informationen aufgreift, die sich im Nachhinein als haltlos herausstellen. Es gab nach Köln auch Berichte über angebliche Vorfälle in Kiel oder in Frankfurt, die sich später als falsch herausgestellt haben. Man sieht daran, dass man vorsichtig sein muss. Wir müssen sorgfältig überprüfen, ob wir die Wirklichkeit tatsächlich korrekt abbilden. Deshalb bin ich nicht bereit, Grundsätze über Bord zu werfen. Der Schutz von Minderheiten ist ein Thema, das sich auch in der Berichterstattung stellt. Sie brauchen den Schutz mehr als die Mehrheit der Gesellschaft.

Wenn wir den Begriff kulturelle Integration als Kriterium nehmen – auf welche Programmleistung des ZDF ist der Intendant besonders stolz?
Eine wichtige Voraussetzung für kulturelle Integration ist für mich Weltoffenheit. Ich freue mich, dass es uns immer wieder gelingt, Berichte aus anderen Ländern erfolgreich im Programm zu zeigen. Wir haben in der Gesellschaft einen ganz klaren Trend zum Ethnozentrismus: Menschen haben Furcht vor der Globalisierung und schätzen besonders das, was in ihrer unmittelbaren Umgebung stattfindet. Ich habe den Eindruck, dass internationale TV-Koproduktionen heute weniger gefragt sind, als das in den früheren Jahrzehnten der Fall war. Das wird uns aber nicht davon abhalten, weiter Angebote zu machen, die zeigen, dass wir Teil einer globalisierten Welt geworden sind, mit vielen Vor- und manchen Nachteilen. Da sind wir noch mal beim Kern der Rolle von Medien im Prozess der kulturellen Integration. Wir liefern Berichte, Informationen, Argumente.

Schlussfrage, Herr Bellut: Wenn jetzt die gute Fee mit dem goldenen Füllhorn kommt und sagt: »Für den Programmauftrag kulturelle Integration gibt es jetzt keine finanziellen Limits«. Könnten Sie drei Projekte benennen, die Sie dann machen würden?
Das öffentlich-rechtliche System kann finanzieren, was es zur kulturellen Integration beitragen kann. Wenn ich als Bürger Bellut spreche, dann sage ich: Viel wichtiger war und ist, dass die Integration in der Gesellschaft tatsächlich gefördert wird, dass Sprachkurse angeboten werden, dass den Schulen ge-

holfen wird. Selbstkritisch sage ich, dass wir das Thema Integration über viele Jahre wahrscheinlich nicht ausführlich genug behandelt haben. Sonst wären die Probleme der Flucht- und Migrationswellen, die es ja schon seit Jahrzehnten gibt, stärker im Bewusstsein der Menschen verankert und nicht – in Anführungsstrichen gesprochen – »eine große Überraschung« gewesen. Aufgabe von Journalisten ist es, nicht nur auf die Politik und die Aktualität zu schauen, sondern auch Themen zu hinterfragen, die nicht auf der Agenda stehen. Wir haben uns vielleicht zu sehr eingenistet in einem Gefühl, es sei alles in Ordnung. Offenkundig war es das nicht. Es ist noch viel zu tun.

Zusammenhalt qua Wissen und Verständnis
Der Beitrag der ARD zur Integration

Susanne Pfab — Politik & Kultur 4/2017

Die Welt erscheint immer komplexer, schneller, fordernder und vielfältiger. Dies stellt jeden Einzelnen und die Gesellschaft vor große Herausforderungen, weckt Ängste, verursacht neue Gräben, aber schafft auch nie geahnte Möglichkeiten des Miteinanders und der Kommunikation über alle Schichten, Strukturen und Grenzen hinweg. Voraussetzung dafür, das Gute in der Veränderung und im Neuen anzunehmen, sind Wissen, Verständnis, Achtung und das Gefühl von gesellschaftlicher Zugehörigkeit. Zu diesen »Basics« für das Gelingen einer modernen Gesellschaft und einer starken Demokratie beizutragen, ist eine der maßgeblichen Aufgaben des öffentlich-rechtlichen Rundfunks.

So hat die ARD gemäß § 11 des Rundfunkstaatsvertrages (RStV) »einen umfassenden Überblick über das internationale, europäische, nationale und regionale Geschehen in allen wesentlichen Lebensbereichen zu geben«. Wir sollen »hierdurch die internationale Verständigung, die europäische Integration und den gesellschaftlichen Zusammenhalt in Bund und Ländern fördern.« Dies ist ein klarer Auftrag, qua Information, Bildung, Beratung und Unterhaltung maßgebliche Integrationsgrundlagen zu schaffen. Dieser Auftrag bezieht sich nicht (nur) auf die Integration von Menschen mit Migrationshintergrund oder aus »fremden Welten«, sondern auf die Förderung des gesellschaftlichen Zusammenhaltes zwischen allen Menschen in Deutschland – völlig unabhängig von Herkunft oder Zugehörigkeit.

In einer weitgehend vernetzten Welt sind die Möglichkeiten groß wie nie, die Vielfalt einer Gesellschaft abbilden und mit ihr kommunizieren zu können. Aber wie mit jeder technischen Errungenschaft gehen auch mit der Digitalisierung Veränderungen einher, die Risiken bedeuten können: Die Abwanderung der gesellschaftlichen Auseinandersetzung in soziale Netzwerke und abgeschlossene Kommunikationsräume, die verstärkte Medienkonzentration bis hin zu vielfaltsverengender Monopolisierung oder Verschlüsselungsbestrebungen kommerzieller Anbieter, um das Verwertungspotenzial von Inhalten voll ausschöpfen zu können, sind nur einige Aspekte. Vor diesem Hintergrund gewinnt unser verfassungsrechtlicher Auftrag zur Gewährleistung eines freien Meinungsbildungsprozesses unter Einbeziehung aller Bevölkerungsgruppen an zusätzlicher Bedeutung. Die ARD ist ausschließlich dem Gemeinwohl verpflichtet und agiert dank der solidarischen Finanzierung durch die Gesellschaft wirtschaftlich und politisch unabhängig. Unser Bestreben ist es, allen Menschen alle unsere Angebote auf allen Wegen frei zugänglich zu machen und so maßgeblich zu

Teilhabe, Inklusion und Integration beizutragen. Unverzichtbares Element hierbei sind die Dritten Programme und die Hörfunkwellen der ARD. Während Globalisierungs- und Konzentrationstendenzen auch in der Medienlandschaft eher die Vereinheitlichung und Verwechselbarkeit von Angeboten befördern, bildet die föderal strukturierte ARD mit ihrer regionalen Verankerung schon immer die Vielfalt der kulturellen Realitäten vor Ort ab. Zugleich trägt die Vermittlung von Heimatgefühl, Zuhause und Nähe dazu bei, dass sich die Menschen in einer zunehmend als unübersichtlich und aufsplitternd empfundenen Welt nicht verloren fühlen.

Die Rolle und Aufgabe der Medien im und für den Integrationsprozess verändert sich mit den gesellschaftlichen Herausforderungen. So hat die ARD im Sommer 2015 ergänzend zur Berichterstattung über die Situation der Geflüchteten zahlreiche Hilfsangebote zur Integration initiiert und eine eigene Service-Seite für Refugees ins Leben gerufen (refugees.ARD.de). Die Seite bündelt alle themenverwandten Angebote der Landesrundfunkanstalten und wird im Sinne eines nachhaltigen Angebots auch weiterhin redaktionell gepflegt und aktualisiert. Neben Nachrichten und Einstiegsangeboten zur Orientierung in Deutschland, einem Audio-Bild-Wörterbuch in arabischer Sprache, Sprachlernangeboten für Kinder (wie etwa die »Sendung mit der Maus« auf Englisch, Arabisch, Kurdisch und Dari) finden sich hier auch Links zu Seiten, die Übersichten und interaktive Karten zu Hilfsprojekten zur Flüchtlingshilfe im gesamten Bundesgebiet bereitstellen.

Auch mit Fiktionalem wie »Leberkäseland« (CIVIS-Medienpreis 2016), Dokumentationen wie »Weltbahnhof mit Kiosk« (Grimme-Preis 2016) und »Mohammad Mustermann« (Grimme-Preis 2017), Programmschwerpunkten wie dem BR-Themenmonat »Ramadan« (Juni/Juli 2015) oder bereits jahrelang bestehenden Formaten wie dem 1998 als »Funkhaus Europa« gestarteten Radiosender COSMO öffnen wir den Blick in fremde Lebenswelten, fördern alternative Sichtweisen, Verständnis und Toleranz.

Integrationsthemen spielen nicht nur in den Programmen der ARD eine Rolle. Als Querschnittsaufgabe betrifft Integration und Migration alle Bereiche der ARD – die Einrichtung des CIVIS Medienpreises vor 30 Jahren als inzwischen Europas bedeutendster Medienpreis für Integration und kulturelle Vielfalt, Fachtagungen zu Integrations- bzw. Migrationsthemen wie »Medienforum Migration« des SWR oder »WDR Integrationsgipfel« sind nur einige ausgewählte Beispiele. Bei der Gewinnung neuer Mitarbeitender ist die Ansprache kulturell diverser Zielgruppen bewusster Anspruch der Personalabteilungen. Einige Häuser bieten eigenständige Ausbildungsprojekte für Geflüchtete oder Medienschaffende mit Zuwanderungsbiografie an, z. B. »WDR grenzenlos«, »NDR Summer School« und die rbb-Sommerakademie »Vielfalt entdecken«. Und auch nach außen vernetzen und engagieren wir uns verstärkt, um bei dieser wichtigen gesellschaftlichen Aufgabe die »Kraft der Kooperation« mit anderen Initiativen und Verbänden nutzen zu können – etwa als Mitglied der im November 2016 ins Leben gerufenen Initiative kulturelle Integration.

Integrationsweltmeister Zeitung
Die Rolle der Zeitung in der Flüchtlingskrise

Dietmar Wolff — Politik & Kultur 3/2017

Zeitungen sind fester Bestandteil unseres demokratischen Gemeinwesens, sie erreichen gedruckt oder digital gut drei Viertel der Deutschen über 14 Jahren. Unsere Leser und Nutzer setzen auf das Versprechen, täglich neu – und mittlerweile dank unserer weit über 600 Online-Angebote auch rund um die Uhr – von ihrer Zeitung informiert, unterhalten oder überrascht zu werden. Die deutsche Tagespresse spiegelt dabei nach Möglichkeit alle Themen der Gegenwart wider, jeder Bürger kann mit ihrer Hilfe das aktuelle und relevante Geschehen verfolgen. Aufgrund ihrer regelmäßigen Erscheinungsweise werden bedeutende Themen auch über einen längeren Zeitraum analysiert und eingeordnet.

Für die politische Meinungs- und Willensbildung sind die Zeitungen mit ihrer Berichterstattung eine wesentliche Grundlage. Der scheidende Bundestagspräsident Norbert Lammert kennzeichnete sie sogar einmal als systemrelevant. Zeitungen organisieren jedoch nicht nur den gesellschaftlichen Dialog, dank ihrer Wundertütenfunktion taugt die Zeitung auch zum Integrationsweltmeister. Denn sie ist bis heute das einzige Medium, das im besten Sinne allen Lesern und Nutzern, egal welchen Alters und welcher Herkunft, alle nur erdenklichen Inhalte anbietet. Neben den großen Zeitungen mit überregionaler Verbreitung zeichnen sich vor allem

die regionalen Tageszeitungsmarken durch eine hohe Integrationsleistung aus. Mit ihrem fest umrissenen Verbreitungsgebiet in einer Region fokussieren sie die politischen, wirtschaftlichen und kulturellen Ereignisse, Herausforderungen und Erfahrungen der Menschen vor Ort. Der Nahbereich ist das Brennglas der Bundes- und Landespolitik – Gesetze und ihre Auswirkungen werden unmittelbar erfahrbar – und zwar jeweils im Kontext regionaler Spezifika.

Ein gutes Beispiel ist die sogenannte Flüchtlingskrise: Zeitungen beleuchten die Situation der Geflüchteten und die Ursachen für deren Flucht, erklären transparent die Abläufe im Rahmen des Asylverfahrens, veranschaulichen die Gesetzeslage und kommentieren die unterschiedlichen Positionen der politischen Parteien – in Deutschland, Europa, weltweit. Die große Zahl täglich neu ankommender Geflüchteter stellte und stellt eine der großen gesellschaftlichen Herausforderungen seit der Wiedervereinigung dar. Die Medien und unter ihnen die Zeitungen haben dieses Thema seit dem Frühsommer 2015 über Monate und bis heute immer wieder breit aufgegriffen. Zu den typischen Mitteln der Berichterstattung zählt hier die Würdigung individueller Persönlichkeiten. Artikel über ehrenamtliche Hilfe und bürgerschaftliches Engagement vermitteln etwa den freiwilligen Helfern die notwendige gesellschaftliche Anerkennung für ihren Einsatz. Beiträge in der regionalen Presse haben jedoch auch eine Lenkungswirkung, indem sie transparent machen, wo Hilfe besonders dringend erforderlich ist; die Zeitung trägt mit ihrer Marktplatzfunktion zum Ausgleich von Angebot und Nachfrage karitativer Erfordernisse bei; sie unterstützt womöglich die Vernetzung der unterschiedlichen Akteure; aber sie zeigt durch kritische Berichterstattung auch Fehlentwicklungen und Missstände auf.

Zahllos die Aktionen, die von Zeitungshäusern in ganz Deutschland für die Geflüchteten angestoßen wurden. Ein solches Engagement ist im Übrigen überhaupt nichts Ungewöhnliches, denn die meisten Verlage unterhalten seit Jahrzehnten Hilfswerke für alte, kranke, mittellose oder aus anderen Gründen bedürftige Menschen in der Region. Für die werben sie – meist zur Weihnachtszeit – Spenden ein und können Jahr für Jahr einen zweistelligen Millionen-Betrag für den guten, jeweils klar definierten Zweck verteilen. Beim Thema Geflüchtete fühlten sich Redaktionen aber herausgefordert, auch inhaltlich die Qualitäten ihrer Zeitungen einzubringen. Die Palette reicht von speziellen Zeitungsausgaben, Apps und Website-Auftritten in der Muttersprache der Hilfesuchenden über Q&A-Dossiers für freiwillige Helfer bis hin zu unentgeltlichen Abonnements der regionalen Zeitung für die Besucher der Deutschkurse inklusive pädagogisch abgestimmten Materialien für die Lehrkräfte. Die Sprache ist ein Transmissionsriemen für Integration, Berichte über die Region vermitteln Informationen und Hintergründe über kulturelle Besonderheiten. Als denkbar aktuelle »Lehrbücher« bilden gerade lokale Zeitungen hier eine sinnvolle Verbindung zwischen Einheimischen und Neuankömmlingen.

Das ist die eine Seite der Medaille. Nicht verschwiegen werden soll, dass die mittlerweile fast sprichwörtlich gewordenen »Ereignisse der Kölner Silvesternacht« zum Jahreswechsel 2015/16 und die vielfach zu Recht kritisierte (Nicht-) Berichterstattung in den überregionalen Medien eine Debatte befeuert haben, die mit angeblichen »Lügenpresse«-Vorwürfen und Fake News hier nur andeutungsweise umschrieben ist. Die – auch mit zahlreichen Zeitungslesern – geführte Diskussion hat eine öffentliche und ernsthafte Selbstüberprüfung der klassischen Medien in Gang gesetzt, die längst nicht abgeschlossen ist. Können und sollen Medien sich auf die reine Berichterstatterposition zurückziehen? Sind sie damit wirklich objektiv? Wo endet die Nachricht und beginnt der Kommentar? In diesem Zusammenhang gehören auch die jüngsten Auseinandersetzungen um den Pressekodex, der unter anderem über Jahrzehnte aus vielen guten Gründen unter Ziffer 12 vorgeschrieben hat, bei der Berichterstattung über Verbrechen keine Hinweise auf die Herkunft eines Täters zu geben. Damit sollte eine Diskriminierung ausgeschlossen werden. Mittlerweile laufen Redaktionen jedoch bei ihren Lesern Gefahr, der Verschleierung bezichtigt zu werden, wenn sie die Herkunft von Tätern nicht benennen. Gerade wurde daher die entsprechende Richtlinie zur Ziffer 12 des Pressekodex verändert. Die Aufgabe der sorgsamen Abwägung, was und wie berichtet werden soll, bleibt jedoch erhalten. Und sie stellt sich jeden Tag aufs Neue, bei jedem einzelnen Thema. Das macht Zeitung aus.

(Massen-)Medien heute
Welchen Beitrag kann professioneller Journalismus zur kulturellen Integration leisten?

Frank Überall — Politik & Kultur 2/2017

(Massen-)Medien strukturieren gesellschaftliche Kommunikation. Was sich historisch einst auf den Marktplätzen der Dörfer abgespielt hat, wird bereits seit Jahrzehnten in komplexen Gesellschaften über Medien organisiert. Durch das Internet und die sozialen Netzwerke haben aber längst die Einzelpersonen wieder einen größeren Part in dieser Kommunikation erhalten, sie können selbst größere Kreise erreichen als in der Vergangenheit. Die kommunikative Vermittlungsleistung ist nicht länger ein Privileg professioneller Medien. Was Bertolt Brecht um 1930 in seiner Radiotheorie forderte, ist plötzlich zur Realität geworden: Die Bürger sind nicht mehr nur Empfänger, sie können durch das Internet auch als (relevante) Sender auftreten. Das stellt das Mediensystem zwar nicht grundsätzlich auf den Kopf, es bietet aber enorme Herausforderungen.

Dieser neuerliche Strukturwandel der Öffentlichkeit trägt dazu bei, dass sich gewohnte Determinanten des intellektuellen Zusammenlebens verändern. Die bisherigen Empfänger in der öffentlichen Kommunikation erreichen (noch) nicht eine derart breite Öffentlichkeit wie die professionellen Medien. Das Problem liegt an einer anderen Stelle: Zwischen denen, die sich nur noch in selbstreferenziellen »Filterblasen« in sozialen Netzwerken bewegen, und denen, die am massenmedial organisierten demokratischen Diskurs teilhaben, wächst ein immer tieferer Graben. Das gefährdet den gesellschaftlichen Zusammenhalt und verhindert Integration.

Aufgabe des professionellen Journalismus ist es, anschlussfähige Angebote für den Diskurs herzustellen. Notwendige Voraussetzung für die Akzeptanz dieser Angebote ist eine durchgängige Faktizität, die den vorurteilsbehafteten Einträgen in sozialen Netzwerken oft genug fehlt. Damit Medien von den Bürgern Glaubwürdigkeit zugeschrieben wird, müssen aber noch weitere Elemente hinzukommen. Beispielsweise muss die ganze Vielfalt und Breite gesellschaftlichen Lebens abgebildet werden. Selbstkritisch wird in der »Branche« längst kritisiert, ob das immer der Fall ist oder ob sich Eliten im Journalismus herausgebildet haben, die Teile der Realität kaum noch zur Kenntnis nehmen, vor allem wenn es um prekäre Lebensverhältnisse und Minderheiten geht. Der gesellschaftliche Zusammenhalt würde dadurch naturgemäß nicht gefördert.

Wenn es konkret um Integration geht, kann journalistisch erstellten Medien nicht die Rolle des »erhobenen Zeigefingers« zukommen. Es geht vielmehr um Recherche, Information, Einordnung und letztlich auch Kommentierung – idealerweise auch von Journalisten mit Migrationshintergrund. Das leisten die etablierten und auch einige neue Medien in Deutschland und zwar im internationalen Vergleich besonders zuverlässig und professionell. Verbesserungen sind aber auch bei guten und hervorragenden Produkten immer möglich.

Ein Beispiel ist das nachrichtliche Auswahlkriterium der Negativität. In Reaktion auf den diffusen Vorwurf, die Herkunft mutmaßlicher Straftäter aus ideologischen Gründen nicht zu nennen, gehen manche Medienmacher über zu einer Hysterisierung der Berichterstattung in solchen Fällen: Ganz gleich, ob es um Verdachtsmomente des Terrorismus, der Vergewaltigung oder des einfachen Diebstahls geht – zunehmend werden Nationalität und religiöser Hintergrund zum Gegenstand der Berichterstattung. Der Pressekodex erlaubt das nur in Fällen, in denen ein Zusammenhang der soziologischen Disposition mit der Tat besteht. Die verstärkte Berücksichtigung solcher persönlicher Hintergründe scheint jedoch dem Vorurteil zu folgen, dass einzelne Fälle der Kriminalität symptomatisch stehen für diejenigen, die sich nicht in unsere Gesellschaft integrieren wollen. Natürlich gibt es diese Einzelfälle, und darüber muss auch berichtet werden. Es darf aber kein Generalverdacht entstehen.

Wenn das Nachrichtenkriterium der Negativität schon so relevant für die Berichterstattung ist, muss der Blick auch auf eine andere Art der Integrationsverweigerer gerichtet werden: Auf diejenigen, die unsere heterogene Gesellschaft ablehnen und mit nationalistisch-völkischen Ideen gegen Menschen hetzen, die sie als fremd wahrnehmen oder die nicht ihre politische Meinung teilen. Legt man diesen Maßstab zugrunde, sind bei Pegida, AfD oder NPD in der Summe viel mehr Integrationsverweigerer zu finden als in sämtlichen Flüchtlingsunterkünften der Republik. Nun gehört es zur menschlichen Psyche und auch zur kollektiven gesellschaftlichen Identität, dass gemeinsame Feindbilder mindestens genauso zusammenschweißen wie positive Ideale. An diesem Punkt sollte Journalismus verstärkt ansetzen, um den gesellschaftlichen Zusammenhalt zu stärken. Zu einer gelungenen Integration gehören immer auch Werte, und zu einer kulturellen Weiterentwicklung gehört die ständige Einigung auf deren aktuelle Gültigkeit. Werte sind überwiegend ein positiv konnotiertes Setting, sie bestehen aber auch darin, deutlich zu machen, was gemeinsam abgelehnt wird.

Neue Deutsche Medienmacher

Marjan Parvand — **Politik & Kultur 4/2011**

Ein Café in Kreuzberg, das Büro einer freien Kollegin im Wedding, der Konferenzraum der Initiative gegen Antisemitismus und das Bildungswerk, beides in Kreuzberg, die Büroräume der türkischen Unternehmer und Handwerker in Neukölln – die Geschichte der Neuen Deutschen Medienmacher ist eng verwoben mit Berlin und seinen von der Mehrheitsgesellschaft sogenannten Problembezirken.

Wollte man einen Gründungsmythos etablieren, müsste man von einer handvoll Journalisten mit Migrationshintergrund schreiben, die sich regelmäßig in Kreuzberg, Wedding und Neukölln trafen und nach und nach merkten, dass sich nur dann etwas an ihrer Situation in den Redaktionen sowie an der Berichterstattung über Migranten ändern wird, wenn sie sich selbst zu Wort melden. Wollte man den Mythos ein wenig lüften, müsste man schreiben: Kemal, Özlem, Mina, Mely, Rana, Aziz, Eva, Maricel, Bernd, Ali, Madjid, Sineb, Aycan und Marjan haben sich getroffen, gut gegessen, leckeren Wein getrunken und viel geredet. Denn auch wenn wir heute zum Integrationsgipfel im Bundeskanzleramt eingeladen werden, als Experten auf Podien zum Thema Migration und Integration sitzen oder diese selbst veranstalten, geplant war das nicht, zumindest nicht am Anfang!

Lachen und lästern

In wechselnder Besetzung traf sich also die bunte Truppe in den herrlich vielfältigen Bezirken Berlins, redete, lachte, wunderte und beklagte sich über biodeutsche Kollegen und freute sich gleichzeitig endlich, andere gefunden zu haben, denen es in Redaktionen genauso erging wie einem selbst. Ausnahmslos alle freien Kollegen kannten beispielsweise die Erfahrung, der »Migrant vom Dienst« zu sein. »Es geht um Türken, ruf' doch 'mal den Fareed an!« Dass Fareed ein studierter Politologe ist und seine Magisterarbeit über die Geschichte der konservativen Parteien in Deutschland geschrieben hatte, interessierte die biodeutschen Redakteure nicht. Die Festangestellten unter uns erzählten wiederum davon, welche Kämpfe sie in Konferenzen kämpfen mussten, wenn es um die Bildauswahl für Fernsehbeiträge über Migration bzw. Integration ging. »Es müssen mehr Bilder von Kopftuch-Frauen in den Beitrag. Der Zuschauer braucht das, sonst weiß er nicht, dass wir über Migranten reden«, poltert der Blondschopf vom Dienst und zuckt nicht einmal mit der Wimper, obwohl sein Gegenüber eine Deutsch-Libanesin ohne Kopftuch ist! Als wir uns diese und ähnliche Geschichten erzählten, war es nicht nur befreiend, sondern auch ernüchternd. Wollen wir, dass es dabei bleibt? Wollen wir weiterhin, dass jeder als Einzelkämpfer gegen diese Vorurteile kämpft? Die klare Verneinung beider Fragen und die allmähliche Einsicht, dass es nichts nützt, tatenlos zuzusehen, ermutigten uns zum Handeln. Es kristallisierte sich eine Erkenntnis heraus, woran wir als »Neue Deutsche Medienmacher« nach wie vor fest glauben. Es bringt nichts zu schweigen und die Dinge hinzunehmen. Veränderungen gibt es nur dann, wenn wir das Einzelkämpfertum aufgeben und gemeinsam gegen die gängigen Vorurteile, Ressentiments und auch den Rassismus in den Redaktionen vorgehen.

Bloß kein Verein!

Doch auch wenn wir wussten, dass wir gemeinsam handeln mussten, waren die Vorbehalte, einen Verein zu gründen, unter den Mitkämpfern der ersten Stunden sehr groß. Auf den bürokratischen Aufwand hatte keiner von uns Lust. Wir hatten auch alle keine Zeit dafür. Schließlich standen wir alle voll im Berufsleben. Sitzungsprotokolle, Geschäftsberichte, Antrag auf Gemeinnützigkeit, Jahresabrechnungen und nach den Vereinsstatuten ordentlich einberufene Mitgliederversammlungen klangen in unseren Ohren wie Horrorszenarien. Außerdem war das alles so »deutsch«! Wir waren doch keine Vereinsmeier, sondern eine Truppe von Journalisten, die sich einmischen und wegen ihrer Vielfalt und ihres multikulturellen Wissens ein Plus für die Redaktionen der Republik sein wollte. Anstelle eines Vereins entstand also zunächst die Idee, einen losen Verbund von Journalisten mit Migrationshintergrund zu gründen, eine Art Netzwerk. Aber auch ein Netzwerk muss seine Ziele und Ideen benennen, sonst ist es schwer, andere für sich zu begeistern. Aber welche Ziele hatten wir genau? Wie wollten wir andere Kollegen von unseren Ideen überzeugen, wenn wir diese noch gar nicht formuliert hatten? Anekdoten und ähnliche Erfahrungen sind unterhaltsam

und können Menschen miteinander verbinden, sie reichen aber nicht aus, um andere für die Sache zu gewinnen. Was wir brauchten, waren politische Ziele, klar formuliert.

Ein Sommertag im Wedding

An einem heißen Sommertag im Juli 2008 traf sich der sogenannte harte Kern im Büro einer freien Kollegin in Berlin-Wedding. Wir hatten uns einen eintägigen Workshop verordnet und am Ende des Tages waren folgende Fragen beantwortet: Wer sind wir? Ein bundesweiter Zusammenschluss von Journalisten mit Migrationshintergrund. Was meinen wir? Jeder fünfte Einwohner in Deutschland hat einen sogenannten Migrationshintergrund, aber nur jeder fünfzigste ist Journalist. In den Redaktionen der Republik fehlen oftmals die Perspektiven von Migranten und hinreichende Kompetenz für die Darstellung gesellschaftlicher Vielfalt. Was wollen wir? Wir wollen mehr Kolleginnen und Kollegen mit Migrationshintergrund nicht nur vor der Kamera und hinter dem Mikrophon, sondern auch in den Planungsstäben, Führungsetagen und Aufsichtsgremien. Wir wollen mehr interkulturelle Kompetenz und Sensibilität in der journalistischen Arbeit und Berichterstattung und in der Aus- und Fortbildung der Medienberufe. Und wir wollen uns einmischen: für eine sensible und faire Berichterstattung über Integration und Migration; uns wehren gegen diskriminierende und stereotype Berichterstattung. Was tun wir? Wir sind Ansprechpartner für interkulturellen Journalismus. Wir treten gezielt diskriminierender Berichterstattung entgegen. Wir bieten ein Forum für Information und Austausch und last but not least: Wir fördern den journalistischen Nachwuchs mit Migrationshintergrund. Als die Antworten auf diese Fragen an diesem Sommertag im Juli 2008 formuliert und aufgeschrieben waren, veränderte sich einiges. Wir hatten uns ein politisches Profil verpasst, nun ging es darum, dieses Profil auch nach außen zu repräsentieren und dafür zu werben. Ein guter Freund erklärte sich bereit, uns einen neuen Internetauftritt zu verpassen – unentgeltlich. Die Tochter eines Mitstreiters entwarf als Grafikerin ein Logo für uns – umsonst. Parallel dazu gab es immer mehr Kollegen, die sich für die »Neuen Deutschen Medienmacher« interessierten und im Netzwerk mitarbeiten wollten. Besonders geholfen hat uns dabei wohl auch unser Name. Werbefachleute haben uns inzwischen bescheinigt, dass der Name ein kleiner Geniestreich sei, weil wir mit ihm eine klare umrissene Marke geschaffen und etabliert hätten. Fest steht jedenfalls, dass wir uns bei der Namenssuche sehr bewusst gegen Begriffe wie Migrant, Integration, Einwanderer oder Multikulti entschieden. Der Name sollte vielmehr verdeutlichen, dass wir Teil der deutschen Gesellschaft sind. An dieser Stelle möchte ich als Vorstandsvorsitzende auch entschieden dem Vorwurf entgegentreten, dass wir mit dem Namen eine Überidentifikation mit dem »Deutschsein« oder »Deutschland« an den Tag gelegt hätten. Die zündende Idee, sich »Neue Deutsche Medienmacher« zu nennen, hing in erster Linie mit der deutschen Musikgeschichte zusammen. So wie die »Neue Deutsche Welle« das miefige Volkslied und den peinlichen Schlager verdrängte und deutsche Texte auch für die jüngere Generation hörbar machte, wollten und wollen wir mit den »Neuen Deutschen Mediemachern« eine Welle der Veränderung auslösen.

Die Vereinsgründung oder ohne Moos nix los

Ohne Moos nix los. Diese Erkenntnis hat uns nicht gefallen, aber irgendwann mussten die Aktiven innerhalb des Netzwerkes einsehen, dass wir nur dann die vielen Ideen und das Engagement unserer Mitglieder in Taten um-

setzen können, wenn wir Geld zur Verfügung haben. Bereits nach unserer ersten Pressekonferenz und der anschließenden Podiumsdiskussion im November 2008 merkten einige Mitglieder an, dass wir als Netzwerk relativ wenig erreichen könnten. Wie sollten wir in Zukunft Podiumsdiskussionen veranstalten, wenn kein Geld für die Bezahlung der Räume da war? Auch für Anträge an Stiftungen zwecks finanzieller Unterstützung war eine Rechtsform notwendig. ähnlich verhielt es sich bei der Frage der Förderung des journalistischen Nachwuchses. Wir hatten als Netzwerk wenig Chancen, mit Bildungsträgern und Redaktionen in Kontakt zu treten. Schließlich waren es diese Einsichten, die uns dazu bewogen im März 2009 beim Amtsgericht Charlottenburg den Antrag für eine Vereinsgründung zu stellen. Seitdem ergänzen die beiden bürokratischsten Buchstaben der Welt unseren Namen: »Neue Deutsche Medienmacher e.V.«.

Doch trotz aller Bürokratie und der zusätzlichen Arbeit, die die Vereinsgründung für die Mitglieder des Vorstandes mit sich gebracht hat, sind wir froh, diesen Weg gegangen zu sein. Denn die Reaktionen der Mitglieder und unserer bisherigen Kooperationspartner haben gezeigt, dass wir auf dem richtigen Weg sind. Mittlerweile sind über 80 Personen dem Verein beigetreten und rund 330 sind im Netzwerk registriert. Es gibt viel Enthusiasmus und Einsatz in den Reihen der Mitglieder. Viele Stiftungen wollen mit uns kooperieren und fragen nach unserem Rat, wenn es um Integrationsprojekte geht. Mit regelmäßigen Podiumsdiskussionen, Workshops und Mentorenprogrammen tragen wir zu einem sehr viel sensibleren Umgang mit dem Thema Integration bei und gestalten so die deutsche Medienlandschaft aktiv mit.

Prozesse der Veränderung journalistisch begleiten
Von medialer Segregation zu interkultureller und medialer Integration

Ercan Karakoyun — **Politik & Kultur 4/2011**

Vor 50 Jahren unterzeichneten die Türkei und Deutschland das Anwerbeabkommen. Die Initiative ging von der Türkei aus. Sie hatte dabei im Wesentlichen zwei Interessen: Zum einen erhoffte man sich durch die Rückkehr der in Deutschland mit moderneren Produktionstechniken vertraut gewordenen Arbeitskräfte einen Know-how-Transfer. Zum anderen sollten durch die monetären Überweisungen der Gastarbeiter in die Türkei das Handelsbilanzdefizit der Türkei im Handel mit Deutschland durch Überschüsse in der Übertragungsbilanz kompensiert werden, um die türkische Leistungsbilanz Deutschland gegenüber auszugleichen. Seit einem halben Jahrhundert also leben die damals sogenannten Gastarbeiter nun in Deutschland.

Entwicklungen im Bereich des materiellen Wohlstands können statistisch nachgewiesen werden. Aber auch in anderen Bereichen kann beobachtet werden, dass die Migranten sich strukturell immer besser integrieren. Vielfach beobachten wir, dass aus Gastarbeiterkindern erfolgreiche IT-Experten, Journalisten, Politiker, Ingenieure und Unternehmer geworden sind.

Vor diesem Hintergrund spielen deutsche, türkische und auch deutsch-türkische Medien eine immer bedeutendere Rolle. Medien stellen nicht nur den sozialen Wandel dar, sondern beeinflussen gesellschaftliche Rea-

litäten fundamental, aus denen eine gemeinsame Basis für soziales Handeln entstehen kann. Die Einwanderung von Türken in die Bundesrepublik Deutschland und ihre daraus resultierenden Konsequenzen für die Gesellschaft sind nach wie vor ein äußerst kontrovers diskutiertes Thema. Dabei folgen die Diskussionen zum Teil nicht den Regeln der Sachebene und rationaler Argumentation, sondern bedienen auch populistische Motive. Es werden Bedrohungsszenarien entworfen, die einer empirischen Überprüfung meist nicht Stand halten. Innerhalb der öffentlichen Debatte über Risiken, Chancen und Aufgaben der Einwanderung sind statt wechselseitiger Akzeptanz und dialogischen Strukturen zwischen Aufnahmegesellschaft und Migrantengruppen mitunter auch deutliche Signale von latenter oder offener Xenophobie zu finden.

In diesem Diskurs stellen die Medien einen eigenen, in seiner Wirkung nicht zu unterschätzenden Faktor dar. Betrachtet man die inhaltliche Berichterstattung deutscher Presseorgane zum Thema Integration, fällt die Bilanz eher negativ aus. In Beiträgen über Menschen nicht-deutscher Herkunft wird nicht nur in den Boulevardblättern diskriminiert, sondern nicht selten auch in den sogenannten Qualitätsmedien. Eine Grundlage für den Integrationsprozess in Deutschland bildet das Erlernen der Sprache der Mehrheitsgesellschaft, die auch durch entsprechende Medienrezeption vermittelt werden kann. Der Grad der Integration dürfte dementsprechend davon abhängen, dass auch durch die Art und Weise des Medienkonsums durch Deutschtürken in Deutschland ihre Willigkeit und ihre Fähigkeit zu Integrationsleistungen beeinflusst werden. Hier ist von Bedeutung, welche medienspezifischen Arrangements die Orientierung und Integration von Einwanderern begünstigen bzw. behindern. Für die Mitglieder einer Gesellschaft stellen Medien einen wichtigen Zugang dar, um den Wandel zu einer durch verschiedene Migrationshintergründe geprägten multikulturellen Gesellschaft zu begreifen und dabei neue Formen der Identitätsbildung und Integration zu eröffnen.

Deutsch Türkische Nachrichten

Die Deutsch Türkischen Nachrichten (www.deutsch-tuerkische-nachrichten.de) sind ein Internet-Portal für Türkei interessierte Deutsche, Türken und Deutschtürken. Sie positionieren sich in einer relevanten Zielgruppe. Es kann davon ausgegangen werden, dass ca. vier Millionen Türken in Deutschland leben. Wenn man Familien, gemischte Ehen und andere Gruppen mit Migrationshintergrund hinzuzählt, kann man von einer Gruppe von ca. sechs Millionen ausgehen. Diese Gruppe von Deutschtürken in Deutschland ist in den Mehrheitsmedien nur sporadisch vertreten und wird dort oft sehr eindimensional thematisiert. Türken in Deutschland informieren sich hingegen oft nur in sogenannten Ethnomedien, die am Herkunftsland orientiert sind und ausschließlich in türkischer Sprache erscheinen. Nicht selten sind diese Medien ideologisch geprägt. Die Deutsch Türkischen Nachrichten sind Ende 2010 gestartet und können nach kürzester Zeit auf eine bemerkenswerte Entwicklung verweisen: Im April 2011 verzeichnete die Seite über 300.000 Klicks. Einzelne Artikel wurden über 1.000 Mal auf Facebook verbreitet, nicht selten gibt es Beiträge mit mehr als hundert Kommentaren. Auch im Hinblick auf die journalistische Reputation sind die Deutsch Türkischen Nachrichten eine Erfolgsgeschichte: Von der Bildzeitung über Spiegel Online bis zur New York Times wurden die exklusiven Geschichten zitiert. Die Deutsch Türkischen Nachrichten bauen auf einer sehr modernen Aggregationstechnologie auf. Inhalte aus türkischen Zeitungen und deutschen Publikationen, aber auch relevante Inhalte aus Zeitungen, Blogs sowie sozialen Medien werden auf das Wesentliche verdichtet. Darüber hinaus werden die Informationen von Journalisten in knapper und ansprechender Form auf Deutsch und Türkisch dargestellt. Zahlreiche Interviews, eigene Beiträge, Gastkommentare und Recherchen ermöglichen die Produktion von echtem Exklusivmaterial. Das Ergebnis ist ein Webportal – die Deutsch Türkischen Nachrichten – mit tagesaktueller, unabhängiger und neutraler Berichterstattung über türkische Strömungen und Nachrichten aus der Türkei in Deutschland sowie wöchentlichen Zusammenfassungen der entscheidenden Themen. Die Zielgruppe umfasst alle »Entscheider«, die mit türkischen Themen in Berührung kommen. Das Spektrum reicht von türkischen Interessensverbänden und Unternehmern, die tagesaktuelle Nachrichten als Entscheidungsgrundlage benötigen, bis hin zu deutschen Entscheidungsträgern aus Politik, Wirtschaft, Kirche oder Kultur, die es als wichtig erachten, die türkische Kultur, die Menschen und deren Bedürfnisse besser zu verstehen.

Die türkischen Medien (Zaman, Hürriyet, Millyiet u. a.) in Deutschland erscheinen ausschließlich in türkischer Sprache. Insbesondere gut ausgebildete, in Deutschland geborene Türken sind an einer deutschsprachigen Berichterstattung über ihre ethnische Gruppe interessiert. Für »User Generated Content« mit redaktioneller Betreuung gibt es in Deutschland bisher keine Plattform. Behörden, Unternehmen, Verbände, Experten, Institute, Wissenschaftler oder einfach Privatpersonen als Blogger stellen neue Informationen und Meinungen als Individualisten ins Netz. Die große Menge an oft hochwertigen Informationen findet der durchschnittliche Medienkonsument – egal ob Türke oder Deutscher – nur über Suchaktionen oder per Zufall.

Auf der Website www.deutsch-tuerkische-nachrichten.de beabsichtigen wir, den Prozess der Veränderung journalistisch zu begleiten. Neutral, aber neugierig. Unabhängig, aber engagiert. Objektiv, aber offen für viele unterschiedliche Positionen. Das Ziel ist eine tagesaktuelle, unabhängige und neutrale Berichterstattung über türkische Strömungen und Nachrichten aus der Türkei in Deutschland – für Türken und Nicht-Türken – und damit der Weg von medialer Segregation zu interkultureller und medialer Integration. Wenn Menschen voneinander wissen, verstehen sie sich besser. Die Deutsch Türkischen Nachrichten wollen dazu einen Beitrag leisten.

Neue Perspektiven eröffnen

Ekrem Şenol im Gespräch mit Theresa Brüheim — Politik & Kultur 2/2017

Was ist MiGAZIN, Herr Şenol?
Das MiGAZIN erklärt sich besten anhand seiner Gründungsgeschichte. Ausgangspunkt für die Gründung des MiGAZIN war eine innere Unzufriedenheit. Obwohl es in den Mainstream-Debatten häufig um »meinen Migrationshintergrund« ging, war ich nur Zuhörer der Diskussionen. Ich selbst war weder Akteur, noch hatte ich die Möglichkeit, meine Meinung einzubringen. Nach meiner Meinung wurde ich allenfalls gefragt, wenn Journalisten und Redaktionen – also andere – meinten, das könnte interessant sein. Ich wollte aber nicht passiver Teil dieser Debatte sein, sondern sie aktiv mitgestalten und mich zu Wort melden, wenn ich das für richtig halte. Ansonsten würde weiter an meinen Interessen und Argumenten vorbeidiskutiert werden. Ein auf Dauer unerträglicher Zustand. So entstand die Idee, ein Magazin zu gründen, das weitere Perspektiven in die hiesigen Migrations- und Integrationsdebatten hineinträgt. Also ist das MiGAZIN ein Podium für Menschen, die eine Meinung haben und sie einbringen möchten, die aber nicht unbedingt im Fokus der Mainstreammedien stehen. Zugleich ist das MiGAZIN ein Fachmagazin, das sich thematisch auf Migrationsthemen konzentriert und in diesem Bereich mehr Hintergrundinformationen bietet, als die klassischen Medien es können.

Sie sagen, Sie wollten Leute ansprechen, die sich in den klassischen Medien nicht wiederfinden. Diese wiederum können MiGAZIN mitgestalten. Was heißt das genau? Können sich Interessierte an Sie wenden, um einen Beitrag zu schreiben? Wie sind die redaktionellen Strukturen?
Schon wenige Monate nach Gründung des MiGAZIN Ende 2008 haben wir festgestellt, wie groß das Potenzial ist und wie viel Nachfrage tatsächlich besteht. Wir waren nicht die Einzigen, die das Gefühl hatten, in den Debatten übergangen zu werden. Aus diesem Bedarf heraus haben wir MiGAZIN geöffnet. Wir haben das Projekt »MiGMACHEN« ins Leben gerufen. Jeder Interessierte, der sich an den Debatten beteiligen möchte, kann sich an uns wenden. Wir setzen keine journalistischen Kenntnisse, handwerkliche Fertigkeiten in diesem Bereich voraus. Uns sind die Gedankengänge, persönliche Erfahrungen und Empfindungen sowie Argumente viel wichtiger. Wir arbeiten gemeinsam dran, die Gedanken aufs Papier zu bringen und diese zu veröffentlichen.

Das heißt, MiGAZIN hat eine feste Redaktion mit Redakteuren, die dann mit freien Autoren bzw. Laien zusammenarbeiten, mit diesen die Texte erstellen und redigieren?

MiGAZIN ist kein klassisches Medium mit festen Redaktionsräumen und -strukturen. Aufgrund der Entstehungsgeschichte sind wir verstreut über das gesamte Bundesgebiet. Durch das »MiGMACHEN« sind immer Neue hinzugekommen – natürlich begleitet von einer hohen Fluktuation. Viele gehen, viele kommen. Im Laufe der Zeit hat sich aber ein Kernteam gebildet. Wir sorgen dafür, dass der Betrieb am Laufen bleibt. Wenn neue MiGMACHER hinzukommen, die nicht so viel Erfahrung haben, besteht unsere Aufgabe darin, entweder die selbst zu betreuen oder an erfahrene andere Autoren weiterzudelegieren. Wir sprechen auch von einer Mentorenschaft. Wir verknüpfen Erfahrene mit Anfängern.

Wir haben aber auch oft die Situation, dass erfahrene, gestandene Journalisten aus den großen Medien an uns herantreten und sagen: »Ich habe einen super Text, kriege ihn aber bei mir in der Zeitung nicht unter. Könnt ihr den veröffentlichen?« Das ist ein Glück für das MiGAZIN, zeigt aber auch ein großes Problem auf. Die Zahl der Journalisten mit Migrationshintergrund ist in den klassischen Medien zwar stetig gestiegen, aber unterm Strich wird veröffentlicht, was der Chefredakteur abnimmt. Und dieser schaut in der Regel danach, ob der Text sein Zielpublikum interessiert. Und leider stellen wir fest, dass dieses Zielpublikum in Deutschland immer noch keinen Migrationshintergrund hat. D. h., dass viele Texte abgelehnt werden, weil sie zu speziell sind, nicht der Linie passen oder vom »deutschen Leser« als provokativ empfunden werden könnten. Das ist keine Diskussion auf Augenhöhe, weil andersherum auf Empfindungen von Minderheiten ja auch selten Rücksicht genommen wird. Insofern ist das MiGAZIN als eine Ergänzung der Mainstreammedien zu verstehen. Hier entscheidet nicht der Chefredakteur über den Text, sondern der MiGMACHER

selbst. Die Kernredaktion achtet lediglich darauf, dass ein Text inhaltlich reif ist, der Netiquette entspricht, um bei MiGAZIN veröffentlicht zu werden. Das ist auch das, was MiGAZIN für den Leser so interessant macht, die Authentizität.

Herr Şenol, schreiben denn dann hauptsächlich Migranten zu migrantischen Themen im MiGAZIN?
Nein. Absolut nicht. Das MiGAZIN ist nicht so konzipiert, dass Migranten für Migranten schreiben, nein. Damit hätten wir unser Ziel verfehlt, ein Teil der öffentlichen Debatte zu werden. Wir haben eine Leserbefragung durchgeführt und das Ergebnis kann sich für ein Fachmagazin zum Thema Migration durchaus sehen lassen: 51 Prozent unserer Leser haben einen Migrationshintergrund und 49 Prozent haben keinen. Auch die Redaktion ist gut durchmischt, wir haben sehr viele und sehr erfolgreiche MiGMACHER ohne Migrationshintergrund.

Welche Themen behandelt MiGAZIN?
»Schuster, bleib bei deinem Leisten.« Das ist unser Motto. Wir kennen uns in Migrationsthemen gut aus, da können wir mitreden und lassen uns in diesem Bereich auch nichts vormachen. Deshalb ist unser Fokus ganz klar darauf ausgerichtet. Dennoch ist die Themenpalette ziemlich breit. Das liegt vor allem an dem schwammigen Begriff »Integration«. Sie zieht sich wie ein roter Faden durch alle Lebensbereiche.

Wie eben gesagt: Integration ist ein Thema, das sich durch alle Lebensbereiche zieht. Was bedeutet für Sie im Kontext von MiGAZIN Integration?
Wenn beispielsweise über die Mietpreisbremse debattiert wird, schalten wir uns ein und fragen, ob und wie sich das Vorhaben des Gesetzgebers möglicherweise auf Migranten

auswirkt. Denn es ist gesicherte Erkenntnis, dass Migranten aufgrund ungünstigerer Ausgangsbedingungen und Diskriminierungen für gleichen Wohnraum häufig höhere Mieten zahlen müssen als der Durchschnitt. Oder: Als der Bundeswahlleiter kürzlich die Zahl der wahlberechtigten Bevölkerung bei den Bundestagswahlen veröffentlichte, riefen wir dort an und wollten wissen, wie viele der Wahlberechtigten einen Migrationshintergrund haben. Wir fragen nach solchen Veröffentlichungen häufig nach Zahlen im Migrationskontext. Häufig reagieren die Statistikämter oder auch Stiftungen und Institute nach Studienveröffentlichungen überrascht auf unsere Anfrage. Häufig können sie uns zwar keine Zahlen liefern, geloben aber Besserung, was dann häufig auch eintritt. Die Rolle des MiGAZIN ist es damit auch, in bestimmten Bereichen zu sensibilisieren. Im sechsten Pflegebericht der Bundesregierung im Dezember 2016 beispielsweise werden die besondere Ausgangslage und Situation von Migranten nur an drei Stellen kurz erwähnt, in der Pressemitteilung überhaupt nicht. Da setzen wir an und fordern die Regierung auf, in diesem Bereich noch viel mehr zu tun.

Haben sich die Arbeit beziehungsweise auch die Inhalte von MiGAZIN seit der Flüchtlingskrise 2015 verändert?
Selbstverständlich. Vor Eintritt der Flüchtlingsbewegungen Richtung Europa haben wir Migranten im Fokus gehabt, die bereits seit vielen Jahrzehnten in Deutschland leben und deren Kinder. Es ging beispielsweise darum, wie man deren Schulleistungen anheben kann. Über globale Migrationsbewegungen haben wir allenfalls eher »abstrakt« und »entfernt« berichtet. Heute reden wir über Menschen, die neu eingewandert sind. Wir diskutieren nicht mehr über die Anhebung der Schulnoten, sondern um die Einschulung.

Haben Sie das Gefühl, seitdem kommen mehr Leute auf Sie zu und wollen für MiGAZIN gerade über dieses Thema schreiben?
Das Thema hat sich schon etabliert, klar. Es kommen Leute auf uns zu, die speziell darüber schreiben möchten. Aber die Anfragen kommen in der Regel in Wellenbewegungen. Immer dann, wenn ein Thema besonders breit und groß diskutiert wird in der Öffentlichkeit, ist auch das Interesse der MiG-MACHER groß, darüber zu schreiben. Ob das die doppelte Staatsbürgerschaft, das Erlernen der deutschen Sprache oder eben die Migrationsbewegung aus den afrikanischen Ländern ist. Das sind immer Schübe.

Herr Şenol, wo sehen Sie MiGAZIN in Zukunft? Was wünschen Sie sich für MiGAZIN?
Wir haben MiGAZIN komplett ehrenamtlich gestartet mit einer Null-Finanzierung. Wir haben in Eigenregie einen Redaktionsplan aufgestellt, die Internetseite gestaltet und programmiert etc. Damals war es tatsächlich noch so, dass wir froh waren, wenn wir den Nachrichtenfluss bewerkstelligen konnten. Heute geht unser täglicher Newsletter prall gefüllt pünktlich vor dem Frühstück heraus. Inzwischen sind wir dank Werbeeinnahmen und Leserspenden semiprofessionell aufgestellt. Den Nachrichtenfluss können wir mit Agenturtexten anreichern sowie die laufenden technischen Ausgaben decken. Der nächste Sprung wäre natürlich in die Professionalität. Wir haben immer sehr viel Wert draufgelegt, dass wir langsam, aber gesund wachsen. Wir sind auf einem guten Weg.

Redaktionell kann ich mir durchaus vorstellen, das MiGAZIN als monatliche Beilage in einer Tageszeitung herauszugeben. Uns wird oft die Frage gestellt: Sehen Sie überhaupt eine Zukunft fürs MiGAZIN? Irgendwann hat sich das Thema doch erledigt.« Das

sehen wir anders. Das Thema ist keine Mo-
deerscheinung, das irgendwann wieder verschwindet. Dem MiGAZIN werden die Themen also nicht ausgehen, so lange es Migrationsbewegungen gibt. Und die werden bekanntlich nicht weniger, sondern mehr.

**Das ist doch ein guter Schlusssatz.
Ich danke Ihnen für das Interview,
Herr Şenol.**

10

Demokratie, Selbstorganisation und Bürgerschaftliches Engagement

Mit Beiträgen von:

Berrin Alpbek, Ferda Ataman, Sidar Aydinlik-Demirdögen, Wolfgang Benz, Theresa Brüheim, Ergun Can, Ralph Habich, Christian Höppner, Alfons Hörmann, Memet Kilic, Boris Kochan, Kenan Küçük, Valentina L' Abbate, Julia Mi-ri Lehmann, Eva Lohse, Carolin Ries, Vicente Riesgo Alonso, Rolf Rosenbrock, Reinhard Sager, Roland Schäfer, Manuela Schwesig, Barbara Seifen, Ali Ertan Toprak, Imre Török, Hubert Weiger und Olaf Zimmermann

Der Normalfall
Städte und ihr kulturelles Erbe sind Orte der Migration und Integration

Barbara Seifen — **Politik & Kultur 5/2016**

Kommen und Gehen ist Teil menschlichen Alltagshandelns, von Einwanderung profitieren die Gesellschaften, Austausch und Migration sind der »Normalfall« gesellschaftlichen und kulturellen Wandels. Am Baubestand und an den Baudenkmälern lässt sich viel über Wandel, Austausch und Migration ablesen. Zahlreiche Spuren von Zuwanderung und Veränderung, Hinweise darauf, dass ehemals »Fremde« aufgenommen und integriert wurden, zeigen sich an vielen Orten. Unser baukulturelles Erbe bietet Potenzial, den gesellschaftlichen Prozess in unserer Einwanderungsgesellschaft zu befördern und die Bereitschaft zur Teilhabe für alle zu stärken. Wesentlich ist der gemeinsame Austausch darüber, was zu unserem baukulturellen Erbe zählt, welche Bedeutung dieses Erbe für uns alle hat und wie es erhalten und an die nächsten Generationen weitergegeben werden kann. Kulturdenkmale sind ein gemeinsames Erbe der Vergangenheit und zugleich auch ein wertvolles Geschenk an die nächsten Generationen. Für die Region des heutigen Ruhrgebietes wurde im Rahmen des RUHR.2010-Projektes »Fremde Impulse – Baudenkmale im Ruhrgebiet« beispielhaft aufgezeigt, dass im Denkmalbestand abgelesen werden kann, was ursprünglich durch Zuwanderung, in der Art eines Impulses von außen, in die Region gekommen ist (siehe www.fremde-impulse.de). Anhand von fünf Themen wurden Denkmäler ausgewählt, an denen sich Zuwanderung und Impulse von außen im Ballungsraum Ruhrgebiet aufzeigen lassen:

Kunst & Architektur
Ab 1554 entstand Europäische Renaissancearchitektur im heutigen Gelsenkirchen, weil sich Rütger von der Horst auf seinen Reisen durch Europa von Kunst und Kultur in Frankreich und Italien begeistern ließ und zusammen mit dem Niederländer Arnt Johansen toe Boecop sein Schloss Horst nach französischen Vorbildern erbauen und mit Bildhauerarbeiten nach italienischen Vorlagen reich ausstatten ließ. In der Siedlung Teutoburgia in Herne finden sich die Ideen der englischen Gartenstadt mitten im Ruhrgebiet. Die Siedlung wurde ab 1909 vom Bochumer Verein für Bergbau und Gussstahlfabrikation für Bergleute und ihre Familien errichtet.

Technik & Kapital
Das Ruhrgebiet erlebte seit Mitte des 19. Jahrhunderts eine starke Zuwanderung infolge des sich enorm entwickelnden Bergbaus. Der Ire William Thomas Mulvany erkannte als einer der ersten die Möglichkeiten des Bergbaus in der Emscherregion. Er kam 1855 als Repräsentant einer irischen Investorengrup-

pe ins Ruhrgebiet und modernisierte zusammen mit zahlreichen irischen und englischen Fachleuten den Bergbau. Die von Mulvany in Castrop-Rauxel gegründete Zeche Erin (irisch: grüne Insel) mit ihrem denkmalgeschützten Fördergerüst Erin 7 zeugt von diesen wichtigen technischen und wirtschaftlichen Impulsen.

Herrschaft

Wechselnde Herrschaften und Regierungen haben im Ruhrgebiet zahlreiche Impulse gegeben, angefangen von den Römern im Rheinland über die Karolinger bis zur französischen Zeit nach der Revolution und dem preußischen Impuls in Westfalen nach dem Wiener Kongress. Die Fossa Eugeniana in Rheinberg bezeugt spanischen Kanalbau am Niederrhein im 17. Jahrhundert. Das große Bauprojekt der Statthalterin Isabella Eugenia Clara blieb allerdings unvollendet und ist heute Teil eines beliebten Wanderweges.

Leute

Durchziehende Menschen, Händler, Pilger, Arbeiter und Handwerker haben nicht in erster Linie selbst Gebautes hinterlassen, denn diese Menschen lebten häufig in sehr armen Verhältnissen. Aber an einer Vielzahl von Dokumenten und Exponaten in den Museen lässt sich nachvollziehen, wie diese Menschen zunächst als Fremde sich mit der Zeit in die neuen Lebensumstände eingefügt haben. Es entstand eine neue Infrastruktur für die Zuwanderinnen und Zuwanderer. 1910 lebten rund 500.000 Polen im Ruhrgebiet, sie litten unter der verbreiteten Fremdenfeindlichkeit der übrigen Bevölkerung, der Behörden und der Arbeitgeber. Die verblasste Inschrift »Bank Robotników« am Baudenkmal Am Kortländer 2 in Bochum erinnert daran, dass hier um 1900 ein ruhrpolnisches Zentrum mit Gewerkschaften, Banken, Zeitungen, Vereinen und Organisationen ent-

standen war. Während der beiden Weltkriege wurden tausende Frauen und Männer aus dem besetzten Ausland zur Arbeit gezwungen. In Bochum waren 1944 rund 100 Lager und etwa 30.000 Zwangsarbeiterinnen und -arbeiter aus Russland, Polen und Italien registriert. Auf dem Gelände der Zeche Lothringen wurden 1941 langgestreckte Baracken für sie aufgestellt. Diese dienten nach 1945 als Unterkunft für Flüchtlinge und Ausgebombte. Als Wohnort für Flüchtlinge und »Gastarbeiter« aus Italien und der Türkei, die ab etwa 1960 in den Baracken untergebracht wurden, ist die Siedlung auch ein Dokument für die freiwillige Zuwanderung in Friedenszeiten. Ab 1983 wohnten dort Studierende, zunächst ohne Kenntnis der Geschichte dieses Ortes. Heute ist die Siedlung das genossenschaftliche Wohnprojekt des Vereins »Bewahren durch Beleben e.V.«. Um 1364 wurde in Stalleiken am Hellweg, einem alten Handelsweg, ein Pilgerhaus mit Kapelle gegründet. Das Pilgerhaus sollte den Fernpilgern dienen, die sich keine Unterkunft in der nahen Stadt Bochum, 1298 als Marktsiedlung bezeugt, leisten konnten. Die erhaltene Kapelle im heutigen Bochumer Stadtteil Severinghausen dient seit den 1970er Jahren als Autofahrerkapelle.

Glaube

Im Laufe der Jahrhunderte sind Glaubensgemeinschaften neu hinzugekommen. Ein zunächst »fremder« Glaube war auch das Christentum, das ab dem 7. und 8. Jahrhundert als Teil von Herrschaftsstrukturen etabliert wurde. Spätestens seit dem 11. Jahrhundert im Rheinland und seit dem 13. Jahrhundert in Westfalen siedelten sich Menschen jüdischen Glaubens an. In Selm-Borg wurde um 1818 eine kleine Synagoge als einfacher Fachwerkbau errichtet, der Betsaal im Inneren ist reich ausgemalt. Heute wird diese Synagoge, die nach den Pogromen im November 1938 beschädigt erhalten und über Jahrzehnte Lagerschuppen für Brenn- und Baumaterial war, für kulturelle Veranstaltungen genutzt und dient auch einer jüdischen Gemeinde wieder für Gottesdienste. An Baudenkmalen wie Kirchen, Klöstern, Synagogen, Wallfahrtstätten, Beträumen und Moscheen lassen sich die gesellschaftlichen Umbrüche im Laufe der Jahrhunderte ablesen. Eine interkulturelle Entdeckungsreise durch die Welt kann sich ergeben, wenn der Denkmalbestand unter dem Aspekt Austausch, Migration und Integration betrachtet wird. Eine Chance für neue Begegnungen im Sinne von Integration entsteht, wenn die Spuren von Zuwanderung in einer Stadt in Beziehung gesetzt werden zum Hier und Jetzt. Dazu ist die Kooperation aller vor Ort erforderlich. Ein erster Schritt zur Teilhabe kann es sein, miteinander über alle Barrieren hinweg ins Gespräch zu kommen. Mit dem Denkmalbestand ist der Zugewinn für die Gesellschaft durch Migration zu vermitteln. Wertschätzung für das kulturelle Erbe und die eigene Identifizierung mit diesem Erbe wird mit dem Wissen um dessen Bedeutung und um dessen Ursprünge wachsen. Es gilt, gemeinsam einen Blick dafür zu entwickeln, welche Orte und Bauwerke für Menschen aus anderen Regionen der Welt hier historisch und soziokulturell bedeutsam sein können. Städte, Architektur und baukulturelles Erbe entfalten auf diese Weise ein großes Integrationspotenzial. Sie bilden für jeden ein unmittelbares Lebensumfeld und sind ohne zielgerichtete Aufmerksamkeit sinnlich erfahrbar. Architektur, Bauten, Plätze und Wegeführungen können komplexe historische Entwicklungen veranschaulichen, sogar ohne dass sprachliche Barrieren dem entgegenstehen. Der Rat für Baukultur und Denkmalkultur setzt sich dafür ein, diese Kulturvermittlung zu befördern.

Verbindendes suchen, Verschiedenes zulassen
Interkulturelle Arbeit in Städten

Eva Lohse — Politik & Kultur 2/2017

Die Integration von Flüchtlingen und Zugewanderten ist ein gesamtgesellschaftlicher Prozess, an dem alle staatlichen und gesellschaftlichen Akteure beteiligt sind. Auf dem Weg zur gleichberechtigten Teilhabe von Zugewanderten und Flüchtlingen am gesellschaftlichen, wirtschaftlichen und kulturellen Leben nehmen die Städte allerdings eine Schlüsselrolle im Prozess der Integration vor Ort ein. Denn Integration findet vor Ort statt: in den Kommunen. Hier leben die Menschen, hier spielt sich ihr Alltag ab, hier finden die Begegnungen statt. Hier entscheidet sich, ob die Integration der vielen Menschen unterschiedlicher Herkunft und Religion gelingt.

Integrierte kommunale Konzepte sind erforderlich

Nachdem infolge der starken Zuwanderung vor allem im zweiten Halbjahr 2015 zunächst die vorrangigen Aufgaben der Aufnahme und Unterbringung bewältigt worden sind sowie – zumindest in der Vielzahl der Fälle – der rechtliche Status der geflüchteten Menschen festgestellt wurde, ändert sich der Fokus der Städte nunmehr zu einem ganzheitlichen, integrierten Ansatz, in dem die verschiedenen kommunalen Handlungsfelder zusammengeführt werden. Spracherwerb, Bildung und Integration in den Arbeitsmarkt stehen dabei im Mittelpunkt, denn die Beteiligung an Bildungsprozessen und am Arbeitsmarkt ist in jeder Hinsicht konstitutiv für den Prozess der Integration – sowohl in sozialer, kultureller als auch ökonomischer Hinsicht. Hier möglichst frühzeitig die Weichen richtig zu stellen, darauf zielen die Anstrengungen der Städte.

Spracherwerb, Bildung und Arbeitsintegration sind entscheidend

Die Voraussetzungen dafür sind alles andere als leicht. Eine Arbeitsstelle steht zwar ganz oben auf der Liste der Wünsche der Zuwanderer, und die Motivation für eine Arbeitsaufnahme ist enorm. Aber die schulische und berufliche Qualifikation ist oft gering, ganz abgesehen von der großen Herausforderung des Erwerbs der deutschen Sprache. Das Bundesamt für Migration und Flüchtlinge stuft fast 75 Prozent der Befragten seiner Flüchtlingsstudie als überhaupt nicht qualifiziert bzw. als nicht beruflich qualifiziert ein. Die Bildungssituation von Frauen ist dabei noch deutlich schlechter als die der Männer, und sie partizipieren bisher sehr viel weniger als Männer am deutschen Arbeitsmarkt. Es ist entscheidend, den Spracherwerb, eine berufliche Qualifikation bzw. die schulische Bildung sehr frühzeitig einzuleiten, damit nicht durch lange Zeiträume der Unsicherheit und der fehlenden Beschäftigung Demotivation und Frustration entstehen. Zumindest bei Personen mit einer hohen Bleibewahrscheinlichkeit sollten deswegen nach Möglichkeit noch während des Asylverfahrens Maßnahmen zum Spracherwerb und Beschäftigungsmaßnahmen eingeleitet werden.

Kulturelle Teilhabe ist Menschenrecht
Kulturelle Teilhabe zu ermöglichen, ist seit jeher eine wichtige Aufgabe der Städte. Dies gilt auch in Bezug auf die Menschen, die als Flüchtlinge zu uns gekommen sind und nun aller Wahrscheinlichkeit nach längerfristig bei uns bleiben werden. Sowohl die rezeptive als auch die aktive Beschäftigung mit Kunst und Kultur kann in schwierigen Lebenssituationen hilfreich und wertvoll sein, besonders für unbegleitete minderjährige Flüchtlinge. In einer noch fremden Umgebung, in der sprachliche Verständigung schwerfällt, können künstlerische Ausdrucksformen Wege der Auseinandersetzung mit dem Unbekannten sein, aber auch mit dem Erlebten und den eigenen Gefühlen.

Kommunale interkulturelle Kulturarbeit stellt die Verbindung zwischen den unterschiedlichen ethnisch-nationalen Gruppen her in dem Sinne, dass Verbindendes gesucht wird und Verschiedenheiten zugelassen werden. Die Teilhabe an Kultur als Teil der Integration ist mit der UN-Menschenrechtskonvention zum Menschenrecht erklärt worden. Dieses gilt auch für geflüchtete Menschen in Deutschland. Mit Blick auf die kulturelle Integration entwickeln städtische Kultureinrichtungen in Verbindung und in Vernetzung mit zivilgesellschaftlichen Strukturen mittel- und langfristig tragfähige Angebote und Konzepte. Eine Trennung nach Nationalitäten, Ethnien und aufenthaltsrechtlichem Status sollte dabei vermieden werden. Es gilt, kurzfristig möglichst frühzeitig niederschwellige Kulturangebote vorzuhalten und zu finanzieren. Begegnungen zwischen Bevölkerung und Flüchtlingen sind eine zentrale Kulturaufgabe. Finanzschwache Kommunen müssen dafür die notwendige Unterstützung erhalten.

Identifikatorische Integration ist das Ziel
Entsprechende Angebote erbringen nicht nur im kulturell-künstlerischen Bereich und im Hinblick auf Resilienz Vorteile, sondern helfen auch beim Spracherwerb. Eine identifikatorische Integration kann langfristig nur gelingen, wenn sich die bereits seit Langem hier lebende Bevölkerung mit und ohne Migrationshintergrund genauso angesprochen fühlt wie neu Zugezogene. Dabei sollten vorhandene Strukturen und Angebote genutzt werden.

Professionalisierung der Kulturarbeit
Derzeit sind Hilfen für geflüchtete Menschen in erheblichem Maße durch ehrenamtliche Strukturen der Zivilgesellschaft bestimmt. Auf Dauer wird aber eine hauptamtliche Bearbeitung im öffentlichen Sektor notwendig sein. Die sich verstärkt stellenden Aufgaben sollten auf Grundlage von bestehenden kulturellen Organisationsstrukturen in enger Vernetzung mit zivilgesellschaftlich ehrenamtlichen Strukturen in Angriff genommen werden. Genauso wichtig ist die Einbindung anderer Ressorts der Stadtverwaltungen wie insbesondere des Bildungsbereichs mit den Schulen oder des Sozial- und Jugendbereichs mit ihren Einrichtungen.

Den Prozess aktiv gestalten
Der Deutsche Städtetag vertritt einen kulturpolitischen Ansatz, der kommunale Kulturpolitik als Gesellschaftspolitik versteht. In der Flüchtlingsfrage ist die gesamte Gesellschaft gefordert. In diesem Sinne ist auch die Kultur aufgerufen, sich am Prozess der Integ-

ration aktiv zu beteiligen. Die Mitgliedsstädte des Deutschen Städtetages verstehen kulturelle Integration vor Ort als wichtige Aufgabe und sind entsprechend aktiv. Dabei sind auf sehr unterschiedliche Art und Weise Prozesse in Gang gesetzt worden, die auf Grundlage von örtlichen Rahmenbedingungen wie Anteil der migrantischen Bevölkerung, Finanzkraft oder Vorhandensein von kultureller Infrastruktur kulturelle Teilhabe und kulturelle Bildung realisieren. Dabei müssen die Städte nicht alles selber organisieren und durchführen. Vielmehr zeigt sich bundesweit, dass es dankenswerter Weise ein erhebliches zivilgesellschaftliches Engagement der Bürgerschaft und Hilfen der örtlichen Wirtschaft gibt, das den Städten hilft, die in diesem Umfang vollkommen neuen Herausforderungen zu bewältigen. Die Städte wissen, dass es hilfreich ist, organisatorische Rahmenbedingungen zu schaffen und eine professionelle Begleitung von interkultureller Arbeit zu unterstützen. Drei Beispiele seien an dieser Stelle aus einer großen Vielzahl von Aktivitäten und Methoden in den Städten genannt:

Das Beispiel Neuss:
»Neue deutsche Stadtgesellschaft« –
Neusser Diversitätskonzept
Das Kulturamt der Stadt Neuss hat gemeinsam mit vielen Akteuren der Interkultur einschließlich der Migrantenorganisationen ein Konzept entwickelt, das vom Rat der Stadt einstimmig beschlossen sowie von allen städtischen und freien Kultureinrichtungen selbstverpflichtend unterzeichnet wurde. Das Konzept fördert das Zusammenkommen kommunaler, religiöser und zivilgesellschaftlicher Akteure und folgt damit der Maxime, dass besonders die Kultur dazu in der Lage ist, Welten zu öffnen. Es werden Räume der Kulturen geschaffen, die frei von ethnischen und sozialen Barrieren sind und unter-

schiedliche Mitglieder der Stadtgesellschaft zusammenbringen. Neben der gezielten Förderung von qualitativ hochwertiger und anspruchsvoller Kunst mit niederschwelligem Zugang besteht ein besonderes Merkmal des Ansatzes darin, dass in Neuss alle Akteure systematisch koordiniert werden, ohne sie zu determinieren.

Das Beispiel Ludwigshafen:
»Offene Welt« im städtischen Theater
Das Festival »Offene Welt« der Pfalzbau Bühnen in Ludwigshafen am Rhein thematisiert das Zusammenleben von Menschen aus unterschiedlichen Kulturen. Aus dem letztjährigen Festival heraus hat sich eine Gruppe aus jugendlichen Flüchtlingen und jungen Menschen aus Ludwigshafen gebildet, die für das diesjährige Festival ein eigenes Theaterstück auf die Bühne gebracht haben. Der Titel »Friedensstraße« bezieht sich auf eine Straßenbahnhaltestelle, von der aus man zu einer Flüchtlingsunterkunft gelangt. Die jungen Schauspieler nehmen die Zuschauer mit auf hohe See, in entlegene afghanische Provinzen und zu Kriegsschauplätzen in Syrien. Aber sie lassen sie auch den Spaß der Jugendlichen am Kennenlernen und die absurde Komik gegenseitiger Übersetzungsversuche erleben.

Das Beispiel Wuppertal:
Haus der Integration
Aufgrund der Dynamik der Zuwanderung nach Wuppertal und der hohen Zahl von geflüchteten Menschen setzt die Stadt auf ein integriertes und rechtskreisübergreifendes kommunales Konzept: Das Haus der Integration, in dem die Integrationsangebote der Stadt gebündelt werden. Das Haus der Integration soll zum Kompetenzzentrum für Zuwanderung werden und alle Dienstleistungen für Asylsuchende, anerkannte Geflüchtete, Bleibeberechtigte und Zugewanderte

unter einem Dach anbieten. Wichtiger Eckpfeiler ist ein Zentrum zur Arbeitsmarktintegration Geflüchteter, in dem das Jobcenter, die Ausländerbehörde und die Arbeitsagentur sich als erste Anlaufstelle darum kümmern, dass Asylsuchende und Zuwanderer so früh wie möglich mit integrativen Maßnahmen – also z. B. Sprachunterricht oder Qualifikation für den Arbeitsmarkt – beginnen können.

Die Rahmenbedingungen müssen stimmen

Damit Integration gelingen kann, müssen die Rahmenbedingungen stimmen. Dafür wurde bereits einiges getan. Der Bund unterstützt die Kommunen durch finanzielle Hilfen bei den Integrationsbemühungen, die Asylverfahren werden beschleunigt, die Sprachförderung wird ausgebaut, eine Wohnsitzauflage wurde eingeführt und die Jobcenter mit zusätzlichen Mitteln ausgestattet. Dennoch besteht weiterhin erheblicher Handlungsbedarf, damit die Kommunen die große Aufgabe schultern können, z. B. im Hinblick auf die weitere finanzielle Ausstattung, den weiteren Ausbau der Sprachförderung und den Ausbau eines sozialen Arbeitsmarkts. Integration ist eine Herkulesaufgabe, die nicht leicht zu bewältigen ist und bei der alle mit anpacken müssen.

Keine Einbahnstraße
Integration in Städten und Gemeinden

Roland Schäfer — Politik & Kultur 2/2017

Ausgangslage in den Kommunen der Bundesrepublik

Unsere Gesellschaft ist seit jeher geprägt von einer großen Vielfalt der Kulturen, Milieus, Wertvorstellungen, Ressourcen, Herkunftsnationen und Glaubensrichtungen. Kulturelle Vielfalt ist ein Merkmal der modernen Stadtgesellschaft.

Neu ist allerdings, dass in den letzten beiden Jahren rund 1,2 Millionen Geflüchtete nach Deutschland gekommen sind. Die große Zahl der Schutzsuchenden stellte die Städte und Gemeinden vor enorme Herausforderungen. Es galt zunächst, die Menschen unterzubringen und zu versorgen. Dies ist den Städten und Gemeinden nicht zuletzt aufgrund der enormen Unterstützung der Bürger, der Vereine, Kirchengemeinden und verschiedenster bürgerschaftlicher Initiativen gelungen. Jetzt stehen wir vor der Herausforderung, diese neu zu uns gekommenen Menschen nicht nur notdürftig zu versorgen, sondern diejenigen, die eine Bleibeperspektive in der Bundesrepublik haben, in unsere Gesellschaft zu integrieren.

Integration als kommunales Dauerthema

In den Städten und Gemeinden lebt seit vielen Jahren ein breites Spektrum unterschiedlicher Zuwanderer. Neben den Menschen, die in den letzten Jahren vor Krieg und Verfolgung flüchteten, sind es EU-Bürger, nachziehende Familienangehörige oder Spätaussiedler. Sie alle kommen mit immer mehr unterschiedlichen kulturellen und religiösen Identitäten. Für das Zusammenleben in den Städten und Gemeinden ist die Integration damit die entscheidende Aufgabe. Sie ist nicht neu, die aktuelle Situation stellt sie aber vor neue Herausforderungen.

Integration im Sinne des gesellschaftlichen Zusammenhalts bedeutet nämlich nicht nur ein Gegeneinander der Kulturen zu verhindern oder ein Nebeneinander zu tolerieren, sondern es geht um ein Miteinander. Gesellschaftlicher Zusammenhalt in den Städten und Gemeinden heißt, ein friedliches Zusammenleben gestalten und Konflikten vorzubeugen.

Voraussetzungen erfolgreicher Integration

Die deutsche Sprache zu beherrschen, eine Wohnung und Arbeit zu finden, sich rechttreu zu verhalten sind wichtige Kriterien, doch sie allein machen nicht eine gelingende Integration aus. Vielmehr müssen sich die Menschen dem Land, in dem sie leben, zugehörig fühlen. Sie müssen unsere freiheitliche demokratische Grundordnung anerkennen und die Werte, für die dieses Land steht, leben wollen. Sie sollen sich für diese Gesellschaft selbst verantwortlich fühlen und lebendiger Teil der Gesellschaft sein. Hierfür ist das Wissen über die Werte des Grundgesetzes wichtig, ebenso wichtig wie der regelmäßige Kontakt zu Einheimischen und die Auseinandersetzung mit der eigenen Weltanschauung und den eigenen Werten.

Dabei steht auch immer die Frage im Raum, wie wir in der deutschen Gesellschaft zusammenleben wollen. Gesellschaftlicher Zusammenhalt hat viel mit Zugehörigkeit zu tun. Auf der einen Seite verlangt unsere Zivilgesellschaft von den Zuwanderern zu Recht erhebliche Eigenanstrengungen, etwa den Erwerb der deutschen Sprache und die Anerkennung der Rechts- und Werteordnung. Wir müssen deutlich machen, welche sozialen Verhaltensweisen erwartet werden und wir müssen die zu uns gekommenen konkret mit der gelebten Gleichberechtigung von Mann und Frau, der Achtung der Menschenwürde, der Meinungs- und Religionsfreiheit konfrontieren und die Beachtung dieser Grundwerte einfordern.

Wichtig ist dabei der kulturelle Kompetenzerwerb, also die Teilhabe am kulturellen Leben in der Gesellschaft. Zusammenleben vor Ort gelingt, wenn sich alle Bürger auf gemeinsame kulturelle Werte und Maßstäbe verständigen. Wertevermittlung gelingt nicht allein durch Kurse, sondern wir müssen sie vorleben.

Mit Blick auf den kulturellen Kompetenzerwerb müssen wir auch die Teilhabe an Kultur und Bildung ermöglichen. Den Kulturinstitutionen kommt hierbei eine besondere Bedeutung und Verantwortung zu.

Auf der anderen Seite muss allerdings in der eigenen Bevölkerung auch die Bereitschaft bestehen, die Zuwanderer als gleichberechtigte Mitglieder der Gesellschaft anzuerkennen und mit Respekt zu begegnen. Denn nur wer sich anerkannt fühlt, fühlt sich letztlich auch zugehörig. Integration ist keine Einbahnstraße: Damit sie gelingt, müssen alle Seiten aktiv dazu beitragen.

Fazit
Die Städte und Gemeinden Deutschlands haben in den letzten Jahren bereits eine Fülle an Maßnahmen im Sinne des interkulturellen Dialogs und der Vermittlung kultureller Werte eingeleitet. Dies gibt Anlass, zuversichtlich zu sein, was die Stärkung und Festigung des gesellschaftlichen Zusammenhaltes in unseren Kommunen angeht.

Das Zusammenleben in Vielfalt ist ein langwieriger und aufreibender Prozess. Dies erfahren wir immer wieder. Wie in jeder partnerschaftlichen Beziehung müssen wir auch hier manchmal Konfrontationen aushalten. Diskussionen gehören dazu. Diese müssen aber in gegenseitigem Respekt und unter Anerkennung des Gegenübers geführt werden.

Ein lebendiger Teil der Gesellschaft
Integration in deutschen Landkreisen

Reinhard Sager — **Politik & Kultur 2/2017**

Integration findet vor Ort statt. So selbstverständlich sich diese Aussage anhört, so richtig ist sie: Die Flüchtlinge leben in den Landkreisen, Städten und Gemeinden, hier sind die Sprachkurse sicherzustellen, ist für Wohnungen zu sorgen und die Heranführung an den Arbeitsmarkt zu befördern. Doch Integration umfasst mehr als das Erlernen der deutschen Sprache und die Ausübung einer regelmäßigen Arbeit. Integration als kulturelle Integration bedeutet, dass sich die Menschen dem Land, in dem sie leben, zugehörig fühlen. Sie müssen die Werte, für die das Land steht, leben wollen, sich für diese Gesellschaft selbst verantwortlich fühlen, lebendiger Teil der Gesellschaft sein wollen. Das setzt die Kenntnis der für das Leben in Deutschland maßgeblichen Werte voraus. Diese Werte haben im Grundgesetz ihren für alle verbindlichen Ausdruck gefunden, ergeben sich aber auch aus anderen Quellen, insbesondere den besonderen historischen Erfahrungen Deutschlands und seiner christlich geprägten Tradition. Ebenso wichtig ist der regelmäßige Kontakt zu Einheimischen, aber auch die Auseinandersetzung mit der eigenen Weltanschauung, der eigenen Religion und den eigenen Werten.

Die Landkreise haben die Relevanz dieses Themas längst erkannt und werden hiermit täglich konfrontiert. Sie wissen, dass die kulturelle Integration nicht von den Verwaltungen allein zu leisten sein wird. Sie wissen, dass es Zeit und Geduld, Verständnis und realistischer Erwartungen bedarf. Vor diesem Hintergrund sind bereits viele unterschiedliche Maßnahmen ergriffen und Projekte angestoßen worden, um Integration auch im Zusammenleben der Menschen voranzubringen. Dabei wird immer wieder deutlich, dass kulturelle Integration insbesondere in ländlichen Räumen gelingen kann. Denn hier sind seit Langem Strukturen gewachsen, die ein enges Miteinander der Menschen fördern. So ist das Zusammenleben in ländlichen Räumen häufig geprägt durch ein enges soziales Netz. Dies zeigt sich nicht nur, aber doch in einem besonderen Maße in der meist starken Vereinsstruktur. Flüchtlinge in diese zu integrieren und somit eine kulturelle Integration zu fördern, die auf regelmäßigen Kontakten und gemeinsamen Freizeitaktivitäten gründet, ist ein Ziel, das in vielen Landkreisen, wie beispielsweise im Landkreis Dahme-Spreewald in Brandenburg, verfolgt wird. Hier übernimmt der Kreissportbund eine Vermittlerrolle zwischen den Geflüchteten und den Sportvereinen und bietet gemeinsam mit den Vereinen eine Vielzahl von Aktivitäten an, die sich von der Integration von Flüchtlingen in die bestehenden Trainingsgruppen über die Erstellung von gemischten Mannschaften bis hin zu gemeinsamen Ausflügen erstreckt und so eine kulturelle Integration maßgeblich fördert. Neben den Sportvereinen gestalten auch die Musikschulen das kulturelle Leben in den Landkreisen in weiten Teilen mit. Viele Kreismusikschulen haben Projekte initiiert, um Kinder und Erwachsene mit Fluchterfahrung durch das gemeinsame Musizieren in die Gemeinschaft zu integrieren. Denn ebenso wie Sport hat Musik den Vorteil, dass eine Teilnahme auch mit geringen Sprachkenntnissen möglich ist. So bietet die Musikschule im Landkreis Passau in Bayern für Flüchtlingskinder die kostenlose Teilnahme an einem deutsch-syrischen Kinderchor an. Zudem kooperiert sie mit Kindergärten und Grundschulen im Landkreis, um allen Kindern eine musikalische Grundausbildung zu ermöglichen.

Die Landkreise haben sich den Herausforderungen im Zusammenhang mit der Aufnahme, Versorgung und Integration der Flüchtlinge in den vergangenen Monaten mit außerordentlichem Einsatz gestellt und stellen sich ihnen auch weiterhin. Neben diesen praktischen und organisatorischen Aufgaben darf aber auch die Frage nach dem gesellschaftlichen Zusammenhalt nicht in den Hintergrund rücken. Denn ebenso wie die häufig engen gesellschaftlichen Strukturen in ländlichen Räumen die Integration befördern können, können sie sie unter Umständen auch erschweren. Zugezogenen – egal welcher Nationalität – fällt es häufig nicht leicht, sofort einen Zugang zu einer sozialen Gruppe zu finden, deren Mitglieder durch ein starkes Gefühl der Zusammengehörigkeit eng miteinander verbunden sind. Ein stetiger, direkter und offener Dialog zwischen Politik, Verwaltung und Bevölkerung ist deswegen unabdingbar. Zudem sollten positive Signale der Politik, Wirtschaft und Zivilgesellschaft zugunsten einer kulturellen Integration gesendet werden, um einer fremdenfeindlichen und populistischen Stimmung entgegenzuwirken. Der Landrat des Kreises Siegen-Wittgenstein in Nordrhein-Westfalen hat deswegen gemeinsam mit elf weiteren Persönlichkeiten aus den Bereichen Politik, Wirtschaft, Kultur und Wohlfahrt die Initiative »Vielfalt und Zusammenhalt für Siegen-Wittgenstein« ins Leben gerufen, um den gesellschaftlichen Diskurs über kulturelle Vielfalt und ein soziales Miteinander anzustoßen und aufrechtzuhalten. Ziel ist es, sich gemeinsam für Weltoffenheit, Solidarität, Demokratie und Rechtsstaatlichkeit zu engagieren.

Es ist allerdings neben allen staatlichen bzw. kommunalen Projekten und Maßnahmen unabdingbar, dass sich auch die Flüchtlinge selbst engagieren und ihre Bereitschaft zum Mittun und Ankommen zeigen. Diese Bereitschaft erwarten wir, auch wenn sie teils mit großen Anstrengungen verbunden ist. Denn nur durch Anstrengungen und Offenheit aller Beteiligten kann kulturelle Integration gelingen und gesellschaftlicher Zusammenhalt entstehen.

Viele weitere gute Beispiele finden Sie in der aktuellen Publikation des Deutschen Landkreistages »Integration von Flüchtlingen in ländlichen Räumen – Strategische Leitlinien und Best Practices«. Kostenlos herunterzuladen unter: http://bit.ly/2jGmBzy

Gesellschaftliche Teilhabe ermöglichen

Ergun Can — Politik & Kultur 4/2011

Vor 50 Jahren war die deutsche Wirtschaft im Wachstum begriffen. Um den Arbeitskräftemangel auszugleichen, waren bereits in den 1950er Jahren italienische, griechische und spanische Gastarbeiter nach Deutschland gekommen. In der Türkei dagegen herrschte Arbeitslosigkeit. Viele Menschen sahen im Anwerbeabkommen mit Deutschland eine Chance, für eine begrenzte Zeit die Existenzgrundlage für ihre Familien in der Türkei durch Arbeit in Deutschland zu sichern. Interessenten, Männer und Frauen, mussten sich einer gründlichen medizinischen Untersuchung unterziehen, denn man wollte gesunde Arbeitskräfte ins Land holen.

Zunächst kamen Bewerber aus bildungsnahen Kreisen, die vornehmlich aus dem großstädtischen Bereich stammten. Erst später kamen auch Menschen aus abgelegenen ländlichen Regionen der Türkei, die entweder keine oder nur eine eingeschränkte Schulbildung mitbrachten. Es zeichnete sich ab, dass die Arbeitsverhältnisse in Deutschland längerfristig Bestand haben würden. Deshalb holten die sogenannten »Gastarbeiter« ihre Familien zu sich nach Deutschland, da ihr Lebensmittelpunkt nach einigen Jahren immer stärker Deutschland wurde.

Nach den Wirtschaftskrisen in den 1970er Jahren und dem Aufkommen der Massenarbeitslosigkeit bemühte sich die Bundesregierung verstärkt darum, die »Gastarbeiter« zur Rückkehr in ihre Herkunftsländer zu bewegen. Rückkehrwilligen wurde eine Prämie angeboten und auch eine Rückerstattung des Eigenanteils an der gezahlten Sozialversicherung. Viele türkische Mitarbeiter der ersten Zuwanderer-Generation haben diese Angebote angenommen und sind in ihre Heimat zurückgekehrt. Die Kinder dieser Gastarbeiter jedoch, die hier die Schule absolviert oder eine Berufsausbildung gemacht hatten, fühlten sich in der Türkei nicht zu Hause und wollten in Deutschland bleiben.

Es wurde zunehmend wichtig, in Deutschland eine Art Willkommenskultur zu entwickeln. Leider gab und gibt es diesbezüglich immer noch Defizite. Die ersten Ansprechpartner für Zuwanderer sind häufig die Ausländerbehörden, die praktische Integrationshilfen vor Ort leisten. Leider sind aber die dortigen Mitarbeiter oft nicht genügend auf diese Aufgabe vorbereitet. Ihr Verhalten wird von Zuwanderern immer wieder als »herablassend« empfunden und die Zuwanderer fühlen sich als Bittsteller behandelt. Um eine Willkommenskultur zu etablieren, ist es wichtig, dass die öffentlichen Verwaltungen Mitarbeiter beschäftigen, die interkulturelle Kompetenzen besitzen. In Stuttgart ist man gerade dabei, in den Abschlussklassen der Schulen auf die Möglichkeit hinzuweisen, dass junge Menschen mit Migrationshintergrund eine Stelle bei der Verwaltung antreten können. Das ist ein positives Beispiel.

Stuttgart ist überhaupt ein positives Beispiel für eine gute Integrationspolitik: Dort gibt es eine Stabsstelle für Integration, die beim Oberbürgermeister angesiedelt ist, damit also zur Chefsache erklärt wurde. Das Team ist nicht groß, aber doch eine harmonische Gruppe mit einem sehr engagierten Leiter. Ihm geht es um die Sache und nicht um das Bürokratisch-Technologische. Er schaut eher, wie er die Menschen in Stuttgart zusammenbringen und Netzwerke schaffen kann. Das ist die Stärke von Stuttgart, immerhin leben dort ca. 40 Prozent Einwohner mit einem Migrationshintergrund. Die Stabsstelle initiiert zahlreiche Projekte. Dazu gehören z. B. die interkulturelle Öffnung der Moscheen, Hilfestellung für Zuwanderer bei Gängen zu Behörden oder Hilfen bei der Erstellung von Anträgen. Der Leiter der Stuttgarter Stabsstelle wirkt auf die jungen Migranten motivierend und zeigt ihnen, wo sie Aufstiegsmöglichkeiten haben und gewisse Positionen erreichen können.

Was hat die deutsche Gesellschaft für Vorteile, wenn sie offener auf die aus dem Ausland Zugewanderten zugeht? Dass wir unseren Wohlstand halten und weiter vermehren können. Wir bedingen einander. Die Alterspyramide schlägt immer mehr zu. Wir haben zu wenig junge Leute. Wenn diejenigen jungen Migranten, die gut ausgebildet sind, das Land verlassen, weil sie bei der Arbeitsplatzsuche wegen ihres ausländischen Namens benachteiligt werden, dann ist das für unsere Gesellschaft eine Katastrophe.

Öffnung der politischen Parteien

In diesem Zusammenhang ist auch eine andere Frage wichtig: Inwieweit öffnen sich die politischen Parteien? Ich denke, dass alle demokratischen Parteien gefragt sind, sich stär-

ker zu öffnen. Es kann nicht sein, dass die Parteien ein Parteimitglied mit Migrationshintergrund in ihren Reihen haben, das dann das ganze politische Feld abdeckt. Wenn wir tatsächlich politische Teilhabe anstreben wollen, ist das nicht genug. Wichtig sind positive Vorbilder. Das »Netzwerk türkeistämmiger Mandatsträger«, das die Stiftung »Mitarbeit« gemeinsam mit der Körber Stiftung bis 2009 koordinierte, ist ein offener Zusammenschluss türkeistämmiger Mitglieder deutscher Parlamente. Das Netzwerk ist parteiübergreifend und will ein Forum der Diskussion und des parteiübergreifenden Erfahrungsaustauschs sein. Das Ziel des Netzwerkes ist es, gemeinsam politische Positionen und Vorschläge zur Verbesserung der Integration türkeistämmiger Migranten in Deutschland zu entwickeln und zu fördern. Durch die Arbeit des Netzwerkes soll auch das Engagement von Mandatsträgern mit Migrationshintergrund stärker transparent gemacht und andere Zuwanderer zur politischen Partizipation in Deutschland motiviert werden. Bisher hat das Netzwerk ca. 80 Mandatsträger in Großstädten, Landtagen und im Deutschen Bundestag, die ausländischer Herkunft sind. Das ist nicht viel, aber mit dem Netzwerk türkeistämmiger Mandatsträger wird doch gezeigt, dass auch Menschen mit türkischen Wurzeln in der Bundesrepublik Deutschland derartige Positionen erreichen und besetzen können.

Gesellschaftliche Teilhabe

Politische und gesellschaftliche Teilhabe von Zuwanderern ist wichtig und so kommt nicht nur den Parteien, sondern auch den Vereinen vor Ort eine besondere Rolle zu. In Sportvereinen beispielsweise sind viele junge Zuwanderer aktiv und absolut gleichgestellt. In anderen Vereinen, z. B. in Wandervereinen, findet man leider bisher nur sporadisch Migrantinnen und Migranten. Alle Vereine sollten sich daher deutlich weiter öffnen. In den Ver-

einen kommen Menschen jeden Hintergrundes zusammen, dort findet gesellschaftlicher
Austausch statt. Auch wenn es im privaten
Bereich immer noch sogenannte »Parallelgesellschaften« gibt und viele Familien privat unter sich bleiben, kann dort eine zunehmende Öffnung wahrgenommen werden. In
immer mehr sogenannten »Mischehen« nähern sich die jeweiligen angeheirateten Familien aneinander an. Sie kochen und essen
gemeinsam und feiern miteinander Fami-
lienfeste oder religiöse Feiertage. Dadurch
beginnen sie, sich gegenseitig kennenzulernen. Das Gemeinsame wird erkannt, nicht das
Trennende.

Unbefangene Integration
Heute ist es vor allem die Jugend, die mit der
Integration unbefangen umgeht. Die heutigen Schülerinnen und Schüler knüpfen
Freundschaften. Sie, und auch die Enkel der
Einwanderer von vor 50 Jahren, fühlen sich
oft als Deutsche, nennen Deutschland ihre
Heimat und freuen sich, wenn sie in den Ferien ihre Großeltern in der Türkei besuchen
können. Deshalb ist es wichtig, dass das deutsche Schulsystem allen Kindern, egal welcher
Herkunft ihre Eltern sind oder welchen Bil-
dungshintergrund sie haben, ermöglicht, mit
gleichen Chancen gefördert zu werden.

Leider fehlt dafür noch ein Stück weit die
Sensibilität in der Bevölkerung, da beim Thema Migration und Integration nach wie vor
viel mit Ängsten gearbeitet wird. Beispielsweise hört man immer noch den Satz: »Die
Muslime werden mehr werden, sie übervöl-
kern uns«. In der Bundesrepublik ist Religionsfreiheit aber ein im Grundgesetz veran-
kertes Grundrecht. Die Religionen müssen
sich gegenseitig achten und respektieren
und dafür sorgen, dass Fundamentalisten in
den eigenen Reihen bekämpft werden. Dann
ist auch in religiöser Hinsicht Vielfalt eine
Bereicherung für unsere Gesellschaft.

Wie die Angst vor dem Islam die Demokratie gefährdet

Fehlende Kenntnisse über den Islam produzieren Vorurteile und Ablehnung

Wolfgang Benz — Politik & Kultur 1/2013

Seit dem 11. September 2001 werden Ängste vor einem »radikalen Islam« beschworen und die intellektuellen Vordenker malen mit grobem Pinsel das apokalyptische Gemälde des Untergangs der westlichen Zivilisation und Kultur. Der grobe Pinsel vereinfacht und verallgemeinert alltägliche Wahrnehmungen und vergröbert absichtsvoll, um mit dem Bild der gefährlichen Parallelgesellschaft zu erschrecken, einen Kampf der Kulturen zu menetekeln und unter der Vorgabe, »nur« einen »politischen« oder »radikalen« Islam zu meinen, das Feindbild der nicht integrierbaren, nicht zivilisierbaren und demokratieunfähigen, jedenfalls demokratieunwilligen Mehrheit der Muslime zu beschwören.

Die Ethnisierung sozialer Probleme ist als leicht nachvollziehbare Erklärung willkommen und die als Problemlösung vorgeschlagenen Politikkonzepte (law and order, Einwanderungsstop, Rückführung von Migranten) treffen die Wünsche vieler. Das Charisma und der Erfolg der Künder solcher Erlösungsbotschaft entsprechen den Bedürfnissen einer bestimmten Schicht von Unzufriedenen, denen Selbstbehauptung angesichts imaginärer Gefahren oberstes Gebot ist, womit sie ihre Bedrohungs-, Überfremdungs- und Existenzängste agieren. Es muss also bewiesen werden, dass »der Islam« insgesamt, dass die Summe der Muslime aus religiösem Gebot und innerstem Wesen heraus bedrohlich ist, dass diese Gruppe eine Gefahr darstellt, der man begegnen muss. Dieser Mühe unterziehen sich politische Sektierer mit Sendungsbewusstsein, unterstützt von Publizisten, die in Artikeln, Traktaten und Büchern ihre Ängste und ihre Abneigung gegen den Islam kultivieren. Viele, die das Feindbild »Islam« verbreiten, weisen es dann mit Entrüstung von sich, an der Eskalation von Gewalt beteiligt zu sein, indem sie Sprengstoff in Gestalt beleidigender Behauptungen, unwahrer Feststellungen und verschwörungstheoretischer Erfindungen über das angebliche Wesen des Islam, den kollektiven Charakter der Muslime und anderen Unsinn bereitstellen.

Muslimfeinde oder »Islamkritiker«, wie sie sich lieber nennen, setzen alles daran, den Riesenunterschied zwischen der Minderheit islamistischer Terroristen und der Mehrheit der Muslime zu nivellieren. Dazu wird die Religion bemüht, um zu beweisen, dass »der Islam« in Wahrheit eine politische Ideologie sei, dass man deshalb keinen Unterschied machen dürfe zwischen kriminellen Fanatikern in Pakistan und deutschen Bürgern muslimischer Religion. Die Hinweise auf den gefährlichen Inhalt des Koran, der gerne als Handlungsanweisung für Muslime gegen den Rest der Welt denunziert wird, gehören zum Werkzeug der Islamfeinde wie die Feststellung, der Staat sei bedroht und wehre sich nicht gegen die fremden Usurpatoren der Macht. Dass die Verfassung der Bundesrepublik und alle ihre Gesetze ausnahmslos für alle in Deutschland lebenden Menschen, Bürger wie Gäste, gelten, muss nicht mit theatralischer Geste eingefordert werden. Das ist so und eine Änderung der Rechts- und Gesellschaftsordnung steht überhaupt nicht zur Debatte. Wenn weder Muslime noch Nichtmuslime die Abschaffung des Grundgesetzes zugunsten von Koran und Scharia erstreben, dann aber ist die Litanei, unsere Rechtsordnung sei bedroht, nur Stimmungsmache. Demagogie, die behauptet, etwas Selbstverständliches sei in Gefahr, findet immer Gefolgschaft, denn sie arbeitet mit dem Erschrecken über einen möglichen Verlust und die Erschrockenen prüfen die vorgebrachten »Beweise« nicht nach, weil sie dazu in der Regel weder willens noch in der Lage sind. So funktioniert gruppenbezogene Menschenfeindlichkeit, wie der neue sozialwissenschaftliche Fachbegriff für das uralte Phänomen der Abweisung und Ausgrenzung von Minderheiten durch die Mehrheitsgesellschaft lautet.

Im Diskurs über den Islam – der notwendig ist, der aber mit Argumenten statt mit Unterstellungen geführt werden muss – werden Überfremdungsängste artikuliert, kulturrassistische Vorbehalte agiert und religiöse Vorbehalte instrumentalisiert. Mit den Kampagnen gegen Muslime bzw. gegen den Islam haben rechtsextreme Parteien und Gruppierungen neue Aktionsfelder gefunden, bei denen sie Anschluss finden an Bevölkerungsschichten, die von Überfremdungsängsten geplagt sind, aber nicht zum rechtsextremen Spektrum gehören. Die Wahlpropaganda der NPD und rechtspopulistischer Parteien mit Zitaten und Anspielungen auf Thilo Sarrazins Thesen sind eindeutige Indizien.

Organisierte Feindseligkeit gegen Muslime gibt es in neuen Formen auch außerhalb des etablierten Parteienspektrums und der um Etablierung ringenden populistischen Bewegungen. Gemeindebildungen Gleichgesinnter ergeben sich im Umfeld von Publizisten und im Internet. Den Bindekitt bilden Ängste und das Bedürfnis nach schlichten Welterklärungen. Differenzierende Betrachtung von Problemen ist nicht die Sache derer, die hier den Ton angeben und nicht das Bedürfnis ihrer Gefolgschaft. In einer manichäischen Welt, die nur gut und böse kennt, werden die Angehörigen einer Minderheit zu Fremden erklärt, die die Rolle der Bösen spielen müssen und niemals aus ihr entlassen werden. Die Ethnisierung sozialer Probleme mit dem Vehikel der Religionszugehörigkeit hat einen Kulturrassismus hervorgebracht, der an das alte Übel anknüpft, Menschen aufgrund ihrer Herkunft als höher- oder minderwertig zu klassifizieren. Die »Minderheiten« sind als gefährlich für die Mehrheit stigmatisiert. Wagenburgmentalität innerhalb der Mehrheitsgesellschaft und das Verlangen, Intoleranz als Tugend der Abwehr vermeintlicher Gefahren zu kanonisieren, sind Reaktionen der Unsicherheit.

Die deutsche Gesellschaft befindet sich in einer Identitätskrise, die ausgelöst wurde durch den Modernisierungsschub, der national und global zu bewältigen ist. Das Raunen von der Gefahr, die vom Islam ausgehe, ist Bestandteil des alltäglichen Diskurses. Die Reizvokabeln, die Ideologen verbreiten, finden den Nährboden in existenziellen Ängsten, sie sind resistent gegen rationale Argumente. Die Rezepte der Ausgrenzung, mit denen im 19. Jahrhundert Reaktionäre ähnlichen Herausforderungen zu begegnen versuchten, haben in die Katastrophen des 20. Jahrhunderts geführt. Sie wieder zu verwenden wäre fatal. Es geht um die Menschen- und Bürgerrechte einer Minderheit und um die demokratische Gesellschaft. In den aktuellen Identitätsdebatten Europas geht es nicht mehr wie im 19. Jahrhundert um die Emanzipation von Juden, sondern um die Integration von Muslimen. Verlustängste und Bedrohungsszenarien werden beschworen, um die Gefahr eines Ansturms auf das Abendland, die »Islamisierung Europas« zu konstruieren. Feindbilder grenzen nicht nur aus, sie bedienen Sehnsüchte nach schlichter Welterklärung in einem System, das nur gut und böse kennt. Feindbilder sind aber gefährlich: Das pauschale Verdikt der »Islamkritiker« gegen die Muslime bestreitet deren Menschen- und Bürgerrecht, das Plädoyer gegen Toleranz beschwört die schlimmsten Traditionen unserer Geschichte.

Die Sprache der Herzen
Integration als Teilhabe an der Demokratie

Imre Török — Politik & Kultur 2/2017

Der Nachtzug rollte durch Deutschland, ich klebte als Jugendlicher am Fenster, starrte in dunkle Wälder im Frühnebel. Was würde mich in einem Land erwarten, dessen Sprache ich nicht konnte, dessen Lebensart ich nicht kannte?

Im Lager Friedland erfuhr ich, auch wenn es das Wort in den 1960er Jahren noch nicht gab, deutsche Willkommenskultur. Danach allerdings musste ich mich in der Schule und im Leben ohne professionelle Integrationshilfe durchkämpfen. Unterstützungsmaßnahmen im heutigen Sinne, also z. B. Sprachunterricht, existierten nicht. Ich wurde eingeschult und musste schauen, wie ich damit zurechtkam. Verglichen mit heute eine harte Zeit. Allerdings gab es auch keine spürbare Fremdenfeindlichkeit, und sie blieb ein unbekanntes Wort für mich in den Folgejahren.

Doch 1984 bereits schrieb ich in einer Anthologie des Rowohlt Verlages über Hass gegen Ausländer, über Brandanschläge in Ausländerwohnheimen, über Ängste der »Fremden« in deutschen Städten. Ich entschloss mich, hauptberuflich in der Flüchtlingshilfe tätig zu sein und arbeitete dort sieben Jahre lang. Dieses Engagement ließ mich bis heute nie ganz los, insbesondere literarisch. Zuletzt besuchte ich Flüchtlingscamps an der syrischen Grenze, schrieb über die dortige Situation der Menschen auf der Flucht.

Wesentliche Fragen des Menschen auf der Flucht gestalten sich überall gleich, nämlich wie viel an Würde ihnen das Exilland gewährt. Exilerfahrung prägt für ein ganzes Leben. Negativ oder positiv – das hängt maßgeblich von den Erfahrungen in den Anfangszeiten ab. Welche Bereitschaft das neue Land bietet, mit den selten offenbarten Schmerzen fertig zu werden, die jeder Exilsuchende im Herzen trägt. Eine schmerzdurchdrungene Hoffnung auf ein neues Leben, ohne das Zurückliegende vergessen zu können und zu wollen.

Während meiner beruflichen Arbeit mit Flüchtlingen in den 1980er Jahren habe ich gelernt, dass es nicht ausgereicht hat, Sprachlehrer, Sozialpädagoge, Psychologe zu sein. Es kommt auf das Zuhören an. Integration ohne Empathie bleibt eine Hülle, in die der Ankommende gesteckt wird. Flüchtlinge lernen zwar, im neuen Land zurechtzukommen, doch die Hülle des Fremdseins werden sie nicht los.

Ich weiß, man kann nicht von allen aufrichtigen Helfern erwarten, dass sie das Schicksal eines Kindes, einer Frau, eines Mannes auf der Flucht in dessen ganzer Tragweite empfinden können. Doch man kann lehren, wie die Würde eines Menschen am vorläufigen Ende seiner Flucht – sie wird innerlich vielleicht nie mehr ganz aufhören –

zu achten sei. Ausreichende Sozialleistungen sind nicht alles. Mit dem gleichen Recht, mit dem wir von Flüchtlingen Integrationsbereitschaft erwarten, müssen wir auch ihren erlittenen, tiefen Verwundungen ausreichend Aufmerksamkeit schenken. Es mag oft viele Jahre dauern, bis ein Exilsuchender die Tiefen seiner Verlustschmerzen und mitgebrachten Ängste überwunden und verarbeitet hat. Integration ist keine Einbahnstraße, sondern beidseitige Hingabe und Bereitschaft, einander entgegenzukommen. So will es die Menschenwürde. Wir, die hier in Freiheit leben, müssen dazulernen. Es bedarf der Schulung von Fachkräften, damit sie Integration als eine großartige humanistische Aufgabe begreifen, bei der das Lehren und das voneinander Lernen ineinander übergehen. Obschon ich selber als Flüchtling nach Deutschland gekommen war, habe ich während meiner Flüchtlingsarbeit darauf geachtet, dass ich lernbereit bleibe, dass jede Fluchterfahrung ein individuelles Leid ist.

Die Lehrbücher, die Maßnahmen waren gleich. Die Begegnungen und der Umgang verlangten in mir ein Eingehen darauf, ob jemand aus Osteuropa, aus Chile, aus Eritrea oder aus Vietnam Asyl in Deutschland gesucht hat. Auch das ist ein Gebot der Menschenwürde. Integration in einer Demokratie muss auch die Sprache der Herzen sprechen.

Wir sollten die Worte des deutschsprachigen Dichters Adelbert von Chamisso, eines hervorragend eingebürgerten französischen Flüchtlings in deutschen Landen des 19. Jahrhunderts, nicht vergessen: »Überall bin ich der Fremde. Ich wünsche mir so sehr, alles zu umarmen. Aber alles entgleitet mir.«

Integration ist ein langwieriger Prozess. Wir brauchen die historische und die gegenwärtige Erfahrung von Menschen, die als Flüchtlinge, als Migranten zu uns gekommen waren, die hier heimisch geworden sind, um mit ihnen angemessene, nachhaltig hilfreiche Konzepte einer Integrationspolitik für Gegenwart und Zukunft zu entwickeln. Integration begriffen als gegenseitige Partizipation, als gemeinsame Teilhabe an der Demokratie.

Die immensen Herausforderungen durch Abermillionen Menschen auf der Flucht werden auch in absehbarer Zeit dringend nach internationalen Lösungen verlangen. In diesem Rahmen wird in Deutschland eine innovative Politik der Partizipation weiter zu entwickeln sein. Rechtspopulismus, rechtsextremer Fremdenhass, Demokratiefeindlichkeit sowie Abschottung und Ausgrenzung wären dabei abscheuliche Ratgeber. Unsere humanistische, demokratische Werteordnung gilt es mit einer würdevollen Aufnahmebereitschaft untrennbar zu verschmelzen.

Gestalten, mitmachen und auch streiten
Was bedeutet Demokratie heute?

Olaf Zimmermann — Politik & Kultur 3/2017

Am 16. Mai dieses Jahres wird die Initiative kulturelle Integration 15 Thesen zu gesellschaftlichem Zusammenhalt und kultureller Integration an Bundeskanzlerin Merkel überreichen. Damit findet der Prozess zur Erarbeitung dieser Thesen in der Initiative kulturelle Integration seinen Abschluss. Begonnen hat die Arbeit auf Einladung der Initiatoren, dem Bundesministerium des Innern, dem Bundesministerium für Arbeit und Soziales, der Beauftragten der Bundesregierung für Kultur und Medien, der Beauftragten der Bundesregierung für Integration, Migration und Flüchtlinge sowie dem Deutschen Kulturrat, im Dezember 2016 bei einem ersten Treffen im Bundeskanzleramt. Daran schlossen sich vier Arbeitstreffen im Haus der Kulturverbände an, die der Deutsche Kulturrat organisiert und moderiert hat. Vertreterinnen und Vertreter aus insgesamt 28 Verbänden und Organisationen, den Sozialpartnern, den Medien, den Kirchen und Religionsgemeinschaften, dem Bund, den Ländern und kommunalen Spitzenverbänden sowie der Zivilgesellschaft rangen um Formulierungen, was gesellschaftlicher Zusammenhalt ist und welche Bedeutung die kulturelle Integration für den gesellschaftlichen Zusammenhalt hat.

Was macht unsere Gesellschaft aus? Was sind die Grundlagen? Welche Werte, welche Tugenden sind uns wichtig? Was kann kulturelle Integration leisten? Das sind einige Fragen, die bei den Arbeitstreffen intensiv diskutiert wurden. Besonders spannend war die Diskussion um die ersten 20 Artikel des Grundgesetzes, die unveräußerlichen Grundrechte. Im Laufe der Diskussion wurde immer stärker herausgearbeitet, dass es sich hierbei keineswegs um eine Art von säkularen zehn Geboten handelt, an die die Bürgerinnen und Bürger in Deutschland sich halten müssen, sondern dass sie zuallererst Abwehrrechte der Bürgerinnen und Bürger gegenüber dem Staat sind. Der Staat hat die Menschenwürde zu achten, er muss auf die Gleichberechtigung von Mann und Frau hinwirken, er muss Religionsfreiheit gewähren, er muss die Kunstfreiheit, die Meinungs-, Presse- und Rundfunkfreiheit sichern, er ist ein Sozialstaat und ein Rechtsstaat – ein Kulturstaat im Übrigen nach wie vor über die Kunstfreiheit nur mittelbar. Und so wie der Staat diese Rechte wahren muss, so gelten sie ebenso für alle in Deutschland lebenden Bürgerinnen und Bürger – ganz unabhängig davon, wie lange sie hier leben und ob sie hier geboren oder zugewandert sind. Hieran gibt es nichts zu deuten.

Wichtig war es auch, sich bei den Diskussionen noch einmal bewusst zu machen, dass vieles, was uns heute als Grundsatz selbstverständlich erscheint, z. B. die Gleichberechtigung von Mann und Frau, noch vor wenigen Jahrzehnten oftmals noch ganz anders gesehen wurde und bis zur Verwirklichung der tatsächlichen Geschlechtergerechtigkeit beispielsweise im Erwerbsleben immer noch sehr viel zu tun ist.

Eine der zentralen Botschaften der 15 Thesen wird sein, dass Demokratie von Einmischung lebt. Ohne Menschen, die sich in Vereinen, in Kirchen und Religionsgemeinschaften, in Gewerkschaften und Arbeitgeberorganisationen, in Parteien, in Kommunen, in den Parlamenten von Ländern und dem Bund engagieren, könnte die Demokratie nicht bestehen. Ganz unabhängig davon, ob jemand ein Wahlamt übernimmt oder einfach zur Stelle ist, wenn helfende Hände gebraucht werden. Gesellschaftlicher Zusammenhalt entsteht durch Engagement – für den Nächsten, für die Sache, für die Gesellschaft. Und gesellschaftlicher Zusammenhalt erwächst aus Verantwortung. Demokratie bedeutet auch, über den besten Weg zu streiten. Eine für mich sehr interessante Erfahrung bei der Moderation der Initiative kulturelle Integration war die unterschiedliche Bewertung von Streit. Für mich persönlich ist Streit ein produktiver Weg der Auseinandersetzung, um durch den Austausch von Argumenten zu einer Lösung zu kommen. Ich streite gerne und sehe es als eine zivilisatorische Leistung an, Streit ohne Gewalt auszutragen. Für andere hat Streit eine negative Bedeutung. Sie assoziieren mit Streit offenbar Gewalt und die rücksichtslose Durchsetzung eigener Ideen. Ich hingegen bin der festen Überzeugung, dass konstruktiver Streit eher zum gesellschaftlichen Zusammenhalt beiträgt als ihn zu verhindern. Dieses Beispiel zeigt, dass um Worte wie Kontroverse und Streitkultur intensiv gerungen wurde.

In der Diskussion zur Bedeutung von Erwerbsarbeit für die Integration bestand schnell Einigkeit, dass Erwerbsarbeit in Deutschland eine besondere Bedeutung hat. Nicht wenige begreifen unsere Gesellschaft als Arbeitsgesellschaft. Ebenso rasch war Übereinstimmung dahingehend zu erzielen, wie wichtig die Integration in den Arbeitsmarkt ist – und zwar für alle erwerbsfähigen Menschen, ganz egal welcher Herkunft und ob mit oder ohne Einschränkungen. Arbeit strukturiert den Tag, Arbeit ermöglicht Begegnung, Arbeit schafft Anerkennung und Arbeit dient der Selbstachtung. Doch genauso klar galt es zu formulieren, dass Arbeit nicht alles ist und Menschen, die nicht erwerbstätig sind, genauso Teil der Gesellschaft sind.

Besonders gefreut hat mich, dass alle Mitwirkenden sich auf den Begriff der kulturellen Integration eingelassen haben. Gemeinsam wurden Thesen zur Bedeutung der deutschen Sprache, zur Herausforderung Kunstfreiheit, zur Bedeutung der Erinnerungskultur oder auch zur kulturellen Vielfalt als Stärke formuliert. Das zeigt, dass Kultur eine zentrale Rolle für den gesellschaftlichen Zusammenhalt spielt. Kultur ist das, was den Menschen ausmacht. Die Künste gehören elementar dazu.

Was aus der Initiative kulturelle Integration folgt, ist eine der Fragen, die immer wieder an mich gerichtet wird. Wird sie »nur« Papier produzieren, das fein säuberlich abgelegt in Aktenschränken verschwindet? Werden die Thesen ein Papier unter vielen sein?

Ich denke, dass die Zusammenarbeit der Initiatoren und der Mitwirkenden der Initiative kulturelle Integration zunächst einmal ein Wert an sich ist. Es ist keineswegs selbstverständlich, dass eine zivilgesellschaftliche Organisation wie der Deutsche Kulturrat einen Arbeitsprozess mit so vielen und teils so unterschiedlichen Beteiligten anregt und moderiert. Zumeist lädt der Staat zu solchen Prozessen ein. Bei der Initiative Kulturelle Integration sind die verschiedenen Bundesministerien, die Kirchen und Religionsgemeinschaften und die zivilgesellschaftlichen Organisationen als Gleiche unter Gleichen beteiligt. Das allein ist schon ein Gewinn. Dann wünsche ich mir, dass die Thesen Diskussionen anregen. Debatten wie sie in der Initiative kulturelle Integration geführt werden und wie sie im Fokus der letzten Ausgabe von Politik & Kultur und auf den nachfolgenden Seiten ihren Platz haben. Und schließlich kommt es auf jeden Einzelnen an, wie es weitergeht. Gesellschaftlicher Zusammenhalt kann nicht verordnet werden. Er entsteht im Zusammenleben vor Ort, von der Einmischung, von Aktivitäten. Demokratie heißt gestalten, mitmachen und über den richtigen Weg streiten.

Demokratie leben!
Stark gegen Fremden- und Menschenfeindlichkeit

Manuela Schwesig — Politik & Kultur 2/2017

Kultur kann trennen. In Deutschland leben Menschen unterschiedlicher Kulturen zusammen; manchmal versteht man einander nicht, unterschiedlichen Dingen werden unterschiedliche Bedeutungen zugemessen, es kommt zu Konflikten. Kultur kann aber auch verbinden. Bücher aus anderen Ländern bringen das Leben dort näher; über Musik, Tanz oder Malerei entsteht Nähe zwischen Menschen, die nicht die gleiche Sprache sprechen. Über all diesen verschiedenen kulturellen Impulsen und Traditionen aber steht der Anspruch an eine demokratische Kultur: Akzeptanz und Toleranz, Meinungsfreiheit und Gleichberechtigung, Grundrechte und ein ziviler Umgang gestalten das Zusammenleben in einer Demokratie. Die Basis dafür ist das Grundgesetz.

Aktuell stehen wir vor Herausforderungen, die die Stabilität, Sicherheit und Vielfalt in unserer Gesellschaft und unsere Demokratie bedrohen. Das gilt nicht nur für den radikalen, gewaltorientierten Islamismus und den Rechtsextremismus, sondern für alle Formen der gruppenbezogenen Menschenfeindlichkeit. Auch auf den erstarkten Rechtspopulismus in unserem Land und ganz Europa schaue ich mit Sorge. Mit dem 2015 gestarteten Präventionsprogramm »Demokratie leben!« geben wir Antworten auf diese Herausforderungen. Wir unterstützen zivilgesellschaftliches Engagement und demokratisches Verhalten. Rechtsextremismus, Rassismus und Antisemitismus, gruppenbezogener Menschenfeindlichkeit, aber auch dem gewaltbereiten Salafismus und der linken Militanz treten wir entschieden entgegen – kommunal, regional und überregional. Wir bringen Menschen und Vereine, Initiativen und Organisationen, staatliche Ebenen und Institutionen zusammen, um gemeinsam für eine offene, tolerante und demokratische Gesellschaft einzutreten.

In bundesweit über 230 lokalen Partnerschaften für Demokratie unterstützen wir das kommunale Engagement für Demokratie und Vielfalt. Viele Bürger leisten hier ehrenamtlich einen wertvollen Beitrag, z. B. für eine offene und vielfältige Willkommenskultur. Mit 16 Demokratiezentren in allen Bundesländern unterstützen wir Opferberatung, Ausstiegsberatung und die Mobile Beratung vor Ort. Zusätzlich fördern wir aktuell 28 bundesweit tätige zivilgesellschaftliche Akteure dabei, ihre Arbeit in den Bereichen Demokratieförderung, Bekämpfung von Rechtsextremismus und Menschenfeindlichkeit zu verstetigen. Die bundeszentralen Träger geben ihr Wissen, z. B. über Demokratiestärkung im ländlichen Raum oder Ausstiegsberatung, an andere Beteiligte im Programm weiter. Schließlich fördern wir im Bundesprogramm 138 Modellprojekte zu ausgewählten Phänomenen gruppenbezogener Menschenfeindlichkeit, zur Demokratieentwicklung im ländlichen Raum sowie zu den Themenbereichen Rassismus und rassistische Diskriminierung, Antidiskriminierung und Frühprävention im Vorschulalter und zur Radikalisierungsprävention in den Bereichen Rechtsextremismus, islamistischer Extremismus und linke Militanz.

Die erfolgreiche Arbeit wird weiter ausgebaut. Die Mittel für das Bundesprogramm wurden für dieses Jahr auf 104,5 Millionen Euro mehr als verdoppelt. Dies ist auch eine klare Antwort auf die wachsenden Gefahren für die Demokratie und gleichzeitig ein Signal der Bedeutung, die die Bundesregierung der Arbeit für Demokratie und Vielfalt beimisst. Mit neuen Anforderungen verändert sich auch das Bundesprogramm. In einem partizipativen Prozess wurden die Programmstrukturen auf Basis der Erkenntnisse der wissenschaftlichen Begleitung und aktueller Forschung weiterentwickelt und bisherige Strukturbereiche gestärkt. Zusätzlich wenden wir uns neuen Themenfeldern und Zielgruppen zu. Dazu zählt das Engagement im Netz, Radikalisierungsprävention im Strafvollzug und in der Bewährungshilfe, Demokratieförderung im Bildungsbereich sowie Engagement und Vielfalt in der Arbeitswelt. Auch dem Zusammenleben in der Einwanderungsgesellschaft wird sich das Programm »Demokratie leben!« stärker zuwenden. Das Zusammenleben von Menschen aus verschiedenen Kulturen gelingt besser, wenn Vielfalt als Chance wahrgenommen wird, wenn Menschen, die von Diskriminierung bedroht oder betroffen sind, sich wehren, wenn die ganze Gesellschaft gegen Diskriminierungen vorgeht und wenn Konflikte friedlich beigelegt werden. »Demokratie leben!« ist ein Grundprinzip des Zusammenlebens. Ich möchte weiter dazu beitragen, dass

Menschen in Deutschland Demokratie leben, sich für die Demokratie einsetzen und erkennen, dass sie nicht alleine sind mit ihrem Engagement. Demokratie ist anstrengend, aber sie ist wertvoll. Es lohnt sich, für Demokratie zu streiten und einzustehen. Denn eine engagierte Zivilgesellschaft, die für Toleranz und für den friedlichen Meinungsaustausch eintritt, macht unsere Gesellschaft zu einer besseren Gesellschaft. Zu einer Gesellschaft, die offen ist für Vielfalt und stark genug, um Fremden- und Menschenfeindlichkeit etwas entgegenzusetzen. Eine Gesellschaft mit einer starken demokratischen Kultur.

Interkulturalität ist Zukunft und Herausforderung
Zu den Aufgaben des Bundeszuwanderungs- und Integrationsrates

Memet Kilic — Politik & Kultur 2/2010

Für unsere heutige Gesellschaft ist der stetig steigende Emigrationsprozess, somit die wachsende Pluralität und Mobilität bezeichnend. Die nicht aufzuhaltende Globalisierung macht sich auch auf diesem Gebiet besonders bemerkbar. Menschen, Kulturen und Wertvorstellungen begegnen einander, lernen sich kennen, die Zunahme an Kontakten bewirkt viel Positives, kann aber manchmal auch Spannungen erzeugen. Im Zuge dieser gesellschaftlichen Entwicklungen erscheint das Verstehen von Interkulturalität und interkulturellen Kompetenzen als Schlüsselkompetenz für die Mehrheit der Menschen und nicht mehr nur für bestimmte Gruppen oder Personen.

Dieses Thema eignet sich auch kaum dazu, an Extrempositionen aufgehängt oder anhand von Negativbeispielen diskutiert zu werden: Ein holländischer Regisseur wird wegen seiner kritischen Filme ermordet, woraufhin das Zusammenleben in Holland in Teilen der Gesellschaft eskaliert, christliche, jüdische und islamische Einrichtungen attackiert werden. Ein dänischer Karikaturist muss unter ständigem Schutz leben. In der Schweiz hat ein Volksbegehren Erfolg, das den Minarett-Bau verbietet.

Der demokratisch legitimierte Bundeszuwanderungs- und Integrationsrat ist stets darum bemüht, dass solche Extrempositionen auf dem Gebiet Migration und Interkulturelle Beziehungen nicht die Deutungshoheit gewinnen. Dies würde nicht nur an der Sache vorbeigehen, sondern von den essentiellen Forderungen und Rechten der Migranten, die in diesem Land leben, ablenken, wenn nicht gar deren berechtigten Interessen schaden. Toleranz ist keine Gleichgültigkeit, in der jeder tut und lässt, was er will. Das Zusammenleben der Menschen hat in der zivilisierten Welt eine gemeinsame Grundordnung. Wer das Gewaltmonopol des Rechtstaates infrage stellt, verlässt und verletzt diese Ordnung. In einer postreligiösen Gesellschaft wie der unseren den Blickwinkel auf die Religion zu verengen, wird der Bedeutung von Interkulturalität nicht gerecht. Es darf nicht in Vergessenheit geraten, dass weder alle Deutschen Christen, noch alle Migranten Muslime sind. Wenn von Religionen gesprochen wird, so darf dies auch nicht allein auf die sogenannten abrahamischen Religionen beschränkt bleiben.

Die Gläubigen können sich als moralische Instanzen auf ihre Religionen berufen. Das ist auch in Ordnung so. Jedoch gibt es in einer zivilen Gesellschaft Instanzen, die das Zusammenleben der Menschen unterschiedlicher Herkunft und kultureller Prägung ermöglichen und gegenseitigen Respekt abverlangen. Diese Instanz ist für uns das Grundgesetz und seine Werteordnung. Unsere Verbände sind demokratisch legitimierte, überparteiische, überethnische und religionsneutrale Einrichtungen. Menschen mit unterschiedlicher ethnischer und religiöser Zugehörigkeit setzen sich seit mehr als 30 Jahren in diesen Verbänden für ein gleichberechtigtes Zusammenleben in Deutschland ein. Sie sind Bollwerke gegen Fanatismus und Intoleranz gleichgültig welcher Couleur.

Chancengleichheit ist die Voraussetzung

Die letzte große Migrationsgeschichte der Bundesrepublik Deutschland liegt ein halbes Jahrhundert zurück. Die Politik dieser Zeit hat durch ihre jahrzehntelang nicht vorhandene Migrations- und Integrationspolitik viel Schaden an der Gesamtgesellschaft angerichtet. Seit einem Jahrzehnt wird nun erneut über Einwanderung gesprochen. Man hat sogar ein besseres Wort dafür gefunden: »Zuwanderung«. In einer politischen Kultur, in der die Begriffe sehr schnell zweckentfremdet und missbraucht werden können, ist diese Umbenennungsaktion vielleicht auch gut gewesen. Das Wort »Zuwanderung« klang am Anfang wie ein erholsamer Spaziergang. Nicht qualifizierte, auch nicht hochqualifizierte, sondern »höchstqualifizierte« Zuwanderer wünschte man sich, in der Hoffnung, dass dieser erholsame Spaziergang möglicherweise gar nichts »kostete«, sondern rentabel sein werde. Investitionen kosten aber.

Aktivierung der Human-Ressourcen

Mehr als sechs Millionen Menschen ohne deutsche Staatsangehörigkeit und eine Vielzahl von Aussiedlern und Eingebürgerten leben mittlerweile in Deutschland. Für die Mehrheit dieser Personengruppe ist Deutschland zur Heimat, jedenfalls aber zum Zuhause geworden. Der Umgang mit kultureller Diversität ist aus unserer Sicht daher eine ge-

sellschaftliche Herausforderung, die auch im Bildungssystem ihren Niederschlag findet. Dies erfordert auch eine Diskussion unter Einschluss des gesamten sozialen Kontextes, wenn der Maßstab für eine Demokratie der Umgang mit einheimischen und zugewanderten Minderheiten und mit Fremden sein sollte.

Staatliche Aufgabe sollte auch sein, insgesamt zu aktivieren und nicht bewusst, oder sogar blindlings, auf einen Teil der gesellschaftlichen Ressourcen, nämlich die Human-Ressourcen, zu verzichten. Die Schulabbrecherrate von Migrantenkindern betrug nach dem 7. Bericht zur Lage von Ausländern in Deutschland 18 Prozent, nur 23 Prozent von ihnen absolvierten eine Berufsausbildung (Deutsche: 57 Prozent). Rund 40 Prozent der Migranten haben danach keinen Berufsabschluss (Deutsche: 12 Prozent). Ist das normal in einem Staat, der seine Ressourcen effektiv nutzen möchte? Das dreigliedrige Schulsystem selektiert die Kinder zu früh und zu stark. Dies geht immer auf Kosten der Kinder mit Migrationshintergrund, die ihre Sprachkompetenz naturgemäß zuerst in ihrer Muttersprache erwerben. Der Stellenwert der Muttersprache wird in unserem Land leider immer noch viel zu selten erkannt und anerkannt. Damit scheitert der »Plan« einer erfolgreichen Interkulturalität bereits an den fehlenden Grundvoraussetzungen.

Unser Verband und seine Untergliederungen weisen seit ihrem Bestehen auf diesen nicht verantwortbaren Zustand hin und fordern auf allen politischen Ebenen nachhaltig einen Staat, der auf die Fähigkeiten der Menschen setzt, die innerhalb seiner Grenzen leben. Die Anerkennung der Muttersprache als ein Plus und ihr bewusster Einsatz und Einbinden bereits im Kindergarten beim Erwerb der deutschen Sprache ist bei unseren Verbänden auf kommunaler Ebene ständig auf der kulturellen Agenda. Die Berücksichtigung der »Muttersprache« in Schule, Ausbildung und darüber hinaus wäre so nur ein kleines Beispiel dafür, wie eine Auseinandersetzung mit kultureller Pluralität positiv gestaltet werden könnte.

Politische Interessenvertretung

Um Anerkennung geht es auch, wenn unser Verband z. B. fortwährend die repräsentative Teilhabe von Migrantenkindern auf allen Verwaltungsebenen einfordert. Der Bundeszuwanderungs- und Integrationsrat (ehem. Bundesausländerbeirat) ist der Zusammenschluss der Landesarbeitsgemeinschaften der kommunalen Ausländerbeiräte/Integrationsbeiräte. Von ihm werden über 400 demokratisch gewählte Ausländerbeiräte in 13 Bundesländern und somit bislang etwa vier Millionen Ausländer in Deutschland repräsentiert. Gegründet im Mai 1998 besteht seither auch auf Bundesebene eine Vertretung der Ausländerinnen und Ausländer, die auf einer demokratischen Legitimation beruht und ethnien- und parteiübergreifend die Interessen der Migranten vertritt. In seiner Vollversammlung vom November 2009 hat unser Verband Herrn Dr. Karamba Diaby, der seit Jahren mit besonderem Engagement als Vorstandsmitglied unsere Arbeit unterstützt hat, zum Vorsitzenden gewählt.

Als politische Interessenvertretung der Bevölkerung mit Migrationshintergrund in Deutschland steht der Bundeszuwanderungs- und Integrationsrat als Ansprechpartner der Bundesregierung, des Deutschen Bundestages und des Bundesrates zur Verfügung und arbeitet mit gesellschaftlich relevanten Organisationen auf Bundesebene zusammen. Ähnlich wie bereits in den Kommunen und in vielen Ländern auf Landesebene seit Jahrzehnten praktiziert, ist unser Verband auf Bundesebene in allen Angelegenheiten, die Migranten betreffen, beratend tätig. Mit seiner Arbeit will unser Verband zu einem

friedlichen und vorurteilsfreien Zusammenleben von Deutschen und Nichtdeutschen beitragen. Er dient zudem der politischen Meinungsbildung und Willensartikulation der Einwohner mit dem Ziel, die politische, rechtliche und gesellschaftliche Gleichstellung von Migranten herzustellen.

Die Schaffung der Zugangsgerechtigkeit (von der Einstellungspolitik im öffentlichen Dienst bis zur Vertretung in allen gesellschaftlich relevanten Institutionen) und die Qualifizierung der Migranten und ihrer Nachkommen für eine Dienstleistungsgesellschaft zählen aus unserer Sicht zu den größten Herausforderungen der Gegenwart und Zukunft. Dafür erhebt unser Verband eine deutliche Stimme.

Die Ausländerbeiräte/Integrationsbeiräte/Migrationsbeiräte in den Ländern und Kommunen leisten eine oft stille aber kontinuierliche Integrations- und Antidiskriminierungsarbeit. Es stärkt sie, dass sie demokratisch legitimiert, überparteilich, überethnisch und religionsneutral sind. Neben der politischen Arbeit organisieren unsere kommunalen Einheiten vielerorts regelmäßig interkulturelle Festtage. Sie sind Illustrationen des festen Eingebundenseins der verschiedensten Kulturen in das gesellschaftliche Leben der Städte. Sie haben im Sinn, die Begegnung und den Austausch verschiedener Kulturen zu ermöglichen und einen Bürgerdialog über die Situation der nichtdeutschen Bevölkerung anzuregen.

Selbstorganisation als Grundlage des Erfolgs
Bund der Spanischen Eltern-vereine in Deutschland

Vicente Riesgo Alonso — **Politik & Kultur 2/2010**

Besorgt um die Lage der eigenen Landsleute in Deutschland meldete die spanische Presse 1973: »In Deutschland erreichen 70 Prozent der spanischen Migrantenkinder keinen Schulabschluss«. Heute gelten dagegen spanische Schüler in Deutschland als »Gewinner« der Integration: fast 70 Prozent von ihnen erreichen mindestens die Fachhochschulreife (Süddeutsche Zeitung vom 23.2.2004) und insgesamt »erzielen (sie) teilweise bessere Ergebnisse als die Einheimischen« (Berlin-Institut für Bevölkerung und Entwicklung, Ungenutzte Potenziale. Zur Lage der Integration in Deutschland, Berlin 2009, S. 41).

Was ist in diesen drei Jahrzehnten geschehen, um die bedenkliche Ausgangssituation so nachhaltig und positiv zu verändern? Was waren die entscheidenden Faktoren für diese Entwicklung?

Diese Fragen führen häufig zu genauso übereilten wie falschen Antworten. So ist die häufig anzutreffende Vorstellung falsch, bei den spanischen Gastarbeitern der ersten Generation würde es sich überwiegend um besser qualifizierte, politisch motivierte antifranquistische Emigranten handeln. Die statistischen Daten zeigen dagegen eine ganz andere Realität. So hatten z. B. nur 10,5 Prozent der 29.448 im Jahr 1971 nach Deutschland zugewanderten spanischen Arbeitneh-mer eine berufliche Ausbildung, während bei den Italienern der Anteil der Facharbeiter bei 36,1 Prozent und bei den türkischen Kollegen sogar bei 46,3 Prozent lag. Die überwiegende Zahl der spanischen Migranten in Deutschland kam aus den stärker landwirtschaftlich geprägten und weniger entwickelten Regionen des Landes und verfügte über eine eher geringe Schulbildung. Ebenfalls widerspricht die wesentlich weniger erfolgreiche schulische Integration von anderen Kindern aus dem gleichen Kulturkreis wie z. B. von italienischen oder portugiesischen Kindern im deutschen Schulsystem (vgl. Berlin-Institut für Bevölkerung und Entwicklung, a.a.O., S. 40 ff.) einem weiteren geläufigen, kulturdeterministischen Erklärungsmuster, nach dem der Schulerfolg von Kindern mit Zuwanderungsgeschichte von der Nähe bzw. der Distanz ihrer Herkunftskulturen zu der deutschen Kultur abhängen würde.

Jahrzehntelang war aber das über das ganze Bundesgebiet ausgebreitete und dichte Netz von spanischen Elternvereinen sicherlich ein Alleinstellungsmerkmal der spanischen Community. Erst Anfang der 1990er Jahre begannen auch andere ethnische Gruppen – häufig unter explizitem Verweis auf die »Erfahrungen der Spanier« – mit dem intensiven Aufbau dieser (Selbst-)Organisationsform der Elternvereine. Über 30 von spanischen Migranten gegründete Elternvereine hatten sich nämlich bereits im November 1973 in der Stadt Wiesbaden zusammengetan und den Bund der Spanischen Elternvereine in der BRD e.V. (Confederación de Asociaciones Españolas de Padres de Familia en la R.F.A.; kurz: Confederación) ins Leben gerufen.

In den darauf folgenden Jahren setzte eine sehr dynamische Gründungswelle ein und Ende der 1970er Jahre gab es weit über 100 spanische Elternvereine in der Bundesrepublik. Diese Gründungs- und Aufbauarbeit wurde – wie auch die spätere Konsolidierungsarbeit – von dem im Jahr 1972 von der Deutschen Bischofskonferenz eingerichteten Referat für Schulfragen und Erwachsenbildung der Spanischen Katholischen Missionen in Deutschland pädagogisch und organisatorisch begleitet und intensiv gefördert.

Von Anfang an verfolgte der Bund der Spanischen Elternvereine eine klare, für die damalige Zeit neue und – in Politik und Wissenschaft – sehr umstrittene Strategie. Der Bund entschied sich deutlich gegen das damals landläufige Modell eines getrennten Unterrichts für die Kinder der Gastarbeiter und für die volle Eingliederung der spanischen Schüler in das deutsche Schulsystem. Parallel dazu bestanden die Spanischen Elternvereine seit ihrer Gründung auf die bilinguale Erziehung ihrer Kinder und die Förderung des muttersprachlichen Ergänzungsunterrichts. Diese Doppelstrategie schuf die Grundlage für die Entwicklung eines lebendigen und bereichernden Gleichgewichts zwischen der Öffnung zu der Aufnahmegesellschaft und der Behauptung und Bewahrung positiver Elemente der eigenen kulturellen Tradition. Zudem ermöglichte es die Entstehung einer neuen, interkulturellen Identität der zweiten und dritten Generation der spanischen Migranten in Deutschland. Die damit einhergehende Stärkung der inneren Kohä-

sion in der Familie sowie das auf dieser Basis gewachsene positive Selbstbild und das Selbstwertgefühl sind entscheidende Faktoren für den Erfolg spanischer Kinder in Deutschland geworden.

Neben den klaren strategischen Entscheidungen gehören der ideologische Pluralismus und eine effiziente Arbeitsmethodik zu den prägenden Merkmalen des Bundes der Spanischen Elternvereine. Der Verband widmete sich von seiner Gründung an mit großem Pragmatismus der Lösung der konkreten Probleme, vor die die Migranten in Deutschland gestellt waren, und versuchte dies vor allem durch Selbstorganisation und Mobilisierung der eigenen Ressourcen zu erreichen. Die Bildungsarbeit – und insbesondere die Elternbildung – war und bleibt dabei immer ein wichtiger Bestandteil der eigenen Organisationsarbeit. Der Grundgedanke ist, dass die Eltern einen entscheidenden Beitrag zum Schul- und damit zum Lebenserfolg ihrer Kinder leisten können. Die Aufgabe der Elternbildung, wie sie in den spanischen Elternvereinen praktiziert wird, besteht darin, zu helfen, in einem dialogischen Prozess die eigene Situation als veränderbar wahrzunehmen und realisierbare Veränderungsalternativen gemeinsam zu entdecken. Diese von den pädagogischen Prinzipien Paulo Freires stark inspirierte Arbeitsmethodik ermöglichte eine frühe Fokussierung auf wichtige Themenfelder, in denen ein großes Mobilisierungspotenzial der Eltern vorhanden und konkrete Ziele erreichbar sind:

* Organisierung von Schulaufgabenkreisen für die Kinder,
* Organisation des muttersprachlichen Unterrichts,
* Organisation von Aktivitäten der Familienbildung,
* Stärkung der Position der Frau in den Vereinen und in der Gesellschaft,

- frühe Aufklärung der Eltern über Struktur, Organe und gesellschaftliche Funktion des deutschen Schulsystems,
- Mobilisierung der Eltern gegen diskriminierende Schulempfehlungen der Lehrer nach der Grundschule,
- Formulierung von messbaren Indikatoren des Schulerfolgs spanischer Kinder und Arbeit für deren Erreichung (z. B.: Besuch von Kindergärten und von weiterführenden Schulen, Vermeidung der Verweisung an die Sonderschule),
- Verbesserung der Wohnsituation und Ausbruch aus ghettoähnlichen (Wohn-) Verhältnissen,
- Förderung der beruflichen Bildung spanischer Jugendlicher, Forderung einer menschenrechtskonformen und familiengerechten Ausländer- bzw. Migrationspolitik in Deutschland.

Zur Stärkung seiner Bildungsarbeit beteiligte sich der Bund der Spanischen Elternvereine im Jahr 1984 aktiv an der Gründung der Spanischen Weiterbildungsakademie e.V. (AEF). Im Zusammenwirken mit in der Migrations- und Bildungsarbeit erfahrenen deutschen und spanischen Pädagogen entstand so die erste bikulturelle Weiterbildungseinrichtung in Deutschland, mit dem Ziel, eine inhaltlich und methodologisch der Lebenswirklichkeit und den Bedürfnissen der Migranten angemessene Erwachsenenbildung zu fördern. In Zusammenarbeit mit der AEF konnte der Bund der Spanischen Elternvereine sehr innovative und anerkannte Pilotprojekte durchführen, in denen neue Chancen einer offenen Migrationsgesellschaft erkundet wurden. So hatte das von 1991 bis 1994 in NRW durchgeführte Projekt zur Qualifizierung von Migranten für die Arbeit in kommunalen Partizipationsgremien einen entscheidenden Einfluss auf die Entstehung der Landesarbeitsgemeinschaft der Ausländer-

beiräte – heute Landesarbeitsgemeinschaft der kommunalen Migrantenvertretungen in NRW (LAGA).

Das in Zusammenarbeit mit der AEF und dem Deutschen Roten Kreuz (DRK) in den Jahren 1993/1994 durchgeführte Pilotprojekt »Zuwanderer/innen als ehrenamtliche Mitarbeiter/innen. In einer Weltorganisation gibt es keine Ausländer und keine Grenzen« lieferte wichtige Impulse und hatte eine starke Wirkung auf die Entstehung einer internen Kultur der interkulturellen Öffnung in diesem Wohlfahrtsverband. Die Confederación war auch der erste Verband, der eine Antwort auf die Lage der in Deutschland älter werdenden Migranten der ersten Gastarbeitergeneration zu geben suchte. So entstand – ebenfalls in Zusammenarbeit mit der AEF und dem DRK – das Modellprojekt ¡Adentro!®, mit dem Ziel, ältere Migranten als soziokulturelle Animateure für die offene Seniorenarbeit auszubilden. Die in den Jahren 1994 bis 1997 mit Unterstützung der Bundesregierung, des Landes NRW und der EU-Kommission entwickelte Ausbildungsmethodik bildet die Grundlage eines erfolgreichen Programms, das bis heute ununterbrochen ältere Migranten zur Übernahme einer aktiven Rolle im Alter motiviert und sie für die freiwillige Gemeinwesenarbeit qualifiziert. Die ¡Adentro!-Methodik wird auch von den im Europäischen Dachverband mit der Confederación vernetzten Elternorganisationen in der Schweiz, Frankreich und Belgien auf die eigene Situation angepasst und in ihrer Seniorenarbeit angewandt. Bei anderen Communities und Verbänden in Deutschland besteht ein starkes Interesse an den Erfahrungen von ¡Adentro! und zurzeit wird die Möglichkeit eines Transferprojekts geprüft.

Die Spanischen Elternvereine haben die Potenziale von Migrantenkindern, insbesondere hinsichtlich ihrer sprachlichen und interkulturellen Kompetenzen, früh erkannt und gefördert. Als Frucht dieser Arbeit ist inzwischen eine neue Generation von zweisprachig und bikulturell aufgewachsenen, gut qualifizierten jungen Menschen entstanden, die der Arbeit der Confederación neue Impulse geben. Das im Jahr 2001 gestartete Projekt IMPULSO versucht, in diesen jungen Menschen das Bewusstsein für ihre eigenen Stärken zu schärfen, diese weiterzuentwickeln und ihren Wert für die internationalisierte Wirtschaft und für eine moderne weltoffene Gesellschaft sichtbar zu machen.

Mit den seit 2005 in NRW angebotenen Aktivitäten des Transferprojekts »Schlaue Kinder starker Eltern« stellt die Confederación ihre langjährigen Organisationserfahrungen und ihr methodisches Wissen auch Eltern und Elterngruppen aus anderen Ethnien zur Verfügung. Dieses Transferprojekt zeigt, dass die aktive Arbeit für die Zukunft der eigenen Kinder, Eltern aus sehr unterschiedlichen Herkunftskulturen, Religionen und Ideologien in einer gemeinsamen Aufgabe zusammenbringen kann. Eltern aus Russland, Ghana, Kasachstan, der Türkei oder Marokko haben durch das Projekt »Schlaue Kinder starker Eltern« die Bedeutung einer emanzipatorischen Elternarbeit für ihre eigene Familienzukunft in Deutschland entdeckt und sind nun aktive Multiplikatoren in ihren jeweiligen Communities. Die positiven Erfahrungen in diesem Projekt trugen auch wesentlich zur Entstehung des Elternnetzwerks NRW bei.

So zeigt sich weiterhin, dass in der bald 40-jährigen Geschichte des Bundes der Spanischen Elternvereine große Lernpotenziale für die Gestaltung einer Integrationspolitik in Deutschland vorliegen, die die Entwicklung neuer (interkultureller) Identitäten zulässt und fördert und die eigenen Kräfte der Migranten zur Veränderung der Realität zu mobilisieren weiß.

Vereint für Eltern und Kinder
Die Föderation Türkischer Elternvereine in Deutschland

Berrin Alpbek — Politik & Kultur 3/2010

Die Organisierung türkischer Migranten in Deutschland hat eigentlich eine lange Tradition, wobei es zum Anfang des 20. Jahrhunderts zu den ersten »türkischen Vereinsgründungen« kam. Aber auch die Arbeitsemigranten aus der Türkei, die seit Anfang der 1960er Jahre nach Deutschland kamen, begannen sich relativ schnell in Vereinen zu organisieren. Die Tätigkeit der meisten dieser Vereine war ca. zwei Jahrzehnte lang stark von der Tagespolitik der Türkei geprägt und somit auf das Herkunftsland gerichtet. So haben sich die türkischen Migrantenorganisationen erst Mitte der 1980er Jahre verstärkt dem Thema »Situation der türkischstämmigen Kinder im Bildungssystem« zugewandt. In dieser Zeit wurden in verschiedenen Bundesländern Türkische Elternvereine gegründet, um aktiv zur Lösung der migrationsbedingten Erziehung und Bildungsprobleme der Kinder türkischer Herkunft beizutragen. Es dauerte jedoch noch ca. zehn Jahre, bis 1995 türkische Elternvereine aus verschiedenen Bundesländern die »Föderation Türkischer Elternvereine in Deutschland« (FÖTED) gründen konnten. Die mittlerweile auf eine 15-jährige Geschichte zurückblickende FÖTED – mit mehr als 60 Mitgliedsvereinen – setzt sich seit ihrer Gründung für mehr Partizipation und Gleichberechtigung von Menschen mit Migrationshintergrund ein.

Das Bildungs- und Beschäftigungssystem in Deutschland hat den Migranten bislang leider weniger Chancen auf gleichberechtigte Partizipation eröffnet. Es ist mittlerweile nachgewiesen, dass das stark selektierende, dreigliedrige Schulsystem besonders für eine positive Entwicklung von Kindern mit Migrationshintergrund nicht geeignet ist. Unser Bildungssystem braucht dringend grundlegende Veränderungen, um auch den Erfordernissen der Kinder mit Migrationshintergrund Rechnung tragen zu können.

Des Weiteren sind wir davon überzeugt, dass es eine grundlegende Verbindung zwischen der Aufnahmebereitschaft der Gesellschaft, der Integrationsbereitschaft der Migranten und dem Spracherwerb gibt. Entscheidungen bzw. Vereinbarungen zum Verbot der Migrantensprachen an Schulen taugen nicht als integrationspolitische Maßnahme, sondern bewirken eher das Gegenteil. Das Erlernen der deutschen Sprache, das ohne Zweifel ein wirksames Mittel der Partizipation und für den Bildungserfolg ist, setzt nicht nur Deutschkurse und Förderunterricht voraus. Vielmehr werden auch Kontakte und Kommunikationsorte der kulturellen Bildung gebraucht. Das Ziel sollte vielmehr sein, die Bedeutung der Sprache für gesellschaftliche Integration und Verständigung – und zwar nicht nur der deutschen Sprache, sondern auch der Muttersprachen der Kinder mit Migrationshintergrund – als eine kostbare Ressource anzuerkennen. Es ist an der Zeit, dass die Bildungs- und Kulturinstitutionen ihre Aufmerksamkeit auch auf die Bedürfnisse der Eltern und Kinder mit unterschiedlichen ethnisch-kulturellen Hintergründen lenken und solche Bildungskonzepte anwenden, die ihre unterschiedlichen Lebensverhältnisse berücksichtigen, ohne sie zu stigmatisieren. In diesem Sinne ist die interkulturelle Öffnung der Kulturinstitute dringend notwendig. In Anlehnung an die oben genannten Ausführungen verfolgt FÖTED die Erreichung ihrer Ziele unter anderem:

- durch Aufstellen von bildungspolitischen Forderungen
- als Ansprechpartner für die Politik und gesellschaftlicher Institutionen
- durch die Entwicklung von eigenen Lösungsansätzen z. B. durch Projekte, Kampagnen und ähnliche Aktivitäten

Die bildungspolitischen Forderungen der FÖTED haben heute noch nichts von ihrer Aktualität eingebüßt. Hierzu gehören:

- Die Einführung eines verbindlichen und kostenlosen Kindertagesstättenbesuchs, um die qualifizierte Früherziehung und Frühsprachförderung aller Kinder zu gewährleisten.
- Ein flächendeckendes Angebot von Ganztagsschulbetreuung, um die Defizite der sozial benachteiligten Kinder auszugleichen, und die Einführung des gemeinsamen Unterrichts aller Schüler bis zur 10. Klasse.
- Die verbindliche und kontinuierliche Durchführung des Unterrichts »Deutsch als Zweitsprache« (DaZ) und die Schulung ausreichender Lehrkräfte für das Fach DaZ.

- Die stärkere Berücksichtigung der Situation von Schülern nichtdeutscher Herkunftssprache und ihres migrationsspezifischen Hintergrundes im Lehramtsstudium und in der Erzieherausbildung sowie in den Rahmenplänen für Erziehung und Bildung, damit die kulturelle Vielfalt in Schulen und Gesellschaft gewährleistet wird.
- Die Reform der Bildungseinrichtungen, um die Multikulturalität und Mehrsprachigkeit besser zu fördern. Die großen Minderheitensprachen müssen – wie etwa Türkisch – als muttersprachlicher Unterricht in die Rahmenpläne der Bildungseinrichtungen als zeugnis- und versetzungsrelevante Fächer mit einem interkulturellen Ansatz aufgenommen werden.
- Die FÖTED als (Ansprech-)Partner der Politik und von gesellschaftlichen Institutionen.

Die Tatsache, dass Deutschland ein Einwanderungsland ist, wird mittlerweile auch von der Politik erkannt. Zu den daraus resultierenden Konsequenzen gehören unter anderem der Integrationsgipfel, der Islamgipfel sowie die Entwicklung eines Integrationsprogramms des Bundesamtes für Migration und Flüchtlinge (BAMF). Wir waren an diesen Prozessen von Anfang an aktiv beteiligt. Auch unsere Mitgliedsorganisationen beteiligen sich an Runden Tischen, Bündnissen und Netzwerken auf lokaler, regionaler oder auf Länderebene. Die Beteiligung der FÖTED an den Runden Tischen des Deutschen Kulturrates ist ein aktuelles Beispiel dafür.

Entwicklung von eigenen Lösungsansätzen
Mit unserer Arbeit tragen wir dazu bei, dass Eltern Selbstbewusstsein und Sicherheit in ihren Erziehungsaufgaben entwickeln kön-

nen und in ihrer Erziehungskompetenz gestärkt werden. Hierzu gehören unter anderem Elternakademien (NRW), Elterntrainings zur Fortbildung, Motivierung und Aktivierung der Eltern und Multiplikatoren (Projekt MOQA in Berlin, NRW und Baden-Württemberg), Berufsbildungs-/Förderprojekte für Jugendliche (Schleswig-Holstein, Elmshorn) sowie die Unterstützung der muttersprachlichen Förderung für Kinder und Jugendliche. Mit der »Bildungskampagne« der Türkischen Gemeinde in Deutschland (TGD) in Zusammenarbeit mit der FÖTED, der Föderation Türkischer Lehrervereine (ATÖF) und dem Bundesverband Türkischer Studierendenvereine (BTS) wird das Ziel verfolgt, die Zahl der türkischstämmigen Schüler ohne Abschluss zu halbieren, mit mittlerem Abschluss und mit Abitur deutlich zu erhöhen, sodass in fünf Jahren der Anteil der türkischstämmigen Elternvertreter dem Anteil der türkischstämmigen Schüler in den Schulen angepasst und die Zahl der türkischstämmigen Schülervertreter in den Schulen gesteigert werden soll.

Die FÖTED hat gemeinsam mit der Türkischen Gemeinde in Deutschland am 10. Oktober 2009 zum ersten Mal den »Tag der Bildung« in Deutschland ausgerufen. An diesem Tag werden jedes Jahr bundesweite Aktionen für eine bessere Bildung veranstaltet.

Wir sind Partner der »online Unterschriftenkampagne für Mehrsprachigkeit« der TGD, die am 22. März 2010 begann. Wir wünschen uns als FÖTED eine Politik der Mehrsprachigkeit und unterstützen mit dieser Kampagne die Veränderung der Politik in diese Richtung als Zeichen der Anerkennung des Reichtums der vielfältigen Kulturen und sprachlichen Fähigkeiten, die Menschen anderer kultureller Herkunft mitbringen und zu tatsächlichen Kompetenzen in Zeiten zunehmender Internationalisierung, auszubauen. Dabei hoffen wir auf die Unterstützung der Gewerkschaften, Wissenschaftler, Wohlfahrtsverbände, Prominenten mit Migrationshintergrund und allen organisierten und nicht organisierten Menschen mit Migrationshintergrund.

Die FÖTED hat mit ihrer bisherigen Arbeit bewiesen, dass der begonnene Weg richtig war und wird auch in der zukünftigen Arbeit ihre Hauptzielrichtung, die »Reformierung des Bildungssystems hin zu einem gleichberechtigten System«, beibehalten.

Die Muttersprache ist ein kultureller Schatz

Das CGIL-Bildungswerk: Integration von Migrantenfamilien erleichtern

Valentina L' Abbate — **Politik & Kultur 2/2010**

»Muttersprache ist ein kultureller Schatz«, das sagt einer, der mit vier Jahren aus Italien nach Deutschland kam, kein Wort Deutsch konnte und sich erst einmal durchkämpfen musste. Franco Marincola ist Vorsitzender des CGIL-Bildungswerkes e.V. und weiß ganz genau, worauf es bei der Migrationsarbeit ankommt. Damals wie heute gilt: Das Erlernen der deutschen Sprache ist der erste Schritt zur Integration, aber der Erhalt der eigenen Kultur ist mindestens genauso wichtig.

Bildungsträger mit Erfahrung

Seit über 20 Jahren findet das CGIL-Bildungswerk immer wieder neue Möglichkeiten, um Migrantenfamilien italienischer Herkunft und anderer Nationalitäten die Integration zu erleichtern und sie bei diesem Prozess zu unterstützen. Neben dem Hauptsitz in Frankfurt am Main haben sich seit 1987 weitere Abteilungen in Offenbach, Berlin, Hamburg und Köln etabliert. Die CGIL ist ein international tätiger und gemeinnütziger Bildungsträger, der primär im schulischen Bereich bei der Integration von Jugendlichen mit Migrationshintergrund und in der Erwachsenenbildung tätig ist. Die zahlreichen nationalen und internationalen Projekte des Bildungswerkes weisen ein weites Spektrum auf: Sie beziehen sowohl Kleinkinder ein, die auf den Grundschulbesuch vorbereitet werden, als auch Erwachsene und Rentner, die sich weiterbilden oder die deutsche Sprache erlernen wollen.

Brücke zwischen den Kulturen

Hier liegt nämlich der »Schlüssel zur Integration«: Durch den Erwerb der deutschen Sprache ist ausländischen Einwanderern eine Chance gegeben, sich zu verwirklichen und für eine positive berufliche Perspektive zu sorgen. Dies gilt auch für Kinder und Jugendliche, die nicht auf die Unterstützung ihrer Eltern zählen können, da diese schlichtweg kaum Kenntnisse der deutschen Sprache besitzen. Das Bildungswerk sieht seine Leistung darin, als Bindeglied zwischen Schule und ausländischer Familie zu wirken. In der Migrationsarbeit agieren Experten und Fachleute, die selbst Migrationserfahrung mitbringen und zweisprachig sind. Sie fördern den Dialog zwischen Schule und Migrantenfamilie, sie verstehen bestens beide Kulturen und wissen, wo Probleme oder Missverständnisse auftreten können. Unter anderem organisiert das Bildungswerk Informationsveranstaltungen für Eltern und Schüler in der Herkunftssprache und bietet stets die Möglichkeit zu Austausch und Gespräch. Auch die Frage, was nach der Schule passiert, ist für die CGIL-Mitarbeiter von höchster Bedeutung. Hauptzielsetzung des

Projekts JUMINA (Junge Migranten in Ausbildung) ist, ausländische Jugendliche im Anschluss an den Schulabschluss in eine reguläre Ausbildung zu orientieren. JUMINA-Mitarbeiter unterstützen Schüler bei der Job- und Praktikasuche, proben Vorstellungsgespräche und bereiten auf das Arbeitsleben vor. Seit 2007 nahmen über 2.000 Jugendliche an JUMINA teil. Zu Beginn dieses Jahres verlängerten die Agentur für Arbeit und die Stadt Offenbach zusammen mit dem Staatlichen Schulamt für Stadt- und Land Offenbach das erfolgreiche Projekt bis 2012.

In ihren Projekten bauen die CGIL-Mitarbeiter sowohl sprachliche Brücken zwischen den Kulturen auf, als auch Verbindungen zu weiteren kulturellen Aspekten wie Musik und Kunst. Besondere Aufmerksamkeit gilt den Grundschulkindern. Regelmäßige Besuche in der städtischen Bibliothek, Kunst- und Musikkurse sowie selbst inszenierte theatralische Aufführungen gehören zum festen Repertoire. Dabei wird Wert auf die fachliche Kompetenz von Künstlern, Künstlerinnen und Lehrkräften von Musikschulen gelegt. Ein besonderes Highlight ist die Veranstaltungsreihe »Oper für Kinder«, organisiert von der Oper Frankfurt. Das Angebot richtet sich an Kinder ab sechs Jahren und ermöglicht einen ersten Einblick in die Arbeit des Musiktheaters. Für die Kinder ist der Besuch einer Opern-Aufführung, wie z. B. die »Frau ohne Schatten« von Richard Strauss, kindgerecht aufbereitet, etwas ganz Besonderes.

Eine einmalige Erfahrung für Jugendliche auf Ausbildungssuche bietet das Projekt »Futuro« (italienisch für Zukunft). Die Jugendlichen erhalten die Möglichkeit, in Italien oder in der Türkei ein Praktikum zu absolvieren. Während des viermonatigen Aufenthalts lernen sie ihr Heimatland aus einer völlig neuen Perspektive kennen: Kein Urlaub am Meer, kein Sightseeing, sondern Alltag und Arbeitsleben in den Bereichen Gastronomie, Hotellerie und Tourismus. Vielen Teilnehmern wird dabei bewusst, wie sich die Kultur im Herkunftsland tatsächlich entwickelt hat und wie diese Veränderungen sich in Deutschland manifestieren.

Kulturträger Muttersprache

Mehr als ein Dutzend Sprachen verteilen sich unter den CGIL-Mitarbeitern. Zur Philosophie ihrer Arbeit gehört grundsätzlich, die Muttersprache und den kulturellen Hintergrund bei aller Integrationsarbeit zu bewahren und zu pflegen: »Die eigene Muttersprache ist ein kultureller Schatz«, betont Franco Marincola, »wir betrachten es als Geschenk, zwei Sprachen sprechen zu können. Das erweitert den persönlichen Horizont, macht offen für Kultur und bietet viele weitere Möglichkeiten, die wir positiv nutzen. Auch ein Dialekt ist ein kulturelles Gut.«

Herkunftssprache und deutsche Sprache stehen nicht in einem Konkurrenzverhältnis zueinander, sondern ergänzen sich positiv. Qualifizierte Arbeitnehmer mit Migrationshintergrund sind wertvoll für die deutsche und europäische Wirtschaft. Denn neben ihrer Mehrsprachigkeit verfügen sie über interkulturelle Kompetenzen, die im globalen wirtschaftlichen Austausch besonders wichtig sind. Das bilinguale Modellprojekt BINAT des Bildungswerkes begreift den Migrationshintergrund als eine besondere Stärke. Es beinhaltet eine zweisprachige kaufmännische Grundausbildung, verbunden mit einer EDV- und Internetschulung. Das erfolgreiche Projekt läuft in verschiedenen Städten wie Frankfurt, Hamburg und Berlin.

Gerade für die Erwachsenenbildung ist die bilinguale Herangehensweise fundamental. Viele ältere Migranten verfügen über schlechte Kenntnisse der deutschen Sprache und Kultur. Dabei ist es ganz gleich, seit wie vielen Jahren sie in Deutschland leben oder ob sie im hohen Alter hinzugezogen sind. Pro-

jekte wie das ethnisch verankerte Gruppen-
profiling ermöglichen ausländischen Teilnehmern im Alter über 50 die Wiedereingliede-
rung in die Arbeitswelt und die Annäherung
an die deutsche Kultur und Sprache. Dabei
gehen die zweisprachigen Mitarbeiter unter anderem in Einzel- und Gruppengesprä-
chen auf die Teilnehmer ein und organisieren
Veranstaltungen, die ihnen kulturelle Einblicke über den eigenen Herkunftshorizont verschaffen.

**Bildungspolitische Maßnahme Nr.1:
Sprachförderung**
»Oftmals ist es nicht selbstverständlich, dass
gerade schwache Kinder von der Schule auf-
gefangen werden. Da müssen wir eingreifen
und besonders nachhelfen«, kritisiert Marincola. »Sprachförderung sollte zu den Haupt-
aufgaben der Schule zählen, die Eltern mit
Migrationshintergrund sind damit oftmals
überfordert.« Seit 2006 wirkt Marincola bei
der Erstellung des Nationalen Integrationsplans mit. Er ist Teil der Arbeitsgruppe, die
sich mit der Integration von Zuwanderern
in Schule und Beruf befasst. Das CGIL-Bildungswerk fordert von den Ländern, mehr
Geld und Lehrerstellen für die Sprachförderung von Migranten zur Verfügung zu
stellen. Auch die Migrantenorganisationen
selbst übernehmen hierbei Verantwortung.
Im Rahmen des Nationalen Integrationsplans haben sie einen umfangreichen Katalog von Selbstverpflichtungen unterzeichnet. Dieser wurde von der Bundesregierung
und den Migrantenorganisationen im Rahmen von Arbeitsgruppen ausgearbeitet. Ziele
sind unter anderem eine bessere Integration
der Migranten in die deutsche Gesellschaft
und Fortbildung der Lehrkräfte im Umgang
mit Migrantenkindern.

In mehreren Kulturen zu Hause
Bundesverband der Migrantinnen in Deutschland

Sidar Aydinlik-Demirdögen — Politik & Kultur 2/2010

Als die ersten »Arbeitsmigranten« ihre Hoffnungen in Koffer packten und nach Deutschland einwanderten, konnte niemand ahnen, welche Konsequenzen dies mit sich bringen würde. Der Zug, der nur für eine kurze Zeit an der Station »Deutschland« halten sollte, fuhr nicht mehr zurück in die Heimat, sondern rollte immer weiter landeinwärts in das neue unbekannte Leben. Das »Land der Arbeit« wurde von Generation zu Generation »zum Land des Lebens«. Mit der Zeit verschwanden die Koffer auf den Kleiderschränken und landeten in dunklen Kellerecken. Anfängliche Rückkehrabsichten wurden verdrängt von größtenteils endgültigen Bleibeabsichten in der deutschen Gesellschaft. Wichtige Orte ihrer Partizipation bilden seit den 1980er Jahren die eigens gegründeten Selbstorganisationen. Es hat sich eine hochkomplexe Verbandslandschaft vonseiten der Migranten und Migrantinnen gebildet, die über unterschiedliche Vorstellungen und Zielsetzungen verfügen.

Der Verband

Der Bundesverband der Migrantinnen in Deutschland e.V. ist ein junger Verband. Er wurde im März 2005 auf einer Konferenz in Köln, an der über 250 Migrantinnen teilnahmen, gegründet. Der Bundesverband der Migrantinnen in Deutschland e.V. ist ein eingetragener und gemeinnütziger Verein mit Sitz in Frankfurt am Main. Die Verbandstätigkeit stützt sich ausschließlich auf das ehrenamtliche Engagement von Frauen und Mädchen mit türkeistämmiger Herkunft. Derzeit sind dem Verband über 23 Frauengruppen bundesweit angeschlossen (Diese bestehen in München, Nürnberg, Stuttgart, Geislingen, Karlsruhe, Mannheim, Darmstadt, Frankfurt, Hanau, Kassel, Köln, Düsseldorf, Bochum, Essen, Gelsenkirchen, Siegen, Dortmund, Lüdenscheid, Bielefeld, Braunschweig, Hamburg, Kiel und Berlin.). Der Migrantinnenverband ist Mitglied beim Deutschen Frauenrat und dem Paritätischen Wohlfahrtsverband LV Hessen und engagiert sich lokal und überregional an zahlreichen Arbeitskreisen und Initiativen.

Mitgliederprofil

Im Migrantinnenverband können nur Frauen Mitglied werden. Obgleich aus dem Verbandsnamen nicht sofort ersichtlich, gehören türkeistämmige Frauen zur Hauptgruppe der Mitglieder. Sie stellen zugleich die Zielgruppe dar. Die Gruppe der Migrantinnen und Migranten aus der Türkei stellt keine homogene kulturelle Gruppe dar, kennzeichnend ist vielmehr die ethnisch-kulturelle Heterogenität ihrer Mitglieder. Dies spiegelt sich im Profil der Mitglieder wider.

Schon Wolfgang Glatzer wies darauf hin, dass »ethnische Kategorien (...) zwar durch bestimmte Übereinstimmungen gekennzeichnet (sind), sie sind aber in sich heterogen und weisen kulturelle und andere Differenzierungen auf. Beispielsweise gibt es innerhalb der türkischen Bevölkerung viele verschiedene Ethnien (u. a. Aleviten, Jakobiten, Kurden)«. Ethnisch können Türkinnen, Kurdinnen (überwiegend aus der Türkei), Lazinnen und Frauen aus dem türkischen Teil Thrakiens ausgemacht werden, hinsichtlich der Zugehörigkeit zu Religionsgemeinschaften stellen Sunnitinnen und Alevitinnen die größten Gruppen dar.

Ziele und Aktivitäten

Ziel und Zweck des Verbandes ist die Förderung und Stärkung der Integration von Frauen und Mädchen mit türkischem Migrationshintergrund in allen Lebensbereichen: Bildung, Ausbildung, Arbeit und Beruf, Soziales, Kultur, Recht und Politik. Dazu führt der Verband zahlreiche Veranstaltungen zur Information, Sensibilisierung und Aufklärung durch. Der Ausbau des interkulturellen Dialogs und Austauschs steht dabei im Mittelpunkt aller Bemühungen.

Der Migrantinnenverband versteht sich weiter nicht als ein geschlossener Ort, der sich von der autochthonen Gesellschaft isoliert. Vielmehr nutzt er die Verbandsstrukturen dafür, Migrantinnen zunächst aus der Isolation vom soziokulturellen Leben herauszuholen, um damit ihre Teilhabe am Alltag zu stärken. Dies geschieht zum einen innerhalb des Verbandes, zum anderen durch regen Kontakt und Zusammenarbeit mit deutschen und ausländischen Einrichtungen, Vereinen und Organisationen. Integration wird somit als gleichberechtigte und kooperative Teilhabe in der Aufnahmegesellschaft definiert. Die Bereitstellung von niedrigschwelligen Angeboten in den Stadt-

teilen ist dabei ein wichtiger Bestandteil der Verbandstätigkeit. Wichtig ist nicht nur die Möglichkeit der Aussprache über Probleme, sondern auch die gemeinsame Bemühung, hierfür Lösungen formulieren zu können. Neben niedrigschwelligen Angeboten im Stadtteil zur Förderung der sozialen, kulturellen und politischen Information und Partizipation engagiert sich der Migrantinnenverband gegen rassistische Ressentiments und gegen die öffentlich-mediale Konstruktion von Stereotypen, deren Gegenstand zumeist Frauen sind.

Kulturarbeit – Vermittlerin zwischen unterschiedlichen Kulturen

Der Migrantinnenverband misst der kulturellen Teilhabe von Migrantinnen eine integrationspolitisch wichtige Bedeutung bei. In Form von Bildung und Sprache ist sie Türöffner für die Gesellschaft. Der Verband strebt keine geschlossene Zusammenkunft von Frauen gleicher nationaler Herkunft an, sondern sieht sich als Vermittler zwischen den Kulturen. Die Kulturarbeit ist dabei nicht herkunftsfixiert, sondern erlaubt einen Mix von unterschiedlichen Kulturelementen. So ist es selbstverständlich, dass neben einem Saz-Kurs auch ein Hip-Hop-/Streetdance-Kurs angeboten wird. Mitgebrachte kulturelle Ressourcen und biographisches Wissen von Migrantinnen werden zur Entwicklung einer positiven Bindung an die Aufnahmegesellschaft in Form von kulturellem Engagement ausgeschöpft.

Der Bedarf an kulturellen Angeboten in Stadtteilen ergibt sich schließlich aus der konkreten finanziellen Situation von Migrantinnen. So versucht der Verband, die kulturelle Exklusion aufgrund schwieriger sozialer Lage (aber Sprachmangel und fehlende Informationen) zu umgehen, indem er kostengünstige bzw. entgeltfreie Kurse »vor der Haustür« anbietet.

Durch das Angebot einer Theatergruppe im Frankfurter Stadtteil Ginnheim wurden beispielsweise die Teilnehmerinnen an das epische Theater herangeführt. Die Frauen lernten die Werke von Bertolt Brecht kennen und erstellten in Anlehnung an das epische Theater ein eigenes Theaterstück. Das Stück handelte wiederum von persönlichen Erlebnissen des Migrantendaseins in Deutschland.

Die Theatergruppe füllt offensichtlich die Lücken der Nichtbeteiligung an öffentlichen Theatereinrichtungen, indem sie vor Ort und damit für die Teilnehmerinnen »fassbar« wird. Sie sind jedoch nicht nur Teilnehmerinnen, sondern kulturelle Mitgestalterinnen. Ihre Biographie und ihre Erfahrungen bilden dabei den Stoff der kulturellen Tätigkeit. Entsprechend fällt die Wahl der Örtlichkeiten für die Proben und Aufführungen aus. Diese Orte liegen in demselben Stadtteil, sie sind den Teilnehmerinnen bekannt und leicht zugänglich: Der Raum einer Kindertagesstätte und der Festsaal der Johann Wolfgang Goethe-Universität Frankfurt.

Der Bundesverband der Migrantinnen in Deutschland versteht sich als Ort bikultureller Orientierungen von Frauen mit Migrationshintergrund. Er versucht, das faktische Leben in zwei oder mehreren Kulturen miteinander zu verbinden. Diese wichtige Ressource, das Sichtbarmachen von Potenzialen zur Annäherung an die deutsche Gesellschaft und die Bewältigung von (Alltags-)Konflikten, gilt es gemeinsam zu stärken. Dies ist eine gemeinsame Aufgabe.

Was können Migranten-selbstorganisationen leisten?

Ali Ertan Toprak im Gespräch mit Carolin Ries — Politik & Kultur 5/2016

Migrantenselbstorganisationen sind in diesen Tagen gefragte Ansprechpartner, wenn es um die Integration von geflüchteten Menschen geht. Mit welchen Anforderungen sehen diese sich konfrontiert? Was können Migrantenselbstorganisationen konkret leisten?
Die Wahrheit ist, dass wir seit Beginn der Flüchtlingswelle kaum gefragt wurden. Die Migrantenorganisationen laufen eher so nebenher und werden vornehmlich auf lokaler Ebene für Hilfsdienste, z. B. für Übersetzungsarbeiten, angesprochen. Mit Beginn der Flüchtlingswelle haben hauptsächlich die Regeldienste die Flüchtlingsbetreuung übernommen. Ohne die Hauptamtlichen in den Regeldiensten wäre der Einsatz der Ehrenamtlichen aber undenkbar. Jemand muss das Ganze doch organisieren und koordinieren. Es hat deshalb lange gedauert, bis auch die Migrantenorganisationen in die Gänge gekommen sind. Sie sind für solche ad hoc Aufgaben nicht ausgestattet. Fast alle Migrantenorganisationen arbeiten ehrenamtlich. Dennoch sind sie in der Flüchtlingsbetreuung präsent. Auf eine andere Art. Mitglieder von Migrantenorganisationen, welche einen starken Flüchtlingsbezug haben, mussten ohnehin nicht aufgefordert werden, zu helfen, denn viele hatten bereits das Haus voll mit Flüchtlingen aus der eigenen Familie und dem Freundeskreis. Schade finde ich es, dass die Bundesregierung im Zuge der Flüchtlingswelle überhaupt nicht auf die Migrantenverbände zugegangen ist. Sie hätte auf ihre Expertise vertrauen können. Wir haben bereits im Vorfeld darüber berichtet, wie die Situation in den Krisengebieten und auf der Balkanroute war. Wir wussten, dass alle nach Deutschland wollen. Da brauchte es keine gesonderte Einladung von Frau Merkel. Unsere Mitglieder haben gute Einblicke in die Situation in den Herkunftsländern. Man hätte zwar den Flüchtlingsstrom nicht stoppen können, man wäre aber besser vorbereitet gewesen.

Wie müssten Migrantenselbstorganisationen (finanziell) ausgestattet bzw. unterstützt werden, um den an sie adressierten Bedarf aufzufangen?
Die Migrantenorganisationen der verschiedenen Communities leisten tagtäglich eine große Bandbreite wichtiger Integrationshilfen vor Ort. Das reicht von einfachen Lotsenfunktionen über Patenschaften, soziale Beratungen, kulturelle Veranstaltungen, außerschulische Bildungsangebote, die Unterstützung von Familien bei Erziehungs- und Bildungsproblemen bis zu zertifizierten beruflichen Integrationsmaßnahmen. Sie verfügen über eine auf der eigenen Erfahrung

basierenden Expertise in Bezug auf gelungene Integration wie auch in Bezug auf Irrwege, Fallstricke und den Umgang mit Diskriminierungserfahrungen. Sie sind prädestiniert,
eine Art »Integrationsschleuse« für Neuzu-
wanderer zu sein. Dazu müssen sie aber befähigt werden. Ihre Handlungsfähigkeit muss
ausgebaut werden. Dieser Transfer von Erfahrung kann aber nur erfolgen, wenn qualifiziertes Personal vorgehalten werden kann.
Die Migrantenorganisationen brauchen,
wenn sie im öffentlichen Interesse handeln,
eine Regelförderung wie die Wohlfahrtsverbände. Hier werden wir aber ganz dicke Bret-
ter bohren müssen, denn es geht um Vertei-
lungskämpfe. Es geht um Geld!

**Welche Rolle spielt die Teilhabe an
Kunst und Kultur für das Ankommen
in einer neuen Gesellschaft?**
Machen wir uns nichts vor. Den ersten Kontakt mit einem Ausländer hat ein Biodeutscher doch über die Kultur, sei es über die
Ess- oder Tanzkultur. Auch heute sind Folk-
loregruppen und kulinarische Stände der Migrantenvereine auf Straßenfesten nicht wegzudenken. Nun bedeutet für uns Partizipation nicht nur »kochen, trommeln, tanzen«,
sondern Teilhabe auch an den Ressourcen.
Oft wird vergessen, dass diese kulturellen
Angebote seit Jahrzehnten milde belächelt
werden, weil sie heimatorientiert sind und
weil sie angeblich der Segregation Vorschub
leisten. Es wird jedoch vergessen, dass kulturelle Bildung die Menschen zur spielerischen
Auseinandersetzung mit der eigenen Herkunft fördert. Wie soll denn eine multikulturelle Gesellschaft aussehen? Soll es ein Kul-
tureintopf werden oder ein Menü verschiedener Kulturen auf Augenhöhe? Kultur ist
auf jeden Fall der erste Schritt für manche,
den Zugang zum zunächst Fremden zu finden. Und das trifft nicht nur für den Deutschen zu, sondern auch für den Einwanderer.

Neue Deutsche Organisationen – wo Vielfalt zu Hause ist
Wer wir sind und was wir wollen

Julia Mi-ri Lehmann und Ferda Ataman — Politik & Kultur 2/2017

Deutschlandweit haben sich in den vergangenen Jahren Initiativen von Menschen gegründet, die sich nicht mehr als Migranten bezeichnen lassen wollen. Ihre Vereine heißen »Neue deutsche Medienmacher«, »Deutscher.Soldat«, »Jung, muslimisch, aktiv«, »DeutschPlus«, »Schülerpaten« und weitere. Die Botschaft: Wir gehören dazu und wollen mitreden. Denn Deutschsein bedeutet heute nicht mehr, deutsche Urahnen zu besitzen. Seit es die Bundesrepublik Deutschland gibt, gibt es Ein- und Auswanderung. Die Gesellschaft hat sich sehr verändert. Und das ist gut so.

Dieser gesellschaftlichen Entwicklung hat sich auch das deutsche Staatsangehörigkeitsrecht angepasst, das im Jahr 2000 reformiert wurde. Seither ist nicht mehr nur Deutscher, wer von Deutschen abstammt, sondern auch, wer in Deutschland geboren ist. Und wer länger hier lebt, darf sich einbürgern lassen. Diese Entwicklung spüren nicht nur Menschen, die ihrem Unmut in antimuslimischen Protestbewegungen Luft machen. Auch die Nachkommen von Einwanderern spüren den Aufbruch in der Gesellschaft und haben sich formiert. »Neue Deutsche Organisationen« – der Name unserer Initiative – ist ein Sammelbegriff für Zusammenschlüsse und Vereine, die sich für eine plurale Einwanderungsgesellschaft einsetzen. Anfang 2015, in der Hochphase der Pegida-Debatte, kamen unter diesem Dach 80 Organisationen aus ganz Deutschland zusammen, um sich kennenzulernen und erste Ideen auszutauschen.

Viele der Menschen, die sich dort engagieren, haben Migrationserfahrung oder stammen aus Familien, in denen zumindest ein Eltern- oder Großelternteil nach Deutschland eingewandert ist. Manche von ihnen sind mehrsprachig aufgewachsen, manche sprechen ausschließlich deutsch, einige reisen regelmäßig in das Land ihrer Eltern, andere waren noch nie dort, manche haben Verwandte im Ausland, manche wurden adoptiert, manchen sieht man die Einwanderungsgeschichte an, bei anderen hört man es am Namen. Die Neuen Deutschen Organisationen sind insgesamt also – wie der Rest der deutschen Gesellschaft – sehr heterogen. In ihnen finden sich Menschen mit den unterschiedlichsten kulturellen Bezügen, Einwanderungsbiografien und Lebensweisen. Was sie dennoch zusammenbringt sind ähnliche Erfahrungen, wenn es um Rassismus und Diskriminierung geht. So kennen die meisten von ihnen das Gefühl, immer wieder als »anders« markiert zu werden. Dazu gehören z. B. Fragen wie »Fühlst du dich eher deutsch oder...?«, »Wo kommst du wirklich her?« oder »Was esst ihr zu Hause?«, aber auch faktische Diskriminierung am Arbeits- und Wohnmarkt sowie in der Bildung gehört zu ihrer gemeinsamen Lebenswelt. Immer wieder zeigen Studien, dass besonders in diesen drei Bereichen konkrete Nachteile für Menschen mit Migrationsgeschichte entstehen. Hinzu kommen öffentlich geführte Debatten, die die Zugehörigkeit von Migranten infrage stellen. Etwa wenn darüber diskutiert wird, ob der Islam zu Deutschland gehört oder ob eine Überfremdung Deutschlands droht. Die »Neuen Deutschen Organisationen« wollen zeigen, dass Deutschland längst vielfältiger ist, als uns manche Skeptiker glauben machen wollen. Und wir wollen zeigen, warum das gut und notwendig ist. Menschen mit Migrationsgeschichte sind aus rechtlichen, demokratietheoretischen und – ja – auch moralischen Gründen ein gleichberechtigter Teil der deutschen Gesellschaft und wo dies noch nicht der Fall ist, sollten sie es sein. Viele der Neuen Deutschen Organisationen – aber nicht alle – tragen daher auch bewusst das Wort »deutsch« im Namen.

Warum? Wir sind integriert, in Deutschland zu Hause, aber nicht als Deutsche anerkannt. Damit wollen wir uns nicht abfinden. Mit »wir« ist übrigens keine kleine Minderheit gemeint, sondern ein großer Teil der Gesellschaft, der immer noch viel zu oft übergangen wird. Seit über zehn Jahren erfasst das Statistische Bundesamt, wer einen Migrationshintergrund hat. Ohne Aussiedler haben rund 17 Millionen Menschen einen Migrationshintergrund – das entspricht 21 Prozent der Bevölkerung, also jeder Fünfte. Was viele nicht wissen: Die Mehrheit von ihnen sind Deutsche. Denn 9,3 Millionen von ihnen haben einen deutschen Pass. Blickt man auf die jüngere Generation, sind es noch mehr: In der Bevölkerung unter zehn Jahren haben 36 Prozent einen Migrationshintergrund. Mit anderen Worten: Jedes dritte Kind in Deutschland zählt zu den »neuen Deutschen«. Das Problem ist, dass Medien und Politik diesen Umstand kaum berücksichtigen.

Wieso brauchen wir überhaupt Organisationen von Minderheiten? Migranten sowie ihre Nachkommen müssen sich selbst organisieren und sich eine Stimme verschaffen, solange Vielfalt nicht als Normalität anerkannt wird. Das ist z. B. der Fall, wenn Zuschreibungen zu Benachteiligung, Ausgrenzung und im schlimmsten Fall sogar zu Übergriffen führen. So setzen sich die »Neuen Deutschen Organisationen« unter anderem dafür ein, dass der Diskriminierungsschutz ausgebaut wird, Rassismus sanktioniert und Sorgen der eingewanderten Communities vor Übergriffen ernst genommen werden. In diesem Zusammenhang ist es immer wieder wichtig, die Lebenswirklichkeiten von marginalisierten Gruppen öffentlich zu machen. Dazu gehören die Expertisen, die Menschen mit Migrationsgeschichte haben und täglich in die Gesellschaft einbringen. So wird deutlich gemacht, was in der breiten Öffentlichkeit wenig behandelt wird: Menschen mit Migrationsgeschichte haben Werte und Fähigkeiten, mit denen sie tagtäglich zum Gelingen der Gesellschaft beitragen. Indem sich migrantische Communities wie die »Neuen Deutschen Organisationen« zusammenschließen, können sie sich über gemeinsame Erfahrungen austauschen, sich unterstützen und gemeinsame Forderungen erarbeiten. Damit werden sie zu typischen Interessenvertretungen, die in einer gelebten Demokratie unabdingbar sind und in anderen Einwanderungsländern wie den USA, England und Frankreich die Debatten deutlich mitprägen. Angesichts der hitzigen Auseinandersetzungen um Migration und Integration, die nicht zuletzt angesichts der US-Wahl an Aggressivität zugenommen haben, hat der Einsatz der Neuen Deutschen und von klassischen Migrantenorganisationen an Bedeutung gewonnen.

Welche Rolle spielen die Neuen Deutschen Organisationen für den gesellschaftlichen Zusammenhalt? Als »Neue Deutsche Organisationen« sind wir der Auffassung, dass Identitäten – auch die deutsche Identität – hybrid sind, sich also aus mehreren Facetten zusammensetzen. Eine Aufteilung der Gesellschaft in ein »wir« und die »anderen« lehnen wir daher ab. Vor diesem Hintergrund geht es uns auch nicht um eine einseitige Integrationspolitik. Was wir brauchen, ist eine Gesellschaftspolitik für alle. Wir glauben daran, dass in allen gesellschaftspolitischen Bereichen gleichberechtigte Teilhabemöglichkeiten geschaffen werden müssen. Für alle. Um dies zu erreichen, müssen Barrieren identifiziert und gegebenenfalls beseitigt werden. Das gilt für Menschen mit und ohne Migrationserfahrung gleichermaßen. Mit diesem inklusiven Gedanken tragen die »Neuen Deutschen Organisationen« zu einer Gesellschaft bei, in der Barrieren – wie Rassismus und Diskriminierung – nicht verschwiegen werden und Integrationspolitik als Integration von allen verstanden wird. Sollte dies gelingen, kann Deutschland endlich ein Land werden, in dem Vielfalt wertgeschätzt und Teilhabe für alle gleichermaßen möglich ist.

Zusammen für mehr Teilhabe
Das Forum der Migrantinnen und Migranten im Paritätischen

Kenan Küçük — Politik & Kultur 3/2017

»Wenn über mich gesprochen wird, möchte ich mitreden.« Dieser Grundsatz ist nicht nur mein persönlicher Leitsatz aus mehr als 30 Jahren Tätigkeit in der Integrationsarbeit. Die Forderung nach Mitbestimmung und Teilhabe auf Augenhöhe ist auch Gründungsmotiv des Forums der Migrantinnen und Migranten im Paritätischen (FdM). Vor zehn Jahren waren es bundesweit über 100 Migrantenorganisationen innerhalb des Paritätischen Wohlfahrtsverbands, die beklagten, dass sie trotz Expertise und Erfahrung nur sehr geringen Einfluss auf integrationspolitische Entscheidungen hätten. Gemeinsam gründeten sie das FdM, um in Grundsatzfragen der Integration und des Zusammenlebens in Deutschland gemeinsam agieren zu können. Eine Stimme für Migranten sollte das Forum sein, wohlwissend, dass es »die Migranten« eigentlich gar nicht gibt. Doch so vielfältig Menschen in unserer (Einwanderungs-)Gesellschaft auch sind, ein Faktum eint sie: Die Tatsache, dass trotz vieler positiver Entwicklungen Menschen mit Migrationshintergrund immer noch nicht von jedem als selbstverständliche Mitglieder der deutschen Gesellschaft angesehen werden und ihnen Chancengleichheit sowie echte Teilhabe viel zu häufig verwehrt bleiben. Unser Ziel als FdM ist es, die aktive Partizipation von Menschen mit Migrationshintergrund an Entscheidungsprozessen mit konkreten Maßnahmen zu unterstützen. Denn über Menschen zu reden, statt mit ihnen, war noch nie eine erfolgreiche Strategie: Die Vergangenheit hat gezeigt, dass ein solcher Weg zu Fehlplanungen, Vergeudung von Potenzialen und einer Schwächung des gesellschaftlichen Zusammenhalts führt. Nur wer gehört wird, kann sich auch langfristig und nachhaltig einbringen und sich als Teil der Gesellschaft verstehen und fühlen.

Mit dem Paradigmenwechsel in der Integrationspolitik seit Anfang des neuen Jahrtausends erhielten Migrantenorganisationen vermehrt die Möglichkeit, ihre Standpunkte einzubringen: in verschiedenen Gremien in Kommunen und Ländern, aber auch auf oberster Ebene wie auf dem Integrationsgipfel der Bundesregierung. Ein wichtiger Schritt, dem jedoch ein entscheidender Kontext fehlte: Wer sich auf Augenhöhe an Entscheidungsbildungsprozessen beteiligen möchte, braucht Strukturen, die es ihm ermöglichen, langfristig und fundiert an der politischen Auseinandersetzung teilzunehmen. Ohne diese fehlen fundierte Informationen, notwendige Professionalität, diskursfähige Meinungsbildungsprozesse sowie Kanäle, um Standpunkte zu präsentieren, zu verteidigen und durchzusetzen.

Ganz folgerichtig ist die Verbesserung der Rahmenbedingungen für Migrantenorganisationen einer der Schwerpunkte der Arbeit des FdM. Denn ihr jahrelanger faktischer Ausschluss aus der Förderung aufgrund von fehlenden oder unpassenden Förderinstrumenten hat dazu geführt, dass sie nicht in gleichem Maße wie andere Träger Strukturen aufbauen und Rücklagen bilden konnten. Die häufig kurzen Projektförderlaufzeiten wirkten sich ebenfalls langfristig negativ auf die strukturelle Entwicklung der Organisationen aus. 2010 wurde auf Initiative des FdM und unter der Kofinanzierung des Bundesamtes für Migration und Flüchtlinge das Projekt »Strukturelle Förderung von Migrantenorganisationen« eingerichtet. Eine Arbeitsgruppe aus Vertretern von acht bundesweit tätigen Migrantenorganisationen erarbeitete gemeinsam mit Ministerien und anderen Akteuren der Integrationsarbeit auf Bundes- und Landesebene Vorschläge für eine strukturelle Förderung von Migrantendachorganisationen. Diese intensive Auseinandersetzung mit der Arbeit von Migrantenorganisationen ermöglichte in den letzten vier Jahren eine erste Phase der Strukturförderung jenseits von projektgebundenen Aktivitäten.

Natürlich haben viele Migrantenorganisationen trotz der bisherigen widrigen Umstände den Weg der Professionalisierung gemeistert. Nicht zuletzt ihrem Engagement ist es zu verdanken, dass Migrantenorganisationen inzwischen als Experten und Partner in der Integrationsarbeit und darüber hinaus akzeptiert werden. Längst sind diese Organisationen als Dienstleister in allen Bereichen der sozialen Arbeit tätig. Sie sind Träger von sozialen Regelangeboten geworden und erreichen Menschen unabhängig von ihrem kulturellen Hintergrund. Sie haben dabei getan, was vielerorts als Schlüssel für die Integration als beidseitigen Prozess gefordert wird: Sie haben sich interkulturell geöffnet.

Sie sind Träger von Kindertagesstätten, Jugendsozialarbeit, Jugendhilfe, Gesundheitsförderung, Maßnahmen zur Integration in den Arbeitsmarkt, Integrationskursen und verschiedenen Beratungsangeboten. Darüber hinaus sind Migrantenorganisationen Förderer des bürgerschaftlichen Engagements: Ein wichtiger Teil ihrer Aktivitäten – Hausaufgabenhilfe, Unterstützung bei Behördengängen, Freizeitgestaltung und Sport sowie interkulturelle Aktivitäten – wird durch den ehrenamtlichen Einsatz von Migranten vor allem auf lokaler Ebene durchgeführt.

Das Integrationspotenzial und der Erfolg der kultursensiblen Unterstützungsangebote zeigen sich auch eindrucksvoll in der Unterstützung von Geflüchteten, für die Migrantenorganisationen zu den ersten Anlaufstellen gehören, wenn es darum geht, eine Orientierung in unserer Gesellschaft zu finden. Organisationen, die sich ebenfalls auf den Weg machen und einen Professionalisierungsprozess beschreiten möchten, unterstützt das FdM bereits seit 2009 mit Qualifizierungsmaßnahmen. Drei Ziele stehen hierbei im Vordergrund: die Verbesserung der Angebote der Migrantenorganisationen, die Unterstützung beim Aufbau interner Strukturen in den Organisationen und die Stärkung ihrer politischen Partizipation. So nehmen wir die zweite Seite der Medaille in den Fokus und blicken nicht nur auf die verbesserungswürdigen Rahmenbedingungen, sondern befassen uns ebenso mit den organisationsinternen Herausforderungen.

Blickt man auf den Weg, den Deutschland integrationspolitisch bereits zurückgelegt hat, gibt es durchaus Anlass für Optimismus. Nun müssen wir diesen Prozess aufrichtig fortführen: Wir müssen Dichotomien weiter aufbrechen, Standpunkte verschiedener Interessengruppen zulassen und ernst nehmen sowie eine echte Beteiligung auf Augenhöhe praktizieren. Wenn wir das schaffen, dann

gelingt uns auch der Schritt zu einer erfolgreichen Einwanderungsgesellschaft, in der
jeder seine Chance bekommt – egal, wann
und wie er in diesem Land sein Zuhause gefunden hat.

Die Hefe im Teig
Wie kann Kultur den gesellschaftlichen Zusammenhalt stärken?

Christian Höppner im Gespräch mit Theresa Brüheim — Politik & Kultur 3/2017

Herr Höppner, die Initiative kulturelle Integration geht unter anderem auf das Engagement des Deutschen Kulturrates zurück, dessen Präsident Sie sind. Was bedeutet kulturelle Integration für Sie?
Kulturelle Integration bedeutet für mich eine Zweibahnstraße. D. h., die Neugierde auf das Andere, auf das Unbekannte, das Fremde zu wecken, zu befördern und die eigenen Wurzeln zur Identitätsfindung zu stärken. Kulturelle Integration ist also nicht ein einseitiger Prozess, sondern auf jeden Fall eine Zweibahnstraße, bei der sich unterschiedliche Kulturen begegnen, das Gemeinsame suchen, aber auch das Trennende erkennen, im besten Fall schätzen lernen.

Welche Erwartung haben Sie dabei an die Initiative kulturelle Integration?
Ich erwarte, dass das Bewusstsein für den gesellschaftlichen Zusammenhalt gestärkt wird. Die Bandbreite der politischen Kräfte und gesellschaftlichen Gruppen, die sich in dieser Initiative versammeln, ist für sich genommen ein Politikum und bildet ein Alleinstellungsmerkmal in der jüngeren Geschichte der Bundesrepublik. Die Initiative kulturelle Integration bezieht sich nicht »nur« auf die geflüchteten Menschen in unserem Land, sondern richtet sich an jeden Menschen, der hier lebt. Vor dem Hintergrund, dass unsere Gesellschaft immer weiter auseinanderdriftet, ist gesamtgesellschaftlicher Zusammenhalt die zentrale Herausforderung. Deshalb freue ich mich so, dass der Kulturrat – zusammen mit den anderen Gründungsinitiatoren – ganz entscheidend als zivilgesellschaftliche Kraft bei diesem Prozess mitwirkt. Außerdem erhoffe ich mir sehr konkret, dass das auch finanzielle Auswirkungen haben wird. Denn im Moment haben wir eine große Diskrepanz zwischen der Bereitschaft der Menschen, sich ehrenamtlich für den gesellschaftlichen Zusammenhalt zu engagieren und den Mitteln, die der Staat für die hauptamtliche Begleitung und damit für ein Stück Professionalisierung in diesem Umbruchprozess, in dem wir uns im Moment befinden, beiträgt. Das heißt, am Ende dieser Initiative erhoffe ich mir neben einem gemeinsamen Thesenpapier mit Signalwirkung auch Auswirkungen für den Bundeshaushalt 2018. Ganz konkret: In dem Haushaltsplanentwurf 2018 – mehr kann es ja nicht sein, weil wir im September die Bundestagswahl haben – wünsche ich mir ein deutlicheres Signal zur Finanzierung von Maßnahmen, die dem gesellschaftlichen Zusammenhalt dienen.

Sie haben gesagt, die Gesellschaft driftet immer weiter auseinander. Wie kann Kultur dem entgegenwirken

**und gesellschaftlichen Zusammen-
halt befördern?**
Kultur ist die Hefe im Teig gesellschaftlicher
Entwicklungen. Meiner Meinung nach haben
nahezu alle Konflikte eine kulturelle Grun-
dierung. Menschliches Zusammenleben ist
ganz entscheidend von Kultur geprägt. Oft
steht bloß nicht drauf, wo Kultur auch mit-
drinsteckt. Wir brauchen ein breiteres Selbstverständnis von dem Kulturbegriff, damit die
zentrale Bedeutung der Kultur klarer wird.
Beispielgebende Grundlage ist immer noch
die Erklärung von Mexiko City von 1982 zum
weiten Kulturbegriff. Ich bin überzeugt, dass
Kultur einen wesentlichen Beitrag dazu leisten kann, wie ich das Andere, das Fremde
wahrnehme, wie ich darauf reagiere. Zudem
kann Kultur dazu beitragen, die zunehmende Sprachlosigkeit und Dialogunfähigkeit,
die wir in der Gesellschaft verzeichnen, unter anderem durch die Verrohung in den sozialen Netzwerken zu überwinden. D. h. nicht,
dass wir uns in einer unendlichen Toleranz-
kommunikation befinden, sondern dass wir
wieder in der Lage sind, eigene Interessen
zu formulieren, aber auch den anderen zuhören können. Diese Eigenschaft geht immer
stärker verloren. Ich habe es persönlich bei
den Einheitsfeierlichkeiten in Dresden erlebt. Kurz bevor ich durch die Polizeiabsper-
rung kam, hat sich ein wildfremder Mann vor
mir aufgebaut und gesagt: »Du Schwein, hau
ab.« Der kannte mich gar nicht. Er hat mich
eben zu dem Establishment gezählt und hat
mir auch gesagt: »Du bist Establishment. Du
bist eine Merkel-Sau.« Es war unglaublich,
was ich da an Hass erlebt habe. Da ist es nicht
mehr möglich zu kommunizieren. Aus diesem Zustand müssen wir wieder rauskom-
men. Kultur sollte dabei nicht nur als die Vermittlung der schönen Künste gesehen werden, sondern Kultur ist auch die Frage, wie
wir Menschen ansprechen, wie wir Menschen
erreichen können. Kultur ist prädestiniert, in

der politischen Positionierung und der Vernetzung mit der Gesamtgesellschaft einen
Beitrag zu leisten.

**Ein großer Teil von Kultur ist Musik.
Sie sind Generalsekretär des Deutschen Musikrates und Sprecher des
Deutschen Musikrates im Deutschen
Kulturrat. Welchen Beitrag leistet
Musik heute schon zur Integration?**
Musik hat die Kraft, den Menschen mit all seinen Sinnen anzusprechen. Sie kann ihn auf
eine Weise erreichen, wie es dem Wort allein
nicht möglich ist. Insofern kann Musik tatsächlich offen sein und Offenheit befördern.
Aber ich will die zweite Seite der Musik nicht
unerwähnt lassen: Weil Musik den Menschen
mit allen Sinnen erreichen kann, ist sie auch
für die Manipulation von Menschen prädestiniert. Diese Janusköpfigkeit der Musik kann
nicht oft genug unterstrichen werden. Denn
wenn wir sagen: Musik macht bessere Menschen, dann stimmt das so per se nicht. Musik kann Brücken bauen, kann wirklich Offenheit befördern. Aber sie kann auch genau das
Gegenteil tun. Das sehen wir bei der Radikalisierung, die in den radikalen Gruppierungen
in unserem Land unter anderem durch Musik stattfindet und in Form der Manipulati-
onsmöglichkeiten, die auch in Diktaturen –
wie dem Dritten Reich – angewandt werden.

Also kann Musik auch eine Gefahr sein?
Absolut. Ich glaube, wie kaum eine der anderen Künste kann Musik zum Guten im gesellschaftlichen Zusammenleben und in der
Persönlichkeitsentwicklung des Einzelnen
führen. Aber auch zum Schlechten – und das
nutzen Menschen natürlich aus.

**Wenden wir uns aber dem Guten in der
Musik zu. Viele Orchester leben schon
Integration. Wie können sie als gesamt-
gesellschaftliches Wertevorbild dienen?**

Die Vielfalt der Kulturen in einem Orchester oder in einem Chor – sei es in der professionellen Szene oder im Amateurmusikleben – wird seit jeher praktiziert und gelebt. Das ist etwas ganz Selbstverständliches. Darum wird darüber auch so wenig berichtet. Aber diese angesprochene Vielfalt der Kulturen – immer auf der Basis der Werte und Normen, die das Grundgesetz in unserem Land legt und die in unserer Gesellschaft praktiziert werden – könnte schon eine Vorlage für andere Bereiche sein, die stark auf Abschottung setzen.

Sie haben öfter die Themen Radikalisierung, Abschottung etc. erwähnt und auch dargestellt, wie Musik zu einer Gefahr werden kann. Wie kann dem entgegengewirkt werden? Z. B. durch kulturelle Integration?
Einerseits ist es wichtig, dass wir jedem Menschen die Möglichkeit geben, seine eigenen Wurzeln zu suchen und zu finden, d. h. Identitätsbildung in einer großen Bandbreite zu ermöglichen. Dazu gehören ganz grundlegende Dinge, z. B. kulturelle Bildung, die professionelle Vermittlung von künstlerischen Schulfächern. Das ist ein Slot. Es gibt noch viele andere Slots. Zum anderen müssen neben dieser Möglichkeit zur Identitätsfindung und Persönlichkeitsentfaltung für den Einzelnen Begegnungen ermöglicht werden. Es kommt nicht von ungefähr, dass dort, wo besonders wenig Migranten leben, die Ablehnung gegen sie besonders hoch ist. Einfach das Unbekannte, von dem ich wenig weiß, erzeugt gerade im digitalen Zeitalter der fragmentierten Nachrichtenübermittlung und Wahrnehmung besonders starke Ängste. Die (digitale) Blasenbildung versperrt immer mehr den Blick auf Zusammenhänge. Es gilt diese Ängste wahr- und ernst zu nehmen. Nur so kann man durch die genannte Persönlichkeitsentwicklung, die kulturelle Entfaltungsmöglichkeit und die Begegnungsforen die-

sen Ängsten entgegenwirken. Das ist ganz entscheidend. In der Musik funktioniert das schon ganz gut. Es gibt Maßnahmen in beiden angesprochenen Bereichen, z. B. im internationalen Austausch der Amateurmusik. Das wirkt gerade im prägenden Kinder- und Jugendzeitalter ein Leben lang. Wenn ich aber in einer abgeschotteten Blase aufwachse und dem Fremden, dem Unbekannten immer nur in Bedrohungsszenarien begegne, dann werden eben auch Ängste stark geschürt.

Kommen wir nochmal zum Ehrenamt zurück. Sie engagieren sich selbst umfassend ehrenamtlich. 2016 haben Sie das Verdienstkreuz Erster Klasse von der Bundesrepublik Deutschland dafür erhalten. Ist ehrenamtliches Engagement heute wichtiger denn je?
Wir befinden uns aktuell in einem Erosionsprozess, was den gesellschaftlichen Zusammenhalt anbelangt. Umso wichtiger ist es, deutlich zu machen, welche Werte und Normen das Grundgesetz vermittelt. Das Grundgesetz steht in einer Werte- und Rechtsverbindung zu den Vereinten Nationen, wie z. B. den Menschenrechten, der Freiheit der Künste und Medien, der Gleichstellung von Mann und Frau. Die Werte und Normen, die das Grundgesetz vermitteln, bilden die zentrale Grundlage für den gesellschaftlichen Zusammenhalt. Diese Werte und Normen halte ich auch im derzeitigen Veränderungsprozess in unserer soziodemografischen Bevölkerungsstruktur für nicht verhandelbar. Ehrenamtliches Engagement kann diesen Zusammenhalt in besonderer Weise befördern. Es ist ganz wichtig, dass der Staat durch jeden Bürger vertreten wird: Wir alle sind der Staat. Wir müssen weg von dieser Verantwortungsdelegation an die politisch Handelnden. Alles, was nicht funktioniert, laden wir dort ab. Das wird so nicht funktionieren. Wir alle – und das betrifft auch die tragenden Kräfte

dieser Gesellschaft wie die Verbände und somit auch den Kulturrat – müssen erkennen, dass jeder im Rahmen seiner Möglichkeiten einen Teil beitragen muss. Und dass es wunderschön ist, diesen Beitrag zu leisten. Es geht mir nicht darum, die parlamentarische Arbeit zurückzudrehen. Eine repräsentative Demokratie darf nicht durch den zunehmenden Ruf nach Volksabstimmungen perforiert werden. Aber bürgerschaftliches Engagement kann die Politik und die Gesellschaft als Ganzes stärken und Fehlentwicklungen entgegenwirken. Dabei braucht es von allen Seiten die Bereitschaft, sich zu äußern, zuzuhören und kritisch zu hinterfragen. So eine Gesellschaft mit so einem Bewusstsein würde ich mir wünschen. Dann würden wir manchen Konflikt nicht in der Weise austragen, wie wir es heute tun, nämlich indem wir unsere Meinung in die digitale Welt rausposaunen, ohne tatsächlich die Resonanz wiederaufzunehmen.

Integration als Chance
Wie Deutschland als Kulturnation beweist, dass bürgerschaftliches Engagement sozialen Frieden sichert

Ralph Habich und Boris Kochan — **Politik & Kultur 3/2017**

Das Jahr 2015. Innerhalb von wenigen Monaten kommen rund 900.000 Flüchtlinge nach Deutschland. Öffentliche Einrichtungen arbeiten jenseits ihrer regulären Kapazitäten. Bürgerschaftsengagements überall in Deutschland vollbringen Phänomenales. In der Spitze helfen 800.000 Bürger – auf einen Flüchtling kam zeitweise ein freiwilliger Helfer – den Ankömmlingen aus dem Nahen Osten, aus Afghanistan und Afrika beim Start in ihrer neuen Umgebung.

Vertriebene werden im Münchner Hauptbahnhof von Bürgerscharen empfangen, was keine inszenierte Willkommens-Show ist, sondern spontaner Ausdruck des Mitgefühls. Bayerns Metropole hat eine tragische nationalsozialistische Vergangenheit, heutige Münchner stehen fassungslos vor der Kaltherzigkeit jener Zeit. Sie sind froh, jetzt helfen zu können.

Deutschland, Europa: Hier entstand der Humanismus. Er löste das christliche Gebot der Barmherzigkeit aus seiner religiösen Bindung; dadurch wurde das Ideal offen für alle Kulturen. Mitmenschlichkeit, Menschenrechte, Menschenwürde: Mit dem Humanismus begann »die eine Menschheit«, die Gemeinschaft aller Menschen der Erde. Völkerverbindender Humanismus ist Teil der Identität des modernen Europas.

Integration braucht Partizipation
Von 1,3 Millionen Asylsuchenden seit 2013 haben inzwischen 660.000 Personen Bleiberecht in Deutschland erhalten, schätzt Frank-Jürgen Weise, bis Anfang 2017 Chef des Bundesamts für Migration und Flüchtlinge.

Den Einwanderern zu helfen, in Deutschland eine Heimat zu finden, können Staat, Ämter und Behörden auch weiterhin allein nicht leisten. Dabei ist zur Verknüpfung von bestehenden und zur Initiierung von neuen Netzwerken eine »Zentrale Koordinationsstelle« unverzichtbar, die bürgerschaftliches Engagement bundesweit unterstützt – fördernd, moderierend, auch korrigierend. Mit Einfühlungsvermögen, Erfahrung und Wissen, mit praktischen Instrumenten, finanziellen Mitteln und einem Plan, der »lernt« und beständig verbessert wird. Folgende Prinzipien sollten dabei als Leitgedanken dienen:

1. Sache der Bürger: Die Integration von Flüchtlingen kann nicht verordnet werden, sie muss eine Angelegenheit auch des bürgerschaftlichen Engagements bleiben. Nur dann wird die Bereitschaft gestärkt, Opfer und Risiken mitzutragen. Die Fähigkeit des Staats, Partizipation erlebbar zu machen und Enthusiasmus dafür zu wecken, ist noch weit

entfernt von dem, was eine zeitgemäße Parlamentarische Demokratie können müsste. Diese Kompetenz wird darüber entscheiden, ob die Identifikation der Bürger mit der Demokratie einen Aufschwung erfährt.

2. Gesicht zeigen – wechselseitig: Einwanderer sollen sich ihren Nachbarn bekannt machen, einzelne stellvertretend für alle, in Bürgergesprächen, in Ausstellungen und in Medien. Auch Menschen, die hier leben, geben sich zu erkennen, »normale« Leute mit Herz und Sinn für Gemeinschaft: Was habe ich vom Fremden, was hat der Fremde von mir. Integration beginnt mit der Gelegenheit zur gegenseitigen Wahrnehmung.

3. Vorurteile und Falschmeldungen ausräumen: Die größte Verführung zur Fremdenfeindlichkeit geht von Zerrbildern aus, die Fremde herabsetzen und dämonisieren – ohne öffentliche Korrektur. Der »Kampf um die Bilder im Kopf« ist deshalb entscheidend für das Gelingen von Integration. Das Werben um Kopf und Herz der Menschen muss auf den Dörfern und Schulhöfen beginnen und bis in alle Winkel des Internets vordringen. Enklaven, in denen bösartige Vorurteile unwidersprochen gepflegt werden, darf es nicht mehr geben. Die »Zentrale Koordination« muss hierbei schnell agieren, sehr anschaulich auftreten und auf aktuellste Techniken zugreifen.

4. Orientierung für integratives Verhalten: Neuen Mitbewohnern muss konkret vermittelt werden, welche Werte und Sitten hier hochgehalten und strikt geschützt werden. Jeder muss ein Exemplar des Grundgesetzes erhalten, in der jeweiligen Landessprache kommentiert und anschaulich illustriert, je nach Empfängergruppe mit besonderen Schwer-

punkten, z. B. die garantierte Gleichrangigkeit der Geschlechter. Einheimische Bürger erhalten eine analoge Fassung: Zum 14. Geburtstag sollte jedem Jugendlichen in einem kleinen Initiationsritual »sein persönliches Exemplar« übergeben werden. Übergeber und Empfänger signieren es handschriftlich.

5. Öffentliche Anerkennung: Freiwillige benötigen öffentliche Anerkennung, vor allem kollektiv. Das konkretisiert den Wert ihrer Anstrengungen und veranlasst andere, künftig mitzuwirken. In dieser Frage hat die demokratische Führung bisher nicht geglänzt: Der Staat hat eine Bürgerschaft, die ein Denkmal verdient, und bemerkt es nicht.

Den Wandel gestalten – mit bürgerschaftlichem Engagement

Die systematische Förderung bürgerschaftlichen Engagements wird noch wertvoller, wenn die zuvor dargestellten Ideen und Strukturen genutzt werden, um eine weit größere gesellschaftliche Zukunftsaufgabe anzugehen. Es gilt als konservative Prognose, dass in 10, 15 Jahren 20 Prozent aller Menschen in Deutschland, die ihren Lebensunterhalt verdienen wollen, keine Arbeit finden. Die Gelder zur Finanzierung von Arbeitslosigkeit sollten dazu genutzt werden, Bürgern dabei behilflich zu sein, ihre Zeit sinnvollen Aufgaben zu widmen, die Wertschätzung finden.

»Künstliche Intelligenz« und Digitalisierung der Wirtschaft unter dem Schlagwort »Industrie 4.0« sind die Motoren des Wandels. Das Auto, das selbstständig ferne Ziele ansteuert, ist technisch bereits machbar. Das automobile Luxus-Segment macht derzeit Schlagzeilen; die Durchsetzung auf öffentlichen Straßen könnte der Güterverkehr besorgen. Zugleich wird der Roboter populär – so erhält beispielsweise der für Service und Haushalte konzipierte »Pepper« vom Publikum exzellente Sympathie-Bewertungen. Acht Monate nach der Markteinführung waren bereits 10.000 Pepper verkauft – bei einer Leasinggebühr von 550 Euro monatlich. Die Leistungsexplosion der Künstlichen Intelligenz wird durch Algorithmen angeheizt, bei denen der Technik nicht mehr detailliert Handlungsschritte, sondern Ziele vorgegeben werden, zu denen das System selbst die besten Wege findet. Ende Januar 2017 gewann die Software »Libratus« der Carnegie Mellon University (Pittsburgh, USA) ein Pokerturnier gegen vier der besten Pokerspieler der Welt. Die Sensation: Libratus beherrschte den Bluff besser als alle professionellen Gegner – obwohl niemand das System im Bluffen unterwiesen hatte. Im Laufe von 120.000 Spielen hatte Libratus die psychologischen Tricks der Profis verstehen gelernt.

Selbst exzellent qualifizierte Akademiker sind nicht geschützt davor, dass Künstliche Intelligenz ihre Aufgaben übernimmt. Die freundlichsten Schätzungen gehen davon aus, dass etwa neun Prozent der Arbeitsstellen in Deutschland von der Automatisierung bedroht sind.

Die Fähigkeiten zukünftiger Erwerbsloser bilden ein enormes Kompetenzspektrum, werden es doch Menschen aus nahezu allen Branchen und Berufen, sämtlichen Qualifikationen, verschiedenster kultureller Herkunft und allen Altersgruppen sein. Das wird bewährte und ganze neue Formen von Nachbarschaftshilfe generieren: Die einen packen drei Straßen weiter bei einem Umzug mit an. Andere unterstützen als Experten aus Bielefeld den Bau eines Brunnens in einem kleinen Ort in der Sahelzone, dem Internet sei Dank. Auch ältere Personen finden Gesprächspartner mit ähnlichen Interessen, an deren Aktivitäten sie teilnehmen können. Sehr viele Menschen werden lernen, ihr Know-how lebendig und »pädagogisch wertvoll« zu vermitteln.

Wir müssen diesen Wandel zum Vorteil aller Bürger nutzen, insbesondere auch kulturell. Denn: Bezahlte betriebliche Arbeit hat im soziokulturellen Leben bei uns eine Rückgrat-Funktion. Dafür muss Ersatz gefunden werden. Wer keine Erwerbsarbeit findet, muss Anreize für freiwillige Engagements erhalten und aus seiner depressionsfördernden »Privat-Enklave« abgeholt werden.

Bei der Organisation des Feldes und der Koordination des bürgerschaftlichen Engagements in allen Bereichen und Regionen Deutschlands werden die Erfahrungen und die Infrastrukturen, die bei der Flüchtlingsintegration eingerichtet werden, übernommen oder als Erfahrungsgrundlage verwertet werden. Für den Aufbau der Zusammenarbeit muss ein Kooperationsforum geschaffen werden. Mit dem Deutschen Kulturrat steht eine erfahrene Organisation zur Verfügung: Freiwilligenorganisationen sind Kultureinrichtungen ähnlicher als der Industrie.

Ministerium für bürgerschaftliches Engagement

Mehr als 30 Millionen Menschen in Deutschland sind bürgerschaftlich engagiert. Viele dieser Zusammenschlüsse sind als Nukleus für eine »wirkliche« Lösung zu sehen. Die administrativen Strukturen von Freiwilligen-Organisationen sind extrem uneinheitlich: Einige glänzen mit der Professionalität globaler Konzerne, andere operieren auf dem Niveau einer Pfadfindergruppe – und können inhaltlich dennoch brillante, vorbildhafte Arbeit leisten.

Das bürgerschaftliche Engagement ist so zu fördern, dass es ein Partner wird, mit dem die Politik große Aufgaben strategisch planen und realisieren kann. »Nebenbei« kann der Staat diese Aufgabe nicht lösen. Deshalb muss eine leistungsfähige Schnittstelle zwischen bürgerschaftlichen Engagements und der Regierung kreiert werden, um eine ge-

zielte Förderung der Organisationen zu ermöglichen und für die enge operative Zusammenarbeit von Politik und Freiwilligen
zu sorgen. Für diese Aufgaben soll ein Bundesministerium für bürgerschaftliches Engagement eingerichtet werden, analog zu den
Ministerien für bezahlte Arbeit und Soziales,
für Familie und für Umwelt. Die Politik muss
zügig handeln. Der Beginn der neuen Legislaturperiode wäre ein günstiger Zeitpunkt,
um dem Ereignis Signalwirkung zu verleihen.

2017 lässt sich das herausragende Engagement der Bürger bei der Flüchtlingsintegration glaubhaft als Gründungsimpuls für
das neue Ministerium nennen. In der Corporate Identity entspricht diese historische Bezugnahme der Aktivierung eines Gründungsmythos. Er wird nachhaltig helfen, bürgerschaftlichem Engagement ein ungekanntes
Ansehen und dem Ministerium emotionalen
Rückhalt in der Bevölkerung zu verschaffen.

Das Gestalten der Gesellschaft
Integration durch Sport

Alfons Hörmann — Politik & Kultur 3/2017

Bei der diesjährigen Preisverleihung der »Sterne des Sports«, einem Wettbewerb, der vom Deutschen Olympischen Sportbund (DOSB) und den Volks- und Raiffeisenbanken ausgerichtet und mittlerweile als Oscar der Vereine bezeichnet wird, musste man genau hinhören. Nahezu beiläufig formulierte der Schirmherr und jüngst aus dem Amt geschiedene Bundespräsident Joachim Gauck einen treffenden und bedeutsamen Satz: »Auf den ersten Blick ist der Sport ein Spiel, auf den zweiten Blick ist es Gestalten der Gesellschaft.«

Was hat der ehemalige Bundespräsident damit gemeint? Das Engagement der Sportvereine, oder besser: das seiner Mitglieder. In den rund 90.000 Sportvereinen unter dem Dach von Sportdeutschland leisten 8,6 Millionen Freiwillige 300 Millionen ehrenamtliche Stunden pro Jahr. Wie viel das im Sinne von Joachim Gauck für den sozialen Zusammenhalt hierzulande bedeutet, ist kaum zu ermessen. Gerade jetzt, in Zeiten eines wachsenden, manchmal schwer zu greifenden und in dieser Form bislang fremden Unbehagens in der Gesellschaft. Gerade jetzt, wo jenseits des Atlantiks, aber auch in Europa und in Deutschland rechte Politikakteure demokratische Wertegemeinschaften attackieren und solidarische Prinzipien und Menschenrechte zugunsten von ego-

istisch-nationalistisch orientierten Experimenten zurückzudrängen versuchen. Der Vereinssport hat viele Funktionen, die soziale ist nur eine davon. Doch wer seine Rolle für den gesellschaftlichen Zusammenhalt in seiner ganzen Komplexität begreifen will, sollte sich beispielhaft das quantitativ und qualitativ beeindruckende Engagement der Vereine beim Thema Integration ansehen – eine der größten gesellschaftlichen Herausforderungen, aktuell wie zukünftig.

Daher profitiert die Gesellschaft in ganz besonderer Weise vom Bundesprogramm »Integration durch Sport«, das seit mehr als 25 Jahren existiert und vom Bundesinnenministerium (BMI) sowie vom Bundesamt für Migration und Flüchtlinge (BAMF) gefördert und vom DOSB geleitet wird. Ebenso wie vom 2015 gestarteten Projekt »Willkommen im Sport«, das von der Integrationsbeauftragten der Bundesregierung, Aydan Özoğuz, und im vergangenen Jahr auch vom Internationalen Olympischen Komitee (IOC) unterstützt wird.

Obwohl die Medien über das Integrationsengagement von Vereinen berichten, ist immer wieder aufs Neue der genaue Blick vonnöten, um zu verstehen, wie »Sport Demokratie aktiv mitbaut«, um noch einmal Joachim Gauck zu zitieren. Zwei Beispiele an dieser Stelle sollen stellvertretend den Wirkungsrahmen dieser ehrenamtlichen Vereinsarbeit in Sportdeutschland abstecken. Sie weiten das Verständnis dafür, wie der Sport dazu beitragen kann, das Miteinander zu gestalten und eine Identifikation zu befördern, die weit über die Grenzen des Vereinslebens hinausreicht: Taekwondo Özer, ein Verein aus der Nürnberger Südstadt, in der viele sozial benachteiligte Menschen leben und in der Armut deutlich sichtbar ist. Und der FV Gonnesweiler aus der beschaulichen 1.000-Einwohner-Gemeinde Nohfelden im Saarland.

Hier also der von Migranten gegründete und geführte Taekwondo-Stützpunkt mit etwas mehr als 100 Mitgliedern, aus dem beispielsweie Rabia, Sümeyye und Tahir Gülec stammen, drei Geschwister, die nicht allein durch eine Reihe von Welt- und Europameistertiteln sowie Olympiateilnahmen Bekanntheit erlangt haben, sondern auch ihre türkischen Wurzeln und deutschen Pässe teilen. Wie im Übrigen die Mehrheit der Mitglieder. Denn im Verein Taekwondo Özer kreuzen sich sportliche und sozialintegrative Höchstleistungen. Dazu später mehr.

Und dort der Breitensport orientierte Fußballverein aus einer ländlichen Region, mit rund 600 Mitgliedern, dessen Frauen- und Männer-Mannschaften in der Verbands- und Kreisliga spielen und der sich intensiv um Flüchtlinge kümmert und sie zur Teilhabe animiert. Taekwondo Özer wie Gonnesweiler zählen zu den Stützpunktvereinen von »Integration durch Sport« und haben bereits zahlreiche Auszeichnungen für ihr soziales Engagement erhalten.

Zwei Vereine – einmal in der Großstadt, einmal auf dem Land – mit unterschiedlichen sozialen Strukturen und unterschiedlichen sportlichen Ausrichtungen: Wo ergänzen sich die Vereine, wie tragen sie zum sozialen Zusammenhalt im Gauckschen Sinne bei? Eine Annäherung.

Teilhabe auf dem Land

»Der FV Gonnersweiler«, sagt Simon Kirch, Leiter des IdS Programms beim Landessportbund Saarland (LSVS), »zeigt auf vorbildhafte Weise, dass ein Sportverein weit mehr ist und bietet, als in der Satzung geschrieben steht: Er ist eine Gemeinschaft von Gleichberechtigten, die trotz unterschiedlicher Identitäten an etwas arbeiten, in dem sich alle wiederfinden.«

Der Anspruch für alle da zu sein, spiegelt sich im sozialen Engagement der Saarländer wider. Die Vereinsaktivitäten zielen auf einen Ausgleich der Interessen und Bedürfnisse und richten sich nicht allein an Geflüchtete, sondern auch an sozial Benachteiligte ohne Migrationshintergrund. Bei jedem geplanten Projekt steht das Gemeinwohl im Vordergrund, nicht das Bedürfnis einzelner Personen oder Gruppen. Zudem attestiert Simon Kirch den Verantwortlichen des FV Gonnesweiler eine gesunde Grundeinstellung. »Der Verein geht die Flüchtlingshilfe sehr strukturiert an und bereitet seine Mitglieder auf Frustrationen vor.« Die etwa dann eintreten, wenn Flüchtlinge auf der Suche nach Arbeit die Gemeinde wieder verlassen und in große Städte ziehen, was bei mindestens 20 bis 30 Prozent der Personen der Fall ist.

Schon immer legte der Verein Wert auf persönliches Engagement. »Uns sind eine große Gemeinschaft und eine soziale Teilhabe unheimlich wichtig«, sagt Vorsitzender Stefan Kunz. Die Philosophie zahlt sich nun aus; bei der Integration von Flüchtlingen mangelt es dem Verein nicht an freiwilligen Helfern. Und jene, die selbst vor Jahren oder Jahrzehnten nach Deutschland kamen, stehen nun als Laiendolmetscher zur Verfügung. Sie erzählen, dass sie ihre Integration dadurch noch einmal völlig neu erleben würden. Mitmachen und gestalten, das sollen auch die Neuankömmlinge. So wurden die beiden Syrer Shafeek (26 Jahre) und Bakri (28

Jahre) zu Integrationsbeauftragten ernannt und in den Vorstand gewählt, der eine verantwortlich für den Spielbetrieb, der andere als Zweiter Kassenwart für die Finanzen. Hinzukommen soll demnächst ein deutsch-arabischer Kulturverein, damit bei Vereinsveranstaltungen die Interessen der Flüchtlinge besser berücksichtigt werden.

Weitere Projekte: »Sprache und Sport«, in dem Gonnesweiler mithilfe des Bildungsträgers WIAF und dem Landessportbund Saarland Sprachbildung und -förderung anbieten will. Viermal die Woche im eigenen Vereinsheim, zweimal mit einem Sportmobil vor Ort. In Kooperation mit der Malteser-Hilfsorganisation werden Erste-Hilfe-Schulungen durchgeführt und mit der Landfrauen-Initiative Sötern Kochkurse für deutsch-arabische Frauen. Die muslimischen Frauen erhalten aber auch Qualifizierungsangebote, von denen sich sogar das örtliche Jobcenter beeindrucken lassen hat. Nun informiert es die Frauen über die Vereinsangebote und stellt sogar finanzielle Unterstützung in Aussicht. Um diese Fortbildungsmaßnahmen erfolgreich zu gestalten, bedarf es des Vertrauens, das die Frauen aufbauen müssen, aber auch eines Angebots zur Kinderbetreuung. Gonnesweiler kann es bieten.

»Der Verein ist sozialer Knotenpunkt in der Gemeinde. Er hat zu jedem Kontakt, zu jedem einen Draht«, sagt Kirch. »Wenn es gelingt, die Familie und die Frauen in den Verein zu bringen und dort zu binden, dann erhält die Integration einen ganz anderen Schub.« Simon Kirch nennt es den Dreischritt: Erstkontakt im Sport, unabhängig vom Verein. Dann das Heranführen an die Vereinsgemeinschaft, schließlich die Mitgestaltung. So hat sich Gonnesweiler nebenbei zu einem Mehrspartenverein entwickelt, in dem mittlerweile Tanzen und Turnen angeboten werden. Eine Sparte für (Kinder-) Leichtathletik befindet sich in der Planung.

Vorbilder in der Stadt

Während Gonnesweiler gewissermaßen an der Grasnarbe wirkt, richtet sich der sportliche Blick bei Taekwondo Özer auf die Spitze – international. Im Aufenthaltsraum des Kampfsportclubs aus der Nürnberger Südstadt reihen sich die Pokale aneinander. »Wer als Kind zu uns kommt, will möglichst bald Medaillen gewinnen«, sagt Trainer Özer Gülec, der den Verein gegründet hat. Sportliche Höchstleistungen sind bei Taekwondo Özer kein Selbstzweck, sondern immer gepaart mit sozialintegrativem Anspruch. Viele Mitglieder stammen aus bildungsfernen Elternhäusern und haben einen Migrationshintergrund. Bei Taekwondo Özer fühlt man sich diesen Jugendlichen gegenüber verpflichtet, Schule und Bildung haben im Verein trotz des Anspruchs Vorrang. Toleranz gegenüber anderen Religionen auch, und Solidarität, wenn z.B. einem palästinensischen Mädchen dabei geholfen wird, die Schule zu wechseln.

Ganz wichtig ist Özer Gülec und Alfred Castaño, dem 1. Vorsitzenden, das Thema Einbürgerung. »Wir versuchen unseren Mitgliedern vorzuleben, dass es leichter ist, ein Zugehörigkeitsgefühl zu entwickeln, wenn man als Deutscher in Deutschland lebt«, sagt der gebürtige Spanier Castaño. Gülec seinerseits, Sohn sogenannter »Gastarbeiter«, wartete nicht lange nach seinem 18. Geburtstag, um Bundesbürger zu werden. »Ich wollte mich als Teil der Gesellschaft fühlen statt als Gast«, sagt er.

Die großen sportlichen Erfolge wirken wie ein Multiplikator, helfen dem Verein, seinen integrativen Ansatz ins Land zu tragen. »Wir werden von allen möglichen Taekwondo-Vereinen um Hilfe gebeten, aus der Stadt, aus Deutschland, sogar aus dem Ausland«, sagt der 1. Vorsitzende. Wie die anderen Millionen Vereinsvertreter wirkt auch Alfred Castaño ehrenamtlich. »Es gibt natürlich immer Leute, die fragen, warum machst Du das, das kostet so viel Zeit. Ich denke aber, dass man nicht auf dieser Welt ist, nur um Spaß zu haben und reich zu werden. Sondern dass man mehr davon hat, wenn man versucht, das Richtige zu tun, sich zu engagieren. Man tut diese Dinge trotz der Widerstände, trotz der Probleme. Man tut diese Dinge, weil sie wichtig sind.«

Was gibt es mehr zu sagen, in dieser Zeit, in der vielerorts Gemeinwohl, Solidarität und Mitmenschlichkeit nicht mehr zu den Tugenden zu zählen scheinen? Joachim Gauck würde sagen: »Auf den ersten Blick ist der Sport ein Spiel, auf den zweiten Blick ist es Gestalten der Gesellschaft.« Ob in Nürnberg, im Saarland oder anderswo.

Müll als integrativer Faktor
Die Bedeutung von Natur und Umwelt

Hubert Weiger — Politik & Kultur 3/2017

Was unterscheidet mich von meinem Nachbarn? Vielleicht ein anderer Beruf, eine andere körperliche Statur, eine andere Familienkonstellation. Sicher ist, es wird viele Unterschiede geben. Vielleicht gibt es einen Unterschied im respektvollen Umgang mit Umwelt und Natur. Die Frage der Herkunft des Nachbarn ist dabei nicht zwingend. Relevant wird sie erst dann, wenn zu überlegen ist, aus welchem Grund das ökologische Verhalten sich unterscheidet. Und noch relevanter, wenn dieser Nachbar ein Mensch mit Migrationshintergrund ist.

Ist Mülltrennen den Deutschen angeboren? Oder das Energiesparen? Diese Fragen können mit einem klaren Nein beantwortet werden. Die aktuelle Naturbewusstseinsstudie von 2015 zeigt auf, dass die deutsche Bevölkerung der Agrarwirtschaft kritisch gegenübersteht, den Wert des Stadtnaturschutzes schätzt und die Mehrheit weiterhin die Energiewende befürwortet. Irritierend ist dabei, dass es eine große Kluft zwischen Umweltwissen und Umwelthandeln gibt und dennoch vielen das deutsche Verhalten zum Mülltrennen angeboren erscheint.

Bewusster Umgang mit Ressourcen ist ein Teil unserer Gesellschaft und gehört inzwischen zu unserer Kultur, ebenso wie das Grundgesetz Teil unserer Gesellschaft ist und die Zugehörigkeit zur Europäischen Union. Auch wenn der ein oder andere dies derzeit infrage stellt. Der Umgang mit Energie, Lebensmitteln oder eben Müll (Recycling) hat viele lebenspraktische Aspekte. Mülltrennen war auch in Deutschland unbekannt. Wilde Müllkippen waren noch Ende der 1960er Jahre weit die Landschaft prägend! Erst das in den 1970er Jahren massiv seit dem Europäischen Naturschutzjahr 1970 gestiegene Umweltbewusstsein und Initiativen, unter anderem auch des Bund für Umwelt und Naturschutz Deutschland (BUND) für die Abfalltrennung im Haushalt, führten zum Müllbewusstsein. Das lässt hoffen, dass Bürger, die informiert und motiviert sind, auch bereit sind, ihren eigenen Anteil zu leisten.

Als Migrant oder Flüchtling kann man sich sehr schnell in der Nachbarschaft unbeliebt machen, wenn die kulturell verankerten Umweltschutzaspekte ignoriert oder nicht gekannt werden. Menschen aus anderen Kulturen kennen weder die Regeln dafür, noch deren Sinn. Sie kennen dafür ihre Kultur des Umgangs mit Umwelt und Natur. Dieser Umgang unterscheidet sich zum Teil vielleicht deutlich vom deutschen Umwelthandeln, in Teilen ist dieser Umgang jedoch sicherlich universell. Respekt vor der Natur, vor dem Leben gibt es in jeder Kultur und jeder Religion.

Das Informationsbedürfnis und die Handlungsmotivation zum Umwelt- und Naturschutz von Menschen mit Migrationshintergrund, selbst in bildungsfernen Milieus, sind unerwartet hoch. Schnell wird neu Zugewanderten deutlich oder deutlich gemacht, dass die Dinge unterschiedlicher sind als erwartet und dass Integration oft über kleine Dinge funktioniert. Welches Gemüse wächst in Deutschland und wann? Wie wird richtig geheizt? Was ist Stoßlüften und warum ist das wichtig? Nicht aus Unachtsamkeit oder Respektlosigkeit wird gegebenenfalls gegen Regeln verstoßen, sondern aufgrund des anderen kulturellen Hintergrunds. Wenn Landwirtschaft grundsätzlich anderes strukturiert, Mobilität eine Herausforderung ist, Wasserbeschaffung Arbeit, können die deutschen Angebote als ganz praktische und angenehme Lebenserleichterungen erscheinen. Die ökologischen Herausforderungen des Wohlstandes sind erst später erkennbar. Wer die Werte unserer Gesellschaft kennenlernt, der wird Teil dieser Gesellschaft. Dies gilt neben kulturellen, religiösen oder demokratischen Werten auch für den Wert, wie unsere Ressourcen verschwendet oder geschützt werden.

Viele dieser Umwelt- und Naturschutzfragen, von den ganz kleinen bis zu den großen umfassenderen, sind seit vielen Jahrzehnten Bestandteil und Inhalt der Umweltbildung und Bildung für nachhaltige Entwicklung (BnE). Grundlage aller Inhalte in der Umweltbildung ist der respektvolle Umgang mit der Natur. Aufbereitet werden diese Inhalte für Kindergartenkinder, Schulkinder, Jugendliche in Ausbildung und Studium oder für Erwachsene in unterschiedlichsten Angeboten von Exkursionen bis Lehrgängen. Trotz all dieser Angebote ist die Kluft zwischen Wissen und Handeln weiterhin hoch. Welche Maßstäbe des Umwelthandelns können wir daher Migranten setzen? Maßstäbe, die oft genug von Deutschstämmigen nicht umgesetzt oder gekannt werden? Und wie können wir Respekt verlangen, wenn der private Konsum politisch geworden ist, indem unsere Konsumentscheidung wirtschaftliche Konsequenzen in einem anderen Land hatte?

Jeder fünfte Einwohner in Deutschland ist ein Mensch mit Migrationshintergrund. Nicht nur die Politik oder die Kultur- und Sozialverbände stellen sich daher die Frage, wie Integration gelingen kann. Auch Umweltverbände sind schon seit vielen Jahren bestrebt, die Inhalte, Strukturen und Angebote des Umwelt- und Naturschutzes in Deutschland für Menschen mit Migrations- oder Fluchthintergrund zu öffnen und attraktiv zu machen.

Es gibt Respekt und eine große Offenheit zwischen Umweltverbänden und Migrantenorganisationen. Auf dieser Basis sollten die bereichernde Sicht und Lebensweise der Vielfalt den gemeinsamen Schutz der Natur voranbringen. Gemeinsam lernen wir aufeinander zuzugehen und ermöglichen so gegenseitige Teilhabe durch:

- bessere Kenntnisse über jeweilige Organisationsstrukturen und Angebote
- Erhöhung der interkulturellen Kompetenz in den deutschen Umweltverbänden
- Unterschiedliche Muttersprachen als wichtiger Bestandteil in der Umweltbildung/BnE
- Erlernen gemeinsamer Verantwortung

Je weiter mit der Globalisierung unser Handlungsfeld wurde, umso stärker haben wir auch weit entfernten Entwicklungen und Problemen Interesse entgegengebracht. Die Komplexität der Umweltthemen hat jedoch immer Aspekte von Nicht-Wissen und Nicht-Verstehen-Können. Es bleibt uns überlassen, weiterhin mit dem Einsatz von kreativen Methoden allen Bewohnern Deutschlands die Probleme und das Handlungswissen zu übermitteln.

Das feine Nervensystem der Wohlfahrtsverbände
Die Bedeutung von Kultur für die Soziale Arbeit

Rolf Rosenbrock im Gespräch mit Theresa Brüheim — Politik & Kultur 3/2017

Herr Rosenbrock, seit Januar dieses Jahres sind Sie Vizepräsident der Bundesarbeitsgemeinschaft der Freien Wohlfahrtspflege (BAGFW), zuvor waren Sie deren Präsident. Ziel aller Aktivitäten der Wohlfahrtsverbände, die in der Bundesarbeitsgemeinschaft organisiert sind, ist es, die Lebenslagen von sozial Benachteiligten zu verbessern und deren Interessen im gesellschaftlichen Dialog und gegenüber der Politik Gehör zu verschaffen. Was bedeutet das in der Praxis genau?

Die gesamte Wohlfahrtspflege befindet sich aktuell in einer säkularen Innovation – vom alten Bild der Fürsorge weg zur Hilfe zur Selbsthilfe, zur Aktivierung. Im Grunde genommen ist das neue Ziel von sozialer Arbeit Empowerment. Das ist ein Prozess, der seit ein paar Jahrzehnten läuft, aber noch lange nicht zu Ende ist. Im Kern steht die durch Empirie gesicherte Erfahrung, dass Menschen besser mit schwierigen Lebenslagen klarkommen, wenn sie psychosoziale Basisressourcen haben. Das ist erstens das stabile Selbstwertgefühl; zweitens ein stabiles Selbstwirksamkeitsgefühl, d. h. die Erfahrung: Ich kann etwas schaffen, wenn ich mir das vornehme. Drittens kommt die Verankerung in hilfreichen sozialen Netzen hinzu. Und viertens, dass es alles mit inneren, persönlich wichtigen Dingen, mit Zielen, mit Sinn zu tun hat. Um diese Basisziele aller sozialen Arbeit, bei der es immer um Verbesserung von Teilhabemöglichkeiten geht, zu befördern, ist die Arbeit mit Kulturgegenständen oder in kulturellen Projekten eigentlich die erste Wahl. Deshalb hat die Beschäftigung mit Kulturprojekten in der freien Wohlfahrtspflege in den letzten Jahren einen sehr viel größeren Stellenwert bekommen. Wir erleben einfach, dass die Arbeit mit Malerei, mit Gesang, mit Tanz, mit Skulpturen, mit Musik eben Möglichkeiten bietet, sich jenseits formaler Bildung und sprachlicher Verständigung auszudrücken, Brücken zu bauen, sich selbst zu erleben, sich selbst zu bestätigen und dabei auch an Persönlichkeitsschichten und Ecken der Biografie heranzukommen, an die man rein sprachlich-kognitiv nicht herankommen würde – ob das nun in der Straffälligenhilfe, bei der Arbeit mit psychisch Kranken, bei der Selbsthilfe von chronisch Kranken, bei der Pflege oder Arbeit mit Menschen mit demenziellen Veränderungen, im Kita-Bereich oder gerade auch in der Arbeit mit geflüchteten Menschen ist.

Kultur ist – wie Sie sagen – eine wichtige Methode sozialer Arbeit. Inwieweit begreifen sich Wohlfahrtsverbände als Kulturakteure?

Wir sind in erster Linie Akteure der sozialen Arbeit, aber die Beschäftigung mit Kultur oder Kulturprojekten ist für uns eine wesentliche und erfolgversprechende Methode der sozialen Arbeit. Ich glaube, Sie finden heute niemanden mehr, der in der sozialen Arbeit unterwegs ist und das anders sehen würde. Aber wichtig ist: Wir machen keine Kulturarbeit, weil wir die Kulturnation noch schöner machen wollen; wir machen Kulturarbeit, weil soziale Arbeit heute nicht mehr ohne Kulturarbeit denkbar ist. Sie haben bereits angedeutet, dass Kulturarbeit auch bei der Arbeit mit Geflüchteten eine Rolle spielt. Wie kann und soll die Lebenslage von Geflüchteten und anderen sozialen Randgruppen in Deutschland durch die Arbeit der Wohlfahrtsverbände verbessert werden? Die Phase der Notaufnahme und Erstversorgung der Flüchtlinge war ein unglaubliches Beispiel für die sehr große Stärke der Zivilgesellschaft und den sozialen Zusammenhalt in Deutschland. Die Wohlfahrtsverbände und ihre Organisationen haben eine wichtige Rolle gespielt, aber auch drum herum gab es unendlich viele Initiativen, die sich sehr verdient gemacht haben. Das ging los mit der Verteilung von Wasserflaschen und geschmierten Brötchen am Bahnhof bis hin zu persönlicher Begleitung ins neue Leben, in die neue Sprache und in Richtung neuer Arbeitsmarkt. Die Patenschaften, die zu vielen Tausenden noch laufen, sind Begleitungen bei Erkundungsgängen in eine fremde Kultur. Und das ist natürlich keine Einbahnstraße. Der Pate verändert sich genauso wie der geflüchtete Mensch, denn dieser gegenseitige Abgleich von Erfahrungen – auch metasprachlich in der Auseinandersetzung mit Kunst, Bauwerken, Musik, Tanz, Theater – verändert beide. Das ist auch unsere Vorstellung von Integration, die eigentlich dann eher mit dem Wort »Inklusion« besser getroffen ist. Integration heißt, ich ermögliche einem anderen den Zugang zu meiner Kultur; während Inklusion beinhaltet, dass Menschen mit unterschiedlichen Erfahrungshintergründen zusammenkommen, etwas gemeinsam machen und dabei verändern sich alle. Was 2015 so spontan angefangen hat, ist dann zum Teil sehr verdienstvoll von größeren staatlichen Programmen wie »Kultur macht stark« vom Bundesbildungsministerium, aber auch von den Projektprogrammen vom Familienministerium oder der Bundesbeauftragten für Migration, Flüchtlinge und Integration weitergeführt worden. Das sind alles Programme, die zweifellos quantitativ nicht wesentlich über ein Modellprojekt hinauskommen. Aber sie sind methodisch so angelegt, dass man sagt: Es braucht Gelegenheiten, es braucht Orte und es braucht Räume, wo sich Menschen mit unterschiedlichem kulturellen Hintergrund, aber in Respekt begegnen können. Das Ziel dieser Arbeit mit Geflüchteten ist natürlich, den Geflüchteten einen Zugang zu unserer Welt zu eröffnen, ihnen aber auch die Gelegenheit zu geben, diese Basisressourcen – Selbstwertgefühl, Selbstwirksamkeitsgefühl, Verankerung und Sinn – zu erschließen.

Kultur macht stark – Sie haben es bereits angesprochen. Der Paritätische ist auch daran beteiligt. Wie sieht die Beteiligung genau aus?
Der Paritätische ist ein Dachverband von über 10.000 rechtlich, politisch und ökonomisch selbstständigen Mitgliedsorganisationen, die sich einem gemeinsamen Werteprogramm verpflichtet fühlen. Wenn wir, wie in diesem Falle, Mittel aus einem Bundesprogramm bekommen, dann schreiben wir aus. Dann bewerben sich kleine und größere Initiativen. Da wählen wir nach Qualitätskriterien aus, wem wir das stets zu knappe Geld zur Verfügung stellen. Da kommen

dann auch Projekte, an die wir nie gedacht haben: Die Möglichkeit, über Schwarzlichttheater oder Puppentheater Fluchterfahrungen, traumatische Erlebnisse aufzuarbeiten. Oder auch einfach über gemeinsames Malen Entsetzlichkeiten zu verarbeiten, die man überhaupt nicht versprachlichen kann. Unsere Organisationen haben dann mehr die Aufgabe, Einheimische und Geflüchtete zusammenzuführen, aber auch einen schützenden Rahmen zu bilden, in dem sich etwas entfalten kann. Die Projektformate sind ganz variabel. Das geht von zweitägigen Kursen bis hin zu wochenlangen Kursfahrten. Diese beziehen sich wiederum auf alle Sparten: Malerei, Tanz, Theater, Musik usw.

Wie schon angedeutet, die Hilfsbereitschaft war Ende 2015 zum Höhepunkt der Flüchtlingskrise in Deutschland groß. Viele Geflüchtete wurden herzlich aufgenommen. Die Stimmung hat sich aber leider verändert. Es gab auch viele Anschläge auf Flüchtlingsheime, die AfD verzeichnete einen rasanten Aufstieg usw. Gibt es denn heute auch noch soziale Verantwortung füreinander und gesellschaftlichen Zusammenhalt?
Ja, das haben wir natürlich noch! In erster Linie hat sich die Politik gewandelt. Ohne dass es groß deklariert wurde, ist aus einer Politik der Willkommenskultur eine Politik der Festung Europa geworden, was sich natürlich auch im Bewusstsein der Menschen niederschlägt. Wir haben ein stabiles, hohes Niveau an ehrenamtlichem Engagement. An einzelnen kleinen Ecken beginnt es ein bisschen nachzulassen – vor allem im langfristigen, jahrelangen Engagement, an anderen wächst es weiter. Aber das Gesamtniveau ist ungebrochen hoch und ein Beweis für die wirklich gewaltige Energie, die in diesem Land steckt. Das ist ein Schatz für dieses Land.

Eine Aufgabe der Wohlfahrtsverbände ist es auch, die soziale Verantwortung in der Bevölkerung zu pflegen und zu stärken. Wie machen Sie das?
Als paritätischer Gesamtverband beruht unsere Arbeit auf den beiden Werten: gleicher Respekt und gleiche Chancen für jeden Menschen. Und wir leiten aus dieser Werteorientierung das ab, was man altmodisch »das Wächteramt« nennt. Wir haben die Aufgabe, denen, die sonst nicht gehört werden, eine Stimme zu geben. Und wir haben die Pflicht, darauf aufmerksam zu machen, durch welche Entwicklungen in der Makropolitik Bedürftigkeiten und Probleme entstehen. Wir weisen beispielsweise auf die Defizite einer Sozialpolitik hin, die das Auseinandergehen der sozialen Schere nicht nur toleriert, sondern befördert. Auf diese Weise machen wir Interessenpolitik. Das können wir nur glaubwürdig, weil ein großer Wohlfahrtsverband mit vielen Mitgliedsorganisationen ein sehr feines Nervensystem ist, bei dem die Nervenenden eben bis an die dunklen Ecken und Bruchkanten der Gesellschaft reichen, wo normalerweise nicht so gern hingeguckt wird. Das macht uns natürlich aufmerksam für die Bedrohungen, die bestehen. Das sind z. B. die 3.500 Straftaten im Umfeld von Flüchtlingseinrichtungen in 2016. Wir beobachten allerdings auch, dass sich in Reaktion ehrenamtliche Arbeit im Flüchtlingsbereich politisiert. Ehrenamtliche Arbeit mit Flüchtlingen ist quasi ein Statement nicht nur für geflüchtete Menschen, sondern auch gegen IS-Terror und gegen Rechts.

Ein anderer Weg, um diesen gesellschaftlichen Zusammenhalt zu stärken, ist die Initiative kulturelle Integration, deren Mitglied die BAGFW ist. Was versprechen sich die Wohlfahrtsverbände von dieser Mitgliedschaft?

Erstmal ist es eine großartige Angelegenheit, wenn sich viele große Akteure der Zivilgesellschaft darauf einigen können, dass die Arbeit mit und an Kultur eine ganz prominente und erfolgreiche Methode der Integration und der sozialen Arbeit ist. Zweitens hoffen wir, dass die Innovation, in der wir als Wohlfahrtspflege drinstecken, nämlich von der Fürsorge zum Empowerment, auch eine gewisse Strahlwirkung auf die Problemwahrnehmung und -bearbeitung in anderen Bereichen hat. Drittens hoffen wir natürlich auf Synergien. Solche Netzwerke sind angesichts der teilweise sehr komplexen Herausforderungen, die die Aufnahme von einer Million Flüchtlingen mit sich bringt, nicht nur hilfreich, sondern einfach unverzichtbar.

Was wünschen Sie sich für die Gesellschaft von morgen, wie sollte die aussehen?

Unsere simplen und seit 90 Jahren bestehenden programmatischen Grundpfeiler, gleicher Respekt für jeden Menschen und gleiche Chancen für jeden Menschen, klingen harmlos, sind aber bei näherer Hinsicht ein gesellschaftliches Kampfprogramm. Defizite oder gar Rückschritte bei diesen materiellen und institutionellen Faktoren sind auch durch kulturelle Arbeit nicht zu kompensieren. Wir messen auch die gesellschaftliche Entwicklung daran: Nähern wir uns diesen Zielen oder entfernen wir uns? Und je mehr Bündnispartner wir dabeihaben, uns ihm zu nähern, desto größer sind die Chancen, dass eine solche Bewegung auch real stattfindet.

11

Kulturelle Integration – Neue alte Aufgaben für Kultureinrichtungen

Mit Beiträgen von:

Çiçek Bacik, Rolf Bolwin, Christoph Cornelißen, Udo Dahmen, Tanja Dückers, Monika Grütters, Malte Jelden, Susanne Keuchel, Dorothea Kolland, Birgit Mandel, Gerald Mertens, Dietmar Osses, Volker Rodekamp, Ulle Schauws, Barbara Schleihagen, Stephan Schnell, Azadeh Sharifi, Deniz Utlu, Hortensia Völckers, Jutta Weduwen, David-Emil Wickström und Monika Ziller

Muss Kunst etwas leisten?
Aufgaben höhlen Kunst aus

Deniz Utlu — **Politik & Kultur 5/2016**

Kunst muss nichts leisten. Dies gilt es vorwegzunehmen. Die Aufladung der Kunst mit Aufgaben bedeutet ihre Aushöhlung. Die Kunst ist keinem Programm verpflichtet und muss sich nicht mit Zeitfragen auseinandersetzen. Vor allem muss und sollte sich Kunst nicht mit Dingen auseinandersetzen, die von gegenwärtigen Debatten als Zeitfragen gedacht und priorisiert werden. Kunst ist Diskursen und Debatten erhaben und steht über der Realpolitik. Wenn ich also von politischer Kunst spreche, dann meine ich nicht, dass sich etwa die Literatur mit Parteiprogrammen beschäftigen muss, und ökologisch sein sollte, wenn über den Atomausstieg diskutiert wird und Toleranz schaffen sollte, wenn das Feuilleton und der Bundestag über Integration debattieren. Unter politischer Kunst verstehe ich das Aufspüren von gesellschaftlichen Konflikten, die viel tiefer liegen als jede realpolitische Debatte – aber: nicht analytisch und lösungsorientiert, also zweckbezogen. Sondern fern jeder Lösungsorientierung, nicht bestrebt, konstruktiv zu sein, aus einer eigenen Dringlichkeit und Befreiung heraus.

Wenn ich etwas Politisches von den Künstlern – nicht von der Kunst – erwarten kann, ist es politische Wachsamkeit und Selbstreflexion. Und zwar nicht als Künstler, sondern als Mensch. Ein politisch wachsamer Künstler wird seine Sprache und Bilder überprü-

fen und versuchen zu erkennen, was aus ihm heraus kommt, aus seiner Dringlichkeit, aus seinem Versuch, sich zu befreien und was er übernimmt aus dem Machtgefüge der Gesellschaft, in der er aufgewachsen ist. Die politische Wachsamkeit unterstützt die ästhetische Wahrheitssuche. Nicht umgekehrt.

In diesem Sinne kann eine machtkritische Kultur einen ästhetisch wertvollen Beitrag für die Kunst, etwa das literarische Schreiben, haben, sofern sie die Wahrnehmung des Künstlers dahingehend schult, sich von der Herrschaft anerzogener Bilder zu befreien. Sofern die »postmigrantische Kulturproduktion« machtkritisch ist, gilt das auch für sie.

Allerdings sollten wir hier nicht an Begriffen festhalten. Das Wort »postmigrantisch« war in einer bestimmten Phase, Mitte bis Ende der Nullerjahre, sinnvoll, in dem Jahrzehnt nach der Aufhebung des Blutrechts (ius sanguinis) und der Einführung des Geburtsrechts (ius soli) für die Erlangung der deutschen Staatsangehörigkeit. Es musste deutlich gemacht werden, dass von den Menschen, die in den letzten 50 Jahren dieses Land mitaufgebaut und es geprägt hatten, nicht immer noch von Migration, Integration und Ankommen gesprochen werden durfte. Dass es stattdessen einen gesamtgesellschaftlichen Schritt zur ehrlichen Selbstwahrnehmung geben musste. In diesem Sin-

ne war das Konzept des »Postmigrantischen«
im deutschen Kontext, so wie ich es verstehe, weniger einfach nur ein Ersatz für irre-
führende Begriffe, wie »Migrationshintergrund« oder »Migranten«, sondern ein Bruch
mit dem deutschen Selbstverständnis, wie
es bis dahin trotz rechtlicher Reformen galt.
Das hieß für mich nicht, dass alle gleich sind
und unabhängig von sozialer Position oder
gesellschaftlichen Zuschreibungen jetzt alle
einfach postmigrantisch waren. Im Gegenteil, in Anlehnung an postkoloniale Konzepte musste klar darauf hingewiesen werden,
dass es eine Spaltung der Gesellschaft gibt,
diese aber nicht von kulturellen Unterschieden herrührt, die es auch geben mag, sondern von einer rassistischen Unterscheidung
zwischen den Menschen, die ökonomische,
soziale und auch kulturelle, hier insbesondere bildungspolitische, Unterschiede im Zugang zu Ressourcen produzierte.

Ein derartiges Konzept trifft unmittelbar
wieder nur die Wahrnehmung des Künstlers,
nicht aber das künstlerische Schaffen selbst.
Mithilfe dieser Perspektive lässt sich die eigene Arbeit – die Sprache, die Bilder – kritisch
überprüfen: Wie stelle ich meine Charaktere
dar? Sind es wirkliche Charaktere oder über-
nehme ich Klischeebilder, die auf veralteten,
aber im Veraltetsein noch nicht entlarvten
gesellschaftlichen Konzepten beruhen? In
der Phase, in der wir uns heute befinden, wo
mehr und mehr Menschen weltweit auf der
Flucht sind, müssen wir vielleicht zurück zu
einem universellen Verständnis von Migration, das nicht nur aus deutscher Perspektive
nach »Integration« bzw. gesellschaftlichem
Zusammenleben fragt. In einer Welt der Konflikte ändert sich natürlich auch die künstlerische Arbeit, aber nie für eine Agenda, sondern immer für eine Suche nach dem Ort der
Konflikte in mir. Bildungspolitisch sollten wir
weniger fragen, was die Kunst leisten kann,
sondern was wir für die Kunst leisten kön-

nen, damit sie sich frei entfalten kann und
ihre Themen und Formen nicht von gesellschaftlichen Debatten und Eliten über Förderung und Sanktion bestimmt werden und
damit sie möglichst wenig veralteten Konzepten, mit denen wir aufwachsen, aufliegt.
Kunst muss gar nichts. Sie kann aber über alles hinauswachsen.

Reisen im Kopf
Der Beitrag von Künstlern und Intellektuellen zur Integration

Tanja Dückers — **Politik & Kultur 2/2017**

Die Integration von Flüchtlingen ist eine der großen Herausforderungen unserer Zeit. Dass eine Eingliederung nicht nur ökonomisch, sondern auch kulturell gelingen muss, ist dabei zweifellos unbestritten. Wie können daher besonders jene, die sich professionell mit Kunst befassen, dazu beitragen?

Um diese Frage zu klären, wurde Ende vergangenen Jahres die »Initiative kulturelle Integration« ins Leben gerufen. Erklärtes Ziel der Initiative kulturelle Integration ist es, bis zum Internationalen Tag der kulturellen Vielfalt, dem 21. Mai, ein Thesenpapier zu entwickeln, in dem dargelegt wird, wie gesellschaftlicher Zusammenhalt in Deutschland gelingen und welchen Beitrag kulturelle Integration hierfür leisten kann. Die Dringlichkeit des Anliegens kann nicht unterschätzt werden. Die Idee, Flüchtlinge vom Karneval in Köln fernzuhalten, hat wieder einmal gezeigt, dass die Entstehung von Parallelgesellschaften oft von staatlicher Seite geradezu befördert wird.

Für mich als Schriftstellerin stellt sich die Frage: Was können Intellektuelle und Künstler zur kulturellen Integration beitragen? Und wie können sie unter diesem Aspekt sinnvoll politisch agieren?

Zunächst: Es wäre der gesellschaftlich autonomen Rolle der Kunst nicht angemessen, nun einen allgemeinen Aufruf zu tätigen, nach dem Künstler und Intellektuelle heute politisch sein müssen. Paul Klee und Erich Kästner haben damals nicht im engeren Sinne politisch agiert – wir möchten ihre Werke nicht missen. Es geht darum, diejenigen, die Interesse bekunden, einzubinden, aber nicht eine neue Doktrin zu erheben und den Introvertierteren ein schlechtes Gewissen zu machen.

Künstlern und Intellektuellen, die den Wunsch haben, sich an der kulturellen Integration der vielen Neuankömmlinge zu beteiligen und sich selber auch verändern, ihren Horizont erweitern wollen, stehen nicht weniger als vier Wege offen: Sie können werkimmanent auf diese Thematik hinweisen. So haben viele Schriftsteller und Essayisten wie Feridun Zaimoglu, Emine Sevgi Özdamar, Zehra Cirak, Hilal Sezgin, Deniz Yücel, Ömer Erzeren, Seyran Ates, Aysun Bademsoy, Zafer Senocak, und Yade Kara – um nur einige zu nennen – in ihren Romanen, Gedichten, Essays und Filmen kulturelle Unterschiede und Aneignungsprozesse sichtbar gemacht. Einige ihrer Werke werden an Schulen gelesen und erreichen eine breite Leserschaft.

Die zweite Möglichkeit besteht darin, nach Deutschland geflohenen Künstlern und Intellektuellen ein Forum zu geben, ihnen zu Übersetzungen, Veröffentlichungen, Ausstellungen und anderen Formen der gesellschaftlichen Teilhabe zu verhelfen. So hat das Berliner Haus für Poesie kürzlich vier aus Syrien und Jemen geflohene Schriftsteller vorgestellt. Nun sind ihre und andere Texte geflohener Dichter in der schön gestalteten Anthologie »Weg sein – hier sein« auf Deutsch und Arabisch erschienen. Schulen und andere Bildungsträger könnten sich verstärkt bemühen, geflohene Künstler einzuladen. Natürlich ist die kulturelle Integration aller Neuankömmlinge wichtig – so hat das Museum für Europäische Kulturen in Dahlem mit »DaHeim. Einsichten in das flüchtige Leben« Asylsuchenden die Möglichkeit gegeben, eine eigene Ausstellung zu gestalten. Aber Künstler und Intellektuelle fungieren oft als Sprachrohr und schaffen ihrerseits Werke, die von einer kulturellen Annäherung zeugen und diese in den gesellschaftlichen Raum zurückspiegeln – mit selbstdynamisierender Wirkung. Das HAU, das Gorki-Theater in Berlin oder das Ballhaus Naunynstraße, um nur drei Beispiele zu nennen, haben in den vergangenen Jahren ein deutlich vielseitigeres Programm vorgelegt, in dem auch die Erzählungen und Mythen von Menschen aus anderen Kontinenten mehr Berücksichtigung finden.

Ein weiterer Weg, den Künstler und Intellektuelle in Deutschland beschreiten könnten, besteht darin und das tun viele auch schon, von ihrer Bekanntheit als öffentliche Person Gebrauch zu machen und sich in Zeitungen, Magazinen, im Rundfunk, Fernsehen und in sozialen Medien für eine plurale Gesellschaft wort- und bildstark einzusetzen – nicht nur in Form von medienwirksamen Äußerungen, sondern auch in öffentlichen Aktionen. In den letzten ein, zwei Jahren haben sich viele Gruppen von Intellektuellen und Kulturschaffenden gebildet, z. B. das aus Frauen aus Kunst, Kultur, Politik, Wissenschaft und Wirtschaft bestehende Netzwerk »wir machen das«, das schon in seinem Namen Angela Merkels Slogan eine tatkräftige und optimistische Note verleiht. Das Netzwerk hat, um nur ein Beispiel zu nennen, die Veranstaltungsreihe »Begegnungsort Buchhandlung« ins Leben gerufen, bei der sich Geflohene und Alteingesessene im Rahmen von zweisprachigen Veranstaltungen im Kiez begegnen.

Der vierte, weniger medienwirksame, aber auch effektive Weg besteht darin, sich als Künstler und Intellektueller auch einfach als Bürger zu begreifen und auf der konkreten, praktischen Ebene einen Beitrag zur gegenseitigen Annäherung zu leisten: So haben nicht wenige Schriftsteller in den letzten Jahren in Sprachkursen Deutschunterricht gegeben und in Flüchtlingsheimen bei Schulaufgaben geholfen. Selbstironisch und persönlich schreibt Christiane Rösinger in ihrem neuen Buch »Zukunft machen wir später« über ihre Erfahrungen vom Deutschunterricht mit Geflüchteten.

Es gibt eine Vielzahl von Künstlern und Intellektuellen, die sich engagieren. Wichtig ist, kulturelle Integration als einen beidseitigen Prozess zu verstehen. Integration beschreibt keine Einbahnstraße, sondern einen osmotischen, sich gegenseitig durchdringenden Prozess, der nicht nur eine Seite verändert. Die unselige, von der CDU immer wieder aufs Neue angestoßene Leitkulturdebatte hat leider immer wieder der Annahme Vorschub geleistet, dass kulturelle Integration etwas sei, das nur von Neuankömmlingen zu leisten ist. Es geht nicht um eine Aufweichung des Grundgesetzes, nicht, wie manche befürchten, um eine Akzeptanz von menschenverachtenden Sitten, wie sie in jeder Kultur abzulehnen sind, sondern um Neugierde, um das (Fern-)Reisen im Kopf und im eigenen Land, um eine Erweiterung unseres Kanons, unserer Kultur und Gewohnheiten: um gegenseitige Teilhabe auf Augenhöhe. Ein im Mai vorliegendes Thesenpapier zur kulturellen Integration sollte diesen Aspekt der gegenseitigen Integration berücksichtigen und vorsehen, dass die vielen, schon aktiven Gruppen von Intellektuellen und Künstlern in ihren Zielen konkret unterstützt werden – Geld ist gerade für diejenigen wichtig, die als Kunst- und Kulturschaffende oft genug in prekären Verhältnissen leben und von denen nun noch ein weiterer gesellschaftlicher Beitrag erwartet wird.

Kultur öffnet Welten
Der Beitrag der Kultureinrichtungen zum Gelingen kultureller Vielfalt muss stärker sichtbar werden

Monika Grütters — Politik & Kultur 2/2017

»Wenn wir uns versuchsweise vorstellen, wir sollten lediglich mit dem leben, was wir als ›Nationale‹ sind, wenn wir etwa den durchschnittlichen Deutschen aller Sitten, Gedanken, Gefühle zu entkleiden probieren, die er von anderen Ländern des Erdteils übernommen hat, werden wir bestürzt sein, wie unmöglich eine solche Existenz schon ist.«

Trotz der Unvorstellbarkeit einer rein »nationalen« Existenz, die der spanische Philosoph Ortega y Gasset in seinem berühmten Hauptwerk »Der Aufstand der Massen«, einer Zeitdiagnose der 1930er Jahre, beschwor, nährt die Konfrontation mit dem Fremden bis heute die Furcht vor Verwässerung oder Verlust der nationalen Identität. Lange hat allein schon die Frage, ob Deutschland ein Einwanderungsland ist oder nicht, für kontroverse Debatten gesorgt. Der Begriff der »Leitkultur« betonte die notwendige Verständigung auf gemeinsame Werte, brachte aber auch das Bedürfnis nach Selbstvergewisserung durch Abgrenzung zum Ausdruck. Umgekehrt vernebelte die Vision eines heiterbunten »Multikulti« oft den Blick auf Konflikte, die im »Schmelztiegel der Kulturen« gären. Mittlerweile begreifen wir uns, auch dank intensiver Auseinandersetzungen, als Einwanderungsland. Die Zuwanderung der letzten Jahrzehnte hat insofern nicht nur die Zuwanderer verändert, die teils in der zwei-

ten und dritten Generation hier leben. Die Zuwanderung – genauer: der öffentliche Diskurs über Zuwanderung – hat auch unsere Gesellschaft und unser Selbstverständnis verändert. Deutschland sieht sich heute viel mehr als früher als weltoffenes Land. Dennoch scheint die ungeheure Vielfalt unterschiedlicher Traditionen und Zukunftsträume, Kulturen und Religionen, Lebensentwürfe und Weltanschauungen, wie wir sie insbesondere in Metropolen und Großstädten erleben, manchmal ebenso beängstigend und verstörend wie sie inspirieren und bereichern kann. Vielfalt ist und bleibt eine Herausforderung, für manche sogar eine Bedrohung.

Als national bedeutsame Institutionen, die in einzigartiger Weise Auskunft geben über unser kulturelles Gedächtnis und über unser Bild von uns selbst und der Welt, stehen die vom Bund geförderten Kultureinrichtungen für die Vielfalt und die Bandbreite dessen, was uns ausmacht. Ihre Arbeit ist unverzichtbar für ein demokratisches und weltoffenes Deutschland. Allein die Menschen zu integrieren, die in den vergangenen Jahren Zuflucht in Deutschland gesucht haben und die für eine Zeit lang oder vielleicht sogar für immer bleiben werden, ist eine Aufgabe für Jahre, wenn nicht Jahrzehnte. Deutschland kann sich glücklich schätzen, dabei auch auf seine Kulturinstitutionen zählen zu können – zum einen, weil die diffuse Angst vor der vermeintlich drohenden Dominanz kultureller Minderheiten das große Bedürfnis nach Vergewisserung unserer eigenen kulturellen Identität offenbart; zum anderen, weil kulturelle Teilhabe eine grundlegende Voraussetzung dafür ist, dass Zuwanderer in der Fremde heimisch werden.

Diese beiden maßgeblichen Herausforderungen kultureller Vielfalt – das Bedürfnis nach kultureller Identität und Selbstvergewisserung einerseits, das Bedürfnis nach kultureller Teilhabe andererseits – stecken den Bereich der Mitverantwortung der Kulturpolitik und der Kultureinrichtungen für Integration und Zusammenhalt ab. Kultur ist Brückenbauerin und Türöffnerin, aber auch Ausdruck und Spiegel unserer Identität. Ob Poesie, ob Malerei, ob Musik, Theater oder Tanz: Kunst kann gemeinsame Sprache sein, wo unterschiedliche Begriffe Schweigen oder Missverstehen provozieren. Kunst kann gemeinsame Erfahrungen bescheren, wo unterschiedliche Herkunft ab- und ausgrenzt. Kunst kann uns helfen zu verstehen, was uns ausmacht, wer wir sind – als Individuen, als Deutsche, als Europäer. Kunst kann uns aber auch nötigen, die Perspektive zu wechseln und die Welt aus anderen Augen zu sehen.

Die Kultur in ihrer Rolle als Spiegel und als Brückenbauerin zu stärken, ist das Ziel zahlreicher Maßnahmen und Projekte meines Hauses. Dazu gehört insbesondere die Förderung von Kultureinrichtungen, die sich zum einen dem Austausch zwischen den Kulturen widmen und sich zum anderen als Orte der kulturellen Bildung und Vermittlung darum bemühen, auch bildungsferne und wenig kulturaffine Menschen in ihrer jeweiligen Lebenswelt zu erreichen und ihnen unsere vielfältige Kultur und unsere wechselvolle Geschichte nahezubringen. Es ist ein zukunftsweisendes kulturpolitisches Signal,

dass wir den prominentesten Platz in der historischen Mitte Berlins der Begegnung deutscher und europäischer Kultur mit den Kulturen der Welt widmen. Das Humboldtforum wird Menschen nicht nur als Staatsbürger, sondern auch als Weltbürger ansprechen und vermitteln, dass uns, bei allen kulturellen Unterschieden, als Menschen weltweit viel mehr verbindet als uns trennt. Angesichts der gegenwärtigen politischen Lage ist dieses ehrgeizige, der Auseinandersetzung mit – im wahrsten Sinne des Wortes – weltbewegenden Themen der Gegenwart gewidmete Vorhaben aktueller denn je. Das Thema Religion beispielsweise soll – gerade mit Blick auf die Krisen und Konflikte im Nahen und Mittleren Osten, mit Blick auf die damit verbundenen Flüchtlingsbewegungen und auch mit Blick auf die Angst, die Terroristen im Namen des religiösen Fundamentalismus verbreiten – einen eigenständigen Schwerpunkt bilden.

Der Förderung von kultureller Integration dient auch der »BKM-Preis Kulturelle Bildung«, mit dem ich als Kulturstaatsministerin einmal im Jahr originelle Ansätze der kulturellen Bildungsvermittlung auszeichnen darf. Dabei beeindruckt mich immer wieder, wie viel sich – nicht zuletzt dank bürgerschaftlichen Engagements – vor Ort im Kleinen bewegen lässt. Um die Kraft der Kultur als Integrationsmotor sichtbar zu machen, vor allem aber, um Anerkennung und Wertschätzung für bürgerschaftliche Unterstützung bei einer großen gesellschaftlichen Zukunftsaufgabe zum Ausdruck zu bringen, habe ich 2016 außerdem einen Sonderpreis für »Projekte zur kulturellen Teilhabe geflüchteter Menschen« vergeben. In den 150 Projekten, die dafür vorgeschlagen wurden, begegnen Einheimische und Neuankömmlinge sich von Angesicht zu Angesicht und knüpfen persönliche Verbindungen über Kunst und Kultur.

Wie viel unsere Kultureinrichtungen land-auf landab zum Gelingen kultureller Vielfalt beitragen, ist uns leider nicht immer bewusst. Umso wichtiger ist es, den Beitrag der Kulturinstitutionen stärker sichtbar zu machen: Als Einladung zu interkulturellen Begegnungen vor Ort, aber auch als Ausdruck des Selbstverständnisses einer weltoffenen Gesellschaft. Deshalb bin ich sehr froh darüber, dass meine Kolleginnen und Kollegen aus den Ländern und Kommunen sowie zivilgesellschaftliche Organisationen meiner Anregung gefolgt sind, im Rahmen der gemeinsamen Initiative »Kultur öffnet Welten« sichtbar zu machen, was es bereits an einzelnen Aktionen, Programmen und Ideen gibt. Darüber hinaus arbeiten in der Initiative kulturelle Integration des Deutschen Kulturrates unter meiner Verantwortung und mit Unterstützung des Innenministeriums, des Ministeriums für Arbeit und Soziales sowie der Integrationsbeauftragten der Bundesregierung hochrangige Vertreter aus Staat, Kirchen und Zivilgesellschaft zusammen, um eine gemeinsame Position zum gesellschaftlichen Zusammenhalt in einer pluralistischen, weltoffenen Gesellschaft zu entwickeln.

Unsere Kultureinrichtungen sind nicht zuletzt Orte öffentlicher Debatten, die die Gesellschaft nie nur abbilden, sondern immer auch mitformen. Wie sehr wir diese Orte der Verständigung brauchen, erleben wir gerade jetzt und gerade dort, wo eine lautstark pöbelnde Minderheit den Ruf der Montagsdemonstrationen »Wir sind das Volk« missbraucht, um Ressentiments gegen anders Denkende, anders Glaubende, anders Aussehende, anders Lebende zu schüren, um Stimmung zu machen gegen Demokratie und Rechtsstaatlichkeit, Vielfalt und Freiheit – und damit letztlich gegen alles, was uns definiert und ausmacht: gegen unsere Kultur. Diese Kultur zu verteidigen, heißt, aufzuste-

hen gegen Fremdenfeindlichkeit, Ausgrenzung und Nationalismus und nicht zuzulassen, dass ein gesellschaftliches Klima entsteht, in dem die Ressentiments einer Minderheit sich wie ein Virus verbreiten können. Unsere Kultureinrichtungen – unsere Theater, Museen, Gedenkstätten usw. – können Köpfe und Herzen gegen dieses Virus immunisieren. Sie können Einfluss darauf nehmen, wie kulturelle Identität und kulturelle Vielfalt in Deutschland wahrgenommen werden. Sie können auf Ressentiments gebaute Weltbilder ins Wanken bringen. Sie können Verbindendes sichtbar machen, wo das Trennende die Wahrnehmung beherrscht. Sie können Perspektiven verschieben und Vorstellungsräume erweitern – und damit auch die Grenzen der Empathie. Kurz und gut: Sie können unserer Kultur, sie können dem, was uns definiert, jenseits argumentativer Auseinandersetzung, Gehör verschaffen. Aus diesen Gründen bin ich gerade mit Blick auf die gegenwärtigen Herausforderungen und Spannungen in unserer Gesellschaft sehr froh, dass wir in Deutschland ein dicht geknüpftes Netz kultureller Angebote und Einrichtungen haben – und eine Kulturförderung, die weltweit ihresgleichen sucht.

Interkulturelle Bildung
Handlungsfeld in »klassischen« Kultureinrichtungen

Susanne Keuchel — Politik & Kultur 5/2010

Das Zentrum für Kulturforschung führte im Jahr 2009 für das Bundesministerium für Bildung und Forschung eine Infrastrukturerhebung zu Bildungsangeboten in klassischen Kultureinrichtungen, Theatern, Orchestern, Mehrspartenhäusern (Vollerhebung), Bibliotheken und Museen (Teilerhebung) durch. Im Fokus standen Sonderführungen, Einführungen Jugendtheaterclubs, moderierte Kinderkonzerte, Themenworkshops und viele andere künstlerisch-kreative Bildungsangebote. Mit Blick auf die Bevölkerungsentwicklung – 20 Prozent der Bevölkerung in Deutschland hat einen Migrationshintergrund, bei den unter sechsjährigen liegt der Anteil bei 34 Prozent – wurde in der Studie ein besonderer Fokus auf das Bildungsangebot für Migranten gelegt.

Die befragten Kultureinrichtungen schätzten den Anteil der Bildungsveranstaltungen 2008, die sich auch an Migranten richteten, auf ein Prozent. 15 Prozent aller befragten Einrichtungen geben an, eine entsprechende Bildungsveranstaltung 2008 durchgeführt zu haben. Allgemein wird der Migrantenanteil bezogen auf das Gesamtpublikum der Häuser mit 11 Prozent nicht sehr hoch eingeschätzt, wobei 62 Prozent aller befragten Einrichtungen sich hier keine Einschätzung zutrauen. Es herrscht allgemein eine große Unsicherheit bezüglich des Erreichens dieser Zielgruppe.

Zu den Bildungsangeboten für migrantische Zielgruppen

Nur zwei der 90 ermittelten Bildungsformate für Migranten in den Einrichtungen richten sich ausschließlich an Migranten. In beiden Fällen handelt es sich um Deutsch lernen im Museum, Projekte, die den Spracherwerb durch den Besuch eines Museums und zugleich die Auseinandersetzung mit der Kunst fördern.

Bei der Betrachtung der Bildungsformate für Migranten fällt auf, dass sich diese hauptsächlich an Kinder und Jugendliche und vielfach auch an bildungsferne Bevölkerungsgruppen richten. Sehr viele Bildungsangebote, die nach Angaben der Kultureinrichtungen die Gruppe der Migranten erreichen, sind explizit Angebote für Schulklassen in sozialen Brennpunkten. Damit wird deutlich, dass die wenigen Kultureinrichtungen, die schon gezielt mit Angebotskonzepten die Zielgruppe Migranten erreichen wollen, noch ein sehr einseitiges Bild von dieser Zielgruppe vor Augen haben, das allerdings allgemein in unserer Gesellschaft sehr verbreitet ist: eine bildungsferne Gruppe mit mangelnden Deutschkenntnissen. Dabei ist die Bevölkerungsgruppe mit Migrationshintergrund wesentlich vielfältiger in ihren soziodemografischen Ausprägungen und in ihrem Bildungskontext.

Zu interkulturellen Programmakzenten

20 Prozent der Einrichtungen gaben an, dass sie mindestens ein Bildungsangebot im Programm haben, welches sich thematisch auf andere Kulturkreise bezieht. Die Museen (26 Prozent) und Bibliotheken (26 Prozent) sind im Vergleich zu den Theatern (9 Prozent), Orchestern (3 Prozent) und Mehrspartenhäusern (11 Prozent) aktiver, wenn es darum geht, andere Kulturkreise innerhalb des Bildungsangebotes zu thematisieren. Dabei muss natürlich berücksichtigt werden, dass die Anschaffung von fremdsprachigen Medien in den Bibliotheken gegebenenfalls leichter umzusetzen ist als programmatische Bezüge bei den Kunstproduzenten.

Auch sind es besonders die Museen mit kulturgeschichtlichen Ausstellungen und Völkerkundemuseen (47 Prozent), die sich hier stärker engagieren mit Themenbezügen über ihre Sammlungen. Bei den wenigen hier aktiven Orchestern kann eine ausschließliche Konzentration auf türkische Musik beobachtet werden. So bieten beispielsweise die Berliner Philharmoniker die Konzertreihe »Alla turca« mit Musik von Türken, Kurden und Armeniern an.

Bei den Bildungsveranstaltungen werden alternativ klassische Sprachen des Kulturtourismus angeboten: Englisch (39 Prozent) und Französisch (28 Prozent). Keinerlei nennenswerte Ausrichtung findet sprachlich an den Herkunftsländern der Migranten in Deutschland statt. Nur 9 Prozent der Kultureinrichtungen bieten beispielsweise Bildungsangebote in türkischer Sprache an, wie etwa das Weserrenaissance-Museum Schloss Brake, das im Rahmen einer Ausstellung »Orient und Okzident« 2007 erstmals mit einem deutsch-türkischen Freundeskreis kooperierte und seitdem mithilfe des Freundeskreises regelmäßig türkische Führungen anbietet.

Zu Multiplikatoren in den Einrichtungen

Die Kultureinrichtungen wurden gefragt, ob sie Mitarbeiter mit Migrationshintergrund im Bereich Kunst, Vermittlung, Verwaltung oder Technik beschäftigen. Die Arbeitsfelder wurden an dieser Stelle bewusst eingegrenzt, um zu verhindern, dass Berufsgruppen, die keinen Einfluss auf organisatorische oder künstlerische Prozesse haben, wie Reinigungskräfte oder Hausmeister, in die Betrachtung einfließen. 34 Prozent der Kultureinrichtungen beschäftigen Personen mit Migrationshintergrund in eben genannten Bereichen. Gleicht man die Verteilung der Herkunftsländer der Mitarbeiter mit der Gesamtverteilung der Migrantengruppen in Deutschland ab, fällt auf, dass es speziell an Multiplikatoren, sprich Mitarbeitern, mit türkischem Migrationshintergrund mangelt. Der Anteil der Kultureinrichtungen, die migrantisches Personal beschäftigen, ist besonders hoch bei den Einrichtungen, die der Kunstproduktion explizit verpflichtet sind, den Theatern (64 Prozent), Orchestern (63 Prozent) und Mehrspartenhäusern (65 Prozent). Hier verbirgt sich noch ungenutztes Potenzial in der Form, dass diese Gruppe gezielt als Multiplikatoren für interkulturelle Vermittlungsarbeit eingesetzt werden kann.

Grundsätzlich kann in Bibliotheken und Museen beobachtet werden, dass die Einrichtungen mit Mitarbeitern in eben beschriebenen Arbeitsfeldern sich anteilig stärker in der migrantischen Bildungsarbeit engagieren als Einrichtungen ohne entsprechende Mitarbeiterstrukturen. So liegt der Anteil an Einrichtungen mit Bildungsveranstaltungen für Migranten bei Bibliotheken und Museen, die sich 2008 in der kulturellen Bildung engagiert haben, also mindestens eine Bildungsveranstaltung durchgeführt und migrantische Mitarbeiter haben, sogar bei 49 Prozent, während eine entsprechende Personalpräsenz in der Bildungsarbeit der Orchester und Theater kaum Spuren hinterlässt, vermutlich weil dieser Bereich stärker von der künstlerischen Leitung dominiert wird.

Ausblick und Fazit

Grundsätzlich stellt sich die Frage, ob Bildungsangebote, die sich an Migranten richten, nicht auch für weitere Zielgruppen offen sein sollten. Denn eine solche Homogenisierung der Personen mit Migrationshintergrund kann zu einer Stereotypisierung und Bildung einer In- und Outgroup führen. Auf der einen Seite stellt gerade die Identifizierung mit Personen mit ähnlicher Biografie einen wichtigen Faktor dar, überhaupt Personen mit Migrationshintergrund zu gewinnen. Es gilt also einen schwierigen Balanceakt zu schaffen, interkulturelle Begegnungen in den Kultureinrichtungen, die als Ort hierfür prädestiniert sind, zu ermöglichen, indem man die vielfältige Zielgruppe mit Migrationshintergrund mit Themen und Angebotsformen anspricht und erreicht, die diese ebenso interessiert und zum Dialog anregt, wie die vielfältige Bevölkerungsgruppe ohne Migrationshintergrund. Hier fehlt es noch an Konzepten und man muss die Kultureinrichtungen, wie auch andere gesellschaftliche Bereiche, noch stärker unterstützen in der Entwicklung geeigneter Formate und Maßnahmen.

Ein neues Wir-Gefühl

Welche Bedeutung haben Kunst und Kultur für
den Zusammenhalt einer pluralen Gesellschaft?
Wie kann die kulturelle und gesellschaftliche
Teilhabe aller Menschen realisiert werden?

Çiçek Bacik — Politik und Kultur 5/2016

Kunst und Kultur sind wichtige Orte der Begegnung. Wenn unterschiedliche Lebenswelten und kulturelle Wirklichkeiten in Kunst und Kultur wiedergegeben werden, können sie einen entscheidenden Beitrag für den gesellschaftlichen Zusammenhalt leisten. Dafür brauchen wir mehr Räume für soziale und kulturelle Lebenswirklichkeiten, die aus der Nische herausgeholt und »auf die Bühne« gebracht werden.

Die zunehmende Globalisierung und Migrationsströme führen zu einer starken Pluralisierung der Gesellschaft und Fragmentierung von urbanen Lebensräumen. Die Heterogenität einer Bevölkerung stellt demzufolge auch die Kulturpolitik vor eine große Herausforderung. Bieten Kunst und Kultur wirklich allen Menschen, die in unserem Land leben, ein Zuhause? Spiegeln sich z. B. die unterschiedlichen Identitäten, die Erinnerungskultur von Migranten in den Kulturhäusern ausreichend wieder?

Deutschland ist noch weit davon entfernt, der kulturellen Vielfalt einen Raum zu geben. Denn die kulturelle Vielfalt findet weder in der Kulturpolitik noch in den Kultureinrichtungen ausreichend Beachtung. Somit schränkt der Mangel an kultureller Vielfalt in den Angeboten den Zugang zur kulturellen Teilhabe von Migranten ein. Dabei ist das Selbstverständnis einer pluralen Gesellschaft stark von der kulturellen Teilhabe abhängig. Wenn eine Bühne oder ein Publikum die Gesellschaft nicht widerspiegelt, ist dieses Selbstbild ausgrenzend, betonte Mark Terkessidis vor einigen Jahren in seinem Buch mit dem Titel »Interkultur«. Insbesondere etablierte Kultureinrichtungen wie staatliche Museen, Opern und Theaterhäuser tun sich schwer damit, sich interkulturell zu öffnen und die kulturelle Vielfalt, die auf der Straße herrscht, auch in ihren Angeboten widerzuspiegeln. Erfreulicherweise gibt es Ausnahmen. Die Komische Oper trägt z. B. seit 2012 im Rahmen des interkulturellen Projekts »Selam Opera!« mit ihrem »Operndolmuş« (dolmuş bedeutet Sammeltaxi) Musiktheater in die Kieze der Hauptstadt. In diesem Sommer hat der Operndolmuş seine Reise auf den Spuren der Gastarbeiterroute im Kreuzberg Museum angetreten. Als die Opernsänger das populäre Lied von Barış Manço »Dağlar Dağlar« anstimmten, herrschte helle Begeisterung im Publikum.

Damit gesellschaftliche Vielfalt in deutschen Kultureinrichtungen zum Regelfall wird, müssten sich die Kultureinrichtungen bereit erklären, sich interkulturell zu öffnen, indem sie die kulturelle Vielfalt in ihren Kulturangeboten sowie in der personellen Besetzung – auch in den Führungspositionen – widerspiegeln. Infolge dessen müsste das Kulturprogramm interkulturell sensibel und zielgruppengerecht angepasst werden. Damit würden sie gleichzeitig ein wichtiges Signal an die plurale Gesellschaft senden; nämlich eine Kultur der Anerkennung und Wertschätzung sowie die Bereitschaft auf ein Zusammenleben auf Augenhöhe. Dabei sollte die Kultur als wichtiges Medium der Teilhabe und als ein demokratisches Mittel bei der Gestaltung der Vielfalt betrachtet werden.

Ein wichtiges kulturpolitisches Ziel sollte es sein, neue Formen des Dialogs und Austauschs in dieser von Heterogenität und Vielfalt gezeichneten Realität aufzuzeigen. Bei dieser Gelegenheit müssten Kulturhäuser ihre Zusammenarbeit mit Migrantenorganisationen intensivieren. Auch müssten die kulturellen Bedürfnisse der Migranten in der Forschung weiterhin ermittelt werden, damit für sie zielgruppengerechte Angebote gemacht werden können.

Laut einer Untersuchung des Bundesministeriums für Bildung und Forschung haben Kunst und Kultur für Migranten eine wichtige Brückenfunktion, die zwischen den Kulturen vermitteln und daher unverzichtbare Instrumente für einen Dialog sind. Dadurch kann eine Begegnung mit anderen Kulturen und Traditionen ermöglicht und eine wechselseitige Akzeptanz beschleunigt werden. Auf diese Erkenntnisse sollte die Kulturpolitik allmählich Rücksicht nehmen und darauf reagieren. Wie weit ist es heute mit der interkulturellen Öffnung in den Kulturinstitutionen? Die interkulturelle Öffnung in Kultureinrichtungen steckt in Deutschland noch in Kinderschuhen. Nur ein Prozent des Budgets der Bildungsveranstaltungen aller Kultureinrichtungen richten sich an Einwanderer.

Die meiste finanzielle Unterstützung wird für die Förderung der Hochkultur ausgegeben. Dabei wird ein bestimmter Typus von Kulturangeboten gefördert: »mittelständisch, bildungsbürgerlich, einheimisch und nicht behindert«, schreibt Mark Terkessidis in »Interkultur«. Der Bau des Schlosses in Berlin, das ein bedeutendes Symbol der Hochkultur ist, kostet z. B. 590 Millionen Euro. Aber für den Bau eines Migrationsmuseums in Deutschland, den Migranten seit Jahren fordern, gibt es immer noch keine sichergestellte Finanzierung. Im Gegensatz zu Deutschland gibt es in Frankreich und Dänemark bereits ein Migrationsmuseum. Domid e.V. kämpft seit 25 Jahren für eine Gründung eines Migrationsmuseums. Laut den westfälischen Nachrichten vom 13. Mai 2015 wurde der Startschuss für das erste Migrationsmuseum in Deutschland erteilt. Doch weiterhin fehlen dafür die Gelder; dafür müsse eine breite Öffentlichkeit nur einmal erreicht und Unterstützer gefunden werden. Daran ist deutlich zu erkennen, dass die Kultur der Migranten und ihre Einwanderung in Deutschland nicht ausreichend gewürdigt werden. Die Migranten sind seit über 50 Jahren nach Unterzeichnung der ersten Anwerbeabkommen ein fester Bestandteil dieser Bevölkerung, sie führen Steuern ab und leisten einen entscheidenden Beitrag für den Wohlstand in Deutschland. Sie verdienen es, in der Kulturpolitik gewürdigt und beachtet zu werden. Nur so können ein neues Wir-Gefühl und ein neuer Gemeinsinn entstehen.

Spitzenförderung in der Gesellschaft
Die Kulturstiftung des Bundes fördert die Öffnung von Kulturinstitutionen

Hortensia Völckers — Politik & Kultur 3/2017

Forderungen oder Wünsche nach Integration basieren auf einer Diagnose, wenn sie selber nicht schon eine sind: Einige sind draußen, ausgeschlossen, »abgehängt«, die anderen sind »drin« und wollen die anderen »reinholen«. »Integration« soll eine soziale Kluft zum Verschwinden bringen. »Integration« ist ein schwieriger Begriff. Je eingehender man sich mit ihm beschäftigt, desto mehr entgleitet einem seine praktische Bedeutung. Wer ist es, der – wen – integriert? Woher nimmt er seine Legitimation? Welches Ziel wird mit welchen Integrationsmaßnahmen verfolgt? Sollte ein muslimischer Jugendlicher mit den Objekten des Berliner Bode Museums vertraut gemacht werden, die überwiegend der christlichen Ikonografie entstammen, wenn wir wissen, dass auch junge Menschen christlich-abendländischer Sozialisation damit kaum etwas verbinden? Nicht ausgeschlossen, dass sich der muslimische Jugendliche eines Tages zum Experten für Bereiche abendländischer Kultur entwickelt. Noch ist das die Ausnahme, wenn ich z. B. (unter anderem!) an den Friedenspreisträger des Deutschen Buchhandels, Navid Kermani, denke. Aber vielleicht ist das irgendwann nicht mehr der Rede wert, jedenfalls nicht als Beispiel geglückter »Integration«. Soweit möge es bitte nicht kommen, dass sich in unseren Sprachgebrauch das Unwort »Integrierter« einnistet!

Schon werden Rufe nach »Desintegration« wie – z. B. vom Soziologen Armin Nassehi – laut, um dem hegemonialen Beigeschmack des Begriffs etwas entgegenzusetzen. Wenn Integration in eine Art Zwangsbeglückung mündet, dann ist Integration sicher nicht gelungen. Wie man am oben genannten Beispiel ablesen kann, ist »Integration« eher eine Frage der Bildung als des kulturellen Hintergrunds. Schon deshalb beginnt »Integration« avant la lettre bereits im Kita- und erst recht im Schulalltag, in dem Kinder ihre unterschiedlichen Talente in der Gemeinschaft erkennen, ihre Talente soziale Wertschätzung erfahren und sie dabei Freude an der Entwicklung ihrer musischen Fähigkeiten haben. Hinzukommen sollte dann die Erfahrung, dass es in unserer Kultur öffentliche Orte gibt, in denen genau diese Talente und Fähigkeiten zusätzliche Stimuli erfahren, Orte, die im buchstäblichen Sinn für viele attraktiv sind. Das ist der Grund, warum Kulturinstitutionen Exzellenzförderung verdienen und brauchen. Sie müssen außerordentlich gut sein, »Hochkultur« nicht im elitären, sondern in einem qualitativen Sinn bieten. Der Qualitätsaspekt ist ein wesentliches Kriterium unserer Förderentscheidungen. Und die besten Projekte sind es, die der »Integration« die meisten Möglichkeiten bieten, die die geringsten Hürden aufbauen. Diesen Eindruck haben meine vielfältigen und langjährigen Erfahrungen mit Kunst und Kultur immer wieder und immer mehr bestätigt.

Ich möchte zwei Begriffe ins Spiel bringen, ohne die ich mir »Integration« im landläufig gebrauchten Sinn nicht vorstellen kann: Teilhabe und die Diversität. Das eine muss gewährleistet, das andere willkommen geheißen werden; das eine ist eine Forderung sozialer Gerechtigkeit, das andere eine Anerkennung unserer Wirklichkeit. Was die Kulturstiftung des Bundes mit sehr vielen und auf den ersten Blick sehr unterschiedlichen Programmen fördert, ist die Öffnung von kulturellen Einrichtungen für ein breites Publikum und insbesondere für das Publikum von morgen. D. h., dass die Institutionen Angebote für das gesamte gesellschaftlich diverse Spektrum der Stadtgesellschaft oder des ländlichen Raumes machen und dabei den demografischen Wandel berücksichtigen müssen. In einem Land, in dem die Kultureinrichtungen ganz wesentlich durch die öffentliche Hand finanziert werden, ist es eigentlich eine Selbstverständlichkeit und dürfte gar nicht eigens betont werden, dass Museen, Theater, Bibliotheken usw. der gesamten Bevölkerung zur Verfügung stehen und auch von ihr genutzt werden können. Das lässt sich gar nicht anders als eine Win-win-Situation beschreiben. Die Frage ist also, wie können diese Räume an Attraktivität für jene gewinnen, die bisher von diesen Institutionen »keinen Gebrauch« machen oder das Gefühl haben, sie müssten »draußen vor der Tür« bleiben, weil sie die Sprache der Hochkultur nicht verstehen, weil die Eintrittspreise zu hoch sind, weil sie ihre Informationen nicht aus Büchern, sondern vorwiegend aus den digitalen Medien beziehen, weil sie noch nie in einem Theater gewesen sind usw.

Es wird nicht ohne eine Veränderung im Selbstverständnis und den Zielsetzungen der Kulturinstitutionen vonstattengehen. Noch sind sie zu großen Teilen öffentliche Orte der Begegnung und des Austauschs, der kulturellen Bildung und nicht zuletzt der Weitergabe kultureller und zivilgesellschaftlicher Kompetenzen. Damit das so bleibt und sie darüber hinaus auch eine Zukunftsperspektive haben, müssen die drei großen »P's«: Programm, Personal, Publikum überdacht und justiert werden. Die Kulturstiftung des Bundes will mit ihrem mehrjährigen Programm »360° – Fonds für Kulturen der neuen Stadtgesellschaft« solche Prozesse unterstützen und reagiert in diesem Fall speziell auf die Anforderungen in einer Gesellschaft, in der der Anteil von Migranten wächst. Zu diesen Veränderungsprozessen gehört auch und nicht zuletzt, dass die Institutionen ihre Personalpolitik kritisch reflektieren, selbst die »Diversifizierung« ihres Personals vorantreiben. Im Falle von Mitarbeitern mit Migrationsgeschichte ist zu erwarten, dass diese dann wiederum eine stärkere Vernetzung mit migrantischen Gesellschaftsschichten bewirken können und die Attraktivität ihres Hauses für eben jene erhöhen.

Integration, um noch einmal das ungeliebte Wort zu benutzen, wird nicht für andere gemacht, sondern mit ihnen, sie ist als Prozess der gemeinsamen, immer wieder neu auszuhandelnden Gestaltung der Zukunft zu verstehen. Ich stelle mir diesen Prozess im Übrigen als ziemlich mühselig und langwierig vor, der nicht ohne Konflikte abgehen und womöglich von Rückschlägen begleitet sein wird. Verfahren zu entwickeln und Erfahrungen zu sammeln, wie mit ihnen umzugehen ist, wird aber im Sinne einer humanen und kulturell entwickelten Gesellschaft allemal erfolgversprechender sein als alle Versuche, das Rad der Geschichte zurückzudrehen oder gegen den Strom der Zeit anzuschwimmen.

Interkulturelles Audience Development
Barrieren der Nutzung öffentlicher Kulturangebote und Strategien für kulturelle Teilhabe und kulturelle Vielfalt

Birgit Mandel — Politik & Kultur 2/2011

Der wachsende Anteil von Menschen mit Migrationshintergrund ist eines der aktuell meistdiskutierten kulturpolitischen Themen – offensichtlich ist auch im Kultursektor das Bewusstsein gewachsen, dass damit der Kulturbetrieb in Deutschland vor grundlegenden Herausforderungen steht. Dabei geht es keineswegs nur um die Frage, wie wir mehr Menschen mit Migrationshintergrund als Besucher in unsere öffentlich finanzierten Kultureinrichtungen bekommen. Unter einer interkulturellen Perspektive stellt sich für den deutschen Kulturbetrieb vielmehr die substanzielle Frage, wie der kulturelle Reichtum, den die etwa 20 Prozent Mitbürger migrantischer Herkunft in unsere Kultur einbringen, erschlossen werden kann. Hier dürfte die wesentliche Aufgabe für ein noch zu entwickelndes »Interkulturelles Audience Development« liegen.

Der öffentliche Kultursektor, der hierzulande lange relativ unbeeinträchtigt vom realen Leben ein exklusives Nischendasein geführt hat, könnte mit den neuen Herausforderungen zugleich auch wieder mehr gesellschaftliche Relevanz erlangen, indem er eine Brückenfunktion für die interkulturelle Verständigung übernimmt. Die Dialogfunktion von Kunst könnte sich positiv auch auf andere gesellschaftliche Bereiche auswirken, jedoch nur dann, wenn relativ breite Bevöl-

kerungsanteile, über eine Kunstelite hinaus, damit in Berührung kommen.

Kulturnutzung von Menschen mit Migrationshintergrund

Trotz diverser Studien zur Migration und Integration in Deutschland, häufig mit Fokus auf wirtschaftliche Lage, Bildung und Religion, gibt es bislang keine auf Deutschland bezogenen repräsentativen empirischen Erkenntnisse zum Thema Kunst/Kultur und Migration. Aufgrund der begrenzten empirischen Erkenntnislage können darum nur einige vorläufige verallgemeinernde Hypothesen formuliert werden:

• Kulturelle Nutzung hängt nicht vorwiegend von der ethnischen Herkunft ab, sondern von Bildung, sozialer Lage, Einstellungen und Herkunftsraum.
• Bei ähnlicher sozialer Lage haben Menschen mit Migrationshintergrund ein ähnliches Kulturinteresse wie diejenigen ohne Migrationshintergrund.
• Migranten sind aufgrund ihrer Erfahrungen zwischen den Kulturen besonders sensibel für die Wahrnehmung von Kunst und Kultur.
• Migranten wünschen sich stärkeres Interesse des Gastlandes an ihrer Herkunftskultur.

• Obwohl Menschen mit Migrationshintergrund ein ähnliches Interesse an kulturellen Angeboten haben, nutzen sie die öffentlichen Kultureinrichtungen signifikant weniger und sehen darin wenig Bezug zu ihrem Leben.

Vom klassischen zum interkulturellen Audience Development

Welche Veränderungen müssten auf den verschiedenen Ebenen stattfinden, um eine Einrichtung interkultureller und vielfältiger zu gestalten? Wie kann ein »Interkulturelles Audience Development« aussehen?

Die Funktion des Audience Development, die in England und den USA Mitte der 1990er Jahre entwickelt wurde, beginnt sich inzwischen auch in Deutschland als ein strategisches Instrumentarium des Kulturmarketings und als ein Ziel öffentlicher Kulturpolitik durchzusetzen. Audience Development meint die systematische Generierung und Bindung neuen Publikums bzw. neuer Nutzer für kulturelle Angebote.

In Großbritannien (GB) als traditionellem Einwanderungsland gibt es bereits seit den 1990er Jahren kulturpolitisch gesteuerte Programme, um Menschen mit Migrationshintergrund als Künstler und Kulturschaffende sowie als Publikum am kulturellen Leben zu beteiligen. Die verschiedenen Arts Councils in GB haben dafür eine gemeinsame »Agenda for Cultural Diversity« erstellt, die unter anderem in den »Cultural Diversity Action Plan« mündete. Ziel ist es, den Kulturbereich »repräsentativer für das soziale und kulturelle Leben in GB zu gestalten«, also die Vielfalt der Gesellschaft auch im Kulturbetrieb widerzuspiegeln. Dabei wird der Begriff der Kulturellen Vielfalt (»Cultural Diversity«) bewusst sehr weit definiert und beschränkt sich nicht auf ethnische Vielfalt, sondern auch auf regionale Vielfalt, Geschlecht, Alter, Generation etc. (Arts Council England 2006, S. 144).

Aus den verschiedenen Auswertungsberichten der britischen Kultureinrichtungen lassen sich zusammenfassend folgende Elemente eines interkulturellen Audience Development unter anderem ableiten:

• Interkulturelles Audience Development muss auf der Leitungsebene starten und in der gesamten Unternehmenskultur verankert sein.
• Interkulturelles Audience Development muss sich in der Personalstruktur widerspiegeln.
• Interkulturelles Audience Development muss mit dem potentiellen neuen Publikum bzw. den Menschen aus den Mittlerorganisationen, Multiplikatoren und Key Workern direkt kommunizieren, sie nach ihren Wünschen fragen und sie persönlich einladen.
• Interkulturelles Audience Development muss vielfältigste Kooperationsbeziehungen zu Institutionen aufbauen, die diesen Zielgruppen nahe stehen (von der Schule bis zu den Migrantenvereinen).
• Interkulturelles Audience Development muss nicht nur in seiner Kommunikations-, Service-, Preis- und Distributionspolitik, sondern auch in seiner Programmgestaltung die Interessen der neuen Zielgruppen berücksichtigen.
• Auch im Interkulturellen Audience Development muss die Individualität eines Künstlers und künstlerischer Produktionen über ethnischen Hintergründen stehen.
• Es gibt keinen einseitig ethnisch geprägten Kunstmarkt oder Kunstsektor, sondern ein Cluster von variierenden Identitäten, die unter anderem mit ethnischen Kulturen korrespondieren.
• Ethnische Diversität ist nur eine Form von Diversität, darüber hinaus gibt es die Diversität von Kunst- und Kulturformen.

• Und: Im Interkulturellen Audience
  Development gibt es nicht die eine Strategie für alle Kultureinrichtungen und
  Projekte, sondern es müssen jeweils pas-
  sende Lösungen gefunden werden.

**Wandel der Kulturinstitutionen unter
interkultureller Perspektive**
Der Kultursektor ist in besonderer Weise auf
Einflüsse unterschiedlicher Kulturen angewiesen, um vital und relevant zu bleiben und
seiner Musealisierung vorzubeugen. Migranten können neue Perspektiven in den Kulturbetrieb einbringen, sie haben einen anderen
Kulturbegriff, andere Produktions- und Rezeptionsweisen sowie einen anderen Erfah-
rungshintergrund. Die Auseinandersetzung
mit neuen Zielgruppen aus verschiedenen
kulturellen und ethnischen Hintergründen
bringt neue Impulse in eine Kultureinrichtung und kann auch künstlerische und kulturelle Produktionen sehr bereichern, wie die
Erfahrungen der New Audience Development
Programme in GB zeigen.

Die aktuelle Diskussion zum Thema Kulturelle Vielfalt, die zurzeit an der Bevölkerungsgruppe der Migranten festgemacht
wird, könnte der Beginn einer grundlegenden Umgestaltung unserer öffentlichen Kulturlandschaft und unserer Kulturinstitutionen in Richtung kultureller Vielfalt und stärkere Relevanz für die verschiedenen Gruppen unserer Gesellschaft sein. Denn es sind
ja nicht nur Menschen mit Migrationshintergrund, die keine öffentlichen Hochkulturan-
gebote wahrnehmen, sondern auch ein Großteil der »Deutschstämmigen« sieht wenig Relevanz des öffentlich geförderten Kulturan-
gebotes zum eigenen Leben.

Die Ankommenden
Worum müsste es (auch) in einem Integrationsprogramm »Kunst/Kultur« gehen?

Dorothea Kolland — Politik & Kultur 5/2016

Natürlich gibt es nicht »die Geflüchteten«. Es kamen und kommen Millionen von unterschiedlichen Persönlichkeiten: Kinder, Jugendliche, Frauen, Männer, Arme, Reiche, Gebildete und des Lesens und Schreibens Unkundige. Sie sind – von Nordafrika bis Sri Lanka – von völlig unterschiedlichen Kulturtraditionen und Religionen geprägt, sie sprechen Hunderte von unterschiedlichen Sprachen bzw. Dialekten. Aber sie alle haben den Verlust ihrer Heimat, oft ihrer Familie, und traumatische Fluchterfahrungen hinter sich und eine Mauer von Fremdheit vor sich. Aber sie kommen mit großer Hoffnung – sei es, dass sie den Krieg hinter sich lassen können, den Hunger, die Perspektivlosigkeit der fehlenden Arbeit, Unfreiheit und Verfolgung. Leider haben ihre Erwartungen oft wenig mit der Realität und den Möglichkeiten im Ankunftsland zu tun. Viele wollen nach der ersten Erleichterung, in Sicherheit angekommen zu sein, langfristig zurückkehren, unbedingt, und suchen zugleich eine Heimat in der Fremde. Dieser »double bind« ist von großer Bedeutung: Es ist offen, wie und wo sie ihre eigene Zukunft in naher oder ferner Zukunft sehen. Egal, wie sie sich entscheiden – Kompetenzgewinn streben die meisten an, ob sprachlicher, manueller, bildungsbezogener, wissenschaftlicher oder künstlerischer Art, ob für ihr Leben im Exil oder für eine mögliche Rückkehr. Beispielhaft fördert das Auswärtige Amt im UNESCO-Kontext das »Archaeological Heritage Network«, in dem Syrerinnen und Syrer inner- und außerhalb der syrischen Grenzen auf ihre zukünftige Wiederaufbauarbeit vorbereitet werden, mit einem besonderen Augenmerk auf junge geflüchtete Fachleute. Es geht um Identität und Verantwortung.

Willkommen oder anerkannt?
Wir wissen wenig über die Menschen, die kommen. Doch dieses Wissen ist bei aller Grobmaschigkeit relevant, um wenigstens geringfügige Parameter zu gewinnen, die auf kulturelle Bedürfnisse, Interessen und Aktivitäten der Geflüchteten hinweisen, wobei vor zu einfachen Rückschlüssen zu warnen ist. So kann eine Kultur, die Schriftlichkeit nicht ausgeprägt hat, eine hohe Erzählkultur und Musikpraxis aufweisen. Bildung kann somit nicht mit kulturellen Interessen gleichgesetzt werden – nirgendwo! Am ehesten sind Hinweise zu gewinnen, aus denen Strategien für eine rasche Integration auf dem Arbeitsmarkt zu entwickeln sind, wo Geflüchtete also rasch »nützlich« werden können – also das, was seit ein paar Jahren »Willkommenskultur« genannt wird. Das ebenso wichtige Interesse, die mitgebrachten Potenziale wertzuschätzen und als Bereicherung

der vorgefundenen Kultur zu erkennen – vor 2014 »Anerkennungskultur« genannt – hinkt dagegen weit hinterher.

Im vorliegenden Kontext ist die Gruppe der professionellen Kunst- und Kulturschaffenden von besonderer Bedeutung. Sie ist zahlenmäßig keine große Gruppe, sie spielt aber für die Identität und das Selbstbewusstsein ihrer nationalen Community eine große Rolle, weil viele von ihnen die Rolle von Pfadfinderinnen und Pfadfindern in die Ankunftsgesellschaft hinein übernehmen können und aufgrund ihrer bisherigen Welterfahrung eher in der Lage sind, Beziehungen aufzubauen. Zudem verfügen viele von ihnen über Sprachkenntnisse und Auslandserfahrungen. Sie haben Mut, sich zu präsentieren und suchen »Andock-Punkte«. Der Kontakt zu Kommunikationsnetzen innerhalb des »Kunstsystems« ist daher für sie extrem wichtig.

Es gibt im Rahmen des bislang praktizierten Registrierungssystems keine Möglichkeit, diese Gruppe der geflüchteten Kulturschaffenden tatsächlich zu überschauen und ihre Bedürfnisse zu erkunden, aber es machen sich immer mehr Theaterleute, Bildende Künstler, Musiker, Filmemacher, Kuratoren, Museumsfachleute etc. bemerkbar, sobald sie dazu sprachlich in der Lage sind. Und viele sind dies: Häufig sprechen sie Englisch oder Französisch, da sie zumindest Teile ihrer Ausbildung im Ausland absolviert haben oder eingebunden sind in ihre bisherigen, auch internationalen Künstlernetzwerke.

Das Wissen über die Kultur- und Kunstlandschaften in den Herkunftsländern der Geflüchteten ist hierzulande insgesamt sehr dürftig. Wir wissen mittlerweile mehr über Splitterbombentypen als beispielsweise über ihre Literatur. Erschwerend kommt hinzu, dass viele der relevanten Künstlerinnen und Künstler mittlerweile bzw. seit Langem im Exil leben und sich eher in der Kulturland-

schaft ihres Gastlandes bewegen als eigene, auch ästhetische Wurzeln erkennen zu geben. Wenn nicht, so wird ihre Kunstsprache als zurückgeblieben, rein exotisch oder hierzulande nicht »salonfähig« gewertet, es sei denn in Spezialkontexten.

Integration oder Versuchsanordnung für die Zukunft?

Sehr grundsätzlich ist immer wieder der Gebrauch des Begriffs Integration zu hinterfragen. Die inzwischen von der deutschen Gesellschaft gewählte Bedeutung und sein gesellschaftspolitisches Ziel ist mittlerweile meist eines, dessen Ziel nicht Einpassung in das Vorgegebene ist, sondern Teilhabe an Entscheidungsprozessen und Zukunftsentwicklungen, aktive Partizipation an dem Diskurs, der Wechselwirkungen und Veränderungen auslöst bei allen am Diskurs Beteiligten. Die besonderen kommunikativen und diskursiven Potenziale kultureller Aktion prädestinieren Kunst und Kultur geradezu, Teilhabe zu erproben, als »Contact zone« (Tomás Ybarra-Frausto) bereitzustehen, sich als »Versuchsanordnung für Zukunft« zu öffnen. Kultur hat das Potenzial, als Kommunikationsplattform zu dienen. Kunst und Kulturprojekte können als »gemeinsame dritte Sache«, als Fokus, als Labor für Situationen des gemeinsamen Agierens und als Plattformen des gemeinsamen Gesprächs dienen, die Kennenlernen und Handeln auf verschiedenen Ebenen ermöglichen – außerhalb der unmittelbaren Konfliktsituationen, in denen Kontakt sonst alltäglich stattfindet, außerhalb von existentiellem Leistungsdruck und relativ frei von Angst. Manchmal geht es »nur« darum, Gelegenheit, Raum und Zeit zu schaffen, um sich gegenseitig zuzuhören.

Damit kann der kulturellen Dimension eine Schlüsselfunktion für gesellschaftliche Integration zukommen, die gegenseitiges Verstehen und nicht einseitiges Anpassen, verantwortungsbewusstes gemeinsames Entwickeln von Neuem und nicht Aufgabe von Identität bedeutet. Die Potenziale kultureller Teilhabe können sich nur entfalten, wenn Barrieren und Stolpersteine von allen und für alle, die beteiligt sein sollen und wollen, beseitigt werden, wie z. B. ein verlässlicher Aufenthaltsstatus, fehlende politische Partizipation auf verschiedenen Ebenen, ungleiche Bildungsvoraussetzungen und -chancen, ein schwieriger Zugang zum Arbeitsmarkt, Diskriminierung von Frauen, Genderungerechtigkeit, zu häufig menschenunwürdige oder exkludierende Lebens- und Wohnverhältnisse, fehlende oder mangelhafte Kultursensibilität im Alltag wie im Wertekanon.

Handlungsempfehlungen für langfristige strukturelle Entwicklungen innerhalb der Kulturlandschaft:

- Kennenlernen, Respektieren, Sicherung und Präsentation der Heimatkultur der Geflüchteten
- Kultursensible und qualifizierte Präsentation der Arbeiten geflüchteter Künstlerinnen und Künstler (Achtung: Gefahr patriarchaler Umgangsformen – darum nicht einfach den es gut meinenden Kirchengemeinden und soziokulturellen Orten überlassen!)
- Identitätsfördernde Lebens-, Qualifizierungs- und Arbeitsmöglichkeiten nach beiden Seiten – Heimat wie Zukunft
- Förderung der interkulturellen Öffnung (verschiedene Programme auf lokaler, Länder- und Bundesebene), Kompetenztraining für Kultursensibilität in autochthonen Kultureinrichtungen, Einrichtung von Praktika, Volontariaten und Zeitverträgen bis hin zu Festanstellungen
- Intensivierung und Vervielfachung von Patenschaftsmodellen (z. B. www.berlin-mondiale.de)

- Modelle der Künstlerförderung (auch mit punktueller positiver Diskriminierung), Stipendien und Qualifizierungen
- Förderung und weitere Öffnung von Bibliotheken als Integrations-Kompetenzzentren: Umgang mit Sprache über Sprachkurse hinaus, neue Medien, Literatur in Herkunftssprachen, Sprachvermittlungsexperimente, Vermittlung von Herkunfts- und Weltliteratur (»Schatz der Weltkulturen«)
- Medienzugänglichkeit (Untertitelung, Filme auch in Sprachen der Geflüchteten)
- Modellprojekte: Entwicklung von Treffpunkten (»Basar«) für Kunst und Kultur, regionale und ethnische Ökonomie, Bildung, Vernetzung, Handwerk (z. B. in der Provinz), Modellprojekte zur kulturellen Integration auf dem Land bzw. in entlegenen Unterkünften

Beispiele konkreter Maßnahmen der (Kultur-)Politik:

- Entwicklung eines Frauen-Förderungsprogramms zur kulturellen Teilhabe
- Entwicklung eines Stipendienprogramms für Institutionen und Hochschulen, das die Fluchtumstände (Zeitverlust, Kompetenznachweisverlust) berücksichtigt
- Qualifizierungsprogramme für geflüchtete Künstlerinnen und Künstler in Zusammenarbeit mit Berufsverbänden und Bundesakademien, Öffnung der Kunsthochschulen (siehe z. B. Hochschule für Grafik und Buchkunst Leipzig, Weißensee Kunsthochschule etc.)
- Schaffung von Stellen im Rahmen des Bundesfreiwilligendienstes für Geflüchtete, Einrichtung von »Beschäftigungsgelegenheiten« durch die Bundesagentur für Arbeit
- Filmprogramme in Herkunftssprachen und aus Herkunftsländern (Mobiles Kino)

- Projektförderung für zentrale kulturelle Eigenaktivitäten der Geflüchteten (z. B. »Syrian Expat Philharmonic Orchestra«, Instrumentalunterricht für die mit-migrierten Instrumente)
- Sonderfonds »Brückenbauer-Refugee-Fonds«: zugänglich für alle, die in ihre Aktivitäten Geflüchtete einbeziehen wollen und dazu »Refugee-Agenten«, möglichst mit Migrationserfahrung, brauchen
- Förderung von Kompetenzzentren kultureller Integration in allen Bundesländern (in Kooperation mit Stiftungen) in Partnerschaft zwischen Autochthonen und Allochthonen
- Modellhafte Öffnung von Kulturinstitutionen als Begegnungsorte mit vielfältigen Zugangsformen
- Ermöglichung selbstbestimmter Arbeitsbedingungen für Künstlerinnen und Künstler: Ateliers, Probenräume, Präsentationsmöglichkeiten
- Qualifizierung von Künstlerinnen und Künstlern sowie Kulturpädagoginnen und Kulturpädagogen mit Fluchterfahrung für Willkommensklassen und kulturelle Bildungsangebote im schulischen und außerschulischen Kontext
- Verstärkter Fachdialog mit anderen »Zuständigkeitsbereichen« (Ministerien und Verwaltungen), um weitere Ressourcen für kulturelle Integration und Teilhabe zu aktivieren (z. B. BMI und BAMF, Städtebau, Arbeit und Soziales, Jugend und Familie, Bundesagentur für Arbeit, Medienboards, Filmförderung)
- Modifizierte Weiterentwicklung von »Kultur macht stark«

Und dies alles nicht auf Kosten der hier unter prekären Verhältnissen lebenden und arbeitenden Künstlerinnen und Künstler und Kulturschaffenden.

Bücherbus als prägende Erfahrung
Interkulturelle Arbeit von Bibliotheken

Monika Ziller — Politik und Kultur 5/2010

Hatice Akyün, Autorin und Journalistin (»Einmal Hans mit scharfer Soße«, »Ali zum Dessert«), beschreibt in verschiedenen Interviews die Begegnung mit dem Bücherbus der Duisburger Stadtbibliothek als prägende Kindheitserfahrung. »Als Kind wartete ich jeden Donnerstag darauf, dass der Bücherbus um die Ecke bog, damit ich mir Bücher ausleihen konnte und schleppte jede Woche dutzende Bücher aus dem Bus nach Hause.« Und auf die Frage, welche Rolle Bibliotheken in ihrer Bildungskarriere gespielt haben, antwortet sie: »Eine sehr große, denn dank der Bibliotheken konnte ich den Grundstein für meine Liebe zum Lesen und Schreiben legen ... Meine Eltern sind Analphabeten, wir hatten außer dem Koran keine Bücher zu Hause.« (BIX, der Bibliotheksindex 2010, Sonderheft B.I.T. Online, Wiesbaden).

Kann man diese Aussagen verallgemeinern, kann der bedeutende Beitrag von Bibliotheken für gelungene Bildung und Integration belegt werden? Das ist durchaus der Fall. So wurde in der 2008 erschienenen Studie der Stiftung Lesen »Lesen in Deutschland«, in einer Repräsentativuntersuchung des Landes NRW zu Lebenswelten von Menschen mit Migrationshintergrund 2010 (Von Kult bis Kultur. Von Lebenswelt bis Lebensart: Ergebnisse der Repräsentativuntersuchung »Lebenswelten und Milieus der Men-

schen mit Migrationshintergrund in Deutschland und NRW«. – Düsseldorf: Der Ministerpräsident des Landes Nordrhein-Westfalen, 2010. S. 12, www.interkulturpro.de/ik_pdf/Sinus-Studie_2009.pdf) sowie in verschiedenen Kundenbefragungen in Bibliotheken nachgewiesen, dass Bibliotheken, insbesondere die kommunalen Bibliotheken, von Menschen mit Einwanderungsgeschichte überproportional genutzt werden. Eine Kundenbefragung in der Stadtbibliothek Herne kam bezüglich der Verteilung von Menschen mit und ohne Migrationshintergrund in verschiedenen Lebensaltersgruppen zu folgendem Ergebnis: »Ein deutlich anderes Bild zeigt die Gruppe der Schüler. Hier sind die Schüler mit Migrationshintergrund [...] überproportional stark vertreten. Das zeigt, welch wichtigen Stellenwert die Bibliothek für die jungen Migranten und Migrantinnen im Bereich der Bildung hat. Schüler mit Migrationshintergrund sind also deutlich häufiger Bibliotheksnutzer als Schüler ohne Migrationshintergrund [...] Schüler mit Migrationshintergrund nutzen die Bibliothek als Ort des Lernens und Arbeitens als auch als Kommunikationsraum.« (Lesen in Deutschland 2008 Kommentarband, Stiftung Lesen 2008)

Dieses Ergebnis kann sicherlich von zahlreichen Bibliotheksmitarbeitern bestätigt werden. Das heißt aber nicht, dass sich Bibliotheken zufrieden zurücklehnen und ihren Beitrag zur Integration als erledigt betrachten können. Im Gegenteil, in den letzten Jahren hat die bibliothekarische Facharbeit, die Entwicklung von Konzepten und deren Umsetzung, erheblich an Fahrt gewonnen. 2006 nahm eine Fachkommission »Interkulturelle Bibliotheksarbeit« des Deutschen Bibliotheksverbands (dbv) ihre Arbeit auf, die Ergebnisse werden laufend auf der dbv-Website (www.bibliotheksverband.de/fachgruppen/ kommissionen/interkulturelle-bibliotheks-arbeit.html) und im »Bibliotheksportal« auf dem eigens dafür entwickelten Webangebot www.interkulturellebibliothek.de (www.bibliotheksportal.de/hauptmenue/themen/bibliothekskunden/interkulturelle-bibliothek/) der Öffentlichkeit zur Verfügung gestellt. Vor allem Bibliotheken in Großstädten haben inzwischen Konzepte für die interkulturelle Bibliotheksarbeit erarbeitet.

Zunächst ist es wichtig, dass Bibliotheken eine möglichst ganzheitliche und nachhaltige Vorgehensweise verfolgen, wenn sie ihre Aktivitäten auf dem Feld der Integration verstärken wollen. Die Einstellung der Bibliotheksleitung und/oder der -mitarbeiter zum Thema bestimmt dabei die Zielrichtung der Maßnahmen. Richtet sich der Blick ausschließlich auf das Modell »Integration durch Deutschlernen«, dann steht vor allem die Förderung der Sprachkompetenz im Deutschen im Vordergrund. Die Beherrschung der deutschen Sprache ist Voraussetzung für eine erfolgreiche Schul- und Berufslaufbahn sowie für die aktive Teilhabe am gesellschaftlichen Leben in Deutschland. Dieses Modell beinhaltet den Ausbau des gesamten Medienangebots zum Erlernen der deutschen Sprache, bei Möglichkeit und Bedarf die Einrichtung von Sprachlernarbeitsplätzen sowie Angebote für Bibliotheksführungen von Teilnehmern an Deutsch- und Integrationskursen. Für Kinder im Kinder-

garten-, Vorschul- und Grundschulalter sollte es Programme zur Förderung der Sprachkompetenz geben.

Oder beinhaltet das Verständnis von Integration auch die Anerkennung und Wertschätzung der Herkunftssprache und -kultur? Dies ist wichtig für die Entwicklung von Kindern und für die Integrationsbereitschaft der Zuwanderer. Mehrsprachigkeit ist zugleich eine der Schlüsselkompetenzen für Erfolg in der globalisierten Gesellschaft. Hier ist ein gut ausgebauter Medienbestand in den Sprachen der Zuwanderer sowohl für Erwachsene als auch für Kinder die wichtigste Maßnahme, ergänzt beispielsweise durch zweisprachiges Vorlesen. Das erfolgreiche Erlernen von Fremdsprachen setzt die gute Beherrschung der Muttersprache in Wort und Schrift voraus. Das bedeutet in der Konsequenz, dass Bibliotheken einen wichtigen Beitrag zum erfolgreichen Deutschlernen leisten, wenn sie Eltern auch bei der Vermittlung der Muttersprache an ihre Kinder unterstützen, z. B. durch Vorlesebücher in der jeweiligen Sprache.

Ein wichtiger Erfolgsfaktor für erfolgreiche interkulturelle Bibliotheksarbeit ist die Beteiligung der Betroffenen, d. h. die möglichst umfassende Einbeziehung der Zielgruppe in die Angebotsgestaltung und -weiterentwicklung. Dazu gehört vor allem der Auf- und Ausbau von Kontakten und Kooperationen mit Migrantenvertretungen und -gruppen. Die Bibliotheken können hier, soweit möglich, auf die Arbeit der kommunalen Integrationsbeauftragten zurückgreifen. Wie hilfreich ein eigener interkultureller Beirat sein kann, erfuhr die Frankfurter Stadtteilbibliothek Gallus, die an einem europäischen Projekt »Libraries for All« beteiligt ist. Unter Einbeziehung von nicht bibliothekarischen Fachleuten und Migranten wurde gezielt der Bedarf für interkulturelle Bibliotheksangebote erhoben und strukturiert. Als Ergebnis wurde zum einen eine interkulturelle Familienbibliothek mit einem mehrsprachigen Buchbestand – vom Elternratgeber zum Vorlesebuch – eingerichtet. Dazu kommen speziell für Eltern konzipierte Bibliothekseinführungen, mehrsprachiges Vorlesen sowie interkulturelle Kooperationsveranstaltungen mit anderen Institutionen und Vereinen. Zum anderen wurde eine Internationale Bibliothek eingerichtet mit einem multimedialen Medienangebot zum Deutsch lernen, einem PC-Lernstudio, einer Bibliothekseinführung für Teilnehmer von Deutschkursen und einer speziell gestalteten Einführung in die Nutzung der PCs und der entsprechenden Programme für Alphabetisierungskurse. Mit all diesen Angeboten will die Bibliothek die Schwellenängste der Zielgruppe gegenüber der Bibliothek abbauen. Erste Evaluationen sowie die Kundenresonanz bestätigen den eingeschlagenen Weg (vgl. Silke Schumann: Frankfurt am Main punktet mit EU-Projekt. In: BuB – Forum Bibliothek und Information 06/2010, S.445–447). Hier wurde ein hervorragendes »Best Practice«-Beispiel geschaffen, das aber im bundesdeutschen Bibliotheksalltag nicht alleine dasteht (BuB – Forum Bibliothek und Information 06/2010, themenschwerpunkt Interkulturelle Bibliotheksarbeit).

Die über 10.000 öffentlichen Bibliotheken in Deutschland bringen mit ihrem dichten Netz zunächst gute Voraussetzungen mit, eine wichtige Institution für die interkulturelle Öffnung unserer Gesellschaft zu sein. Das belegt auch die kürzlich veröffentlichte, vom Bundesministerium für Bildung und Forschung in Auftrag gegebene Studie »Lernorte oder Kulturtempel: Bildungsangebote in klassischen Kultureinrichtungen«. Die Studie bestätigt, dass Bibliotheken an der Spitze der Kultureinrichtungen stehen, wenn es um Bildungsangebote für Migranten geht. Allerdings sind die Mehrzahl der Bibliotheken kleine Einrichtungen mit dünner Personal-

decke und geringer Finanzausstattung, eine Spezialisierung auf bestimmte Zielgruppen ist hier nur sehr eingeschränkt möglich. Daher ist es nachvollziehbar, dass vor allem die Einrichtungen großer bis mittelgroßer Städte Angebote interkultureller Bibliotheksarbeit vorhalten. Und sie sind hier oft die einzige Kultureinrichtung, die sich verstärkt um Kinder (auch Vorschulkinder) und Jugendliche kümmert. Das BMBF hat mit dieser Studie eine wichtige Bestandsaufnahme zu den Angeboten kultureller Bildung in klassischen Bildungseinrichtungen – nicht nur für Migranten – vorgelegt. Um gerade im ländlichen Raum wirksame interkulturelle Bibliotheksarbeit zu leisten, wäre vor allem die Unterstützung durch überregionale Medien- und Veranstaltungsangebote hilfreich. Welchen Beitrag die auf Länderebene angesiedelten sogenannten Fachstellen für Bibliotheken leisten können, wurde ebenfalls bereits untersucht (Meier-Ehlers, Petra: Interkulturelles Denken als Leitbild. Fachstellen als Interkulturelle Kompetenzzentren www.fachstellen.de/media/PDF_Dateien/Jahrestagung/2009/meier-ehlers.pdf). Ein Ausbau dieser Angebote wäre hilfreich, benötigt aber auch zusätzliche finanzielle Ressourcen. Dass mit Projektmitteln eine sinnvolle Anschubfinanzierung gegeben werden kann, beweist das Frankfurter Beispiel eindrücklich.

Bibliotheken sind wichtige Bestandteile kommunaler Bildungs- und Kulturpolitik sowie öffentliche Orte der Kommunikation und Begegnung. Wenn sie gefordert werden, können sie einen wichtigen Beitrag zur Integration in der Gemeinde leisten. Voraussetzung dafür ist durch Fortbildung gut qualifiziertes Personal, wenn möglich ergänzt von Mitarbeitern mit Migrationshintergrund. Insbesondere bei der Ausbildung von Fachangestellten für Medien- und Informationsdienste eröffnen sich hier Chancen für mehr Interkulturalität in Bibliotheksbelegschaften.

Der Deutsche Bibliotheksverband ermutigt
alle Bibliotheken, interkulturelle Angebote
als Teil bibliothekarischer Alltagsarbeit zu
verankern. Er will die Wahrnehmung der Leistungsfähigkeit der Bibliotheken auf dem Gebiet der Integration bei den Unterhaltsträ-
gern und der Politik erhöhen, im Sinne des
Schriftstellers Wladimir Kaminer: »Bibliotheken sind ein großes Kulturgut. [...] Sie sind
eine der letzten nicht kommerziellen Einrichtungen. Für sie ist Bildung keine Ware, mit
der irgendjemand ein Geschäft machen will.
Sie ermöglichen jedem einen Zugang zur Bildung. Deshalb sind Bibliotheken ein Fels in
der kapitalistischen Brandung.« (Interkulturelles Kulturgut! Bibliotheken in Berlin, Lan-
desverband Berlin im Deutschen Bibliotheksverband, 2009 www.bibliotheksverband.de/fi-
leadmin/user_upload/Landesverbaende/Ber-
lin/BibliothekenBrosch_Final.pdf).

Der Spracherwerb ist der Schlüssel
Integration durch Bibliotheksarbeit

Barbara Schleihagen — **Politik & Kultur 6/2015**

Die Stadtbibliothek Osnabrück wurde kürzlich für ihr überzeugendes Konzept der Integration von Zuwanderern mit dem Bibliothekspreis der VGH-Stiftung ausgezeichnet. Dies signalisiert, welchen Beitrag Bibliotheken zur Teilhabe und gelingenden Integration von Zuwanderern aber auch von geflüchteten Menschen und Asylbewerbern leisten können. Der Schlüssel zur Integration liegt in der Beherrschung der deutschen Sprache und in der Bildung. Speziell konzipierte Bibliotheksangebote für Flüchtlinge unterstützen beides. Sie bilden einen wichtigen Baustein im langjährigen interkulturellen Angebot und Programm der Bibliotheken für Migranten, deren Schwerpunkte jetzt angepasst und auf andere Sprachen erweitert werden.

Geflüchtete Menschen haben kaum Geld, aber viel (Warte-)Zeit. Kommunale Bibliotheken haben die Aufgabe, Zugang zu Informationen, Bildung und Kultur für Menschen jeden Alters und jeder Herkunft zu gewährleisten. Sie bilden daher einen wichtigen Teil im kommunalen Netz und richten ihre Angebote an Geflüchtete, Ehrenamtliche und Multiplikatoren.

Bibliotheken arbeiten deshalb mit Flüchtlingsunterkünften und Willkommensinitiativen vor Ort zusammen. Einige, wie die Stadtbibliothek Bremen, stellen Medienkisten als Dauerleihgabe für die Unterkünfte bereit und organisieren von Ehrenamtlichen begleitete erste Bibliotheksbesuche, damit die Flüchtlinge Kontakte in ihrer neuen Umgebung knüpfen können. Geflüchtete Menschen erleben die Bibliothek als einen frei zugänglichen Bildungsort mit hoher Aufenthaltsqualität, der das Ankommen in der neuen Heimat fördern kann. Gerade für minderjährige, unbegleitete Flüchtlinge werden sie wichtige Treffpunkte. Sie können die Computerarbeitsplätze und in vielen Bibliotheken mit ihren Smartphones über das kostenfreie WLAN auch das Internet nutzen.

Ein ausgewählter Medienbestand für die Erstorientierung, das Lernen der deutschen Sprache und zur Freizeitgestaltung bestehend aus Wörterbüchern in vielen Sprachen, Sprachkursen zum Selbstlernen für alle Altersstufen und landeskundliche Medien zum Thema »Leben und Alltag in Deutschland« wird vielerorts mit Fördermitteln ausgebaut. Viele Bibliotheken geben mit Spendenmitteln finanzierte Büchereiausweise aus oder, wie die Hamburger Bücherhallen, eine kostenfreie Bibliothekskarte, die den WLAN-Zugriff ermöglicht sowie die Ausleihe fremdsprachiger E-Books, die Nutzung der E-Learning-Angebote oder die Musik-Streaming-Dienste zur Entspannung. Einige Bibliotheken bieten elektronischen Zugriff auf Tageszeitungen aus vielen Ländern der

Welt. Es können zusätzlich bis zu drei physische Medien ausgeliehen werden. Leicht verständliche Lektüre und textfreie Bücher ergänzen die in Bibliotheken organisierten Konversationsrunden »Dialog in Deutsch« durch ehrenamtlich tätige Mitarbeiter. Manche Bibliotheken stellen, wie der »sprachraum« der Stadtbibliothek Köln, Räume für Integrationsgruppen sowie Deutsch- und Integrationskurse zur Verfügung. Mit »Zeigebildern« wird sprachunabhängig die Bibliotheksnutzung bei speziellen Führungen für Deutsch Lernende und Teilnehmer von Integrationskursen erklärt. Auch wird Material für Multiplikatoren, z. B. für die Alphabetisierung, bereitgehalten. Zusätzlich werden sprachunabhängige Veranstaltungen organisiert, beispielsweise ein Bilderbuchkino für Kinder oder Kreativnachmittage für Erwachsene. Bibliotheken bieten Leseförderaktivitäten für Kinder und Jugendliche in gemischten Gruppen und mit mehrsprachigen Büchern, auch unter Einsatz von TING- oder Tiptoi-Stiften an. Durch diese vielfältigen Möglichkeiten können geflüchtete Menschen die kulturellen Bildungsangebote ihrer unmittelbaren Umgebung wahrnehmen und durch aktive Mitgestaltung und Begegnungen Teil der Gesellschaft werden.

Darüber hinaus unterstützen Bibliotheken mit themenorientierten Medienkisten, die sie an Schulklassen entleihen, die wichtige Sensibilisierung von Schülergruppen für die Themen »Flucht und ihre Auswirkungen« sowie »Meine Klasse ist bunt«.

Der Deutsche Bibliotheksverband und seine Kommission interkulturelle Bibliotheksarbeit ermutigt und unterstützt diese Bibliotheksangebote mit zentralen Dienstleistungen wie z. B. die Erweiterung seines Förderprojektes »Lesen macht stark« für junge Flüchtlinge, der Möglichkeit zum Download eines Willkommensplakates und eines interkulturellen »Wimmelbildes«, durch Text-

bausteine in vielen Sprachen, Medien- und Linklisten, Hinweise auf lokale und regionale Fördermittel, einer Sammlung guter Praxisbeispiele oder mit einem Bibliotheksfilm ohne Sprache. Er plant, weitere Fördermittel zu akquirieren.

Auf Länderebene werben z. B. die Büchereizentralen in Schleswig-Holstein und Niedersachsen zusätzliche Mittel für Bücher und Spiele ein, es werden Mitarbeitenden und Ehrenamtlichen in Schulungen interkulturelle Kompetenz vermittelt oder Fachsymposien zu Angeboten der Büchereien für Flüchtlinge und Migranten organisiert.

Bibliotheken leisten einen wirksamen Beitrag zur Willkommenskultur und unterstützen mit ihren niedrigschwelligen Angeboten nachhaltig die Integration von geflüchteten Menschen. Dazu benötigen sie dringend zusätzliche Förderung zum Ausbau von entsprechenden Strukturen. Für Menschen, die hier Schutz suchen, bleiben Bibliotheken verlässliche und sichere Orte auch in deren weiterer Biografie.

Zwischen Bildungsarbeit und sozialen Projekten – Theater und Orchester

Rolf Bolwin — **Politik und Kultur 5/2010**

Seit Monaten ist es in aller Munde. Die öffentlich getragenen Kultureinrichtungen, zu denen auch die Theater und Orchester gehören, sind mehr als je zuvor in zweierlei Hinsicht gefragt. Beide Anforderungen stehen miteinander in einem gewissen Zusammenhang. Einmal geht es um die Frage, was Theater und Orchester an Bildungsangeboten bereithalten. Zum anderen wird immer lauter die Erwartung formuliert, Angebote im sozialen Raum zu machen. Dabei geht es insbesondere um Veranstaltungen, die dafür Sorge tragen, dass Migranten stärker an den Kultur- und Bildungsangeboten teilhaben können. Das alles ist zwar einerseits selbstverständlich, andererseits aber auch nicht so einfach.

Denn natürlich stehen insbesondere die 140 öffentlich getragenen Theater (Stadt- und Staatstheater, Landesbühnen mit regionalem Spielgebiet) sowie die deutlich über 100 Kulturorchester zunächst in der Pflicht, ihren eigentlichen Auftrag zu erfüllen. Und der lautet: der Gesellschaft einen interessanten Spielplan in den Bereichen Schauspiel, Oper, Tanz und Konzert anzubieten. Schon das stellt das kleinere Dreispartenhaus vor große Herausforderungen. Zu seinem Angebot gehört nämlich nicht nur der Kanon der regelmäßig gespielten Werke, beim Schauspiel von den griechischen Klassikern über Shakespeare und Moliere, Goethe, Schiller und Les-

sing bis hin zu Tschechow und Brecht, in der Oper von Monteverdi und Händel über Rossini und Mozart bis hin zu Verdi, Wagner und Puccini. Außerdem erwartet der Zuschauer auch Modernes und Zeitgenössisches ebenso wie Unterhaltsames, beispielsweise Musicals, schließlich auch modernen Tanz und klassisches Ballett. Zugleich unterteilt sich das Publikum in zahlreiche Segmente, jung oder alt, gebildet oder weniger gebildet, konservativ oder aufgeschlossen, manchmal auch beides. So wird der Spagat zur häufigsten Übung bei der Spielplangestaltung.

Schon mit der Wahrnehmung dieser typischen Aufgabe eines Stadttheaters werden jedoch – allem künstlerischen Gestaltungswillen zum Trotz – Bildungsziele verfolgt. Die Vielfalt des deutschen Ensemble- und Repertoirebetriebs erlaubt den Zuschauern, die dramatische und musikalisch-dramatische Weltliteratur, aber auch die Konzertmusik aus mehreren Jahrhunderten kennenzulernen. Man kann getrost behaupten, dass die oben genannten Autoren und Komponisten wohl kaum derart bekannt wären, gäbe es das Theater nicht. Wer liest schon heute Dramen oder Partituren? Gleichermaßen ermöglicht das Theater den Zuschauern, sich auch mit ihrer Zeit und nicht zuletzt mit sich selbst auseinanderzusetzen. Gerade das wird erreicht durch immer wieder neue Regisseure, die das Werk mit einer zeitgenössischen Sicht konfrontieren und so eine spielerische Reflexion ermöglichen, wie es sie in anderen Kunstformen nicht gibt. So wird das so oft geschmähte Regietheater Bildung im tiefsten Sinne. Zugleich waren die Theater und Orchester schon immer ein Ort des interkulturellen Dialogs. Das liegt nicht nur daran, dass Werke aus den unterschiedlichsten Regionen der Welt im europäischen Kulturkreis aufgeführt und wahrgenommen werden. Vielmehr hat der Bühnenverein vor einigen Jahren bei seinen Mitgliedsbühnen und -klangkörpern eine Umfrage veranstaltet, die ergab, dass dort Menschen aus über 90 verschiedenen Nationen arbeiten. Dabei sind zwar die Europäer in der Überzahl, aber insbesondere die Vielzahl von Sängern und Tänzern aus dem asiatischen, amerikanischen und afrikanischen Raum lässt sich nicht mehr übersehen. In vielen Tanzkompanien ist es heute üblich, Englisch zu sprechen, um überhaupt noch eine gemeinsame Sprache der Verständigung zu finden.

Wenn es um das Bildungsangebot der Theater und Orchester geht, ist es jedoch nicht ausreichend, sich auf das übliche Spielplan-Angebot zu begrenzen. Mehr Vermittlungstätigkeit ist gefragt. Deshalb haben die Theater und Orchester in immer größerem Umfang parallele, den Bildungszwecken dienende Veranstaltungen wie Einführungen, Workshops und Ähnliches angeboten. Als sich jedoch im Ergebnis der PISA-Studie die Bildungsdebatte in der Gesellschaft weiter intensivierte, geriet nach anfänglicher Fokussierung auf technische, mathematische und sprachliche Kompetenzen zunehmend die kulturelle und ästhetische Bildung in das Zentrum der Aufmerksamkeit. Da lag es nahe, die Kultureinrichtungen aufzufordern, sich verstärkt mit Angeboten in diese Debatte einzubringen. Die letzte Theaterstatistik für die Spielzeit 2007/2008 weist bereits für die

Stadttheater, Staatstheater und Landesbühnen knapp 8.000 sonstige Veranstaltungen auf, unter denen Einführungsveranstaltungen, spezielle Angebote für Lehrer, Führungen sowie andere Angebote, die der Vermittlung dienen, verstanden werden. Das stellt die Kulturbetriebe, die in den letzten 15 Jahren erhebliche Einbußen, wie den Abbau von 7.000 Arbeitsplätzen hinnehmen mussten, vor neue, vor allem finanzielle Herausforderungen. Zunehmend wird angesichts dessen die Frage aufgeworfen – dies geschah ja auch in der kürzlich erschienenen Infrastrukturerhebung »Bildungsangebote in klassischen Kultureinrichtungen« –, inwieweit eine Ausweitung solcher reinen Bildungsveranstaltungen von den Kultureinrichtungen erwartet werden kann, ohne dass ihnen dafür die notwendigen finanziellen Mittel zur Verfügung gestellt werden. Dies gilt erst recht bezogen auf die offenkundig nicht mehr aufzuhaltende Ganztagsschule, bei der für nachmittägliche Bildungsangebote immer öfter die Kultureinrichtungen ins Spiel gebracht werden.

Im Grunde zeigt diese Debatte ein Defizit auf. Kultureinrichtungen wie Theater und Orchester haben eben zunächst einmal die Aufgabe, Kunst zu produzieren. Will man eine stärkere Einbeziehung dieser Produkte in die Arbeit von kommunalen Bildungseinrichtungen, also insbesondere der Schulen, erreichen, ist es notwendig, eine vermittelnde Instanz einzurichten. Diese könnte sowohl an die jeweiligen Bildungseinrichtungen als auch an die Kultureinrichtungen angeschlossen werden. Es macht aber für eine effektive Vermittlungsarbeit wenig Sinn, wenn jede Schule einen Kulturbeauftragten und jede Kultureinrichtung einen Bildungsbeauftragten hat. Vielmehr wäre es zweckmäßiger, die Vermittlungsarbeit zwischen kommunalen Kultureinrichtungen und den ortsansässigen Bildungseinrichtungen zu koordinieren. Dazu bedürfte es in jeder Stadt eines kulturpädagogischen Dienstes, der diese Vermittlungsarbeit leistet. Hier könnten sich entsprechende Experten für die Kultureinrichtungen einerseits und die Bildungseinrichtungen andererseits etablieren. Theater-, Musik- und Tanzpädagogen könnten etwa auf Ausstellungen in Museen Theateraufführungen und Konzerte vorbereiten, mit den Schülern Nachbesprechungen durchführen und schulübergreifend praktische Workshops anbieten. Gleichzeitig übernähme ein solcher Dienst mit seinen Verwaltungsangestellten die vielfältigen organisatorischen Aufgaben, die sich im Rahmen einer Vermittlungstätigkeit stellen. Die Palette der zu lösenden Probleme reicht von Versicherungsfragen über die Organisation von Transport zu teils nächtlicher Aufsicht. Warum sollen solche Aufgaben besser bezahlte Lehrer oder dafür nicht ausgebildete Künstler übernehmen, wie es zurzeit der Fall ist? Eine so gestaltete Vermittlungstätigkeit würde zugleich ein zweites wichtiges kulturpolitisches Ziel verfolgen. Es wäre auch im Interesse der Kultureinrichtungen. Denn gerade das Erreichen eines jungen Publikums ist auch deswegen erforderlich, um morgen neue Zuschauer zu haben.

Hinsichtlich der Integration von Migranten ist die Lösung des Problems deutlich schwieriger. Dieser Aufgabe stellen sich die Theater und Orchester zwar zunehmend. Dabei zeigt sich allerdings, dass es teilweise notwendig ist, den zentral zu bespielenden Raum des Stadttheaters zugunsten von dezentralen Spielorten zu verlassen. Auch ist das Problem mit der typischen Aufführung alleine kaum zu lösen. Gerade bei Angeboten, die das Ziel verfolgen, Menschen mit Migrationshintergrund nicht nur zu erreichen, sondern auch für ein Kulturangebot zu gewinnen, setzt dieses Ziel eine gewisse Partizipation voraus. So entstehen Projekte, in denen Migranten nicht Zuhörer oder Zuschauer sind, sondern eher – teilweise zusammen mit professionellen darstellenden Künstlern – Mitspieler im wahrsten Sinne des Wortes. Generell führt das dazu, dass das Thema »Partizipation« für die Theater und Orchester immer mehr in den Mittelpunkt rückt und damit die klassische Aufgabe der reinen Aufführungspräsentation infrage stellt. Hier schließt sich der Kreis mit der Bildungsarbeit insbesondere deswegen, weil auch gerade viele Jugendliche aus sozialen Randmilieus nur durch solch eine Partizipation für Kulturangebote zu gewinnen sind. Die Theater und Orchester stellt dies vor eine neue Zerreißprobe, sollen sie doch gerade andererseits das bürgerliche Publikum mit ihrem oben dargestellten klassischen Angebot »versorgen«.

Wie dem auch sei, diesen Aufgaben werden sich die Kultureinrichtungen nicht entziehen können. Für die Theater und Orchester ist es deshalb von großer Bedeutung, die Ensembles zu erhalten. Denn vor allem sie erlauben ein kontinuierliches Arbeiten. Sowohl bei der Bildungsarbeit von Theatern und Orchestern als auch bei ihrer Arbeit mit Zuwanderern ist Nachhaltigkeit gefragt. Das wird auch dort nicht anders sein, wo freie Gruppen einen großen Teil dieser Arbeit ergänzen. Zwar wird nach wie vor stark projektbezogen gedacht und gearbeitet. Aber gerade wenn es um die angesprochenen Projekte geht, ist festzustellen, dass hinsichtlich des handelnden Personals auf längerfristige Zusammenarbeit gesetzt wird und gesetzt werden muss. Dass sollten all die bedenken, die in jeder Form von Projektfinanzierung die Zukunft der darstellenden Künste sehen. Je stärker das Theater oder das Orchester soziale Aufgaben übernehmen und Bildungsarbeit jenseits des Spielplanangebots leisten soll, umso mehr muss man auf Kontinuität der Inhalte und der Personen, aber auch der Finanzierung setzen. Und umso mehr müssen die handelnden Menschen in der Stadt, für die sie arbeiten, verankert sein.

Integration als Nebeneffekt
Orchester entdecken Migranten

Gerald Mertens — Politik und Kultur 5/2010

Man hat es irgendwie geahnt, ohne es bislang allerdings konkret belegen zu können: Die allgemeine Wahrnehmung der gesellschaftlichen Bedeutung kultureller Bildung hat sich in den vergangenen Jahren rasant entwickelt. Wie sich diese Entwicklung aus Sicht der Kultureinrichtungen vollzog und welchen Anteil sie selbst daran haben, das belegt jetzt die vom Zentrum für Kulturforschung (ZfK) im Auftrag des Bundesministeriums für Bildung und Forschung erstellte Studie »Lernorte oder Kulturtempel«. Unter den verschiedenen Sparten wurde dabei der Bereich der deutschen Theater und vor allem der Orchester besonders intensiv erfasst.

Um die wesentlichen Aussagen der Studie zu Angeboten von Orchestern für Migranten einordnen zu können, muss man ein wenig zurückblicken: Bereits lange vor »Rhythm is it!«, dem vielbeachteten Dokumentarfilm über das erste große Tanzprojekt der Berliner Philharmoniker mit Sir Simon Rattle und Royston Maldoom aus dem Jahr 2004, gab es schon Musikvermittlungsprojekte deutscher Orchester. Doch mit diesem Film, von dem behauptet wird, er sei der erste, den sich die deutsche Kultusministerkonferenz geschlossen angesehen habe, setzte eine völlig neue öffentliche und politische Wahrnehmung dessen ein, was Orchester auch im Bildungsbereich vor allem für Kinder und Jugendliche

anbieten und leisten können. Doch das war nur ein Effekt. Ein weiterer war, dass viele Orchester, die das Thema bisher eher stiefmütterlich behandelt hatten, wachgerüttelt wurden und sich nunmehr ihrerseits verstärkt mit »Education Projekten« – mit den Worten »Musikvermittlung« oder »Konzertpädagogik« nur unzureichend übersetzbar – auseinanderzusetzen begannen. Eine wichtige Aussage der neuen ZfK-Studie ist dann auch die über den deutlichen quantitativen Zuwachs entsprechender Bildungsangebote der Orchester. Diese Erkenntnis wird ergänzend belegt durch die regelmäßig von der Deutschen Orchestervereinigung erhobenen Konzertstatistik der deutschen Kulturorchester (www.dov.org). Der dritte und wichtigste Effekt des Films – gewiss unterstützt durch die große Ausdruckskraft der Bilder – war jedoch die Verbreitung der Erkenntnis, dass von Musik und Tanz eine einzigartige integrative und lebensverändernde Kraft ausgehen kann. Der Ausspruch von Royston Maldoom »You can change your life in a dance class!« bringt es insoweit auf den Punkt. Die Bilder der zunächst skeptischen, im Verlauf des Projekts dann aber immer engagierter tanzenden 250 Kinder und Jugendlichen aus Berliner Brennpunktschulen aus 25 Nationen und der begeisterte Schlussapplaus ihrer Eltern und Angehörigen bei den öffentlichen Aufführungen beweisen, dass Integration und kulturelle Teilhabe auch in der Lebenswirklichkeit funktionieren können.

Die Berliner Philharmoniker sind allerdings nur eines von 133 Kulturorchestern in Deutschland und »Rhythm is it!« ist und war ein Vorbild- und Leuchtturmprojekt, das zudem massiv von der Deutschen Bank als Förderer unterstützt wurde. Schaut man sich die Angebotspotenziale der anderen Orchester an, ist zu differenzieren: Rund 80 Orchester sind als Opernorchester in Musiktheater- und Mehrspartenbetriebe der Stadt- und Staatstheater integriert. Bildungs- und Education-Projekte sind daher in diesen Institutionen traditionell von Szene und Bühnenbetrieb dominiert, das Orchester spielt dabei in der Regel nur eine untergeordnete Rolle. Die übrigen rund 50 reinen Konzert- und Kammerorchester sowie Rundfunkklangkörper sind bei der Gestaltung ihrer Musikvermittlungsangebote wesentlich selbstständiger und flexibler aufgestellt. Sie können ihre Konzert-, Kammermusik- und Ergänzungsangebote inzwischen sehr viel genauer auf unterschiedliche Zielgruppen fokussieren, als dies bei einem herkömmlichen Musiktheaterbetrieb der Fall ist.

Trotz des erfreulichen Booms von neuen Projekten der Orchester und Rundfunkensembles in den vergangenen fünf bis zehn Jahren stimmt die Feststellung der ZfK-Studie nachdenklich, dass gezielte Angebote für Migranten bisher noch Mangelware sind. Zuwanderer spielen in den Angebotsstrukturen der Orchester, von vereinzelten Ausnahmen abgesehen, faktisch keine Rolle. Davon ausgehend, dass der Bevölkerungsanteil von Ausländern in Deutschland bei neun Prozent und von Menschen mit Migrationshintergrund bei 19 Prozent liegt, spiegelt sich diese Relation bislang nicht in den Besucherstrukturen der Orchester wieder. Dies ist vor allen in Großstädten, wie z. B. Stuttgart, Frankfurt/Main oder Nürnberg, bedenklich, in denen der Migrantenanteil sogar bis zu 40 Prozent der Bevölkerung beträgt. Diese Bedenken betreffen nicht nur die generelle Reichweite von Kultur- und Musikangeboten in einer Stadt; sie betreffen auch den wachsenden Einfluss von Migrantengruppen auf die Kommunalpolitik und damit langfristig auch die kommunalpolitischen Mehrheiten, wenn es um die Finanzierungsentscheidungen für Theater und Orchester geht. Warum sollte hier noch zugunsten der sogenannten »Hochkultur« entschieden werden, wenn es auf der anderen Seite vielleicht um die Finanzierung sozio- oder multikultureller Stadtteilzentren geht, die von Migranten tatsächlich frequentiert werden?

Wichtige Erkenntnisse liefert auch die im November 2009 vom Zentrum für Audience Development (ZAD) an der FU Berlin veröffentlichte Studie mit dem Titel »Migranten als Publikum in öffentlichen deutschen Kulturinstitutionen« (www.geisteswissenschaften.fu-berlin.de/v/zad/media/zad_migranten_als_publika_angebotsseite.pdf). Je höher der Ausländer- bzw. Migrantenanteil in einer Stadt oder Region, desto höher ist das Bewusstsein der Kultureinrichtungen, sich auch mit Angeboten für diese Gruppen auseinanderzusetzen. Insgesamt ist das Thema aber bei vielen Einrichtungen entweder noch nicht richtig angekommen oder es wird eher als Aufgabe von Marketing- oder PR-Abteilung, nicht aber als Chefsache angesehen.

Vom strategischen Ansatz her sind im Management eines Orchesters in Bezug auf die Angebotsentwicklung verschiedene Aspekte zu berücksichtigen: Die konkrete Migranten- und Ausländerstruktur im Einzugsgebiet des Orchesters (1.), die Einbeziehung der Zielgruppen in die Planung und Umsetzung (2.), Ansprache im schulischen Umfeld (3.), Zusatzkosten und Finanzierung (4.).

1. Ebenso wie es nicht »das« Publikum gibt, sondern sehr heterogene Publikumsgruppen, gibt es auch nicht »die« Migranten, sondern je nach Größe und Wirtschaftsstruktur einer Stadt oder Region sehr unterschiedliche Migrantengruppen. In Berlin stellen 140.000 Menschen türkischer Herkunft sowie 20.000 Deutsche mit türkischem Hintergrund die größte Ausländer- bzw. Migrantengruppe. Doch daneben gibt es weitere, zahlenmäßig nicht eben kleine Gruppen: Ein Drittel aller in Berlin lebenden Ausländer stammen aus Ländern der Europäischen Union, davon wiederum ein Drittel aus Polen, immerhin rund 43.700 Menschen (www.in-berlin-brandenburg.com/ News/Infos/auslaender.html). In Berlin wird die türkische Community von den Orchestern erst in den letzten Jahren stärker, die polnische bislang überhaupt nicht berücksichtigt.

2. Die zielgruppenspezifische Entwicklung von Orchesterangeboten und Konzertformaten funktioniert am besten über die Einbeziehung von Mitgliedern bzw. Künstlern aus der Zielgruppe. Die Rundfunk Orchester und Chöre GmbH Berlin (roc) startete in der Spielzeit 2007/2008 mit ihren je zwei Sinfonieorchestern und -chören gemeinsam mit dem Konservatorium für türkische Musik Berlin eine neue Reihe unter dem Motto »KlangKulturen«: Vier deutsch-türkische Konzerte führten auf eine Klangreise zwischen Orient und Okzident unter Einbeziehung deutscher und türkischer Instrumente, Musiktraditionen und Mitwirkender. Und wiederum setzen auch die Berliner Philharmoniker seit 2008 mit ihrer neuen Kammermusikreihe »Alla turca« Akzente in der Zusammenarbeit mit türkischen Musikern, Choreographen und Schülern aus dem entsprechenden Umfeld. Im Sommer 2010 erweiterte der Berliner Rundfunkchor sein in der Berliner Philharmonie seit Jahren erfolg-

reiches Konzept der »Mitsingkonzerte« um eine internationale und integrative Komponente: 300 Sängerinnen und Sänger aus aller Welt brachten Carl Orffs »Carmina Burana« im Amphitheater der türkischen Stadt Aspendos zur Aufführung. Ein gutes Beispiel für interkulturelle und gleichzeitig integrative Konzertprojekte bietet der türkische Pianist, Komponist, Jazzer und Weltmusiker Fazil Say, der mit seiner Kunst sowohl seine eigenen Landsleute als auch Menschen anderer Herkunft begeistert und Sprach- und Kulturgrenzen scheinbar spielerisch überwindet.

3. Ausländer bzw. Menschen mit Migrationshintergrund in ihren Wohn- und Stadtbezirken erreichen zu wollen, ist in der Regel eher Sozial- als Kulturarbeit. Sozialarbeit und Integration soll und kann nicht vorrangig von Kultureinrichtungen geleistet werden, da sie hierfür weder finanziert werden noch personell entsprechend ausgestattet sind. Den besten und breitesten Zugang für die Projektarbeit der Orchester, aber auch der anderen Kultureinrichtungen, bieten die allgemein bildenden Schulen in Bezirken mit hohem Ausländer- und Migrantenanteil. Angesichts der besonderen Herausforderungen und Belastungen der Lehrkräfte und den spezifischen Sachzwängen in diesen Schulen, ist allerdings eine Zusammenarbeit mit Orchestern ohne den Einsatz von pädagogisch speziell geschultem Personal eher schwierig. Nur wenn Schule und Orchester einen Mehrwert in einer Kooperation erkennen und sich alle Beteiligten hierauf einlassen, können geplante Projekte auch gelingen.

4. Wenn es dann noch um Tanzprojekte mit Musik geht, ist der Einsatz besonderer Tanzpädagogen ohnehin unerlässlich, wie auch das Beispiel »Rhythm is it!« oder ähnliche Tanzprojekte zeigen. Derartiges Zusatzpersonal muss aber auch zusätzlich finanziert werden. Ein Punkt, an dem Projekte scheitern können, denn nicht immer steht eine große Bank als privater Förderer bereit. Dass die Projekte von Orchestern am Ende eine integrative Kraft und Nachhaltigkeit entfalten, die im besten Falle auch neue Publikumsgruppen erschließen und über die mitwirkenden Kinder auch die Eltern von in der Regel eher bildungsfernen Schichten erreicht werden, ist eher einer der schönsten Nebeneffekte dieses Arbeitsfeldes, in dem noch viel Entwicklungs- und begleitende Evaluationspotenziale stecken.

Fazit

Standortabhängig werden die deutschen Kulturorchester und Rundfunkensembles in den kommenden Jahren Migranten- und Ausländergruppen stärker in ihre Überlegungen einbeziehen müssen. Den allgemein bildenden Schulen kommt hierbei als Kooperationspartner eine wichtige Rolle zu. Besonders aufwändige Angebote und Projekte der Orchester bedürfen einer zusätzlichen Finanzierung. Im besten Falle könnten sie dadurch zu Vorreitern einer echten Integration mit Mitteln der Musik werden.

Akademie postmigrantischer Theaterkunst
Ein Plädoyer für mehr Teilhabe

Azadeh Sharifi — **Politik und Kultur 4/2011**

»Postmigrantismus für alle« (Der Freitag), »Das Wunder von Kreuzberg« (Kulturzeit, 3sat) oder »Der Hit der Saison« (Der Spiegel) lauteten in den letzten Monaten manche Überschriften in Feuilletons oder Kultursendungen im deutschen Fernsehen. Das postmigrantische Theater im Ballhaus Naunynstraße und mit ihm die künstlerische Arbeit der Theaterleiterin Shermin Langhoff wird zahlreich diskutiert. Das Theaterstück »Verrücktes Blut« ist zu dem diesjährigen Theatertreffen in Berlin eingeladen worden. Eine längst überfällige Anerkennung, die Akteuren, Geschichten und einer Ästhetik zuteil wird, derer es noch viel mehr in den deutschen Theatern bedürfte. Denn wenn über das Ballhaus Naunynstraße hinaus andere Bühnen in Deutschland betrachtet werden, bleibt die Frage offen, wo dort die Theatermacher mit sogenanntem Migrationshintergrund sind und wo das Publikum bleibt, das möglicherweise nicht nur mit Schiller und Goethe aufgewachsen ist?

In diesem Zusammenhang wird in letzter Zeit auch viel über sogenannte Postmigranten in der deutschen Theaterlandschaft diskutiert. Postmigranten sind Deutsche, deren Familien nach Deutschland eingewandert sind, die jedoch selbst in Deutschland geboren oder zumindest den großen Teil ihres Lebens in Deutschland verbracht ha-

ben. Die zentralen Fragen bei den Debatten lauten: Wie können sich deutsche Theater für die »interkulturelle Gesellschaft« öffnen und was ist dann ein interkulturelles Theater? Dabei wird aber zu wenig mit postmigrantischen Akteuren und postmigrantischen Theatermachern gesprochen. Es gilt jedoch zunächst, herauszufinden, ob und was Postmigranten am Theater interessieren.

In meiner Dissertation »Theater für alle? Partizipation von Postmigranten am Beispiel der Bühnen der Stadt Köln««, die ich am Institut für Kulturpolitik an der Universität Hildesheim bei Wolfgang Schneider geschrieben habe, beschäftige ich mich mit dem Theaterinteresse und der Theaternutzung von Postmigranten. In biografischen Interviews wurden Postmigranten zu ihrer Migrationsgeschichte, zu ihrem Kulturinteresse und speziell Theaterinteresse und zu ihrer Theaternutzung befragt. Bei der Befragung wurde im Vorfeld die Wahl der Gesprächspartner auf Personen mit einer hohen, meist akademischen Ausbildung und einem expliziten Interesse für Kultur bzw. Theater eingeschränkt, um soziale Kriterien und eine gewisse Willkür auszuschließen. Schließlich sind auch Postmigranten keine heterogene Bevölkerungsgruppe, sondern haben verschiedene kulturelle Hintergründe. Einzig die Migrationsgeschichte der Familie und das Leben in zwei Kulturen, die deutsche und die Kultur der Familien, lässt eine Vergleichbarkeit entstehen.

Die interviewten Personen hatten unterschiedliche Lebensgeschichten und verschiedene Zugänge zu Kultur und Theater. Manche bezeichneten sich als Deutsche, manche aber auch als »Türken« oder »Italiener«. Aber sie alle haben sich zu einem gewissen Zeitpunkt in ihrem Leben mit ihrer Migrationsgeschichte auseinandergesetzt. Sie haben diese immer als Bereicherung für ihr Leben und ihre kulturellen Interessen beschrieben. Das Leben in zwei Kulturen hat einen starken Einfluss auf ihr kulturelles Interesse. Sie wurden zu ihren Erfahrungen mit Theater befragt und berichteten dabei von Geschichten, die ihnen fremd waren, weil sie sich nicht identifizieren konnten. Sie berichteten von Geschichten, in denen sie ihre Lebenswelt wiederfanden. Sie haben von Theaterproduktionen gesprochen, in denen verschiedene Sprachen verwendet wurden. Und sie identifizierten sich teilweise mit den Schauspielern auf den Bühnen, die einen »sichtbaren« Migrationshintergrund haben.

Drei wichtige Erkenntnisse können aus den Gesprächen gezogen werden. Die befragten Postmigranten wünschen sich auf den Theaterbühnen einen stärkeren Bezug zu ihrer eigenen Lebenswelt. Sie fordern einen anderen Blick auf Geschichten und Theaterstücke wie auch eine neue Ästhetik. Schließlich sind ihnen Akteure vor und hinter der Bühne wichtig, die mit ähnlichen Lebensgeschichten die geforderten Inhalte und dramatischen Formen möglicherweise finden könnten.

In den deutschen Theatern, vor allem in den Stadt- und Staatstheatern, sind postmigrantische Künstler und Kulturschaffende unterrepräsentiert. Zwar sind mittlerweile einige postmigrantische Kulturschaffende an den deutschen Stadt- und Staatstheatern vertreten, trotzdem ist ihre Zahl verschwindend gering. Die inhaltliche Auseinandersetzung auf den deutschen Bühnen geht noch immer nicht ausreichend auf die neue gesellschaftliche Realität in Deutschland ein.

Auf Grundlage der wissenschaftlich gewonnenen Ergebnisse habe ich kulturpolitische Handlungsempfehlungen formuliert, die eine stärkere Förderung von jungen postmigrantischen Akteuren und Theaterschaffenden empfehlen. Durch eine gezielte Förderung von postmigrantischen Theaterschaffenden in den deutschen Theaterhäusern kann eine strukturelle Teilhabe und Einbindung gewährleistet werden.

Daher plädiere ich für eine »Akademie postmigrantischer Theaterkunst«, bei der junge postmigrantische Theaterschaffende gefördert werden sollen. Ziel der Akademie ist die Öffnung der Theaterlandschaft für postmigrantische Künstler, die gerade ihre künstlerische und akademische Ausbildung beendet haben, durch ein Stipendienprogramm.

In Zusammenarbeit mit Stadt- und Staatstheater, aber auch der freien Theaterszene sollen angehende postmigrantische Theaterschaffende ein Stipendium erhalten, um den Zugang zum künstlerischen Arbeitsprozess und zu Theaterstrukturen zu erhalten. Die freie Theaterszene ist dabei insofern entscheidend, da wichtige ästhetische Entwicklungen zunächst dort entstehen und mit der Zeit in den städtischen Bühnen Eingang finden. Zudem lassen sich viele migrantische und postmigrantische Künstler in der freien Theaterszene finden, die in der Entwicklung gerade junger Künstler entscheidend sein können.

Die postmigrantischen Theaterschaffenden sollen mit dem Stipendium als Assistenten von Regisseuren, Dramaturgen, Bühnenbildnern, Theaterautoren und künstlerischen Leitungen tätig werden, aber auch eigene künstlerische Arbeiten umsetzen dürfen. Denn durch eigene Produktionen können sie eine künstlerische Handschrift entwickeln und sich langfristig als Künstler und Kulturschaffende etablieren. Mit der Förderung junger postmigrantischer Theatermacher kann ein postmigrantisches und letztendlich auch ein interkulturelles Theater entstehen, wie sie in den aktuellen Debatten gefordert werden. Aber ein interkulturelles Theater benötigt Akteure mit neuen Geschichten, mit einer neuen Sichtweise und einer eigenen Ästhetik. Dies bedeutet jedoch nicht, dass alte Geschichten und das Repertoire der deutschen Theater ihre Berechtigung verloren haben. Aber sie sollten und können auch von postmigrantischen Theatermachern auf ihre Aktualität und ihren Bezug zur aktuellen deutschen Realität überprüft werden. Ein gelungenes Bespiel ist das eingangs erwähnte Stück »Verrücktes Blut«. In »Verrücktes Blut« bedient sich der Regisseur Nurkan Erpulat unter anderem zweier Theaterstücke von Schiller, »Die Räuber« und »Kabale und Liebe«, um die scheinbare Unüberbrückbarkeit von Kulturen in einem deutschen Klassenzimmer darzustellen. Dabei gelingt es ihm sehr eindrucksvoll, diese als Vorurteile und Stereotypen zu entlarven und überkulturelle Macht- und Gewaltmechanismen vorzuführen.

Die kulturellen und ästhetischen Ressourcen von Postmigranten sind ein wichtiger Teil der gegenwärtigen und zukünftigen deutschen Gesellschaft. Sie bereichern nicht nur die deutsche Hochkultur, sondern repräsentieren die kulturelle Vielfalt der in Deutschland lebenden Bevölkerungsgruppen. Mit einer Förderung von postmigrantischen Akteuren und postmigrantischen Theaterkünstlern können neue Geschichten entstehen, ein anderer Blick auf klassische europäische Theaterstücke geworfen werden und möglicherweise neue Gesellschaftsgruppen für das Theater gewonnen werden, die bisher in den deutschen Theatern nicht vorhanden sind.

Nachhaltigkeit für das Stadttheater

Malte Jelden — Politik und Kultur 4/2011

Pünktlich zum 50. Jahrestag des Anwerbeabkommens mit der Türkei werden die Münchner Kammerspiele im November 2011 die Produktionen »Gleis 11« und »München – Diyarbakir« zeigen. Das Stück »Gleis 11« setzt den historischen Empfang der Gastarbeiter in den 1960er und 1970er Jahren im Bunker unter dem Münchner Hauptbahnhof in Szene. Die Zuschauer werden auf dem Bahnsteig mit Koffern und Taschen bepackt und dann mit dem Megafon unter die Erde geleitet. Dort, in den stickigen Hallen des ehemaligen Luftschutzbunkers, treffen sie auf Zeitzeugen der ersten Gastarbeitergeneration. Sie begegnen Frauen und Männern aus Italien, Griechenland, der Türkei und Tunesien, aber auch ehemaligen Reinigungskräften und Beamten des Arbeitsamtes, die damals die Ankommenden nach ganz Deutschland weiter verschickten.

Zwei Dinge sind besonders eindrücklich: Die Kälte und Unwirtlichkeit dieses Ortes, an dem die Bundesrepublik Menschen empfing, die doch gebeten worden waren zu kommen. Und gleichzeitig die Wärme und Herzlichkeit, mit der diese Menschen auch heute noch über Deutschland reden. In einem anderen Stück, »München – Diyarbakir«, wird wiederum beleuchtet, was zwei Generationen später aus diesen ersten Begegnungen geworden ist. Wir suchen eine Familie, die sowohl in München, als auch in der Kurdenhauptstadt Diyarbakır lebt und fragen danach, wie sich Identitäten, Selbst- und Fremdbilder durch Trennung und Migration verändert haben. Türkische und deutsche Schauspieler werden versuchen, eine gemeinsame Theatersprache zu entwickeln bzw. Unterschiede auszuhalten.

Bereits seit einigen Jahren befassen sich die Münchner Kammerspiele mit den Geschichten, Biografien und Träumen von Zuwanderinnen und Zuwanderern nach Deutschland. Neben dem Projekt »Munich Central«, einer mehrwöchigen Intervention im arabisch-türkisch geprägten südlichen Münchner Bahnhofsviertel, wurde in einer ganzen Reihe von Projekten versucht, sich den Wirklichkeiten unserer Einwanderungsgesellschaft zu stellen. Es begann mit dem Stadtprojekt »Bunnyhill« im Münchner Hasenbergl und dem Stück »Ein Junge, der nicht Mehmet heißt«. Es folgten das Festival »Doing Identity – Bastard« München, die »Hauptschule der Freiheit« und eben »Munich Central«. Im Mai 2011 wiederum trafen sich beim Format »Meet the Neighbours« fast täglich unser Publikum und eine Gruppe von unbegleiteten minderjährigen Flüchtlingen in der ehemaligen Bayern-Kaserne in München-Freimann, die den Kammerspielen als Außenspielstätte und der Regierung von Oberbayern als Flüchtlingsunterkunft dient.

Interkulturelle Öffnung
der Theaterlandschaft

Bei all diesen Projekten der Münchner Kammerspiele stellt sich die Frage, ob sich die deutsche Theaterlandschaft durch den Zuzug der damaligen »Gastarbeiter« wirklich verändert hat. Ich muss leider sagen: Nein! Oder: Noch nicht. Während des Festivals »Doing Identity« im März 2008 hatten wir beispielsweise den Publizisten Mark Terkessidis eingeladen, der uns, also dem deutschen Stadttheater, fundamentale Versäumnisse im Umgang mit den veränderten gesellschaftlichen Strukturen vorwarf. Terkessidis forderte uns auf, den Zugang zu unseren Räumen – unseren heiligen Hallen – zu erleichtern, indem wir z. B. auch Popkonzerte veranstalten, wo sonst Shakespeare gespielt wird, und uns in unserem Spielplan den Themen und Problemen der Zuwanderung zu stellen. Aber diese Öffnungsversuche hatten die Münchner Kammerspiele damals bereits seit einigen Jahren unternommen und unternehmen sie heute noch. In unserem Schauspielhaus wurden und werden immer wieder alle Stühle ausgebaut, um Konzerte zu veranstalten, Poetry Slams, Mammut-Lesungen oder Kongresse. Wir haben dort Orhan Pamuks »Schnee« erstaufgeführt, genauso wie Mathieu Kassowitz' »Hass« oder Björn Bickers »Illegal«. Und trotzdem hat sowohl bei den Akteuren dieses Theaters (Schauspieler, Regisseure, Dramaturgen usw.), als auch bei seinem Publikum ein wirklicher Wandel noch nicht einmal begonnen: Der Anteil von Migrantinnen und Migranten auf beiden Seiten des Vorhangs ist nach wie vor verschwindend gering. Und das liegt daran, dass Terkessidis mit seiner grundsätzlichen Kritik und seiner grundlegenden Forderung nach einem »Intercultural Mainstreaming« völlig richtig liegt. Denn dabei geht es gerade nicht um punktuelle Irritationen des Hauptprogramms durch gelegentliche Ausflüge in

die Popkultur oder eine Multikulti-Inszenierung pro Spielzeit, sondern darum, dass eine Institution wie das Stadttheater ihr gesamtes künstlerisches, personelles und strukturelles Handeln unter der Maßgabe einer interkulturellen Gleichstellung versieht.

Das klingt wie eine nicht erfüllbare Forderung, aber ich habe in den letzten Jahren den Eindruck gewonnen, dass wir nur mit einem radikalen Ansatz wirkliche Veränderungen erreichen können. Denn wenn ich ehrlich bin, kann ich nicht erkennen, welche Fortschritte unsere Gesellschaft und unser Theater gemacht haben, seit ich als Kind in den 1970er Jahren der LP »Ein Fest bei Papadakis« vom Grips-Theater lauschte. Wir müssen uns immer noch bewusst gegenseitig einladen, miteinander zu leben, wobei die Bringschuld in dieser Sache eindeutig bei Familie Müller liegt und nicht bei den Papadakis. Teilhabe heißt das Zauberwort, in der Bildung genauso wie in Politik und Kunst. Und die Schlüssel zu all den Institutionen, die hierfür relevant sind und zu denen eben auch die Theater gehören, halten immer noch Herr und Frau Müller in Händen. Das deutsche Stadttheater könnte bei diesen Türöffnungen und Schlüsselübergaben erhobenen Hauptes vorangehen. Schließlich verfügt es dafür über unzählige Möglichkeiten: Es ist eine öffentliche Versammlungsstätte, Ort des künstlerischen, sozialen und politischen Diskurses, es vereint die unterschiedlichsten Berufsgruppen unter einem Dach, es untersucht immer wieder neue ästhetische Verfahren, probiert sich aus im Spannungsfeld zwischen Hochkultur und Trash und arbeitet zunehmend interdisziplinär in der Verbindung mit Musik und bildender Kunst. Aber viele Theater scheinen Angst zu haben vor einer interkulturellen Begegnung. Wahrscheinlich, weil eine echte Begegnung, also ein künstlerisches und soziales Miteinander auf Augenhöhe, natürlich ergebnisoffen sein muss. Und das würde bedeuten, dass eine Kunst entsteht, die wir noch nicht kennen, ein »Bastard«, der sich genauso schief zusammengesetzt anfühlt, wie heute das Leben in jeder deutschen Großstadt. Wir haben an den Kammerspielen in den letzten Jahren mit einigen Projekten eine solch positiv besetzte sogenannte »Bastardisierung« erreicht. Aber auch wir haben uns bisher immer wieder aus unseren selbstgebastelten Nischen zurückgezogen. Haben uns besonnen auf das »Kerngeschäft« und das »Kernpublikum«, haben die Ausnahme nie zur Regel gemacht und müssen uns deswegen manchmal auch zu Recht Exotismus vorwerfen lassen und uns selbst fragen, ob wir die Ausflüge in die »echte« Welt nur unternehmen, um unser Dasein in der Kunstwelt zu rechtfertigen. Immerhin machen wir uns inzwischen Gedanken über die Nachhaltigkeit unserer Stadtprojekte. Wir bemühen uns, dass die Menschen, mit denen wir außerhalb des Theaters arbeiten oder die wir temporär zu uns ins Theater einladen, einen weiterführenden Nutzen aus diesen Projekten ziehen können. Wir haben Partnerschaften mit Schulen geschlossen, Räume und Strukturen etabliert, die auch nach unserem Weggang weiter genutzt und weiter gedacht wurden.

Auch wenn mit Projekten wie »München – Diyarbakir« oder »Gleis 11« der Versuch unternommen wird, das Theater auch von innen her zu verändern, machen wir uns doch viel zu wenig Gedanken darüber, wie wir eine wirkliche Nachhaltigkeit für das Theater erreichen können. Wie wir es schaffen, dass Migrantinnen und Migranten das Theater kennenlernen und sich stärker dafür interessieren, dass sie anfangen, die Schauspielschulen zu bevölkern, so wie schon längst alle Casting-Shows, danach die Ensembles entern, und wir endlich in die Lage kommen, auf den Bühnen mit einem adäquaten Spiegelbild unserer Gesellschaft spielen zu können. Das Theater muss sich verändern, will es nicht vergreisen und erstarren. Es muss sowohl den Kreis seiner Akteure als auch sein Publikum erweitern. Und nur, wenn wir die Begegnungen mit diesen zukünftigen Theatermenschen heute schon in den Vordergrund unserer Arbeit stellen, können wir diese Veränderungen nachhaltig ermöglichen.

Initiativen ermöglichen
Theaterprojekte als Chance zur Integration

Stephan Schnell — **Politik & Kultur 6/2015**

»... das Zusammenleben mit fremden, nicht immer freundlich gesinnten Menschen sind eine kaum zu bewältigende Herausforderung.« Was klingt wie eine Pegida- oder AfD-Provokation, stammt aus Nikolaus von Wolffs und Ameen Alkutainys E-Book »Wir schaffen das. 99 Tipps und Fakten für Zuwanderer und Einheimische« und lautet im ganzen Satz: »Sehr lange Wartezeiten für Ihre Aufenthaltsunterlagen, die Unterbringung in Lagern, das Zusammenleben mit fremden, nicht immer freundlich gesinnten Menschen, sind eine kaum zu bewältigende Herausforderung. Dennoch bringt eine Registrierung viele Vorteile. Es bringt keine, eine Registrierung nachzuholen.«

Aus dem Kontext gerissen, in einen neuen Zusammenhang gestellt, begegnen sich missverstanden und missverstehend Flüchtlinge und Bürgergesellschaft. Es ist ein Irrglaube anzunehmen, dass der Kultursektor davon ausgenommen sei. Es sind vor allem konkrete Projekte des Zusammenlebens und des Zusammenarbeitens, die die Kulturarbeit mit und von Flüchtlingen im Kontext des Bundes Deutscher Amateurtheater (BDAT) schon heute prägen.

Ohne mediale Vermarktung haben bereits im Juni zahlreiche Flüchtlinge an den Workshops des internationalen Festivals »Theaterwelten« im thüringischen Rudolstadt teilgenommen. Daraus entstand ein breites Netzwerk an neuen Theatergruppen, lokalen Initiativen und gemeinsamen Projekten. Eigentlich selbstverständlich, aber doch bemerkenswert schließen sich ganz individuell und nicht organisiert Flüchtlinge Amateurtheaterbühnen an. Das Selbstverständliche ist freilich nur scheinbar, und so arbeiten Theatergruppen insbesondere mit Jugendlichen an einem Wechsel der Perspektive in der Aufnahmegesellschaft. Gleichsam als Prävention, diese nicht den xenophoben Angstmachern der rechten Politikszene zu überlassen, sondern sie durch empathiefördernde Theaterarbeit zu einem bewussten Begreifen der Dimensionen von Migration zu veranlassen.

Vieles geschieht im Windschatten des örtlichen Alltags, aber es gibt auch jene Leuchtturmprojekte, wie der Stage Divers(e) aus Esslingen, die ihre künstlerische Arbeit kontinuierlich auf die Kooperation mit Flüchtlingen fokussieren. Und die dabei Methoden entwickelt und konkretes Wissen erworben haben, wie Kulturarbeit mit traumatisierten Flüchtlingen gelingen kann.

Als Bundesverband des bürgerschaftlichen Engagements versteht der BDAT seine Aufgabe darin, mitzuarbeiten, dieses Wissen zu kommunizieren und bestehenden Praktiken der Kulturarbeit im Lokalen mit existenten und zukünftigen Fördermöglichkeiten zu stabilisieren, neue Initiativen zu ermöglichen und über das Beispielhafte hinaus künftig noch stärker in die Breite zu tragen.

Popkultur und ihre Diversifikation
Chancen und Risiken für Künstler und Newcomer

Udo Dahmen — Politik & Kultur 4/2010

Nachdem Popkultur seit nunmehr 60 Jahren Bestandteil der Gesellschaft ist, befinden wir uns heute an einem Punkt, den man als Weichenstellung betrachten kann. Die Popkultur, ehemals eine auf soziale Rand- und Protestgruppen eingrenzbare musikalische Bewegung, hat sich aus der Szene der Halbstarken und des Rock'n'Roll und über die Erlangung politischer Relevanz im Sinne der Antihaltung gegenüber globalen Ungerechtigkeiten, Reizthemen wie Vietnam, Rassismus in den USA und Kalter Krieg sowie als akustischer Begleitrahmen der sexuellen Revolution und der Friedensbewegung hinein entwickelt in einen Dschungel der Möglichkeiten, in ein gigantisches multikulturelles Spiel an Klang, Sprache und Farben.

Die kaum noch katalogisierbare Vielfalt an Genres und Subgenres in Mainstream und Subkulturen schlägt einen Rahmen, der nichts anderes ist, als eine symmetrisch zur gesamtgesellschaftlichen Individualisierung aufgestellter Spiegel. Pop hat längst die Szene der kulturellen Rebellion verlassen, zeigt aber über den Weg des Imitats alltäglicher Normalität eben das Abbild auf, das wir im Allgemeinen als »Gesellschaft« bezeichnen. Die damit einhergehende und sich immer komplexer auffächernde Diversifikation und Vielfalt an Möglichkeiten, wie wir sie derzeit im Großen in der globalisierten Gesellschaft erleben, fin-

det auch in der Popkultur statt. Popmusik in der Gegenwart stellt sich nicht mehr als monolithischer Block dar. Die große Unbekannte, das faszinierende und zugleich irritierende am Pop existiert als solches nicht länger. Pop ist begreifbar, weil Pop in jeder Nische angekommen ist. Selbst radikale politische oder religiöse Ansichten werden seitens der Popkultur z. B. durch Mode oder Street-Art aufgegriffen, stilistisch kommentiert und dadurch ikonisiert. Dies gilt auch für ehemals exotische, subkulturelle Genres der Popularmusik. Was gestern im Underground blühte, wuchert heute im Mainstream und ist morgen schon digital archivierte Popgeschichte. Zugleich gibt es jedoch keine Verknüpfungen mehr zwischen den verschiedenen Spielarten. Seitens der Künstler sind klare Trennungen erwünscht, was den Markt vergleichsweise unproblematisch in klar gruppierte Konsumenten und deren Gewohnheiten aufteilt.

Für die nachwachsende Generation an Musikern, die sogenannten »Newcomer«, die hinsichtlich ihrer Geburtenjahrgänge und ihrer kulturellen und technischen Sozialisation auch sogenannte »Digital Natives« sind, bedeutet dies zweierlei: Zum einen ist der Kampf um die lukrativen Jobs und Verträge ungemein härter geworden, denn nach wie vor laboriert die Musikbranche daran, den Entwicklungen des digitalen Zeitalters nicht früh genug mit für alle Beteiligten wirtschaftlich funktionierenden Modellen Rechnung getragen zu haben. Zum anderen eröffnet sich dem heutigen Künstlernachwuchs eine riesige Chance zum wirklich freien, von der Industrie nicht mehr bevormundeten Kreativprozess, an dessen Ende ein individuelles Werk und damit die Selbstverwirklichung stehen können. Außerdem bietet die Diversifikation neben ihren gerade durch neue Medien und das Web 2.0 regelrecht befeuerten Dialogmöglichkeiten auch die einzigartige Möglichkeit, Zielgruppen, wie sie unterschiedlicher nicht sein könnten, vergleichsweise einfach zusammenzuführen – und zu integrieren!

Interkulturelles Wirken und das Beispiel InPop/Neue Wirkungsfelder für Künstler im Bereich Populäre Musik
Internationalität findet heute bereits vor der eigenen Haustür statt. Dies wirft Fragen – auch für die Popkultur – auf: Wer bin ich selbst? Wofür entscheide ich mich? Was nehme ich wahr und was nehme ich an? Welches sind meine kulturellen Bestandteile? Diese Fragestellungen werden in den kommenden Jahren zunehmen. Übertragen auf die Problematik des Popmusikers bedeutet dies letztlich die Entscheidung, in welchem Umfeld er sich und seine Projekte verwirklichen möchte und ob ihm dies auch über internationale und damit kulturelle Grenzen, aber auch über Sprachbarrieren hinweg gelingen kann.

Gelingt es, wenn ein Kulturvermittler den Migranten Mozart oder andere dem klassischen Musikunterricht in der Schule entnommene Inhalte nahebringt? Ein solches Vorgehen kann meines Erachtens nur schwer der richtige Schlüssel sein. Die Popmusik als international verständlicher Code, das Medium Musik als solches, kann an dieser Stelle einen entscheidenden Beitrag leisten. Rap und Hip-Hop z. B. können hier neue Wege aufzei-

gen und holen die Jugendlichen mit Migrationshintergrund dort ab, wo sie sich aufhalten und entwickeln zusammen mit den Betroffenen eine neue, universelle Sprache. Die Sprache der Popmusik und ihrer Popkultur.

An der Schnittstelle der an popkulturellen Ankerpunkten andockenden sozialen Erlebniswelten besteht Nachholbedarf. Unter dem Druck der Gesellschaft sollten kulturpolitische Entscheidungen in Richtung interkultureller Ausrichtungen, Integrationsbestrebungen und der Tatsache gestaltet werden, dass uns bereits heute breite Gesellschaftsschichten verloren gehen oder schon gar nicht mehr erreichbar sind.

Migranten der zweiten und dritten Generation können wir jedoch in ihren Lebenswelten begegnen und sie an den neuralgischen Punkten ihrer kulturellen Handlungsfelder abholen und den Dialog mit ihnen suchen. Populäre Musik in all ihrer Diversifikation als sozialer Motor und integrierendes Medium im Lebensalltag junger Migranten, dies war auch der grundsätzliche Ausgangspunkt für InPop (Integration, Popmusik, Schule), das Integrationsprojekt der Popakademie Baden-Württemberg. Dozenten und Studierende der Popakademie bieten im Rahmen von InPop rund 200 Kindern und Jugendlichen der zweiten und dritten Migrantengeneration wöchentlich stattfindenden Musikunterricht in den Schulen an. Ziel ist die Verbesserung der Integration der Kinder und Jugendlichen, insbesondere durch Förderung ihrer sprachlichen, sozialen und kreativen Kompetenzen. Um die Entwicklungen der projektbeteiligten Schüler beobachten zu können, bleiben die Schülerbezugsgruppen über die gesamte Projektdauer hinweg gleich. Im Sinne einer positiven und nachhaltigen Projektentwicklung ist darüber hinaus die Einbeziehung der Eltern ein wichtiger Aspekt. Das Projekt wird über den gesamten Zeitraum von drei Jahren wissenschaftlich begleitet und evaluiert. Seit Oktober 2009 arbeiten wir mit InPop an fünf ausgewählten Mannheimer Schulen. Wir sind sehr dankbar, dass dieses Pilotprojekt mit bundesweitem Modellcharakter mutige Förderer gefunden hat und vom Bundesministerium für Bildung und Forschung, dem Ministerium für Kultus, Jugend und Sport Baden-Württemberg und der Stadt Mannheim unterstützt wird.

Schon nach dem ersten halben Jahr wird deutlich, dass die soziale Kulturarbeit, die hier seitens unserer Institution geleistet wird, im Zusammenspiel mit den Kindern und Jugendlichen wirkt. Erste Verbesserungen im sprachlichen Umgang der jungen Menschen untereinander sind ebenso zu bemerken, wie ein allgemeines und stetig wachsendes Interesse am kreativen Arbeiten in der Gruppengemeinschaft, also z. B. der Band – und damit im Team. Unsere ins Projekt involvierten Studierenden und Dozenten erhalten viel positives Feedback auf ihre Coachings und machen die Erfahrung, dass die Kinder und Jugendlichen am liebsten über die einzelnen Einheiten hinaus weiter miteinander musizieren würden. Das Projekt InPop soll bereits während des Projektverlaufes in die Fläche, explizit auf ausgesuchte Schulen in Baden-Württemberg und Rheinland-Pfalz ausgedehnt werden. Ebenso wird die Ausweitung der Weiterbildung der Lehrer sowohl im Personenkreis als auch in der Tiefe angestrebt. Nach Projektabschluss sollen die Erkenntnisse allen Bundesländern als Grundlage zur Übertragung der Initiative über Baden-Württemberg hinaus zur Verfügung gestellt werden. Dies bestätigt uns in unserer Annahme, dass im pädagogischen Kontext angewandte Populäre Musik für eine Optimierung des interkulturellen Austauschs innerhalb der Gesellschaft und ihrer Gruppen wirkt. Insbesondere die Implementierung solcher Ansätze in den schulischen Alltag auf der Basis kreativen und musikalischen Arbeitens könn-

te der Schlüssel sein zu einer besser gelingenden Integration junger Migranten, gerade in den Städten und damit in den kulturellen Ballungsräumen. Dort, wo die popkulturelle Diversifikation am stärksten auf eine multikulturell aufgebaute Bevölkerungsstruktur trifft, sind kompetente Vermittler gefragt, welche die unzähligen Botschaften der Populären Musik entsprechend empfangen und entschlüsseln können. Sensibilität und Verständnis sind hierfür zwingende Grundvoraussetzungen, ohne die der gemeinsame und kreativ gesteuerte Lernprozess bei den Adressaten nicht angestoßen werden kann. In der Popakademie Baden-Württemberg wird im zukünftigen, neuen Masterstudiengang Populäre Musik ab dem Wintersemester 2011/12 der Studienschwerpunkt »Musikvermittlung« die Arbeit mit Integration und Populärer Musik als wichtigen Bestandteil der Ausbildung begreifen. An dieser Stelle eröffnet sich für den Künstler und Musikschaffenden ein neues Wirkungsfeld. Nicht nur, dass ihm sein Einsatz im Rahmen solcher Coachingmodelle die Möglichkeit zu einer Erweiterung seiner Verdienstmöglichkeiten bietet. Vielmehr ist sein Gespür für die Trends und Codes innerhalb der Populären Musik der Taktgeber für den Dialog mit der Zielgruppe der zu integrierenden gesellschaftlichen Gruppen.

Deutsche Populäre Musik ist nicht nur »deutsche« Populäre Musik
Ist der Begriff eine ethnische, sprachliche oder eine geografische Zuordnung?

David-Emil Wickström — Politik und Kultur 6/2013

Mit dem Ausdruck »deutsche« Populäre Musik und Kultur verbinden viele deutschsprachige Musik aus Deutschland, Österreich und der Schweiz sowie deutsche Bands, die auf Englisch singen und einen internationalen Durchbruch hatten – wie z. B. die Scorpions. Aber deutsch ist heute nicht nur eine ethnische oder sprachliche, sondern vor allem eine geografische Zugehörigkeit: Auch wenn sich viele deutsche Politiker immer noch hinter einem reaktionären monoethnischen, »christlich-abendländischen« und heteronormativen Vorhang verstecken (z. B. bei Fragen zu doppelter Staatsbürgerschaft, Familienzusammenführung und dem Umgang mit der Türkei), ist Deutschland längst ein multiethnischer und multi-religiöser Staat geworden – ein Aspekt, der sich auch in der Populären Kultur und Musik niederschlägt. Leider fallen gerade diese Bereiche bei der nationalen Geschichtsschreibung und Dokumentation der (Populären) Kultur weg. Ebenso wie die Mehrheitsbevölkerung beschäftigen sich auch die Minderheiten mit Populärer Musik. Analog zum Kulturkontakt zwischen US-amerikanischen Soldaten und deutschen Musikern in den 1950er und 1960er Jahren finden ähnliche kulturelle Austauschprozesse auch zwischen der Mehrheits- und Minderheitsbevölkerung statt. Ein wissenschaftlich gut dokumentiertes Beispiel ist türkischspra-

chiger Hip-Hop, der Ende der 1980er Jahre in Deutschland entstand – vor allem in Berlin und Frankfurt im Treffen zwischen türkischen Migranten und US-amerikanischen Soldaten. Anfänglich waren die Themen von Rappern wie Sert Müslümanlar oder der Mitglieder von Cartel die Erfahrungen, als Türken in Deutschland zu leben (zum Teil als Reaktion auf die ausländerfeindlichen Attacken und Morde Anfang der 1990er Jahre unter anderem in Solingen und Mölln) und ein »progressiver« kultureller pantürkisch-islamischer Nationalismus, in dem Kurden, Aleviten und Sunniten als Brüder begriffen werden (türkischsprachiger Hip-Hop in der Türkei etablierte sich erst richtig ab 1995 – nach einer Türkeitournee von Cartel). Weniger gut dokumentiert, aber genauso lebendig, ist die Musik der mehr als 2,6 Millionen russischsprachiger Migranten aus den Gebieten der ehemaligen Sowjetunion (das sind mehr als drei Prozent der Gesamtbevölkerung der Bundesrepublik). Diese sind ab 1951 (verstärkt ab 1989) nach Deutschland gezogen und haben ihren Lebensmittelpunkt hier etabliert. Im Gegensatz zu den italienischen und türkischen Migranten, die als Gastarbeiter in der Nachkriegszeit nach Deutschland kamen, hängt die postsowjetische Migration mit der deutschen Vergangenheit zusammen: Der Hauptteil der Immigranten sind sogenannte »Spätaussiedler« – Bürger der Sowjetunion, deren Vorfahren unter anderem im 18. und 19. Jahrhundert in das russische Imperium und die Gebiete des jetzigen Rumäniens, Ungarns und der Ukraine ausgewandert sind. Ihre Rückkehr als »deutsche Volkszugehörige« ist sowohl im Artikel 116 des deutschen Grundgesetzes als auch im »Gesetz über die Angelegenheiten der Vertriebenen und Flüchtlinge« aus dem Jahr 1953 garantiert. Die Aufnahme von jüdischen Bürgern aus der Sowjetunion begann in den späten 1980er Jahren in der DDR, als ein Versuch der DDR, sich pro-jüdisch zu zeigen. Nach der Wiedervereinigung wurde diese Einwanderung beibehalten und durch das Kontingentflüchtlingsgesetz reglementiert, wobei es keine zahlenmäßige Quotierung gab. Wie auch andere Emigrantengruppen halten diese Einwanderer kulturelle Verbindungen zu ihrer Heimatregion und Sprache: Es gibt in Deutschland mehrere regionale, russischsprachige Zeitungen, einen UKW-Kanal in Berlin (Radio Russkij Berlin) und russischsprachige Sendungen vor allem in den offenen Kanälen – ein sehr schönes Beispiel dafür war die russisch-deutsche Radiosendung »Schum« (russ.: Lärm) mit postsowjetischer Populärer Musik auf Radio Corax (Halle).

Auf lokaler Ebene gibt es russischsprachige Kulturvereine, die sich unter anderem mit russischer Sprach- und Kulturvermittlung für Kinder und Jugendliche beschäftigen. Darüber hinaus ist Deutschland ein attraktiver Livemarkt für russischsprachige Bands aus dem postsowjetischen Raum – letztes Jahr fand z. B. ein Minifestival in Offenbach mit ca. 3.000 Besuchern aus dem gesamten Bundesgebiet statt. Die Bands, die spielten (unter anderem Leningrad, Splin, Liapis Trubetskoi, TNMK), füllten in Russland und der Ukraine in den 1990er und 2000er Jahren (und teilweise heute noch) Stadien. Das ist alles aber für die Mehrheitsbevölkerung in Deutschland unsichtbar. Viele der Bands, mit denen ich während meiner Feldarbeit in Deutschland sprach, spielten in Jugendzentren und anderen regionalen Einrichtungen für ein ausschließlich russischsprachiges Publikum. Die Texte waren auf Russisch und es lagen oft klare klangliche, harmonische und melodische Bezüge zu sowjetischer und postsowjetischer Populärer Musik vor. Mit anderen Worten rezipieren die Musiker Populäre Musik aus ihrer Heimat – was heute dank Internet und Tourneen postsowjetischer Bands in Deutschland einfach ist.

Das vielleicht prominenteste Beispiel postsowjetischer Musik in Deutschland ist die Russendisko um den Autor Wladimir Kaminer und den Musiker Yuriy Gurzhy. Der Name »Russendisko« – ursprünglich der Name von Kaminers Debütroman – hat sich als Brand für eine Diskothek im Berliner Kaffee Burger etabliert. Hier legen die DJs Kaminer und Gurzhy sowohl Musik aus der ehemaligen Sowjetunion als auch von einer (primär) russischsprachigen Diaspora auf. Das besondere an dem Event ist, dass die Zielgruppe die Mehrheitsbevölkerung und mittlerweile auch Touristen ist. Klanglich wählen die DJs meistens Bands aus, die mit einer Bläsersektion, off-beat-Betonung und Einflüssen aus Klezmer und Balkanmusik arbeiten. Zusammen mit der Balkan Beats-Bewegung hat sich diese Musik in den 2000er Jahren bei den Hörern als eine neue Form osteuropäischer Populärmusik etabliert. Gleichzeitig beziehen sich Kaminer und Gurzhy auf eine deutsche Rezeptionsgeschichte russischer Folklore, die mit dem Don Kosaken Chor um Serge Jaroff beginnt und Musiker und Bands wie Alexandra, Hans-Rolf Rippert (auch als Ivan Rebroff bekannt), Boney M und Dschinghis Khan umfasst. Dazu gehören auch Klischees wie die »melancholisch behauchte russische Seele«, die vor allem durch russische Literatur um die Autoren Gogol, Dostojewski und Tschechow geprägt wurde. Kaminer und Gurzhy zeigen aber dabei nur eine Facette der Musik postsowjetischer Emigranten – eine Facette, die zwar tanzbar, aber nicht repräsentativ ist – weder für Deutschland noch für den postsowjetischen Raum. Damit wären wir wieder bei der Einleitung und der Musik der unsichtbaren Minderheiten: Nicht nur ausgewählte Vorzeige-Minderheitenrepräsentanten wie Wladimir Kaminer oder Bülent Ceylan, sondern auch die anderen in Deutschland lebenden Migranten müssen als Teil der deutschen Populären Kultur betrachtet und beachtet werden. Das beginnt mit frühmusikalischer Musik- und Sprachförderung in Kindergärten und Schulen, wo nicht nur deutsche und christliche Feiertagslieder gehört und musiziert werden sollten, sondern auch die Musik der Minderheiten. Wichtig ist aber auch die Förderung von Jugendclubs und anderen Orten, an denen sich Jugendliche in ihrer eigenen musikalischen Sprache musikalisch betätigen können. An dieser Stelle ist nicht nur die Ausrüstung (PA, Instrumente etc.) wichtig, sondern auch Sozialarbeiter, die diese Tätigkeiten fördern und verstehen können. Schließlich ist es auch wichtig, dass diese musikalischen Aktivitäten systematisch dokumentiert werden, da die Musik der Migranten genauso ein Teil der deutschen Populärkultur und somit Geschichte ist. Es ist nämlich an der Zeit, dass sich deutsche Politiker und Bürger nicht nur pro forma der Tatsache stellen, dass Deutschland multiethnisch ist, sondern dies auch als Teil der Kultur aktiv aufnehmen, fördern und dokumentieren!

Interkultur als Herausforderung
Museen in der Einwanderungsgesellschaft

Volker Rodekamp und Dietmar Osses — **Politik und Kultur 5/2010**

»Deutschland ist eine Einwanderungsgesellschaft – und in dieser Einwanderungsgesellschaft ist es eine Bürgerpflicht, ein gewisses Maß an Unübersichtlichkeit als Normallage ertragen zu lernen. Unübersichtlichkeit bedeutet, dass neue Identitäten wachsen und alte sich wandeln, dass sich unterschiedliche kulturelle Werte, Traditionen, Lebensformen und Alltagspraktiken weiter ausdifferenzieren.« – so Migrationsexperte Prof. Dr. Klaus Bade im Mai dieses Jahres in der Wochenzeitung »Die Zeit«. Kultureinrichtungen haben vielleicht das größte Potenzial aller gesellschaftlichen Institutionen, dieser Unübersichtlichkeit konstruktiv zu begegnen und sie mitzugestalten. Sie haben die Möglichkeit, Vielfalt und Wandel zu zeigen und zu reflektieren. Diese nutzen sie aber bisher nicht im hinreichenden Maße, denn sie erreichen einen Teil der Bevölkerung kaum: Die rund 15 Millionen Einwohner der Bundesrepublik mit Migrationshintergrund sind in den Kultureinrichtungen unterrepräsentiert – das bestätigt auch die jüngst erschienene Infrastrukturerhebung: Bildungsangebote in klassischen Kultureinrichtungen des Zentrums für Kulturforschung.

Dennoch: Die Museen setzen sich zunehmend mit der Frage auseinander, inwiefern sie als Bewahrer des kulturellen Erbes der Realität der Einwanderungsgesellschaft gerecht werden. Einige Museen engagieren sich bereits seit vielen Jahren für die interkulturelle Öffnung der Museen. Um diese wertvollen Erfahrungen in die gesamte Museumslandschaft zu tragen und um Strukturen für die Vernetzung und Verstetigung des Engagements zu schaffen, lud der Deutsche Museumsbund im Dezember 2009 rund 60 Vertreter von Museen, Verbänden und politischen Gremien zum durch den Beauftragten der Bundesregierung für Kultur und Medien geförderten Werkstattgespräch »Museum – Migration – Kultur – Integration« nach Berlin ein. Die Veranstaltung schloss unter anderem an die Erkenntnisse der Jahrestagung des ICOM Deutschlands 2008 und des Bundesverbands Museumspädagogik 2009 sowie der Tagung »Stadt-Museum-Migration« des Landschaftsverbandes Westfalen-Lippe 2009 an. Die Teilnehmer des Werkstattgesprächs erarbeiteten gemeinsam die Inhalte eines Memorandums, in dem sie die Gründung eines an den Deutschen Museumsbund angegliederten Arbeitskreises zum Thema Migration und Museum vorschlugen, von dessen Zielen hier einige genannt seien:

• Verstärkung des Dialogs mit den Communities, Verbänden und Institutionen, die die Interessen von Menschen mit Migrationshintergrund vertreten, und Beförderung von Kooperationen zwischen diesen und den Museen.

- Interessensvertretung bei und Austausch mit den relevanten politischen Gremien hinsichtlich der Themen Museum, Migration und Integration.
- Entwicklung von Empfehlungen für Museen zur Ansprache, Motivierung und Qualifizierung von Menschen mit Migrationshintergrund als Besucher, Mitarbeiter und Gremienmitglieder.
- Entwicklung eines Leitfadens mit Blick auf die Themen Migration, Integration und kulturelle Vielfalt im Museum.
- Entwicklung von Empfehlungen für Fortbildungsmaßnahmen, die das Museumspersonal für die speziellen Anforderungen der Themen Migration, Integration und kulturelle Vielfalt qualifizieren.

Das Memorandum bietet insbesondere denjenigen Museen, die sich dem Thema gerade annähern, einen niedrigschwelligen Zugang. Entsprechend nahmen Vertreter von über 40 Museen an der konstituierenden Sitzung des Arbeitskreises am 5. Mai 2010 in Dortmund teil. Weitere Interessenten sind in den vergangenen Wochen hinzugekommen. Damit sind die Voraussetzungen für eine langfristige und breite Verankerung des Themas in der Museumslandschaft geschaffen.

Die Infrastrukturerhebung der Kulturangebote in klassischen Kultureinrichtungen bestätigt uns in diesem koordinierten Vorgehen. Zeigt sie doch, dass die Kultureinrichtungen, und so auch die Museen, noch einen weiten Weg vor sich haben. So liegt der Studie zufolge »[...] der Anteil der Bildungsveranstaltungen für Migranten [...] deutlich unter dem Anteil, den die Bevölkerung mit Migrationshintergrund (19 Prozent) in unserer Gesellschaft einnimmt«, bei den befragten Museen bei 0,2 Prozent.

Eine Schwierigkeit liegt unserer Erfahrung nach darin, dass die Zielgruppe »Menschen mit Migrationshintergrund« nur scheinbar homogen ist. Tatsächlich unterscheiden sich diese in ebenso vielerlei Hinsicht wie Menschen ohne Migrationshintergrund: so z. B. hinsichtlich ihres Alters, ihrer Geschlechter, ihrer Traditionen, ihrer Bildung, ihrer familiären und sozialen Situation. Gemeinsam ist ihnen erst einmal nur, dass bestimmte Familienmitglieder – sie selbst und/oder ihre Eltern und/oder ihre Großeltern – aus einem anderen Land nach Deutschland gekommen sind und nun hier ihren Lebensmittelpunkt haben. Offen ist, ob sich daraus etwas Spezifisches ergibt, was für die Teilhabe dieser Menschen am Museum relevant ist. Das Plädoyer des Zentrums für Kulturforschung, der Heterogenität verstärkt Aufmerksamkeit zu schenken und ihr mit vielfältigen Angeboten Rechnung zu tragen, ist somit unbedingt zu unterstützen. Über die Frage, welche Konsequenzen daraus zu ziehen sind, gibt es noch einen erheblichen Gesprächsbedarf, dem unter anderem im Arbeitskreis Migration des Deutschen Museumsbundes Raum gegeben werden soll.

Ein wichtiger Trend scheint in der Museumslandschaft gegenwärtig erkennbar: Die Geschichte von Zuwanderung und Migration ist verstärkt Gegenstand von Ausstellungen und Sammlungen. Die Museen bedienen sich dabei zunehmend der Methoden von lebensgeschichtlichen Erinnerungen und biografischen Objekten. Damit wird die Partizipation von Menschen mit Migrationserfahrung beim Sammeln und Ausstellen zum integralen Bestandteil der Museumsarbeit. Hier gilt es, die ersten Ansätze zu systematisieren und nachhaltige Strategien zu entwickeln.

Immerhin: Museen sind laut Infrastrukturerhebung ebenso wie die Bibliotheken »im Vergleich zu den Theatern, Orchestern und Mehrspartenhäusern engagierter, wenn es darum geht, andere Kulturkreise innerhalb des Bildungsangebotes zu thematisieren« und »Das Gros der Museen (90 Prozent) verfügt über fremdsprachige Angebote«. Handlungsbedarf besteht laut Studie vor allem bei Kooperationen zwischen Kultureinrichtungen und Migrantenvereinen: Hier ist der Anteil bei allen Sparten verschwindend gering. Neben einer theoretischen Auseinandersetzung scheint es sinnvoll, sich einen Überblick darüber zu verschaffen, welche Konzepte und Ideen, Projekte und Erfahrungen es bereits gibt. Drei Initiativen, die schon vor der Gründung des Arbeitskreises Migration ins Leben gerufen wurden, aber personell mit diesem verknüpft sind, sollen Aufschluss darüber geben:

- Projektdatenbank Bildungs- und Vermittlungsarbeit: Unter dem Titel »KulturGut vermitteln – Museum bildet!« werden derzeit bundesweit Vermittlungsprojekte erfragt, u. a. solche, die gezielt auch Anknüpfungspunkte für Menschen mit Migrationshintergrund bieten. Die Ergebnisse werden im Rahmen einer umfangreichen Datenbank Museumsmitarbeitern und -besuchern zugänglich gemacht.
- Internetportal zu Migrationsausstellungen: Das LWL-Industriemuseum plant die Einrichtung eines Internetportals, das Ausstellungsprojekte zum Themenbereich Migration vorstellt. Das Portal soll Informationen über Ausstellungen, begleitende Forschungen und Veranstaltungen bündeln, einem interessierten Publikum anschaulich zeigen und zugleich der Vernetzung der fachlichen Arbeit und dem Erfahrungsaustausch dienen.
- Netzwerk »Stadtmuseen in der Einwanderungsgesellschaft – Sammlungsstrategien«: Auf Initiative des Stadtmuseums

Stuttgart, des Netzwerks Migration in Europa e. V. und des LWL-Industriemuseums haben sich über 20 Museen zusammengefunden, die ihre Arbeit im Themenfeld Migration vernetzen. Die einzelnen Museen führen eigenständige Sammlungsaktionen zu Exponaten der Migrationsgeschichte durch und pflegen den Erfahrungsaustausch zur Entwicklung der Sammlungsstrategie. Die Ergebnisse der Sammlungen werden in einer zentralen Internet-Datenbank zusammengeführt, die sich so zu einer virtuellen Sammlung zur Migration entwickelt.

Die Vielfältigkeit der Themen zeigt, dass die interkulturelle Öffnung des Museums ein Querschnittsthema ist, das sämtliche Kernaufgaben des Museums betrifft: Das Sammeln, Bewahren, Forschen und Ausstellen/Vermitteln. Vor dem Hintergrund des demografischen Wandels müssen Museen als gesellschaftliche Institutionen der Bildung und Erinnerung in besonderer Weise ihre Zukunft mit Vielfalt und Partizipation gestalten. Mit dem Memorandum des Deutschen Museumsbundes und Gründung des Arbeitskreises ist ein erster Schritt auf einem weiten Weg getan.

Ringen um Anerkennung
Berliner Stadtteilmütter begeben sich auf die Spuren der Geschichte

Jutta Weduwen — Politik und Kultur 3/2010

An einem regnerischen Sommertag besuchte eine Gruppe Stadtteilmütter das Denkmal für die ermordeten Juden Europas in Berlin. Sie beschäftigten sich dort mit der kontroversen Entstehungsgeschichte des Ortes und verbrachten lange Zeit in der Ausstellung, die Briefe, Tagebucheintragungen und Berichte verfolgter Jüdinnen und Juden dokumentiert. Bei ihrem Gang durch das Stelenfeld zogen die Frauen viele verwunderte Blicke auf sich. Eine Gruppe, die äußerlich überwiegend als muslimisch erkenntlich ist, wird an diesem Ort eher nicht erwartet.

Spricht man von Migrantinnen aus Neukölln und Kreuzberg, assoziieren viele Menschen zunächst bildungsunwillige Musliminnen, die an einer Integration in die deutsche Gesellschaft wenig Interesse haben. Man stilisiert ein Umfeld aus arbeitslosen Vätern, überforderten Müttern, kriminellen Söhnen und Töchtern, die zwangsverheiratet werden. Bildungspolitisch werden sie oft defizitär dargestellt. Sie seien nicht an Themen der deutschen Gesellschaft interessiert, traditionell verhaftet, unemanzipiert und tendenziell antisemitisch.

Wir haben in unseren Bildungsprogrammen andere Migrantinnen kennengelernt. Im vergangenen Jahr führte Aktion Sühnezeichen Friedensdienste (ASF) zum fünften Mal Seminarreihen mit Neuköllner und Kreuz-

berger Stadtteilmüttern zum Thema Nationalsozialismus durch. Die Stadtteilmütter sind Frauen mit Migrationshintergrund, die in einem sozialen Brennpunkt leben und von der Diakonie zu Familienberaterinnen ausgebildet werden. Sie traten mit dem Wunsch an uns heran, gemeinsame Seminare zum Thema Nationalsozialismus zu entwickeln. Dieser Initiative sind wir gerne nachgegangen und so entstand das Kooperationsprojekt »Stadtteilmütter auf den Spuren der Geschichte«. Die Frauen wollten verstehen, wie der Nationalsozialismus als politisches und gesellschaftliches System funktionieren konnte, ob und wo es Kontinuitäten in der aktuellen deutschen Gesellschaft gibt und wo die Geschichte noch heute sichtbar und spürbar ist. Die Teilnehmer der Seminarreihe hatten ein großes Interesse daran, sich generell mit den Mechanismen von Ausgrenzung, Verfolgung und Völkermord zu beschäftigen. Die meisten Frauen wussten wenig über den Holocaust, da das Thema in ihrer Schulzeit nur knapp oder gar nicht behandelt worden war und sie wenig Zugang zu weiterführenden Informationen hatten, die ihnen Auskunft über die NS-Zeit geben konnten. Anders geht es ihren Kindern, die im Rahmen des Schulunterrichts Gedenkstätten besuchen und sich oft intensiver als ihre Eltern mit dem Nationalsozialismus beschäftigen.

Die Stadtteilmütter wollten ihren Kindern Antworten geben können und sich mit ihnen über dieses wichtige zeitgeschichtliche Thema austauschen. Für einige Frauen haben der Nationalsozialismus und der Zweite Weltkrieg zudem eine wichtige Bedeutung für die Beziehung ihres Herkunftslandes zu Deutschland.

Die Seminarreihen umfassten jeweils zehn Termine und eine Wochenendfahrt. Wir besuchten gemeinsam Gedenkstätten, trafen Überlebende und ihre Nachkommen, die als Verfolgte den Holocaust überlebt haben, setzten uns mit der Täterseite in Filmen und Dokumenten auseinander und versuchten auch die Motivation der Mitläufer nachzuvollziehen. Einen wichtigen Stellenwert hatten zudem im Seminar die individuellen Migrationsgeschichten der Stadtteilmütter. Mit Methoden aus der biografischen Arbeit thematisierten wir die eigenen Geschichten der Migration, der Flucht, der Bürgerkriege in den Herkunftsländern und des Lebens mit Diskriminierungs- und Ausgrenzungserfahrungen in der deutschen Einwanderungsgesellschaft. Deutschland ist eine Einwanderungsgesellschaft und diese Tatsache sollte sich auch in dem Diskurs über deutsche Geschichte ausdrücken. Zur deutschen Geschichte gehören auch die Geschichten der hierher eingewanderten Menschen.

Unsere Geschichte – ihre Geschichten?

Wenn wir von den ASF-Seminaren mit den Stadtteilmüttern berichten, stoßen wir häufig auf große Verwunderung darüber, dass sich Migranten auf eigene Initiative hin mit dem Nationalsozialismus auseinandersetzen. Dabei ist das Interesse an der Auseinandersetzung mit einem systematischen Genozid, der den Glauben an die Menschlichkeit zutiefst erschüttert, nachvollziehbar, unabhängig von der ethnischen Zuordnung zu einer Täter-, Opfer- oder Mitläuferseite. Die An-

nahme, dass Migranten mit der Geschichte des Nationalsozialismus aufgrund ihrer Herkunft nichts zu tun hätten, ist zudem historisch unzutreffend. Die meisten Herkunftsländer, aus denen Einwanderer nach Deutschland gekommen sind, hatten sehr konkrete Erfahrungen mit Nazi-Deutschland – weil sie von der Wehrmacht besetzt wurden oder Zufluchtsorte für NS-Verfolgte waren. Häufig haben wir erlebt, dass der Verblüffung auf der Seite der Herkunftsdeutschen eine Einteilung in unsere und ihre Geschichte zugrunde liegt. Die Stadtteilmütter berichteten uns, dass ihnen immer wieder gesagt wurde, dass sie sich mit dieser schweren deutschen Geschichte nicht beschäftigen müssen. Dieser Rat mag gut gemeint sein, ist in der Wirkung aber belehrend und ausschließend.

Berührungspunkte mit eigenen Gewalterfahrungen

Für manche Frauen bot die Auseinandersetzung mit dem Nationalsozialismus einen Anknüpfungspunkt für die Beschäftigung mit dem eigenen Leid und eigenen traumatischen Kriegs- und Gewalterfahrungen. Beeindruckend war für mich, dass es den Frauen oft gelang, diese Gewalterfahrungen zueinander in Beziehung zu setzen, ohne sie gleichzusetzen und zu vereinnahmen. Eine Teilnehmerin, die als Kind vor dem Bürgerkrieg in Eritrea fliehen musste, wurde gefragt, ob ihre Traumata mit dem Holocaust zu vergleichen seien. Sie verneinte und unterschied zwischen dem Krieg in ihrem Herkunftsland und dem systematischen Mord an den Juden während des Nationalsozialismus. Sicherlich ist diese Fähigkeit zur Differenzierung nicht immer möglich, vor allem, da ja das individuell erlebte Leid einer Frau während eines Bürgerkriegs gefühlt vergleichbar sein kann mit einem individuellen Leid innerhalb eines Genozids. Erst wenn man die

Ebene der persönlichen Erfahrungen verlässt, ist es leichter möglich, Unterschiede festzustellen – so, wie es die Seminarteilnehmerin aus Eritrea getan hat. Sehr deutlich wurde, dass viele Frauen Geschichten in sich tragen, die mit Gewalt, Leid, Armut, Ausgrenzung und Verfolgung zusammenhängen – unabhängig davon, ob dies selbst erlebt, beobachtet oder als Bedrohung gespürt wurde. Deutlich wurde auch, dass diese Geschichten sehr selten gehört werden, dass die Frauen ihre Geschichten viel zu selten erzählen können.

Empathie und politisches Interesse

Obwohl viele Frauen um die Anerkennung ihrer Geschichte ringen, waren sie sehr offen für die Themen des Seminars. Ich habe in ähnlichen Seminaren mit Herkunftsdeutschen selten Teilnehmerinnen erlebt, die mit einer derartigen Neugierde und Empathie gelernt haben. Dies zeigte sich vor allem in Gesprächen mit Holocaustüberlebenden. Die Frauen brachten einen großen Bildungshunger mit, der sich nicht nur in der Auseinandersetzung mit dem Nationalsozialismus ausdrückte, sondern sich auf allgemeine menschliche, historische, religiöse, gesellschaftliche und politische Fragen bezog. Eine Teilnehmerin sagte zum Abschluss: »Es war das traurigste Seminar, das ich in meinem Leben besucht habe. Und gleichzeitig hat mich das Thema nicht mehr losgelassen. Durch das Seminar ist mein Interesse an Politik und Geschichte gewachsen. Ich bin wach geworden, möchte mehr wissen, mehr lesen, mehr erfahren und mehr verstehen.«

Schlussfolgerungen für die interkulturelle Praxis historisch-politischer Bildung

Teilhabe an deutscher Gesellschaft durch Beschäftigung mit dem Nationalsozialismus? Manchmal habe ich mich kritisch gefragt, ob sich die Auseinandersetzung mit dem Natio-

nalsozialismus eignet, um Migranten aktiv in die deutsche Gesellschaft einzubinden. Die Auseinandersetzung erschütterte die Frauen. Immer wieder haben sie sich die Frage gestellt: Wollen wir in einer Gesellschaft leben, die diese Gräueltaten hervorgebracht hat? Dennoch: Die Auseinandersetzung mit dem Nationalsozialismus kann nicht zur Disposition stehen – weder für Herkunftsdeutsche, noch für Migranten. Jede und jeder sollte die Möglichkeit haben, diese Geschichte zu kennen, zu reflektieren, sich selbst zu dieser Geschichte in Beziehung zu setzen und zu überlegen, was dieses Wissen für das eigene politische Handeln bedeutet. Jeder sollte verstehen können, wo die Geschichte auch in der Gegenwart noch relevant ist. So werden in Deutschland häufig ethische Debatten etwa um Militäreinsätze, Asylpolitik oder Menschenrechte unter Bezugnahme auf den Nationalsozialismus geführt. Ebenso erschließen sich internationale Beziehungen nicht, wenn die Konflikt-Geschichten ausgeblendet werden.

Die Sorge, dass Migranten sich bei der Auseinandersetzung mit dem Nationalsozialismus nicht positiv mit Deutschland identifizieren könnten, gilt für Herkunftsdeutsche ebenso. Viele Deutsche sehnen sich nach einer »unbelasteten nationalen Identität«. Es wäre ein Trugschluss zu glauben, dass diese erreicht werden könnte, wenn der Nationalsozialismus weniger Thema wäre, wenn »ein Schlussstrich« gezogen würde. Dies würde weder den Opfern und ihren Nachkommen gerecht, noch würde es helfen, die deutsche Gesellschaft zu verstehen, zu der diese Geschichte gehört. Migranten fällt es nicht leichter, sich mit Deutschland zu identifizieren, wenn die Geschichte ihnen nicht erzählt wird. Voraussetzung ist vielmehr, dass sie ernst genommen und als Gleichberechtigte akzeptiert werden. Dazu gehört, dass sie sich dialogisch mit der Geschichte und

Politik Deutschlands beschäftigen können und am öffentlichen politischen und historischen Diskurs beteiligt werden.

Anerkennung

Anerkennung, treffender gesagt: fehlende Anerkennung, war ein Schlagwort, das sich wie ein roter Faden durch die Seminare zog. Die Frauen ringen um Anerkennung als gleichberechtigte Mitglieder dieser Gesellschaft; sie suchen Aufmerksamkeit für ihre eigenen Geschichten, die zu selten gehört werden; sie möchten, dass man ihnen die Auseinandersetzung mit Themen der Aufnahmegesellschaft gleichberechtigt zugesteht und sie kämpfen gegen abwertende und ausgrenzende Klischees, die der Komplexität ihrer Lebensrealität nicht gerecht werden. Ein Beispiel für diese abwertenden Zuschreibungen lieferte im Oktober 2009 der ehemalige Berliner Finanzsenator Thilo Sarrazin. In einem Interview für Lettre International spricht der Politiker davon, dass 70 bis 90 Prozent der türkischen und arabischen Bevölkerung Berlins den deutschen Staat ablehne, sich nicht um »die Schulbildung ihrer Kinder kümmere und ständig neue Kopftuchmädchen produziere«. Die Äußerungen Sarrazins lösten in der Öffentlichkeit eine polarisierende Debatte aus. Auf der einen Seite gab es heftige Kritik an seinen politisch untragbaren Aussagen, die unter anderem zu einer Teilentmachtung seiner Vorstandstätigkeit bei der Deutschen Bundesbank führten. Auf der anderen Seite gab es aber auch prominente seriöse Stimmen, die ihm für seine Offenheit dankten. Bei mir entstand der Eindruck, dass weder Sarrazin, noch seine Befürworter ausreichend Kontakt zu den Menschen haben, über die sie feste Meinungen vertreten. Es hatte so wenig mit den Migranten zu tun, die wir in unseren Seminaren treffen und die auf den ersten Blick den Bildern Sarrazins entsprechen könnten.

Einige Stadtteilmütter tragen Kopftücher, viele haben bislang in Deutschland wenig Zugang zu Bildungseinrichtungen gehabt, einige sprechen schlecht Deutsch, einige sind in Vereinen organisiert, die sich auf ihre kulturelle oder nationale Herkunft oder ihre Religion beziehen. Den Wunsch, sich mit dem Nationalsozialismus intensiv zu beschäftigen, haben wir als sehr aktive und engagierte Auseinandersetzung mit der Aufnahmegesellschaft erlebt. Wir konnten dabei keinerlei Unterschiede feststellen hinsichtlich der Bildungsabschlüsse, der Deutschkenntnisse oder des Umstandes, ob eine Frau ein Kopftuch trägt oder nicht.

Geschichten der Vielen
Erinnerungskultur in der Einwanderungsgesellschaft

Ulle Schauws — **Politik und Kultur 6/2016**

Wir müssen darüber reden, wie wir in Zukunft erinnern wollen. Denn Deutschland ist und bleibt in Bewegung. Jeder fünfte Einwohner hat einen Migrationshintergrund, die Einwanderungsgesellschaft ist längst Realität und die Geflüchteten, die zu uns kommen, machen unser Land tagtäglich noch vielfältiger. Sie alle bringen ihre eigenen Erfahrungen und Geschichten mit. Wie aber kann aus den vielen verschiedenen Perspektiven und Erzählungen eine gemeinsame Erinnerungskultur mit gemeinsamen Werten entstehen? Als bloße Integration in vorgegebene »Erinnerungsstandards« kann dies nicht gelingen. Zu einer ernst gemeinten Integration gehört der demokratische Dialog über Verbindendes und oft genug Trennendes ebenso dazu. Gerade jetzt, wo so viele Menschen mit ihren Geschichten in unserem Land Zuflucht suchen, ist es der richtige Zeitpunkt, neu über Erinnerungskultur und ihre Formen und Formate nachzudenken. Deshalb hat die Bundestagsfraktion von Bündnis 90/Die Grünen im Mai 2016 das Positionspapier »Geschichten der Vielfalt. Erinnerungskultur in der Einwanderungsgesellschaft« beschlossen.

Gemeinsam statt von oben herab

Migration verändert alle, die sogenannte Mehrheitsgesellschaft und diejenigen, die zu uns kommen. Die Autorin Carolin Emcke

hat dies treffend auf den Punkt gebracht: »Es werden sich nicht allein die Perspektiven der Geflüchteten öffnen, sondern auch unsere eigenen. Wer wir als Gesellschaft sein wollen, wird sich auch darin zeigen, ob und wie eine solche zeitoffene, vielstimmige Erzählung gelingt«, heißt es in der Kolumne »Erinnern« in der Süddeutschen Zeitung vom 30.01.2016. Dieser Dialog birgt selbstverständlich Konfliktpotenzial. Denn in ihm spielen Fragen eine Rolle, die am Grundverständnis des Zusammenlebens rühren: Wie muss der Erinnerungskonsens unter den Bedingungen von Migration und Flucht neu ausgehandelt und vermittelt werden? Wie werden die Verbrechen des Nationalsozialismus zukünftig im kollektiven Gedächtnis verankert? Und was heißt es für das Verhältnis Deutschlands zu seiner Kolonialgeschichte, wenn Menschen aus ehemaligen deutschen Kolonien nach Deutschland kommen? Diese Fragen müssen auf Augenhöhe miteinander diskutiert werden, paternalistische Bevormundung von Migranten ist hier ebenso wenig wie Harmoniesucht angebracht. Der syrische Autor Riad Sattouf hat in seiner erfolgreichen Graphic Novel »Der Araber von morgen. Eine Kindheit im Nahen Osten« die antisemitische Indoktrinierung in arabischen Ländern eindringlich dargestellt. Mit dem Antisemitismus, den es zweifellos unter vielen, natürlich nicht allen, muslimischen Migranten gibt, gilt es, sich offensiv auseinanderzusetzen. Denn eine Erinnerungskultur, die auf Vielfalt und Dialog setzt, ist keineswegs beliebig und werterelativistisch. Es muss klar sein, dass die Schoah der zentrale Bezugspunkt der Erinnerungskultur in Deutschland ist und bleibt. Und Grundlage für den gemeinsamen Aushandlungsprozess sind die Werte der europäischen Verfassungstradition, also Freiheit, Demokratie, die Gleichheit aller Menschen und der Geschlechter sowie ein selbstbestimmtes Leben für alle. Für die Essentials der offenen Gesellschaft gilt es kontinuierlich zu kämpfen. So sind etwa die Anerkennung der religiösen Vielfalt und des Existenzrechts Israels Grundsätze, die nicht zuletzt aufgrund der deutschen Geschichte niemals aufgegeben werden dürfen. Nur auf der Grundlage unverhandelbarer demokratischer Werte kann aus den verschiedenen Geschichten etwas Neues entstehen, das auf viel umfassendere Weise identitätsstiftend sein kann.

Multiperspektivität statt Sonderpädagogik

In Zeiten großer Migrationsbewegungen definieren sich Zugehörigkeit und Identifikation kontinuierlich neu. In jedem deutschen Klassenzimmer treffen täglich unterschiedliche Erinnerungen an Unrecht und Verfolgung aufeinander. Viele Schüler haben Eltern oder Großeltern, die nicht in Deutschland geboren wurden. Durch die Integration von Geflüchteten an Schulen bekommt diese Auseinandersetzung eine neue Aktualität und Intensität. Was aber heißt Multiperspektivität? Sie bedeutet, dass eine neue gemeinsame Erinnerungskultur nur entstehen kann, wenn wir die Geschichten und Perspektiven aller Menschen, die in Deutschland leben, wahrund ernst nehmen. Migranten und Geflüchtete haben anderes erlebt. Und die zusätzli-

chen Sichtweisen auf historische Vorgänge sollten aktiv aufgegriffen werden. Sie können uns ihre Geschichten erzählen, darüber, wie sie und ihre Vorfahren Kolonialismus erlebt haben – und wie die Folgen kolonialistischer Politik bis heute fortwirken. Sie können uns davon berichten, wie der Zweite Weltkrieg in den Herkunftsländern ihrer Familien erlebt und durchlitten wurde. Gerade in den unterschiedlich tradierten Erfahrungshintergründen – Opfer deutscher Besatzung, Widerstand, Kollaboration etc. – liegt eine große Chance, die Spezifik und Vielschichtigkeit der deutschen Vernichtungspolitik herauszuarbeiten. Multiperspektivität ist keine Bedrohung, sie kann die deutsche Erinnerungskultur bereichern und ihre Werte neu mit Leben füllen. Dass die deutsche Erinnerungskultur nicht statisch sein kann, sondern sich immer wieder öffnen und erweitern muss, zeigt sich an der aktuellen Debatte um die deutsche Kolonialgeschichte. Deren Aufarbeitung beginnt gerade erst, vor allem aufgrund des öffentlichen Drucks zivilgesellschaftlicher Initiativen. Maßgeblich treiben sie die Debatte um Raubgüter, die inhaltliche Gestaltung des Humboldtforums oder die Umbenennung von nach Kolonisatoren benannten Straßen voran. Lange Zeit galt Deutschland als die kleine und »harmlose« Kolonialmacht. Der 100. Jahrestag des Endes der deutschen Kolonialherrschaft hat aber den Völkermord, der im ehemaligen Deutsch-Südwestafrika stattfand, ins öffentliche Bewusstsein gerückt. Der Kolonialismus hat nicht nur die kolonisierten Länder verändert, sondern genauso die Kolonisatoren. Diskussionen über »Postkolonialismus« beinhalten, dass der Kolonialismus in unseren Köpfen weiterlebt, und das oft unbewusst. Bis heute prägen kolonialistische Bilder unser Denken: das Bild vom wilden Afrika oder exotische Vorstellungen des »Fremden«. Sie tragen dazu bei, fortbestehende Machtverhältnisse zu verfestigen.

Erinnerungsarbeit zielt hier ganz direkt auf unsere Vorstellungen vom »Anderen« und die Spätfolgen rassistischer Ideologie. An der Kolonialismusdebatte zeigt sich nicht zuletzt, dass der Prozess hin zu einer multiperspektivischen Erinnerungskultur nicht staatlich verordnet werden kann. Auch über die Vielfalt von Opfererfahrungen und Verantwortung müssen wir öffentlich reden. Die »korrekte« Erinnerung darf nicht als Mittel der Grenzkontrolle oder als Integrationssiegel dienen. Herkunftsdeutsche sind nicht Erziehungsberechtigte qua Abstammung. Denn auch in der sogenannten Mehrheitsgesellschaft gibt es – über die Generationengrenzen hinweg – Nachholbedarf. So besteht bei vielen immer noch ein eklatantes Unwissen über Nationalsozialismus und den Lebensalltag in der DDR-Diktatur.

Was tun? Erinnern in die Zukunft

Historische und politische Bildung bilden eine Einheit, das eine ist ohne das andere nicht zu haben. Wir brauchen neue Instrumente, mit denen Fragen der Erinnerungskultur denjenigen Schülern vermittelt werden können, die zwar aufgrund ihrer eigenen Migrationsgeschichte keinen unmittelbar familiär-historischen Bezug zur deutschen Historie haben, dafür aber selber die geschichtlichen Erfahrungen ihrer Familien »im Gepäck« mitbringen – oder die ihrer Eltern und/oder Großeltern. Daher sollten Schulpläne und -bücher kontinuierlich auf ihre Multiperspektivität hin geprüft und aktualisiert werden und entsprechende Lehrerfortbildungen angeboten werden. Wichtig sind dialogförmige Angebote an Gedenkstätten und -orten, um Erinnerungskultur direkt erlebbar zu machen. Die strukturelle Unterfinanzierung der Gedenkstätten ist nicht hinnehmbar, selbst Gedenkstätten wie Buchenwald oder Sachsenhausen sind nicht in der Lage, der Nachfrage nach Führungen gerecht zu werden. Die Kooperation mit Schulen muss definitiv stärker gefördert werden. Weil die Generationen der Zukunft noch diverser sein werden, sind neue und kreative Wege der Vermittlung gefragt. Diese Vermittlung muss offen für Kontroversen sein, denn Lernen entsteht durch Widerstreit. Nur wenn geschichtliche Aufarbeitung durch Konflikte und Widersprüche hindurchgeht, kann eine Erinnerungskultur entstehen, die uns alle miteinander verbindet und nicht trennt. Darum sollten wir jetzt den Mut haben, diese Grundlage für ein vielstimmiges »neues Wir« zu schaffen.

Eine immer wieder neu gestellte Aufgabe
Erinnerungskultur in Deutschland

Christoph Cornelißen — Politik & Kultur 4/2015

Schon seit mehr als zwei Jahrzehnten ist im öffentlichen Sprachgebrauch eine wachsende Konjunktur des Begriffs »Erinnerungskultur« auszumachen. Zum einen verdankt sie sich einer grundlegenden mentalitätsgeschichtlichen Wende im Gefolge der krisenhaften Entwicklungen von Wirtschaft und Gesellschaft in den Industriestaaten des Westens. Im Zuge dieses Wandels rückten erneut Fragen nach den historischen Grundlagen der nationalen Identität in den Vordergrund eines breiten öffentlichen Interesses. Zum anderen erfuhr der Begriff Erinnerungskultur einen starken Schub durch den Untergang der kommunistisch beherrschten Regierungen in Osteuropa. Aber nicht nur hier, sondern auch in den Ländern des westlichen Europas bewirkte der historisch-politische Wandel seit den 1990er Jahren einen regelrechten Memory Boom. Darüber wurden zahlreiche überkommene Gedenktage und andere historische Referenzpunkte der Nationen auf den Prüfstand gestellt.

Die damit einhergehenden Veränderungen sind nicht zuletzt in Deutschland zu beobachten, denn hier setzte bereits Mitte der 1980er Jahre eine grundlegende Diskursverschiebung ein, als Bundespräsident Richard von Weizsäcker aus Anlass des 50. Jahrestags der Beendigung des Zweiten Weltkriegs den 8. Mai 1945 unmissverständlich als einen »Tag der Befreiung« deklarierte. Zwar lassen sich Andeutungen in die gleiche Richtung auch schon früher ausmachen, aber der Tenor der offiziellen bundesdeutschen Gedenkreden war über Jahrzehnte von einer »katastrophischen« Sicht auf das Kriegsende beherrscht geblieben und hatte deswegen regelmäßig das Bild von einem Tag der Niederlage heraufbeschworen. Die internationale Resonanz auf Weizsäckers Rede im Jahr 1985 erklärt sich jedoch nicht allein aufgrund der nunmehr eingeleiteten Abkehr von der überkommenen Sichtweise, sondern auch durch die Tatsache, dass der Redner eine aufrüttelnde Opferperspektive einnahm. Zudem vertrat Weizsäcker die anspruchsvolle Sicht, dass das Erinnern unter den wechselnden Anforderungen der Gegenwart eine immer neu gestellte Aufgabe bedeute.

Im Grunde umschrieb er damit einen Sachverhalt, der ein entscheidendes Charakteristikum von Erinnerungskulturen demokratischer Systeme ausmacht. In diesem Sinne können Erinnerungskulturen als das Ergebnis von Aushandlungen in der Öffentlichkeit begriffen werden, die sich aus einem Spannungsfeld zwischen individueller Erfahrung und Erinnerung, politisch normiertem und gesellschaftlich gewünschtem Gedenken sowie wissenschaftlich objektivierter Geschichte ergeben. Hier treten regelmäßig Spannungen zutage, die zum einen aus der Konkurrenz unterschiedlicher politischer und sozialer Gruppen um einen vorderen Platz in den national überformten Erinnerungskulturen resultieren. Zum anderen treten deswegen immer wieder Spannungen auf, weil die politisch sanktionierten Erinnerungspraktiken von Nationen oder auch anderer sozialer Kollektive keineswegs immer oder sogar dauerhaft mit privaten Formen der Erinnerung übereinstimmen müssen. Im Gegenteil, die Tradierung von Vergangenheit über die Familiengedächtnisse erzielt regelmäßig wegen der ihr innewohnenden emotionalen Qualität eine nachweisbar höhere Wirkungsmacht als öffentliche Gedächtnisfeiern oder die pädagogische Geschichtsvermittlung.

Gleichwohl, sowohl die Politik als auch die wissenschaftlich-historische Forschung und die öffentlichen Bildungsinstitutionen haben in den letzten zwei bis drei Jahrzehnten wesentliche Anstöße dazu geleistet, den 8. Mai deutlicher als in den Jahrzehnten zuvor als Ausgangspunkt für den Aufbau einer gelungenen Demokratie zu begreifen. Die politische Kultur der Bundesrepublik hat daraus einen wachsenden Teil ihrer politischen Legitimation bezogen und dies über neue Gedenkveranstaltungen, die Gründung von Stiftungen zur Erinnerung an bekannte politische Persönlichkeiten sowie zahlreiche historische Ausstellungen und den Aufbau neuer Museen gefördert. Darüber hinaus kam in der öffentlichen Erinnerungskultur, d. h. vor allem im öffentlichen politischen Gedenken, seit den 1990er Jahren eine ausgeprägte Opferzentrierung zum Durchbruch. Zwar sind in dieser Hinsicht im gleichen Zeitraum international durchaus Parallelen zu beobachten, denn in den öffentlichen Erinnerungskulturen des Auslands wurde nunmehr das Phänomen der Kollaboration mit den deutschen Besatzern im Zweiten Welt-

krieg und auch die Mitwirkung von Einheimischen an den Deportationen von Juden kritisch in den Blick genommen. Aber in keinem anderen Land Europas stiegen der Holocaust und seine Folgen zu einem derart herausgehobenen Bezugspunkt der nationalen Erinnerungskultur auf, wie dies in der Bundesrepublik Deutschland der Fall sein sollte. Das seit dem Jahr 2005 in Berlin der Öffentlichkeit zugänglich gemachte »Denkmal für die ermordeten Juden Europas« bildet hierfür das wohl sichtbarste Zeichen für ein Millionenpublikum. In gewissem Sinne erfüllt es sogar die Funktion eines modernen Nationaldenkmals, das alle Besucher fortlaufend zum Nachdenken über die Ursachen des Zivilisationsbruchs im 20. Jahrhundert mahnt.

Die sich seitdem in der deutschen Erinnerungskultur durchsetzende Opferzentrierung und die damit einhergehende Selbstverpflichtung auf eine dauernde Selbstreflexion können ebenfalls als das Ergebnis eines fortlaufenden Generationenwandels begriffen werden. Die Historiker von Erinnerungskulturen sprechen in diesem Zusammenhang von einem Übergang von kollektiven Gedächtnissen zu einem kulturellen Gedächtnis, bei dem ersteres im unaufhörlichen Rhythmus der Generationenabfolgen meist leise und unmerklich vergeht, während letzteres den jeder Gesellschaft und jeder Epoche eigentümlichen Bestand an Wiedergebrauchs-Texten, Bildern und Riten bezeichnet, mit denen menschliche Kollektive ihr Selbstbild stabilisieren und vermitteln. Vor diesem Hintergrund wird nochmals der Zäsurcharakter der 1980er Jahre erklärlich, weil sich damals zum letzten Mal und dennoch laut vernehmbar die Angehörigen der Erfahrungsgeneration des Zweiten Weltkriegs mit ihren Erinnerungen an die NS-Diktatur in der Öffentlichkeit zu Wort meldeten. Mit ihrem Ableben aber traten notwendig immer mehr Vermittler auf den Plan, um darüber zu entscheiden, was in das kulturelle Gedächtnis der Nation eingehen sollte. Im Zuge dieses Wandels sind immer stärker historische Museen, Bibliotheken und Denkmäler, aber auch die wachsende Zahl historischer Jubiläen zu Foren der gesellschaftlichen Selbstverständigung der gegenwärtigen Erinnerungskultur aufgestiegen.

Für die Entwicklung in Deutschland ist in diesem Zusammenhang charakteristisch, dass die öffentliche Erinnerung an den 8. Mai 1945 und damit zugleich an die Geschichte des »Dritten Reiches« in den letzten beiden Jahrzehnten tatsächlich nicht zurückgegangen ist, sondern sich diese eher noch intensiviert hat. Das zeigt sich beispielsweise anlässlich der Feierlichkeiten bei öffentlichen Gedenktagen, zu denen unter anderem der 27. Januar (Tag der Befreiung des Lagers Auschwitz), der 8. Mai (Kriegsende), aber auch der 20. Juli (Aufstand gegen Hitler) oder der besonders geschichtsträchtige 9. November (Novemberrevolution/Reichspogromnacht/Fall der Berliner Mauer) gehören. In der Summe handelt es sich dabei um kalendarische Haltepunkte, die der Öffentlichkeit in Zeiten beschleunigten Wandels die Gelegenheit geben, sich über Erfahrungen in der Vergangenheit zu verständigen und daraus gemeinsame Ziele für die Zukunft abzuleiten.

Erinnerungskulturen dürfen also nicht als statische Gruppengedächtnisse verstanden werden, sondern sie stellen das Ergebnis fortlaufender politischer und gesellschaftlicher Aushandlungsprozesse dar. Eine historische Betrachtungsweise kann zudem aufzeigen, wie stark der politische und gesellschaftliche Wandel Erinnerungskulturen zu transformieren vermag. So sind seit einer Regierungskonferenz in Stockholm im Jahr 2000 verschiedene Versuche zu einer Europäisierung der Erinnerungskulturen in Gang gesetzt worden, die den Völkermord an den Juden Europas zu einem Hauptbezugspunkt

einer überhaupt erst noch zu begründenden europäischen Erinnerungskultur auserkoren hat. Die praktische Wirksamkeit dieser Vorgaben ist unter anderem daran zu erkennen, dass seitdem viele Staaten der Europäischen Union den Tag der Befreiung des Lagers Auschwitz am 27. Januar in ihren offiziellen Gedenkkalender aufgenommen haben. Es hat sich allerdings gezeigt, dass die Intensität dieses öffentlichen Gedenkens in den einzelnen Staaten sehr schwankt. Weitere Initiativen, welche unter anderem auf die Errichtung eines gemeinsamen europäischen Gedenktages für die Opfer auch der stalinistischen Verbrechen zielen, sind hinzugekommen und haben erhebliche Konflikte provoziert. Im Grunde reproduzieren sich somit heute auf europäischer oder auch supranationalstaatlicher Ebene Konflikte um die Konturen von öffentlichen Erinnerungskulturen, die früher stärker fast ausschließlich innerhalb einer nationalen Kultur vonstattengingen.

12

Aufgabe Bildung

Mit Beiträgen von:

Kristin Bäßler, Tom Braun, Horst Hippler,
Christian Höppner, Kerstin Hübner,
Udo Michallik, Johanna Wanka, Kristin Witt,
Rolf Witte und Olaf Zimmermann

Integration durch Bildung
Neben der Wissensvermittlung spielt die Persönlichkeitsbildung eine wichtige Rolle

Johanna Wanka — Politik & Kultur 3/2017

Heinrich von Kleist sagte einmal: »Ein Talent bildet sich im Stillen, doch ein Charakter nur im Strome der Welt«. Unser Ziel muss es sein, jungen Menschen im »Strome der Welt« Wegweiser und Wegbegleiter zu sein. Kinder und Jugendliche brauchen die Chance, ihre Talente auszuleben und zu entfalten. Sie brauchen Räume, in denen sie neugierig sein dürfen, individuelle Lernerfahrungen machen können und mit Gleichaltrigen zusammen ein Stück weit die Welt erkunden.

Das gilt für alle jungen Menschen – unabhängig davon, ob sie in unserem Land aufgewachsen sind oder neu zu uns kommen. Unser Bildungssystem setzt darauf, jungen Menschen diese Möglichkeiten zu verschaffen. Neben Wissensvermittlung ist immer auch Persönlichkeitsbildung wichtig. Es kommt darauf an, jungen Menschen die Grundwerte unseres Zusammenlebens wie Freiheit, Toleranz und Verantwortungsbereitschaft zu vermitteln und sie dazu anzuleiten, diese Werte selbstverständlich im Alltag zu leben.

Um hier erfolgreich zu sein, sind differenzierte pädagogische Angebote unerlässlich. Denn unsere Gesellschaft wird vielfältiger und die Biografien von jungen Menschen sind sehr unterschiedlich. Darauf reagiert das Bundesministerium für Bildung und Forschung (BMBF) mit individuellen Beratungsangeboten und koordiniertem Bildungsmanagement in den Kommunen. Auf diese Weise wollen wir auch all jenen eine Chance geben, die eine geringe Grundbildung haben. Wenn wir auf den Wandel und die vielen Veränderungen in unserer Gesellschaft reagieren wollen, müssen wir auch unsere eigene Wissensbasis kontinuierlich erweitern, z. B. durch Bildungs- und Migrationsforschung. Nur so können wir die Qualität unseres Bildungssystems sichern. Durch wissenschaftliche Begleitung und Ergebnistransfer gewährleisten wir die Nachhaltigkeit von Integrationsmaßnahmen. In den aktuellen Förderrichtlinien thematisieren wir z. B. die Rahmenbedingungen einer gelingenden Integration in das deutsche Bildungssystem oder den gesellschaftlichen Wandel, der durch Migration angestoßen wird.

Integration ist ein wechselseitiger Prozess. Sie gelingt nur dann, wenn alle mitmachen. Deshalb brauchen wir die Bereitschaft und Offenheit der Gesellschaft, die Menschen, die neu zu uns kommen, aufzunehmen. Wir brauchen eine Kultur, die Diversität als Chance und Bereicherung versteht. Um eine solche Kultur wachsen zu lassen, sind persönliche Begegnungen zwischen Menschen verschiedener Herkunft essentiell. Genau das unterstützen Programme wie »Kultur macht stark« und »Kultur macht stark Plus«.

Sie bringen junge Menschen mit und ohne Fluchterfahrung im Rahmen gemeinsamer Tanz-, Theater- oder Filmprojekte zusammen. Gleichzeitig eröffnen sie jungen Menschen, die zu uns geflüchtet sind, neue Zugänge zu unserer Sprache und Gesellschaft. Kultur öffnet Augen und Ohren. Sie macht sprachfähig für Dinge und Empfindungen, für die sonst oft die Worte fehlen. Sie bietet die Chance, Gesellschaften kennenzulernen und sorgt dafür, dass Fremdes nicht fremd bleibt. Denn die Art und Weise, wie in einer Gesellschaft mit Kunst und Kultur umgegangen wird, sagt viel über die Grundlagen des gesellschaftlichen Zusammenlebens aus.

Auch beim Erlernen der deutschen Sprache setzen wir auf persönliche Begegnungen. Mit unserem Programm »Lesestart – Drei Meilensteine für das Lesen« wenden wir uns nunmehr gezielt an Flüchtlingskinder. Wir gewinnen Eltern für das Vorlesen und Erzählen, fördern den selbstverständlichen Umgang mit Büchern und stärken die Sprachfähigkeit in den Familien. Auch in dem bundesweit angelegten Sprachförderprogramm »Einstieg Deutsch« ist Kontakt ein wichtiger Faktor: In diesem niedrigschwelligen Erstlernangebot werden z. B. über 3.000 ehrenamtliche Lernbegleiter, vor allem Zugewanderte mit ausreichenden Sprachkenntnissen, geschult. Mit Unterstützung hauptamtlicher Lehrkräfte vermitteln sie erste Deutschkenntnisse an Geflüchtete.

Alle Maßnahmen des BMBF setzen an den zentralen Herausforderungen an. Wir sehen bereits erste Erfolge. Trotzdem entwickeln wir unsere Maßnahmen stetig weiter und verbessern sie. Der Austausch mit den Betroffenen, mit Akteuren in Bund, Land, Kommune, mit Ehrenamtlichen und Praktikern sowie mit der Wissenschaft ist dabei zentral. Denn nur gemeinsam kann eine nachhaltige Integration gelingen.

Interkulturelle Bildung – eigentlich eine Selbstverständlichkeit

Olaf Zimmermann — **Politik & Kultur 3/2011**

2011 jährt sich zum 50. Mal die Unterzeichnung des Anwerbeabkommens mit der Türkei. Bereits im Jahr 1955 hatte Deutschland ein Anwerbeabkommen mit Italien, 1960 mit Spanien und Griechenland geschlossen. Nach dem Anwerbeabkommen mit der Türkei wurden noch Abkommen mit Marokko (1963), Portugal (1964), Tunesien (1965) und Jugoslawien (1968) geschlossen. Die Anwerbeabkommen dienten dazu, ausländische Arbeitnehmer zur Arbeit in Deutschland zu gewinnen. Gastarbeiter war seiner Zeit der gängige Terminus. Gedacht war daran, dass die Arbeitskräfte nur eine begrenzte Zeit in Deutschland bleiben und danach in ihre Heimatländer zurückkehren.

Bis sich die Erkenntnis und vor allem die politische Anerkenntnis durchsetzte, dass Ausländer nicht nur befristet in Deutschland leben, sondern hier ihren Lebensmittelpunkt haben, Deutschland also ein Einwanderungsland ist, hat es lange gedauert. Die erste rot-grüne Bundesregierung hat sich in der 14. Wahlperiode (1998–2002) die Zähne daran ausgebissen. Die von der ehemaligen Bundestagspräsidentin Rita Süssmuth geleitete Zuwanderungskommission leistete zwar eine hervorragende Arbeit, ihre Empfehlungen stießen in den danach stattfindenden politischen Beratungen aber so manches Mal auf harsche Kritik und zähen Widerstand.

Dennoch, spätestens seit dieser Zeit ist anerkannt, dass Deutschland nicht nur älter, sondern auch bunter wird. Die zuvor im Bundesministerium für Arbeit und Soziales angesiedelten Ausländerbeauftragten wurden zu Staatsministerinnen im Bundeskanzleramt und bekamen die Aufgabe, sich um die Integration der hier lebenden Migranten und Flüchtlinge zu kümmern. Dieses war und ist eine Aufwertung der Aufgabe und eine Anerkenntnis, dass Integration nicht von alleine gelingt.

Integration gelingt vor allem deshalb nicht von allein, weil die in Deutschland West und in Deutschland Ost lebenden Ausländer über Jahrzehnte hinweg gar nicht integriert werden sollten. Ihr Aufenthaltsstatus wurde als temporär angesehen und daher gehörte die Integration oder gar die interkulturelle Bildung nicht zu den Kernaufgaben.

Einwanderungsgesellschaft

Die deutsche Einwanderungsgesellschaft besteht nicht allein aus sogenannten Gastarbeitern und ihren Kindern und Kindeskindern. Es gehören ebenso Flüchtlinge und Asylsuchende, Spätaussiedler, Studierende und Hochschulabsolventen sowie Menschen aus den Mitgliedstaaten der Europäischen Union dazu. Zuwanderer können nicht über einen Kamm geschoren werden, es verbergen sich dahinter unterschiedliche Biografien, Ausbildungen, politische, gesellschaftliche und religiöse Prägungen. Insofern ist Integrationspolitik eine komplexe Aufgabe und mindestens ebenso herausfordernd ist die interkulturelle Bildung.

Das größte Problem der Diskussion um Zuwanderung und Integration ist dabei, dass es in erster Linie eine Defizitdebatte ist. Der Defizite bei den Zuwanderern, hier werden besonders mangelnde Sprachkenntnisse in den Blick genommen, sowie der Defizite in der Mehrheitsgesellschaft und ihren Institutionen, die zu wenig auf die veränderte Bevölkerungszusammensetzung reagieren. Auch wenn es unbestritten notwendig ist, die Defizite zu benennen, verstellt diese Debatte oftmals die Chancen des Zusammenlebens, des gegenseitigen Kennenlernens und der Verständigung.

Interkulturelle Bildung

In der Stellungnahme »Interkulturelle Bildung – eine Chance für unsere Gesellschaft« aus dem Jahr 2007 appelliert der Deutsche Kulturrat für einen Perspektivenwechsel von der Defizit- zur Potenzialperspektive. Es wird unterstrichen, dass die interkulturelle Bildung das Zusammenleben von Menschen mit unterschiedlichen kulturellen Hintergründen fördert. Interkulturelle Kompetenz wird in diesem Zusammenhang als Ziel der Allgemeinbildung verstanden und nicht allein den Künsten zugewiesen. In seiner Stellungnahme beschreibt der Deutsche Kulturrat interkulturelle Bildung so: »Interkulturelle Bildung ist auf der Seite des Individuums diejenige Fähigkeit, die die gesellschaftlich vorhandene kulturelle Vielfalt produktiv zu bewältigen gestattet. Zur politischen, juristischen und sozialen Dimension von kultureller Vielfalt kommt daher eine pädagogische Dimension. Sie ist insbesondere unverzichtbar für jedes Land, das wie Deutschland durch den internationalen Handel von Dienstleistungen und Gütern stark in den wirtschaftlichen Globalisierungsprozess eingebunden ist. Ziel ist daher auch, die Menschen in Deutschland so auszubilden, dass sie sich im Inland in internationalen Unternehmen bewähren, und im Ausland integrieren und dort erfolgversprechend arbeiten können.«

Entscheidend ist dabei, dass interkulturelle Bildung nicht nur dazu dienen soll, den Zuwanderern die Integration in die Mehrheitsgesellschaft zu erleichtern, sondern vielmehr als eine permanente Aufgabe für jeden in einer globalisierten Welt betrachtet wird. Gerade daher wird die interkulturelle Bildung als eine gesamtgesellschaftliche Querschnittsaufgabe verortet. Eine Exportnation wie Deutschland ist in besonderer Weise darauf angewiesen, dass die Menschen interkulturell gebildet sind. Insofern ist interkulturelle Bildung auch nicht nur nachholende Integration, sondern ebenso der Schlüssel für eine erfolgreiche Wirtschaft in der globalisierten Welt.

Interkulturelle Bildung im Kulturbereich

Als Spitzenverband der Bundeskulturverbände fühlt sich der Deutsche Kulturrat für den Kulturbereich in der Verantwortung. Seine in der oben genannten Stellungnahme formulierten Empfehlungen richten sich daher an die Kultureinrichtungen sowie Einrichtungen der kulturellen Bildung. Als außerschulische Einrichtungen werden sie aufgefordert, so attraktive Angebote zu unterbreiten, dass Kinder und Jugendliche aus allen sozialen Schichten und gesellschaftlichen Gruppen sich angesprochen fühlen. Die Politik wird in der Pflicht gesehen, ausreichend finanzielle Mittel bereitzustellen, damit keine finanziellen Hürden bestehen, um solche Angebote zu besuchen.

Im Jahr 2009 führte der Deutsche Kulturrat im Rahmen seines Projektes »Strukturbedingungen für eine nachhaltige interkulturelle Bildung« eine Befragung seiner Mitglieder durch. Gefragt wurde zum einen, inwieweit Migranten bzw. Migrantenvereinigungen zu den Mitgliedern der Bundeskulturverbände gehören und zum anderen welche Rolle das Thema interkulturelle Bildung in der Verbandsarbeit hat. Alle Verbände, die dem Rat für Soziokultur und kulturelle Bildung des Deutschen Kulturrates angehören und an der Befragung teilgenommen haben, gaben an, sich mit dem Thema zu befassen. Dabei wird als häufigster Grund für diese Befassung die gesamtgesellschaftliche Bedeutung des Themas angegeben. Infolgedessen wird sich diesen Fragestellungen bei Tagungen und Veranstaltungen gewidmet, die Vorstände befassen sich damit und spezifische Projekte werden hierzu durchgeführt. Auf der Kulturverbandsebene ist das Thema, zumindest im Arbeitsfeld der kulturellen Bildung, angekommen.

Auch in den Einrichtungen selbst spielt es eine zunehmend wichtigere Rolle. Beispiele hierfür sind Modellvorhaben wie »Kunst-Code« der Jugendkunstschulen und kulturpädagogischen Einrichtungen. Die Bibliotheken sind beispielsweise bereits seit vielen Jahren ohne viel Aufhebens im Bereich der interkulturellen Bibliotheksarbeit aktiv. Sie halten Literatur zum Deutsch Lernen ebenso bereit wie Ratgeber im Umgang mit deutschen Behörden sowie dem deutschen Recht. Ebenfalls wird fremdsprachige Literatur angeboten. In anderen künstlerischen Bereichen gibt es ebenfalls zahlreiche Beispiele einer selbstverständlichen interkulturellen Bildung.

Interkulturelle Bildung in der Schule
Müssen außerschulische Kultur- und Bildungseinrichtungen mittels attraktiver Angebote um Teilnehmer werben, ist der Schulbesuch für alle Kinder und Jugendlichen im Schulalter Pflicht. Die Schule bietet daher eigentlich in besonderer Weise die Chance, Kinder und Jugendliche zu erreichen, die außerschulische Angebote nicht wahrnehmen. In der Schule werden alle Kinder und Jugendlichen erreicht. Der Deutsche Kulturrat setzt sich darum besonders für interkulturelle Bildung in der Schule ein, die er sowohl in den künstlerischen Schulfächern (Darstellendes Spiel, Kunst und Musik) aber auch darüber hinaus in anderen Fächern verortet. Dabei sollte insbesondere der Ethik- und Religionsunterricht zur Vermittlung interkultureller Bildung genutzt werden.

Die interkulturelle Schulentwicklung wird als Aufgabe aller Lehrerinnen und Lehrer, der Erzieherinnen und Erzieher, der Schülerinnen und Schüler sowie der Eltern gesehen. Eine solche Schulentwicklung setzt eine entsprechende Aus- und Weiterbildung des pädagogischen Personals voraus.

Dialog mit Migrantenverbänden
Im Rahmen des bereits erwähnten Projektes »Strukturbedingungen für eine nachhaltige interkulturelle Bildung« hat der Deutsche Kulturrat einen Runden Tisch mit Migrantenorganisationen ins Leben gerufen. Dieser Runde Tisch hat sich im Jahr 2010 besonders mit Fragen der interkulturellen Bildung in Kindertageseinrichtungen sowie der Schule befasst. Gemeinsam mit Migrantenverbänden wurde die Stellungnahme »Lernorte interkultureller Bildung im vorschulischen und schulischen Kontext« verabschiedet.

Auch hier wird unterstrichen, dass es um die Entwicklung von interkulturellen Kompetenzen des pädagogischen Personals gehen muss. Darüber hinaus wird die Wertschätzung und gleichberechtigte Auseinandersetzung mit der Vielfalt der Kulturen, Traditionen und künstlerischen Einflüssen der Zuwanderer eingefordert. Diese Vielfalt sollte sich auch in den Curricula widerspiegeln. Ein be-

sonderes Augenmerk wird auf die Mehrsprachigkeit gerichtet. Mehrsprachigkeit wird als
Chance gesehen und die Förderung der Mehrsprachigkeit in Schulen und Kindertageseinrichtungen eingefordert.

Der bestehende Runde Tisch mit Migrantenorganisationen geht im Jahr 2011 in die
zweite Runde und widmet sich aktuell der
interkulturellen Bildung in Kultureinrichtungen sowie Einrichtungen der kulturellen
Bildung. In der zweiten Jahreshälfte 2011 soll
eine Stellungnahme mit Empfehlungen vorgelegt werden.

**Paradigmenwechsel zur
interkulturellen Bildung**

Deutschland ist eine Einwanderungsgesellschaft. Die deutsche Wirtschaft ist exportori-
entiert. Wer diese beiden Selbstverständlichkeiten ernst nimmt, kommt ebenso selbstverständlich zum Schluss, dass interkulturelle Bildung eine Selbstverständlichkeit sein
muss. Und zwar nicht, um Migranten etwas
besonders Gutes tun zu wollen, sondern um
unsere Gesellschaft zu gestalten, die sich
durch kulturelle und religiöse Vielfalt aus-
zeichnet und um weiterhin wirtschaftlich bestehen zu können.

Eine so verstandene interkulturelle Bildung ist auch eine Angelegenheit der künstlerischen Disziplinen aber nicht nur. Sie ist
eine Querschnittsaufgabe aller gesellschaftlichen Felder. Der Kulturbereich sollte seinen spezifischen Beitrag leisten. Dabei darf
aber nicht vergessen werden, dass Kultur oft
eher das Trennende und weniger das Verbindende ist.

Die Zukunft ist multi-ethnisch und interkulturell
Kulturelle Vielfalt und interkulturelles Lernen in kulturpädagogischen Praxisfeldern

Rolf Witte — Politik & Kultur 1/2007

Angesichts fortschreitender Globalisierung und Pluralisierung unserer Gesellschaft erwecken Konzepte interkulturellen Lernens und des Umgangs mit kultureller Vielfalt verstärkt öffentliches Interesse. In einer Stellungnahme des Bundesjugendkuratoriums (BJK) zu Migration, Integration und Jugendhilfe ist zu lesen, dass die deutsche Gesellschaft bereits jetzt multiethnisch und interkulturell geprägt ist, was für die Zukunft aber noch stärker gelten wird. Die Expertinnen verweisen auf aktuelle Studien, die von einem Drittel junger Menschen mit Migrationshintergrund bei der derzeitigen jugendlichen Population in Deutschland ausgehen. In großen Städten Westdeutschlands wird bei den 15-Jährigen sogar ein Anteil von bis zu 40 Prozent errechnet. Nach Einschätzung des BJK wird Integrationspolitik als Querschnittsaufgabe erst allmählich als zentrale jugend- und familienpolitische Gestaltungsaufgabe erkannt (Bundesjugendkuratorium: Die Zukunft der Städte ist multiethnisch und interkulturell. Bonn, Februar 2005. Bezug: info@bjk.t-online.de).

Integration ist als wechselseitiger Prozess zwischen der aufnehmenden Gesellschaft und der zugewanderten Bevölkerung zu verstehen. Zentrale Orientierungen sind hierfür die Anerkennung der kulturellen Vielfalt und das Ziel eines gleichberechtigten Miteinan-

ders heterogener Bevölkerungsgruppen auf der Grundlage des in Deutschland geltenden Rechts (BJK: a.a.O, S. 2).

Die Umsetzung eines solchen Integrationsverständnisses ist ohne breit angelegte Bildungsarbeit nicht zu leisten. Der 12. Kinder- und Jugendbericht unterstreicht einmal mehr, dass Kinder und Jugendliche mit Migrationshintergrund im Vergleich zu ihren deutschen Altersgenossen wesentlich geringere Bildungschancen haben. Vor diesem Hintergrund setzt sich die Arbeitsgruppe des Kinder- und Jugendberichts für ein erweitertes Bildungsverständnis unter Einbeziehung möglichst vieler Bildungsorte und Lernwelten ein. Nur so können Kinder und Jugendlichen aus allen Bevölkerungsgruppen möglichst gleichberechtigt an Bildungsprozessen beteiligt werden. Die Bundesregierung unterstreicht in ihrer Stellungnahme zum Bericht ausdrücklich diese Forderung nach einem weiten Bildungsverständnis. Der kulturellen Kinder- und Jugendbildung wird in diesem Zusammenhang ein hoher Stellenwert zugewiesen: Die kulturell bezogenen Lern- und Erlebnisorte vermitteln einen vielfältigen Erwerb entsprechender Kompetenzen (instrumentell, kulturell, sozial, personell). Die jeweiligen kulturellen Inhalte und Angebote stellen für Kinder und Jugendliche eine Bandbreite von Handlungsmöglichkeiten, Lebenskonzepten und Lebensmodellen sowie Antworten auf Fragen nach Welterklärung und Lebenssinn zur Verfügung. Die gemeinsamen Erfahrungen fördern das Gemeinschafts- und Zugehörigkeitsgefühl (Bundesministerium für Familie, Senioren, Frauen und Jugend: 12. Kinder- und Jugendbericht, S. 154. Bezug: publikationen@bundesregierung.de). Kulturelle Bildungsangebote sind somit von großem Wert für die Herausbildung kreativer und interkultureller Kompetenz.

Interkulturelle Aktivitäten in der kulturellen Kinder- und Jugendbildung

Die Situation als Einwanderungsland stellt auch Herausforderungen an die Träger und Einrichtungen der kulturellen Kinder- und Jugendbildung. Es sollte dabei jedoch nicht übersehen werden, dass Angebote zur interkulturellen Begegnung, Verständigung und Integration bereits seit Jahrzehnten zur Praxis kultureller Kinder- und Jugendbildung gehören und das Profil zahlreicher Mitgliedsorganisationen sowie Aktivitäten der Bundesvereinigung Kulturelle Kinder- und Jugendbildung (BKJ) prägen. Einige Einrichtungen sind sogar speziell auf interkulturelle bzw. internationale Kulturarbeit für Kinder, Jugendliche und pädagogische Fachkräfte ausgerichtet.

- Die Internationale Jugendbibliothek in München ist weltweit die größte Bibliothek für internationale Kinder- und Jugendliteratur. Neben der Ausleihbibliothek und einem Büchermagazin zählen Fortbildungen, Programme zur Leseförderung, mehrsprachige Präsenz- und Wanderausstellungen zu interkulturellen Themen zu ihrem Angebot. So z. B. »Kinder zwischen den Welten – Bücher zum Thema Interkulturalität in der Kinder-

und Jugendliteratur« oder »Guten Tag, lieber Feind – internationale Bilderbücher für Frieden und Toleranz« (www.ijb.de).
- Jeunesses Musicales Deutschland (JMD) ist Teil einer weltweiten Wertegemeinschaft der musikalischen Jugendbildung und setzt sich für die Vision einer humanen Gesellschaft im Zeichen der Musik ein. Neben der Förderung junger Musikerinnen und Jugendorchester, dem Angebot von Kursen und Fortbildungen, der Auslobung von internationalen Wettbewerben und Preisen engagiert sich die JMD im interkulturellen Austausch und in der weltweiten Vernetzung (www.jeunessesmusicales.de).
- Der Internationale Arbeitskreis für Musik (iam) fährt Fortbildungen im In- und Ausland für musikalisch interessierte Jugendliche und Erwachsene durch, um als Partner im europäischen Kulturaustausch und Verständigungsprozess zu wirken. Zur langjährigen Tradition gehören beispielsweise die internationalen JugendMusikwochen (www.iam-ev.de).
- ASSITEJ Deutschland als Teil der weltweiten Dachvereinigung des Theaters für Kinder und Jugendliche ist als Verbund von mehr als 130 bundesdeutschen professionellen Kinder- und Jugendtheatern auf nationaler und internationaler Ebene tätig, um z. B. Fachkontakte zu unterstützen und Kinder- und Jugendtheaterfestivals durchzuführen. Sie ist Rechtsträger des Kinder- und Jugendtheaterzentrums in der Bundesrepublik Deutschland, das z. B. für die Zeitschriften »Grundschule« und »Praxis Grundschule« ein Internetspezial zur interkulturellen Theaterpädagogik veröffentlicht hat (www.praxis-grundschule.de).
- Der Bundesverband Jugend und Film fasst unter dem Motto »Filme verbinden Kulturen« beispielhafte Filme zu den

Themen Migration, Integration und Kulturelle Vielfalt in einem Programmschwerpunkt zusammen und stellt sie Initiativen in der Kinder- und Jugendkulturarbeit zur Verfügung (www.clubfilmothek.bjf.info).

• Beim Kinder- und Jugendfilmzentrum in Deutschland sind unter anderem ausführliche Themenlisten zu Filmen und Veranstaltungen zu beziehen, welche die Themen Migration und Gewaltfreies Miteinander behandeln (www.kjf.de).

Bereits diese kleine Auswahl veranschaulicht, dass interkulturelle und internationale Angebote seit Langem zum festen Kern kultureller Kinder- und Jugendbildung gehören. Wie sieht es aber in der Breite der kulturpädagogischen Praxis aus, an den vielen kulturellen Lernorten wie Schulen, Kindergärten, soziokulturellen Zentren oder in Musik- und Jugendkunstschulen, Museen und Theatern oder medien- und spielpädagogischen Initiativen usw.?

Mittlerweile gibt es eine beachtliche Anzahl von Einzelangeboten zum interkulturellen Lernen mit kulturpädagogischer Ausrichtung: Grundschulen mit einem hohen Anteil nicht deutscher Kinder greifen das Thema z. B. in Theaterprojekten auf, in Kindergärten wird bei der Sprachförderung auf die Mehrsprachigkeit der Kinder ausdrücklich Bezug genommen, Museen entwickeln interkulturelle Ausstellungen mit interaktivem Charakter, um Kindern und Jugendlichen Zugänge zu anderen Kulturen zu eröffnen.

Kulturpädagogische Fachkräfte weisen jedoch darauf hin, dass Projektangebote zum interkulturellen Lernen oftmals aufgrund eines akuten Handlungsdrucks konzipiert wurden, ohne dass bisher auf ausreichende theoretische und didaktische Grundlagen Bezug genommen werden konnte. Eine Studie des Instituts für Kulturpolitik der Kulturpoliti-

schen Gesellschaft im kommunalen Sektor unterstreicht diese Aussage: In einer schriftlichen Befragung von 181 Kulturämtern gaben 78 Prozent an, interkulturelle Angebote ohne spezifische konzeptionelle Grundlagen oder Förderkriterien durchzuführen (Kulturpolitische Gesellschaft: Stand, Aufgaben und Perspektiven interkultureller Arbeit in der kulturellen Bildung. Bonn, September 2005. Bezug: www.kupoge.de/kulturorte/ergebnisse.htm).

Zu einem ähnlichen Stimmungsbild in einem anderen Praxisfeld kommt eine Befragung von 1999, in der 38 Fachkräfte in 14 Kindertageseinrichtungen dazu interviewt wurden, ob Methoden interkulturellen Lernens zum Profil ihrer Einrichtung gehören. Mit dem Ergebnis, dass nur in ganz wenigen Einrichtungen die interkulturelle Zusammenarbeit mit Kindern und ihren Familien ausdrücklich formuliert wird (Ulich, M./Oberhuemer, P./Soltendieck, M. (2001): Die Welt trifft sich im Kindergarten. Interkulturelle Arbeit und Sprachförderung. Beltz: Weinheim, Basel, Berlin). Seit dieser Zeit sind in der Früherziehung im Hinblick auf interkulturelle Arbeitsansätze bemerkenswerte Fortschritte erzielt worden. So gibt es z. B. spezielle Programme für Erzieher zur Förderung des Sprachverhaltens bei Kindern mit Migrationshintergrund.

Auch in anderen Fachgebieten wie in der Schulpädagogik, Lehrerfortbildung, Jugendarbeit, Weiterbildung und der politischen Bildung sind seit Mitte der 1990er Jahre verstärkt Arbeitshilfen, Praxisanleitungen und Handbücher zum interkulturellen Lernen entstanden (Beispiele: Bundeszentrale für politische Bildung (1998): Interkulturelles Lernen. Arbeitshilfen für die politische Bildung; Otten, H./Treuheit, W. (Hg.): Interkulturelles Lernen in Theorie und Praxis. Ein Handbuch für Jugendarbeit und Weiterbildung. Leseke + Budrich: Opladen 1994; Institut für Bildung und Kultur (Hg.): Gemeinsam erleben. Handreichungen zur interkulturellen Bildungsarbeit. Remscheid 2000 (Eigenverlag); Handbuch interkulturelles Lernen der DIJA, www.dija.de; Akademie Remscheid: Bildung – Brücke zwischen den Kulturen? Remscheid 2002; Fuchs, M.: Aufbaukurs Kulturpädagogik, Bd. 1: Kultur, Kulturpolitik und kulturelle Bildung Global. Remscheid 2005). Diese unterstützen natürlich auch interkulturelle Konzepte in kulturpädagogischen Praxisfeldern. Hinzu kommt, dass kulturpädagogische Arbeitsformen von ihrem Grundverständnis her interkulturelle Lernprozesse in idealer Weise befördern können, z. B. mit der Möglichkeit, durch sinnlich-ästhetische und handlungsorientierte Erfahrungen an soziale und gesellschaftlich bedeutsame Themen heranzuführen. Dennoch bleibt festzuhalten, dass die Entwicklung einer interkulturellen Didaktik für die kulturpädagogische Praxis erst im Aufbau begriffen ist.

Möglichkeiten interkulturellen Lernens durch kulturpädagogische Angebote

Im Hinblick auf pädagogische Methoden und Rahmenbedingungen Interkultureller Pädagogik ordnet Auernheimer kulturpädagogischen Arbeitsformen, insbesondere der Theaterarbeit, einen hohen Stellenwert zu: Erstens können die Mitwirkenden Probleme und Konflikte im szenischen Spiel für sich klären und den Zuschauern in verfremdeter Form nahebringen. Diskriminierungserfahrungen, Generationenkonflikte oder Ängste, über die man sonst nicht sprechen würde, können in verfremdeter Form ausagiert werden. Kern des Verfremdungseffekts ist es zweitens vor allem, dass soziale Verhältnisse, die den meisten selbstverständlich erscheinen wie die Hierarchie zwischen In- und Ausländern, fragwürdig werden. Drittens bietet es sich zum Teil an, auf Theaterformen oder -figuren aus anderen Kulturen ... zurückzugreifen. ... Viertens können die Beteiligten mit

bestimmten Formen des szenischen Spiels ähnlich wie beim problembezogenen Rollenspiel ihr Handlungsrepertoire erweitern (Auernheimer, G.: Einführung in die Interkulturelle Pädagogik. Wissenschaftliche Buchgesellschaft: Darmstadt 2003).

Für Wolfgang Sting, Professor für Theaterpädagogik und Darstellendes Spiel am Institut für ästhetische Erziehung der Universität Hamburg, spielt vor allem die Auseinandersetzung mit Differenz und Fremdheit in der theater- und kulturpädagogischen Arbeit unter interkulturellen Gesichtspunkten eine besondere Rolle. Sie bilden neben Pluralität zentrale Leitkategorien der theoretischen Diskussion um interkulturelle und ästhetische Bildung, denn sie haben sogar vergleichbare Zielsetzungen: In beiden Lernbereichen geht es um die Akzeptanz und Pflege der Kulturen. ... Beide schulen die Wahrnehmung, das genaue Hinsehen und das Sehenlernen, und fördern den produktiven Umgang mit Differenz in der sozialen und ästhetischen Praxis (Wolfgang Sting: Differenz schafft Kommunikation. Interkulturelles Theater und Theaterpädagogik. Internetspezial: Kindertheater aktuell November 2005. Bezug: www.praxisgrundschule.de).

Sting weist darüber hinaus auf bestimmte Dialogformen zwischen den Kulturen hin, die unter anderem für die Konzeptentwicklung interkultureller Projekte relevant sind. Für ihn bewegt sich interkulturelles Theater (bzw. in einem umfassenderen Sinne interkulturelle Kulturarbeit) zwischen den Polen:

- Exotismus: dem Bestaunen des Fremden
- Multikulturalität: dem nicht dialogischen Nebeneinander
- Transkulturalität: dem universell Verbindenden
- Hybridkulturalität: der Schaffung kultureller Mischformen

• Interkulturalität: der Begegnung
  im Sinne gegenseitiger Akzeptanz
  (In Anlehnung an Sting, W., a.a.O.)

Interkulturelles Lernen ist also auf die Förderung interkultureller Kompetenz ausgerichtet, die sensibel und tolerant gegenüber
der Andersartigkeit, Vielfalt, aber auch der
Widersprüchlichkeit sozialkultureller Ausdrucksformen von Menschen verschiedener
ethnisch-kultureller Herkünfte ist. Entsprechend der wechselseitigen Bedingtheit von
Selbst- und Fremdverstehen sind interkulturelle Lernprozesse sowohl auf die Selbstreflexion als auch auf das Sich-in-Beziehung-Set-
zen zu Anderen ausgerichtet. Zu den wesentlichen Entwicklungszielen gehören daher:

• Auseinandersetzung mit der
  eigenen Identität und Prägung
• Stärkung des Einfühlungsvermögens
• Entwicklung gegenseitigen Respekts
• Sensibilisierung für gesellschaft-
  liche Vielfalt
• Wahrnehmung von Diskriminierung
  und Stärkung solidarischen Handelns
• Förderung der Partizipation von Minder-
  heiten (Zitiert nach Bremermann, A.:
  Interkulturelles Lernen Grundlagen,
  Möglichkeiten und Herausforderungen.
  Anne-Frank-Zentrum)

Orientierungshilfen für eine »interkulturpädagogische« Praxis

Unter Berücksichtigung von Grundpositio-
nen Interkultureller Pädagogik erscheint es
sinnvoll, auf mögliche Stolpersteine interkultureller Angebote in der kulturellen Bildungsarbeit hinzuweisen. Gerade weil kulturpädagogische Projekte besonders gut
dafür geeignet sind, Kulturgüter, kulturelle
Muster und innere Bilder über fremde Kulturen spielerisch durchaus auch mit einer pro-
vozierenden oder satirischen Note aufzugrei-

fen, besteht die Gefahr einer plakativen Fest-
schreibung kultureller Klischees. Im Sinne
einer kritischen Selbstreflexion für kulturpädagogische Fachkräfte können daher folgende Fragen hilfreich sein:

• Tendieren unsere Angebote dazu, auf
  der Ebene folkloristischer Darbietungen
  zu bleiben oder zielen sie auf Verfrem-
  dungseffekte und das Aufzeigen neuer
  kultureller Handlungsformen?
• Besteht die Gefahr, durch die Begeisterung am gemeinsamen Tun über latent
  vorhandene Benachteiligungen in der
  Gruppe hinwegzusehen oder ist die Aufmerksamkeit auch darauf ausgerichtet,
  derartige Tendenzen offenzulegen?
• Werden Kinder oder Jugendliche sowohl
  deutscher als auch nicht deutscher Herkunft unbeabsichtigt auf eine bestimmte
  ethnische Zugehörigkeit festgelegt, oder
  werden diese Vorurteile bzw. Stereotypen
  bewusst gemacht und ggf. differenzierende Perspektiven dazu aufgezeigt?
• Wird ein möglichst ausgewogenes Verhältnis zwischen der Möglichkeit zur
  Selbstreflexion, der Aufarbeitung selbst-
  reflexiver Prozesse und der erlebnis-
  und handlungsorientierten Arbeitsweise
  hergestellt, sodass Bildung im Sinne
  von Lebenskompetenz gefördert wird?

Neben dieser konzeptionellen Grundausrich-
tung, lassen sich weitere Orientierungshilfen
(in Anlehnung an Bremermann, A., a.a.O.) für
interkulturell ausgerichtete kulturpädagogische Angebote anführen. Dazu zählen unter
anderem folgende Prinzipien:

Interkulturelles Lernen orientiert sich an den Alltags- und Lebenswelten.

Mit dem Lebensweltbezug lassen sich mehrere Zielsetzungen verbinden: Der thematische Zugang zu interkulturellen Themen

wird erleichtert, da Kinder oder Jugendliche ihre persönlichen Erfahrungen und Sichtweisen einbringen können. Die Motivation zur Mitarbeit ist in der Regel höher und es werden Voraussetzungen geschaffen, dass sich veränderte Einstellungen und neue Erfahrungen der Projektakteure im konkreten Alltagshandeln niederschlagen können.

Interkulturelles Lernen thematisiert die Vielfalt an Lebensentwürfen und vermittelt Wissen über unterschiedliche Herkunftskulturen.
Als ein gutes Beispiel für diesen Ansatz kann das Projekt Villa Global des Jugendmuseums Schöneberg gelten. In der Ausstellung werden in insgesamt 14 Räumen Einblicke in die Herkunftsländer und aktuellen Lebensumstände von Menschen unterschiedlicher ethnisch-kultureller Herkunft gegeben. Weiterführende Hintergrundinformationen und thematische Projekttage für Schulklassen vertiefen dieses Angebot (www.museen-tempelhof-schoeneberg.de).

Interkulturelles Lernen begreift die eigene Perspektive als eine unter vielen.
Wie ein Perspektivwechsel zwischen verschiedenen Kulturen und Lebenswelten sinnlich erfahrbar wird und den eigenen Blickwinkel relativiert, zeigt das Projekt »Land in Sicht« der Geschichtswerkstatt Wilhelmsburg. Hamburger Jugendliche inszenieren ein Theaterstück, in dem unter anderem Einzelschicksale von Emigranten dargestellt werden, die vor der Nazidiktatur nach Amerika geflüchtet sind. Bei einem Gastspiel in New York können sie mit Überlebenden und deren Angehörigen ins Gespräch kommen und anschließend auf Spurensuche im New Yorker Stadtteil Williamsburg gehen, in dem viele deutsche Auswanderer eine neue Heimat fanden (www.geschichtswerkstatt-wilhelmsburg.de).

Interkulturelles Lernen betont Gemeinsamkeiten, ohne vorhandene Unterschiede zu ignorieren. Es schärft auch den Blick für Differenzen.
Das türkisch-deutsche »Musikensemble Kardes« ist exakt in diesem Spannungsverhältnis von Gemeinsamkeit und Differenz angesiedelt. Dies trifft sowohl für die musikalische Ebene zu, auf der türkische und deutsche Musik miteinander verwoben werden wie auch für die Zusammenarbeit der türkischen und deutschen Musikschaffenden. Während sie die Begeisterung für das Schaffen neuartiger Klänge und Gesänge eint, trennt sie gelegentlich der Weg dorthin. Eine unterschiedliche musikalische Sozialisation und verschiedene kulturelle Mentalitäten im Umgang mit Zeit und Spontanität waren mit so manchen Herausforderungen für Proben und Konzertvorbereitungen verbunden (www.musikschule-berlin-mitte.de).

Interkulturelles Lernen vermittelt ein Bild von kultureller Identität, das Widersprüche zulässt.
Die Grenzen des eigenen Deutens und Verstehens wahrzunehmen, ist für kulturpädagogische Fachkräfte und Projektteilnehmende gleichermaßen herausfordernd. Dass es erfolgreich mit Leben gefüllt werden kann, verdeutlicht das Buchprojekt »Vakeres Romanes« mit Roma-Jugendlichen. Die Zusammenarbeit mit deren Eltern verlangte von den Projektleiterinnen, die (in ihren Augen konservativen bzw. problematischen) Einstellungen der Väter gegenüber den Mädchen zu respektieren. Gleichzeitig waren auch die Eltern gefordert, bisher geltende Erziehungsprinzipien aufzugeben, um den Mädchen eine Beteiligung an der Projektarbeit zu ermöglichen.

Interkulturelles Lernen begreift Mehrsprachigkeit als Normalfall und stellt entsprechende Angebote zur Verfügung.

Exemplarisch für dieses Verständnis kann auf Projekte zur Früherziehung verwiesen werden, in denen eine Sprachförderung mithilfe kulturpädagogischer Arbeitsformen von Kindern deutscher wie auch nicht deutscher Herkunftssprache erfolgt, ohne dass damit eine Herabsetzung oder Ausgrenzung der anderen Herkunftssprachen verbunden wäre (www.kreativhaus-tpz.de).

Interkulturelles Lernen beugt der Abwertung einzelner Gruppen vor.
Insbesondere Projekte mit Teilnehmenden, die eher den randständigen sozialen Gruppen in unserer Gesellschaft zugerechnet werden wie Russlanddeutsche oder Roma müssen sich diesem Grundsatz besonders verpflichtet fühlen. Wie eine solche Arbeit gelingen kann, ist beispielsweise an dem Theaterprojekt »Die Russen kommen – ein Casting für Deutschland« abzulesen (www. jes-stuttgart.de).

Interkulturelles Lernen wendet sich an alle und ist keine sonderpädagogische Maßnahme für Migrantinnen.
Dieses Prinzip schließt nicht aus, dass es spezielle Angebote für Kinder und Jugendliche mit Migrationshintergrund geben kann. Es soll jedoch dafür sensibilisieren, mit welcher Haltung diese Angebote durchgeführt werden. Sie sollten eben nicht auf das bloße Beheben von (vermeintlichen) Defiziten oder die einseitige Integration einer Minderheit in die Mehrheit ausgerichtet sein, sondern auf gegenseitigem Respekt und Anerkennung basieren.

Interkulturelles Lernen fordert auf, die eigenen kulturellen Hintergründe besser verstehen zu lernen.
Um Menschen mit anderen ethnisch-kulturellen Hintergründen unvoreingenommen entgegentreten zu können, ist die Bewusst-werdung über die eigene kulturelle Herkunft eine notwendige Voraussetzung. Interkulturelles Lernen hat daher auch zur Aufgabe, zum besseren Verstehen der eigenen kulturellen Hintergründe beizutragen, was gerade für deutsche Jugendliche nicht immer eine leichte Aufgabe ist. Wie wichtig dieser Ansatz ist, zeigt das europäische Radioprojekt »60 Jahre danach – der Zweite Weltkrieg aus deutscher und europäischer Perspektive. Jugendliche aus Deutschland wie aus zahlreichen anderen europäischen Ländern werden durch die geschichtliche Auseinandersetzung in ihrer Fähigkeit und Bereitschaft gestärkt, ein europäisches Bewusstsein zu entwickeln (www.visioneuropa.org).

Potenziale für den interkulturellen Dialog
Kulturelle Bildungsangebote und die Vermittlung kultureller Vielfalt

Kristin Bäßler — Politik & Kultur 3/2009

Als in den 1970er Jahren die Familien vieler »Gastarbeiter« nach Europa und Deutschland zuzogen, rückte das Thema Integration und Bildung immer stärker in den Fokus der Politik. Erste Maßnahmen wurden getroffen, wie sogenannte Förder- und Ausländerklassen, die das Lernen der zugezogenen Kinder unterstützen sollten.

Im Jahr 1979 legte der erste Ausländerbeauftragte der Bundesregierung, der frühere nordrhein-westfälische Ministerpräsident Heinz Kühn (SPD), ein Memorandum vor, in dem eine konsequente Integrationspolitik vor allem der sogenannten zweiten Generation in den Bereichen Bildung und Ausbildung, die Einführung des kommunalen Wahlrechts für in Deutschland lebende Ausländerinnen und Ausländer sowie eine Option auf den Erhalt der Staatsbürgerschaft für in Deutschland geborene ausländische Kinder gefordert wurde. Trotz der sehr konkreten Forderungen des sogenannten Kühn-Memorandums richtete die Bundespolitik in den 1970er und 1980er Jahren ihre Ausländerpolitik primär auf temporäre Konzepte zur sozialen Integration von Migranten, da die Meinung in Deutschland vorherrschte, ein Rotationsland zu sein, in das die Menschen kommen und dass sie nach einiger Zeit wieder verlassen. Diese temporären Konzepte galten auch für den Bildungsbereich. Auf europäischer Ebene beispielsweise verabschiedete der Rat der Europäischen Gemeinschaft 1977 die Richtlinie über die »schulische Betreuung der Kinder von Wanderarbeitnehmern« (77/486/EWG). Dies war der erste Rechtsakt der Gemeinschaft, der sich auf die Bildungsbedürfnisse von Kindern mit Migrationshintergrund bezog. Die Richtlinie legte fest, dass geeignete Maßnahmen zu treffen seien, damit den Kindern von Einwanderern ein kostenloser Einführungsunterricht geboten werde, der insbesondere eine Unterweisung in der Amtssprache oder einer der Amtssprachen des Aufnahmestaats umfasste sowie in der Muttersprache und der heimatlichen Landeskunde.

In Deutschland hatte die Kultusministerkonferenz erstmals 1964 auf den Zuzug der »Gastarbeiterkinder« reagiert. Mit dem Beschluss zum »Unterricht für Kinder von Ausländern« wurde für ausländische Kinder und Jugendliche neben der Schulpflichtregelung die Förderung der deutschen wie der jeweiligen Muttersprache in der Schule angeregt. 1971 (sowie in überarbeiteter Form 1976 und 1979) wurden Maßnahmen empfohlen, um den Kindern ausländischer Arbeitnehmerinnen und Arbeitnehmer die Möglichkeit zu geben, die deutsche Sprache zu erlernen, die hiesigen Schulabschlüsse zu erreichen sowie Kenntnisse ihrer Muttersprache zu erhalten.

Einhergehend mit diesen politischen Maßnahmen, wurde eine begleitende »Ausländerpädagogik« entwickelt. Ausgangspunkt war die Annahme, dass sich durch den Umzug von einem Land in ein anderes, Sozialisationsprobleme ergeben würden, die neben den Sprachbarrieren zusätzliche Schwierigkeiten für diese Kinder bedeuten. Ihr kultureller Hintergrund wurde als Konfliktherd gewertet, ganz so, als hafte die Kultur ihres Geburtslandes an ihnen wie ein ethnischer Aufkleber. Die damals zugezogenen Kinder haben heute größtenteils selber Kinder. Die meisten von ihnen sind in Deutschland geboren.

Diese auf Defizite aufbauende »Ausländerpädagogik« hat sich in den vergangenen Jahren nivelliert, die Fokussierung auf die kulturelle Differenz und Abgrenzung zwischen »vertraut« und »fremd« jedoch noch nicht. Im Jahr 1996 verabschiedete die Kultusministerkonferenz der Länder (KMK) die Stellungnahme »Interkulturelle Bildung und Erziehung in der Schule«. Als Voraussetzung für die interkulturelle Bildung in der Schule werden unter anderem die Gleichwertigkeit eines jeden Menschen und die Achtung der je eigenen kulturellen Orientierung betont. Auf dieser Grundlage sollen unter anderem die kulturelle Sozialisation und Lebenszusammenhänge bewusst gemacht, Kenntnisse über andere Kulturen erworben, Neugier, Offenheit und Verständnis für andere kulturelle Prägungen entwickelt und sich mit anderen kulturellen Lebensformen und -orientierungen auseinandergesetzt werden. Aber auch in diesem Beschluss, der nicht mehr per se von einer Defizithaltung ausgeht, wird die Differenz der Kulturen als ein wesentliches Merkmal angesprochen. »Zur Entwicklung interkultureller Kompetenzen sind Kenntnisse und Einsichten über die identitätsbildenden Traditionslinien und Grundmuster der eigenen wie fremder Kulturen eine notwendige Grundlage; Mutmaßungen und Vor-

urteilen kann nur mit differenzierter Wahrnehmung, reflektierter Klärung und selbstkritischer Beurteilung begegnet werden. Dabei geht es weniger um eine Ausweitung des Stoffs als vielmehr um eine interkulturelle Akzentuierung der bestehenden Inhalte«, so die KMK in ihrem Beschluss. Weiter wird betont, dass thematische Aspekte wie kulturelle, religiöse und ethnische Hintergründe und Beziehungen wesentlich sind, um Bedingungen des Zusammenlebens in kultureller Vielfalt kennenzulernen. Der musisch-künstlerische Unterricht biete sich, so die KMK, besonders gut für die interkulturelle Bildung an, da die vielfach nonverbale Ebene der Künste die Möglichkeit bietet, »sich Vertrautem und Fremdem zu nähern, unterschiedliche Erfahrungen, Deutungen und Ausdrucksformen wahrzunehmen, andersartige Einsichten zu gewinnen und die darin enthaltenen Spannungsmomente auszuhalten.«

Leitkulturdebatte:
Konstrukt der Abgrenzung?

Begriffe wie das Eigene und Vertraute gipfeln in der Vorstellung, dass es eine in sich feststehende Kultur gäbe, die sich anderen Kulturen gegenüber abgrenze. Der Verweis darauf, das »Eigene« kennen zu müssen, um das Andere verstehen zu können, scheint letztlich das Festhalten an dem »Eigenen« zu sein und die Angst davor, es zu verlieren. Dass es selbstverständlich Ideen darüber gibt, wie beispielsweise eine deutsche Kultur aussieht bzw. was dazuzurechnen ist, leuchtet ein. Sie sollte aber in der Debatte um interkulturelle Bildung nicht die vordergründige sein, denn die Kultur, in der wir leben, ist durchmischt und hybrid. Es geht vielmehr darum, sich anzuschauen, mit welcher kulturellen Gegenwart wir konfrontiert sind. Dabei geht es auch um den Verlust von kulturellen Traditionen, aber immer auch um Annäherung, um neue Formen und Weiterentwicklung.

Interkulturelle Bildung, wie von der Kultur- ministerkonferenz gefordert, ist eine Quer- schnittsaufgabe; eine, die nicht nur die Schu- le, sondern wenn man es ernst nimmt, alle Bereiche des öffentlichen Lebens einbezieht: Schule, Politik, Medien, Zivilgesellschaft. Was aber ebenso sehr gebraucht wird, ist eine kri- tische Diskussion darüber, wie kulturelle oder ethnische Differenz akzentuiert und in der Debatte um Integration in den Vordergrund gestellt wird. Der Soziologe Stuart Hall erklärt in seiner Schrift »Ideologie Identität Reprä- sentation« in Anlehnung an Derridas Diffe- renz-Begriff: »Es ist ein Gewebe von Gleich- heiten und Differenzen, das sich der Aufspal- tung in starre binäre Gegensätze entzieht.« Differenz charakterisiert ein System, in dem »jeder Begriff (oder jede Bedeutung) einge- schrieben ist in eine Kette oder in ein Sys- tem, in dem es sich durch das systematische Spiel der Differenzen auf ein anderes bezieht, auf andere Begriffe (Bedeutung).« Für Hall löst sich Kultur als festgefügte Ordnung auf, und wird ein sozialer Prozess, in dem ständig neue Bedeutungen konstruiert werden und sich kulturelle Praktiken vermischen können (Hybridität). Ziel ist es, Begriffspaare zu de- konstruieren, um dem damit ausgedrückten Machtgefüge entgegenzuwirken.

Diese Art der Kulturkritik, Dinge gegen den Strich zu lesen, wie es die angelsächsi- schen und französischen Sozialwissenschaft- ler bereits in den 1970er Jahren getan haben, wäre für die Diskussion um das Themenfeld interkulturelle Bildung sinnvoll. Das Buch »Die Banalität des Rassismus« von Mark Ter- kessidis befasst sich zwar nicht mit dem The- ma interkulturelle Bildung. Es thematisiert aber die Art und Weise, wie Vorurteile in poli- tischen und gesellschaftlichen Debatten ver- ankert sind, ohne dass sie hinterfragt werden. So erklärt Terkessidis: »Wenn Rassismus ille- gitime Spaltungen innerhalb einer Bevölke- rung produziert, dann kann der Unterschied

zwischen »Deutschen« und »Ausländern« nicht vorausgesetzt werden. Rassismusfor- schung muss sich damit beschäftigen, wie genau dieser Unterschied in der Gesellschaft erzeugt wird. [...] Wenn es aber um Deutsche und Ausländer geht, dann wird angenommen, dass hier nicht von einem Verhältnis der Un- gleichheit die Rede sein kann – die Ungleich- heit gilt quasi als natürlich. Doch der Unter- schied lässt sich von der Ungleichheit nicht trennen. Bestimmte Gruppen werden in die Institutionen des Arbeitsmarktes, der Staats- bürgerschaft und der kulturellen Hegemonie einbezogen, um dadurch ausgeschlossen zu werden. Der Unterschied wird so als gesell- schaftliche Differenz (re)produziert. Und die- se Differenz ist keineswegs deckungsgleich, etwa mit den kulturellen Praktiken in Teilen der Bevölkerung.« (Mark Terkessidis: »Die Banalität des Rassismus«, S. 9). Diese Dif- ferenzen und verbalen Abgrenzungen wie »wir« und »sie«, »Deutsche« und »Migran- ten«, »Menschen mit deutschem« und »mi- grantischem Hintergrund« müssen hinter- fragt und in Beziehung zueinander gestellt werden. Erst dann kann es tatsächlich mög- lich sein, die Fragen zu beantworten: Was ist interkulturelle Bildung? Was wird damit ge- meint? Was soll damit erreicht werden? Und vor allem, wer sind die Adressaten?

Einen interessanten und sinnvollen Weg ist der Bundesverband der Jugendkunstschu- len und kulturpädagogischen Einrichtungen (BJKE) gegangen, die in dem Projekt »Kunst- Code. Jugendkunstschulen im interkulturel- len Dialog« insgesamt acht Projekte in ganz Deutschland begleiteten und evaluiert ha- ben, welche Potenziale kulturelle Bildung für den interkulturellen Dialog aufweist. In der Einleitung der Abschlusspublikation hinter- fragt die Autorin Dolores Smith in Bezug auf das Projekt »Kunst-Code« die Aufgaben ei- nes interkulturellen Dialogs und fragt, wer mit wem in Dialog tritt und welche Dimension dabei die Interkulturalität einnimmt. Weiter wird das Thema einer migrationsbedingten kulturellen Vielfalt problematisiert, der in nationalen, ethnischen und religiösen Kategorien denkt, nicht aber in strukturellen. Genau dies mahnt in einem Interview mit der Filmemacherin Nadja Rahal der Musiker Volkan T. an, wenn er sagt: »Was mich bei dem Thema aufregt ist, dass man z. B. in der Presse immer als Künstler mit Migrationshintergrund bezeichnet wird. Das will ich eigentlich nicht, da ich denke, dass Kunst nichts mit Migration zu tun hat.« Das Projekt- und Forschungskonzept der BJKE hat genau diese Punkte berücksichtigt und darauf aufmerksam gemacht, dass interkulturelle Projekte, sei es im Bereich der bildenden Kunst, der Film- und Medienarbeit, der Theaterpädagogik oder der Musik, wach dafür sein müssen, dass mit der Betonung beispielsweise der ethnischen Herkunft ungewollte Ausgrenzung, Stereotypisierung und Stigmatisierung verbunden sein können. Dabei gehe es nicht darum, herkunftskulturelle Einflüsse zu leugnen, es gehe darum die Komplexität, die ein Mensch per se mitbringt, wahr- und vor allem im Dialog aufzunehmen. Wird die Frage nach Strukturbedingungen für interkulturelle Bildung gestellt, dann geht es zunächst weniger um Inhalte oder Orte der interkulturellen Bildung, es geht um Sensibilisierung für diese Komplexität.

(Inter-)kulturelle Bildung

Hybridität ist ein Wesensmerkmal der Kunst. Durch Kunst wird nicht nur die Alltagswelt in einen neuen Kontext transformiert, sondern sie wird bereits durch den Wechsel des Betrachters immer wieder zu etwas Neuem. Dies gilt auch für die Kunstproduktion, die verschiedene Einflüsse und Materialien zusammenbringt, um etwas Neues zu schaffen, die dann wiederum durch den Betrachter verändert wird. Kunst, sei es das Musizieren,

Rezitieren oder Theaterspielen, ist im Benjaminschen Übersetzungssinne immer Reproduktion. In dem Sinn verstanden ist die Übersetzung immer auch wieder ein Original, der Anfang von etwas Neuem.

Insbesondere das Theater bietet für diesen steten Wandel einen Ort. Theater ist immer schon interkulturell: das Spiel bezieht sich durch Themen, Metaphern, Kostüme, Schminke und unterschiedliche kulturelle Kontexte immer auf etwas anderes. Außerdem bietet das Theater, aber auch andere Kunstformen, die Möglichkeit, entgegen ethnischer Kategorisierungen, Menschen aus unterschiedlichen Kontexten zusammenzubringen und sie in neue Kategorien einzubinden: als Musiker, Schauspieler, Sänger, Tänzer, Autoren, Filmemacher, Kabarettisten etc. Dadurch kann Trennung überwunden werden, ohne kulturelle Erfahrungen auszuklammern. Um kulturelle Erfahrungen machen zu können, bedarf es eines Angebots. Warum kulturelle Bildungsangebote die Vermittlung kultureller Vielfalt befördern, liegt nicht nur daran, dass kulturelle Ausdrucksweisen oder kulturelle Traditionen vermittelt werden können, sondern auch daran, dass etwas in einer Gruppe gemeinsam geschaffen wird, wo jeder seinen Beitrag zu leisten hat; wo es darum geht, dass alle gemeinsam an etwas arbeiten – ohne einen ethnischen Aufkleber »Kultur« auf dem Rücken.

Anerkennung, Partizipation, Verständigung
Kulturpolitik in gesellschaftlicher Verantwortung

Tom Braun — **Politik & Kultur 6/2015**

Die Bundesvereinigung Kulturelle Kinder und Jugendbildung (BKJ) hat ihre Stellungnahme zur Situation geflüchteter Jugendlicher und Kinder aus gutem Grund unter den Titel gestellt »Recht auf Bildung und kulturelle Teilhabe geflüchteter Kinder und Jugendlicher umsetzen!«. Denn ein gelingendes Ankommen von Geflüchteten in Deutschland ist in gleich mehrfacher Weise unmittelbar mit der Frage nach der Möglichkeit verbunden, geltende Rechte vollumfänglich in Anspruch nehmen zu können.

Die Rechte junger Menschen, die nach einer Flucht in Deutschland ankommen, sind sowohl im deutschen Sozialgesetzbuch als auch in internationalen Übereinkommen festgeschrieben. Dies betrifft z. B. die in der UN-Kinderrechtskonvention verankerten Rechte auf freie Teilnahme am kulturellen und künstlerischen Leben, das Recht auf Bildung sowie das Recht, vor Gefahren für das eigene Wohl geschützt zu werden. Diese Rechtsansprüche anzuerkennen und ihre Wahrnehmung auch für geflüchtete Kinder, Jugendliche und Erwachsene durchzusetzen, stellt nicht nur eine Voraussetzung für eine aktive Teilhabe am gesellschaftlichen Leben dar. Sondern mit der Umsetzung der Rechtsansprüche werden unentbehrliche Voraussetzungen gewährleistet, damit junge Menschen die Möglichkeit erhalten, sich an ihrem neuen Lebensort als Personen verstehen zu können, die sich dem Zusammenleben in ihrer neuen Heimat Deutschland verpflichtet fühlen. Ankommen in Deutschland ist jedoch nicht in einer automatisierten Anwendung oder Befolgung rechtlicher Rahmenbedingungen zu erreichen. Ankommen ist darüber hinaus darauf angewiesen, dass Menschen sich in der Begegnung mit anderen wiedererkennen und ihre Erfahrungen gemeinsam erweitern können. Dem Aufruf zur Integration ist daher als Gegenkonzept die Ermöglichung von Partizipation als Aufgabe gegenüberzustellen. Partizipation bedeutet nicht nur, an etwas teilzuhaben. Partizipation bedeutet vielmehr, das Ganze, an dem ich Anteil nehme, als solches auch erfahren zu können, damit ich es anerkennen kann. Während die Anerkennung und Umsetzung der Rechtsansprüche die Voraussetzungen schaffen, als Person in dieser Gesellschaft anzukommen, sind wir darüber hinaus gefordert, geflüchteten Kindern, Jugendlichen und Erwachsenen die Möglichkeit zu erschließen, sich mit ihren individuellen Stärken und Bedürfnissen in diese Gesellschaft einbringen zu können. Gesellschaftliche Partizipation ist ein Prozess, den es kulturell zu gestalten gilt. Partizipation ist an die Frage gebunden, wie alle hier lebenden Menschen – und darin liegt der entscheidende Unterschied zum Konzept der Integration – dieses Ganze gemeinsam gestalten können. Die Frage des Ankommens geflüchteter Kinder, Jugendlicher und Erwachsener wirft damit abermals Fragen nach in unserer Gesellschaft bestehenden sozialen, kulturellen und ökonomischen Teilhabehürden auf. Die Akteure in Kulturpolitik und kultureller Bildung sind deshalb dazu aufgefordert, sich stärker mit Akteuren anderer Politikbereiche als Verantwortungsgemeinschaft aufzustellen, und eine gerechte, demokratische und inklusive Gesellschaft auch als einen kulturpolitischen Gestaltungsauftrag anzunehmen. Als Akteure haben wir im Zuge dessen unter anderem dafür zu sorgen, dass Kultureinrichtungen ihren gesellschaftlichen Auftrag als Orte der Verständigung und Anerkennung nachkommen können. Dafür brauchen die Akteure eine Kultur-, Bildungs-, Jugend- und Sozialpolitik, die sie in der Wahrnehmung ihres Auftrags in der Vernetzung, Beratung und Entwicklung tragfähiger Konzepte im Zusammenwirken von Kommunen, Ländern, Bund und Zivilgesellschaft unterstützt.

Weckruf für die kulturelle Bildung?
Von der Willkommenskultur zur Integrationskultur

Christian Höppner — Politik & Kultur 6/2015

Der Bundestagspräsident Norbert Lammert spricht seit vielen Jahren von dem »lausigen Zustand« der kulturellen Bildung. Er meint damit nicht die explosionsartige Vermehrung von Publikationen zum Thema kulturelle Bildung, sondern die zu häufige Abwesenheit von kultureller Bildung gerade in den prägenden Kinder- und Jugendjahren. Ob Darstellendes Spiel, Kunst- oder Musikunterricht – oft tauchen diese Fächer, wenn überhaupt, nur sporadisch im Unterrichtsalltag der Schülerinnen und Schüler auf. So fällt z. B. das Fach Musik in der Grundschule, je nach Bundesland unterschiedlich, bis zu 80 Prozent aus und bei den kommunalen Musikschulen warten 100.000 Schülerinnen und Schüler auf einen Unterrichtsplatz.

Unsere Gesellschaft befindet sich in der kuriosen Situation, dass wir so viel über kulturelle Bildung und deren Bedeutung für das Individuum und die Gesellschaft wie noch nie wissen und zugleich immer weniger Kinder und Jugendliche teilhaben können an der ganzen Bandbreite kultureller Vielfalt. Der Versuch, über zeitlich begrenzte Projekte diese Defizite aufzufangen, kann die Neugierde wecken und für die schöne Welt kultureller Selbsterfahrung entflammen. Diese Flamme erlischt spätestens dann, wenn im schulischen und außerschulischen Alltag diese Türen wieder verschlossen sind. Ein Armuts-

zeugnis für die viertstärkste Industrienation der Welt. Die Diskrepanz zwischen Sonntagsreden und Montagshandeln ist evident.

In dieser Situation wächst uns mit den Menschen, die aus Kriegsgebieten bei uns Zuflucht suchen und die unserer Fürsorge bedürfen, ein immenser Schatz an kultureller Vielfalt zu. Eine Hochkultur, wie sie beispielsweise vor dem Ausbruch des Bürgerkrieges in Syrien bestand, bringen nicht nur die Kreativschaffenden mit. Navid Kermani hat mit seiner Dankesrede zur Verleihung des Friedenspreises des Deutschen Buchhandels 2015 einmal mehr deutlich gemacht, welche Potenziale in der differenzierten Wahrnehmung des je Anderen liegen. Die Neugierde auf das je Eigene und das je Andere zu wecken und den Wert differenzierter Wahrnehmung zu erkennen, ist eine Kernaufgabe von Kultur und damit auch von kultureller Bildung. Kultur steht hier für den Verbindungszusammenhang von Bildung, Wissenschaft und Kultur.

Eine der größten Herausforderungen seit Bestehen der Bundesrepublik Deutschland wird sich ohne das Mitdenken von Kultur nicht bewältigen lassen – und zwar von Anfang an. Auf der Grundlage des weiten Kulturbegriffes, wie ihn die UNESCO 1982 in ihrer Erklärung von Mexiko-City geprägt hat. Damit würde sich manche Schleife in der wieder aufflammenden Leitkulturdebatte erübrigen. Kultur hat eine Schlüsselfunktion auf dem weiten Weg vom Willkommen zur Integration. Integration – nicht Assimilation! Das Grundgesetz setzt genau jenen Rahmen, innerhalb dessen Begegnung, transkultureller Dialog und eine gelingende Zukunftsgestaltung gemeinsam gelingen kann. Die mit dem Grundgesetz verbundenen Freiheiten und Grenzen sind nicht verhandelbar. Ebenso wenig wie die Anerkennung und praktische Umsetzung der UNESCO-Konvention Kulturelle Vielfalt.

Wie kann Integration gelingen, wenn eine Grundvoraussetzung, kulturelle Bildung von Anfang an, nicht mitgedacht wird? Wie kann Integration gelingen, wenn der seit Jahren bekannte »lausige Zustand« kultureller Bildung auch nicht im Ansatz erkennen lässt, wie die Herausforderungen personell und strukturell zu meistern sind?

Konzeptionell ist die kulturelle Bildung mit allen ihren inhaltlichen Sparten so gut aufgestellt wie nie. Es gibt kein Erkenntnisproblem, sondern ein Umsetzungsproblem. Deshalb bedarf es jetzt eines grundlegenden Wandels in den Förder- oder besser Investitionspolitiken der Länder und des Bundes. Der Bund hat mit seinem Programm »Kultur macht stark« eine gute Plattform geschaffen, deren Versprechen von nachhaltiger Impulsgebung dann Wirkung entfalten kann, wenn sie eine Fortsetzung und konzeptionelle Aktualisierung erfährt. Nachhaltig Impulse setzen zu wollen, bedarf eines längeren Atems als den einer Projektperiode. Nachhaltigkeit in der kulturellen Bildung muss den Entwicklungsverlauf von Kindern und Jugendlichen im Blick haben. Nachhaltigkeit in der kulturellen Bildung bemisst sich nicht in erster Linie an Kennzahlen und Messgrößen, sondern an dem oft erst viele Jahre später erkennbaren Zuwachs kultureller Kompetenzen und Zuwachs an kultureller Vielfalt. Nachhaltig-

keit in der kulturellen Bildung kann nur dann gelingen, wenn die auf Kontinuität angelegten Strukturen für ihre Aufgaben ertüchtigt werden.

Deshalb sollte jetzt die Bundesregierung mit Kultur macht stark 2.0 eine modifizierte Fortsetzung ihres erfolgreichen Programmes beschließen. Modifiziert bedeutet: konzeptionelle Erweiterung um die Themen transkultureller Dialog und intergenerationeller Dialog, Entbürokratisierung der Antragsverfahren und stärkere Unterstützung – auch in finanzieller Hinsicht – der Umsetzungsstrukturen vor Ort.

Weiterhin gilt es, die Haushaltsmittel für die bildungskulturellen Infrastrukturen auf Bundes-, Länder- und kommunaler Ebene signifikant zu erhöhen und die dafür vorgesehenen Haushaltsansätze einer Bindungspflicht zu unterwerfen. So könnte beispielsweise eine solche Bindungspflicht bei der Mittelzuweisung des Bundes an die Länder sicherstellen, dass die für die kulturelle Bildung vorgesehenen Mittel nicht nur in den Haushaltsansätzen der Länder stehen, sondern im Haushaltsvollzug tatsächlich dort ankommen.

Vorhandene Strukturen in der kulturellen Bildung für ihre Aufgaben zu ertüchtigen ist ein Mosaikstein, um den Weg von der Willkommenskultur zur Integrationskultur beschreiten zu können. Das Bewusstsein für den Wert kultureller Vielfalt für unsere Gesellschaft wie für den Einzelnen wird sich nur auf dem Weg ganz realer Wahrnehmung und Erfahrung ausbauen lassen.

Wie geht das »neue Wir«? Kulturpolitik und kulturelle Bildung zwischen Selbstkritik und Verantwortung

Kirsten Witt und Kerstin Hübner —— Politik & Kultur 4/2016

Jedes Politikfeld hat sein Mantra. Das unsrige lautet: »Kulturpolitik ist Gesellschaftspolitik!« Man fühlt sich ganz gut dabei: Die eigene Arbeit ist wichtig und man übernimmt Verantwortung. Wenn es aber hart auf hart kommt, kann man sich auf die Freiheit und die Kritikfunktion der Kunst berufen, darauf, dass Kultur zwar ein Labor mit Ernstfallcharakter ist – aber eben nicht der Ernstfall selbst. Doch je rauer der Wind im gesellschaftspolitischen Diskurs weht, umso unruhiger wird die See für uns Kulturmenschen. Stürme entstehen, weil die Sonne die Luft unterschiedlich aufwärmt. Aufgewärmte Luft dehnt sich aus, der Luftdruck steigt. Die Luft strömt von Gebieten mit hohem Luftdruck in Gebiete mit niedrigem Luftdruck – je größer die Druckunterschiede sind, umso schneller. Privilegien und Sanktionen, Wärme und Kälte, Hochs und Tiefs sind auch in der Gesellschaft zunehmend unterschiedlich verteilt. Das verursacht nicht nur Unwetter, sondern auch Fliehkräfte entlang sozialer Divergenzlinien, die sich zu Gräben vertiefen, in denen die Böen zuweilen Orkanstärke erreichen.

Raus aus der Komfortzone

Das jüngste Theatertreffen der Jugend begann mit einem Eklat. Bei der Eröffnung stellten sich die eingeladenen Produktionen gegenseitig im Rahmen künstlerischer Insze-nierungen vor. Dabei agierte eine der Gruppen in einer Art und Weise, die als rassistisch übergriffig empfunden wurde und fand sich öffentlich mit entsprechenden Vorwürfen konfrontiert. »Wir als Berliner Festspiele gehen davon aus, dass es sich um einen unreflektierten Akt handelt, der vor Augen führt, dass auch Teile der Welt des Jugendtheaters nicht klüger sind als die Gesellschaft als Ganzes«, schreiben Leiterin und Intendant in einem Statement auf der Festival-Homepage.

Im April zog die Staatsministerin für Kultur und Medien, Monika Grütters, die Nominierung eines Theaterprojektes für den Sonderpreis für kulturelle Projekte mit Geflüchteten zurück, nachdem Mitarbeiterinnen und Mitarbeitern des Projektes israelfeindliche Aktivitäten vorgeworfen worden waren. Ihr Sprecher erklärte, so ein Artikel in der Berliner Zeitung vom 19. April 2016: »Die Aussöhnung mit den Juden und dem Staat Israel ist für die Bundesrepublik Deutschland Staatsräson und nicht zuletzt im Hinblick auf die Integration Geflüchteter in die deutsche Gesellschaft ein Aspekt, der in Fragen der kulturellen Integration nicht verhandelbar ist.«

Man könnte die Reihe der Beispiele fortsetzen mit dem Wirbel um das »Schmähgedicht« oder um das Projekt »Aghet« der Dresdner Symphoniker. Und auf einmal – verwundert reiben wir die Augen – ist Kultur doch der Ernstfall. Wir blicken auf unsere Seekarten und fragen uns, ob sie noch stimmen, oder ob es doch der Kompass ist, den wir neu justieren müssen. Stimmen das Selbstbild mit seinen formulierten Ansprüchen und Verantwortlichkeiten im Feld der Kultur mit den angesichts gesellschaftlicher Anforderungen notwendigen Haltungen und Handlungen überein?

Kulturelle Bildung und Kultur im eigenen Spiegel

Im April hat der Sprecherrat des Deutschen Kulturrates eine Stellungnahme mit dem Titel »Integration braucht engagierte Menschen und stabile Strukturen« verabschiedet, die sich den »langfristigen Herausforderungen der Integration« mit Fokus auf bürgerschaftliches Engagement widmet. Sie greift eine Resolution vom September 2015 auf. Exemplarisch sollen im Folgenden anhand dieser Stellungnahme selbstkritisch eigene Haltungen und Ansprüche im Feld der Kultur(ellen Bildung) angerissen werden.

Sprache ist Macht und schafft Realitäten. Beginnen wir daher zunächst mit einem Blick auf die verwendeten Begriffe, die derzeit auch in vielen anderen Texten zu finden sind: Mit dem Begriff »Integration«, oft verbunden mit Formulierungen wie »Verbindendes und Trennendes«, scheint eine Gesamthaltung auf. Sie wirkt wenig einladend, weil sie im Sinne einer Wir/Sie-Dichotomie eher ein distanziertes, wenn nicht sogar als konfrontativ zu bezeichnendes Bild der (kulturellen) »Begegnung« mit Geflüchteten zeichnet. Der darin mitschwingende Integrationsauftrag ist letztlich einseitig.

Die Leitkulturdebatte wurde, das zeigen unter anderem die Veröffentlichungen in der Ausgabe Politik & Kultur 6/2015, von einer Kulturdebatte zu einer Werte- und Regeldebatte. Sie scheint auch in der Stellungnahme vom 8. April 2016 auf, die neben der

Kunstfreiheit betont, dass die Pflege kultureller Bräuche unter Akzeptanz »hier geltender Regeln« erfolgen müsse. Wird hier indirekt eine Befürchtung geäußert, nämlich, dass hier geltende Regeln unter Umständen eben nicht eingehalten würden und auch die Kunstfreiheit infrage stehe – und wenn ja, durch wen? Warum werden damit verbundene Sorgen nicht klar ausgesprochen?

Kulturelle Bildung und Kultur als Begegnungsfläche

Wir sollten die zum Ausdruck gebrachten Fragen und Vorbehalte nicht ignorieren, sondern dazu einen ehrlichen und wo nötig kontroversen Diskurs führen: Konflikte und Konfrontationen aushandeln, um Kompromisse und Konsens ringen. Geht es doch um weit mehr als um den Umgang des Kulturbereichs mit dem Phänomen Flucht und Asyl, nämlich um seine Verantwortung und Potenziale für eine vielfältige Gesellschaft, die als lebendiges »Wir« funktioniert. In der kulturellen Bildung geht es beispielsweise darum, ein gesellschaftspolitisches Leitbild weiterzuentwickeln und Ansprüche zu formulieren, die – zumindest langfristig gesehen – realisierbar sind. Veränderungsprozesse brauchen ihre Zeit und ihre Räume für Öffnungs- und Aushandlungsprozesse, die nicht immer bequem sind.

In einem zukunftsfähigen Leitbild gehören der Begriff der Integration und das damit noch immer weit verbreitete Denken der einseitig bei Einwanderinnen und Einwandern liegenden Aufgabe abgelöst. Das Paradigma eines weiten Inklusionsbegriffs, der die besonderen Bedürfnisse und Potenziale aller berücksichtigt und vor allem jener, die von unterschiedlichsten Benachteiligungen betroffen sind, ist die geeignetere Alternative und ebenso ein Partizipationsverständnis, dass das Miteinander und Wechselseitige hervorhebt und fördert. Wir benötigen ein transkulturelles Verständnis unserer Gesellschaft und Kultur. Es reicht jedoch nicht, dieses nur zu »predigen«, ohne zu beweisen, dass Kultur und Werte etwas Veränderbares, sich Entwickelndes sind, das kontinuierlicher Aushandlung bedarf. Ziel sollte sein, aus dem Alten und dem Neuen etwas Drittes entstehen zu lassen – und dies unter Berücksichtigung der Tatsache, dass auch jenseits der Geflüchteten noch viele Menschen aus Kultur und Gesellschaft ausgeschlossen sind.

Die gesamtgesellschaftliche Perspektive ersetzt jedoch nicht den differenzierten Blick auf die spezifischen Potenziale (und Grenzen) und dementsprechend Verantwortlichkeiten in Hinsicht auf das, was kulturelle Praxis und Teilhabe bedeuten kann für Menschen, die als Einwandererinnen und Einwanderer oder vorübergehend in Deutschland leben. In einer Umgebung, in der sprachliche Verständigung schwerfällt, können künstlerische Ausdrucksformen Wege der Auseinandersetzung mit Neuem sein, mit Erlebtem, Gedanken und Gefühlen. Auf künstlerischem Wege können Menschen sich auf einer anderen Ebene damit befassen und zum Ausdruck bringen, wofür ihnen Worte fehlen. Menschen werden als Individuen sicht- und hörbar, mit einer Geschichte, einer Gegenwart und einer Zukunft. Beheimatete und Geflüchtete können individuelle und kulturelle Prägungen, persönliche Fähigkeiten, Talente und Stärken zusammenbringen und gemeinsam hybride Kulturformen erschaffen. Dieser Prozess ermöglicht Orientierung, unterstützt Identitätsbildung und soziales Bewusstsein, unabhängig davon, ob man in Deutschland geboren, eingewandert oder dorthin geflohen ist. Teilhabe an kulturellen Projekten kann angesichts des unsicheren Status von Menschen, die unter dem Asylregime leben, vorübergehend ein Stück Normalität bieten. Partizipative Kulturprojekte, an denen Menschen mit und ohne Flucht- oder Migrationsgeschich-

te teilnehmen, sind Gelegenheiten des Dialogs und Austauschs mit Menschen außerhalb des eigenen Milieus.

Die Praxis der kulturellen Bildung und der Kulturarbeit insgesamt sollte zu einem Dialog von bzw. mit Werten und Regeln einladen. Kunst und Kultur wird viel Potenzial zugesprochen, jetzt geht es darum, dieses auch wirklich wirksam werden zu lassen: im Dialog miteinander »auf Augenhöhe« und in der Anregung von Selbstbildungs- und -bestimmungsprozessen.

Im Mai fragte eine Podiumsdiskussion mit den kulturpolitischen Sprecherinnen und Sprechern der Bundestagsfraktionen nach den Möglichkeiten einer »Kulturarbeit mit, für und von Geflüchtete(n)«. Sie fand statt im Rahmen der gleichnamigen Tagung der Bundesvereinigung Soziokultureller Zentren. Eine Perspektive zog sich dabei wie ein roter Faden durch die Diskussion: Es geht nicht allein um Kulturarbeit von, für und mit Geflüchtete(n), sondern vor allem auch um eine Kulturarbeit für »ein neues Wir«. Zugegeben: Das klingt kühn. Die Perspektive ist aber richtig. Die gesellschaftlichen Entwicklungen, spätestens seit dem Sommer 2015, führen uns vor Augen, dass wir neu auf uns schauen, anders miteinander sprechen, neu miteinander in Verhandlungen treten müssen, darüber, was uns wichtig ist und wie wir miteinander leben wollen.

Manchmal muss das Motto sein: »Jump and swim!« Doch auch während wir schwimmen, sollten wir unser Selbstbild als Kulturschaffende, Bildungsverantwortliche und auch als Privilegierte einer kritischen Revision unterziehen. Die Frage, wer »Wir« sind – in dieser ehrlichen Differenziertheit und Ergebnisoffenheit, zwischen dem sich die Antworten zuzutrauen und zuzumuten – ist eine kulturelle Frage. Deshalb ist die kulturpolitische Verantwortung für die vielfältige Einwanderungsgesellschaft erheblich.

Der Integrationsschlüssel
Schulische Bildung von Geflüchteten

Udo Michallik — Politik & Kultur 3/2017

Die politische Diskussion in Deutschland und Europa ist derzeit von kaum einer anderen Frage derart bestimmt wie vom Flüchtlingsthema. Dabei gerät allzu schnell in den Hintergrund, wie diese Menschen in unsere Gesellschaft integriert werden können.

Ich bin dankbar, dass es einen Grundkonsens in unserer Gesellschaft gibt. Dieser Konsens lautet: »Bildung ist der Schlüssel für eine gelingende Integration«. Diese Aussage ist Ausdruck des Vertrauens in die Integrationsleistung durch Bildung. Sie ist aber zugleich mit einer Erwartung an das Gelingen von Bildungsanstrengungen verbunden. Etwa ein Drittel der Menschen, die seit Ende 2015 nach Deutschland kamen, sind Kinder und Jugendliche. Mit ihrer kulturellen Vielfalt sind sie für die Schulen Aufgabe, Herausforderung und Chance zugleich.

Schulische Bildung

Nicht ohne Stolz kann ich aus allen Ländern berichten, dass die Schulen die Aufgabe in vollem Maße angenommen haben. Die Kultusministerkonferenz (KMK) würdigt daher ausdrücklich die enormen Anstrengungen und großen Leistungen der Akteure in allen Bildungsbereichen und ehrenamtlich Tätigen, die bei der Integration von schutzsuchenden Kindern und jungen Menschen in unser Bildungssystem und damit in unsere Gesellschaft mitwirken. Die Länder legen großen Wert darauf, dass Bildung von Anfang an unabhängig vom Aufenthaltsstatus organisiert wird. Kinder von Asylsuchenden im schulpflichtigen Alter unterliegen in allen Ländern der Schulpflicht, teilweise mit Wartefristen. In den meisten Ländern laufen die regulären Maßnahmen zur schulischen Integration an, sobald eine Familie die Erstaufnahmeeinrichtung verlassen hat und einer Kommune zugewiesen wurde. In einzelnen Ländern gibt es auch Angebote zur Beschulung in den Erstaufnahmeeinrichtungen.

Sprachförderung und schulische Integration

Das sichere Beherrschen der deutschen Sprache und eine altersgemäße Sprachkompetenz sind unabdingbare Voraussetzungen für die Integration in Schule, Beruf und Gesellschaft. Für die schulische Integration und die Sprachförderung minderjähriger Geflüchteter liegen in den Ländern Konzepte vor, die auf die Gegebenheiten vor Ort abgestimmt sind. Junge Geflüchtete erwerben in Vorkursen oder Sprachlernklassen erste Deutschkenntnisse. Das Ziel ist ein rascher Übergang in das reguläre Schulsystem. Soweit, wie es möglich ist, nehmen die Kinder und Jugendlichen auch schon am Regelunterricht teil, z. B. am Sport-, Musik- oder Kunstunterricht.

Andere Länder gehen den Weg über die schnelle Integration in die Regelklassen mit ergänzender Sprachförderung. Der Erfolg der verschiedenen Ansätze hängt sicherlich von der konkreten Umsetzung und den Voraussetzungen vor Ort ab. Eine kleine Schule im ländlichen Raum wird keine eigene Sprachlernklasse einrichten können. Hier wird in der Regel der integrative Ansatz mit zusätzlicher Sprachförderung gewählt werden müssen. Andernorts wird die Integrationsleistung von Schulen durch eine hohe Zahl von neu zugewanderten Schülern gefordert sein. Nehmen Sie das Beispiel Bremen: Zwischen August 2015 und April 2016 haben die Schulen dort 2.491 neu zugewanderte Schüler aufgenommen. Aktuell sind 7,2 Prozent der Schülerschaft in Bremen neu zugewanderte Schüler aus 61 Nationen, 71 Prozent davon sind Flüchtlingskinder vor allem aus Syrien, Irak, Serbien, Kosovo und Albanien, 29 Prozent stammen aus der Zuwanderung durch die EU-Osterweiterung, vor allem aus Polen und Bulgarien. Fast jede Bremer Schule beherbergt eine der aktuell 161 existierenden Vorbereitungsklassen. In Nordrhein-Westfalen z. B. ist die Zahl der neu zugewanderten Kinder und Jugendlichen zwischen Oktober 2015 und Oktober 2016 um ca. 41.000 gestiegen.

Schulorganisatorisch ist die Eingliederung der neu zugewanderten Kinder in das schulische System eine große Herausforderung: Einerseits müssen die Raumkapazitäten für neue Vorbereitungsklassen geschaffen und neue Lehrkräfte für diese eingestellt werden. Andererseits bedeutet der Übergang dieser Kinder und Jugendlichen in das Regelsystem aber auch, dass reguläre Klassengrößen so gestaltet werden müssen, dass eine spätere Aufnahme neu zugewanderter Kinder nach Abschluss der Vorbereitungsklassen rein zahlenmäßig auch möglich wird. Ein wichtiges Element zur Qualitätsentwicklung

der sprachlichen Erstintegration ist die Einführung des Deutschen Sprachdiploms der Kultusministerkonferenz (DSD) in mehreren Ländern. Nach einer erfolgreichen Pilotierung in Hamburg nutzen mittlerweile neun Länder die in gemeinsamer Verantwortung von Bund und Ländern organisierten Sprachdiplomprüfungen. Für die Schüler ist die Möglichkeit, bereits nach einem Jahr ein international anerkanntes Sprachzertifikat zu erwerben, ein hilfreiches, motivierendes Element.

Einige Länder haben zudem eigene qualitätssichernde Maßnahmen im Rahmen ihrer Sprachförderkonzepte entwickelt.

Gewinnung von Lehrkräften

Eine der Herausforderungen, die sich aus der großen Zahl von jungen Menschen mit Fluchthintergrund ergeben, ist die Gewinnung von Lehrkräften. Um die entsprechenden Lehrkräfte zu finden, beschreiten die Länder vielfältige Wege. Schleswig-Holstein z. B. bietet aktuell allen Lehrkräften im Vorbereitungsdienst die Möglichkeit, statt der pädagogischen Abschlussarbeit eine fundierte Fortbildung im Bereich Deutsch als Zweitsprache zu absolvieren. Dieses Angebot findet regen Zuspruch und bietet die Möglichkeit, zügig viele Lehrkräfte entsprechend zu qualifizieren. Andernorts werden Teilzeitlehrkräfte aufgestockt und auch pensionierte Lehrkräfte wurden angefragt, ob sie sich stundenweise einbringen können.

Zudem gibt es in den Ländern verschiedene Maßnahmen zur Fort- und Weiterbildung im Bereich Deutsch als Zweitsprache (DaZ) und Deutsch als Fremdsprache (DaF). Auch in der grundständigen Lehrkräfteausbildung spielt der Erwerb von Kompetenzen in den Bereichen Umgang mit Heterogenität, Sprachförderung DaZ und interkulturelles Lernen eine zunehmende Rolle. Dabei geht es immer um den dreifachen Auftrag der sprachlichen Bildung, der Vermittlung von Alltagskompetenzen und nicht zuletzt der Vermittlung demokratischen Denkens und Handelns.

**Berufliche Bildung –
Kernstück der Integrationsarbeit**
Ein zentrales Ziel der Länder ist es, Geflüchtete in eine berufliche Ausbildung zu bringen. Die berufliche Integration und die Teilhabe am Arbeitsleben sind wesentliche Voraussetzungen für eine langfristig erfolgreiche soziale Integration in die Gesellschaft. Doch nur ein kleiner Teil dieser Menschen bringt die für eine unmittelbare berufliche Integration erforderlichen Kompetenzen, Voraussetzungen und Sprachkenntnisse bereits mit.

Für eine schnelle und zielgerichtete Integration von Flüchtlingen mit guter Bleibeperspektive müssen der Bund und die Länder bestehende Instrumente in der Berufsvorbereitung und -ausbildung sowie zur Eingliederung in den Arbeitsmarkt bedarfsgerecht einsetzen und weiterentwickeln. Exemplarisch sei Hamburg genannt, das seit Februar 2016 eine »Dualisierte Ausbildungsvorbereitung« mit integrierter betrieblicher Sprachförderung als Regelangebot für alle neu zugewanderten Jugendlichen zwischen 16 und 18 Jahren anbietet, die nicht über einen Ausbildungsplatz verfügen. Bei den nicht mehr schulpflichtigen jungen Menschen haben Anfang 2016 die KMK und die zuständigen Bundesministerien und Fachministerkonferenzen Vereinbarungen zur besseren Abstimmung und zum passgenauen Ausbau bestehender Maßnahmen von Bund und Ländern getroffen.

Für die Bildungspolitik stellt sich nicht die Frage, ob wir den Integrationsprozess angehen, sondern wie wir ihn gestalten. Je früher wir in Kindergärten, Schulen und Betrieben mit der Integration durch Bildung beginnen, umso besser: für die Geflüchteten selbst, aber auch für unsere Gesellschaft.

Keine Integration ohne Bildung
Die größte politische Aufgabe der Zukunft

Johanna Wanka — Politik & Kultur 6/2015

Es ist eine humanitäre Aufgabe, Flüchtlinge in Deutschland aufzunehmen und sie rasch zu integrieren. Auch wenn derzeit die akuten Fragen der Unterbringung und Versorgung im Mittelpunkt unserer Anstrengungen stehen, so ist doch allen klar, dass Integration ohne Bildung nicht funktionieren kann. Wir wissen, dass über die Hälfte der Flüchtlinge jünger als 25 Jahre ist, also in einem Alter, in dem sie zur Schule gehen müssen oder eine Ausbildung benötigen. Integration durch Bildung wird daher in den nächsten Jahren zum Schwerpunkt von Politik werden müssen. Dies ist vor dem Hintergrund der demografischen Entwicklung und des prognostizierten Fachkräftemangels auch eine Chance für Deutschland! Um diese Chance zu nutzen, bedarf es großer Anstrengungen.

Wenn Integration in Ausbildung, Arbeitsmarkt und Gesellschaft gelingt, profitieren wir alle davon. Dazu brauchen wir eine gemeinsame Anstrengung von Bund, Ländern, Kommunen und der Zivilgesellschaft, also der vielen Ehrenamtlichen, die in den letzten Wochen Enormes geleistet haben. Ich danke den Menschen in unserem Land für dieses Engagement! Das Bundesbildungsministerium wird mit gezielten Maßnahmen Integration durch Bildung voranbringen. Dazu wird mein Haus rund 130 Millionen Euro zusätzlich investieren für die zentralen Ziele:

• Erwerb der deutschen Sprache,
• Erkennen von Kompetenzen und Potenzialen von Flüchtlingen,
• Integration in Ausbildung und Beruf.

Das Erlernen der deutschen Sprache ist die wohl wichtigste Voraussetzung für die gesellschaftliche Integration der Flüchtlinge in Deutschland. Zusätzlich zu den etablierten und notwendigen Instrumenten wie Integrations- und Sprachkursen werden wir passgenaue Instrumente, wie beispielsweise Lern-Apps anbieten, die die Flüchtlinge schnell und unkompliziert nutzen können. Für Flüchtlingskinder werden wir ab Dezember ein Sonderprogramm »Lesestart« umsetzen und ehrenamtliche Vorlesepaten unterstützen. Außerdem werden wir ehrenamtliche Lernbegleiter qualifizieren, damit sie neben den hauptamtlichen Lehrkräften den Einstieg in die deutsche Sprache unterstützen können. Mit der Stiftung Lesen und dem Deutschen Volkshochschulverband haben wir für diese Maßnahmen starke und erfahrene Partner gewonnen.

Viele Flüchtlinge bringen Berufsqualifikationen mit, die wir erkennen und anerkennen müssen. Mit dem sogenannten Anerkennungsgesetz haben wir dafür eine sehr gute Basis. Bei den jetzt ankommenden Flüchtlingen ist ein besonderes Problem zu bewältigen: Viele können wegen Krieg und Flucht die notwendigen Unterlagen nicht vorlegen. Das Anerkennungsgesetz ist aber auch dafür gerüstet: es bietet die Möglichkeit, in solchen Fällen z. B. durch Arbeitsproben und Fachgespräche die vorhandenen Kompetenzen zu klären.

Was für deutsche Jugendliche und Jugendliche mit Migrationshintergrund gilt, gilt auch für die neu hinzukommenden Flüchtlinge: Eine frühe Berufsorientierung und eine Begleitung hin zu einem Ausbildungsplatz sind entscheidend für einen erfolgreichen Einstieg in die Ausbildung. Deshalb bauen wir erfolgreiche Instrumente aus, besonders in den Regionen, die verstärkt Flüchtlinge aufnehmen, und stellen zusätzliche Kapazitäten zur Verfügung.

Unumgänglich wird sein, die interkulturelle Kompetenz der Ausbilderinnen und Ausbilder in den Betrieben und der Berufsschullehrkräfte zu fördern. Dazu wird ein niedrigschwelliges, interkulturelles Training zur Sensibilisierung entwickelt und über die bekannte Plattform »qualiboxx« angeboten. In den Kommunen gibt es viel Engagement für Flüchtlinge. Die Integration läuft vor Ort – und ob sie gelingt, entscheidet sich dort. Zur Organisation und Koordinierung von Bildungsangeboten für Flüchtlinge werden wir allen rund 400 Kreisen oder kreisfreien Städten mit Beginn 2016 ermöglichen, einen Koordinator zu finanzieren. Unsere Bündnisse für Bildung im Programm »Kultur macht stark« erreichen derzeit 300.000 Kinder und Jugendliche. Unsere Partner können ab sofort zusätzliche Angebote für junge Flüchtlinge durchführen. Der Deutsche Volkshochschulverband hat sein Angebot bereits erweitert und bietet Maßnahmen für junge Flüchtlinge an, die sowohl Kompetenzerwerb, insbesondere Sprache, und kulturelle Bildung, wie Tanz, Theater, Bewegung oder Medienbildung, umfassen. In den Bildungsbündnissen werden Jugendlichen Sprach- und Kulturtechniken vermittelt, die bei der Integration helfen und einen wesentlichen Beitrag zur Schaffung einer Willkommenskultur leisten. Diese Angebote will ich bei den Flüchtlingen auch auf junge Erwachsene ausweiten.

Wie Sie alle wissen: National und international laufen die Bestrebungen, die mit dem Flüchtlingsproblem verbundenen Herausforderungen zu bewältigen, auf Hochtouren. Wir können in Deutschland zuversichtlich sein: Unsere Gesellschaft ist insgesamt integrationsbereit und – das zeigt auch die Geschichte – integrationserfahren. Für diejenigen, die hier sind und eine Perspektive haben, hier bleiben zu können und zu wollen, gibt es für mich ein zentrales Ziel: Integration durch Bildung!

Eine große Chance für alle
Ist eine Integration von Flüchtlingen in das Hochschulsystem umsetzbar und welche Voraussetzungen müssen dafür geschaffen werden?

Horst Hippler — **Politik & Kultur 6/2015**

In den letzten Monaten ist mit der enormen Zahl von Flüchtlingen aus Bürgerkriegsregionen eine Herausforderung auf Deutschland zugekommen, wie sie bislang kaum vorstellbar war. Die Bürgergesellschaft hat mit großem Engagement und einer nie dagewesenen Willkommenskultur reagiert. Es ist beeindruckend, wie schnell sich auch in den Hochschulen Initiativen gebildet haben, die zunächst einmal auf die elementaren Bedürfnisse der ankommenden Flüchtlinge reagierten und mit Empathie und Initiative an den nächstliegenden Stellen zu helfen versuchten. Insbesondere das großartige Engagement von Studierenden verdient Anerkennung. Diese Reaktionen können zuversichtlich stimmen, wenn es um die Aufgabe geht, Flüchtlinge in die Hochschulen selbst zu integrieren und ihnen die Möglichkeit zu geben, ihre Potenziale für ihren persönlichen Bildungsweg und zum Vorteil der gesamten Gesellschaft weiterzuentwickeln. Und tatsächlich ergab eine Umfrage der Hochschulrektorenkonferenz bereits im Frühsommer Beispiele, Initiativen und Projekte zur Integration von Flüchtlingen an über 80 Hochschulen.

Die Hochschulen haben große Erfahrung im Umgang mit Menschen, die aus dem Ausland zu uns kommen und sehen die Vielfalt der Studierendenschaft und des wissenschaftlichen Personals als Chance für alle. Im Fall der Flüchtlinge aber stehen sie vor besonderen Aufgaben. Fehlende Unterlagen, mangelnde Sprachkenntnisse und auch unterschiedliche Lernkulturen sind meist die größten Hürden. Wir müssen davon ausgehen, dass wir eine stufenweise, den jeweils individuellen Voraussetzungen angepasste Integration zu organisieren haben.

Hochschulleitungen und Verwaltungen, Lehrende und Studierende sind gefordert. Es wird auch um Wissenschaftlerinnen und Wissenschaftler gehen, die Entwicklungsmöglichkeiten und neue Aufgaben suchen. Vor allem aber müssen wir uns um die Studieninteressenten unter den Flüchtlingen kümmern. Es braucht Beratung, Begleitung bei Behördengängen, Hilfe bei der Wohnraumsuche bis hin zu studienvorbereitenden Programmen und Sprachenvermittlung. Die Hochschulrektorenkonferenz unterstützt die Hochschulen, indem sie Informationen sammelt, den Erfahrungsaustausch fördert und die Bedarfe zu identifizieren versucht. Wir haben zu diesem Zweck Ende September ein Werkstattgespräch mit gut 120 Teilnehmerinnen und Teilnehmern organisiert. Themenschwerpunkte waren die Studienvorbereitung, der Hochschulzugang und die finanzielle Unterstützung von Flüchtlingen. Dabei wurde deutlich, dass die regionale Vernetzung mit allen Akteuren (Bundesagentur für Arbeit, Aufnahmeeinrichtungen, Flüchtlingsräte, kommunale Initiativen, Wohlfahrtverbände etc.) und eine frühzeitige Bildungsberatung wichtige Grundlagen bilden.

Dann muss eine passgenaue Studienvorbereitung folgen, um die Chance für ein erfolgreiches Studium zu gewährleisten. Mit Sprachkenntnissen, die ein akademisches Studium ermöglichen, sollten auch kulturelle und gesellschaftliche Werte vermittelt werden, um die Integration der Flüchtlinge erfolgreich zu befördern. Digitale Lernformen können eine gute Ergänzung zu bestehenden Strukturen sein, sie können aber das Lernen in der Gruppe nicht ersetzen. Gerade durch Kriegs- und Fluchterlebnisse belastete Studieninteressenten brauchen persönliche Ansprache und Begleitung.

Es gehört auch zur Verantwortung für die studierwilligen Flüchtlinge, dass für sie die gleichen Qualitäts- und Leistungsstandards beim Hochschulzugang und während des Studiums gelten müssen wie für alle anderen Studierendengruppen. Die Zulassung der geflüchteten Studierenden zu NC-Studiengängen fällt unter die seitens der Länder festgelegten Drittstaatenquotenregelungen.

Es stellen sich auch rechtliche Fragen, die schnellstmöglich zu klären sind. So besteht nach wie vor Unklarheit darüber, wie Studierfähigen ohne oder mit nur unvollständigen Bildungsnachweisen der Zugang zur Hochschule ermöglicht werden kann. Eine Rekonstruktion der Bildungsbiografien in Ergänzung mit Studierfähigkeitstests könnte ein Lösungsweg sein.

Bei den zu erwartenden hohen Zahlen an studierfähigen Flüchtlingen muss die vorhandene Infrastruktur deutlich ausgebaut werden. Die Hochschulen brauchen hier die Unterstützung von Ländern und Bund. Es gibt bereits entsprechende positive Signale, die den Hochschulen Mut machen, die neu-

en Aufgaben anzugehen. Um die begonnene Arbeit erfolgreich weiterzuführen, sind ein Monitoring und eine wissenschaftliche Begleitung erforderlich. Die Hochschulrektorenkonferenz wird den Hochschulen weiterhin eine Plattform für Austausch, Vernetzung und Beratung bieten. Wir sehen uns gemeinsam mit den Hochschulen in der Verantwortung, nachhaltige Lösungen zu finden mit dem vordringlichen Ziel, adäquate Bildungschancen zu bieten.

13

Rückhalt Religion

Mit Beiträgen von:

Martin Affolderbach, Friedhelm Hofmann,
Hans Jessen, Andreas Kolb, Aiman A. Mazyek,
Josef Schuster und Nurhan Soykan

Ich singe mein Lied in einem fremden Land
Kultur und Migrationsgemeinden

Martin Affolderbach — **Politik & Kultur 2/2009**

Migration und Zuwanderung haben in den zurückliegenden 50 Jahren Deutschland zu einem Zuwanderungsland gemacht. Dies ist nicht ohne Auswirkungen auf das kulturelle Leben in Deutschland geblieben. Doch spiegelt sich diese Tatsache recht wenig im öffentlichen Bewusstsein wider und ist innerhalb der Kulturlandschaft eher ein Randthema. Das hat möglicherweise damit zu tun, dass zeitgleich eine Globalisierung von Kulturangeboten und Kulturaustausch stattfand. Die Kontakte zur Kultur anderer Länder haben möglicherweise einen größeren Anreiz als die Zusammenarbeit mit Migranten oder Zuwanderern aus diesen Ländern in Deutschland. Dennoch lohnt es sich, den Blick auf ethnische Minderheiten in Deutschland zu richten und deren kulturelle Identitäten und kulturelle Kompetenzen mit Aufmerksamkeit wahrzunehmen. In diesem Beitrag soll dies anhand einiger Beobachtungen zu religiösen Minderheiten in Deutschland geschehen.

Migrationsgemeinden in Deutschland

Unter den zugewanderten Minderheiten sind ohne Zweifel die Muslime die größte religiöse Gruppe, unter welchen wiederum mit Abstand die türkischstämmigen die Mehrheit bilden. Erst nach und nach haben sich diese auch in Moscheegemeinden organisiert und entfalten Interesse an einer Mitwirkung am öffentlichen Leben. Von der Zahl her folgen etwa zwei Millionen katholische und über eine Million orthodoxe Christen, die nach Deutschland zugewandert sind und zu einem sehr hohen Anteil aus Süd-, Ost- und Zentraleuropa stammen. Die Zahl der zugewanderten protestantischen Christen beträgt demgegenüber nur einige Hunderttausend. Neben evangelischen Skandinaviern sind diese auf zahlreiche Nationalitäten mit unterschiedlichen konfessionellen Prägungen verteilt.

Die jüdischen Gemeinden haben durch die Zuwanderung von Juden aus Russland und Osteuropa einen zum Teil sehr hohen Migrantenanteil. Andere religiöse Minderheiten setzen sich in ähnlicher Weise aus Einheimischen und zugewanderten Migranten und Flüchtlingen zusammen wie beispielsweise die Buddhisten oder die Baha'i. Aleviten, Yeziden wie auch einige orientalische Christen bestehen fast ausschließlich aus Migranten oder Flüchtlingen, die ihre Siedlungsgebiete verlassen mussten.

Migrationsgemeinden als Kulturträger

Diese Gruppen sind ohne Zweifel Kulturträger. Und: Migrationsgemeinden sind Orte der Pflege von kulturellem Erbe und auch kultureller Innovation. Der Begriff der Kultur kann hier sehr umfassend verstanden werden; denn er bezeichnet auf der einen Seite Alltagssprache, soziale Verhaltensmuster, Kleidung, Gebräuche und religiöse Feste ebenso wie auf der anderen Seite Kultur im spezifischen Sinne: geformte Sprache, Literatur, Schriften, Musik, Tanz, Gesänge, darstellende Künste, Architektur und andere Bereiche. Ein Blick auf Sprache und Musik ist besonders lohnend.

Sprachen sind nicht nur Mittel von Kommunikation und Verständigung, sondern auch Kulturträger. Obwohl sie selbst stetem Wandel unterworfen sind, transportieren sie den kollektiven kulturellen Schatz von Gemeinschaften und tragen die geschichtlichen Sedimente vergangener Epochen in sich. Sprachen von Minderheiten sind jedoch auch in ihrer Existenz bedroht. Evolutionäre Prozesse verändern diese nicht nur, sondern setzen sie auch einem Kampf ums Überleben aus. Das trifft vor allem für ethnische Minderheiten zu, die in ihren ursprünglichen Siedlungsräumen bedroht waren und sind und in ihrem neuen Lebensumfeld beispielsweise in Deutschland einem starken Anpassungsdruck ausgesetzt sind. So wünschenswert es ist, dass alle dauerhaft in Deutschland lebenden Menschen über ausreichende Kenntnisse des Deutschen verfügen, so sehr kommen aber auch Minderheitensprachen in der Diaspora unter Überlebensdruck. Das trifft meist nicht für die erste oder zweite Generation, jedoch in erhöhtem Maße für die folgenden Generationen zu.

Da, wo der primäre Spracherwerb und die Sprachpflege beispielsweise in den Familien nicht mehr gewährleistet ist und der Alltagsverständigung dient, ist die bewusste Kulturpflege für manche Minderheiten die einzige Möglichkeit, der Bedrohung oder dem gänzlichen Aussterben ihrer sprachlichen Überlieferung zu widerstehen. Ähnliches trifft auch auf die Musiktraditionen von Migranten zu, die einen riesigen Schatz von Stilen, Instrumenten, Kompositionen und Liedern umfassen. Bei manchen Migrantengruppen gibt es eine enge Verbindung zwischen Volksmusik und religiöser Musik wie beispielsweise in den skandinavischen Ländern. Es gibt aber auch teilweise deutliche Trennungen zwischen beiden Genres. Der Islam kennt Traditionen, die neben der gesungenen Rezitation von Koranversen jegliche Musik ablehnen oder ihr distanziert gegenüberstehen. In orthodoxen Gemeinden spielt der liturgische Gesang eine große Rolle, bei Gruppen aus Afrika bringen Rhythmus und Bewegung eine vitale emotionale Intensität in die Musik. Viele Formen von Meditation sind ohne musikalische Elemente nicht denkbar.

Religiöse Feste und Traditionen bedienen sich nicht nur der Musik und Sprache, sondern auch anderer gestalterischer Elemente und kultureller Ausdruckformen, indem sie Orte und Haftpunkte im Alltag verankern. Die christliche Weihnachtstradition, orthodoxe Ostertraditionen, Ramadan oder alevitische Riten und Gebräuche sind Ereignisse, in denen bildende Künste sich mit Lebensweltkulturen im weitesten Sinne verbinden und die Identität der Menschen und ihre kulturellen Prägungen nicht nur oberflächlich, sondern bis tief in das Gefühlsleben dauerhaft bestimmen.

Zwischen bedrohter und vermarkteter Kultur

Will man die kulturellen Potenziale von Migrationsgruppen in Deutschland etwas näher analysieren und beschreiben, kann man die folgenden drei Unterscheidungen vornehmen.

Pflege der Kultur des Heimatlandes

Zahlreiche Migrantengruppen nehmen nicht nur am kulturellen Leben in Deutschland teil, sondern pflegen auch die kulturellen Traditionen ihres Heimatlandes. So wachsen beispielsweise Kinder von binationalen Familien häufig zweisprachig auf und erlernen auch eine »kulturelle Zweisprachigkeit«. Am eindrücklichsten erscheint mir dies immer wieder bei der finnischen Minderheit in Deutschland, bei der sich Volkstraditionen und christliche Kultur besonders eng verbinden. Gottesdienste finden zweisprachig statt, und die Jugendarbeit organisiert durch regelmäßige Finnlandfahrten einen engen Kontakt zur Heimatkultur.

Bewahrung bedrohter Kultur

Demgegenüber gibt es Minderheiten in Deutschland, denen ein solcher Austausch zur Heimatregion nicht möglich ist. Gerade, wenn im ursprünglichen Siedlungsgebiet die entsprechende Kultur bedroht ist, besteht nur noch die Möglichkeit, diese in der Diaspora weiter zu pflegen. Dadurch, dass sie nur noch in der Erinnerung und Überlieferung weiterlebt und auf den ursprünglichen »Sitz im Leben« verzichten muss, ist sie durch Verlust ihrer Vitalität und der sie tragenden und fördernden Gruppe bedroht. Einige Traditionen können in neuer Umgebung ein Revival erleben und zu einer ungeahnten Blüte kommen, andere verkümmern schnell zur Musealität.

Bei einigen orientalisch-christlichen Gemeinden leben Überlieferungen nur noch in liturgischen Formen weiter. Bei der Minderheit der Yeziden beispielsweise wurden zahlreiche kulturelle Traditionen nur mündlich an die nächste Generation übermittelt. So entsteht in Diaspora sowohl die Notwendigkeit als auch die Möglichkeit, neue Formen der Praktizierung und Weitergabe zu entwickeln.

Beitrag zum globalisierten Kulturaustausch

Als drittes spielen Migrationsgemeinden eine nicht zu unterschätzende Rolle zu einem globalisierten Kulturaustausch. »Kulturelle Zitate« wandern um die Welt und werden Teil einer globalen Kultur, die beispielsweise durch

Vermarktung, Digitalisierung und Internet bislang ungeahnte Adaption, Verbreitungen, aber auch Veränderungen und Banalisierungen erfahren. Religiöse Lieder landen in den Charts der Popmusik; neue Musikmischungen entstehen. Im christlichen Bereich machen afrikanische oder lateinamerikanische Lieder Karriere in einer weltweiten ökumenischen Liedkultur. Oder der amerikanische Markt entwickelt spezielle religiöse Musikstile, die Jugendliche ansprechen sollen.

Migrantengemeinden sind Botschafter anderer Kulturen. Nur wenn man ihre besondere gesellschaftliche Rolle auf der Grenze zwischen unterschiedlichen Welten respektvoll wahrnimmt, wird man ihren Problemen, aber auch ihrem besonderen kulturellen Potenzial gerecht.

Uns steht ein Marathon bevor
Aus jüdischen Erfahrungen lernen

Josef Schuster im Gespräch mit Hans Jessen — Politik & Kultur 3/2017

Herr Schuster, Sie sagen, die Jüdische Gemeinschaft habe mit Integration viel Erfahrung, weil nach dem Zusammenbruch der ehemaligen Sowjetunion über 200.000 sogenannte jüdische Kontingentflüchtlinge in Deutschland integriert wurden. Lässt sich das mit den Integrationsaufgaben vergleichen, vor denen Deutschland und auch die Jüdische Community jetzt stehen?
Ja und nein. Sicherlich war es eine Mammutaufgabe. Die Zahl von 200.000 schließt die nicht jüdischen Familienangehörigen ein, die auch in die Gesellschaft integriert werden mussten. Die jüdischen Gemeinden Deutschlands hatten zu Beginn der 1990er Jahre 30.000 Mitglieder. Sie standen vor der Aufgabe, 200.000 Menschen zu integrieren, die zunächst der deutschen Sprache fern waren und auch von ihrer Religion sehr wenig wussten. Man musste sie sowohl in die jüdische Gemeinschaft und Religion, als auch in die deutsche Gesellschaft integrieren. In Teilen war das mit der heutigen Aufgabe vergleichbar. Es gibt jedoch einen entscheidenden Unterschied: Die jüdischen Zuwanderer wussten sehr wenig von ihrer Religion, was in der Sowjetunion kein Wunder gewesen ist. Man musste sie an die Hand nehmen, um Wissen über diese Religion zu vermitteln und sie wieder in diese hineinzubrin-

gen. Jetzt haben wir es mit der Situation zu tun, dass Menschen nach Deutschland kommen, die zum Teil stark vom Islam geprägt sind. Sie kommen mit einer Religion, die es in Deutschland zwar gibt, die aber in der Gesellschaft nicht so weit verbreitet ist. Man muss sie in eine Gesellschaft integrieren, die zum Teil andere Wertevorstellungen hat, als sie es aus ihren Heimatländern gewohnt sind.

Nun kommt für die Jüdische Community hinzu, dass in vielen islamisch geprägten Staaten Israel und das Judentum zum traditionellen Feindbild gehören – Sie sprechen von der Gefahr eines importierten Antisemitismus?
Ja, die Sorge habe ich. Das nehme ich dem Einzelnen in keiner Weise übel. Wenn über Jahrzehnte indoktriniert wird, dass Juden das Feindbild, das Böse per se sind, dass Israel von der Landkarte völlig entfernt werden muss, dann werden sie diese Einstellung nicht einfach an der Grenze ablegen. Also geht es darum, die in Deutschland geltenden Wertevorstellungen zu vermitteln, gerade auch, was das Existenzrecht Israels, die Schoah, und den Antisemitismus angeht.

Sie haben gesagt, dass man Menschen, die diese religiös-kulturell-politische Prägung haben, auch emotional errei-

chen müsse. Es würde nicht ausreichen, ihnen die Werte und Normen vorzusetzen. Und Sie meinten, das sei schwer. **Worin liegt die Schwierigkeit, Flüchtlinge aus arabisch geprägten Ländern, aus nordafrikanischen Ländern emotional zu erreichen – gerade für Sie als Juden?** Betrachten Sie einfach das Zahlenverhältnis. Die jüdischen Gemeinden in Deutschland haben heute etwa 100.000 Mitglieder. Allein im Jahr 2015 sind rund eine Million Menschen als Flüchtlinge nach Deutschland gekommen, davon ein Großteil Muslime. Ideal, um Vorurteile abzubauen, ist gegenseitiges Kennenlernen. Wenn ein Muslim und ein Jude miteinander ins Gespräch kommen, gelingt es am ehesten, Vorurteile abzubauen. Wenn muslimische Menschen, gerade Jugendliche, nach einer entsprechenden Vorbereitung eine KZ-Gedenkstätte besucht haben, kann man sie mit diesem Thema vertraut machen und Empathie erzeugen. Mit einer einfachen Textseite im Schulbuch: »Was sind Juden und wo haben wir gemeinsame Werte?« gelingt so etwas deutlich schwerer, wenn überhaupt.

Vor zwei Jahren haben Sie mit einem Interview viel Aufsehen erregt. Sie sagten, es gebe deutsche Großstadtbezirke, wo man lieber nicht mit der Kippa auf dem Kopf herumlaufen sollte. Ist nach Ihrer Wahrnehmung das Risiko von Parallelgesellschaften mit der großen Zahl muslimisch geprägter Zuwanderer in den letzten zwei Jahren gewachsen? Eine Veränderung dieser Situation vermag ich nicht zu erkennen. Mein Satz gilt dennoch unverändert weiter. Wenn ich als Jude Sorge haben muss, in einzelne, insbesondere muslimisch geprägte Stadtviertel deutscher Großstädte zu gehen, dann ändert es wenig, ob jetzt hier mehr oder weniger Antisemitismus herrscht. Wenn ich zum dritten Mal angepöbelt wurde, dann werde ich es wahr-

scheinlich sein lassen und nicht immer wieder den gleichen Weg durch das Stadtviertel gehen, um zu gucken, ob ich dann nur einmal oder viermal dergleichen erlebe. **Sie sprechen von importiertem Antisemitismus. Gibt es in Deutschland aber nicht auch in den letzten Jahren das Wiederaufleben eines Antisemitismus – gerade bei denen, die sich als besonders deutsch fühlen und sich gegen muslimische Zuwanderer wenden? Sind das politisch-kulturelle Gegner, die im Antisemitismus plötzlich Verbündete werden?** Unzweifelhaft ist der rechtsextremistische und rechtspopulistische Antisemitismus in Deutschland weiterhin die größere Gefährdung als der muslimisch geprägte Antisemitismus. Sicherlich auch ein Grund, warum von rechtspopulistischen Parteien wie der AfD der Versuch gemacht wurde, gezielt jüdische Gemeinden und Menschen zu umgarnen nach dem Motto: Der Feind meines Feindes ist mein Freund. Auf AfD-Listen kandidieren auch Juden. Dafür habe ich wenig Verständnis. Aber Jude zu sein, bedeutet in der politischen Einstellung gar nichts. Sie haben ein sehr breites Spektrum in ihrer politischen Einstellung. Ich bin jedoch davon überzeugt, dass bei rechtspopulistischen Parteien, die zwar im Moment den Islam im Fokus haben, jede andere Minderheit – eben auch Juden – genauso in den Fokus kommen würde, wenn es opportun ist. Da soll man nicht kurzsichtig sein.

Wie sieht kulturelle Arbeit im Verbund der Religionsgemeinschaften aus, wenn sie nach Integration strebt, auch mit dem Ziel gegenseitiger religiöser Akzeptanz und Gleichberechtigung? Sie haben im vergangenen Jahr gemeinsam mit den christlichen Kirchen und vier muslimischen Verbänden das Projekt »Weißt du, wer ich bin?« wiederbelebt. Hat sich das Projekt bewährt oder war es nur eine Ankündigung?

Nein, das war nicht nur eine Ankündigung, sondern es ist ein Projekt, das in die Tat umgesetzt wurde und sich als sehr positiv erwiesen hat. Ich hatte gesagt, wenn man sich gegenseitig kennenlernt, dann baut das Vorurteile ab. Genau diesen Weg gehen wir bei »Weißt du, wer ich bin?«. Es werden dabei interreligiöse Projekte der Flüchtlingshilfe finanziell gefördert.

Anfang dieses Jahres sagten Sie in einer Rede vor dem Niedersächsischen Landtag in Hannover, Sie sähen gerade bei jüngeren Menschen Defizite bei der Vermittlung von Werten, die uns nach innen stärken. Was haben Sie damit gemeint?
Sowohl in Teilen der deutschen Gesellschaft als auch in Kreisen der Zuwanderer findet unser deutsches Wertesystem nicht mehr die Beachtung und Achtung, wie es eigentlich der Fall sein sollte. Die Würde des Menschen, die Gleichberechtigung von Mann und Frau, die Religionsfreiheit – das sind Werte, die in Teilen der Gesellschaft offenbar nicht mehr den Stellenwert haben, den sie haben sollten.

Wir haben schon darüber gesprochen, was muslimische Zuwanderer an Wissen, vielleicht auch an Respekt, Akzeptanz gegenüber der jüdischen Religion und Kultur lernen müssten. Gibt es umgekehrt auch eine Lern- und Integrationsnotwendigkeit, die aus Ihrer Sicht Menschen jüdischen Glaubens gegenüber muslimischen Zuwanderern entwickeln müssen? Oder überhaupt gegenüber Muslimen, die in Deutschland leben?
Es wäre sicherlich nicht richtig, einseitig zu sagen, nur Muslime hätten ein negatives Bild von Juden. Ich glaube, dass es sehr wohl auch jüdische Menschen gibt, die mit zu viel Skepsis Muslimen gegenüberstehen. Hier spielen

Erfahrungen eine Rolle, die vor allem aus Israel kommen. Viele haben Verwandte dort. Und eine Auseinandersetzung, wie wir sie in Israel über Jahrzehnte kennen, hat nicht dazu beigetragen, das gegenseitige Vertrauen zu stärken.

Bei der Frage »Was ist Integration?« gibt es auch die These, dass Gesellschaften und Gemeinschaften moderneren Typs nicht mehr so homogen, abgeschlossen und in sich kohärent seien, wie man das von früheren kennt, sondern dass moderne gesellschaftliche Identität ein Konglomerat sehr verschiedener Aspekte sei. Wie verträgt sich das mit der traditionell eher in sich geschlossenen jüdischen Kultur? Oder stimmen beide Teilbilder nicht?
Von einer geschlossenen jüdischen Kultur möchte ich nicht sprechen. Allein deshalb nicht, weil Sie auch im Judentum völlig unterschiedliche Kulturelemente finden, je nachdem, welche Abstammung jemand hat. Viele jüdische Zuwanderer bringen ganz andere kulturelle Traditionen mit, als ich sie von meiner Familie kenne, die über Jahrhunderte im fränkisch-hessischen Grenzgebiet zu Hause ist. Inzwischen gibt es aber auch in unserer Familie neue kulturelle Einflüsse, weil die Eltern meiner Schwiegertochter aus Marokko und Israel stammen. Also es gibt nicht die jüdische Kultur. Sondern es gibt ganz verschiedene Kulturelemente, die sich zusammengefunden haben und noch zusammenfinden. Ein ähnliches Bild haben wir auch in der Gesamtgesellschaft. Die deutsche Gesamtgesellschaft ist in keiner Weise homogen. Wenn man die Bevölkerungsstruktur der vergangenen 70 Jahre betrachtet, dann hat sie sich, ganz unabhängig von der Zuwanderung muslimischer Menschen, sehr verändert.

Sie haben einmal aus dem Zweiten Buch Mose zitiert: »Einen Fremdling sollst du nicht bedrücken. Ihr wisst ja, wie einem Fremdling zumute ist. Fremdlinge wart ihr im Land Ägypten«. Der Auszug der Kinder Israel, die jüdische Fluchtgeschichte. Bedeutet das, dass Juden ein besonderes Verständnis und eine historische Fähigkeit haben, mit Migration, mit Flüchtlingen, mit kultureller Integration und Neuanfang umzugehen?

Da brauchen wir gar nicht bis zum Zweiten Buch Mose zurückzugehen. In vielen jüdischen Familien ist das Thema Flucht nun nichts Außergewöhnliches. Wie viele jüdische Menschen hatten die Möglichkeit, nach der Machtübernahme der Nazis Deutschland verlassen zu können? Sie waren nichts anderes als Flüchtlinge und kamen quasi mit dem nackten Leben davon. Mein Vater und meine Mutter kamen damals so in Palästina an und mussten sich dort eine Existenz aufbauen. Sicherlich glaube ich, dass die Situation nicht mit der der jetzigen Flüchtlinge aus den muslimischen Ländern eins zu eins vergleichbar ist. Denn z. B. kamen meine Elternteile in eine Region, die jüdisch geprägt war. Es wäre daher jetzt die Aufgabe der muslimischen Verbände und Gemeinden, die Menschen, die nach Deutschland kommen, hier aktiv zu integrieren. Das geht natürlich nur, wenn diese Gemeinden selber bereit sind, das deutsche Wertesystem als verbindlich zu akzeptieren. Leider entspricht die Predigt von manchem Imam nicht dem, wie wir uns ein Zusammenleben vorstellen. In einigen Moscheegemeinden, vor allem unter dem Dach von DITIB, wird Hass gegen Juden und Israel vermittelt. Wenn das auf deutschem Boden geschieht, ist das für mich besorgniserregend.

Sie haben 2015, zu Beginn der großen Flüchtlingsbewegung, gesagt: »Uns steht ein Marathon bevor.« Ein Marathon sind 42 Kilometer. Bei welchem Kilometer sind wir im Moment?

Ohne dass ich Ihnen jetzt eine Kilometerangabe nenne – die Erfahrung, die wir in den eigenen Gemeinden gemacht haben, wenn es um Integration geht, ist: Sie gelingt vollständig erst in der zweiten oder dritten Generation. Die Generation, die entweder als Kinder nach Deutschland kam oder in Deutschland geboren ist, die also jetzt 20 bis 35 Jahre alt ist, ist integriert, ohne Wenn und Aber.

Auf Augenhöhe

Friedhelm Hofmann im Gespräch mit Hans Jessen — Politik & Kultur 5/2017

Bischof Hofmann, Sie sind der »Kultur-bischof« der Deutschen Bischofskon-ferenz. Ist das ein offizieller oder infor-meller Titel? Schwingt da etwas von der Attitüde eines früheren Bundes-kanzlers mit, der die »Ministerin für Familie und Gedöns« erfand?
(Lacht) … Das könnte so sein. Das ist kein of-fizieller Titel, aber es ist wohl wahr: Ich war 25 Jahre in der Kulturkommission unserer Bi-schofskonferenz engagiert und habe dort den Sektor Kunst und Kultur verankert.

Als junger Mann haben Sie eine Weile zwischen Theologiestudium und Kunstakademie geschwankt, um selbst Künstler zu werden. Das Ergebnis ist bekannt: Ein hochgradig kunstaffiner Geistlicher. Haben für Sie Kunst und Künstler besondere Bedeutung auch in Integrationsprozessen?
Eindeutig ja. Ich habe die Beziehung zur Kunst nie verloren. Während meines Theo-logiestudiums in Bonn hatte ich die Chance, an der Universität im Kunstbereich zu arbei-ten. Ich habe Maltechniken, Bildaufbau und das Handwerk künstlerischen Schaffens ge-lernt. In meinen Ferien malte ich auch im-mer und konnte so diesen inneren Kontakt halten, der über die Kunstgeschichte, die ich dann studieren durfte, nochmal eine ganz

andere Richtung fand; insofern, dass das ei-gene künstlerische Schaffen durch das intel-lektuelle Reflektieren von Kunstwerken an-derer Menschen gebremst wird.

Von ihrem Wesen her ist Kunst immer das Fremde. Sie bricht vertraute Wahr-nehmungen. Ist Kunst daher beson-ders geeignet, Verbindungen zwischen Fremden herzustellen? Man könnte sagen, vor dem Kunstwerk sind alle Menschen als Fremde gleich. Baut Kunst Hierarchien ab, die wir ansons-ten bei Integrationsbemühungen haben?
Ja, das würde ich unterschreiben. Die Kunst ist eine Möglichkeit, gesellschaftliche Fragen ins Bewusstsein zu heben; auch die Brüche, die Zerstörungen, das Leid künstlerisch sicht-bar zu machen. Auf der anderen Seite steht der Rezipient, der Betrachter des Kunstwer-kes, jener, der einen Kontakt mit einer Wirk-lichkeit führt, der er selbst unterliegt, die er neu reflektiert, erkennt und sich entspre-chend anders zu dem Kunstwerk verhält als der Nachbar neben ihm. Das ist ein völlig un-terschiedliches Verhalten.

Und spielt es dann keine Rolle, ob der Nachbar aus einer anderen Kultur kommt?

Es spielt keine Rolle – im Gegenteil. Das ist für den Nachbarn aus der anderen Kultur eine Chance, sich hier in das gesellschaftliche Leben einzufinden. Insofern ist die Kultur oder Kunst auch eine Brücke für Menschen, die aus anderen gesellschaftlichen Realitäten und Entwicklungen kommen als wir. Das schafft Verbindung. Insofern halte ich es, gerade im Hinblick auf die Einwanderer oder die Asylsuchenden bei uns, für wichtig, dass die Kultur dieses Anliegen aufgreift und auf diese Weise vermittelt.

Was bedeutet Integration für Sie? In der Debatte gibt es fundamentale Unterschiede. Eine Position geht von einem aufnehmenden System aus, an das die, die hineinwollen, sich anzupassen haben. Es gibt aber auch eine Vorstellung von Integration, in der Unterschiede sich auf Augenhöhe begegnen und gleichberechtigte Verbindung suchen.
Es ist sicherlich so, dass Menschen, die bei uns Heimat finden wollen, z. B. das deutsche Grundgesetz bejahen müssen. Wer das nicht kann, kann nicht Mitglied dieser Gesellschaft werden. Aber es ist richtig, dass Leute aus einem anderen Kulturkreis Werte einbringen, die wir gar nicht so kennen. Sie werden sicherlich auch Einblicke in unsere kulturellen Traditionen finden können und müssen, aber sie dürfen ihre Eigenständigkeit dabei nicht aufgeben. Das ist für mich kein Gegensatz, sondern eine Bereicherung.

Unter den gesellschaftlichen, geistigen, religiösen, kulturellen Organisationen dieses Landes hat die Katholische Kirche noch am ehesten ein überschaubares, geschlossenes System von Normen, Werten und Regeln. Erleichtert das dem Katholiken die Integrationsarbeit mit anderen Menschen oder erschwert es diese?

Es kommt auf die Person und ihre Offenheit an. Unser Wertesystem gibt uns Halt und lässt uns in dieser Welt sicherer werden, den eigenen Standort zu gewinnen. Aber unser Wertesystem beinhaltet die Offenheit für den Nächsten. D. h., es ist ein Teil unserer Werte, zu sagen, ich muss mich für den anderen öffnen, für ihn da sein, ihm Brücken bauen, ihm helfen, mit seinem Leben zurechtzukommen, ohne dass ich ihn vereinnahme oder rüber ziehe. Der christliche Glaube drängt missionierend durch das Beispiel, das man gibt; aber nicht, dass ich dem anderen eine bestimmte Form aufzwinge.

Das wird dann schwierig, wenn der andere eine religiöse Orientierung oder Fundierung hat – möglicherweise eine, die ihn radikal sagen lässt: »Du bist ein Ungläubiger. Du glaubst nicht an meinen Gott«. Wie geht ein gläubiger Katholik damit um?
Die Kirche hat in Deutschland erkannt, dass durch die muslimischen Einwanderer und Asylsuchenden eine neue Problematik auf uns zukommt. Unsere Erkenntnis ist, dass wir in Dialog treten müssen. Wir dürfen unsere christlichen Werte nicht aufgeben. Die Menschen, die Angst vor dem Islam haben, sollten erkennen: Wir müssen die eigenen Werte leben. Dann brauchen wir keine Angst vor anderen zu haben. Wenn ich die eigenen Werte nicht hochhalte und es kommen Menschen, die ein anderes Fundament haben, mit ihren eigenen Werten, empfinde ich das als Bedrohung. Wir müssen im Dialog mit den Leuten auf Augenhöhe reden. Mit dem Islam mag es schwieriger sein, ins Gespräch zu kommen, als im Christentum. Aber wir müssen Wege finden, um abzuchecken, wo der christliche und der islamische Glaube stehen und wie wir zu einem Miteinander trotz unterschiedlicher Glaubensauffassungen kommen können. Da kann uns die Kultur helfen.

**Die »Initiative kulturelle Integration«
hat im Mai 15 Thesen vorgelegt.
Haben Sie eine Lieblingsthese? Welche
ist Ihnen besonders wichtig?**
Die Gleichberechtigung. Dass jeder Mensch
seinen Wert in sich hat.

**Also nicht die, dass Religion im öffent-
lichen Raum vorzukommen hat?**
Ich unterstütze die 15 Thesen und dabei hat
Religion natürlich im öffentlichen Raum
vorzukommen. Aber wenn Sie mich nach der
Lieblingsthese fragen, dann sage ich, dass
die Frucht unseres Glaubens darin liegt, jeden Menschen, vom ersten bis zum letzten
Atemzug, auch wirklich zu akzeptieren – und
damit auch Andersdenkende, anders religiös
fundierte Menschen. Das halte ich für ganz,
ganz wichtig. Ich glaube, dass wir auf dem
Weg wirklich als Christen überzeugen können.

**Sie haben im Dezember des vergan-
genen Jahres, als die Initiative ihre
Arbeit aufgenommen hat, einen ökumenischen Gottesdienst abgehalten
für Flüchtlinge und Menschen, die
ihnen helfen. Da sagten Sie: »Die Integrationsarbeit fängt jetzt erst an«.
Was bedeutet das für Sie?**
Der erste Schritt ist, Hilfesuchende aufzunehmen, die oft traumatisiert sind, weil sie
sehr viel Schreckliches erlebt haben. Aber sie
dann in unser Land zu integrieren, das fängt
jetzt an. Wir müssen die Kinder in die Kindergärten aufnehmen. Die Schulen müssen
offen sein. Wir müssen ihnen helfen, unsere Sprache zu lernen; und Nachbarschaften
stärken, d. h. offen sein für den neuen Nachbarn, um mit ihm ins Gespräch zu kommen.
Sie müssen sich kulturell bei uns orientieren können: Was ist hier geschichtlich gewachsen? Was ist für uns Lebensgrundla-
ge? Woraus lebt die Gesellschaft? Da müssen wir uns konkrete Schritte überlegen, zum

Teil haben wir das schon getan. Bei uns im
Bistum Würzburg haben wir z. B. Kinder von
mindestens 500 asylsuchenden Familien in
unseren Kindergärten. Eine ganze Reihe haben wir auch in unsere Schulen übernommen.
Da müssen wir für Offenheit auch bei unseren eigenen Leuten werben, sodass sie nicht
sagen: »Ihr seid blauäugig, ihr lauft in euer
eigenes Elend« usw. Stattdessen müssen wir
ihnen vermitteln, dass wir damit einen Bestandteil unseres Glaubens leben.

**Die »Initiative kulturelle Integration«
könnte man sogar als Verlängerung des
ökumenischen Gedankens hinein ins
Gesellschaftliche sehen. Aber Papier ist
geduldig. Hat sich aus der Erarbeitung
der Thesen und aus ihrer Existenz eine
erkennbare Fortsetzung der Integrationsarbeit ergeben?**
Die 15 Thesen haben Einlass in die Deutsche
Bischofskonferenz gefunden. In deren Kom-
missionen, z. B. in jener für Wissenschaft und
Kultur, wird darüber nachgedacht, wie die
Schlüsse, die wir aus den 15 Thesen ziehen,
bei uns praktikabel werden können. Das ist
im Gange, aber noch nicht so weit gediehen,
dass ich konkrete Ergebnisse vorlegen könnte.

**Sie sind Jahrgang 1942. Ihre Kindheits-
und Jugendjahre waren Zeiten, die
heute manchen als ein erstes Beispiel
gelungener Integration in großem
Maßstab gelten: Die Aufnahme von
Flüchtlingen und Vertriebenen aus den
ehemaligen deutschen Ostgebieten.
Kann man das überhaupt vergleichen?**
Nein. Es sind zwei verschiedene Paar Schu-
he. Das eine waren Flüchtlinge aus unserem Kulturkreis, aus unserem eigenen Land;
Deutsche, die anderswo herkamen und vertrieben wurden. Es war viel leichter, die aufzunehmen, als heute die Menschen, die aus
anderen sehr unterschiedlichen Kulturkrei-

sen kommen. Es sind nicht nur Menschen aus islamischen Ländern Vorderasiens; es kommen auch Leute aus afrikanischen Staaten, die ebenfalls eine ganz andere kulturelle Prägung haben. Es ist viel schwieriger, die Vielfalt der unterschiedlichen Kulturen miteinander zu verbinden, dass die sich nicht untereinander beharken. Wir müssen die Größe haben, uns auf deren Kultur einzulassen und zu verstehen, warum machen die das? Aber letztlich müssen wir dann auch Grenzen ziehen. Ich denke z. B. an die Beschneidung der Frau im Islam. Da müssen wir klar sagen: Das ist mit unserer Kultur nicht vereinbar. Das können wir nicht akzeptieren. Da müssen wir unsere eigenen Werte ins Spiel bringen und sagen: Hier bei uns ist das keine Norm. Und darüber können wir nicht diskutieren.

Worüber Sie persönlich nicht diskutieren wollten, war im vergangenen Jahr das Zerrbild eines Fußballspielers, der als Flüchtling ins Land gekommen war, das der CSU-Generalsekretär präsentierte. Dagegen haben Sie lautstark opponiert. Das hätte nicht jeder von einem bayerischen Bischof erwartet.
Da haben mir viele andere auch innerkirchlich den Rücken gestärkt. Natürlich hat es in der Politik Wellen geschlagen. Aber das müssen wir machen; auch wenn von einigen Politikern gesagt wird, die Kirche soll sich aus politischen Diskussionen raushalten. Nein, da, wo das christliche Menschenbild in Gefahr ist, haben wir die Verpflichtung, uns als Teil dieser Gesellschaft politisch zu äußern. Das würde ich auch weiterhin tun. Die Integration anderer Kulturen wird nicht einfach sein, aber wir können nicht die Segel streichen. Eine Gesellschaft, die heute und in Zukunft nicht homogen sein wird, muss einen Frieden, eine Basis haben, auf der wir, trotz unterschiedlicher Entwürfe, miteinander leben können. Das müssen wir gestalten.

Sie sind 75, ein Alter, in dem Bischöfe üblicherweise in Rente gehen. Amtspflichten fallen weg. Werden Sie einen Teil der frei werdenden Zeit in den Prozess kultureller Integration einbringen?
Ich bin offen für alle Anfragen. Wenn ich nach meinem Rücktritt als Bischof in der zweiten Reihe stehe, werde ich auf keinen Fall meinem Nachfolger ins Handwerk pfuschen. Aber wenn ich zur Mitarbeit eingeladen werde, tue ich dies gern. Ich möchte mich mit der neu gewonnenen Zeit noch mehr im Kultursektor engagieren, als ich das bisher konnte. Dazu gehört auch das Bemühen um die Integration Asylsuchender und die Unterstützung von Menschen, die bereit sind, zu helfen.

Fördern und Fordern

Aiman A. Mazyek im Gespräch mit Andreas Kolb — Politik & Kultur 6/2015

Herr Mazyek, wie haben Sie den Tag der Offenen Moschee am 3. Oktober verbracht?
Der Tag der Offenen Moschee ist inzwischen ein fester Bestandteil des deutschen Kulturinventars. Ich war am 3. Oktober in Berlin und habe sowohl einige Moscheen besucht, als auch die Einheitsfeier. Die beiden Veranstaltungen am selben Tag gehören für uns Muslime zusammen: Der Tag der Offenen Moschee zeigt unsere Haltung gegenüber der friedlichen Revolution der Deutschen, und er zeigt, dass wir ein Teil dieser Gesellschaft und dieses Landes sind.

Welche Folgen hat der verstärkte Zuzug von Muslimen aus der arabischen Welt nach Deutschland für den Zentralrat der Muslime? Und inwiefern hat das Thema Flüchtlingswelle Einfluss auf Ihr persönliches Leben?
Als der Verband mit den meisten arabisch sprechenden Moscheen waren wir ein Stück weit vorbereitet, bevor die große Zahl der Flüchtlinge hierhergekommen ist. Der Zentralrat hat seit Anfang 2015 einen Sport- und Flüchtlingsbeauftragen. Wir haben aber nicht die Möglichkeiten und Strukturen wie die großen Wohlfahrtsverbände und die Kirchen. In der Zeit des Ramadan haben wir eine große Aktion gestartet »Deutsch-

land sorgt für Flüchtlinge«, bei der viele Gemeinden Flüchtlinge eingeladen haben, egal welche Religionszugehörigkeit sie besaßen. Was mich persönlich angeht: Dadurch, dass ich einen syrischen Vater habe, habe ich den Puls nochmals näher an dem Land selber. Es war abzusehen, dass da etwas passieren wird. Ich erlebte hautnah wie viele syrische Familien schon 2013 und 2014 über 60.000 syrische Flüchtlinge mittels Bürgschaften nach Deutschland geholt haben.

»Nicht alle muslimischen Gemeinden helfen Flüchtlingen aus islamischen Ländern – zum Ärger derjenigen, die sich umso mehr kümmern.« Diesen Satz titelte die FAZ am 8. Oktober auf der Politikseite.
Ich kann das nicht bestätigen. Die meisten Gemeinden leisten Hilfe. Solidarität und Mitmenschlichkeit sind der Religion inhärente Imperative. Immanuel Kant hat in »Der ewige Frieden« geschrieben, dass der Hilfesuchende ein Recht auf Hilfe hat. Außer wenn er die Hand gegen seine Helfer erhebt. Die Herleitung ist im Islam ein bisschen anders als bei einem Agnostiker und gleicht eher der christlichen oder jüdischen Ideenlehre. Problematisch sehe ich dagegen die Frage der Adressierung: Zunächst gab es eine öffentliche Diskussion darüber, was die Moscheen

angesichts des Flüchtlingszustroms machten. Man stellte fest: Die Muslime leisten viel. Dann kam die Frage auf, was der Zentralrat tut, damit Extremisten die neue Freizügigkeit nicht ausnutzten. Schon wieder war die Adresse die muslimische Moschee. Jetzt wo wir konkret Hilfe anbieten, da geht die Politik den bequemen Weg und sagt: Wir haben Netzwerke wie etwa die Wohlfahrtsverbände, mittels deren Strukturen die Hilfe dann verteilt wird. In diesem Moment werden wir nicht mehr adressiert.

Welches sind die Hilfen, die der Zentralrat der Muslime anbietet?
Es ist die ganze Klaviatur: Integrationslotsen, Übersetzer, Imame, die als Seelsorger und Tröster unterwegs sind, Schlafplätze in den Moscheen, Essen und Informationsveranstaltungen für Flüchtlinge, bis hin zu Deutschkursen in den Gemeinden und Geschenkeverteilung für Flüchtlingskinder zum Opferfest. Der Zentralrat setzt sich zudem über verschiedene Projekte speziell für unbegleitete Flüchtlingskinder und Waisen ein, indem diese z. B. über unser Netzwerk Pflegeeltern vermitteln werden. Wir leisten eine ganze Menge, insbesondere über unsere Moscheen vor Ort, wo Ehrenamtliche seit Monaten bis am Rand ihrer Erschöpfung arbeiten. Leider gibt es dennoch immer einen Vorbehalt gegenüber den muslimischen Einrichtungen und sie sind strukturell gegenüber den beispielsweise christlichen Wohlfahrtsverbänden benachteiligt. Bisher haben wir da keinen richtigen Weg gefunden. Einerseits ist allen klar, dass wir da eine Schlüsselfunktion üben, andererseits wird diese aber bisher nicht entsprechend gewürdigt.

Ist es nicht Zeit für einen muslimischen Wohlfahrtsverband?
Ja, aber das geht nicht automatisch. Es geht natürlich auch um gewachsene Strukturen.

Der Prozess ist bereits im Gange, spätestens seit die Islamkonferenz das Thema Wohlfahrt und Seelsorge auf die Tagesordnung gesetzt hat. Dass es eines Tages zu einem muslimischen Wohlfahrtsverband kommen wird, das ist jedem klar. Schon heute haben wir verschiedene Gemeinschaftsprojekte mit unterschiedlichen Akteuren wie Arbeiterwohlfahrt, Diakonie und Caritas. Bestimmte Bereiche, ich denke da an Palliativmedizin, Sterbebegleitung oder Seelsorge, werden die muslimischen Religionsgemeinschaften dann sicher selber übernehmen.

Gewinnt der Zentralrat der Muslime durch den Zuzug vieler syrischer Asylsuchender auch eine stärkere Position innerhalb der diversen muslimischen Dachverbände in Deutschland?
Das kann ich jetzt noch nicht sagen. Fakt ist, dass viele unserer Moscheen seitdem voller geworden sind.

Sie haben bereits 1996, also zu einer Zeit, wo noch nicht viele online unterwegs waren, sehr modern gedacht, und eine wichtige Internetplattform initiiert, deren Chefredakteur Sie viele Jahre waren: www.islam.de.
Mit dem Portal hatten wir viele Jahre ein Alleinstellungsmerkmal. Heutzutage – Gott sei Dank – haben wir eine ganze Reihe von muslimischen Internetpräsenzen, die jeweils unterschiedliche Schwerpunkte haben und auch Spezialisierungen.

Sie sind kein Ingenieur geworden wie ihr Vater, sondern Publizist. Was hat Sie geprägt?
Ich liebe die Klassik der deutschen Literatur. Wir hatten in der 12. Klasse einen so begnadeten Deutschlehrer, der uns »Faust I« so fantastisch im Unterricht nahebrachte, dass mich diese Zeilen, aber auch die Werke an-

derer Klassiker wie Schiller, Herder oder Lessing nicht mehr losgelassen haben. Ich habe damals angefangen, mehr schlecht als recht Gedichte zu schreiben. Auch das hat mich bis heute nicht losgelassen. Eine weitere Liebe ist die klassische Musik, neben Schubert oder Beethoven schätze ich insbesondere Tschaikowsky. Hier wäre der Einfluss meiner Mutter zu nennen, die die großen russischen Komponisten geliebt hat.

Waren Sie schon in Konzerten des in Bremen neu gegründeten Syrian Expat Philharmonic Orchestra?
Da war ich noch nicht. Aber ich habe mehrfach Daniel Barenboims West-Eastern Divan Orchestra live gehört.

Sie selbst sind geprägt vom aufklärerischen Geist der deutschen Klassik, insbesondere dem sogenannten Sturm und Drang. Hat der Islam die Aufklärung noch vor sich? Entsteht durch die Migrationsbewegungen dieser Tage nicht die Chance, Aufklärung außerhalb der Kernländer des Islam neu zu wagen?
Dazu will ich etwas ausholen. Ich verstehe den Islam nicht als System, sondern als eine Frage von Prinzipien. Ich denke an das Gerechtigkeitsprinzip, auch an moralische Codexe, die Sie auch im Christen- und Judentum wiederfinden. Unsere Aufgabe liegt darin, diese Prinzipien in der jeweiligen Zeit, in der jeweiligen Kultur und Gesellschaft, entsprechend anzuwenden. Ich glaube da sollten wir Muslime uns fundamental von Ideologen jeder Art unterscheiden. Bundeskanzlerin Merkel sagte im Interview zum Thema Flüchtlingsproblem: »Wir sind eine christliche Partei.« Was heißt das als Christ gesprochen für den Umgang mit Asylsuchenden? Rein pragmatisch und sachlich könnte man als Politiker sagen: Wenn ich mehr Flücht-

linge hier reinlasse, dann kollabiert diese Gesellschaft oder diese Wirtschaft. Nüchtern betrachtet, ist die Gefahr nicht ganz von der Hand zu weisen. Aber nein, Frau Merkel fragt sich: Was ist meine christliche Verantwortung? Und das bedeutet in diesem Fall Nächstenliebe – ein Prinzip und eine Haltung, die ein Muslim beispielsweise aus dem Gedanken der Barmherzigkeit ableitet, ja ableiten muss, will er ein guter Muslim sein. Einige Muslime haben insofern tatsächlich eine Aufklärung vor sich: Sie müssen ihre Religion aus der Verschüttung wieder entdecken! Vieles ist davon verschüttet und wir erleben ja gerade in der muslimischen Welt kein Aufbegehren oder ein Aufbäumen der Muslime, sondern eine tiefe Resignation, auch religiös gesehen. Das ist ein Ergebnis davon, dass wir unseren Glauben nicht als Haltung begreifen, sondern als ein ideologisches, abgeschlossenes System. Dabei kennt die islamische Welt durchaus eine eigene Zeit der »Aufklärung«, die bis zum Beginn der Neuzeit zur wissenschaftlichen Blüte der islamischen und auch der christlichen Länder beitrug.

»Wir dürfen Flüchtlinge nicht in Watte packen« zitiert Sie die Berliner Zeitung. Wie ist das gemeint?
Das Prinzip heißt einfach »Fördern und Fordern«. Die Menschen, die herkommen, sollten so früh wie möglich die Chance erhalten, ihre Talente in die Gesellschaft mit einzubringen, gerade auch in die Arbeitswelt. Das Schlimmste wäre, durch lange Wartezeiten zu befördern, dass die Motivation der Asylsuchenden verschüttet wird, ihre Talente verkommen und sie dann nicht mehr in der Lage wären, sie zu nutzen. Das darf nicht passieren. Das ist damit gemeint. Erleben viele Menschen, die jetzt neu in Deutschland und Europa ankommen, nicht einen Kulturschock? Welche Aufgaben wachsen

den Künsten, und insbesondere der Kulturpolitik hier neu zu? Dadurch, dass wir Neues zulassen, haben wir auch die Chance, unsere alten verkrusteten Strukturen zu revi-
talisieren. Ein Mehr an Vielfalt ist natürlich
auch anstrengend, aber am Ende macht es
einen auch stärker. Deutschland wird durch
die Flüchtlinge am Ende nicht nur ökonomisch stark profitieren, die anderen europäischen Staaten werden noch staunen und
dann wieder fragen: Wie hat das Deutschland nur gemacht?

Pluralität in Moscheen
Die integrative Rolle der muslimischen Religionsgemeinschaften in Deutschland

Nurhan Soykan — Politik & Kultur 3/2017

Es mag überraschen, dass muslimischen Religionsgemeinschaften eine integrative Rolle überhaupt zugesprochen werden soll, denn es erscheint als ein neues Phänomen, dass sich diese als Akteure der Integrationsarbeit betätigen. Eigentlich haben sie schon sehr früh damit begonnen, sich darum zu bemühen, dass die Muslime ein selbstverständlicher Teil dieses Landes werden. Nur war die Arbeit unprofessionell und basierte auf Ehrenamt, daher wurde sie nicht sichtbar. Die Muslime der ersten Generation haben sich zunächst um die Gründung von Moscheen gesorgt, um die Religionsausübung überhaupt gewährleisten zu können. So sind die 2.800 Moscheen und Gebetsplätze in Deutschland entstanden, viele als Hinterhofmoscheen, die nun durch repräsentative Bauten ersetzt werden.

Die Moscheen wurden als Vereine gegründet und diese Vereine schlossen sich zu Dachverbänden zusammen. Daraus sind die heute bekannten Religionsgemeinschaften DITIB (Türkisch Islamische Union), Islamrat, Verein Islamischer Kulturzentren (VIKZ) und Zentralrat der Muslime (ZMD) entstanden, die zusammen den Koordinationsrat der Muslime gegründet haben. Dieser vertritt 85 Prozent der 2.800 Moscheen. Als man die Räumlichkeiten für die Gebetsverrichtung und die Vereine hatte, kamen andere soziale Angebote

dazu. Der Bedarf der Bevölkerung wurde zunächst an die Moscheevereine herangetragen, da es an anderen Interessenvertretungen und Vereinigungen für diese Personengruppe mangelte. Heute gibt es eine Vielzahl von sozialen Angeboten, die von Moscheegemeinden bzw. den Dachverbänden selbst organisiert werden. Im Bereich der Bildung gibt es Hausaufgabenbetreuungen, Sprachkurse, Integrationskurse, Seminare zu politischer Bildung etc.

Im Bereich Familie sind Beratungs- und Bildungsangebote zu finden, weiterhin bieten viele Gemeinschaften Praktikums- und Berufsberatungen an, organisieren Messen, bilden auch selber aus. Es gibt viele Freizeitangebote wie Ebru-Malerei, Musikalische Gruppen, Wochenendcamps für Jugendliche, gemeinsames Schwimmen und Sportangebote.

Aus den Moscheevereinen sind Jugendvereine und -verbände erwachsen, Fußballvereine, Frauenvereine, Elternvereine, neuerdings auch Seniorengruppen. Jede der Mitgliedsorganisationen des Koordinationsrates hat auch eine Hilfsorganisation hervorgebracht. Allerdings waren diese bislang in erster Linie in Ländern der Dritten Welt tätig. Sie bauen Brunnen, Schulen, Häuser und leisten Nothilfe. Mit dem Flüchtlingsstrom hat sich für die muslimischen Religionsgemeinschaften und ihre Hilfsorganisationen eine neue Herausforderung ergeben. Die Flüchtlinge, die vorwiegend aus muslimischen Ländern kommen, suchen sich aus dem Internet Moscheen heraus, da sie dort ihren religiösen Pflichten nachkommen wollen, aber auch weil sie dort auf hilfsbereite Menschen treffen, die ihre Sprache sprechen und ihre Kultur kennen. Auch Nichtmuslime aus diesem Raum wenden sich an sie und erhalten Hilfe. Spontan wurden Ehrenamtliche in Moscheegemeinden zu Ansprechpartnern, die bei Behördengängen, bei Arztbesuchen, bei der Wohnungssuche und bei der Einschulung der Kinder unterstützen. Die neueste Bertelsmann-Studie bestätigt, dass 44 Prozent der befragten Muslime sich ehrenamtlich in der Flüchtlingshilfe engagieren.

Der große Ansturm auf die Gemeinden erfordert nach wie vor Fortbildung und Koordination. Darauf reagierten die Gemeinschaften, indem sie Strukturen bildeten, unter anderem die SUEM-DIK oder den Verband der muslimischen Flüchtlingshilfe, bei denen sich Gemeinschaften zusammenfinden, um die Flüchtlingshilfe zu professionalisieren. Allerdings fehlt es an einer institutionellen Förderung der muslimischen Flüchtlingsarbeit, daher konnte man das bestehende Potenzial bislang nicht wirklich ausschöpfen. Bis auf einige kleine Förderprojekte sind die Gemeinschaften auf sich selbst gestellt und versuchen die Arbeit aus eigenen Mitteln zu stemmen. Frustration und Fluktuation der Helfer sind die Folge. Die zurückhaltende Förderpolitik ist auf das teilweise vorhandene Misstrauen und die Überwachung der Moscheen durch die Verfassungsschutzämter zurückzuführen, wodurch gute Integrationsarbeit verhindert wird. Dabei können gerade Muslime, die hier schon jahrzehntelang leben, die sowohl die Sprache der Zugewanderten als auch der Mehrheitsgesellschaft sprechen, eine wichtige Brückenfunk-

tion ausüben. Sie leben den Geflüchteten einen Islam vor, der mit dieser Gesellschaft und seiner Verfassung konform ist, sie leben die Werte dieses Landes vor und erklären ihnen die Unterschiede zu der Gesellschaft ihrer Herkunft. Sie zeigen ihnen, dass man hier als Muslim Religionsfreiheit genießt und gewährt, dass es zwar Islamfeindlichkeit und Rassismus gibt, aber dass nur ein kleiner Teil der Gesellschaft diese Gesinnung teilt.

Die Geflüchteten sind mittlerweile Teil unserer Gemeinden geworden, die erste Integration scheint gut angelaufen zu sein, auch wenn sie nicht immer reibungslos verläuft. Sie bringen sich ins Gemeindeleben ein, knüpfen Freundschaften und finden Halt in der neuen Umgebung. Dadurch haben sich viele Gemeinden vergrößert, Pluralität in Moscheen wird sichtbar, aber der Weg zur Integration ist noch weit und steinig. Damit sie gut gelingt, braucht es professionelle Begleitung und Unterstützung.

Anhang

Zusammenhalt in Vielfalt
15 Thesen zu kultureller Integration und Zusammenhalt

Berlin, den 16. Mai 2017

Wir, die Mitglieder der Initiative kulturelle Integration, wollen angesichts aktueller Debatten mit den nachfolgenden 15 Thesen einen Beitrag zu gesellschaftlichem Zusammenhalt und kultureller Integration leisten. Wir vertreten ein breites Spektrum an Institutionen und Organisationen, verschiedene politische Ebenen und Interessen. Das Engagement vieler Bürgerinnen und Bürger in Vereinen, Initiativen, Verbänden, Kultur- und Bildungseinrichtungen, in Kirchen und Religionsgemeinschaften, bei den Sozialpartnern, in den Medien, in den Parteien, in den Städten, Landkreisen und Gemeinden sowie in der Nachbarschaft zeigt, wie gesellschaftlicher Zusammenhalt gelebt wird und wie jede Einzelne und jeder Einzelne hierzu ihren und seinen Beitrag leisten kann. Die Mitglieder der Initiative kulturelle Integration stehen für die Breite dieses Engagements und den Zusammenhalt der Gesellschaft. Wir rufen weitere Akteure auf, sich diesen Thesen anzuschließen.

Präambel

Integration betrifft alle Menschen in Deutschland. Gesellschaftlicher Zusammenhalt kann weder verordnet werden, noch ist er allein eine Aufgabe der Politik. Vielmehr können alle hier lebenden Menschen hierzu beitragen. Deutschland ist ein vielfältiges Land. Seit Jahrhunderten leben hier Menschen aus vielen unterschiedlichen Ländern. Die Mehrzahl derjenigen, die aus dem Ausland nach Deutschland gekommen sind, fühlt sich hier zu Hause, viele sind inzwischen Deutsche. Mit Solidarität haben Gesellschaft und Politik auf die Ankunft vieler Geflüchteter reagiert. Solidarität gehört zu den Grundprinzipien unseres Zusammenlebens. Sie zeigt sich im Verständnis untereinander und in der Aufmerksamkeit für die Bedürfnisse anderer – wir treten für eine solidarische Gesellschaft ein.

Kultur trägt neben der sozialen Integration und der Integration in Arbeit wesentlich zum gesellschaftlichen Zusammenhalt bei. Kulturinstitutionen vermitteln Geschichte und Gegenwart Deutschlands und ermöglichen eine Auseinandersetzung mit den Werten der Gesellschaft – wir setzen auf die Vermittlungskraft von Kultur.

Zuwanderung verändert eine Gesellschaft und erfordert Offenheit, Respekt und Toleranz auf allen Seiten. Dies ist ein langwieriger Prozess, in dem um Positionen gerungen werden muss. Das Schüren von Ängsten und Feindseligkeiten ist nicht der richtige Weg – wir stehen für eine weltoffene Gesellschaft.

Der europäische Einigungsprozess ist nicht nur ein Garant für Frieden in Europa und eine wichtige Grundlage für Wohlstand und Beschäftigung, er steht zugleich für kulturelle Annäherung sowie für gemeinsame europäische Werte – wir wollen ein einiges Europa.

Wir legen für die nachfolgenden Thesen den Kulturbegriff* zugrunde, der von der UNESCO-Weltgemeinschaft in der »UNESCO-Weltkonferenz zur Kulturpolitik« 1982 in Mexiko formuliert wurde.

* Der UNESCO-Kulturbegriff stellt darauf ab, dass »die Kultur in ihrem weitesten Sinne als die Gesamtheit der einzigartigen geistigen, materiellen, intellektuellen und emotionalen Aspekte angesehen werden kann, die eine Gesellschaft oder eine soziale Gruppe kennzeichnen. Dies schließt nicht nur Kunst und Literatur ein, sondern auch Lebensformen, die Grundrechte des Menschen, Wertsysteme, Traditionen und Glaubensrichtungen.«

These 1:
Das Grundgesetz als Grundlage für das Zusammenleben der Menschen in Deutschland muss gelebt werden.
Das Grundgesetz beschreibt insbesondere in seinen ersten 20 Artikeln unverrückbare Prinzipien des Zusammenlebens. Es sichert seit Jahrzehnten ein friedliches Zusammenleben in Deutschland. Die Achtung und der Schutz der Menschenwürde sind Grundlage der deutschen Rechtsordnung. Das Grundgesetz regelt zuerst das Verhältnis von Staat und Bürgerinnen und Bürgern und schützt vor staatlicher Willkür. Es ist zugleich essentiell für das Zusammenleben der Bürgerinnen und Bürger und muss daher von allen hier lebenden Menschen akzeptiert und respektiert werden.

These 2:
Das alltägliche Zusammenleben basiert auf kulturellen Gepflogenheiten.
Im täglichen Zusammenleben spielen neben Werten wie Solidarität und Mitmenschlichkeit, Umgangsformen und Gebräuche eine wichtige Rolle. Sie erleichtern das Zusammenleben und schaffen Vertrautheit sowie Verbindlichkeit im Miteinander. Umgangsformen, kulturelle Gepflogenheiten und traditionelle Gebräuche sind jedoch nicht starr, sondern unterliegen dem Wandel. Sie müssen sich im gesellschaftlichen Diskurs bewähren oder weiterentwickeln, um ihre Berechtigung zu behalten.

These 3:
Geschlechtergerechtigkeit ist ein Eckpfeiler unseres Zusammenlebens.
Geschlechtergerechtigkeit gehört zu den grundlegenden Prinzipien des Zusammenlebens und verlangt Achtung sowie Respekt vor Frauen und Männern. Im Grundgesetz ist das verfassungsrechtliche Gebot der Gleichberechtigung von Mann und Frau verankert. Es bleibt gleichwohl eine Aufgabe für Staat und Gesellschaft, Geschlechtergerechtigkeit weiter zu verwirklichen.

These 4:
Religion gehört auch in den öffentlichen Raum.
Religionen können wichtige Beiträge zur kulturellen Integration leisten. In Deutschland sind Staat und Religion klar voneinander unterschieden, aber auch aufeinander bezogen. Den Religionen wird die Möglichkeit gegeben, in der Öffentlichkeit sichtbar aufzutreten und aktiv am gesellschaftlichen Leben mitzuwirken. Zugleich aber unterliegen sie den geltenden rechtsstaatlichen Regeln und einem öffentlichen Diskurs. Dieses Verhältnis von Staat und Religion hat sich in Deutschland bewährt. Die ökumenische Verständigung, der interreligiöse Dialog und die friedensstiftende Kraft von Religion sollten gestärkt werden. Hier können Gemeinsamkeiten gefunden werden, um mit bestehenden Unterschieden konstruktiv umzugehen.

These 5:
Die Kunst ist frei.
Die Künste ermöglichen die Auseinandersetzung mit philosophischen, gesellschaftlichen und politischen Grundfragen. Sie weisen über das unmittelbare Erleben hinaus und eröffnen neue Sinnhorizonte. In der Fähigkeit, Kunst zu schaffen und zu interpretieren, überschreitet der Mensch, wie die UNESCO formuliert, seine eigene Begrenztheit. Die im Grundgesetz verankerte Kunstfreiheit sichert die Entfaltung der Künste. Die Kunstfreiheit auszuhalten, ist für die freiheitliche Gesellschaft unverzichtbar. Kunst kann verstörend sein. Kunstwerke können Missfallen auslösen. Sie müssen immer wieder neu befragt und interpretiert werden.

These 6:
Demokratische Debatten- und Streitkultur stärkt die Meinungsbildung in einer pluralistischen Gesellschaft.
Eine demokratische Debatten- und Streitkultur trägt zur Entwicklung individueller und gesellschaftlicher Positionen bei. Kontroversen, die durch Zuhören und konstruktive Auseinandersetzung geprägt sind, leisten einen wichtigen Beitrag für das Zusammenleben. Konstruktive Aushandlungsprozesse setzen Kompromissfähigkeit voraus. Sie sind das Gegenteil von Populismus, dessen Vertreterinnen und Vertreter nur die eigene Ansicht gelten lassen.

Journalistisch und redaktionell veranlasste Angebote leisten unabhängig von ihrem Verbreitungsweg einen eigenen Beitrag zum gesellschaftlichen Diskurs. Sie informieren, sie unterhalten, sie regen Diskussionen an, sie bieten Hintergrundinformationen, sie vermitteln Werte und leisten damit einen unverzichtbaren Beitrag zur Meinungsbildung. Die Presse-, Rundfunk- und Meinungsfreiheit gehören zu den unabdingbaren Prinzipien in Deutschland.

Aufgrund der Digitalisierung haben sich die Verbreitungsmöglichkeiten journalistischer und redaktioneller Inhalte vervielfacht. Das bietet Chancen für Kommunikation und Sichtbarkeit von Vielfalt.

These 7:
Einwanderung und Integration gehören zu unserer Geschichte.
Integration ist ein Prozess, der beide Seiten, die Aufnahmegesellschaft und die Migrantinnen und Migranten, fordert. Hierzu gehört auch, Zugewanderte als selbstverständlichen Teil der deutschen Gesellschaft anzusehen. Deutschland ist ein Einwanderungsland.

Erfolgreiche historische Integrationsprozesse sind Teil unseres kulturellen Erbes und unserer Identität. Diese Erfahrungen ermutigen, auch wenn sie mit Anstrengungen verbunden waren. Deutschland hat in seiner Geschichte immer wieder Phasen der Einwanderung erlebt. Deutschland wurde und wird geprägt von Menschen, die aus religiösen, politischen oder wirtschaftlichen Gründen nach Deutschland gekommen sind. Unser kultureller Reichtum beruht auch auf den Einflüssen Zugewanderter.

These 8:
Die freiheitliche Demokratie verlangt Toleranz und Respekt.
Die freiheitliche Demokratie verlangt nicht nur Achtung vor Recht und Gesetz, sondern auch Toleranz gegenüber Ansichten, Lebensweisen oder Ausdrucksformen, die nicht von allen geteilt werden. Das schließt die Bereitschaft zur Auseinandersetzung mit anderen Meinungen und Positionen, den Dialog und die Fähigkeit ein, Kompromisse zu schließen. Eine offene Gesellschaft erfordert Respekt voreinander und die Akzeptanz von Vielfalt. Die Regeln des alltäglichen Zusammenlebens müssen in der Demokratie unter Beachtung der Rechtsordnung immer wieder

neu ausgehandelt werden. Die Gesellschaft darf Hass nicht mit Hass begegnen. Keine Nachsicht dürfen diejenigen erwarten, die die Grundlagen der freiheitlichen Demokratie bekämpfen.

These 9:
Die parlamentarische Demokratie lebt durch Engagement.

Eine stabile parlamentarische Demokratie ist keine Selbstverständlichkeit. Sie bedarf des Engagements des und der Einzelnen und der Wertschätzung der Gesellschaft. Die demokratischen Parteien sind gefordert, dass die Vielfalt der Gesellschaft auch in ihrer Mitgliedschaft sichtbar wird. Die parlamentarische Demokratie lebt vom Wettbewerb um die besten Ideen und Konzepte für die Gesellschaft von morgen. Hier kann jede und jeder mitwirken.

These 10:
Bürgerschaftliches Engagement ist gelebte Demokratie.

Bürgerschaftliches Engagement ist gelebte Demokratie und leistet einen unverzichtbaren Beitrag zum gesellschaftlichen Zusammenhalt. Viele Bürgerinnen und Bürger engagieren sich ehrenamtlich und freiwillig in Vereinen und Verbänden. Sie übernehmen damit Verantwortung für andere und für die Gesellschaft. Sie setzen sich im Natur- und Umweltschutz, im Sport, in Wohlfahrtsverbänden, in Gewerkschaften, in der Kultur, in Kirchen und Religionsgemeinschaften, in Migrantinnen- und Migrantenorganisationen, in der Kommune und anderswo ein. Dieses bürgerschaftliche Engagement ist integraler Bestandteil eines subsidiären Staatsverständnisses, das zunächst die kleinsten gesellschaftlichen Einheiten in die Lage versetzt, aktiv zu werden. Bürgerschaftliches Engagement hat eine integrative Wirkung, denn auch viele Zugewanderte engagieren sich in Vereinen und Verbänden. Bürgerschaftliches Engagement ist aber kein Ersatz für staatliche Leistungen.

These 11:
Bildung schafft den Zugang zur Gesellschaft.

Bildung ist eine entscheidende Voraussetzung für die Entwicklung der Persönlichkeit und Teilhabe an Gesellschaft und Arbeitswelt. Bildung findet zum einen in formalen Kontexten wie Schule, Betrieb, Hochschule oder Weiterbildung statt, zum anderen in non-formalen wie der Familie, in Vereinen, Kirchen und Gemeinden, den Medien und anderen Zusammenhängen. Beide, die formale und die non-formale Bildung, sind für die Persönlichkeitsbildung und die Vorbereitung auf die Teilnahme am Erwerbsleben unerlässlich.

Kulturelle Bildung ist ein Schlüsselfaktor der Integration, sie öffnet den Zugang zu Kunst und Kultur und zum gesellschaftlichen Leben schlechthin. Kulturelle Bildung gehört in die Schule und ist in vielfältigen anderen Kontexten – so auch der sozialen Arbeit – zu Hause. Die Bemühungen um kulturelle Integration zielen im Kern auch auf Verbesserung der Chancen auf kulturelle Bildung.

These 12:
Deutsche Sprache ist Schlüssel zur Teilhabe.

Unsere gemeinsame deutsche Sprache ist der Schlüssel zur Teilhabe aller in Deutschland lebenden Menschen am gesellschaftlichen Leben. Sie ist das unverzichtbare Mittel zu gleichberechtigter Kommunikation und damit Grundvoraussetzung für Integration und gesellschaftlichen Zusammenhalt. Sprache ist aber nicht nur Kommunikationsmittel, sie ist zugleich Kulturgut, das in Dichtung und Literatur ihren Ausdruck findet und den Zugang zu Kultur und Gesellschaft ermöglicht.

These 13:
Die Auseinandersetzung mit der
Geschichte ist nie abgeschlossen.
Deutschland kann wie andere Nationen auf positive und negative Facetten seiner Geschichte zurückblicken. Dazu gehören die herausragende Literatur oder große Musik, die in unserem Land entstanden sind; dazu zählen die Philosophie und wissenschaftliche Erkenntnisse, die unsere Welt prägen.

Die Schoah ist das dunkelste Kapitel deutscher Geschichte. Sie nimmt daher in der Erinnerungskultur in Deutschland einen besonderen Platz ein. Die Erinnerung an die Shoah wachzuhalten und weiterzugeben, ist eine dauernde Verpflichtung für in Deutschland geborene Menschen ebenso wie für Zugewanderte. Das schließt ein, sich entschieden gegen jede Form des Antisemitismus zu wenden.

In Deutschland hat sich eine Erinnerungskultur ausgebildet, die Teil der aktiven Auseinandersetzung mit der Geschichte ist. Diese Erinnerungskultur bezieht sich auf geschichtliche Ereignisse ebenso wie auf das historische Erbe, Artefakte, das baukulturelle Erbe, das schriftliche, das auditive, das audiovisuelle und bildliche Kulturgut und anderes mehr. Sie ist lebendig. So wird die Erinnerung von Zugewanderten bald schon zum Teil deutscher Erinnerungskultur werden und umgekehrt sollte die deutsche Erinnerungskultur auch in die Identität der in Deutschland Ankommenden einfließen.

These 14:
Erwerbsarbeit ist wichtig für
Teilhabe, Identifikation
und sozialen Zusammenhalt.
Erwerbsarbeit besitzt große Integrationskraft. Sie bringt die Gesellschaft und die einzelnen Menschen zusammen. Sie begründet Stolz und Identifikation mit dem aus eigener Kraft Geleisteten. Sie gibt dem Alltag Struktur, ermöglicht Kommunikation und fördert so ganz entscheidend den sozialen Zusammenhalt. Weil Erwerbsarbeit eine so große Bedeutung hat, ist der Zugang aller erwerbsfähigen Menschen zum Arbeitsmarkt besonders wichtig. Das gilt ganz unabhängig davon, ob sie neu in Deutschland sind oder schon lange hier leben, ob sie Beeinträchtigungen haben oder nicht. Die Gesellschaft muss sich auch daran messen lassen, ob sie angemessene Zugangsmöglichkeiten zum Arbeitsmarkt bietet.

Unsere Kultur des Zusammenarbeitens in der sozialen Marktwirtschaft ist kein freies Spiel der Kräfte, sondern setzt auf das kooperative Zusammenwirken von Arbeitgebern und Arbeitnehmern. Diese Sozialpartnerschaft macht die soziale Marktwirtschaft stark. In unserer Arbeitsgesellschaft sollen die Talente der Menschen zur Entfaltung kommen unabhängig von Geschlecht, Nationalität, ethnischer Herkunft, Religion oder Weltanschauung, Behinderung, Alter, sexueller Orientierung und Identität.

Die gesellschaftliche Veränderung muss sich in der Beschäftigtenstruktur widerspiegeln. Das gilt für den öffentlichen Sektor ebenso wie für die Privatwirtschaft.

These 15:
Kulturelle Vielfalt ist eine Stärke.
Bedingt durch die deutsche Geschichte hat die kulturelle Vielfalt der Städte, Landkreise und Gemeinden sowie der Länder einen herausgehobenen Stellenwert. Das betrifft die Sprache ebenso wie besondere kulturelle Ausdrucksformen, ein sehr breites Kulturangebot sowie einen großen Reichtum kulturellen Erbes.

Gesellschaftliche Veränderungen können dazu führen, dass sich Menschen in Deutschland entwurzelt fühlen. Sie vermissen die Wertschätzung ihrer biografischen Erfahrungen, ihrer Arbeit und ihres Lebens. Ihre kulturelle Identität wird hinterfragt, was dazu führen kann, dass sie andere als Bedrohung empfinden. Diese Sorgen gilt es ernst zu nehmen, ohne sich von Ängsten lähmen zu lassen. Kulturelle Integration kann einen Beitrag leisten, Angst in Neugier umzuwandeln.

Kultur ist identitätsbildend und leistet einen Beitrag zur Integration. Sie ermöglicht die Einbindung in das soziale, wirtschaftliche und kulturelle Gefüge unserer Gesellschaft. Zugleich wird von Migrantinnen und Migranten erwartet, dass sie sich ihrerseits konstruktiv mit den kulturellen Traditionen, Gepflogenheiten und Werten des aufnehmenden Landes auseinandersetzen und diese nicht nur dulden, sondern respektieren.

Nachwort

Wir, die Initiatoren und Mitglieder der Initiative kulturelle Integration, treten für die oben formulierten Thesen ein. Wir tragen sie als Vertreterinnen und Vertreter in unsere Verbände und Organisationen, in die Politik, in die Kirchen und Religionsgemeinschaften, in die Medien; sie finden dort eine breite Unterstützung. Wir laden dazu ein, sich diesen Thesen anzuschließen, sie zu verbreiten und mit Leben zu erfüllen. Wir wollen für diese Positionen werben, darüber ins Gespräch kommen, Begegnungen organisieren und Vorbehalte abbauen.

Initiatoren der Initiative kulturelle Integration:

Deutscher Kulturrat, Bundesministerium des Innern, Bundesministerium für Arbeit und Soziales, Die Beauftragte der Bundesregierung für Kultur und Medien, Die Beauftragte der Bundesregierung für Migration, Flüchtlinge und Integration

Mitwirkende Institutionen:

ARD, Bundesarbeitsgemeinschaft der Freien Wohlfahrtspflege, Bundesarbeitsgemeinschaft der Immigrantenverbände, Bundesverband Deutscher Zeitungsverleger, Bundesvereinigung der Deutschen Arbeitgeberverbände, Deutsche Bischofskonferenz, Deutscher Beamtenbund und Tarifunion, Deutscher Gewerkschaftsbund, Deutscher Journalisten-Verband, Deutscher Landkreistag, Deutscher Naturschutzring, Deutscher Olympischer Sportbund, Deutscher Städte- und Gemeindebund, Deutscher Städtetag, Evangelische Kirche in Deutschland, Forum der Migrantinnen und Migranten im Paritätischen, Koordinationsrat der Muslime, Kultusministerkonferenz, Neue Deutsche Organisationen, Verband Deutscher Zeitschriftenverleger, Verband Privater Rundfunk und Telemedien, ZDF, Zentralrat der Juden in Deutschland

Integration braucht engagierte Menschen und stabile Strukturen

Stellungnahme des Deutschen Kulturrates zu den langfristigen Herausforderungen der Integration und dem Potenzial des Kulturbereiches

Berlin, den 8. April 2016

Der Deutsche Kulturrat, der Spitzenverband der Bundeskulturverbände, hat sich bereits am 30.9.2015 in seiner Resolution »Nothilfe jetzt, Integration als langfristige Aufgabe« zum Themenkomplex kulturelle Bildung und Integration positioniert. Er hat in der Stellungnahme das große bürgerschaftliche Engagement beim Empfang, der Unterbringung und den Hilfeleistungen für Geflüchtete herausgestrichen und betont, dass Bildungs- und Kultureinrichtungen einen Beitrag zu Teilhabe und Integration leisten wollen und können. Mit Blick auf die andauernde Diskussion um die Aufnahme und Integration von Geflüchteten positioniert sich der Deutsche Kulturrat mit dieser Stellungnahme erneut. Beide Stellungnahmen sind im Zusammenhang zu sehen.

Allianz für Weltoffenheit
Der Deutsche Kulturrat ist Mitträger der »Allianz für Weltoffenheit« und hat gemeinsam mit den Sozialpartnern, Kirchen und Religionsgemeinschaften sowie Dachverbänden anderer gesellschaftlicher Bereiche den Aufruf »Die Würde des Menschen ist unantastbar. Allianz für Weltoffenheit, Solidarität, Demokratie und Rechtsstaat – gegen Intoleranz, Menschenfeindlichkeit und Gewalt« verfasst. Darin heißt es zu Beginn: »Deutschland ist ein demokratisches und weltoffe-

nes Land, eingebettet in die Europäische Union als Werte- und Wirtschaftsgemeinschaft, den universellen Menschenrechten verpflichtet. In Deutschland leben seit Jahrzehnten Menschen unterschiedlicher Herkunft, Kultur und Religion zusammen. Der im Grundgesetz verankerte Schutz der Menschenwürde gilt für alle Menschen, gleich ob sie seit Generationen hier leben, zugewandert oder als Flüchtlinge nach Deutschland gekommen sind. Wer in seiner Heimat aufgrund von Krieg und Verfolgung um Leib und Leben fürchten muss, hat Anspruch auf Schutz in Europa. Wir treten dafür ein, dass Deutschland auch weiterhin seine humanitären Verpflichtungen erfüllt. Zugleich steht außer Frage, dass wir unbedingt eine gemeinsame europäische Lösung brauchen, um Fluchtursachen wirksam zu bekämpfen und den Anliegen der vielen schutzsuchenden Menschen gerecht zu werden.«

Im Jahr 2015 haben rund eine Million Menschen in Deutschland Zuflucht gesucht. Ohne das große bürgerschaftliche Engagement wäre die Grundversorgung in den Kommunen nicht zu leisten gewesen. Es ist zu erwarten, dass angesichts von Bürgerkriegen und wirtschaftlicher Not weiter Menschen in diesem und in den kommenden Jahren in Europa bzw. in Deutschland Zuflucht suchen werden. Dies stellt alle staatlichen Ebenen und die gesamte Gesellschaft vor große Herausforderungen. Das beginnt beispielsweise beim Wohnungsbau, bei der Integration in Arbeit, bei der räumlichen, sachlichen und personellen Ausstattung von Kindertageseinrichtungen sowie Schulen und reicht bis zu konkreten Integrationsleistungen des Kulturbereiches. Für den gesamtgesellschaftlichen Zusammenhalt ist eine nachhaltige Begleitung der anstehenden Prozesse vonnöten.

Kulturelle Vielfalt

Deutschland ist ein Land der kulturellen Vielfalt. Kultur in Deutschland wird geprägt durch die verschiedenen Regionen, unterschiedlichen kulturellen Ausdrucksformen und Menschen, die hier leben, egal ob hier geboren oder zugewandert. Geflüchtete werden durch ihre kulturellen Ausdrucksformen die kulturelle Vielfalt bereichern. Dabei gilt es, Gemeinsamkeiten zu finden und Unterschiede anzuerkennen.

Kunstfreiheit

In Art. 5. Abs. 3 Grundgesetz steht: »Kunst und Wissenschaft, Forschung und Lehre sind frei«. Dieser Grundsatz ist unverrückbar.

Kultur als Heimat

Wer seine Heimat verliert, für den sind kulturelle Traditionen, Bräuche und vertraute künstlerische Ausdrucksformen Erinnerung und Verbindung in die Heimat und Teil der kulturellen Identität. Die Bewahrung und Pflege kultureller Bräuche und Traditionen muss jedoch unter der Akzeptanz hier geltender Regeln erfolgen.

Die Geflüchteten müssen sich in einem Land zurechtfinden, das andere kulturelle Traditionen und Prägungen als ihre Heimat hat und in dem Kunstfreiheit Verfassungsrang hat. Zum Ankommen, Bleiben und Heimisch-Werden in Deutschland ist es unab-

dingbar, sich mit der Kultur und den kulturellen Traditionen dieses Landes zu befassen. Zugleich baut eine Willkommenskultur gegenüber Geflüchteten Brücken und Kommunikationsanlässe, sich in einer neuen Gesellschaft zurechtzufinden und gemeinsam Verbindendes und Trennendes kennenzulernen.

Willkommen sein bedeutet, dass die Menschen Spielräume und Möglichkeiten bekommen, aktiv am gesellschaftlichen und kulturellen Leben teilzuhaben und es mitzugestalten.

Neue Aufgaben – neue Ressourcen

Bedeutung der deutschen Sprache
Sprache ist der Schlüssel zur Integration in die Gesellschaft. Der Deutsche Kulturrat begrüßt die mannigfachen Initiativen von Verbänden und Organisationen in der Vermittlung von Sprachkenntnissen. Das Erlernen der deutschen Sprache ist mehr als Spracherwerb, es dient zugleich dem Kennenlernen und Verstehen des kulturellen Lebens in Deutschland und ermöglicht Teilhabe. Begrüßenswert ist ebenso die Bereitstellung von Lern- und Orientierungshilfen. Auch hier engagieren sich viele Akteure des Kulturbereiches. Lernplattformen und Apps bieten ortsunabhängig die Möglichkeit, sich zu informieren, Wissen und Kenntnisse zu erwerben. Erforderlich ist eine stärkere Bündelung und Abstimmung der verschiedenen Aktivitäten, nicht zuletzt auch um Ressourcen zielgerichtet einzusetzen. Nur durch qualifizierte hauptamtliche Strukturen ist die Aufgabe zu meistern.

Personelle und sachliche Ausstattung
Zur Unterstützung ehrenamtlicher Strukturen gehört ein Netz hauptamtlich arbeitender Akteure und gesicherter Strukturen, die ihrerseits gezielt und systematisch Ehrenamtliche weiterbilden und in ihrer Arbeit beglei-

ten und unterstützen oder auch koordinieren. So benötigt die Entwicklung von pädagogischen Konzepten und Vermittlungsformen für die Kulturarbeit mit Geflüchteten einen entsprechenden qualitativen Unterbau aus Personal und Sachmitteln. Hieraus entsteht zusätzlicher Aufwand für Personal und Material. Die Auslagen von bürgerschaftlich Engagierten gilt es unbürokratisch zu erstatten.

Kulturarbeit mit Geflüchteten bedarf der entsprechenden sachlichen Ausstattung. Hierzu gehören Materialien und weitere entsprechende technische Ausstattungen. Der Deutsche Kulturrat warnt vor der Erwartung, dass die hierfür nötigen Ressourcen von den Kultureinrichtungen, -projekten oder -vereinen aus dem bestehenden Etat bestritten werden können.

Qualität und Qualifikation
Kulturvereine, Kulturprojekte und Kultureinrichtungen verfügen über vielfältige kulturelle Angebots- und Vermittlungskonzepte. Viele haben sich bereits interkulturell geöffnet und Strategien in der Zusammenarbeit mit Migranten entwickelt. Die Arbeit mit Geflüchteten verlangt aber weitere Qualifikationen, handelt es sich doch oftmals um Menschen, die traumatisiert sind. Sie haben am Anfang einen in Deutschland ungeklärten Aufenthaltsstatus und können nicht automatisch davon ausgehen, dass sie in Deutschland dauerhaft bleiben werden. Auf diese Unsicherheiten müssen diejenigen, die sich für und mit Geflüchteten engagieren, vorbereitet werden. Dazu gehören auch Reflexionsangebote.

Die Weiterbildung des vorhandenen hauptamtlichen Personals und von bürgerschaftlich Engagierten in interkulturellen Kompetenzen und landeskundlichen Kenntnissen trägt zur Qualitätsverbesserung der kulturellen Bildungsarbeit bei. Durch die Zusammenarbeit und den Erfahrungsaustausch

mit Migrantenselbstorganisationen können Erfahrungen und Interessen von Menschen mit Zuwanderungsgeschichte in die aktuelle Arbeit einbezogen werden.

Bürgerschaftliches Engagement
In Deutschland gibt es ein breites bürgerschaftliches Engagement in den verschiedenen gesellschaftlichen Feldern und Organisationszusammenhängen. Die bestehende Vereinskultur und viele langfristig angelegte Initiativen stehen für zuverlässiges, kontinuierliches Engagement. Sie entwickeln Bindungskraft für die Menschen, die sich in ihnen engagieren und übernehmen Verantwortung für den gesellschaftlichen Zusammenhalt. Kulturvereine und -initiativen sind ein Teilbereich dieses gesellschaftlichen Engagements. Das kulturelle Leben im ländlichen Raum beruht sogar oft grundlegend auf bürgerschaftlichem Engagement, dieses wird nunmehr zusätzlich in der Arbeit für und mit Geflüchteten gefordert.

Viele Bürgerinnen und Bürger sind im Kultursektor ehrenamtlich für und mit Geflüchteten aktiv. Das ist sehr wertvoll und wichtig, sind es doch die persönlichen Kontakte zwischen den Bürgerinnen und Bürgern, seien es schon lange hier Lebende oder Neuankommende, die Vorurteile abbauen helfen und unbürokratisch und unmittelbar zum gegenseitigen Austausch beitragen.

Bürgerschaftliches Engagement darf allerdings kein Ersatz für staatliche Daseinsvorsorge und kein Vorwand für deren fortdauernde Mangelwirtschaft sein.

Anerkennungskultur
In vielen Kommunen gibt es positive Beispiele der Unterstützung und Anerkennung ehrenamtlicher Tätigkeit. Dazu zählen beispielsweise die EhrenamtsCard, freier Eintritt in öffentliche Einrichtungen, Einladungen zu besonderen Veranstaltungen, freie

Fahrt in den öffentlichen Nahverkehrsmitteln und anderes mehr. Diese Anerkennung muss es auch für die Arbeit für und mit Geflüchteten geben.

Zur Anerkennungskultur gehört auch, den Eigensinn und die Selbstbestimmung des bürgerschaftlichen Engagements zu achten und wertzuschätzen. Bürgerschaftlich Engagierte sollen, wollen und können keine Lückenbüßer für hauptamtliche Strukturen sein.

Schaffung einer Bund-Länder-Gemeinschaftsaufgabe Integration
Integrationspolitik betrifft alle staatlichen Ebenen und gesellschaftlichen Akteure. Sie endet weder an den Grenzen eines Bundeslandes, noch sollte »das Rad in jedem Land neu erfunden« werden. Gemeinschaftsaufgaben von Bund und Ländern setzen Impulse zur Zusammenarbeit und mobilisieren Ressourcen. Es sollte eine Bund-Länder-Gemeinschaftsaufgabe Integration geschaffen werden, die auch den Kulturbereich berücksichtigt.

Ausweitung bestehender Förderprogramme
Bestehende Förderprogramme und -strukturen insbesondere auch im Bereich der kulturellen Bildung müssen ausgebaut werden. Bestehende etablierte Strukturen bringen einen Erfahrungsschatz und Kompetenzen in der Arbeit mit Förderprogrammen ein, der genutzt werden sollte. Die Erweiterung der bestehenden Programme, wie beispielsweise die Jugendfreiwilligendienste und das Programm »Kultur macht stark. Bündnisse für Bildung« kann dazu beitragen, dass nicht eine neue Sonderstruktur für Geflüchtete entsteht, die wiederum zu Segregation führen kann, sondern dass Geflüchtete als Zielgruppe gemeinsam mit anderen in den Blick genommen werden.

Fazit
Integration von Geflüchteten ist eine neue Aufgabe, der sich die Kulturvereine, -organisationen und -einrichtungen gerne stellen. Sie geht allerdings deutlich über die Regelaufgaben hinaus und bedarf, damit sie nicht zulasten anderer Aufgaben geht, zusätzlicher Ressourcen.

Der Deutsche Kulturrat schätzt, dass eine Aufstockung der bestehenden Kulturförderung von Gemeinden, Ländern und Bund um fünf Prozent im Jahr erforderlich ist, um die Strukturen im Kulturbereich nachhaltig und längerfristig in die Lage zu versetzen, im Zusammenspiel von haupt- und ehrenamtlichen Akteuren einen qualitativ und quantitativ adäquaten Beitrag zur Integration zu leisten.

Aufruf der Allianz für Weltoffenheit, Solidarität, Demokratie und Rechtsstaat – gegen Intoleranz, Menschenfeindlichkeit und Gewalt: Die Würde des Menschen ist unantastbar

Berlin, den 11. Februar 2016

Wer in seiner Heimat aufgrund von Krieg und Verfolgung um Leib und Leben fürchten muss, hat Anspruch auf Schutz in Europa. Wir treten dafür ein, dass Deutschland auch weiterhin seine humanitären Verpflichtungen erfüllt. Zugleich steht außer Frage, dass wir unbedingt eine gemeinsame europäische Lösung brauchen, um Fluchtursachen wirksam zu bekämpfen und den Anliegen der vielen schutzsuchenden Menschen gerecht zu werden. Kein Mitgliedstaat der Europäischen Union darf sich der gemeinsamen Verantwortung entziehen.

Die Aufnahme und Integration der vielen Flüchtlinge sind verbunden mit großen gesellschaftlichen, ökonomischen und sozialen Herausforderungen. Tausende von Bürgerinnen und Bürgern sowie die haupt- und ehrenamtlichen Mitarbeiterinnen und Mitarbeiter von Behörden, Polizei, Hilfs- und Wohlfahrtsorganisationen leisten Beeindruckendes. Dieses Engagement steht für gesellschaftlichen Zusammenhalt. Die ungebrochene Hilfsbereitschaft zeugt davon, dass Solidarität und Mitmenschlichkeit zu den prägenden Werten unserer Gesellschaft gehören.

Deutschland braucht erheblich mehr Investitionen in seine Zukunftsfähigkeit. Dies zeichnet sich bereits seit Langem ab, wird angesichts der hohen Flüchtlingszahlen aber immer dringlicher. Wir benötigen Investitionen in Bildung, Ausbildung und Beschäftigung, ausreichenden bezahlbaren Wohnraum, eine funktionierende öffentliche Infrastruktur sowie Sicherheit vor Gewalt. Menschen, die von Armut, Arbeitslosigkeit oder fehlender sozialer Absicherung betroffen sind, dürfen bei der Lösung der gegenwärtigen Herausforderungen nicht vernachlässigt werden. Alle müssen die gleiche Chance bekommen, am gesellschaftlichen Leben teilzuhaben.

Die menschenwürdige Aufnahme von Flüchtlingen, ihre Integration und die Verhinderung von sozialer, kultureller und gesellschaftlicher Spaltung sind eine Gemeinschaftsaufgabe. Bund, Länder und Kommunen, Wirtschaft und Gewerkschaften, Kirchen und Religionsgemeinschaften, Organisationen der Wohlfahrtspflege sowie die gesamte Zivilgesellschaft müssen auch weiterhin Verantwortung tragen. Wir sind überzeugt, dass wir die großen Herausforderungen, vor denen wir stehen, gemeinsam bewältigen können.

Ein friedliches Miteinander und die Integration in die deutsche Gesellschaft gelingen nur dann, wenn die Werte des Grundgesetzes und unseres gesellschaftlichen Zusammenlebens von allen akzeptiert werden. Dies bedeutet etwa, dass das Recht auf freie Ausübung der Religion ohne Unterschied anerkannt werden muss. Es bedeutet aber auch, dass niemand die eigene kulturelle oder religiöse Prägung als Deckmantel missbrauchen darf, um die Grundrechte der Glaubens- und Gewissensfreiheit, der körperlichen Unversehrtheit und der Gleichberechtigung von Mann und Frau infrage zu stellen oder Minderheiten zu diskriminieren. Dort, wo das Gewaltmonopol des Staates missachtet oder Straftaten begangen werden, müssen die Täter strafrechtlich verfolgt werden. Straftäter mit ausländischer Staatsangehörigkeit müssen gegebenenfalls mit der Beendigung ihres Aufenthalts in Deutschland rechnen.

Viele Flüchtlinge werden für lange Zeit oder dauerhaft bei uns bleiben. Jeder Einzelne von ihnen muss als Mensch mit seinem Schicksal und seinen oft leidvollen Erfahrungen wahrgenommen werden. Ein nachhaltiger Integrationserfolg setzt ausreichende Möglichkeiten gesellschaftlicher Teilhabe sowie die Bereitschaft zur Integration voraus. Deutsch zu lernen ist dabei genauso wichtig wie ein möglichst früher Zugang zu Integrationsmaßnahmen, Bildung, Kultur, Arbeit und Sport.

Die Eingliederung in den Arbeitsmarkt ist eine wesentliche Voraussetzung für eine nachhaltige Integration von Flüchtlingen. Dafür sind möglichst betriebsnahe Maßnahmen, die den Einstieg in eine qualifizierte Berufsausbildung und deren erfolgreichen Abschluss ermöglichen, genauso wichtig wie Qualifizierungsmaßnahmen zur Aufnahme einer Beschäftigung. Die Maßnahmen und Programme müssen zu einer Gesamtstrategie für die Schaffung ökonomischer und gesellschaftlicher Teilhabechancen zusammengeführt werden.

Wir wollen Demokratie und Rechtsstaat stärken. Wir stehen für Solidarität und Weltoffenheit. Wir sind davon überzeugt: Jeder, der in unserem Land Schutz sucht, muss Anspruch haben auf ein faires und rechts-

staatliches Verfahren. Auch denjenigen, die wegen wirtschaftlicher Not und Elend nach Deutschland kommen und als Ergebnis eines rechtsstaatlichen Verfahrens keine Bleibeperspektive haben und deshalb in ihre Heimat zurückkehren müssen, ist mit Empathie und Respekt zu begegnen.

Mit großer Sorge erfüllt uns die Tatsache, dass rechtspopulistische und rechtsextreme Gruppierungen das Thema Flucht und Migration derzeit dazu nutzen, Feindseligkeit zu schüren und unsere freiheitlich-demokratische Ordnung infrage zu stellen. Jeder Form von Hass, Rassismus, Beleidigung oder Gewalt treten wir mit Entschiedenheit entgegen.

Wir rufen dazu auf,
- die Flüchtlings- und Einwanderungsdebatte sachlich und lösungsorientiert zu führen, statt öffentlich Ressentiments zu schüren oder parteitaktische Interessen zu verfolgen,
- menschenfeindlichen Äußerungen und Handlungen, gleich woher sie kommen und gegen welche Gruppe sie sich richten, entgegenzutreten,
- rechtsextreme, menschenverachtende Angriffe auf Geflüchtete und ihre Unterkünfte, auf Polizistinnen und Polizisten, auf Vertreterinnen und Vertreter der Presse sowie Helferinnen und Helfer strafrechtlich konsequent zu verfolgen.

Wir treten ein für
- die Stärkung des gesellschaftlichen Zusammenhalts,
- einen Dialog über kulturelle, religiöse und soziale Unterschiede und die Schaffung von Räumen der Begegnung,
- eine solidarische und nachhaltige Politik, die allen in Deutschland lebenden Menschen gerechte Teilhabechancen eröffnet,

- ein verbessertes Bildungsangebot als Schlüssel für eine erfolgreiche gesellschaftliche Integration,
- eine Flüchtlingspolitik, die im Einklang mit unseren humanitären und menschenrechtlichen Verpflichtungen steht und faire Asylverfahren garantiert,
- den Schutz der Grundrechte, zu denen die Glaubens- und Gewissensfreiheit und das Recht auf körperliche Unversehrtheit ebenso zählen wie die Gleichberechtigung von Mann und Frau und das Diskriminierungsverbot,
- den Schutz aller Menschen vor Gewalt, Menschenfeindlichkeit und Fremdenhass,
- eine ausreichende finanzielle Vorsorge, damit die bestehenden und durch die Aufnahme von Flüchtlingen zusätzlichen Aufgaben von Bund, Ländern und Kommunen im Sinne einer nachhaltigen Integration erfüllt werden können,
- die Durchsetzung des staatlichen Gewaltmonopols bei der Bekämpfung von Kriminalität und ein friedliches Miteinander ohne Gewalt,
- ein Europa, das die Menschenwürde schützt und Perspektiven für ein friedliches Zusammenleben schafft.

Gerade in Krisenzeiten dürfen wir die rechtsstaatlichen, sozialen und humanitären Errungenschaften unserer Gesellschaft nicht aufgeben. Die Würde des Menschen zu schützen, ist unser Ziel. Deshalb engagieren wir uns mit vereinten Kräften für Weltoffenheit, Solidarität, Demokratie und Rechtsstaatlichkeit in Deutschland und Europa.

Der »Allianz für Weltoffenheit, Solidarität, Demokratie und Rechtsstaat – gegen Intoleranz, Menschenfeindlichkeit und Gewalt« gehören an: Bundesarbeitsgemeinschaft der Freien Wohlfahrtspflege, Bundesvereinigung der Deutschen Arbeitgeberverbände, Deutsche Bischofskonferenz, Deutscher Gewerkschaftsbund, Deutscher Kulturrat, Deutscher Naturschutzring, Deutscher Olympischer Sportbund, Evangelische Kirche in Deutschland, Koordinationsrat der Muslime, Zentralrat der Juden in Deutschland

Nothilfe jetzt, Integration als langfristige Aufgabe

Deutscher Kulturrat zur aktuellen Flüchtlingssituation und der kulturpolitischen Verantwortung für die kulturelle Vielfalt

Berlin, den 30. September 2015

Die weltweiten Krisen, Bürgerkriege und wirtschaftliche Ungleichheit führen dazu, dass mehr und mehr Menschen ihre Heimat verlassen, flüchten oder auch vertrieben werden. Weltweit befinden sich nach Schätzungen des UN-Flüchtlingshilfswerks (UNHCR) derzeit rund 60 Millionen Menschen auf der Flucht.

Deutschland war noch bis zur Mitte des letzten Jahrhunderts ein Auswanderungsland. Wirtschaftliche Not, politische oder religiöse Verfolgung haben dazu geführt, dass Menschen aus Deutschland ausgewandert sind. Die Verfolgung von Juden, Sinti und Roma, von Andersdenkenden und von Künstlern und Kulturschaffenden durch die Nationalsozialisten stehen für ein besonders düsteres Kapitel der deutschen Geschichte. Das Asylrecht (Politisch Verfolgte genießen Asyl. Art. 16a (1) GG) der Bundesrepublik Deutschland steht in direktem Zusammenhang mit der Verfolgung im Nationalsozialismus.

Unmittelbar nach dem Ende des 2. Weltkriegs hat die Bundesrepublik Deutschland in großem Umfang Vertriebene und Flüchtende aufgenommen. Auch in den nachfolgenden Jahrzehnten flüchteten in jeweils unterschiedlicher Stärke Menschen in die Bundesrepublik Deutschland bzw. reisten in diese ein. Zu nennen sind etwa Menschen, die die DDR verließen, Spätaussiedler aus Russland, Rumänien oder auch Polen, die sogenann-

ten Boat People der 1970er Jahre aus Vietnam, russische Juden in den 1990er Jahren und andere mehr. Rückblickend zeigt sich, dass trotz nach wie vor im Einzelnen bestehender Defizite im Großen und Ganzen die Zuwanderung gelungen ist und Deutschland faktisch ein Einwanderungsland ist. Dies erfordert die Bereitschaft zum Leben in kultureller Vielfalt und den toleranten Umgang miteinander.

Der Deutsche Kulturrat, der Spitzenverband der Kulturverbände, hat in einem mehrjährigen Dialogprozess mit Migrantenverbänden zwei Stellungnahmen zur interkulturellen Bildung erarbeitet, in denen der konkrete Handlungsbedarf von Bund, Ländern, Kommunen, Verbänden und Kultureinrichtungen zur kulturellen Bildung in einer von kultureller Vielfalt geprägten Gesellschaft zusammengeführt ist. Sowohl die Stellungnahme »Lernorte interkultureller Bildung im vorschulischen und schulischen Kontext« vom 08.10.2010 als auch die Stellungnahme »Lernorte interkultureller Bildung« vom 29.06.2011 haben an Bedeutung nicht verloren.

Mit Blick auf die aktuelle Ankunft sehr vieler Menschen, die in Deutschland Zuflucht suchen, stellt der Deutsche Kulturrat fest:

• das große bürgerschaftliche Engagement beim Empfang, der Unterbringung und den Hilfeleistungen für Geflüchtete beweist die Stärke der Zivilgesellschaft und zeigt, dass insbesondere die organisierte Zivilgesellschaft einen unverzichtbaren Beitrag für das Gemeinwesen leistet,

- das Engagement vieler Bildungs- und Kultureinrichtungen belegt, wie sehr sich auch der Kulturbereich gefordert sieht, seinen Beitrag zur Teilhabe und Integration von Flüchtlingen zu leisten,
- die vergleichsweise hohe Zahl an Asylanträgen und die hohe Belastung der damit betrauten Behörden dürfen nicht zu einer Absenkung der ordnungsgemäßen Prüfung führen, da das verfassungsrechtlich zugesicherte Asylrecht ein hohes Gut ist,
- fremdenfeindlichen und rassistischen Äußerungen und Angriffen muss entschieden entgegengetreten werden.

Der Deutsche Kulturrat fordert:

- verstärkt in Flüchtlingsunterkünften mit Mitteln von Kunst und Kultur zu arbeiten,
- denn künstlerische Ausdrucksformen bieten die Möglichkeit, traumatische Erlebnisse zu verarbeiten,
- denn die aktive Beschäftigung mit Kunst und Kultur vertreibt die Langeweile und das Warten in Flüchtlingsunterkünften,
- denn künstlerische oftmals auch nonverbale Mittel können zur Verständigung beitragen
- bereits bestehende Aktivitäten auszubauen und Künstler sowie Kultur- und Bildungseinrichtungen gezielt zu ermutigen, sich in ihren Institutionen und in Flüchtlingsunterkünften zu engagieren,
- die eigenen Mitglieder auf geeignete Angebote für Zuflucht suchende Menschen zu entwickeln, um ihnen das Ankommen in Deutschland zu erleichtern,
- einen sensiblen Umgang mit Sprache und Bildern, wenn von geflüchteten Menschen die Rede ist. Hier sind insbesondere die Medien, Zeitungen und audiovisuellen Medien gefordert. Der öffentlich-rechtliche Rundfunk könnte hier beispielhaft wirken,
- die Verankerung von Deutsch als gemeinsamer Sprache im Grundgesetz. Die deutsche Sprache ist ein wesentliches kulturelles Bindeglied in Deutschland und sollte daher eine besondere Beachtung erfahren.

Der Deutsche Kulturrat fordert Bund, Länder und Kommunen auf, die Bildungs- und Kultureinrichtungen in die Lage zu versetzen, die Chancen und Herausforderungen im Zusammenleben von Menschen unterschiedlicher Herkunftskulturen mitzugestalten bzw. bewältigen zu können. Hierzu gehört auch die Bereitstellung zusätzlicher Mittel für qualifiziertes Personal und Sachmittel.

Neben der aktuellen Hilfe für jetzt Flüchtende dürfen die Fluchtursachen nicht aus den Augen verloren werden. Ursachen für Flucht sind Bürgerkriege wie aktuell in Syrien, politische Instabilität vieler Länder, die Verfolgung Andersdenkender sowie ein ungerechter Welthandel. Bilaterale Freihandelsabkommen zwischen entwickelten Industrienationen bergen die Gefahr, dass der Marktzugang für Schwellen- und Entwicklungsländer noch mehr erschwert wird. In diesem Sinne kann sich das geplante Freihandelsabkommen TTIP zwischen der EU und den USA besonders negativ auswirken.

Über die aktuelle Situation der Aufnahme und Unterbringung von Flüchtlingen sowie der Durchführung von deren Asylverfahren hinaus ist die Integration der nach Deutschland kommenden Menschen eine langfristige Aufgabe.

Sehr viele Menschen, die derzeit als Flüchtlinge nach Deutschland kommen, werden
dauerhaft in Deutschland bleiben. Sie werden unsere Kultur und unser Zusammenleben bereichern und verändern. Diesen Veränderungsprozess gilt es, aktiv zu gestalten.
Der Kulturbereich ist hier besonders gefordert und stellt sich dieser Herausforderung.

Lernorte interkultureller Bildung

Außerschulische Kultur- und Bildungsorte

Berlin, den 29. Juni 2011

Im Jahr 2009 hat der Deutsche Kulturrat den Runden Tisch »Lernorte interkultureller Bildung« ins Leben gerufen, an dem verschiedene Migrantenorganisationen beteiligt sind. Im Jahr 2010 hat der Deutsche Kulturrat gemeinsam mit dem Bund Spanischer Elternvereine in der Bundesrepublik Deutschland e.V., der Bundesarbeitsgemeinschaft der Immigrantenverbände in Deutschland e.V., dem Bundesverband der Migrantinnen in Deutschland e.V., dem CGIL-Bildungswerk e.V., der Deutschen Jugend aus Russland e.V., der Föderation türkischer Elternvereine in Deutschland e.V., dem Multikulturellen Forum e.V., dem Polnischen Sozialrat e.V. sowie dem Verband binationaler Familien und Partnerschaften, iaf e.V., die erste Stellungnahme »Lernorte interkulturelle Bildung im schulischen und vorschulischen Kontext« verabschiedet. Gemeinsam mit diesen Verbänden unterbreitet der Deutsche Kulturrat nun zusätzlich mit dem Bundeszuwanderungs- und Integrationsrat Empfehlungen für Strukturbedingungen für eine nachhaltige interkulturelle Bildung in außerschulischen Kultur- und Bildungseinrichtungen.

Interkulturelle Öffnung der außerschulischen Kultur- und Bildungsorte
In Deutschland gibt es ein vielfältiges Angebot an Orten, an denen kulturelle Bildung

vermittelt wird. Dazu gehören kulturpädagogische Facheinrichtungen, Kultureinrichtungen, Kulturzentren, Migrantenorganisationen, multikulturelle Einrichtungen, Jugendorganisationen, Kulturvereine, Kulturinitiativen etc. Angesichts der pluralen und multiethnischen Gesellschaft in Deutschland befassen sich diese Akteure verstärkt mit der Frage, wie sie sich mit ihren Angeboten und in ihren Strukturen interkulturell öffnen und dadurch einen Beitrag zu mehr Teilhabegerechtigkeit und Chancengleichheit leisten können. Ziel der interkulturellen Öffnung ist es, vielfältige und barrierefreie Zugänge zu Kunst- und Kulturangeboten zu ermöglichen und zu einer verstärkten Förderung interkultureller Kompetenzen beizutragen.

Interkulturelle Öffnung setzt das Engagement vieler Akteure im Feld der kulturellen Vermittlungsarbeit voraus. Im Sinne der UNESCO wird in der vorliegenden Stellungnahme von einem weiten Kulturbegriff ausgegangen, der nicht nur die traditionellen Kulturangebote einschließt, sondern auch »Lebensformen, die Grundrechte des Menschen, Wertsysteme, Traditionen und Glaubensrichtungen« (UNESCO-Erklärung, 1982).

Bedeutung der außerschulischen Kultur- und Bildungsorte
Zu den kulturpädagogischen Facheinrich-

tungen gehören unter anderem Musikschulen, Jugendkunstschulen, Soziokulturelle Zentren, Theaterpädagogische Einrichtungen, Kinder- und Jugendzirkusse, Spielmobile und Medienzentren. Der Aspekt der interkulturellen Bildung gewinnt in diesen Institutionen bereits seit Jahren an Bedeutung. So befassen sich viele Akteure verstärkt mit den Lebenswelten von Menschen mit Migrationshintergrund, indem unter anderem kulturelle Erfahrungen und Traditionen wechselseitig aufgegriffen und kreativ umgesetzt werden. Die vermehrte Auseinandersetzung mit dem Thema interkulturelle Bildung lässt sich auch an den Studienangeboten der Hochschulen und Universitäten erkennen. Immer mehr Hochschulen und Universitäten integrieren in ihre pädagogischen Studiengänge den Schwerpunkt interkulturelle Bildung und den Erwerb von interkulturellen Kompetenzen für Lehrerinnen und Lehrer, Kulturpädagoginnen und Kulturpädagogen sowie Erzieherinnen und Erzieher.

Auch Kultureinrichtungen wie etwa Museen, Theater, Konzerthäuser und Bibliotheken legen seit einigen Jahren ein besonderes Augenmerk darauf, ihre Angebote verschiedenen Alters- und Zielgruppen kulturpädagogisch zu vermitteln. Immer häufiger integrieren sie dabei aktuelle gesellschaftspolitische Themen in ihre Programme. In Workshops, Ausstellungen, Theaterstücken, Lesungen und anderen Veranstaltungen befassen sie sich zunehmend mit Themen wie Gleichberechtigung und Partizipation, kulturelle Vielfalt, kulturelle Identität in der Einwanderungsgesellschaft, Migrationserfahrungen, Religionszugehörigkeit, Mehrsprachigkeit und Diskriminierung.

Jenseits der kulturpädagogischen Facheinrichtungen und Kultureinrichtungen findet ebenfalls ein vielfältiges kulturelles Leben statt. In vielen Kulturzentren, Migrantenorganisationen, multikulturellen Einrichtungen, Jugend- und Laienorganisationen, Kulturvereinen und Kulturinitiativen wird ein differenziertes Angebot an kulturellen Aktivitäten unterbreitet. Dort werden unter anderem Instrumente erlernt, Theaterstücke aufgeführt, Tanz-, Literatur- und Lesekreise, Film- und Comicangebote ins Leben gerufen und es findet ein Austausch über Kunst und Kultur statt. Bei vielen dieser Einrichtungen wird sowohl Wert auf die Vermittlung kultureller Traditionen aus den jeweiligen Herkunftsländern als auch der Fokus auf die Kultur in Deutschland gelegt, indem beispielsweise Besuche in Museen und Bibliotheken organisiert werden. Zudem gibt es insbesondere in vielen Großstädten unter anderem türkische, polnische, französische oder italienische Film- und Theaterfestivals, russische Musicalwettbewerbe und freie Künstler mit ausländischen Wurzeln, die ihre Kunst präsentieren und so wesentlich zum interkulturellen Austausch beitragen.

In all diesen Orten wird kulturelle Bildung vermittelt, das für das Zusammenleben in einer heterogenen Gesellschaft von großer Bedeutung ist. Diese vielfältigen kulturellen Potenziale sollten vermehrt öffentlich sichtbar gemacht werden. Dafür bedarf es unter anderem einer stärkeren kulturpolitischen Wertschätzung und Sichtbarmachung des Kulturlebens der Zuwanderer.

Gründe für Nichtnutzung von Kulturangeboten

Die oben aufgeführten Angebote der außerschulischen Kultur- und Bildungsorte stehen jedem interessierten Bürger offen. Dennoch nutzen nicht alle Bevölkerungsgruppen gleichermaßen diese Angebote. Deshalb befassen sich viele Einrichtungen mit der Frage, wie Menschen mit und ohne Migrationshintergrund erreicht werden können, die bisher kaum oder gar keine kulturellen Bildungsangebote wahrnehmen.

Wie die Gesellschaft als Ganzes, sind auch die verschiedenen Gruppen der Zuwanderer heterogen. Sie zeichnen sich in erster Linie nicht durch ihre ethnische, sondern ihre Milieuzugehörigkeit aus (vgl. SINUS-Milieustudie »Lebenswelten von Migranten« aus dem Jahr 2007). Diese bestimmt maßgeblich das Kulturverhalten. Daher gibt es auch nicht nur einen Hauptgrund für die Nichtnutzung von bestimmten Kulturangeboten. Die Gründe sind so vielfältig, wie die »Nicht-Besucher« und die Kultureinrichtungen an sich. Es scheint aber plausibel zu sein, dass unter anderem folgende Barrieren sowohl für die »Nicht-Besucher« als auch die Kultureinrichtungen eine Rolle spielen und sich gegenseitig bedingen.

Zu den Barrieren für die »Nicht-Nutzer« zählen unter anderem:

- Sprachbarrieren;
- sozioökonomische Hürden;
- Unkenntnis, wo welche kulturellen Angebote unterbreitet werden;
- Nichtidentifikation mit dem gezeigten Repertoire und der künstlerischen Ästhetik;
- Nichtidentifikation mit den Organisationsformen der kulturellen Angebote;
- Nichtidentifikation mit dem Personal bzw. der Kulturvermittler in den Kultur- und Bildungseinrichtungen;
- unterschiedliche Rezeptions- und Produktionsweisen von Kultur;
- Hemmschwellen, Orte zu besuchen, an denen wenige Personen aus der eigenen Gruppe und Milieuzugehörigkeit anzutreffen sind;
- geografische Erreichbarkeit der Kultur- und Bildungsorte.

Hemmnisse auf Seiten der Kultur- und Bildungsorte sind:

- geringe finanzielle Möglichkeiten, durch große Werbekampagnen eine Vielzahl von interessierten Kulturnutzern zu erreichen;
- fehlende interkulturelle Professionalisierung der Kultur- und Bildungseinrichtungen, um unterschiedliche Zielgruppen anzusprechen;
- geringe finanzielle Mittel, um ein vielseitig und interkulturell ausgerichtetes Kulturprogramm anzubieten;
- Fehlen einer interkulturellen Selbstdarstellung der Kultur- und Bildungseinrichtung, die interkulturelle Offenheit und kulturelle Vielfalt vermittelt.

Studien zeigen, dass diese Barrieren in erster Linie nicht mit einem Migrationshintergrund zusammenhängen, sondern davon beeinflusst werden, welcher sozialen Gruppe, welchem Milieu sich jemand zugehörig fühlt oder auch davon, welche strukturellen und finanziellen Voraussetzungen eine Kultureinrichtung bzw. -organisation hat. Bündeln sich diese Gründe, dann werden die Teilnahme an und die Erreichbarkeit zu bestimmten Kulturangeboten erschwert.

Empfehlungen
Um bestehende Hürden abzubauen, bedarf es einer interkulturellen Öffnung der Kultur- und Bildungseinrichtungen sowie kultureller Bildungsangebote, die die interkulturelle Kompetenz sowohl von Menschen mit als auch ohne Migrationshintergrund stärken und sensibilisieren. Damit kulturelle und interkulturelle Bildung nachhaltig gelingen kann, bedarf es geeigneter Rahmenbedingungen. Die nachstehenden Empfehlungen richten sich zum einen an die Kultur- und Bildungseinrichtungen sowie an die Migrantenorganisationen. Zum anderen an die politischen Verantwortlichen in Bund, Ländern und Kommunen.

Grundsätzliche Empfehlungen

Wir empfehlen, dass eine interkulturelle Öffnung und der Erwerb interkultureller Kompetenzen sowohl auf politischer als auch auf zivilgesellschaftlicher Ebene und in allen Kultur- und Bildungseinrichtungen und Initiativen als Querschnittsaufgabe verstanden wird. Es gilt, Zugänge zu schaffen und eine nachhaltige interkulturelle Bildung in allen Kultur- und Bildungsorten zu gewährleisten. Dazu gehört die Anerkennung und Förderung der kulturellen Vielfalt in Deutschland, die von der Vielfalt der unterschiedlichsten kulturellen Angebote und Traditionen lebt; gleich ob sie aus der Hochkultur oder der Breitenkultur kommen. Darüber hinaus muss Teilhabe und Partizipation durch eine entsprechend ausgerichtete Kulturfinanzierung ermöglicht werden.

Empfehlungen an Kultur- und Bildungseinrichtungen sowie Migrantenorganisationen

1. Strukturelle interkulturelle Öffnung:
- Kultur- und Bildungseinrichtungen sowie Migrantenorganisationen sollten interkulturelle Leitbilder bzw. die Umsetzung von Diversitätskonzepten (Diversity Mainstreaming) entwickeln, die die Personalstrukturen, die Zielgruppenansprache sowie die Programmgestaltung umfassen;
- Kultur- und Bildungseinrichtungen sollten den Anteil des Personals mit Migrationshintergrund auch in den Leitungsebenen erhöhen;
- Kultur- und Bildungseinrichtungen sollten eine Willkommens- und Anerkennungskultur etablieren mit einem besonderen Fokus auf Besucher mit Migrationshintergrund und sozial Benachteiligte;
- Kultur- und Bildungseinrichtungen sollten sich stärker dezentralisieren, um eine bessere sozialräumliche Erreichbarkeit zu ermöglichen;
- Kultur- und Bildungseinrichtungen sowie Migrantenorganisationen sollten sich vermehrt für Kooperationen vor Ort öffnen;
- Kultur- und Bildungseinrichtungen sowie Migrantenorganisationen sollten tragfähige Strukturen schaffen, durch die langfristige und nachhaltige Kooperationen auf Augenhöhe ermöglicht werden können;
- Kultur- und Bildungseinrichtungen sowie Migrantenorganisationen sollten verstärkt lokale Netzwerke aufbauen sowie in kommunalen Bildungsnetzwerken mitwirken.

2. Inhaltliche interkulturelle Öffnung:
- Kultur- und Bildungseinrichtungen sowie Migrantenorganisationen sollten sich für die Interessen verschiedener Zielgruppen sensibilisieren sowie sich verstärkt um kulturelle Teilhabe für alle bemühen;
- Kulturvermittler und Kulturpädagogen in den Kultur- und Bildungseinrichtungen sollten verstärkt interkulturell qualifiziert werden;
- Kultur- und Bildungseinrichtungen sollten verstärkt mehrsprachige Angebote unterbreiten, insbesondere im Hinblick auf die gesellschaftliche Zusammensetzung der Bewohner vor Ort;
- Kultur- und Bildungseinrichtungen sollten sich verstärkt in der interkulturellen Zielgruppenansprache weiterbilden und dafür die Zeitungen, Radiosender, Fernsehsender, Internetangebote etc. der jeweiligen Zielgruppen stärker nutzen.

**Empfehlungen an die Politik:
Bund, Länder und Kommunen**

1. Inhaltliche interkulturelle Öffnung:
- Bund, Länder und Kommunen sollten
verstärkt interkulturelle Konzepte für
Bund, Länder und Kommunen unter
Berücksichtigung bereits bewährter und
innovativer Konzepte entwickeln;
- Länder sollten in den Ausbildungsgängen für Kulturmanager, Kulturvermittler,
Kulturpädagogen verstärkt den Aspekt
der interkulturellen Qualifizierung berücksichtigen;
- Bund, Länder und Kommunen sollten
ihre Verwaltungsmitarbeiter vermehrt
interkulturell qualifizieren und Weiterbildungsmaßnahmen anbieten;
- Bund und Länder sollten die allgemeinen
Freiwilligendienste im Kulturbereich
weiter ausbauen und verstärkt Personen
mit Migrationshintergrund ansprechen;
- Bund, Länder und Kommunen sollten
Studien über die unterschiedliche Nutzung kultureller Bildungsangebote der
verschiedenen Milieus und Identifizierung der Gründe für die Nichtnutzung
bestimmter Kulturangebote in Auftrag
geben.

2. Finanzielle und strukturelle Förderung:
- Bund, Länder und Kommunen sollten
die strukturellen und finanziellen Förderungen von kommunalen und freien Trägern und Verbänden, die interkulturelle Bildungsangebote unterbreiten, weiter
ausbauen und sie in ihren Bemühungen
um eine interkulturelle Öffnung und interkulturelle Aktivitäten unterstützen;
- Bund, Länder und Kommunen sollten
verstärkt die migrantische Breitenkultur
sowie die zeitgenössische Kultur von
Migrantinnen und Migranten fördern,
sichtbar machen und Anerkennung zukommen lassen durch:

- Strukturförderungen und finanzielle
Unterstützungen
- Bereitstellung von Räumlichkeiten
- Professionalisierung und Qualifizierung von bürgerschaftlich Engagierten
- Weiterbildungsmaßnahmen für
Migrantenorganisationen im Kulturbereich sowie im Bereich der Kulturellen Bildung
- Auslobung von Preisen

3. Unterstützung von Kooperationen:
- Bund, Länder und Kommunen sollten
verstärkt den Austausch, die Kooperation und die Zusammenarbeit von Kultureinrichtungen, Migrantenorganisationen und den kulturpädagogischen Facheinrichtungen vor Ort strukturell und
finanziell unterstützen, um den gemeinsamen Dialog zu verstärken;
- Bund, Länder und Kommunen sollten
verstärkt multinationale Projekte fördern, die den Austausch unterschiedlicher kultureller Einflüsse beispielsweise durch die Einbindung von Partnerstädten und Künstlern, die an Artist-in-Residence Programmen teilnehmen,
unterstützen.

Lernorte interkultureller Bildung im vorschulischen und schulischen Kontext

Berlin, den 8. Oktober 2010

Deutschland ist geprägt durch die Vielfalt der in Deutschland lebenden Kulturen und Traditionen. Heute leben in Deutschland insgesamt 15,6 Millionen Personen mit Migrationshintergrund[1]. Dies entspricht einem Anteil von 19 Prozent an der Gesamtbevölkerung. In manchen Regionen Deutschlands verfügen heute sogar rund 40 Prozent und mehr der Kinder unter zehn Jahren über eine Zuwanderungsgeschichte.

Mit der vorliegenden Stellungnahme unterbreitet der Deutsche Kulturrat gemeinsam mit

- dem Bund Spanischer Elternvereine e.V.,
- der Bundesarbeitsgemeinschaft der Immigrantenverbände in der Bundesrepublik Deutschland e.V.,
- dem Bundesverband der Migrantinnen in Deutschland e.V.,
- dem CGIL-Bildungswerk e.V.,
- der Deutschen Jugend aus Russland e.V.,
- der Föderation der türkischen Elternvereine in Deutschland e.V.,
- dem Forum der Migrantinnen und Migranten im Paritätischen Wohlfahrtsverband,
- dem Verband binationaler Familien und Partnerschaften, iaf e.V.,
- dem Polnischen Sozialrat e.V.

Vorschläge für Strukturbedingungen für eine nachhaltige interkulturelle Bildung im vorschulischen und schulischen Kontext. Diese Strukturbedingungen sollen es ermöglichen, dass kulturelle Bildung, interkulturelle Bildung und die Vielfalt der Kulturen feste Bestandteile in der Bildungspolitik sowie der Bildungspraxis werden. Dabei wird im Sinne der UNESCO von einem weiten Kulturbegriff ausgegangen, der nicht nur Kunst und Literatur einschließt, sondern auch »Lebensformen, die Grundrechte des Menschen, Wertsysteme, Traditionen und Glaubensrichtungen« (UNESCO-Erklärung, 1982).

Im Sinne des »UNESCO-Übereinkommens zum Schutz und zur Förderung der Vielfalt kultureller Ausdrucksformen« (UNESCO-Konvention Kulturelle Vielfalt, 2005) wird Vielfalt als die »mannigfaltige Weise, in der die Kulturen von Gruppen und Gesellschaften zum Ausdruck kommen« definiert. Vielfalt zeichnet sich in diesem Sinne nicht nur in der unterschiedlichen Weise aus, in der das Kulturerbe bereichert und weitergegeben wird, sondern auch in den »vielfältigen Arten des künstlerischen Schaffens, der Herstellung, der Verbreitung, des Vertriebs und des Genusses von kulturellen Ausdrucksformen, unabhängig davon, welche Mittel und Technologien verwendet werden.« (vgl. UNESCO-Konvention Kulturelle Vielfalt, 2005)

Das kulturelle Leben ist veränderbar, es ist nie statisch, sondern immer einem Prozess unterworfen und in unterschiedlichen Kontexten zu verstehen. Kulturelles Leben befindet sich in einem steten Wandel. Zum einen durch sich selber heraus, zum anderen durch den Zuzug von Menschen aus allen Teilen der Welt. So sind die kulturellen Ausdrucksformen von Zuwanderinnen und Zuwanderern Teil des kulturellen Lebens der deutschen Gesellschaft.

Kulturelle Bildung/ Interkulturelle Bildung

Obwohl sich Kulturen immer und zu jeder Zeit verändert haben, gilt es doch für viele Menschen als elementar, kulturelle Wurzeln wie Sprache, Traditionen und Feste fortzuführen und das insbesondere durch die Vermittlung kultureller Bildung. Dies ist ein dem Menschen inhärentes Anliegen, denn es sichert ein Gefühl der jeweiligen Dazugehörigkeit. Kulturelle Bildung ist eine Voraussetzung für die eigene künstlerische Ausdrucksfähigkeit sowie die aktive Rezeption von Kunst und Kultur. Nur wer ein kulturelles Fundament vermittelt bekommt, kann dieses auch in neue Formen von Kunst und Kultur transformieren. Dies setzt aber die grundsätzliche Gleichberechtigung und Wertschätzung der verschiedenen kulturellen Hintergründe und Einflüsse voraus.

Kulturelle Bildung ist ein geeignetes Feld für die Vermittlung interkultureller Bildung, die hier als Dreiklang von »interkultureller Öffnung«, »Erwerb interkultureller Kompetenzen« und »interkulturellem Dialog« betrachtet wird. Kulturelle Bildung als Handlungsfeld der interkulturellen Bildung muss sich demnach immer zwischen der Bewahrung der Vielfalt der Kulturen und der Öffnung für neue kulturelle Ausdrucksformen bewegen. In diesem Sinne ist kulturelle Bildung eine Triebfeder, die Menschen hilft,

ihre Identität innerhalb einer Gesellschaft zu bilden und zu gestalten. Zudem eröffnet kulturelle Bildung Chancen zur Auseinandersetzung mit eigenen Traditionen und schafft zugleich Voraussetzungen für die Offenheit in der Begegnung mit anderen kulturellen Einflüssen.

Kulturelle Bildung und interkulturelle Bildung sind für die Entwicklung und die Bildungsbiografien von Kindern und Jugendlichen aber auch von Erwachsenen aller Altersgruppen essentiell. Von daher müssen Zugänge zu Kunst und Kultur in allen Lern- und Bildungsorten gewährleistet werden. Dabei sollte die Vermittlung von Bildung und Kultur das kulturelle Erbe, die zeitgenössischen Künste sowie die Kulturen anderer Länder einbeziehen.

Lernorte kulturelle und interkultureller Bildung

Der Deutsche Kulturrat und die genannten Verbände sprechen sich für eine nachhaltige kulturelle und interkulturelle Bildung aus, die in den Familien, Kindertageseinrichtungen, Schulen, Hochschulen, außerschulischen Bildungseinrichtungen, Kulturvereinen, Kultureinrichtungen etc. gewährleistet wird und deren primären Handlungsfelder Musik, Theater, Tanz, bildende Kunst, Literatur, Film/Neue Medien, Baukultur etc. sind.

Bei der Vermittlung von kultureller Bildung bzw. interkultureller Bildung im Kontext der vorschulischen und schulischen Bildung geht es vor allem um fünf wesentliche Aspekte:

1. Die grundsätzliche Stärkung und Förderung interkultureller Bildung im Rahmen der kulturellen Bildung in der vorschulischen, schulischen, beruflichen und nachberuflichen sowie der außerschulischen Bildung.

2. Die Anerkennung und Wertschätzung der Vielfalt kultureller Ausdrucksformen, inklusive der Muttersprachen der Zuwanderer.
3. Die individuelle Förderung aller Kinder und Jugendlicher unter besonderer Berücksichtigung ihres kulturellen Hintergrundes.
4. Die interkulturelle Qualifikation von Erziehern, Lehrern und Pädagogen.
5. Die interkulturelle Öffnung und Professionalisierung aller zivilgesellschaftlichen Strukturen.

Die Verbände kommen darin überein, dass sich die kulturelle Vielfalt in Deutschland auch in der Vermittlung der kulturellen Bildung widerspiegeln muss.

Kindertageseinrichtungen
In Kindertageseinrichtungen wird kulturelle Vielfalt sinnlich erlebbar und lebendig vermittelt. Neben dem Spracherwerb besteht hier die Gelegenheit, sich mit Kunst und Kultur spielerisch auseinanderzusetzen. Die Kinder lernen frühzeitig mit unterschiedlichen Werten und Lebensweisen umzugehen. Sie erfahren, dass ihre Kultur und ihre Traditionen anerkannt und wertgeschätzt werden. So sind Kindergärten und Kindertagesstätten die ersten Orte des institutionellen, wenn auch noch non-formalen interkulturellen Lernens. Um allen Kindern den Zugang zu frühkindlicher Bildung zu ermöglichen, müssen Kindertagesstättenplätze flächendeckend und in ausreichender Anzahl angeboten werden, sodass Kinder so früh wie möglich mit Kunst und Kultur in Berührung kommen und sich darüber mit den verschiedenen Kulturen und kulturellen Einflüssen auseinandersetzen können.

Neben der deutschen Sprache sollten auch weitere Sprachen in den Kindertageseinrichtungen gefördert werden, denn diese geben mehrsprachig erzogenen Kindern insbesondere im Rahmen der frühkindlichen Bildung einen wichtigen Referenzrahmen. Daher sprechen sich die Verbände dafür aus, bilinguale Erziehung verstärkt in Kindertageseinrichtungen einzuführen.

Schulen
Auch in der formalen Bildung muss interkulturelle Bildung verstärkt Teil der kulturellen Bildung werden. So müssen in den Schulen die ästhetischen Fächer und Arbeitsgruppen gestärkt und verbessert werden, da die Schulen die Institutionen sind, in der alle Kinder und Jugendlichen erreicht werden können.

Die Vermittlung der deutschen Sprache muss so früh wie möglich gefördert werden; dies sowohl in den Kindertageseinrichtungen als auch in den Grund- und weiterführenden Schulen. Zudem sollte aber auch der Fokus auf Mehrsprachigkeit gelegt werden, weil sie einen großen Wert in der globalisierten Welt darstellt. Zum anderen, weil damit den vielfältigen Kulturen der zugewanderten Kinder und Jugendlichen Wertschätzung entgegengebracht wird.

Hochschulen
Für die Vermittlung interkultureller Kompetenzen müssen Lehrer, Pädagogen und Erzieher die nötigen interkulturellen Qualifikationen erhalten. Interkulturelle Qualifikationen und Kompetenzen von Lehrern, Pädagogen und Erziehern bedeutet nicht nur die Vermittlung von Deutsch als Zweitsprache bzw. der Muttersprache, sondern auch der Umgang mit der kulturellen Heterogenität der Kinder und Jugendlichen, die sich in ganz unterschiedlichen Facetten zeigen kann. Dazu gehört sowohl die individuelle Förderung von Kindern und Jugendlichen, als auch die sich daraus ergebenen Herausforderungen anzunehmen und Perspektiven zu entwickeln, wie jedes Kind und Ju-

gendlicher mit seinen Potenzialen und Fähigkeiten gefördert und Chancengleichheit erzielt werden kann. Diese Qualifikationen sollten Lehrer, Pädagogen und Erzieher bereits frühzeitig und fächerübergreifend in ihrer Ausbildung, sei es an den Universitäten, Fachhochschulen oder Fachschulen, erlernen. Dazu werden die Hoch-, Fachhochschulen und Fachschulen aufgefordert, interkulturelle Curricula für die Lehrer-, Pädagogen- und Erzieherausbildung zu entwickeln.

Kooperationen mit außerschulischen kulturellen Bildungsangeboten
Neben der vorschulischen und schulischen Bildung spielen Eltern, Großeltern und außerschulische Partner bei kulturellen und interkulturellen Bildungsprozessen eine wichtige Rolle. Diese Bildungspartnerschaften sollten bei der Lernförderung von Kindern und Jugendlichen verstärkt einbezogen werden. Bereits heute gibt es zahlreiche Kooperationsprojekte zwischen schulischen und außerschulischen Partnern, die Modellcharakter haben.

Migrantenorganisationen und -vereine sowie Kultureinrichtungen, Künstler und außerschulische Bildungsakteure vor Ort in den Stadtteilen sind wichtige Kooperationspartner, da sie das inhaltliche Spektrum der schulischen kulturellen Bildung noch erweitern können. So bieten neben den traditionellen außerschulischen kulturellen Bildungsorten wie Musikschulen, Jugendkunstschulen, Bibliotheken, Volkshochschulen etc. auch viele Migrantenvereine eine Reihe an kulturellen Aktivitäten wie Musizieren, Singen, Malen, Lesen, Tanzen etc. an. Die verstärkte Zusammenarbeit mit diesen Vereinen vor Ort würde auch die kulturellen Traditionen der Zuwanderer stärker in der vorschulischen, schulischen und außerschulischen Bildung berücksichtigen und sie zudem darin unterstützen, sich als Bildungspartner weiterzuentwickeln.

Zudem sollten Zugänge zu Kunst und Kultur sowie Orte geschaffen werden, in denen sich Kinder und Jugendliche wiederfinden, um ihre Kreativität ausleben und gestalten zu können. Dazu gehört die Bereitstellung von Räumen, in denen »Kultur« ausprobiert und gelebt werden kann. Um solche »interkulturellen Kristallisationsorte« zu schaffen, ist es wichtig, flexible Nutzungen insbesondere der schulischen Räume, beispielsweise für Nachmittagsangebote von Kulturvereinen, zu gewährleisten.

Empfehlungen
Für die Umsetzung einer nachhaltigen interkulturellen Bildung im vorschulischen und schulischen Kontext sehen es die Verbände als notwendig an, bestimmte Rahmenbedingungen zu erfüllen. Dazu gehören insbesondere:

• Interkulturelle Öffnung der Bildungsstrukturen.
• Die Wertschätzung und gleichberechtigte Auseinandersetzung mit der Vielfalt der Kulturen, Traditionen und künstlerischen Einflüssen der Zuwanderer, die sich auch in den Bildungscurricula widerspiegeln sollten.
• Die stärkere Berücksichtigung und Förderung der Mehrsprachigkeit/Muttersprachen in Schulen und Kindertageseinrichtungen.
• Die Erhöhung des Personalschlüssels von Lehrern, Pädagogen und Erziehern, die sich den unterschiedlichen Bedarfen der Kinder widmen können.
• Die verstärkte Einstellung von Erziehern, Pädagogen und Lehrern mit Zuwanderungsgeschichte, um ihre Sichtbarmachung und Teilhabe an Bildungsstrukturen zu erhöhen, Kinder und Jugendliche zur Identifikation zu ermutigen und Zugänge zu Eltern und Communities zu erleichtern.

- Die Vermittlung interkultureller
  Kompetenzen innerhalb der Ausbildung
  von Erziehern, Pädagogen und Lehrern.
- Die Bereitstellung und flexible
  Nutzungen von Räumen, in denen
  »Kultur« gestaltet werden kann.
- Die stärkere Förderung von Kooperationen zwischen Schulen und Kindertageseinrichtungen mit Künstlern, außerschulischen Kultur- und Bildungseinrichtungen und Kulturvereinen vor Ort.

Vor allen diesen Forderungen steht zunächst
die Vermittlung von Informationen: Schüler,
Eltern, Kultureinrichtungen, außerschulische kulturelle Bildungseinrichtungen, Migrantenorganisationen und Kulturvereine
sollten verstärkt über ihre jeweilige Aktivitäten in den Lernorten der kulturellen Bildung informieren und Lehrer, Erzieher und
Eltern zur Mitarbeit und Kooperation eingeladen werden. So kann aus Kultur in Schule und Kindertageseinrichtung eine »Schul-
bzw. Kindertagesstättenkultur« aufgebaut
werden, die über den Schulhof hinaus in den
Stadtteil ragt. Dafür müssen finanzielle Mittel zur Verfügung gestellt werden.

[1] In der vorliegenden Stellungnahme wird
   der Begriff »Person mit Zuwanderungsge-
   schichte/Migrationshintergrund« in der
   Definition des Statistischen Bundesamtes
   verwendet. Als Personen mit Migrationshintergrund werden demnach definiert
   »alle nach 1949 auf das heutige Gebiet der
   Bundesrepublik Deutschland Zugewanderten sowie alle in Deutschland geborenen Ausländer und alle in Deutschland als
   Deutsche Geborenen mit zumindest einem nach 1949 zugewanderten oder als
   Ausländer in Deutschland geborenen Elternteil«.

Autorinnen und Autoren

Die Angaben beziehen sich auf das Erscheinungsdatum der Artikel

Valentina L' Abbate – freie Journalistin

Martin Affolderbach – Oberkirchenrat und Referent für interreligiösen Dialog im Kirchenamt der Evangelischen Kirche in Deutschland

Berrin Alpbek – Vorsitzende der Föderation türkischer Elternvereine in Deutschland

Adriana Altaras – Autorin, Schauspielerin und Theaterregisseurin

Katajun Amirpur – Professorin für Islamische Theologie/Islamische Studien an der Universität Hamburg

Ferda Ataman – Sprecherin und Initiatorin der Neuen Deutschen Organisationen

Sidar Aydinlik-Demirdögen – Bundesvorsitzende des Bundesverbands der Migrantinnen in Deutschland

Ciçek Bacik – Philologin und Autorin. Sie ist Mitbegründerin und Koordinatorin des Literaturprojekts »Daughters and Sons of Gastarbeiters«

Peter Badura – emeritierter Professor des Lehrstuhls für Öffentliches Recht, Rechts- und Staatsphilosophie, Staatsrecht der Ludwig-Maximilians-Universität München

Petra Bahr – Leiterin der Hauptabteilung Bildung und Beratung der Konrad-Adenauer-Stiftung

Kristin Bäßler – Wissenschaftliche Mitarbeiterin beim Deutschen Kulturrat

Dimitrij Belkin – Referent beim jüdischen Ernst Ludwig Ehrlich Studienwerk (ELES)

Thomas Bellut – Intendant des Zweiten Deutschen Fernsehens (ZDF)

Wolfgang Benz – Historiker und leitete als Professor der Technischen Universität Berlin bis 2011 das Zentrum für Antisemitismusforschung

Klaus von Beyme – Ordinarius für Politikwissenschaft an der Ruprechts-Karl-Universität Heidelberg

Burkhard Blienert – Mitglied im Ausschuss für Kultur und Medien im Deutschen Bundestag

Rolf Bolwin – Geschäftsführender Direktor des Deutschen Bühnenvereins

Tom Braun – Geschäftsführer der Bundesvereinigung Kulturelle Kinder- und Jugendbildung und des Rates für Soziokultur und Kulturelle Bildung im Deutschen Kulturrat

Theresa Brüheim – Chefin vom Dienst der Zeitung Politik & Kultur

Ergun Can – Sprecher des Netzwerks Türkeistämmiger Mandatsträger und Mitglied im Stuttgarter Gemeinderat

Peter Clever – Mitglied der Hauptgeschäftsführung der Bundesvereinigung der Deutschen Arbeitgeberverbände

Armin Conrad – Stellvertretender Vorsitzender der Gesellschaft für deutsche Sprache und war bis Ende August 2015 Subkoordinator Kultur bei 3sat und Redaktionsleiter der Kulturzeit

Jutta Cordt – Präsidentin des Bundesamtes für Migration und Flüchtlinge

Christoph Cornelißen – Lehrstuhlinhaber für Neueste Geschichte an der Goethe-Universität Frankfurt am Main

Udo Dahmen – Künstlerischer Leiter und Geschäftsführer der Popakademie Mannheim

Andreas Damelang – hat einen Lehrstuhl für Soziologie und Empirische Sozialforschung mit dem Schwerpunkt Arbeitssoziologie an der Universität Erlangen-Nürnberg

Klaus Dauderstädt – Bundesvorsitzender des Deutschen Beamtenbund und Tarifunion

Hans Demmel – Vorstandsvorsitzender des Verbands Privater Rundfunk und Telemedien (VPRT)

Tanja Dückers – Schriftstellerin und Journalistin

Bernd Fabritius – Präsident des Bundes der Vertriebenen

Max Fuchs – Erziehungswissenschaftler. Er war bis 2014 Direktor der Akademie Remscheid und bis März 2013 Präsident des Deutschen Kulturrates

Jörg-Dieter Gauger – Wissenschaftlicher Mitarbeiter der Konrad-Adenauer-Stiftung

Max-Emanuel Geis – Inhaber des Lehrstuhls für Öffentliches Recht an der Juristischen Fakultät der Friedrich-Alexander-Universität Erlangen-Nürnberg

Hermann Glaser – war Kulturdezernent in Nürnberg und ist Kulturpublizist

Katrin Göring-Eckardt – Vizepräsidentin des Deutschen Bundestages und Kulturpolitische Sprecherin der Fraktion Bündnis 90/Die Grünen im Deutschen Bundestag

Alexander Grau – promovierter Philosoph und arbeitet als Kultur- und Wissenschaftsjournalist

Ludwig Greven – Redakteur der Zeit

Monika Grütters – Staatsministerin für Kultur und Medien bei der Bundeskanzlerin

Ralph Habich – Vizepräsident des Deutschen Designtages und freier Berater für Designmanagement, Markenentwicklung und Corporate Identity

Horst Hippler – Präsident der Hochschulrektorenkonferenz

Reiner Hoffmann – Vorsitzender des Deutschen Gewerkschaftsbundes

Friedhelm Hofmann – ehemaliger Bischof von Würzburg

Christian Höppner – Präsident des Deutschen Kulturrates

Alfons Hörmann – Präsident des Deutschen Olympischen Sportbundes

Wolfgang Huber – Theologe und Publizist. Bis 2009 war er Bischof der Evangelischen Kirche Berlin-Brandenburg-schlesische Oberlausitz (EKBO) und Ratsvorsitzender der Evangelischen Kirche in Deutschland (EKD)

Kerstin Hübner – Stellvertretende Geschäftsführerin der Bundesvereinigung Kulturelle Kinder- und Jugendbildung. Sie ist Ansprechpartnerin für Kooperationen und Bildungslandschaften

Birgit Jank – Professorin für Musikpädagogik und Musikdidaktik an der Universität Potsdam

Malte Jelden – Dramaturg der Münchner Kammerspiele

Hans Jessen – freier Journalist und Publizist. Er war langjähriger ARD-Hauptstadtkorrespondent

Ercan Karakoyun – Herausgeber der Deutsch-Türkischen Nachrichten

Ulrich Karpen – Professor im Fachbereich für Öffentliches Recht und Staatslehre an der Universität Hamburg

Ska Keller – Mitglied des Europäischen Parlaments und dort Vorsitzende der Grünen/EFA-Fraktion

Susanne Keuchel – Direktorin der Akademie der kulturellen Bildung des Bundes und des Landes NRW

Memet Kilic – Gründungsmitglied des Bundeszuwanderungs- und Integrationsrats

Katja Kipping – Vorsitzende der Fraktion Die Linke im Deutschen Bundestag

Gülay Kizilocak – wissenschaftliche Mitarbeiterin bei der Stiftung Zentrum für Türkeistudien der Universität Duisburg-Essen

Jakob Johannes Koch – Kulturreferent im Sekretariat der Deutschen Bischofskonferenz

Boris Kochan – Präsident des Deutschen Designtags und Geschäftsführender Gesellschafter der Branding- und Designagentur Kochan & Partner

Andreas Kolb – Redakteur der Zeitung Politik & Kultur

Dorothea Kolland – freie Kulturberaterin

Kenan Küçük – Sprecher des Forums der Migrantinnen und Migranten im Paritätischen Wohlfahrtsverband. Hauptamtlich leitet er als Geschäftsführer das Multikulturelle Forum in Lünen und Hamm

Norbert Lammert – Präsident des Deutschen Bundestages

Julia Mi-ri Lehmann – Projektleiterin der Regionalkongresse der Neuen Deutschen Organisationen

Klaus-Dieter Lehmann – Präsident des Goethe-Instituts

Ulrich Lilie – Präsident der Diakonie Deutschland

Eva Lohse – Oberbürgermeisterin von Ludwigshafen am Rhein und Präsidentin des Deutschen Städtetags

Heiko Maas – Bundesminister der Justiz und für Verbraucherschutz

Thomas de Maizière – Bundesminister des Innern

Birgit Mandel – Professorin des Studienbereichs Kulturmanagement und Kulturvermittlung am Institut für Kulturpolitik der Universität Hildesheim

Aiman A. Mazyek – Medienberater und Vorsitzender des Zentralrats der Muslime

Gerald Mertens – Geschäftsführer der Deutschen Orchestervereinigung

Ingo Metzmacher – Dirigent

Udo Michallik – Generalsekretär der Kultusministerkonferenz

York-Gothart Mix – lehrt Komparatistik in Marburg und ist Herausgeber des Buches »Kunstfreiheit und Zensur in der Bundesrepublik Deutschland«

Regine Möbius – stellvertretende Bundesvorsitzende des Verbandes deutscher Schriftstellerinnen und Schriftsteller und Vizepräsidentin des Deutschen Kulturrates

Elke Monssen-Engberding – Vorsitzende der Prüfstelle für jugendgefährdende Medien

Herfried Münkler – lehrt Politikwissenschaften an der Humboldt-Universität zu Berlin

Marina Münkler – Literatur- und Kulturwissenschaftlerin und lehrt an der Technischen Universität Dresden

Andrea Nahles – Bundesministerin für Arbeit und Soziales

Jan-Hendrik Olbertz – Kultusminister des Landes Sachsen-Anhalt

Dietmar Osses – Sprecher des Arbeitskreises Migration im Deutschen Museumsbund

Marjan Parvand – Journalistin und 1. Vorsitzende der Neuen Deutschen Medienmacher

Susanne Pfab – Generalsekretärin der ARD

Bodo Pieroth – Professor am Institut für Öffentliches Recht und Politik an der Westfälischen-Wilhelms-Universität Münster

Ritva Prinz – Redakteurin der Zeitschrift »Renegas«

Paul Raabe – Vorsitzender des Vereins Kulturstadt Wolfenbüttel

Peter Raue – Rechtsanwalt in Berlin

Carolin Ries – Mitarbeiterin des Deutschen Kulturrates

Vicente Riesgo Alonso – Fachberater des Bundes Spanischer Elternvereine

Volker Rodekamp – Präsident des Deutschen Museumsbundes

Rolf Rosenbrock – Vorsitzender des Paritätischen Wohlfahrtsverbandes – Gesamtverband e.V. und Vizepräsident der Bundesarbeitsgemeinschaft der Freien Wohlfahrtspflege (BAGFW)

Claudia Roth – Mitglied im Deutschen Bundestag

Georg Ruppelt – Direktor der Gottfried Wilhelm Leibniz Bibliothek – Niedersächsische Landesbibliothek in Hannover und Sprecher der Deutschen Literaturkonferenz

Reinhard Sager – Landrat des Kreises Ostholstein und Präsident des Deutschen Landkreistages

Marwan Salamah – Kameramann und Dokumentarfilmregisseur

Roland Schäfer – Bürgermeister der Stadt Bergkamen und Präsident des Deutschen Städte- und Gemeindebundes

Ulle Schauws – kulturpolitische Sprecherin der Fraktion Bündnis 90/Die Grünen im Deutschen Bundestag

Barbara Schleihagen – Geschäftsführerin des Deutschen Bibliotheksverbandes

Stephan Schnell – Bildungsreferent, Referent für Internationales und Stellvertretender Geschäftsführer des Bundes Deutscher Amateurtheater

Rupert Scholz – Professor an der Ludwig-Maximilian-Universität München. Er gehörte als Mitglied des Deutschen Bundestages der Gemeinsamen Verfassungskommission des Jahres 2002 an

Kamilla Schröder – wissenschaftliche Referentin für Kultur und Medien in der SPD-Fraktion im Deutschen Bundestag

Gabriele Schulz – Stellvertretende Geschäftsführerin des Deutschen Kulturrates

Josef Schuster – Präsident des Zentralrats der Juden in Deutschland

Claudia Schwalfenberg – Stellvertretende Vorsitzende des Deutschen Kulturrates

Manuela Schwesig – Bundesministerin für Familie, Senioren, Frauen und Jugend

Barbara Seifen – Leiterin des Referates Praktische Denkmalpflege im LWL-Denkmalpflege, Landschafts- und Baukultur und Sprecherin des Rates für Baukultur und Denkmalpfleg

Ekrem Şenol – Gründer und Herausgeber von MiGAZIN

Azadeh Sharifi – Theaterwissenschaftlerin

Nurhan Soykan – Stellvertretende Vorsitzende des Zentralrates der Muslime und ständiges Mitglied des Koordinationsrates der Muslime

Klaus Stern – Professor an der Universität zu Köln

Rita Süssmuth – war von 2000 bis 2001 Vorsitzende der Unabhängigen Kommission »Zuwanderung« und von 2000 bis 2004 Vorsitzende des Sachverständigenrates für Zuwanderung und Integration

Wolfgang Thierse – 1998 bis 2005 Präsident des Deutschen Bundestages und von 2005 bis 2013 dessen Vizepräsident. Er wurde für seine kulturpolitischen Verdienste mit dem Kulturgroschen 2016 vom Deutschen Kulturrat ausgezeichnet

Bassam Tibi – A.D. White Professor-at-large an der Cornell-Universität und lehrt parallel in Göttingen

Ali Ertan Toprak – Präsident der Bundesarbeitsgemeinschaft der immigrantenverbände in Deutschland

Imre Török – Schriftsteller und Mitglied des PEN. Er war von 2005 bis 2015 Bundesvorsitzender des Verbands deutscher Schriftstellerinnen und Schriftsteller

Frank Überall – Bundesvorsitzender des Deutschen Journalisten-Verbands. Er lehrt Medien- und Sozialwissenschaften an der HMKW – Hochschule für Medien, Kommunikation und Wirtschaft (Köln/Berlin) und berichtet als freier Journalist für verschiedene Medien

Deniz Utlu – Autor

Matthias Theodor Vogt – Direktor des Instituts für kulturelle Infrastruktur Sachsen sowie Professor für Kulturpolitik und Interkulturelle Begegnungen an der Hochschule Zittau/Görlitz

Hortensia Völckers – Künstlerische Leiterin der Kulturstiftung des Bundes

Johanna Wanka – Bundesministerin für Bildung und Forschung

Jutta Weduwen – Leiterin des Projektbereiches Interkulturalität bei Aktion Sühnezeichen Friedensdienste

Hubert Weiger – Vorsitzender des Bund für Umwelt und Naturschutz Deutschland e.V. (BUND)

David-Emil Wickström – Studiengangsmanager Popmusikdesign an der Popakademie Baden-Württemberg

Hermann Wilske – Vorsitzender des Verbands deutscher Schulmusiker Baden-Württemberg und Autor und Herausgeber der »Bildungsoffensive Musikunterricht« der Konrad-Adenauer-Stiftung

Kirsten Witt – Stellvertretende Geschäftsführerin der Bundesvereinigung Kulturelle Kinder- und Jugendbildung. Sie ist Ansprechpartnerin für Grundsatzfragen der kulturellen Bildung

Rolf Witte – Bildungsreferenz für internationale Jugendkulturpolitik bei der Bundesvereinigung für Kulturelle Kinder- und Jugendbildung

Dietmar Wolff – Hauptgeschäftsführer des Bundesverbands Deutscher Zeitungsverleger

Michael Wolffsohn – Historiker und Publizist

Monika Ziller – Vorsitzende des Deutschen Bibliotheksverbands und Direktorin der Stadtbibliothek Heilbronn

Olaf Zimmermann – Geschäftsführer des Deutschen Kulturrates, Moderator der Initiative kulturelle Integration und Herausgeber von Politik & Kultur

Aus Politik & Kultur